ullstein

Das Buch

Hillary Rodham Clinton: Ehefrau, Mutter, Anwältin, frühere First Lady, Frauenrechtlerin, Senatorin – und bald vielleicht die erste Präsidentin der Vereinigten Staaten? Hier offenbart sie ihre außergewöhnliche Geschichte einer breiten Öffentlichkeit. Sie beschreibt ihre Jugend im Amerika der fünfziger Jahre und ihre Zeit als republikanisches Goldwater Girl, ihr politisches Erwachen in einer Zeit des Umbruchs im Zeichen von Vietnamkrieg, Bürgerbewegung, der Ermordung Kennedys und des beginnenden Kalten Kriegs; ihr Engagement in der Studentenbewegung und ihren Wechsel zu den Demokraten; ihre Zeit als Gouverneursgattin und First Lady an der Seite Bill Clintons; schließlich ihre politische Karriere bis zur Senatorin. Immer wieder schlug sie unbeirrt neue Wege ein. Vielen wurde sie dabei zum leuchtenden Vorbild, vielen aber auch zur bekämpften Gegnerin. Sie galt als heimliche Präsidentin und versah die Rolle der ersten Frau im Staat mit einer klaren politischen Botschaft. Ihr unermüdlicher Einsatz für Chancengleichheit, die Bedürfnisse von Kindern und Familien sowie für Frauen und Menschenrechte brachte ihr auch international große Anerkennung. In ihrer Ehe mit Bill Clinton durchlebte sie dreißig gemeinsame Jahre, die geprägt waren von unerschütterlicher Liebe, aber auch persönlichen Enttäuschungen und Affären. *Gelebte Geschichte* gibt den Blick frei auf das Innere einer der bemerkenswertesten Frauen unserer Gegenwart.

Die Autorin

Hillary Rodham Clinton, geboren 1947 in Chicago, gehörte zu den einflußreichsten Anwälten der USA. Seit 1975 mit Bill Clinton verheiratet, gestaltete sie dessen Werdegang bis zum US-Präsidenten maßgeblich mit. Nach ihrem Auszug aus dem Weißen Haus konzentrierte sie sich auf ihre eigenen politischen Ambitionen. Von 2000 bis 2009 vertrat sie den Staat New York als demokratische Senatorin in Washington und war von 2008 bis 2013 Außenministerin der USA. Bei der Präsidentschaftswahl im November 2016 wird sie als Kandidatin der Demokraten antreten.

Hillary Rodham Clinton

Gelebte Geschichte

Aus dem Amerikanischen
von Stephan Gebauer und Ulrike Zehetmayr

Ullstein

Besuchen Sie uns im Internet:
www.ullstein-taschenbuch.de

Neuausgabe der aktualisierten Ausgabe im Ullstein Taschenbuch
1. Auflage August 2015
© für die deutsche Ausgabe Ullstein Buchverlage GmbH, Berlin 2004
© 2003 für die deutsche Ausgabe by Ullstein Heyne List
GmbH & Co. KG, München/Econ Verlag
© 2003 by Hillary Rodham Clinton
Titel der amerikanischen Originalausgabe: *Living History*
(Simon & Schuster, New York, 2003)
Umschlaggestaltung: ZERO Werbeagentur, München
Titelabbildung: © Nancy Kaszerman/ZUMA Press/Corbis
Druck und Bindearbeiten: CPI books GmbH, Leck
Printed in Germany
ISBN 978-3-548-37598-4

Für meine Eltern,
meinen Ehemann,
meine Tochter –
und all die wunderbaren Menschen auf der ganzen Welt,
deren Inspiration, Gebete, Unterstützung und Liebe
ein großartiges Geschenk für mich war
und die mich all die Jahre begleitet haben.

INHALT

VORBEMERKUNG

Im Jahr 1959 bekam ich in der Schule die Aufgabe gestellt, mein Leben zu beschreiben. Ich war damals zwölf Jahre alt. Auf 29 Seiten erzählte ich in schlecht zu lesender Handschrift von meinen Eltern, Brüdern, Haustieren, Hobbys, meiner Schule, meinen Erlebnissen auf dem Sportplatz und meinen Plänen für die Zukunft. Ich wollte Lehrerin oder Atomphysikerin werden. Lehrer würden gebraucht, um »junge Bürger zu bilden« und »ein richtiges Land« aufzubauen. Und Amerika benötigte Wissenschaftler, da »die Russen etwa fünfmal so viele haben wie wir.« Ich war ein Produkt meines Landes und meiner Zeit und trug in den Planungen für meine persönliche Zukunft den Wertvorstellungen meiner Eltern Rechnung.

42 Jahre später begann ich erneut, meine Biographie zu schreiben. Sie sollte von den acht Jahren handeln, die ich mit Bill Clinton im Weißen Haus verbrachte. Doch mir wurde rasch klar, dass ich mein Leben als First Lady nicht erklären konnte, ohne zu den Anfängen zurückzukehren. Meine öffentlichen und privaten Handlungen und Reaktionen in den Jahren 1993 bis 2001 hatten ihren Ursprung in meiner Erziehung, in meiner Bildung, meinem Glauben und all dem, was ich bis dahin über das Leben und die Politik gelernt hatte. Ich war als Tochter eines überzeugten Konservativen und einer liberalen Mutter aufgewachsen, engagierte mich erst bei den Republikanern, war Studentenaktivistin und wechselte schließlich zu den Demokraten. Ich kämpfte für die Rechte der Kinder, der

9

Frauen und die Menschenrechte und arbeitete als Rechtsanwältin. Und ich bin Ehefrau und Mutter. Diese Erfahrungen machten mich zu der Frau, die ich heute bin.

In keinem einzigen Kapitel hatte ich genug Raum, um über all das zu sprechen, was mir am Herzen lag, um alle Personen zu nennen, die es verdient hätten, um alle Orte zu beschreiben, die ich besucht habe. Hätte ich alle Menschen erwähnt, die mich in den Jahren im Weißen Haus beeindruckt, beeinflusst und unterstützt haben, würde dieses Buch mehrere Bände umfassen. Ich musste eine Auswahl vornehmen und hoffe, dass es mir dennoch gelungen ist, dem Wechselspiel der Ereignisse und Beziehungen gerecht zu werden, die sich auf mich auswirkten und mein Leben noch heute prägen und bereichern.

Nachdem ich das Weiße Haus verlassen hatte, begann ich einen neuen Lebensabschnitt als Senatorin für New York. Der Beginn dieser aufregenden politischen Erfahrung überschnitt sich mit den letzten Monaten im Weißen Haus und ist daher Teil meines Buches. Doch der vollständige Bericht über meinen Umzug nach New York, meinen Wahlkampf und die Ehre, die mir die Bürgerinnen und Bürger von New York zuteil werden ließen, indem sie mich zu ihrer Vertreterin wählten, muss noch warten. Aber ich glaube, die Passagen, die ich für »Gelebte Geschichte« ausgewählt habe, zeigen, dass dieses neue Kapitel in meinem Leben ohne die vorangegangenen nicht möglich gewesen wäre.

Während meiner Jahre im Weißen Haus lernte ich, wie sich eine Regierung in den Dienst des Volkes stellen kann, wie Politik im Kongress und Senat gemacht wird, wie Menschen von den gefilterten Nachrichten in den Medien beeinflusst werden und wie uramerikanische Werte dazu beitragen können, die Wirtschaft zu stützen und gleichzeitig die soziale Verantwortung nicht aus den Augen zu verlieren. Ich erhielt Einblicke in die amerikanische Außenpolitik und das weltweite Engagement unserer Regierung und entwickelte enge Beziehungen zu ausländischen Politikern und Aktivisten. Auf meinen Reisen erlebte ich nicht nur, welchen Stellenwert Amerika in der Welt hat, sondern auch, wie wichtig die Welt für Amerika ist. Menschen zuzuhören, ihre Probleme und Chancen zu diskutieren, ihren Glauben und ihre Weltsicht zu verstehen ist ein wichtiger Schlüssel für eine stabile und sichere Zukunft. Deshalb habe ich in meinem Buch auch Menschen zu Wort kommen lassen, deren Botschaft wir nicht überhören sollten – Menschen aus allen Erdteilen, die für das kämpfen, was uns scheinbar selbstverständlich geworden ist: Freiheit, Frieden, Menschenrechte, genügend Nahrung, medizinische Versorgung, Bildung, das Recht auf Wahlen und vieles mehr. Die Erfahrungen, die ich während meiner Reisen gemacht habe, lehrten mich viel über Politik und die menschliche Natur – einschließlich meiner eigenen.

Die beiden Amtszeiten von Bill Clinton verwandelten mich persönlich, und sie verwandelten Amerika. Mein Ehemann trat sein Amt mit dem festen Entschluss an, den wirtschaftlichen Niedergang des Landes aufzuhalten, den Staatshaushalt zu sanieren und die wachsende Ungleichheit zu bekämpfen, die drohte, zukünftige Generationen amerikanischer Bürger ihrer Chancen zu berauben. Ich unterstützte Bill in seinen politischen Vorhaben und bemühte mich, das Leben der Menschen zu verbessern, den Gemeinsinn zu festigen und die demokratischen Werte im Inland und rund um den Erdball zu fördern. In Bills gesamter Amtszeit mussten wir harten politischen Widerstand, rechtliche Herausforderungen und persönliche Tragödien bewältigen. Wir begingen so manchen Fehler. Doch als er im Januar 2001 das Weiße Haus verließ, waren die Vereinigten Staaten eine stärkere, bessere und gerechtere Nation, die bereit war, sich den Herausforderungen des 21. Jahrhunderts zu stellen. Dass eine der größten Herausforderungen die Bekämpfung des internationalen Terrorismus sein würde, konnte in diesem Ausmaß damals niemand ahnen. Denn die Ereignisse des 11. September 2001 haben unser Land und die Welt nachhaltig beeinflusst. Die Todesopfer, das Grauen, die Trauer, die rauchenden Trümmerhaufen, die traumatisierten Überlebenden, die Hinterbliebenen – eine unfassbare Tragödie, die auch mich als Bürgerin, Senatorin, New Yorkerin und Amerikanerin verändert hat. Wir haben Neuland betreten, in den Vereinigten Staaten und auf der politischen Weltbühne.

Meine acht Jahre im Weißen Haus stellten meinen Glauben

und meine politischen Überzeugungen, meine Ehe sowie die Verfassung und das Regierungssystem auf eine harte Probe. Ich verwandelte mich in einen Blitzableiter für die politischen und ideologischen Schlachten, die um die Zukunft des Landes ausgefochten wurden. Und ich verwandelte mich in eine Projektionsfläche für die unterschiedlichsten Auffassungen über die Rolle der Frau in der modernen Gesellschaft.

Manch einer mag sich fragen, wie ich sachlich über Ereignisse, Menschen und Orte schreiben konnte, die mir in so frischer Erinnerung sind und mich persönlich noch sehr berühren. Ich habe mein Bestes getan, meine Beobachtungen, Gedanken und Empfindungen aufrichtig wiederzugeben. Anspruch auf historische Vollständigkeit erhebe ich dabei nicht, aber ich gewähre mit diesem Buch umfassende Einblicke in eine außergewöhnliche Zeit in meinem Leben und in der Geschichte Amerikas.

Eine amerikanische Geschichte

Ich wurde nicht als First Lady oder Senatorin geboren, nicht als Mitglied der Demokratischen Partei oder als Rechtsanwältin. Ich wurde nicht als Vorkämpferin der Frauen- oder Bürgerrechte geboren und nicht als Ehefrau oder Mutter. Ich kam Mitte des 20. Jahrhunderts in den Vereinigten Staaten zur Welt, zu einer Zeit, in der sich mir Chancen boten, die frühere Frauengenerationen nicht hatten und die vielen Frauen auf der Erde auch heute noch vorenthalten werden. Ich wurde auf dem Höhepunkt gesellschaftlicher Veränderungen erwachsen und nahm an den heftigen politischen Auseinandersetzungen teil, die um Amerikas Träume und Wertvorstellungen und um unsere Rolle in der Welt entbrannten. Meine Mutter hätte mein Leben ebenso wenig führen können wie meine Großmütter. Mein Vater und meine Großväter konnten nicht ahnen, dass mir ein solches Leben je möglich sein würde. Doch sie lehrten mich, mit offenen Augen durch die Welt zu gehen und die Chancen zu ergreifen, die dieses Land seinen Bürgern bietet.

Meine Geschichte begann in den Jahren nach dem Zweiten Weltkrieg, als Männer wie mein Vater nach dem Dienst für ihr Land heimkehrten, um ein bürgerliches Leben aufzubauen und eine Familie zu gründen. Die Vereinigten Staaten und ihre Alliierten hatten die Welt vom Faschismus befreit und bemühten sich in den Nachkriegsjahren, die einstigen Gegner zu einem friedlichen Miteinander zu bewegen und Europa und Japan nach den Zerstörungen wieder aufzubauen.

Trotz des beginnenden Kalten Krieges mit der Sowjetunion und Osteuropa fühlte sich die Generation meiner Eltern sicher und blickte mit großer Hoffnung in die Zukunft. Die amerikanische Vorherrschaft war nicht nur das Ergebnis militärischer Macht, sondern beruhte auch auf seinen Werten und auf den vielfältigen Möglichkeiten, die sich Menschen wie meinen Eltern eröffneten, wenn sie bereit waren, hart zu arbeiten und Verantwortung zu übernehmen. Die amerikanische Mittelschicht erfreute sich eines wachsenden Wohlstands und genoss die Vorzüge neu gebauter Häuser, feiner Schulen, gepflegter Parks in der Nachbarschaft und sicherer Gemeinden. Doch unser Land hatte in dieser Ära des Wandels auch noch einige offene Fragen zu klären, insbesondere was die Rechte der farbigen Amerikaner und die Probleme, die durch soziale Ungerechtigkeit entstanden, anbelangte. Erst, wenn diese Fragen beantwortet waren, würde der Traum von Amerika für alle Bürger der Vereinigten Staaten Wirklichkeit werden.

In diese Welt wurde ich am 26. Oktober des Jahres 1947 hineingeboren. Wir waren eine klassische Mittelschichtfamilie aus dem mittleren Westen. Das Leben meiner Mutter, Dorothy Howell Rodham, drehte sich um den Haushalt und um die Erziehung ihrer Kinder, während mein Vater, Hugh E. Rodham, in seinem kleinen Betrieb unseren Unterhalt verdiente. Meine Eltern waren typische Vertreter einer Generation, deren Wertvorstellungen in der Depression der dreißiger Jahre geprägt worden waren; sie vertrauten auf ihre Fähigkeiten und auf Erfolg durch Arbeit. Die Herausforderungen, die sie in ihrem Leben bewältigen mussten, bewegten mich dazu, die vielen Chancen, die sich mir in meinem Leben eröffneten, noch stärker zu würdigen.

Meine Mutter wurde im Jahr 1919 in Chicago als Tochter von Edwin John Howell junior, einem Feuerwehrmann, und Della Murray geboren. Della war eines von neun Kindern einer Familie mit franko-kanadischen, schwedischen und indianischen Wurzeln. Meine Großeltern, die jung geheiratet hatten, waren offensichtlich nicht darauf vorbereitet, für ein Kind zu sorgen. Della überließ meine Mutter schon in ganz jungen Jahren sich selbst. Als das Mädchen drei oder vier war, erhielt es Essens-karten für ein Restaurant in der Nähe der elterlichen Woh-nung, die sich im fünften Stock eines Hauses im Süden Chi-cagos befand. Edwin schenkte dem Kind etwas mehr Aufmerksamkeit, wenn auch nur sporadisch. Statt einer anständigen Mahlzeit brachte er ihr Geschenke wie eine gro-ße Puppe mit, die er auf einem Rummelplatz gewonnen hatte. Im Jahr 1924 wurde die zweite Tochter Isabelle geboren. Die beiden Mädchen wurden in der Verwandtschaft herumgereicht und waren oft allein. Meine Mutter ging in Chicago zur Schu-le, blieb jedoch nie lange genug in ein und derselben, um Freundschaft mit anderen Kindern schließen zu können.

1927 ließen sich die Eltern meiner Mutter scheiden, was in jenen Tagen selten vorkam und eine furchtbare Schande war. Da sie weder imstande noch willens waren, für ihre Kinder zu sorgen, setzten sie die beiden Mädchen allein in den Zug nach Kalifornien, wo sie in den östlich von Los Angeles gelegenen San Gabriel Mountains in Alhambra bei Edwins Eltern leben sollten. Auf der Reise quer durch die Vereinigten Staaten trug die acht Jahre alte Dorothy die ganze Verantwortung für ihre dreijährige Schwester Isabelle.

Meine Mutter blieb zehn Jahre lang in Kalifornien. Ihren Vater sah sie selten, die Mutter nie. Der Großvater Edwin senior, ein ehemaliger britischer Matrose, überließ die Mäd-chen seiner Frau Emma, einer strengen Person, die schwarze viktorianische Kleider trug. Sie hegte eine tiefe Abneigung gegen meine Mutter und ließ ihr nur dann Aufmerksamkeit zuteil werden, wenn es darum ging, ihre strikten Hausregeln durchzusetzen.

Emma verweigerte den Kindern aus der Nachbarschaft den Zutritt zum Haus und verbot Dorothy, Geburtstagsfeste oder andere Feiern zu besuchen. Als das Mädchen sich einmal an Halloween über die strengen Regeln hinwegsetzte und mit den anderen Mädchen von Tür zu Tür ging, um Süßigkeiten zu erbitten, wurde sie hart bestraft. Sie sollte ein Jahr lang auf ihrem Zimmer bleiben, das sie nur verlassen durfte, um zur Schule zu gehen. Sie durfte ihre Mahlzeiten nicht am Küchen-tisch einnehmen und auf dem Heimweg von der Schule nicht trödeln oder im Vorgarten verweilen. Diese unangemessen grausame Behandlung dauerte mehrere Monate – bis eines Tages Emmas Schwester Belle Andreson zu Besuch kam und dem Drama ein Ende bereitete.

Dorothy versuchte, der bedrückenden Situation so oft wie möglich zu entfliehen. Sie lief durch die Orangenhaine, die sich im San Gabriel Valley meilenweit erstreckten, und sog den Duft der in der Sonne reifenden Früchte ein. Nachts vergrub sie sich in ihre Bücher. Sie entwickelte sich zu einer ausgezeichneten Schülerin und wurde von ihren Lehrern dazu ermutigt, zu lesen und zu schreiben.

Als meine Mutter mit 14 Jahren in die High School kam, verließ sie das Haus der Großeltern. Sie fand Unterschlupf bei einer Familie, bei der sie als Gegenleistung für Kost, Logis und drei Dollar Taschengeld pro Woche zwei kleine Kinder betreute. Bevor sie morgens zur Schule aufbrach, musste sie die Kinder wecken, anziehen und ihnen das Frühstück machen. Nach Schulschluss kehrte sie umgehend nach Hause zurück, hütete die Kinder, machte ihnen Abendbrot und brachte sie ins Bett. Dann setzte sie sich an ihre Hausaufgaben. Für außerschulische Aktivitäten wie Sport und Theater blieb ihr weder genug Zeit noch Geld. Sie trug stets dieselbe Bluse, die sie täglich wusch, hatte nur einen Rock und einen Pullover. Aber sie hatte endlich die Chance, das Leben in einer Familie kennen zu lernen, in der die Eltern ihren Kindern Liebe, Aufmerksamkeit und Unterstützung gaben. All das hatte sie vorher nie erlebt. Sie erzählte mir später oft, dass sie sich nie um ihre eigene Familie hätte kümmern können, wenn sie diese Erfahrung nicht gemacht hätte.

Nachdem sie die Schule abgeschlossen hatte, wollte meine Mutter in Kalifornien die Universität besuchen. Doch bevor sie ihr Studium beginnen konnte, meldete sich überraschend ihre Mutter bei ihr und bat sie, nach Chicago zurückzukehren. Sie hatte kurz zuvor wieder geheiratet und versprach Dorothy, ihr das College zu bezahlen. Nachdem meine Mutter in Chicago eingetroffen war, musste sie allerdings feststellen, dass Della in Wahrheit erwartete, dass sie ihr den Haushalt führte. Sie würde auch keine finanzielle Unterstützung für ihr Studium erhalten. Enttäuscht und erneut im Stich gelassen, suchte sich Dorothy eine Arbeit als Büroangestellte und zog in eine kleine Wohnung. Sie bekam ein Wochengehalt von 13 Dollar, musste dafür aber fünfeinhalb Tage arbeiten. Ich fragte meine Mutter einmal, warum in aller Welt sie nach Chicago zurückgekehrt sei. Sie sah mich traurig an und antwortete: »Ich hatte mich zehn Jahre lang nach der Liebe meiner Mutter gesehnt. Ich musste einfach herausfinden, ob sie mich liebte.«

Edwin, mein Großvater mütterlicherseits, starb 1947, ein Jahr vor meiner Geburt. Meine Großmutter Della lernte ich als schwache, genusssüchtige Frau kennen, die vor der Realität in die Scheinwelt der Seifenopern im Fernsehen floh. Sie lebte in ihrer eigenen Welt, in der niemand außer ihr Platz fand. Ich erinnere mich, dass sie meine Brüder und mich einmal hütete, als ich etwa zehn Jahre alt war. Auf dem Spielplatz bei meiner Schule schlug ich mir an einem Tor die Stirn über dem rechten Auge auf. Weinend und blutüberströmt lief ich drei Häuserblocks weit nach Hause. Als Della mich sah, wurde sie auf der Stelle ohnmächtig – ich musste mich von den Nachbarn verarzten lassen. Nachdem Della wieder zu sich gekommen war, beklagte sie sich darüber, dass ich sie erschreckt habe und dass sie sich bei ihrem Sturz ernsthaft hätte verletzen können. Nur selten gewährte sie uns Zutritt zu ihrer Welt. Dann war sie ausgelassen, sang, spielte mit uns Karten oder ging mit uns ins Kino oder in einen Vergnügungspark. 1960 starb diese unglückliche und für uns Kinder damals sehr mysteriöse Frau. Für eines allerdings schulden wir ihr Dank: Sie hatte meine Mutter zurück nach Chicago geholt, wo Dorothy ihren späteren Mann Hugh E. Rodham kennen lernte.

Mein Vater kam 1911 als zweiter Sohn von Hugh Rodham senior und Hannah Jones zur Welt – ein Abkömmling englischer und walisischer Bergleute, die Ende des 19. Jahrhunderts in die Vereinigten Staaten ausgewandert waren. Die Familien, arbeitsame und streng gläubige Methodisten, hatten sich in Scranton, Pennsylvania, niedergelassen, einer rauen Industriestadt, die von Kohlebergwerken, Ziegel- und Spitzenfabriken, Bahnanlagen und hölzernen Zweifamilienhäusern geprägt war.

Mein Großvater, Hugh senior, war das sechste von elf Kindern. Er begann als Junge in der »Scranton Lace Company«, einer der zahlreichen Textilfabriken, zu arbeiten und brachte es bis zum Vorarbeiter. Er war ein liebenswürdiger, sanftmütiger Mann – und damit das Gegenteil seiner dominanten Frau Hannah Jones Rodham, die darauf bestand, die Familiennamen beider Elternteile zu führen. Sie war die uneingeschränkte Herrscherin über die Familie und ihre nähere Umgebung.

Mein Vater verehrte seine Mutter und erzählte mir und meinen Brüdern immer wieder die dramatische Geschichte, wie sie einst seine Beine gerettet hatte. Um das Jahr 1920 war er gemeinsam mit einem Freund auf einem Pferdekarren mitgefahren, der Eis transportierte. Als sich die Pferde mühsam einen Hügel hinaufkämpften, fuhr ein Lastwagen auf den Karren auf und quetschte die Beine meines Vaters ab. Er wurde ins Krankenhaus gebracht, wo die Ärzte nach eingehender Untersuchung zu dem Schluss gelangten, dass seine Wadenbeine und Füße irreparable Schäden davongetragen hätten. Beide Beine müssten amputiert werden. Nachdem Hannah von der Absicht der Ärzte erfahren hatte, schloss sie sich kurzerhand mit ihrem Sohn im Behandlungszimmer ein. Niemand würde die Beine ihres Sohnes anrühren, es sei denn, um sie zu retten! Sie verlangte, dass man unverzüglich ihren Schwager, den Arzt Dr. Thomas Rodham, herbeirufen solle. Dr. Rodham, der in einem anderen Krankenhaus arbeitete, wurde geholt, untersuchte meinen Vater und erklärte: »Niemand wird diesem Jungen die Beine abtrennen!« Erst als er meiner Großmutter sein Wort gegeben hatte, eine Amputation nicht zuzulassen, ließ Hannah die anderen Ärzte in den Behandlungsraum zurückkehren. Mein Vater hatte in der Zwischenzeit vor Schmerzen das Bewusstsein verloren. Als er wieder zu sich kam, hielt seine Mutter an seinem Bett Wache. Sie versicherte ihm, dass seine Beine gerettet seien und dass er eine ordentliche Tracht Prügel beziehen werde, sobald er wieder nach Hause käme.

Hannah war eine entschlossene Frau, die keine Möglichkeit hatte, ihre Energie und Intelligenz gezielt einzusetzen, was zur Folge hatte, dass sie sich übermäßig in das Leben anderer Menschen einmischte und ein starkes Kontrollbedürfnis entwickelte. Ihr ältester Sohn, mein Onkel Willard, der als Ingenieur bei der Stadtverwaltung von Scranton arbeitete, zog nie aus seinem Elternhaus aus und starb im Jahr 1965 kurz nach seinem Vater. Hannahs Lieblingskind aber war Russell, ihr jüngster Sohn. Er war ein herausragender Student und Sportler, wurde Arzt, diente in der Armee, heiratete, bekam eine Tochter und kehrte nach Scranton zurück, um dort zu praktizieren. Doch Anfang des Jahres 1948 versank er in einer Depression, die ihm immer mehr zusetzte. Meine Großeltern baten meinen Vater, der in Chicago lebte, nach Hause zu kommen, um Russell zu helfen. Kurz nach der Ankunft meines Vaters beging Russell einen Selbstmordversuch. Mein Vater fand ihn gerade noch rechtzeitig auf dem Dachboden. Er nahm Russell mit nach Chicago, wo er bei uns leben und sich psychiatrisch behandeln lassen sollte.

Ich war gerade erst acht oder neun Monate alt, als Russell zu uns ins Haus kam. Er war ein groß gewachsener, gut aussehender Mann, hatte dichteres Haar und war kräftiger als mein Vater und kümmerte sich fürsorglich um mich. Eines Tages, ich war damals etwa zwei Jahre alt, trank ich, bevor mich mein Onkel und meine Mutter daran hindern konnten, aus einer mit Terpentin gefüllten Flasche, die ein Handwerker vergessen hatte. Russell brachte mich sofort zum Erbrechen und zwang mich, eine übel schmeckende Flüssigkeit zu schlucken; dann brachte er mich in aller Eile ins Krankenhaus. Da er seine Arbeit als Arzt zu dieser Zeit bereits aufgegeben hatte, scherzte er immer, ich sei seine letzte Patientin gewesen. Mein Onkel kam 1962 in einem Feuer um, das durch eine brennende Zigarette ausgelöst worden war. Es tat mir schrecklich Leid für meinen Vater, der mit seinen begrenzten psychologischen Kenntnissen jahrelang versucht hatte, Russell am Leben zu erhalten. Die heute verfügbaren Medikamente hätten ihm wohl helfen können. Dad hielt Russells Tod monatelang vor meinem Großvater geheim. Erst als mein Großvater eines Tages zu Besuch kam, erfuhr er vom Tod seines Sohnes und brach schluchzend am Küchentisch zusammen. Er starb nur drei Jahre später.

Als mittlerer Sohn hatte mein Vater zunächst keinen leichten Stand in der Familie. In seiner Jugend hielten seine Eltern ihn für weniger pflichtbewusst und zuverlässig als seinen älteren Bruder Willard, seinen jüngeren Bruder Russell betrachteten sie als intelligenter und erfolgreicher. Mein Vater dagegen brachte sich ständig in Schwierigkeiten – weil er einen Ausflug im nagelneuen Auto eines Nachbarn unternahm, ohne vorher um Erlaubnis gefragt zu haben, oder weil er vor der methodistischen Kirche in der Court Street während der Abendmesse auf dem Gehsteig Skateboard fuhr. Als er im Jahr 1931 seinen Abschluss an der Central High School gemacht hatte, sah es so aus, als werde er wie sein Vater in der Spitzenfabrik arbeiten müssen. Doch sein bester Freund, der von der Penn State University aufgenommen worden war und dort in der Football-Mannschaft spielen sollte, erklärte dem Trainer, er werde nur in Begleitung seines besten Mannschaftskameraden kommen. Der Trainer willigte ein, und mein Vater folgte seinem Freund ins State College, wo er für die Nittany Lions spielte. 1935 machte er seinen Abschluss und kehrte mit einem Diplom in Sportwissenschaft nach Scranton zurück.

Ohne seinen Eltern etwas zu sagen, sprang mein Vater eines Nachmittags auf einen Güterzug, fuhr nach Chicago, erkundigte sich dort nach Arbeitsmöglichkeiten und kehrte mit einem Job als Tuchvertreter in der Tasche nach Scranton zurück. Meine Großmutter war außer sich, als sie von seinen Plänen hörte und verbot ihm zu gehen, doch Großvater gab zu bedenken, dass es schwierig sei, überhaupt eine Arbeit zu finden, und dass die Familie das Geld für Russells Medizinstudium benötige. Also zog mein Vater nach Chicago. Er reiste jede Woche als Vertreter quer durch den Norden des Mittleren Westens, von Des Moines bis Duluth, und kam am Wochenende meistens nach Scranton, um seiner Mutter den Gehaltsscheck zu übergeben. Obwohl er mir gegenüber nie erwähnte, Scranton aus anderen als wirtschaftlichen Gründen verlassen zu haben, glaube ich, dass meinem Vater bewusst war, dass er sich von seiner Mutter lösen musste, wenn er sein Leben je selbst in die Hand nehmen wollte.

Meine Mutter Dorothy Howell hatte zur selben Zeit in Chicago eine Stelle als Schreibkraft in einem Textilunternehmen angetreten und zog dort eines Tages die Aufmerksamkeit eines Vertreters namens Hugh E. Rodham auf sich. Sie war fasziniert von seiner Energie, seinem Selbstbewusstsein und seinem rauen Humor.

Meine Eltern heirateten im Jahr 1942, nur wenige Wochen nach dem japanischen Angriff auf Pearl Harbor und zogen in eine kleine Wohnung im Viertel Lincoln Park unweit des Lake Michigan. Mein Vater meldete sich für ein Sonderprogramm der Kriegsmarine und wurde in der Great Lakes Naval Station nur eine Stunde nördlich von Chicago stationiert. Als Erster Maat war er für die Ausbildung tausender junger Seeleute verantwortlich, die überwiegend in den Pazifik entsandt wurden. Er erzählte mir, wie traurig es ihn jedes Mal gemacht habe, wenn er seine Schützlinge zur Westküste begleiten musste, wo sie an Bord ihrer Schiffe gingen. Er wusste nicht, ob sie lebend zurückkommen würden. Nach seinem Tod erhielt ich Briefe von Männern, die unter ihm gedient hatten. Vielen dieser Schreiben lag ein Foto von einer Matrosenklasse bei, auf dem in der Mitte stets mein gut aussehender Vater zu sehen war. Auf meinem Lieblingsfoto posiert er mit einem breiten Lächeln in seiner Uniform. Er sah umwerfend aus, wie ein Filmstar.

Mein Vater pflegte auch nach seiner Heirat enge Bindungen zu seiner Familie und seinem Heimatort Scranton. Meine Brüder und ich wurden dort getauft, in der methodistischen Kirche, die schon mein Vater als Kind besucht hatte. Er hielt viel auf Disziplin und erzog vor allem meine Brüder Hugh und Tony sehr streng. Großvater Rodham stellte sich oft auf unsere Seite, weshalb wir ihn noch mehr ins Herz schlossen. Meine Brüder und ich verbrachten damals viel Zeit bei der Familie meines Vaters in der Diamond Avenue in Scranton. Und jedes Jahr verbrachten wir fast den ganzen August in dem Sommerhäuschen, das Großvater Rodham im Jahr 1921 am Lake Winola gebaut hatte. Der See liegt etwa zwanzig Meilen nordwestlich von Scranton in den Pocono Mountains. In dieser einfachen Hütte gab es kein Bad, keine Dusche und mit Ausnahme eines gusseisernen Ofens in der Küche auch keine Heizung. Wir wuschen uns im See oder ließen uns auf der Veranda einen

Eimer Wasser über den Kopf gießen. Die große Veranda war unser bevorzugter Platz. Dort spielten meine Brüder und ich endlose »Pinochle«-Partien mit unserem Großvater. In seinen Augen war »Pinochle« das großartigste Kartenspiel der Welt. Er las uns Geschichten vor und erzählte uns die Legende des Sees, der den Namen der indianischen Prinzessin Winola trägt. Winola hatte sich im See ertränkt, weil ihr Vater nicht zugelassen hatte, dass sie sich mit einem schönen Krieger eines anderen Stammes vermählte.

Die Hütte gehört mittlerweile meinen Brüdern, die immer noch einen Teil ihrer Ferien dort verbringen. Glücklicherweise haben sie einige Verbesserungen vorgenommen und vor einigen Jahren sogar eine Dusche installiert. Auch für Chelsea, Bill und mich ist sie ein stilles Refugium, das wir gerne aufsuchen, auch wenn sich seit meiner Kindheit dort viel verändert hat.

Anfang der fünfziger Jahre wohnte kaum jemand entlang der zweispurigen Straße, die an dem Häuschen vorbeiführt. In den Wäldern, die die umliegenden Berge säumen, lebten Bären und Berglöwen. Als Kinder liebten wir es, die Landschaft zu erkunden. Wir unternahmen Wanderungen und Fahrradausflüge, gingen fischen und fuhren im Kanu auf dem Susquehanna River. Mein Vater brachte mir hinter der Hütte bei, ein Gewehr abzufeuern, und wir übten zielen, indem wir auf Dosen oder Steine schossen. Doch die meiste Zeit verbrachten wir am See. Wir mussten nur die Straße überqueren und den Weg hinablaufen, der am Laden der Fosters vorbeiführte. Hier lernte ich auch Menschen kennen, denen ich zu Hause in Chicago nie begegnet wäre – »Leute der Berge«, wie mein Großvater sie nannte, die ohne elektrischen Strom in einfachen Blockhütten lebten und kein Auto besaßen.

Mit zehn oder elf Jahren spielte ich »Pinochle« mit den Männern: mit meinem Großvater, meinem Vater, Onkel Willard sowie Pete und Hank, zwei unverbesserlich schlechten Verlierern. Pete lebte am Ende einer unbefestigten Straße und erschien jeden Tag zum Kartenspielen. Hatte er einige Spiele verloren, stapfte er meist wütend davon. Hank kam nur, wenn mein Vater zu Besuch war. Dann stieg er mit seiner Angel die steilen Stufen der Veranda herauf und brüllte: »Ist dieser schwarzhaarige Bastard zu Hause? Ich will Karten spielen!« Wenn er verlor, begann er wüste Flüche auszustoßen, schmiss die Karten auf den Boden und stieß den Tisch um. Und er verlor oft. Mein Vater lachte dann stets sein rollendes, dröhnendes Lachen und klopfte Hank auf die Schulter. Dieses Lachen, das Gäste im Restaurant aufschrecken lässt und Katzen aus dem Raum jagen kann, habe ich übrigens von meinem Vater geerbt.

Nach dem Krieg gründete mein Vater eine kleine Firma, die Textilien bedruckte. Das Unternehmen hieß »Rodrik Fabrics« und hatte seinen Sitz im Merchandise Mart am Stadtrand von Chicago. Ich erinnere mich noch daran, wie mein Vater mich im Alter von drei oder vier Jahren in sein Büro mitnahm, von dem man einen großartigen Blick auf den Chicago River hatte. Um mich von den Fenstern fern zu halten, die er stets offen ließ, erzählte er mir, unten am Fluss lebe ein großer böser Wolf, der mich fressen werde, sollte ich hinunterfallen. Später eröffnete er an der North Side einen Betrieb, in dem er im Siebdruckverfahren Stoffe färbte. Er beschäftigte Tagelöhner und spannte auch meine Mutter, meine Brüder und mich ein, als wir alt genug waren, um die Geräte zu bedienen. Behutsam gossen wir die Farbe ins Sieb und zogen die Walze darüber, um das Muster auf den darunter liegenden Stoff zu drucken; dann hoben wir das Sieb vorsichtig wieder ab. Denselben Arbeitsgang wiederholten wir immer wieder.

Der geschäftliche Erfolg meines Vaters ermöglichte uns, im Jahr 1950 in den Chicagoer Vorort Park Ridge zu ziehen. Ich war damals drei Jahre alt, mein Bruder Hugh war noch ein Krabbelkind. Park Ridge war in den fünfziger Jahren ein Viertel mit komfortablen Einfamilienhäusern und Straßen, die von Bäumen und breiten Gehwegen gesäumt waren. Im Norden der Stadt gab es schönere und modernere Vororte, doch meine Eltern fühlten sich unter all den anderen Veteranen wohl, die von den ausgezeichneten öffentlichen Schulen und Parks nach Park Ridge gelockt wurden. Der Ort war der weißen Mittelschicht vorbehalten. Die Frauen führten den Haushalt und zogen die Kinder groß, während die Männer mit dem Nahverkehrszug zur Arbeit pendelten. Da mein Vater Kunden besuchen musste, fuhr er jeden Morgen nach dem Frühstück mit dem Familienauto zur Arbeit und kam erst zum Abendessen wieder nach Hause.

Unser zweigeschossiges Ziegelhaus an der Ecke Elm und Wisner Street hatte zwei Terrassen, eine Veranda und ein umzäuntes Gärtchen, in dem wir mit den Nachbarskindern spielten. Im Nebenhaus lebte die Familie Williams mit ihren vier Kindern, und auf der anderen Straßenseite wohnten die O'Callaghans, die sechs Sprösslinge hatten. Mr. Williams überflutete im Winter seinen Garten, um eine Eisfläche anzulegen, auf der wir nach der Schule und am Wochenende stundenlang Schlittschuh liefen und Eishockey spielten. Und Mr. O'Callaghan montierte in seiner Garageneinfahrt einen Basketballkorb, der die Kinder aus der ganzen Nachbarschaft anlockte. Doch am liebsten hatte ich die Spiele, die wir uns selbst ausdachten, oder die fast täglichen Softball- und Kickball-Marathons, für die uns die Kanaldeckel als *bases* dienten.

Meine Mutter Dorothy war eine klassische Hausfrau – in meiner Erinnerung sehe ich eine Frau vor mir, die unentwegt in Bewegung war, um Wäsche aufzuhängen, Geschirr abzuwaschen und jeden Abend pünktlich um sechs Uhr das Abendessen auf den Tisch zu stellen. Wenn ich aus der Field School zum Mittagessen nach Hause kam, gab es Tomaten- oder Hühnersuppe, gegrillten Käse, Sandwiches mit Erdnussbutter oder Wurstbrote. Beim Essen hörten meine Mutter und ich oft Radiosendungen wie »Ma Perkins« oder unser Lieblingsprogramm »Favorite Story«, das immer mit folgendem Dialog begann:

»Erzähl mir eine Geschichte.«

»Was für eine Geschichte?«

»Irgendeine Geschichte.«

Meine Mutter nahm sich für meine Brüder und mich viel Zeit. Während sie im Garten die Wäsche aufhängte, verbesserte sie nebenher meine Wurftechnik oder half mir, mich zu entscheiden, ob ich mich ins Gras legen sollte, um die Gestalt der am Himmel dahinziehenden Wolken zu beschreiben. In einem Sommer baute sie mit mir eine wunderschöne Phantasiewelt. Wir füllten einen großen Karton mit Sand und schufen mit Spiegeln (Seen) und Zweigen (Bäume) eine Landschaft, in der meine Puppen Märchen erleben konnten. In einem anderen Sommer unterstützte sie meinen Bruder Tony, einen Tunnel bis nach China zu graben. Sie ermunterte ihn, Bücher über China zu lesen, und er verbrachte jeden Tag einige Zeit damit, unweit des Hauses ein Loch zu graben. Hin und wieder fand er dort ein Essstäbchen oder einen Glückskeks, den meine Mutter versteckt hatte.

Mein Bruder Hugh war ähnlich abenteuerlustig. Mehr als einmal wurde er von der Polizei nach Hause gebracht, weil er sich mit seinen Freunden davongestohlen hatte, um auf den Baustellen in der Nachbarschaft zu spielen. Wenn sie wieder einmal von den Ordnungshütern aufgegriffen worden waren, nahmen die anderen Jungs im Streifenwagen Platz, während Hugh darauf bestand, neben dem Wagen nach Hause zu gehen; dann konnte er meinen Eltern wenigstens sagen, dass er ihre Ermahnung beherzigt habe, niemals in das Auto eines Fremden einzusteigen.

Das Wichtigste für meine Mutter war, dass wir etwas über die Welt lernten. Einmal in der Woche brachte sie mich in die Bücherei, wo ich mich zügig durch die Kinderbuchabteilung las. Als ich etwa fünf Jahre alt war, kauften meine Eltern ein Fernsehgerät, doch meine Mutter zog es vor, dass wir draußen herumtollten. Bei schlechtem Wetter durften wir im Haus bleiben. Wir lasen oder spielten Karten und Brettspiele wie »Monopoly« und »Clue«. Meine Mutter war davon überzeugt, dass Kinder durch Brett- und Kartenspiele strategisch denken lernen – eine Meinung, die ich teile. Sie half mir stets bei den Hausaufgaben, lediglich die Mathematik überließ sie meinem Vater, tippte meine Aufsätze auf der Schreibmaschine und griff rettend ein, als ich in der Junior High kläglich an der Aufgabe zu scheitern drohte, für den Hauswirtschaftsunterricht einen Rock zu nähen.

Meine Mutter liebte ihr Heim und ihre Familie. Doch gleichzeitig fühlte sie, dass sie in ihrem Leben sehr eingeschränkt war. Angesichts der oft überwältigenden Vielfalt von Möglichkeiten, die sich den Frauen heute bieten, vergisst man leicht, wie wenig Chancen die Generation meiner Mutter hatte. Als ihre Kinder älter waren, begann sie, Kurse an der Universität zu besuchen. Sie machte nie einen Abschluss, aber sie sammelte Zeugnisse in einer Vielzahl von Fächern, die bis zu Entwicklungspsychologie reichten.

Sie engagierte sich für die Belange ihrer Mitmenschen, war da, wann immer wir oder andere, vor allem Kinder, sie brauchten. Meine Mutter wusste aus eigener Erfahrung, dass viele Kinder – ohne eigenes Dazutun – von Geburt an benachteiligt sind und diskriminiert werden. Sie ertrug keine Form der Selbstgerechtigkeit und missbilligte jeden Anspruch auf moralische Überlegenheit, weshalb sie meinen Brüdern und mir bei jeder Gelegenheit einschärfte, dass wir nicht besser oder schlechter seien als irgendein anderer Mensch. Sie erzählte mir, dass sie während ihrer Schulzeit in Kalifornien mit ansehen musste, wie Kinder japanischer Herkunft Opfer von Vorurteilen oder respektlosem Verhalten geworden waren. Sie erinnerte sich insbesondere an einen Jungen namens Tosh, den sie sehr gemocht hatte. Sie fragte sich oft, wie es diesem Jungen und seiner Familie im Zweiten Weltkrieg ergangen sein mochte. Als sie am sechzigsten Jahrestreffen ihrer High-School-Klasse teilnahm, erfuhr sie, dass seine Familie während des Krieges interniert worden war und dass man ihre Farm enteignet hatte. Doch sie war glücklich zu erfahren, dass Tosh nach jahrelangem Kampf schließlich ein erfolgreicher Gemüsebauer geworden war.

Ich wuchs mit den Widersprüchen zwischen den Wertvorstellungen meiner Eltern auf, und lernte, dass es unter einem Dach mehr als eine Meinung geben kann. Meine Mutter war demokratisch gesinnt, worüber sie im republikanisch-dominierten Park Ridge allerdings Stillschweigen bewahrte, während mein Vater ein eingefleischter Republikaner war, und stolz darauf. Er war sowohl in Geldangelegenheiten als auch in seinen gesellschaftlichen Wertvorstellungen sehr konservativ. Es wäre ihm nie in den Sinn gekommen, eine Hypothek aufzunehmen oder auch nur eine Kreditkarte zu verwenden. In seiner kleinen Textildruckerei gab er nie mehr Geld aus, als er einnahm, und die Miete für unser Haus zahlte er bar. Mein Vater war strikt in seinen Auffassungen und ausgesprochen starrköpfig. Sein Wort war in unserem Haus Gesetz, gleich wie extrem (oder »schafsköpfig«, wie meine Mutter zu sagen pflegte) seine Ansichten auch sein mochten. Er war unglaublich sparsam und konnte Verschwendung nicht ertragen. Wie bei vielen Menschen, die während der Weltwirtschaftskrise aufgewachsen waren, entsprang diese Besessenheit der Furcht vor Armut. Zugleich war sie jedoch auch Teil seines Wesens. Meine Mutter kaufte sehr selten neue Kleider, doch selbst über Ausgaben zu besonderen Anlässen, etwa ein neues Kleid für meinen Abschlussball, mussten wir wochenlang mit meinem Vater verhandeln. Vergaß eines von uns Kindern, die Verschlusskappe auf die Zahnpastatube zu schrauben, warf mein Vater diese aus dem Fenster, und wir mussten hinausgehen, und sei es bei Schnee, um in den Büschen vor dem Haus danach zu suchen. Auf diese Weise rief er uns immer wieder ins Gedächtnis, dass wir nichts vergeuden sollten, und sei es nur Zahnpasta, die aus einer unverschlossenen Tube quoll. Ich lernte diese Lektion gut. Bis heute gebe ich nicht gegessene Oliven in das Glas zurück, wickle auch den winzigsten Käserest noch in Frischhaltefolie und fühle mich schuldig, wenn ich irgendetwas wegwerfe.

Er war ein harter Lehrmeister, aber wir wussten, dass er sich um uns sorgte und alles für uns tun würde. Als ich mich eines Tages im vierten Schuljahr darüber beklagte, dass ich beim Mathematikwettbewerb von Miss Metzger die Aufgaben nicht schnell genug lösen könne, weckte er mich früher auf, um die Multiplikationstabellen mit mir zu pauken und mir die Division beizubringen. Und im Winter drehte er die Heizung auf und zündete den Ofen an, wobei er die Küchentür einen Spalt offen stehen ließ, damit wir ein wenig Wärme spürten, wenn wir hinunterkamen. Während wir uns noch aus den Federn quälten, sang er unten bereits Schlager von Mitch Miller.

Meine Eltern erwarteten von ihren Kindern Unterstützung im Haushalt, und wir wagten nicht, ein Taschengeld zu verlangen. (»Ich ernähre euch doch, oder etwa nicht?«, hätte mein Vater auf ein solches Ansuchen geantwortet.) Als ich 13 Jahre alt war, ermutigte mich mein Vater, meinen ersten Sommerjob anzunehmen. Im Auftrag der Parkverwaltung von Park

Ridge beaufsichtigte ich an drei Vormittagen in der Woche den Spielbetrieb auf einer kleinen Grünfläche. Da mein Vater das Haus frühmorgens in unserem einzigen Auto verließ, musste ich zu Fuß mit meinem Karren voller Bälle, Schläger, Springseile und anderem Zubehör zu der einige Meilen entfernten Grünanlage gehen. Von diesem Zeitpunkt an ging ich jedes Jahr in den Sommerferien und manchmal auch während des Schuljahrs arbeiten.

Mein Vater war ein Mann mit Überzeugungen, die er vehement vertrat. In den angeregten und manchmal hitzigen Diskussionen beim Abendbrot ertrug die Familie seine Vorträge, in deren Mittelpunkt meist die Kommunisten, dubiose Geschäftsleute oder korrupte Politiker standen – in seinen Augen die drei niedrigsten Lebensformen. Unsere Gespräche, bei denen meist jeder eine andere Auffassung hatte, schulten mein Durchsetzungsvermögen und die Bildung eigener Meinungen. Ich lernte, dass jemand nicht unbedingt ein schlechter Mensch sein musste, nur weil er eine andere Auffassung vertrat. Vor allem aber lernte ich, dass man bereit sein muss, für sich selbst und das, woran man glaubt, einzustehen.

Hugh und Dorothy waren überzeugt davon, dass wir Härte brauchen würden, damit wir uns später auch unter widrigen Bedingungen behaupten könnten. Kurz nach unserem Umzug nach Park Ridge bemerkte meine Mutter, dass ich mich immer mehr dagegen sträubte, zum Spielen hinauszugehen. Manchmal kam ich weinend nach Hause und beklagte mich darüber, dass mich das Mädchen aus dem Haus gegenüber belästigt habe. Suzy O'Callaghan hatte ältere Brüder und war an einen rauen Umgang gewöhnt. Ich war erst vier Jahre alt, doch meine Mutter fürchtete, es könne mich für den Rest meines Lebens beeinträchtigen, wenn ich meine Furcht vor Auseinandersetzungen nicht überwand. Also schickte sie mich eines Tages, als ich mich wieder einmal ins Haus flüchtete, zurück auf die Straße. »Geh wieder hinaus«, befahl sie mir, »und wenn dich Suzy haut, so hast du meine Erlaubnis zurückzuschlagen. Du musst lernen, dich zu verteidigen. In diesem Haus ist kein Platz für Feiglinge.« Dabei war ihr ganz schrecklich zumute. Sie erzählte mir viele Jahre später, dass sie hinter dem Vorhang am Wohnzimmerfenster gestanden habe, um zu beobachten, wie ich in kämpferischer Haltung über die Straße marschierte.

Nach einigen Minuten kehrte ich mit stolzgeschwellter Brust zurück. »Ich kann jetzt mit den Jungs spielen«, erklärte ich meiner Mutter. »Und Suzy wird meine Freundin!« Sie ist es bis heute geblieben.

Meine Mutter ermunterte mich auch, mich für andere zu engagieren. Ich begann mit der Organisation von Spielen, Sportveranstaltungen und Gartenfesten für die Kinder aus der Nachbarschaft. Das tat ich zum Spaß und um kleine Geldbeträge für wohltätige Zwecke zu sammeln. Auf einem alten Foto in unserer Lokalzeitung, dem *Park Ridge Advocate,* bin ich zu sehen, wie ich stolz eine mit Geld gefüllte Papiertüte präsentiere: Ich hatte mich als Zwölfjährige an der Organisation einer Kinderolympiade beteiligt, mit der wir in der Nachbarschaft Geld für United Way sammelten.

Umgeben von einem Vater und Brüdern, die Sportfanatiker waren, war es kein Wunder, dass auch ich sportlich aktiv war. In der High School spielte ich im Sommer in einer Softball-Liga für Mädchen. Die letzte Mannschaft, für die ich antrat, wurde von einem örtlichen Süßigkeitenhersteller gesponsert. Wir trugen weiße Kniestrümpfe, schwarze Shorts und rosafarbene Hemden, auf denen der Name der Zuckerstangen prangte, die in derselben Farbkombination angeboten wurden: The Good & Plenties. Im Sommer fuhren wir, die »Park Ridge Kids«, nach Hinckley Park, um dort in den kalten Teichen zu schwimmen oder zu Fuß oder mit dem Fahrrad die ganze Gegend zu erkunden, wobei wir oft hinter den gemächlich dahinzuckelnden Lastwagen herfuhren, die in den Sommermonaten in der Abenddämmerung einen DDT-Nebel versprühten. Damals wäre niemand auf den Gedanken gekommen, Pestizide könnten schädlich sein. Wir fanden es lustig, durch den Dunst zu radeln und den süßlichen Duft von geschnittenem Gras einzuatmen, der sich mit dem beißenden Geruch des heißen Asphalts mischte.

Im Winter liefen wir auf der großen Freiluftbahn oder auf dem gefrorenen Des Plaines River Schlittschuh, während unsere Väter sich an einem Feuer wärmten und darüber diskutierten, dass der sich ausbreitende Kommunismus unsere Gesellschaft bedrohe, dass die Russen die Bombe hätten und dass wir wegen des Sputniks den Wettlauf um den Weltraum verlieren würden. Doch für mich war der Kalte Krieg nur ein abstrakter Begriff, während meine unmittelbare Welt sicher und stabil zu sein schien. Ich kannte kein Kind, dessen Eltern geschieden waren, und erst in der High School hörte ich zum ersten Mal von einem Menschen, der an etwas anderem gestorben war als an Altersschwäche. Ich bin mir darüber im Klaren, dass dieser warme Kokon eine Illusion war, doch genau so eine Illusion würde ich mir für jedes Kind wünschen.

Wir waren in vielerlei Hinsicht eine für diese sicherheitsbedürftige, konformistische Ära der amerikanischen Geschichte typische Vorortfamilie. Die Rodhams bewohnten 37 Jahre lang dasselbe Haus in Park Ridge, und meine Brüder und ich besuchten die Grundschule und die Mittelschule im selben Viertel. Doch obwohl wir gemäß dem Grundsatz »Vater weiß es am besten« erzogen wurden, lehrten mich meine Eltern auch, Gruppenzwängen zu widerstehen. Meine Mutter weigerte sich stets, sich damit zu befassen, welche Kleidung meine Freundinnen trugen oder was sie über mich oder irgendjemand anderen dachten. »Du bist einzigartig«, sagte sie immer wieder. »Du kannst dir deine eigenen Gedanken machen. Es ist mir egal, ob jedermann dies oder das tut. Wir sind nicht jedermann. Du bist nicht jedermann.«

Nichtsdestotrotz tat ich natürlich manches in dem Bestreben, mich anzupassen. So weigerte ich mich zum Beispiel, jene dicken Brillen zu tragen, die ich ab meinem neunten Lebensjahr brauchte, um meine extreme Kurzsichtigkeit zu korrigieren. Ich besaß genug halbwüchsige Eitelkeit, um bei bestimmten Gelegenheiten lieber blind nach dem Weg zu tasten als auszusehen wie eine aufgeschreckte Eule. Meine Freundin Betsy Johnson, die in die sechste Klasse ging, führte mich wie ein Blindenhund durch die Stadt. Manchmal begegnete ich Klassenkameraden, ohne sie zu bemerken, was nichts mit Hochnäsigkeit zu tun hatte, sondern daran lag, dass ich sie tatsächlich nicht erkannte. Ich war schon über dreißig Jahre alt, als ich endlich weiche Kontaktlinsen erhielt, die stark genug waren, um meine Kurzsichtigkeit auszugleichen.

Betsy und ich besuchten an den Samstagabenden allein das Pickwick Theater, um uns Filme anzusehen. »Ein Pyjama für zwei« mit Doris Day und Rock Hudson sahen wir gleich zweimal. Anschließend gingen wir in ein Restaurant, entweder ins Robin Hood's oder ins Pantry, wo wir eine Cola tranken und etwas Gebackenes aßen. Wir glaubten, das Stippen der Pommes frites im Ketchup erfunden zu haben, als uns die Kellnerin im Robin Hood's erklärte, sie sehe das zum ersten Mal. Was Fast Food ist, erfuhr ich erst, als meine Familie ungefähr 1960 erstmals zu McDonald's ging. Der erste McDonald's hatte im Jahr 1955 im nahe gelegenen Städtchen Des Plaines eröffnet, doch meine Familie entdeckte diese Restaurantkette erst, als in Niles eine Filiale eröffnet wurde. Ich erinnere mich noch an das große Schild, auf dem die Zahl der verkauften Hamburger angezeigt wurde. Aus hunderten wurden tausende, und aus tausenden wurden Millionen.

Ich war eine begeisterte Schülerin und hatte das Glück, in der Eugene Field School, in der Ralph Waldo Emerson Junior High und in der Maine Township High School von einigen großartigen Lehrern unterrichtet zu werden. Jahre später, als ich dem Education Standards Committee [Anm. d. Red.: Erläuterungen siehe Glossar] von Arkansas vorstand, wurde mir klar, was für ein Glück ich gehabt hatte, gut ausgestattete Schulen mit gut ausgebildeten Lehrern und einem umfassenden Angebot an außerschulischen Aktivitäten besuchen zu können. Ich erinnere mich heute noch gern an Miss Taylor, die uns jeden Morgen aus »Pu der Bär« vorlas. Oder an Miss Cappuccio, meine Lehrerin in der zweiten Klasse, die von uns verlangte, die Zahlen eins bis tausend zu schreiben – eine große Herausforderung für kleine Hände, die dicke Stifte halten mussten, und eine Übung, die mir zu verstehen half, was es bedeutet, eine große Aufgabe in Angriff zu nehmen und auch zu Ende zu führen.

Obwohl ich eine gute Schülerin war, galt ich als Wildfang, den man mit besonderen Aufgaben zu disziplinieren suchte. Im fünften Schuljahr gehörte ich in Mrs. Krauses Klasse zu den unverbesserlichen Rabauken. Verließ Mrs. Krause das Klassenzimmer, so übertrug sie mir oder einem der wenigen Mädchen die »Aufsicht«. Sobald sich die Tür hinter ihr schloss, begannen die Jungen, aufmüpfig zu werden und Unfug zu treiben, um die Mädchen zu ärgern. Ich erwarb mir schnell den Ruf, den Jungen die Stirn bieten zu können. Bei der Wahl der Kapitäne der Schülerlotsen für das nächste Jahr wurde ich daher auch zum Co-Captain gewählt. Das war ein wichtiger Posten, da die Captains die Aufsicht über die Schülerlotsen für das sechste Schuljahr hatten. Entlang des Schulwegs standen Jungen und Mädchen an den Straßenecken, um den Verkehr zu leiten, damit die kleineren Kinder gefahrlos die Straße überqueren konnten. Mein Co-Captain war ein sehr beliebtes Mädchen namens Carol Farley. Wir blieben während der ganzen High School Freundinnen und begegneten einander 1992 im Präsidentschaftswahlkampf wieder. In meiner neuen Ehrenposition erfuhr ich erstmals auch etwas über die seltsamen Reaktionen mancher Menschen auf politische Vorgänge. Barbara, ein Mädchen aus meiner Klasse, lud mich einmal zum Mittagessen zu sich nach Hause ein. Als wir bei ihr eintrafen, war ihre Mutter gerade mit Staub saugen beschäftigt und sagte uns, wir sollten uns Sandwiches mit Erdnussbutter machen. Ich fand nichts dabei, bis wir uns wieder auf den Weg zur Schule machten und uns von Barbaras Mutter verabschiedeten. Sie fragte ihre Tochter, warum wir schon so früh aufbrechen wollten, worauf Barbara ihr erklärte: »Hillary ist Patrol Captain und muss rechtzeitig zurück sein.«

»Wie?«, stieß ihre Mutter hervor. »Ich dachte, Carol sei der Captain.«

»Wir sind Co-Captains«, antwortete ich.

»Hätte ich das gewusst«, erklärte sie, »hätte ich euch ein gutes Essen zubereitet.«

Auch andere Erlebnisse sind mir aus dieser Zeit noch lebhaft in Erinnerung. Elisabeth King, meine Lehrerin in der sechsten Klasse, paukte Grammatik mit uns, ermutigte uns aber auch, selbständig zu denken und nach neuen Ausdrucksformen zu suchen. Brauchten wir zu lange, um eine ihrer Fragen zu beantworten, so schimpfte sie: »Ihr seid langsamer als Sirup, der im Winter bergauf fließen soll.« Sie drängte mich, Betsy Johnson, Gayle Elliot, Carol Farley und Joan Throop, ein Theaterstück zu schreiben und zu inszenieren, das von fünf Mädchen handeln sollte, die eine imaginäre Reise nach Europa unternehmen. Mrs. King ist es auch zu verdanken, dass ich damals schon eine Autobiographie verfasste.

Ich fand meine Aufzeichnungen Jahrzehnte später in einer Schachtel mit alten Papieren, als wir aus dem Weißen Haus auszogen. Die Lektüre meiner »Autobiographie« versetzte mich schlagartig wieder an die Schwelle zum Erwachsenwerden zurück. Ich war damals noch ein richtiges Kind, dessen Welt vorwiegend aus Familie, Schule und Sport bestand. Doch nun, nach Abschluss der Grundschule, war es Zeit, in eine andere Welt einzutreten, die viel komplizierter war als die, die ich kannte.

Die Universität des Lebens

»Was deine Mutter dir nicht beibringt, lehrt dich das Leben«, lautet ein Sprichwort der Masai. Im siebten Schuljahr brachte ein Erlebnis meine bis dahin recht blauäugige Weltsicht ins Wanken. Ich befand mich an einem sehr kalten Nachmittag auf dem Fußballplatz, wartete in der Nähe des gegnerischen Tores auf unseren nächsten Angriff und versuchte, mit der Torhüterin ins Gespräch zu kommen: »Es ist so verdammt kalt, dass meine Hände mit Eis überzogen sein werden, wenn das Spiel zu Ende ist.« Das Mädchen sah mich an und sagte: »Und wenn sie mit Scheiße überzogen wären, wäre es mir auch egal.« Mit diesem Satz ließ sie mich stehen. Dieser Wortwechsel gab mir tagelang zu denken. Mir wurde klar, dass es Menschen gab, denen ich nicht nur völlig gleichgültig war, sondern die mir, ohne mich überhaupt zu kennen, feindselig gesinnt waren.

Mein Horizont wurde ein Jahr nach diesem Vorfall erneut erweitert, als John F. Kennedy 1960 zum Entsetzen meines Vaters und meines Sozialkundelehrers zum Präsidenten gewählt wurde. Beide unterstützten Vizepräsident Richard M. Nixon. Mr. Kenvin kam am Tag nach der Wahl in die Schule und zeigte uns blaue Flecken, die er davongetragen hatte, als er das Verhalten der demokratischen Wahlhelfer in seinem Wahlsprengel in Chicago kritisiert hatte. Seine Erzählung empörte mich und bestätigte meinen Vater in seiner Überzeugung, die von Bürgermeister Richard J. Daley praktizierte »kreative

Stimmenauszählung« habe Präsident John F. Kennedy zum Wahlsieg verholfen.

Betsy Johnson und ich waren von dieser Geschichte derart aufgewühlt, dass wir in der Mittagspause von der Telefonzelle vor der Mensa das Büro des Bürgermeisters anriefen, um uns zu beschweren. Wir sprachen mit einer sehr freundlichen Frau, die uns versicherte, sie werde unsere Mitteilung gewiss an den Bürgermeister weiterleiten. Einige Tage später hörte Betsy von einer Gruppe Republikanern, die nach Freiwilligen suchten, die Wählerlisten mit Adresslisten vergleichen sollten, um einen möglichen Wahlbetrug aufzudecken. Die Freiwilligen sollten sich am Samstagmorgen um neun Uhr in einem Hotel in der Innenstadt versammeln. Betsy und ich entschlossen uns spontan zur Teilnahme. Da wir wussten, dass unsere Eltern das nie erlauben würden, fragten wir sie erst gar nicht. Wir nahmen den Bus ins Zentrum, marschierten in das Hotel und wurden in einen kleinen Ballsaal geführt. Der Ansturm der Freiwilligen war offensichtlich nicht allzu groß, denn wir bekamen ohne viel Aufhebens je einen Stapel mit Wählerlisten in die Hand gedrückt. Anschließend wurden wir verschiedenen Gruppen zugeteilt, die uns zu unseren Bestimmungsorten bringen und nach einigen Stunden dort auch wieder abholen würden.

Auf der South Side wurde ich in einem schäbigen Viertel abgesetzt. Furchtlos und unbedarft wie ich damals war, machte ich mich auf den Weg. Ich stolperte über ein unbebautes Grundstück, das als Adresse von einem Dutzend angeblicher Wähler eingetragen war. Ich weckte zahlreiche Leute auf, die verschlafen zur Tür geschlurft kamen oder einfach nur herausschrien, ich solle mich schleunigst aus dem Staub machen. Und ich betrat eine Bar, in der Männer bereits am frühen Morgen tranken, um zu fragen, ob einige der eingetragenen Personen tatsächlich dort lebten. Die Männer waren derart geschockt, mich zu sehen, dass sie stumm dastanden, während ich meine Fragen stellte. Schließlich erklärte mir der Barkeeper, ich müsse später wiederkommen, da der Besitzer nicht da sei.

Als ich fertig war, stellte ich mich wieder an die Ecke und wartete darauf, abgeholt zu werden. Ich war glücklich, ein gutes »Adlerauge« gewesen zu sein und Beweise für die Behauptung meines Vaters gefunden zu haben, Daley habe die Wahl »für Kennedy gestohlen«.

Deshalb erzählte ich meinem Vater auch von meinem Ausflug; er war selbstverständlich außer sich. Es war schon schlimm genug, sich ohne Begleitung eines Erwachsenen in die Innenstadt zu begeben, doch dass ich mich allein auf die South Side gewagt hatte, trieb ihn zur Weißglut. Dies war kein Ort, an dem seine Tochter spazieren gehen sollte. Ganz abgesehen davon werde Kennedy ohnehin Präsident bleiben, ob uns das nun gefalle oder nicht.

Im ersten Jahr an der Maine East erlitt ich einen Kulturschock. Aufgrund der Geburtenschwemme stieg die Zahl der Schulanfänger auf nahezu 5000 weiße Jugendliche aus völlig unterschiedlichen Schichten. Ich erinnere mich noch daran, dass ich am ersten Schultag das Versammlungszimmer meiner Klasse verließ und mich an den Wänden entlangdrückte, um dem Tumult zu entgehen. Alle anderen Schüler wirkten größer und reifer als ich. Es half auch nicht, dass ich mich in der Vorwoche entschlossen hatte, mir für die High School einen »erwachseneren« Haarschnitt zuzulegen. Damit begann übrigens meine lebenslange Suche nach der geeigneten Frisur. Ich hatte mein langes, glattes Haar bislang zu einem Pferdeschwanz zusammengebunden oder einen Haarreif getragen. Wann immer meine Mutter oder ich eine Dauerwelle oder einen Trimmschnitt brauchten, statteten wir ihrer engen Freundin Amalia Toland, die einmal in einem Schönheitssalon gearbeitet hatte, einen Besuch ab. Amalia frisierte uns in ihrer Küche, während sie mit meiner Mutter plauderte. In der High School aber wollte ich mit einem schulterlangen Pagenschnitt oder einer kecken Kurzhaarfrisur auftrumpfen, wie sie die älteren Mädchen trugen. Also flehte ich meine Mutter an, mich zu einem richtigen Hairstylisten zu bringen. Eine Nachbarin empfahl einen Friseur, der seinen Salon in einem kleinen, fensterlosen Hinterzimmer des nahe gelegenen Supermarkts hatte. Ich zeigte dem Friseur ein Foto, auf dem der Haarschnitt zu sehen war, den ich mir wünschte, und wartete auf meine wunderbare Wandlung. Er fuchtelte mit seiner Schere herum und begann zu schneiden, wobei er unentwegt mit meiner Mutter sprach, der er sich immer wieder zuwandte. Ich sah mit Entsetzen im Spiegel, wie er an meiner rechten Schläfe ein riesiges Büschel Haare abschnippelte. »Was tun Sie da?!«, schrie ich. Er betrachtete verdutzt die Stelle und erklärte: »Oh, da muss ich wohl die andere Seite genauso kurz schneiden.« Wie gelähmt sah ich zu, wie zusehends immer mehr meiner Haare verschwanden. Es war entsetzlich – denn ich hatte mich, zumindest in meinen Augen, in eine Artischocke verwandelt. Meine arme Mutter versuchte, mich aufzurichten, doch ich wusste, dass ich mich der bitteren Wahrheit stellen musste: Mein Leben war ruiniert.

Tagelang weigerte ich mich, das Haus zu verlassen, bis ich auf die Idee kam, mir in Ben Franklins Krämerladen einen Pferdeschwanz aus Kunsthaar zu kaufen. So konnte ich wenigstens so tun, als sei die Tragödie mit der entglittenen Schere nie geschehen. Der angesteckte Pferdeschwanz bewahrte mich davor, mich am ersten Schultag völlig beklommen und unsicher zu fühlen – zumindest so lange, bis ich beim Wechsel des Klassenzimmers die große Haupttreppe hinunterging und Ricky Ricketts begegnete. Ricky, mit dem ich seit dem Kindergarten befreundet war, begrüßte mich und zog im Vorbeigehen wie unzählige Male zuvor an meinem Pferdeschwanz. Nur behielt er ihn diesmal in der Hand! Dass wir immer noch befreundet sind, liegt sicher auch daran, dass er diese schreckliche Demütigung nicht zusätzlich verschlimmerte, sondern mir mein »Haar« zurückgab, sich entschuldigte, mich skalpiert zu haben, und weiterging, ohne die Aufmerksamkeit der anderen Schüler auf die bis dahin schlimmste Erfahrung meines Lebens zu lenken. Selbstverständlich war ich dennoch davon überzeugt, dass alle Augen auf mich gerichtet waren und dass mich dieses peinliche Erlebnis während meiner ganzen Zeit in der High School verfolgen werde.

Auch wenn es heute wie ein abgedroschenes Klischee klingt: Meine Schule hätte tatsächlich der Schauplatz des Films »Grease« oder der Fernsehserie »Happy Days« sein können.

Ich war Präsidentin des örtlichen Fanclubs des Teeny-Idols Fabian, wobei dieser Club nur aus mir und zwei weiteren Mädchen bestand. Jeden Sonntagabend sahen wir uns mit der Familie die »Ed Sullivan Show« an; lediglich die Sendung am 9. Februar 1964 mussten wir unbedingt im Kreis der Freundinnen sehen, da an jenem Abend die Beatles auftraten. Mir gefiel Paul McCartney am besten, doch da Betsy stets George Harrison den Vorzug gab, führten wir endlose Debatten über die Verdienste der verschiedenen Mitglieder der Band. Im Jahr 1965 ergatterte ich einige Karten für das Konzert der Rolling Stones in Chicago. »(I Can't Get No) Satisfaction« wurde zu einer Hymne der von verschiedensten Ängsten heimgesuchten Halbwüchsigen. Als ich viele Jahre später einigen meiner Jugendidole begegnete – darunter Paul McCartney, George Harrison und Mick Jagger –, wusste ich nicht, ob ich ihnen die Hand schütteln oder kreischend herumhüpfen sollte.

In unserer Schule gab es feste Strukturen, von denen die soziale Stellung des Einzelnen abhing: Sportler und Cheerleader, Schülervertreter und Superhirne, Greaser und Hoods. Es gab Korridore, in die ich mich nicht hineintraute, da ich dort den »Shop Guys« begegnen würde. Die Sitzordnung in der Cafeteria folgte feststehenden Regeln, und wir alle respektierten die unsichtbaren Grenzen. In meinem ersten Jahr in der High School entluden sich die latenten Spannungen in Schlägereien zwischen verschiedenen Cliquen, die nach der Schule auf dem Parkplatz oder in Football- und Basketballspielen fortgesetzt wurden.

Die Schulverwaltung schritt rasch ein und bildete das »Komitee für kulturelle Werte«, in dem Schüler aus unterschiedlichen Gruppierungen zusammenkamen. Der Schuldirektor Clyde Watson forderte mich auf, in das Komitee einzutreten, wodurch ich mit Jugendlichen in Kontakt kam, die ich bis dahin gemieden hatte. Das Komitee legte Empfehlungen vor, um die Toleranz zu fördern und die Spannungen abzubauen. Die Resonanz auf dieses Projekt war so groß, dass einige von uns sogar zu einer Diskussionsrunde des lokalen Fernsehsenders eingeladen wurden, um über die Aktivitäten unseres Komitees zu berichten. Dies war nicht nur mein erster

Fernsehauftritt, sondern auch mein erster Versuch, für Pluralismus, gegenseitigen Respekt und Verständnis zu werben. Diese Werte mussten selbst in einer High School in einem Vorort von Chicago gepflegt werden. Obwohl die Schülerschaft weitgehend aus weißen christlichen Kindern bestand, gelang es uns, einander auszugrenzen und zu verteufeln. Nun hatten wir die Gelegenheit, gemeinsam etwas auf die Beine zu stellen und Toleranz zu lernen – mit Erfolg. Einige Jahre später wurde ich bei einem vom örtlichen YMCA veranstalteten Tanzabend von mehreren Jungs belästigt, als ein ehemaliges Mitglied des Komitees, ein so genannter Greaser, einschritt und sie aufforderte, mich in Ruhe zu lassen, da ich ganz »in Ordnung« sei.

Natürlich war nicht alles in der High School eine Fernsehserie mit einem vorhersehbaren Happy End. Am 22. November 1963 grübelte ich gerade in Mr. Craddocks Geometrieklasse über einer Aufgabe, als ein anderer Lehrer in die Klasse kam, um uns mitzuteilen, dass Präsident Kennedy in Dallas ermordet worden sei. Mr. Craddock stürmte mit den Worten: »Was? Das kann doch nicht sein!« aus dem Raum. Als er nach einer Weile zurückkehrte, bestätigte er, dass der Präsident vermutlich von einem gewissen John Bircher erschossen worden sei. Mit dieser Bemerkung spielte er auf eine rechtsextreme Organisation an, die Präsident Kennedy erbittert bekämpft hatte. Mr. Craddock schickte uns in die Aula, wo wir auf weitere Informationen warten sollten. In den Korridoren herrschte Grabesstille, obwohl mehrere hundert Schüler zusammenkamen. Schließlich erschien der Direktor und gab uns für den restlichen Tag frei.

Als ich nach Hause kam, saß meine Mutter vor dem Fernsehgerät und sah sich die Nachrichten mit Walter Cronkite an. Cronkite erklärte, dass Präsident Kennedy um ein Uhr mittags Central Standard Time gestorben sei. Meine Mutter gestand mir, Kennedy gewählt zu haben und seine Frau und seine Kinder sehr zu bedauern. Ich empfand genauso. Es war tragisch für unser Land, und ich wollte helfen, ohne zu wissen, wie. Diese Erfahrung gab vielleicht sogar den Anstoß, dass ich darüber nachzudenken begann, Rechtswissenschaft zu studieren.

Für mich hatte bislang nur festgestanden, dass ich einen Beruf ergreifen wollte, der mir einen guten Lebensunterhalt garantieren konnte. Zum Glück hatte ich Eltern, die nie versuchten, mir irgendeine Laufbahn aufzuzwingen. Sie ermutigten mich lediglich, stets mein Bestes zu geben und nach Glück zu streben. Auch hörten weder ich noch eine meiner Freundinnen jemals von Eltern oder Lehrern, ein bestimmter Beruf sei »nicht für Mädchen geeignet«. Allerdings erreichte uns diese damals noch recht gängige Botschaft manchmal auf anderen Wegen.

Die Schriftstellerin Jane O'Reilly schrieb im Jahr 1972 einen berühmten Essay für das *Ms. Magazine,* in dem sie die Momente in ihrem Leben beschrieb, in denen sie hatte erkennen müssen, dass sie gering geschätzt wurde, weil sie eine Frau war. Sie bezeichnete diese Augenblicke der Erkenntnis als »Klick!« und verglich die Erfahrung mit dem Geräusch eines Blitzlichts. Diese Signale konnten so unverblümt wie die Stellenanzeigen sein, die bis in die Mitte der sechziger Jahre in unterschiedliche Spalten für Männer und Frauen unterteilt waren, oder so subtil wie der weibliche Impuls, den Politikteil der Zeitung automatisch einem anwesenden Mann auszuhändigen – »Klick!« – und sich mit den Frauenseiten zufrieden zu geben, bis der Mann die bedeutsamen Nachrichten gelesen hat.

In meiner Jugend erlebte ich dieses »Klick!« bei einigen Gelegenheiten. Ich war seit jeher fasziniert von Entdeckungen und von der Raumfahrt, was zum Teil daran liegen mochte, dass sich mein Vater stets viele Gedanken über die Rückständigkeit der Vereinigten Staaten gegenüber der Sowjetunion machte. Ich war begeistert von Präsident Kennedys Entschlossenheit, einen Mann zum Mond zu schicken, und bewarb mich bei der NASA um die Teilnahme an einem Astronautentraining. Man antwortete mir, dass keine weiblichen Trainees in das Programm aufgenommen würden. Das war allerdings eher ein »Bang!« als ein »Klick!«. Zum ersten Mal in meinem Leben stieß ich an eine Grenze, die ich auch mit harter Arbeit und Entschlossenheit nicht überwinden konnte. Ich war empört. Zwar hätten mich meine Kurzsichtigkeit und meine eher durchschnittliche körperliche Eignung unabhängig vom Geschlecht ohnehin an einer Karriere als Astronautin gehindert, doch die automatische Ablehnung als Frau verletzte mich und trug zur Entwicklung meines Engagements für Menschen bei, die mit irgendeiner Form von Diskriminierung konfrontiert sind. Andere junge Frauen hingegen schienen sich scheinbar klaglos in das starre Rollenschema zu fügen.

In der High School verließ zum Beispiel eine meiner intelligentesten Freundinnen die Leistungskurse, weil ihr Freund im Grundkurs bleiben musste. Eine andere wollte nicht, dass ihre Noten am schwarzen Brett ausgehängt wurden, da sie wusste, dass sie besser abschneiden würde als der Junge, mit dem sie ausging. Diese Mädchen beachteten die subtilen und weniger subtilen kulturellen Signale, mit denen ihnen nahe gelegt wurde, sich den sexistischen Stereotypen anzupassen und ihre Leistungsfähigkeit einzuschränken, um die Jungen in ihrer Umgebung nicht zu brüskieren. Während einige meiner Freundinnen dies ernsthaft vorhatten, konnte ich mir einfach nicht vorstellen, auf ein Studium oder eine Karriere zu verzichten, um mich in eine Ehefrau zu verwandeln. Vielleicht ging ich deshalb auch nie länger mit einem meiner Schulkameraden aus.

Ich begann sehr früh, mich für Politik zu interessieren, und ich liebte es, meine Argumentationsfähigkeiten in Debatten mit meinen Freunden zu üben. Ich drängte dem armen Ricky Ricketts tägliche Diskussionen über den Weltfrieden, Baseballresultate und alle möglichen anderen Themen auf. Ich kandidierte mit Erfolg für die Schülervertretung und wurde zur stellvertretenden Jahrgangssprecherin gewählt. Ich war ein aktives Mitglied der Jungen Republikaner und später ein Goldwater Girl, wobei ich mich sogar als Cowgirl verkleidete und einen Hut trug, auf dem der Slogan »AuH$_2$O« prangte.

Mein Geschichtslehrer im neunten Schuljahr, Paul Carlson, war und ist noch immer ein leidenschaftlicher Lehrer und ein sehr konservativer Republikaner. Mr. Carlson ermutigte mich, das Buch »The Conscience of a Conservative« zu lesen, das Senator Barry Goldwater kurz zuvor veröffentlicht hatte. Die Lektüre regte mich dazu an, meinen jährlichen Schulaufsatz über die konservative Bewegung in Amerika zu schreiben. Ich widmete diese Arbeit »meinen Eltern, die mich den Wert der

Individualität gelehrt haben«. Ich mochte Senator Goldwater, weil er mit seinem unerschütterlichen Individualismus gegen den politischen Strom schwamm. Jahre später weckte er meine Bewunderung, indem er offen für die Rechte von Minderheiten eintrat, eine Haltung, die sich in seinen Augen durchaus mit seinen altmodischen konservativen Prinzipien deckte: »Regt euch verdammt noch mal nicht über Schwule, Schwarze oder Mexikaner auf! Jeder freie Mensch hat das verdammte Recht, er selbst zu sein!« Als Goldwater erfuhr, dass ich ihn 1964 unterstützt hatte, schickte er mir eine Kiste mit Grillzubehör und scharfen Saucen und lud mich ein, ihn zu besuchen. 1996 hatte ich endlich Gelegenheit dazu, ihn in seinem Heimatort Phoenix zu treffen, und unterhielt mich glänzend mit ihm und seiner energiegeladenen Frau Susan.

Mr. Carlson verehrte auch General Douglas MacArthur und spielte uns wieder und wieder Tonbandaufnahmen von dessen Abschiedsrede im Kongress vor. Am Ende einer unserer Sitzungen rief Mr. Carlson leidenschaftlich aus: »Und denken Sie vor allem immer an eines: ›Besser tot als rot!‹« Ricky Ricketts, der in der Reihe vor mir saß, begann zu lachen, was ansteckend auf mich wirkte. Mr. Carlson fragte streng: »Was finden Sie so lustig?« Und Ricky erwiderte: »Mr. Carlson, ich bin erst 14 Jahre alt, und es gibt nichts, was mir mehr wert ist als am Leben zu bleiben.«

Zu jener Zeit war ich auch ein aktives Gemeindemitglied der First United Methodist Church von Park Ridge. Die Kirche führte mir die Bedürfnisse anderer Menschen vor Augen und trug dazu bei, den in meinem Glauben verwurzelten Sinn für soziale Verantwortung zu festigen. Die Eltern meines Vaters behaupteten, ihre Urgroßeltern seien von John Wesley bekehrt worden, der die Methodistische Kirche im 18. Jahrhundert in den kleinen nordenglischen und südwalisischen Bergwerksstädten gegründet hatte. Wesley hatte gelehrt, Gottes Liebe finde ihren Ausdruck in guten Taten. Auf der Grundlage dieser These hatte er eine einfache Regel formuliert: »Solange du kannst, tue so vielen Menschen wie möglich so viel Gutes wie du kannst, und zwar mit all deinen Mitteln, auf alle möglichen Arten, an allen möglichen Orten und wann immer es dir möglich ist.« Selbstverständlich kann man stets darüber diskutieren, an welche Definition des »Guten« man sich halten soll, doch ich nahm mir als junges Mädchen Wesleys Ermahnung sehr zu Herzen.

Ich verbrachte viel Zeit in unserer Kirche, wo ich im sechsten Schuljahr die Konfirmation feierte. Einige der Gefährten, die mich mein Leben lang begleiteten, darunter Ricky Ricketts und Sherry Heiden, besuchten während der gesamten Schulzeit gemeinsam mit mir die Kirche. Meine Mutter unterrichtete in der Sonntagsschule, wobei es ihr nach eigener Aussage vor allem darum ging, ihre Söhne im Auge zu behalten! Ich besuchte die Bibelschule und war Mitglied der Jugendgruppe. Auch beteiligte ich mich aktiv am Gottesdienst und gehörte der Gruppe an, die den Altar für die Sonntagsmesse schmückte.

Im Bemühen, ein Gleichgewicht zwischen dem von meinem Vater verfochtenen Individualismus und den sozialen Anliegen meiner Mutter herzustellen, fand ich 1961 Unterstützung durch den methodistischen Reverend Donald Jones. Er kam frisch aus dem theologischen Seminar der Drew University, hatte vier Jahre in der Marine gedient und die Lehren Dietrich Bonhoeffers und Reinhold Niebuhrs verinnerlicht. Bonhoeffer verfocht die Ansicht, die Aufgabe des Christen sei moralischer Natur und bestehe darin, sich in der Welt für den menschlichen Fortschritt einzusetzen. Und Niebuhr gelang es, ein Gleichgewicht zwischen einem klarsichtigen Realismus bezüglich der menschlichen Natur und einem beharrlichen Streben nach Gerechtigkeit und sozialen Reformen herzustellen. Reverend Jones erklärte, das Leben des Christen sei »Glaube in Aktion«. Einem Menschen wie ihm war ich nie zuvor begegnet. Don gab den Treffen seiner methodistischen Jugendgruppe, die sonntag- und mittwochabends stattfanden, die Bezeichnung »Die Universität des Lebens«. Er war besessen von dem Ziel, uns die Augen für die Welt außerhalb von Park Ridge zu öffnen. Bei mir gelang ihm das zweifellos. In Dons »Universität« erhielt ich den Anstoß, E. E. Cummings und T. S. Eliot zu lesen. Wir beschäftigten uns mit den Arbeiten von Picasso – insbesondere »Guernica« – und diskutierten über die Bedeutung des Großinquisitors in Dostojewskijs »Die Brüder Karamasow«.

Ich kam begeistert nach Hause und teilte meine Erkenntnisse mit meiner Mutter, die in Don bald eine verwandte Seele fand.

In der »Universität des Lebens« lernten wir allerdings nicht nur etwas über Kunst und Literatur. Im Rahmen von Austauschprogrammen besuchten wir die Jugendgruppen afroamerikanischer und hispanischer Kirchen in den verarmten Innenstadtvierteln Chicagos. In den Diskussionen in den Pfarrgruppen lernte ich, dass mir diese Jugendlichen ungeachtet unserer unterschiedlichen Lebensumstände ähnlicher waren, als ich gedacht hatte. Vor allem aber waren sie besser über die Bürgerrechtsbewegung im Süden informiert. Ich wusste damals nur wenig über Rosa Parks und Dr. Martin Luther King, doch die Gespräche weckten mein Interesse an den Entwicklungen. Daher reagierte ich mit Begeisterung, als Don uns eines Tages mitteilte, dass er uns zu einem Vortrag von Dr. King in die Orchestra Hall mitnehmen würde. Meine Eltern erteilten mir die Erlaubnis, während die Eltern einiger Freunde ihren Kindern verboten, sich derartige »Aufwiegelei« anzuhören.

Dr. Kings Rede stand unter dem Titel »Mit offenen Augen durch die große Revolution gehen«. Bis zu jenem Zeitpunkt hatte ich nicht geahnt, dass in unserem Land eine Revolution stattfand, doch Dr. Kings Worte führten uns vor Augen, welcher Kampf hier ausgefochten wurde, und riss uns aus unserer Gleichgültigkeit: »Wir stehen heute vor der Pforte zum gelobten Land der Integration. Die alte Ordnung geht zu Ende und eine neue Zeit bricht an. Wir sollten sie akzeptieren und als Brüder zusammenleben.«

Obwohl ich, nicht zuletzt durch diese beeindruckende Erfahrung, schon viel offener geworden war, teilte ich immer noch die in Park Ridge herrschende Einstellung und die politischen Ansichten meines Vaters. Während mich Don Jones »befreienden« Erfahrungen aussetzte, lernte ich durch Paul Carlson Flüchtlinge aus der Sowjetunion kennen, die über die Grausamkeit des kommunistischen Regimes berichteten, was meine antikommunistische Haltung noch verstärkte. Don bemerkte einmal, er und Paul hätten damals einen »Kampf um Geist und Seele« geführt. Allerdings trugen sie auch einen weit größeren Konflikt in unserer Kirchengemeinde aus. Paul, der die

Lerninhalte der »Universität des Lebens« ablehnte, drängte auf Dons Absetzung. Nach zahlreichen Auseinandersetzungen entschloss sich Don, der Gemeinde nach nur zwei Jahren den Rücken zu kehren und ein Lehramt an der Drew University anzunehmen. Vor kurzem ging er als emeritierter Professor für Sozialethik in den Ruhestand. Wir blieben über die Jahre stets in Kontakt; Don und seine Frau Karen kamen regelmäßig zu Besuch ins Weiße Haus und am 28. Mai 1994 traute er meinen Bruder Tony im Rosengarten des Präsidentensitzes. Mittlerweile sehe ich den Streit zwischen Don Jones und Paul Carlson als symptomatisch für die kulturellen, politischen und religiösen Fehlentwicklungen der letzten vierzig Jahre in Amerika. Ich mochte sie beide und sah weder damals noch heute einen großen Gegensatz in ihren Meinungen.

Am Ende meines ersten Schuljahres in der Maine East wurde unsere Klasse in zwei Gruppen aufgeteilt; die Hälfte von uns bildete die erste Senior Class in der Maine Township High School South, die errichtet worden war, um mit der Geburtenexplosion Schritt zu halten. Ich bewarb mich mit mehreren Jungen um den Vorsitz im Schülerrat und verlor die Wahl, was mich nicht überraschte, jedoch verletzte. Das lag insbesondere daran, dass mir einer meiner Widersacher gesagt hatte, ich müsse »wirklich dumm sein«, wenn ich glaubte, ein Mädchen könne zur Präsidentin gewählt werden. Der Wahlgewinner forderte mich auf, die Leitung des Organisationskomitees zu übernehmen, das die meiste Arbeit zu tun hatte. Ich willigte ein.

Die Tätigkeit machte mir Spaß, da wir als erste Klasse, die in dieser Schule den Abschluss machen würde, alle Schultraditionen begründeten, etwa die Homecoming Parade am Beginn des Schuljahres, die Wahlen zur Schülervertretung, die Pep Rallies zur Anfeuerung der Schulmannschaften und die Abschlussfeste. Jerry Baker, ein junger Politiklehrer übernahm die Aufgabe, meine ererbten politischen Überzeugungen in Frage zu stellen. Er wusste, dass ich Goldwater aktiv unterstützte und sogar meinen Vater überredet hatte, Betsy und mich zu einer Rede von Goldwater zu fahren, als dieser im Lauf des Wahlkampfs die Vororte von Chicago besuchte. Eine andere

Freundin, Ellen Press, war die einzige mir bekannte Anhängerin der Demokratischen Partei in meiner Klasse. Sie trat vehement für Präsident Johnson ein. Baker organisierte eine fingierte Wahlkampfdebatte für die Präsidentschaftswahlen im Jahr 1964 und bewies herausragende pädagogische Fähigkeiten, indem er mir in unserer Debatte die Rolle von Präsident Johnson übertrug, während Ellen Senator Goldwater darstellen sollte. Wir wurden beide beschimpft und ausgebuht, doch Mr. Baker erklärte, dies werde uns zwingen, die Dinge mit den Augen der Gegenseite zu betrachten. Also setzte ich mich – zum ersten Mal in meinem Leben – mit den Standpunkten der Demokraten und Präsident Johnsons Haltung zu Fragen der Bürgerrechte, des Gesundheitswesens und der Außenpolitik auseinander. Ich ärgerte mich über jede Stunde, die ich in der Bibliothek mit der Lektüre der Thesen und den Erklärungen des Weißen Hauses verbringen musste. Rückblickend war das für Ellen und mich aber eine einschneidende Erfahrung: Am Ende unserer Studienzeit hatten wir beide die politischen Lager gewechselt.

Die Zeit verging wie im Flug und ich musste mir langsam Gedanken über meine Hochschulausbildung machen. Ich wusste, dass ich studieren würde, hatte jedoch keine Ahnung, auf welche Universität ich gehen sollte. Also stattete ich unserem überlasteten und schlecht informierten Studienberater einen Besuch ab. Er drückte mir ein paar Broschüren über Colleges im Mittleren Westen in die Hand, konnte mir ansonsten jedoch nicht weiterhelfen.

Glücklicherweise waren meiner Schule zwei Studentinnen zugeteilt worden, die gerade ihren Master in Pädagogik an der Northwestern University machten. Nebenbei sollten sie an meiner Schule Politikwissenschaft unterrichten: Karin Fahlstrom, eine Absolventin des Smith College, und Janet Altman, die ihren Abschluss in Wellesley gemacht hatte. Ich erinnere mich daran, dass Miss Fahlstrom meine Klasse aufforderte, neben der *Chicago Tribune* noch eine andere Tageszeitung zu lesen. Als ich sie um eine Empfehlung bat, schlug sie die *New York Times* vor, worauf ich empört erwiderte, diese Zeitung sei doch

»ein Werkzeug des Ostküsten-Establishments«. Miss Fahlstrom, die überrascht war, sagte: »Nun, dann lies eben die *Washington Post!*« Bis dahin hatte ich beide Zeitungen überhaupt noch nicht zu Gesicht bekommen und wusste nicht, dass die *Tribune* nicht das Evangelium war.

Mitte Oktober fragten mich Miss Fahlstrom und Miss Altman, ob ich mich schon entschieden habe, auf welche Universität ich gehen wolle. Da ich es nicht wusste, empfahlen sie mir, mich beim Smith College und bei der Wellesley University zu bewerben, zwei der sieben amerikanischen Frauenhochschulen. Sie wiesen mich darauf hin, dass ich mich an einer solchen Universität während der Woche besser auf meine Studien konzentrieren und am Wochenende meinen Vergnügungen nachgehen könne.

Ich hatte bis dahin keinen Gedanken daran verschwendet, den Mittleren Westen zu verlassen und war als Finalistin der Studienstiftung Merit Scholar lediglich einmal in der Michigan State University gewesen. Doch der Vorschlag interessierte mich. Die beiden Lehrerinnen luden mich ein, mit ihnen zu Veranstaltungen zu gehen, bei denen sich Ehemalige und Studentinnen dieser Hochschulen trafen. Ich erinnere mich, dass das Treffen der Smith University in einem großen, eleganten Haus in einem der wohlhabenden Vororte am Lake Michigan stattfand, während sich die Wellesley-Studentinnen in einem Penthouse am Lake Shore Drive in Chicago trafen. Ich fühlte mich bei beiden Abenden fehl am Platz. Die anwesenden jungen Frauen wirkten nicht nur reicher, sondern auch weltgewandter als ich. Beim Treffen von Wellesley sah ich eine Studentin, die pastellfarbene Zigaretten rauchte und von ihren Sommerferien in Europa erzählte.

Ich teilte meinen beiden Mentorinnen mit, dass ich nicht sicher sei, ob ich auf eine Universität im »Osten« gehen sollte, doch sie drängten mich, mit meinen Eltern über eine Bewerbung zu sprechen. Meine Mutter meinte, ich solle gehen, wohin ich wolle. Mein Vater erklärte, es sei mir überlassen; allerdings werde er mein Studium nicht bezahlen, wenn ich mich für eine Universität westlich des Mississippi oder für Radcliffe entscheide, wo es seines Wissens von Beatniks wimmelte. Smith und Wellesley, von denen er nie gehört hatte, schienen ihm dagegen akzeptabel. Ich stattete keinem der beiden Colleges einen Besuch ab, und entschied mich, als ich von beiden angenommen wurde, schließlich für Wellesley, weil mir der Campus auf den Fotos besser gefiel. Besonders angetan hatte es mir der zum College gehörende Lake Waban, ein kleiner See, der mich an den Lake Winola erinnerte.

Keine meiner Klassenkameradinnen ging nach Wellesley. Die meisten meiner Freundinnen besuchten Colleges im Mittleren Westen, um sich nicht zu weit von zu Hause entfernen zu müssen. Meine Eltern wollten mich zum College bringen, doch irgendwie verfuhren wir uns in Boston und landeten schließlich auf dem Harvard Square, wo sich mein Vater in seinen Ansichten über die Beatniks bestätigt sah. In Wellesley jedoch war weit und breit kein Beatnik zu sehen. Meine Mutter erzählte mir später, dass sie auf der gesamten rund tausend Meilen langen Heimfahrt von Massachusetts nach Illinois geweint habe. Nachdem ich selbst eine Tochter in einer weit entfernten Universität abgesetzt habe, kann ich nachvollziehen, wie meine Mutter sich damals gefühlt hat. Doch zu jener Zeit hatte ich nur meine eigene Zukunft im Sinn.

»CLASS OF '69«

Im Jahr 1994 wurde in der Fernsehsendung »Frontline« eine Dokumentation über den Wellesley-Jahrgang von 1969 ausgestrahlt. Der Titel der Dokumentation lautete »Hillarys Klasse«. Rachel Dretzin, die die Dokumentation produziert hatte, erklärte, warum »Frontline« unsere Klasse 25 Jahre nach unserem Abschluss unter die Lupe nehmen wollte: »Die Reise dieser Frauen unterscheidet sich von der aller vorhergehenden Generationen, denn sie durchlebten eine Zeit tief greifender und aufwühlender Veränderungen, vor allem hinsichtlich ihrer Rolle als Frau.« Einige meiner Studienkolleginnen beschrieben diese Zeit so: »Als wir nach Wellesley kamen, war es eine Mädchenschule. Als wir dieses College verließen, war es eine Frauenhochschule.« Eine Aussage, die wohl ähnlich viel über uns wie über das College verrät.

Ich brachte damals die politischen Überzeugungen meines Vaters und die Träume meiner Mutter mit. Als ich das College verließ, hatte ich meine eigenen Träume im Gepäck. Doch nachdem mich meine Eltern in Wellesley abgeliefert hatten, fühlte ich mich zunächst einsam, überfordert und fehl am Platz. Ich begegnete Mädchen, die Nobelinternate besucht und im Ausland gelebt hatten, eine Fremdsprache fließend beherrschten und aus den Grundkursen genommen wurden, weil ihre Leistungen zu gut waren. Meine Auslandsaufenthalte beschränkten sich dagegen auf einen Familienausflug nach Kanada (wir hatten die kanadische Seite der Niagarafälle besucht), und meine Fremdsprachen-Kenntnisse auf Latein. Ich fand in Wellesley nicht auf Anhieb den richtigen Weg. Ich war nur in Kursen eingeschrieben, die ich sehr anspruchsvoll fand, und meine Schwierigkeiten mit Physik, Mathematik und Geologie überzeugten mich schnell davon, den Gedanken, Ärztin oder Wissenschaftlerin zu werden, ein für alle Mal aufzugeben. Und mein Französischprofessor erklärte mir unverblümt: »Mademoiselle, Ihre Begabung liegt woanders.« Einen Monat nach Schulbeginn rief ich meine Eltern an und erklärte ihnen, dass ich nicht intelligent genug für das College sei. Mein Vater stimmte meiner Heimkehr sofort zu, doch meine Mutter verbot mir aufzugeben.

Wenn ich nicht nach Hause zurückkehren konnte, musste ich die Sache eben richtig anpacken – auch wenn ich immer noch nicht wusste, welche Richtung ich einschlagen sollte. Es war mein Lehrer in Politikwissenschaft, der mich damals, zu einer Zeit, da das Weltgeschehen – von der Bürgerrechtsbewegung bis zum Vietnamkrieg – mehr als genug Studienmaterial lieferte, drängte, meinen Horizont zu erweitern und meine vorgefassten Meinungen einer Prüfung zu unterziehen.

Ich habe mich später oft mit Madeleine Albright, der Außenministerin der Regierung Clinton, die zehn Jahre vor mir in Wellesley zu studieren begonnen hatte, über die Unterschiede zwischen ihrer und meiner Studienzeit unterhalten. Sie und ihre Freundinnen waren Ende der fünfziger Jahre eher mit der Suche nach einem Ehemann als mit den Veränderungen in der Außenwelt beschäftigt. Für meine Generation dagegen hatte das lateinische Motto des College nach dem Markus-Evangelium eine besondere Bedeutung: »*Non ministrari sed ministrare*« – »Des Menschen Sohn ist nicht gekommen, dass er sich dienen lasse, sondern dass er diene.« Als ich in das College eintrat, in einer Ära des studentischen Aktivismus, verstanden viele Studentinnen diesen Leitsatz als Aufruf zum Handeln, ihr Leben entschlossener in die Hand zu nehmen und Einfluss auf ihre Umwelt auszuüben. Und in Wellesley fanden wir das ideale Umfeld, uns darin auszuprobieren. Entscheidend für mich waren dabei vor allem die lebenslangen Freundschaften, die ich dort schloss, und die Gelegenheit, mich an einer reinen

Frauenhochschule auf der Suche nach meiner Identität und im stetigen Streben nach Selbstbestimmung zu entfalten. Wir lernten aus den Geschichten, die wir einander in unseren Zimmern und in den langen Mittagspausen im verglasten Speisesaal erzählten. Johanna Branson, eine hoch gewachsene Tänzerin aus Lawrence in Kansas, die im Hauptfach Kunstgeschichte studierte und mit mir nicht nur die Liebe zur Malerei und zum Film, sondern auch zwei Jahre lang ein Zimmer teilte, erklärte in der »Frontline«-Dokumentation: »Vom ersten Tag an sagte man uns dort, dass wir … die Crème de la Crème seien. Ich weiß, dass das heute verzogen und elitär klingt. Doch zu jener Zeit war es wundervoll, so etwas zu hören. Du musstest dich als Mädchen nicht damit abfinden, schon wieder in der zweiten Reihe zu stehen.« Mit Jinnet Fowles aus Connecticut, die ebenfalls Kunstgeschichte studierte, diskutierte ich stundenlang über die schwer zu beantwortende Frage, was mit Studentenaktionen tatsächlich zu erreichen sei. Jan Krigbaum, ein Freigeist aus Kalifornien, ging mit unerschütterlichem Enthusiasmus an jedes Unterfangen heran und half bei der Gestaltung eines Austauschprogramms mit Lateinamerika. Connie Hoenk, eine reizende langhaarige Blondine aus South Bend in Indiana, war ein praktisches, bodenständiges Mädchen, dessen Meinungsäußerungen oft Zeugnis von unseren gemeinsamen Wurzeln im Mittleren Westen ablegten. Suzy Salomon war ein intelligentes, fleißiges Mädchen aus einem Vorort von Chicago, sehr vergnügt und stets bereit, anderen zu helfen.

Zwei ältere Studentinnen, Shelley Parry und Laura Grosch, wurden meine Mentorinnen. Wenn ich mich wieder einmal über irgendeine tatsächliche oder eingebildete Ungerechtigkeit in der Welt ausließ, sah Shelley mich mit ihren großen, klugen Augen ruhig an, um anschließend behutsam der Quelle meiner Leidenschaft oder den meiner Position zugrunde liegenden Fakten auf den Grund zu gehen. Nach dem Studium ging sie als Lehrerin nach Afrika, wo sie auch ihren australischen Ehemann kennen lernte. Shelleys Zimmergenossin war die unbezähmbare Laura Grosch, eine junge Frau von großen Emotionen und beträchtlichem künstlerischen Talent. Eines ihrer Gemälde gefiel mir so gut, dass ich es kaufte und den Betrag über Jahre abstotterte. Heute hängt es in unserem Haus in Chappaqua. All diese Mädchen wuchsen zu Frauen heran, deren Freundschaft mir über die Jahre hinweg eine Stütze war.

Unsere rein weibliche Gesellschaft mag ein künstliches Gebilde gewesen sein, doch sie war eine Gewähr dafür, dass wir uns auf unsere akademischen Leistungen und die Entwicklung unserer außerschulischen Führungsqualitäten konzentrierten, was uns an einer gemischten Universität in dieser Form nicht möglich gewesen wäre. Es wurden nicht nur alle studentischen Aktivitäten wie der Studentenrat, die Studentenzeitung oder die Clubs von Frauen organisiert, wir hatten auch weniger Hemmungen, Risiken einzugehen, Fehler zu machen oder vor unseren Kommilitoninnen zu versagen. Die Präsidentinnen der Klassen, die Redakteurinnen unserer Zeitung und die besten Studentinnen auf jedem Gebiet waren Frauen. Anders als viele intelligente Mädchen in meiner High School wollten meine Studienkolleginnen in Wellesley Anerkennung für ihre Fähigkeiten, ihren Fleiß und ihre Leistungen. Dies mag auch ein Grund dafür sein, dass der Anteil der Studentinnen, die Berufe ergreifen, in denen Frauen eher unterrepräsentiert sind, unter den Absolventinnen von Frauenhochschulen sehr viel höher ist als unter den Frauen, die an einer gemischten Universität studiert haben.

Das Fehlen männlicher Studenten verschaffte uns viel Freiraum und schuf eine Art Sicherheitszone, in der wir von Montag bis Freitagnachmittag darauf verzichten konnten, einen »Anschein« zu erwecken – und zwar in jedem Sinn des Wortes. Wir konzentrierten uns auf unsere Studien und mussten uns keine Gedanken über unser Aussehen machen, wenn wir zu den Vorlesungen aufbrachen. Doch diese Gegebenheiten begünstigten auch jenes schizophrene Sozialverhalten, für das Veranstaltungen zur Partnerwahl (so genannten Mixers), hektische nächtliche Autofahrten und strenge hausinterne Regeln charakteristisch waren. Wir durften in unseren Zimmern keinen Besuch von Jungen empfangen. Eine Ausnahme wurde nur am Samstagnachmittag zwischen zwei Uhr und halb sechs gemacht, wobei wir die Tür jedoch nicht ganz schließen durften und uns an die »Zwei-Fuß-Regel« zu halten hatten: Zwei von vier Füßen mussten stets den Boden berühren. Am Wochenende war um ein Uhr nachts Zapfenstreich – die Route von Boston nach Wellesley ähnelte dann einer Grand-Prix-Strecke, auf der uns die jungen Männer, mit denen wir ausgegangen waren, in irrsinnigem Tempo zum College zurückfuhren, damit wir keinen Ärger bekamen. In der Eingangshalle jedes Wohngebäudes gab es einen Empfang, an dem sich Gäste anmelden mussten. Mit Läuten und Lautsprecheransagen wurden wir darüber informiert, ob die Person, die uns besuchen wollte, männlichen oder weiblichen Geschlechts war: Ein »Visitor« war eine Besucherin, ein »Caller« war ein Besucher. Die Ankündigung eines unerwarteten »Caller« gab uns Zeit, uns herzurichten oder der Dienst habenden Studentin telefonisch mitzuteilen, dass wir keinen Besuch empfangen konnten.

Meine Freundinnen und ich verabredeten uns mit Männern unseres Alters, die überwiegend in Harvard und an anderen Eliteuniversitäten studierten. Wir lernten sie meist über Freunde oder bei organisierten Ritualen wie den Mixers kennen. Die Musik bei diesen Veranstaltungen war üblicherweise derart laut, dass man kein Wort verstehen konnte, wenn man den Saal nicht verließ – was man aber nur tat, wenn man sich wirklich für jemanden interessierte. In einer Nacht tanzte ich in der Aula stundenlang mit einem jungen Mann, dessen Name »Farce« zu sein schien. Später erfuhr ich, dass er »Forrest« hieß. Ich ging mit zwei Jungen aus, zu denen ich eine ausreichend ernsthafte Beziehung unterhielt, dass ich sie meinen Eltern vorstellte. Die Einstellungen meines Vaters sorgten dafür, dass diese Begegnungen eher einer Schikane als einem sozialen Ereignis gleichkamen. Die beiden jungen Männer überlebten, unsere Beziehungen hingegen nicht.

Wie in jenen Tagen des Wandels nicht anders zu erwarten, begannen wir bald, uns gegen die in Wellesley geltenden archaischen Regeln aufzulehnen. Wir drängten die Leitung des College, die Regelungen, die dem Prinzip *in loco parentis* (an Eltern Statt) gehorchten, aufzugeben, was schließlich während meiner Amtszeit als Präsidentin der Studentinnenvertretung geschah. Zur selben Zeit wurden auch die Pflichtkurse abgeschafft, die die Studentinnen ebenfalls als Instrument der Un-

terdrückung empfanden. Wenn ich mich an diese Jahre zurück-
erinnere, gibt es kaum etwas, was ich bedaure, doch ich bin
nicht sicher, ob das Ende der verpflichtenden Kurse und der
strengen Regeln tatsächlich einen Fortschritt darstellte. Als ich
meine Tochter in ihrem Studentenheim in Stanford besuchte
und die jungen Männer und Frauen wie ein Knäuel Hunde-
welpen auf dem Korridor herumtollen sah, fragte ich mich,
wann sie wohl zum Studieren kommen mochten …

Auch der gesittete und behütete Campus von Wellesley blieb
Mitte der sechziger Jahre nicht von den Schockwellen der politischen Ereignisse verschont. Obwohl ich zur Präsidentin der
Jungen Republikanerinnen gewählt worden war, blieben die
Zweifel an der Politik dieser Partei, die mich bereits im Vorjahr bei der Vorbereitung unserer »Präsidentschaftsdebatte« in
der High School beschlichen hatten. Vor allem, wenn es um
Bürgerrechte und den Vietnamkrieg ging. Meine Kirche hatte
allen Studentinnen im zweiten Studienabschnitt ein Abonne-
ment der Zeitschrift *Motive* geschenkt, die von der Methodistischen Kirche herausgegeben wurde. Jeden Monat las ich darin
Artikel, die in deutlichem Gegensatz zu meinen üblichen Infor-
mationsquellen standen. Zum Entsetzen meines Vaters und zur
Freude von Miss Fahlstrom begann ich sogar, die *New York
Times* zu lesen. Ich studierte Reden und Essays von »Falken«,
»Tauben« und verschiedenen anderen Kommentatoren und
wurde in meiner Weltsicht ständig durch die neuesten politischen Ereignisse herausgefordert. Es dauerte nicht lange, bis
ich feststellen musste, dass meine Überzeugungen nicht mehr
mit denen der Republikanischen Partei übereinstimmten. Es
war an der Zeit, mein Amt niederzulegen. Meine Freundin Betsy Griffith, die als Vizepräsidentin meine Nachfolge antrat,
blieb an der Seite ihres Ehemanns, des angesehenen politischen
Beraters John Deardourff, in der Republikanischen Partei. Sie
stemmte sich energisch gegen einen Rechtsruck und setzte sich
nachdrücklich für das Equal Rights Amendment, den Verfassungszusatz zur Gleichstellung der Frau, ein. Sie promovierte
in Geschichte und schrieb eine viel beachtete Biographie über
Elizabeth Cady Stanton, bevor sie ihre feministischen Über-

zeugungen und ihre Kenntnisse im Bereich der Frauenbildung als Direktorin der Madeira School für Mädchen in North Virginia einbringen konnte. All das lag jedoch noch in ferner Zukunft, als ich mich offiziell aus der Gruppe der Jungen Republikanerinnen im Wellesley College zurückzog und mich daranmachte, so viel wie möglich über Vietnam herauszufinden.

Heute ist es schwierig, jungen Amerikanern, die an eine reine Freiwilligenarmee gewöhnt sind, zu erklären, warum so viele Angehörige meiner Generation derart besessen vom Vietnamkrieg waren. Unsere Eltern hatten den Zweiten Weltkrieg erlebt und uns viel von der damaligen Opferbereitschaft und der großen Zustimmung in der Bevölkerung zu einem Kriegseintritt der Vereinigten Staaten nach dem Angriff auf Pear Harbour, erzählt. Vietnam hingegen spaltete die Nation und wir fühlten uns mit unseren widersprüchlichen Empfindungen allein gelassen. Meine Freundinnen und ich sprachen und debattierten ständig über diesen Krieg. Wir kannten junge Männer, die sich auf den Kriegsdienst nach ihrem Studium freuten, während andere versuchten, sich der Einberufung zu entziehen. Wir führten lange Gespräche darüber, was wir tun würden, wenn wir Männer wären, wobei uns vollkommen klar war, dass wir eben nicht vor diesen Entscheidungen standen. Es war eine lähmende Erfahrung für uns alle. Ein Freund aus Princeton gab schließlich sein Studium auf und ging zur Marine, weil er der Debatten überdrüssig war und die Ungewissheit nicht mehr ertragen konnte.

In den Diskussionen über Vietnam ging es nicht nur um den Krieg, sondern auch darum, wie man die Pflicht und die Liebe zu seinem Land definieren sollte. Ehrte man das eigene Land, wenn man in einem Krieg kämpfte, den man als ungerecht und schädlich für die Interessen seines Landes betrachtete? War man unpatriotisch, wenn man das System der Zurückstellung nutzte oder auf Glück in der Einberufungslotterie hoffte? Viele Studenten, die ich kannte, und die Zweifel am Nutzen und an der moralischen Legitimation dieses Krieges äußerten, liebten Amerika ebenso wie die tapferen Männer und Frauen, die klaglos ihren Kriegsdienst leisteten oder erst kämpften und später Fragen stellten. Es gab damals keine einfachen Antworten für nachdenkliche, selbstkritische junge Menschen. Einige zeitgenössische Autoren und Politiker haben versucht, die Qualen dieser Jahre als Ausdruck der Zügellosigkeit der sechziger Jahre abzuwerten. Es gibt sogar einige Leute, die die Geschichte gerne umschreiben würden, um die Hinterlassenschaft dieses Krieges und die von ihm ausgelöste soziale Revolte auszulöschen. Sie wollen uns davon überzeugen, dass diese Debatte oberflächlich war; doch für mich war sie alles andere als das. Der Vietnamkrieg veränderte das Land für immer. Sowohl jene, die in den Krieg zogen, als auch jene, die es nicht taten, müssen sich in den Vereinigten Staaten bis heute schuldig fühlen und sich Verdächtigungen anhören.

Das Jahr 1968 markierte nicht nur für das Land, sondern auch für meine persönliche und politische Entwicklung einen Wendepunkt. Die nationalen und internationalen Geschehnisse überstürzten sich: die nordvietnamesische Tet-Offensive, der Rückzug Lyndon B. Johnsons aus dem Präsidentschaftswahlkampf, die Ermordung von Martin Luther King, der Mord an Robert Kennedy, die unablässige Eskalation des Krieges in Vietnam – all das trug dazu bei, dass in nur vier Jahren aus einem Goldwater Girl eine aktive Befürworterin der Antikriegskampagne von Eugene McCarthy wurde. McCarthy war ein demokratischer Senator aus Minnesota, der Präsident Johnson in den Vorwahlen für den Präsidentschaftskandidaten herausforderte. Obwohl ich Präsident Johnsons innenpolitische Leistungen bewunderte, betrachtete ich sein hartnäckiges Festhalten an einem Krieg, den er von seinem Vorgänger geerbt hatte, als einen tragischen Fehler. Gemeinsam mit einigen Freundinnen fuhr ich an den Wochenenden von Wellesley nach Manchester in New Hampshire, um Wahlkreise abzuklappern. Ich hatte Gelegenheit, Senator McCarthy zu treffen, als er sein Hauptquartier besuchte, um den Freiwilligen zu danken, die sich seiner Opposition gegen den Krieg angeschlossen hatten.

Am 16. März 1968 stieg Senator Robert F. Kennedy aus New York als Kandidat der Demokraten in das Rennen um die Präsidentschaft ein. Kennedy, ein großer Kritiker der Vietnampolitik und entschiedener Gegner der Rassendiskriminierung war für viele, insbesondere auch für die farbigen Bürgerrechtler, ein Lichtblick. Umso geschockter reagierten sie auf den Mord an Martin Luther King am 4. April 1968. Auch mich erfüllte diese Tat mit Trauer und Wut. Überall im Land brachen Unruhen aus. Ich nahm an einem großen Trauer- und Protestmarsch teil, der am Freitag, dem 5. April 1968, auf dem Post Office Square in Boston stattfand, und kehrte mit einem schwarzen Trauerflor um den Arm und düsteren Erwartungen für die Zukunft Amerikas ins College zurück.

Als ich mein Studium in Wellesley aufnahm, hatte ich nur sehr wenig über die Probleme der Afroamerikaner oder die Bürgerrechte gewusst. Ich kannte einige farbige Arbeiter, die mein Vater in seinem Betrieb und in unserem Haus beschäftigte. Ich hatte eine Rede von Dr. King gehört und an einem von meiner Kirche organisierten Austausch mit schwarzen und hispanischen Jugendlichen teilgenommen. Doch ich hatte bislang keine afroamerikanischen Freunde, Nachbarn oder Klassenkameraden gehabt. Karen Williamson, eine lebhafte, unabhängige Studentin, wurde eine meiner ersten Freundinnen in Wellesley. An einem Sonntagmorgen gingen wir gemeinsam in die Kirche. Obwohl ich Karen wirklich mochte und sie besser kennen lernen wollte, war ich befangen. Karen erging es ähnlich. So wie ich aus einer überwiegend weißen Umgebung nach Wellesley gekommen war, stammte sie aus einem überwiegend schwarzen Umfeld. Auch andere Studentinnen aus meinem Jahrgang hatten Probleme mit ihrer Herkunft. So erzählte Janet McDonald, eine elegante, selbstbeherrschte junge Frau aus New Orleans, von einem Gespräch, das sie kurz nach ihrer Ankunft im College mit ihren Eltern geführt hatte. Sie beklagte sich: »Ich hasse diesen Ort, alle Leute sind weiß.« Ihr Vater stimmte ihrer Heimkehr zu, doch ihre Mutter bestand – ganz wie meine eigene – darauf, dass sie blieb. »Du kannst es schaffen, und du wirst dort bleiben.«

Karen, Fran Rusan, Alvia Wardlaw und andere farbige Studentinnen gründeten »Ethos«, die erste afroamerikanische Organisation auf dem Campus, die der sozialen Vernetzung der schwarzen Studentinnen in Wellesley dienen und als Lobbying-Gruppe Druck auf die Verwaltung des College ausüben wollte. Nach der Ermordung von Dr. King verlangte Ethos vom College, sich der ethnischen Problematik bewusst zu werden und mehr schwarze Lehrkräfte und Studentinnen aufzunehmen. Für den Fall, dass das College den Forderungen nicht nachkam, drohte die Organisation sogar mit einem Hungerstreik. Dies war der einzige offene Studentenprotest, der in Wellesley in den sechziger Jahren zu beobachten war. Das College reagierte, indem es eine Vollversammlung in der Kapelle einberief, in der die Mitglieder von Ethos ihre Sorgen erläutern konnten. Doch die Versammlung artete bald in ein chaotisches Schreiduell aus. Kris Olson, die später gemeinsam mit Nancy Gist, Susan Graber und mir die Yale Law School besuchte, machte sich Sorgen über die Möglichkeit, dass die Studentinnen den Lehrbetrieb lahm legen und in einen Streik treten könnten. Da ich gerade zur Präsidentin der Studentenvertretung für das nächste Jahr gewählt worden war, baten mich Kris und die Mitglieder von Ethos, mich um eine Entspannung der Situation zu bemühen und die Debatte wieder in konstruktive Bahnen zu lenken. Es muss Wellesley zugute gehalten werden, dass sich das College tatsächlich um die verstärkte Aufnahme von Afroamerikanerinnen bemühte – ein Schritt, der in den siebziger Jahren Früchte zu tragen begann.

Zwei Monate später, am 6. Juni 1968, wurde Senator Robert F. Kennedy ermordet, was mich in noch tiefere Verzweiflung stürzte. Ich war bereits zu den Semesterferien nach Hause zurückgekehrt, als die Nachricht aus Los Angeles eintraf. Meine Mutter weckte mich an diesem Morgen mit der Botschaft, dass »erneut etwas Schreckliches geschehen« sei. Ich saß fast den ganzen Tag am Telefon und sprach mit meinem Freund Kevin O'Keefe, einem Nachkommen irischer und polnischer Einwanderer, der ein Faible für die Kennedys, die Daleys und den Nervenkitzel der gewagten Politik hat. Ich hatte Kevin im Vorsommer bei einer Doppelverabredung kennen gelernt. Ich ging mit einem Freund aus der High School aus, der an der University of Illinois in derselben Studentenverbindung war wie Kevin. Kevin und ich begannen an jenem Abend über Politik zu sprechen und setzen dieses Gespräch noch heute fort.

An jenem Tag war er außer sich darüber, dass wir John und Robert Kennedy genau in dem Augenblick verloren hatten, da unser Land ihre Führungsqualitäten so dringend benötigte. Wir sprachen damals und in den folgenden Jahren sehr oft darüber, ob politisches Engagement derart viel Schmerz und Anstrengung wert sei. Damals wie heute gelangten wir zu dem Schluss, dass die Politik es wert sei, solange sie, wie Kevin es ausdrückte, geeignet war, »die anderen davon abzuhalten, Macht über uns auszuüben«.

Ich hatte mich für das Wellesley Internship Program in Washington D.C. beworben, und war trotz meiner Trauer und Verwirrung über die Mordanschläge entschlossen, die Reise anzutreten. Während eines neunwöchigen Sommerprogramms konnten Studentinnen ein Praktikum in Behörden und Kongressbüros absolvieren, um sich selbst ein Bild davon zu machen, »wie die Regierungsarbeit funktioniert«. Ich war überrascht, als mir der Programmleiter, Professor Alan Schechter, einen Praktikantenplatz bei der Republikanischen Kongressfraktion zuteilte. Professor Schechter war ein großartiger Lehrer für Politikwissenschaft und betreute später auch meine Dissertation. Er wusste, dass ich als Republikanerin ins College gekommen war, mich mittlerweile jedoch von den Ansichten meines Vaters entfernte. Er glaubte, dieses Praktikum würde mir helfen, meinen Kurs zu bestimmen – gleichgültig, welche Richtung ich schließlich einschlagen würde. Ich sträubte mich vergeblich gegen seine Entscheidung und meldete mich schließlich bei einer vom damaligen Minderheitsführer Gerald Ford geleiteten Gruppe zum Dienst, der auch die Kongressabgeordneten Melvin Laird aus Wisconsin und Charles Goodell aus New York angehörten.

Die Praktikanten posierten mit den Kongressmitgliedern für die obligatorischen Fotos, und Jahre später, ich war mittlerweile die First Lady, erzählte ich dem ehemaligen Präsidenten Gerald Ford, dass ich eine von tausenden Praktikantinnen gewesen sei, denen er einen ersten Einblick in das Kapitol gewährt habe. Das Foto, auf dem ich mit Ford und der republikanischen Führung zu sehen war, machte meinen Vater sehr glücklich; es hing noch in seinem Zimmer, als er auf dem Sterbebett lag. Ich setzte mein Autogramm auf dieses Foto und übergab es Präsident Ford mit der Entschuldigung, dass ich vom »rechten Weg« abgekommen sei.

Meine erste Erfahrung in Washington kommt mir jedes Mal in den Sinn, wenn ich mich in meinem Senatsbüro mit meinen Praktikanten treffe. Besonders gut im Gedächtnis geblieben ist mir eine Diskussionsrunde zum Vietnamkrieg, die Mel Laird mit einer großen Gruppe von uns abhielt. Obwohl er möglicherweise Zweifel bezüglich der Finanzierung des Krieges durch die Regierung Johnson hegte und befürchtete, dass die Eskalation über die mit der Tonkin Gulf Resolution vom Kongress gewährten Befugnisse hinausging, hielt er seine öffentliche Unterstützung für den Krieg im Kongress und später als Verteidigungsminister von Präsident Nixon aufrecht. In der Diskussion mit den Praktikanten verteidigte er das amerikanische Engagement und trat nachdrücklich für eine Erhöhung des militärischen Drucks ein. Obwohl wir unterschiedlicher Meinung waren und uns einen heftigen verbalen Schlagabtausch lieferten, steigerte die Diskussion meine Wertschätzung für ihn, da er bereit war, seine Ansichten im Gespräch mit jungen Menschen zu erläutern und zu verteidigen. Er behandelte uns mit Respekt und nahm unsere Sorgen ernst.

Der Kongressabgeordnete Charles Goodell, der den Westen des Bundesstaats New York vertrat, wurde später von Gouverneur Nelson Rockefeller beauftragt, den Senatssitz des ermordeten Robert Kennedy bis zur Neuwahl einzunehmen. Goodell war ein progressiver Republikaner, der im Jahr 1970 in einer Dreierwahl vom sehr viel konservativeren James Buckley besiegt wurde. Buckley seinerseits musste sich 1976 meinem Vorgänger Daniel Patrick Moynihan geschlagen geben, der das Amt 24 Jahre innehatte.

Als ich mich im Jahr 2000 um diesen Senatssitz bewarb, erzählte ich den Leuten aus Goodells Heimatstadt Jamestown, dass ich einst für den Kongressabgeordneten gearbeitet habe. Gegen Ende meines Praktikums hatte Goodell mich und vier weitere Praktikanten eingeladen, ihn zum Republikanischen Parteikonvent in Miami zu begleiten. Dort wollte er Gouverneur Rockefeller bei seinem letzten Versuch unterstützen, Richard Nixon die Nominierung zum Präsidentschaftskandidaten streitig zu machen. Ich ergriff die Gelegenheit und machte mich auf den Weg nach Florida.

Beim Parteikonvent der Republikaner hatte ich erstmals die Möglichkeit, einen Blick hinter die Kulissen der hohen Politik zu werfen. Was ich in dieser Woche sah, erschien mir surreal und beunruhigend. Das Fontainebleau Hotel in Miami Beach war das erste Hotel, in dem ich mich je aufhielt; wir hatten auf unseren Familienausflügen zum Lake Winola stets im Auto oder in kleinen Motels übernachtet. Die gewaltigen Dimensionen, die Opulenz und der Service waren überwältigend. Ich bestellte zum ersten Mal in meinem Leben den Zimmerservice und erinnere mich noch genau an den riesigen frischen Pfirsich, den man mir in eine Serviette eingeschlagen auf einem Teller reichte, als ich eines Morgens um Pfirsiche mit Frühstücksgetreide bat. Ich teilte mir mit vier anderen Frauen ein Zimmer und schlief in einem Bett auf Rollen, das in den Raum gezwängt worden war. Keine von uns dürfte sehr viel geschlafen haben. Wir arbeiteten in der Suite »Rockefeller for President«, nahmen Telefonanrufe entgegen und übermittelten Botschaften zwischen dem Stabsbüro und den politischen Gesandten und Delegierten Rockefellers. Einmal fragte ein Stabsmitglied die Anwesenden spätabends, ob sie Frank Sinatra treffen wollten. Ich fuhr mit der Gruppe zu einem Penthouse hinauf, wo wir Sinatra, der höflich Interesse an der Begegnung mit uns vortäuschte, die Hand schütteln durften. Im Aufzug traf ich John Wayne, der nicht wohlauf schien und sich während der ganzen Fahrt über das miserable Essen dort oben beklagte.

Ich wusste all die neuen Erfahrungen vom Zimmerservice bis zu den Begegnungen mit Stars zu schätzen, doch mir war klar, dass Rockefeller nicht nominiert werden würde. Die Wahl des Parteikonvents fiel auf Richard Nixon – eine Entscheidung, die über Jahrzehnte die moderaten Stimmen in der Partei zum Schweigen brachte.

Nach dem Republikanischen Konvent kehrte ich nach Park Ridge zurück. Ich hatte keine weiteren Pläne für die verbleibenden Sommerferien, sondern wollte nur mit meiner Familie und meinen Freunden zusammen sein und mich auf mein letztes Jahr im College vorbereiten. Als ich zu Hause ankam, war meine Familie bereits zu ihrer jährlichen Pilgerfahrt zum Lake Winola aufgebrochen – ich hatte das ganze Haus für mich allein, was mir ganz recht war. Denn ich war sicher, dass mich mein Vater in unablässige Diskussionen über Nixon und den Vietnamkrieg verwickelt hätte. Mein Vater mochte Nixon und war davon überzeugt, dass er ein ausgezeichneter Präsident sein würde. Zum Vietnamkrieg hatte er dagegen ein zwiespältiges Verhältnis. Seine Zweifel an der Klugheit des amerikanischen Engagements in Vietnam wurden aber üblicherweise von seinem Missfallen über die langhaarigen Hippies überdeckt, die gegen den Krieg demonstrierten.

Ich freute mich, in Park Ridge endlich auch meine Freundin Betsy Johnson wiederzutreffen. Sie war gerade von einem einjährigen Studienaufenthalt im Spanien Francos zurückgekehrt. Auch wenn sich seit unserer gemeinsamen High-School-Zeit viel verändert hatte, konnte ich mich doch auf eines verlassen: auf Betsys Freundschaft und ihr Interesse für die Politik. Keine von uns hatte damit gerechnet, während des Demokratischen Konvents nach Chicago zu fahren. Doch als massive Protestkundgebungen begannen, rief sie mich ganz aufgeregt an: »Wir müssen uns das unbedingt selbst ansehen! Das ist Geschichte!«

Wie damals, als wir in der Junior High School ohne Begleitung in die Innenstadt aufgebrochen waren, um die Wählerlisten zu überprüfen, war uns klar, dass uns unsere Eltern nie die Erlaubnis zu unserem Ausflug geben würden, wenn sie wüssten, was wir vorhatten. Obwohl meine Eltern in Pennsylvania waren, und Betsys Mutter Rosalyn der Ansicht war, in die Innenstadt zu fahren sei gleichbedeutend mit einem Einkaufsbummel bei Marshall Fields, mit einem Mittagessen im Stouffers und mit weißen Handschuhen und einem Kleid, erklärte Betsy ihr: »Ich gehe mit Hillary ins Kino.«

Sie holte mich im Familienauto ab, und wir machten uns direkt auf den Weg zum Grant Park, dem Epizentrum der Demonstrationen. Lange bevor wir den Polizeikordon überhaupt sahen, konnten wir schon das Tränengas riechen. Hinter uns brüllte jemand Schmährufe und warf einen Stein, der uns knapp verfehlte. Die Polizei ging mit Knüppeln gegen die Demonstranten vor. Wir waren entsetzt von der Brutalität und machten, dass wir wegkamen. Betsy erzählte später einem Reporter der *Washington Post*: »Wir sahen Jugendliche, denen die Köpfe eingeschlagen wurden. Und die Schläger waren Polizisten! Wir hatten in Park Ridge eine wunderschöne behütete Kindheit erlebt, doch das war offensichtlich nicht die ganze Wahrheit.«

Die Erfahrungen, die ich in jenem Sommer machte, weckten in mir sogar Zweifel am Nutzen der »klassischen« Politik in derart aufgewühlten Zeiten. Kevin O'Keefe und ich diskutierten stundenlang über den Sinn von Revolutionen und über die Frage, ob unserem Land eine ebensolche bevorstand. Obwohl ich von der Politik desillusioniert war, wusste ich trotz all meiner Zweifel, dass sie im Grunde der einzige Weg war, um in einer Demokratie friedlich dauerhafte Veränderungen herbeizuführen. In meinen Augen hatten Dr. King und Mahatma Gandhi mit gewaltlosem zivilem Ungehorsam mehr Veränderungen herbeigeführt als eine Million Steine werfender Demonstranten jemals erreichen konnten. Da es mir damals nicht in den Sinn kam, dass ich mich jemals um ein politisches Amt bewerben würde, wollte ich mich doch wenigstens als Bürgerin und Aktivistin um Veränderungen bemühen.

In meinem letzten Jahr in Wellesley bekam ich die Chance, meine Überzeugungen tiefer gehend zu überdenken und in meiner Abschlussarbeit zu Papier zu bringen. Ich untersuchte das Engagement eines aus Chicago stammenden Gemeindeorganisators namens Saul Alinsky, den ich im vorhergehenden Sommer kennen gelernt hatte. Alinsky war eine schillernde und umstrittene Figur. In seiner langen Laufbahn gelang es ihm, sich mit praktisch jedermann zu überwerfen, mit dem er in Kontakt kam. Im Mittelpunkt seines Konzepts für den sozialen Wandel stand der Versuch, die Menschen an der Basis zu organisieren, damit sie lernen konnten, sich selbst zu helfen, indem sie der Regierung und den Körperschaften die Stirn boten und sich die Ressourcen und die Macht verschafften, die sie benötigten, um ihre Lebensumstände zu verbessern. Ich stimmte vielen von Alinskys Ideen zu, insbesondere seiner Betonung der Mitgestaltung. Doch in einem Punkt waren unsere Ansichten unvereinbar: Er glaubte, das System könne nur von außen verändert werden und erklärte mir, ich würde meine Zeit vergeuden, indem ich versuchte, innerhalb der bestehenden politischen Strukturen Veränderungen herbeizuführen. Doch ich war nicht bereit aufzugeben. Mit meiner Entscheidung, Rechtswissenschaften zu studieren, glaubte ich, meine Überzeugungen auch in die Tat umsetzen zu können.

Ich bewarb mich bei verschiedenen Universitäten und meldete mich für die Eignungstests an. Irgendwie gelang es mir, genug Punkte zu sammeln, um die Zulassung für Harvard und Yale zu erhalten. Ich konnte mich so lange nicht entscheiden, bis ich zu einer Cocktailparty in der Harvard Law School eingeladen wurde, auf der ich einen berühmten Rechtsprofessor der Universität kennen lernte. Ein befreundeter Student stellte mich vor: »Das ist Hillary Rodham. Sie weiß noch nicht, ob sie hier studieren oder sich bei unseren härtesten Konkurrenten einschreiben soll.« Der bedeutende Mann sah mich kühl an und sagte: »Erstens haben wir keine harten Konkurrenten. Und zweitens brauchen wir in Harvard keine weiteren Frauen.« Diese »höchst erfreuliche« Begegnung beschleunigte meine Entscheidung ungemein.

Alles, was nun vor meinem Wechsel an die Universität noch anstand, war die Abschlussfeier in Wellesley. Ich war mir sicher, das Ende meiner Studienzeit werde sang- und klanglos vorübergehen, bis meine Klassenkameradin und Freundin Eleanor »Eldie« Acheson auf die Idee kam, wir bräuchten jemanden, der beim Abschlussfest eine Rede halten sollte. Ich hatte Eldie, eine Enkelin von Präsident Trumans Außenminister Dean Acheson, im ersten Studienjahr in einem Politikwissenschaftskurs kennen gelernt, in dem wir unsere politische Herkunft erläutern mussten. Eldie berichtete später in einem Interview für den *Boston Globe*, dass sie »geschockt« gewesen sei, dass »nicht nur Hillary, sondern auch andere sehr intelligente Leute Republikaner waren«. Diese Entdeckung »deprimierte« Eldie Acheson, doch sie machte ihr auch verständlich, »warum

die Republikaner tatsächlich hin und wieder Präsidentschaftswahlen gewannen«.

Wellesleys Präsidentin Ruth Adams, der das studentische
Milieu der sechziger Jahre missfiel, würde Eldies Plan wohl
kaum etwas abgewinnen können. In meiner Funktion als Präsidentin der Studentenvertretung traf ich sie einmal in der
Woche, und üblicherweise stellte sie mir in Abwandlung eines
freudschen Zitats die Frage »Was möchtet ihr Mädchen?« Um
gerecht zu sein, muss ich gestehen, dass die meisten von uns
keine Ahnung hatten, was wir wollten. Wir waren zwischen
einer verlorenen Vergangenheit und einer unklaren Zukunft
gefangen. In unserer Einschätzung der Erwachsenen und der
Autorität waren wir oft respektlos, zynisch und selbstgerecht.
Als Eldie nun Präsidentin Adams mitteilte, sie vertrete eine
Gruppe von Studentinnen, die eine Rednerin für die Abschlussfeier wählen wolle, erhielt sie zunächst die erwartete negative
Antwort. Eldie erhöhte den Druck mit der Erklärung, für den
Fall einer Weigerung des College werde sie sich an die Spitze
einer Bewegung zur Organisation einer Gegenpromotion set-
zen. Und sie fügte hinzu, sie sei fest davon überzeugt, dass ihr
Großvater daran teilnehmen werde. Eldie kehrte mit dem
Bericht zurück, dass die Fronten verhärtet seien, weshalb ich
mich anbot, Präsidentin Adams in ihrem Häuschen am See-
ufer einen Besuch abzustatten.

Als ich sie fragte, was sie gegen eine Abschlussrede einzuwenden habe, erwiderte sie: »Das hat es hier nie gegeben.« Ich
sagte: »Nun gut, wir könnten es einmal versuchen.« Sie meinte: »Wir wissen nicht einmal, wen sie zu ihrer Sprecherin
machen wollen.« Ich erklärte: »Sie haben mich gefragt, ob ich
die Rede halten möchte.« Sie blickte mich scharf an: »Gut, ich
werde darüber nachdenken.« Schließlich gab Präsidentin
Adams ihren Segen, und wir begannen mit der hektischen
Sammlung von Ideen und Zitaten.

Die Begeisterung meiner Freundinnen über meine bevorstehende Rede bereitete mir einiges Kopfzerbrechen, denn ich hatte nicht die geringste Ahnung, wie ich in meiner Ansprache
den turbulenten vier Jahren in Wellesley und unseren Sorgen
bezüglich unserer ungewissen Zukunft gerecht werden sollte.

Ich saß viele Stunden auf meinem Bett, sah aus dem Fenster auf den stillen See und machte mir Gedanken über alles Mögliche – von Beziehungsproblemen bis hin zu Antikriegsdemonstrationen.

Meine Studienkolleginnen unterbrachen mich immer wieder in meinen Gedanken; sie überhäuften mich mit schrägen Fotos von unserer gemeinsamen Zeit und mit Gedichten und anderen Zitaten für die Dramaturgie meiner Rede. Ich sprach stundenlang mit meinen Kolleginnen über ihre Erwartungen und verbrachte viele weitere Stunden mit dem Bemühen, ihre vielfältigen und widersprüchlichen Anregungen zu ordnen.

Am Abend vor der Abschlussfeier wollte ich mit einer Gruppe von Freundinnen und ihren Familien essen gehen. Auf dem Weg begegnete ich Eldie Acheson und ihrer Familie. Sie stellte mich ihrem Großvater Dean mit folgenden Worten vor: »Das ist das Mädchen, das morgen die Ansprache halten wird.« Er sagte: »Ich freue mich darauf zu hören, was Sie zu sagen haben.« Mir wurde übel. Ich hatte immer noch keine Ahnung, was ich sagen wollte. Also kehrte ich – ohne Essen – schnurstracks ins Wohnheim zurück, um mir meine letzte Nacht im College um die Ohren zu schlagen.

Die Tatsache, dass auch mein Vater bei meiner Abschlussfeier sein würde, trug nicht gerade zu meiner Beruhigung bei. Als meine Eltern erfahren hatten, dass ich die Abschlussrede halten würde, hatten sie spontan zugesagt zu kommen. Leider litt meine Mutter zu dieser Zeit unter gesundheitlichen Problemen. Ihr Arzt hatte ihr Medikamente verschrieben und ihr geraten, in nächster Zeit nicht zu reisen. Mein Vater musste allein fahren. Wie für Hugh Rodham typisch, flog er am Vorabend der Feier nach Boston, übernachtete beim Flughafen, nahm am nächsten Tag den MTA zum College, wohnte der Abschlussfeier bei, begleitete mich zu einem Essen ins »Wellesley Inn« und machte sich unverzüglich wieder auf den Heimweg. Ich fand es schade, dass meine Mutter nicht bei meiner Verabschiedung dabei war – denn in vielerlei Hinsicht gehörte dieser Augenblick ihr ebenso wie mir.

Der Tag unseres Abschlussfestes, der 31. Mai 1969, begann mit einem typisch neuenglischen Morgen. Wir nahmen auf dem

Rasen zwischen Bibliothek und Kapelle Aufstellung für die Zeremonie. Präsidentin Adams fragte mich nach dem Inhalt meiner Rede, und ich sagte ihr, dass ich immer noch damit beschäftigt sei, meine Gedanken zu ordnen. Sie stellte mich dem Gastredner Senator Edward Brooke vor – dem einzigen afroamerikanischen Mitglied des Senats –, an dessen erster Wahlkampagne ich im Jahr 1966 teilgenommen hatte, als ich noch den Jungen Republikanern angehört hatte. Nachdem ich die ganze Nacht wach gewesen war, um aus dem gemeinschaftlich verfassten Text eine Rede zusammenzuflicken, war meine Frisur in beklagenswertem Zustand. Zusätzlich verschlimmert wurde ihr Aussehen durch den so genannten Mortar Board, den akademischen Hut mit dem flachen quadratischen Aufsatz. Auf den Bildern von unserem Abschlussfest sehe ich wahrlich Furcht einflößend aus.

Senator Brooke erklärte, das Land sei gegenwärtig mit »tief greifenden und drängenden sozialen Problemen« konfrontiert, zu deren Bewältigung »die Energie all seiner Bürger, insbesondere die der begabten jungen Menschen« benötigt würde. »Zwangsprotest«, wie er es nannte, sei dagegen kontraproduktiv. Für mich klang die Rede wie eine Verteidigung von Präsident Nixons Politik, wobei weniger das, was der Senator sagte bemerkenswert war, sondern vielmehr das, was er nicht sagte. Ich wartete umsonst auf eine Bemerkung über die berechtigten Klagen und die schmerzhaften Fragen, die so viele junge Amerikaner an die Führung unseres Landes richteten. Ich wartete umsonst auf eine Erwähnung Vietnams oder der Bürgerrechte oder Dr. Kings oder Senator Kennedys, zwei gefallenen Helden unserer Generation. Der Senator schien offensichtlich keinen Bezug zu seinen Zuhörern zu haben: 400 intelligente, aufmerksame, kritische junge Frauen. Seine Worte waren an ein Wellesley gerichtet, wie es vor den Unruhen der sechziger Jahre existiert haben mochte.

Als ich zum Podium ging, dachte ich, wie Recht Eldie doch mit ihrer Prophezeiung über den Inhalt von Brookes Rede gehabt hatte. Nach den vier Jahren, die wir und Amerika hinter uns hatten, war dieser Auftritt des Senators eine große Enttäuschung. Also holte ich tief Luft und begann mit einer Verteidigung der »unverzichtbaren Funktion der Kritik und des konstruktiven Protests«. In Anspielung auf ein Gedicht von Anne Scheibner, das ich am Ende vortrug, erklärte ich, unsere Aufgabe bestehe darin, »die Politik als die Kunst zu betreiben, das anscheinend Unmögliche möglich zu machen«. Wenn ich jene Rede heute mit der Distanz von dreißig Jahren lese, verblüfft mich der Strom der Gedanken, in dem sowohl meine Schwierigkeit bei der klaren Beschreibung unserer Angst als auch meine Nervosität zum Ausdruck kamen. Doch in der aufrichtigen Emotion, die diese Rede vermittelte, erkenne ich mich noch heute wieder.

Ich sprach über die Kluft zwischen dem, was unser Jahrgang ins College mitgebracht hatte, und der Wirklichkeit, die wir in dieser Zeit kennen gelernt hatten. Die meisten von uns waren aus behüteten Familien gekommen, doch die persönlichen und öffentlichen Entwicklungen, mit denen wir konfrontiert worden waren, hatten uns dazu bewegt, die Authentizität des Lebens in Frage zu stellen, das wir bis zum Eintritt ins College geführt hatten. Ich erklärte, unsere Generation stehe vor einer existenzielleren Herausforderung als die unserer Eltern. Wir hätten keine andere Wahl gehabt, als Fragen zu stellen, zunächst über die Regeln von Wellesley, dann über den Sinn der geisteswissenschaftlichen Ausbildung, und schließlich über die Bürgerrechte, die Rolle der Frau und Vietnam. Ich verteidigte unseren Protest als einen Versuch, »in dieser Zeit eine Identität zu entwickeln« und »mit unserem Menschsein ins Reine zu kommen«. Und ich erklärte, der Protest sei Teil der »einzigartigen amerikanischen Erfahrung. Wenn das menschliche Experiment in diesem Land und in dieser Zeit nicht funktioniert, wird es nirgendwo funktionieren.«

Ich kam auch auf die Bedeutung der drei Worte zu sprechen, die in meinen Augen der Besorgnis und Verwirrung vieler Menschen meiner Generation zugrunde lagen: Integrität, Vertrauen und Respekt. Die Integrität bezeichnete ich als den »Mut, ganz zu sein« und ein Leben zu wählen, »das zeigt, wie wir fühlen und was wir wissen«. Vertrauen war für meine Studienkolleginnen besonders wichtig. Als ich sie gefragt hatte, was ich in meiner Abschlussrede in ihrem Namen sagen sollte, hatten sie geantwortet: »Sprich über das Vertrauen, sprich über unser mangelndes Vertrauen in uns selbst und in andere. Sprich über die Vertrauenskrise.« Ich gestand ein, wie schwer es sei, »über ein Gefühl zu sprechen, das sich einer ganzen Generation bemächtigt hat und möglicherweise nicht einmal von denen verstanden wird, denen diese Generation mit Misstrauen begegnet.« Abschließend sprach ich über das Bemühen, »gegenseitigen Respekt zwischen den Menschen herzustellen«. Doch der rote Faden, der sich durch meine Rede zog, war das Eingeständnis unserer Zukunftsangst. Ich nahm auf ein Gespräch Bezug, das ich einige Tage zuvor mit der Mutter einer Studienkollegin geführt hatte. Sie hatte mir erklärt, sie wolle nicht um alles in der Welt an meiner Stelle sein. Sie wolle nicht in der heutigen Welt erwachsen werden und den Blick auf diese Zukunft richten, denn was sie sehe, mache ihr Angst. Dann griff ich auf, was meine Mutter mich gelehrt hatte, und sagte: »Die Furcht begleitet uns stets, doch wir haben keine Zeit dafür. Nicht jetzt.«

Die Rede war, wie ich zugab, ein Versuch, »einige unserer nicht artikulierten und möglicherweise nicht artikulierbaren Empfindungen in Worte zu fassen«, denn wir erkundeten »eine Welt, die keine von uns versteht«, und bemühten uns, unsere Welt in einer Situation der Ungewissheit zu gestalten. Rückblickend muss ich gestehen, dass diese Rede nicht zu meinen schlüssigsten zählte, doch sie traf den Nerv der Zeit. Meine Studienkolleginnen erhoben sich von ihren Sitzplätzen und spendeten mir begeistert Beifall. Ich war erleichtert, denn meine größte Sorge war es, die Hoffnungen meiner Freundinnen zu enttäuschen. Dass meine Ansprache auch weit über Wellesley hinaus auf Interesse stoßen würde, konnte ich in diesem Moment nicht ahnen.

Am späten Nachmittag entschloss ich mich, ein letztes Mal im Lake Waban schwimmen zu gehen und watete unweit meines Wohnheims ins Wasser. Dort war das Schwimmen offiziell verboten. Ich legte meine abgeschnittenen Jeans, mein T-Shirt und meine Augengläser, die Ähnlichkeit mit einer Fliegerbrille hatten, am Ufer ab. Während ich in den See hinausschwamm, verflogen alle meine Sorgen. Ich liebte Wellesley, und die Schönheit dieses Flecken Erde hatte mich zu jeder Jahreszeit fasziniert. Mit diesem Bad wollte ich endgültig Abschied nehmen.

Als ich aus dem Wasser stieg, konnte ich meine Kleidung und meine Brille nicht finden. Schließlich musste ich einen Sicherheitsbeamten der Universität fragen, ob er meine Sachen gesehen habe. Er erklärte mir, Präsidentin Adams habe von ihrem Haus aus beobachtet, dass ich an einer verbotenen Stelle schwimmen gegangen sei, und ihm befohlen, meine Sachen zu beschlagnahmen. Anscheinend tat es ihr Leid, dass sie meine Rede zugelassen hatte. Tropfnass und halb blind tapste ich hinter dem Mann her, um meine Kleidung abzuholen. Einige Stunden später hatte ich mein Diplom in der Tasche und freute mich auf ein neues Abenteuer. Gemeinsam mit zwei Freundinnen wollte ich im Auto eine Reise nach Alaska unternehmen.

Spätabends rief ich zu Hause an, um meiner Mutter von der Abschlussfeier zu erzählen. Sie unterbrach mich sofort und teilte mir aufgeregt mit, dass mehrere Reporter und Fernsehsender angerufen hätten, um mich um Interviews zu bitten oder mir Fernsehauftritte anzubieten. Bevor ich nach Alaska aufbrach gab ich Irv Kupcinet bei einem örtlichen Sender in Chicago ein Interview, und das *Life Magazine* brachte einen Artikel über mich und einen Aktivisten namens Ira Magaziner, der auf der Brown University ebenfalls eine Abschlussrede gehalten hatte. Die Zeitschrift berichtete, die Meinungen zu meiner Rede schwankten zwischen übertrieben überschwänglichen (»Sie sprach für eine Generation«) und übermäßig negativen Urteilen (»Für wen hält sie sich?«). Das Lob und die Rügen gaben mir einen Vorgeschmack auf das, was kommen sollte: Ich war nie so gut oder so schlecht, wie meine leidenschaftlichsten Anhänger und Gegner behaupteten.

Mit einem Stoßseufzer der Erleichterung brach ich endlich in den Sommerurlaub auf und durchstreifte Alaska, wo ich im Mount McKinley National Park (der heutige Denali National Park) Teller wusch und in Valdez in einer temporären Lachsfabrik auf einem Pier arbeitete. Bei dieser Arbeit stand ich in kniehohen Stiefeln in Pfützen aus Wasser und Blut, während ich mit einem Löffel die Lachse ausnahm. War ich nicht schnell genug, wurde ich von den Vorarbeitern angebrüllt und an ein Fließband versetzt, wo ich Fische in Schachteln packte, damit sie zu der schwimmenden Verarbeitungsanlage vor der Küste gebracht werden konnten. Eines Nachmittags fiel mir auf, dass einige Fische bereits vergammelt waren. Als ich meine Beobachtung dem Manager meldete, warf er mich hinaus und sagte mir, ich solle am folgenden Nachmittag meinen letzten Lohnscheck abholen kommen. Am nächsten Tag war die ganze Anlage verschwunden. Viele Jahre später besuchte ich Alaska als First Lady. In einer Ansprache sagte ich, das Ausnehmen von Fischen sei eine ziemlich gute Vorbereitung auf das Leben in Washington gewesen.

YALE

Als ich im Herbst 1969 mein Studium an der Yale Law School aufnahm, war ich eine von 27 Frauen unter 235 Studenten. Heute mag diese Zahl geradezu lächerlich niedrig wirken, damals war sie ein Beleg dafür, dass es Yale mit der Aufnahme von Frauen durchaus ernst meinte.

Während die Bemühungen um die Gleichstellung der Frau gegen Ende der sechziger Jahre also erste Früchte trugen, schien alles andere ungewiss. Wer diese Zeiten nicht erlebt hat, kann sich kaum vorstellen, wie polarisiert das politische Leben in Amerika damals war. Als ich nach Yale kam, kampierte Professor Charles Reich gerade mit einigen Studenten mitten im Hof der Rechtsfakultät in einer Zeltstadt, um gegen das »Establishment« zu protestieren, zu dem selbstverständlich auch die Yale Law School zählte. Die Zeltstadt wurde nach einigen Wochen ohne Zwischenfälle geräumt, doch andere Protestaktionen verliefen nicht so friedlich. Die sechziger Jahre, die im Zeichen der Hoffnung begonnen hatten, endeten mit Aufruhr und Gewalt. Pazifistische Aktivisten aus der weißen Mittelklasse brüteten in Kellern über Bauplänen für Bomben. Die vorwiegend von Schwarzen getragene gewaltlose Bürgerrechtsbewegung spaltete sich in konkurrierende Fraktionen auf, und in den Großstädten fanden die radikalen Black Muslims und die Black Panthers wachsenden Zulauf aus der afroamerikanischen Gemeinschaft. Das FBI infiltrierte Dissidentengruppen und brach in einigen Fällen das Gesetz, um sie aufzulösen. Die Exekutive war vielfach nicht imstande – oder nicht bereit –, zwischen der von der Verfassung geschützten, legitimen Opposition und kriminellen Machenschaften zu unterscheiden. Die Nixon-Administration weitete Spionage und Gegenspionage im Landesinneren aus, und gelegentlich hatte es den Anschein, als führe die Regierung einen Krieg gegen ihr eigenes Volk.

Im April 1970 brach die Realität dieser Welt auch massiv über Yale herein, als acht Angehörige der Black Panthers, darunter der Parteiführer Bobby Seale, in New Haven wegen Mordes vor Gericht gestellt wurden. Tausende wütende Demonstranten, die davon überzeugt waren, die Black Panthers seien Opfer eines Komplotts des FBI und der Strafverfolgungsbehörden geworden, überfluteten die Stadt. In der Umgebung und in der Universität kam es zu Protestaktionen. Um die Panther zu unterstützen, sollte am 1. Mai eine Großdemonstration auf dem Campus stattfinden. Doch in der Nacht des 27. April brach in der Fachbibliothek für internationales Recht, die im Keller des Universitätsgebäudes untergebracht war, ein Feuer aus. Lehrkräfte, Angestellte und Studenten bildeten eine Menschenkette, um die beschädigten Bücher aus dem Gebäude zu schaffen. Nachdem der Brand gelöscht war, berief der Dekan Louis Pollak eine Versammlung im Auditorium maximum ein. Pollak war ein vornehmer und liebenswürdiger Gelehrter, der immer ein offenes Ohr für die Studenten hatte. Nun forderte er uns sichtlich geschockt auf, Sicherheitspatrouillen zu organisieren, die für den Rest des Schuljahrs rund um die Uhr die Universität bewachen sollten.

Am 30. April gab Präsident Nixon bekannt, dass er amerikanische Interventionstruppen nach Kambodscha entsenden und damit den Vietnamkrieg ausweiten würde. Die Protestveranstaltungen eskalierten, da neben die Unterstützung für die Black Panthers auch noch der Widerstand gegen Nixons Kriegspolitik trat. Der Vorstand der Universität Yale, Kingman Brewster, und der Universitätsgeistliche William Sloane Coffin, die sich während der Studentenproteste bislang um Ausgleich bemüht hatten, stellten sich nun auf die Seite der Kritiker. Reverend Coffin wurde aufgrund seiner klaren moralischen Kritik am amerikanischen Engagement in Vietnam zu einem nationalen Führer der Antikriegsbewegung. Und Universitätsvorstand Brewster erklärte nun sogar, er sei »skeptisch« bezüglich der Aussichten schwarzer Revolutionäre, irgendwo in den Vereinigten Staaten ein faires Gerichtsverfahren zu erhalten. Angesichts der Gefahr gewalttätiger Demonstrationen setzte Brewster die Vorlesungen aus und erklärte, in den Studentenwohnheimen würden während der Demonstrationen Mahlzeiten an alle Besucher verteilt. Diese Maßnahmen und Erklärungen gaben den Studenten Auftrieb und brachten Präsident Nixon und seinen Stellvertreter Spiro Agnew in Rage.

Am 4. Mai eröffnete die Nationalgarde an der Kent State University in Ohio das Feuer auf protestierende Studenten. Vier Studenten wurden getötet. Das Foto einer am Boden knienden jungen Frau, die sich über einen toten Studenten beugte, war für mich ein Symbol all dessen, was ich fürchtete und verabscheute. Ich erinnere mich daran, wie ich in Tränen aufgelöst aus der Universität stürmte und mit Professor Fritz Kessler zusammenstieß, der seinerzeit aus Hitler-Deutschland geflohen war. Als er mich fragte, was mit mir los sei, erklärte ich ihm, die Geschehnisse seien für mich unfassbar. Er verstörte mich zusätzlich mit der Bemerkung, ihm sei dies nur allzu vertraut.

Getreu meinem Motto, Engagement ja, Revolution nein, erfüllte ich am 7. Mai eine lange zuvor eingegangene Verpflichtung und hielt in Washington eine Rede zum fünfzigsten Jahrestag der League of Women Voters. Zum Gedenken an die getöteten Studenten trug ich einen Trauerflor um den Arm. Wieder einmal kochten meine Emotionen beinahe über, als ich erklärte, die Ausdehnung des Vietnamkriegs auf Kambodscha sei illegal und verfassungswidrig. Ich versuchte, den Kontext der Proteste und die Auswirkungen der Schüsse an der Kent State auf die Studenten der Yale Law School zu erklären, die sich mit 239 gegen zwölf Stimmen dafür ausgesprochen hatten, gemeinsam mit 300 anderen Hochschulen in einen landesweiten Streik zu treten, der dem Protest gegen die »unzumutbare Ausweitung des Krieges« diente, »der nie hätte begonnen werden dürfen«. Ich hatte die Versammlung geleitet und erlebt, wie ernst meine Studienkollegen sowohl ihre Rech-

te als auch ihre Verantwortung als Bürger nahmen. Die Rechts-
studenten, die sich bis dahin nicht an den Protestaktionen
anderer Fakultäten beteiligt hatten, hatten die Fragen stundenlang besonnen und unter juristischen Gesichtspunkten erör-
tert. Sie hatten wahrlich nichts mit jenen »Nichtsnutzen« zu
tun, die Nixon in allen protestierenden Studenten sah.

Die Hauptrednerin bei der Versammlung der Liga war Marian Wright Edelman. Marian hatte im Jahr 1963 ihren
Abschluss an der Yale Law School gemacht und war die erste
afroamerikanische Anwältin, die in Mississippi vor Gericht
zugelassen wurde. Mitte der sechziger Jahre leitete sie das Büro
des Legal Defense Fund der NAACP, der Nationalen Vereinigung für die Förderung der farbigen Bevölkerung, in Jackson.
Sie reiste durch den ganzen Staat, um Headstart-Programme
gegen die Armut zu starten und riskierte ihren Kopf im Kampf
für die Bürgerrechte im Süden. Erstmals von Marian gehört
hatte ich durch ihren Ehemann Peter Edelman, einen Harvard-
Absolventen, der im Obersten Gerichtshof für Arthur J. Gold-
berg tätig gewesen war und für Bobby Kennedy gearbeitet hatte, als dieser Staatsanwalt und Senator war. Peter hatte Senator
Kennedy im Jahr 1967 auf einer Reise nach Mississippi begleitet, wo sich der Senator ein Bild vom Ausmaß der Armut und
des Hungers im Süden machen wollte. Marian hatte auf dieser Reise als Führerin für den Senator gearbeitet. Sie setzte die
Zusammenarbeit mit Peter nicht nur beruflich fort – nach der
Ermordung von Senator Kennedy heirateten sie.

Ich hatte Peter Edelman im Oktober 1969 an der Colorado
State University in Fort Collins bei einer von der Liga finanzierten nationalen Konferenz zu Jugendangelegenheiten und
Fragen der Gemeindeentwicklung kennen gelernt. Die Liga
hatte eine repräsentative Gruppe Aktivisten aus dem ganzen
Land eingeladen, um über die Frage zu diskutieren, wie Jugendliche direkter in die politischen Entscheidungsprozesse einge-
bunden werden konnten. Ich war ausgewählt worden, gemeinsam mit Peter, der zu jener Zeit einer der Leiter des Robert F.
Kennedy Memorial war, sowie mit David Mixner vom Vietnam Moratorium Committee und Martin Slate, einem Jurastudenten aus Yale, mit dem ich befreundet war, den Len-

kungsausschuss zu bilden. Wir teilten die Überzeugung, dass die Verfassung geändert werden müsse, um das Wahlalter von 21 auf 18 Jahre zu senken. Wenn junge Menschen mit 18 Jahren alt genug zum Kämpfen waren, hatten sie auch einen Anspruch auf Wahlrecht. Unglücklicherweise machten nicht so viele Jugendliche wie von uns erhofft von diesem Recht Gebrauch, als der 26. Verfassungszusatz im Jahr 1971 endlich verabschiedet wurde. Auch heute noch ist der Anteil der Wähler in der Altersgruppe der 18- bis 25-Jährigen niedriger als in allen anderen Altersgruppen. Damit sinkt natürlich die Wahrscheinlichkeit, dass den Sorgen und Zukunftsanliegen der Jugend in der nationalen Politik ausreichende Aufmerksamkeit gewidmet wird.

In einer Konferenzpause saß ich mit Peter Edelman auf einer Bank, als wir von einem großen, gut aussehenden Farbigen unterbrochen wurden, der einen dreiteiligen Anzug und perfekt polierte Schuhe trug.

»Wollen Sie mich dieser ernsten jungen Dame nicht vorstellen, Peter?«, fragte er. Dies war meine erste Begegnung mit Vernon Jordan, dem damaligen Leiter des Voter Education Project des Southern Regional Council in Atlanta. Vernon, ein kluger und charismatischer Veteran und Anwalt der Bürgerrechtsbewegung, wurde an diesem Tag mein Freund. Von ihm und seiner Frau Ann kann man immer eine angenehme Gesellschaft und kluge Beratung erwarten.

Peter hatte mir von Marians Plänen zur Gründung einer Organisation für den Kampf gegen die Armut erzählt und empfahl mir dringend, sie kennen zu lernen. Einige Monate später erfuhr ich, dass Marian in Yale einen Vortrag halten würde. Ich ging hin, hörte mir ihre Rede an, stellte mich ihr vor und fragte sie nach einem Sommerjob. Sie erklärte mir, sie habe Arbeit für mich, könne mich jedoch nicht dafür bezahlen. Das war ein Problem, da ich Geld verdienen musste, um mein Wellesley-Stipendium und meinen Ausbildungskredit zu ergänzen. Also beantragte ich beim Law Student Civil Rights Research Council einen Zuschuss, der mir auch gewährt wurde. Mit diesem Geld finanzierte ich im Sommer 1970 meine Tätigkeit für das Forschungsprojekt, das Marian in Washington gegründet hatte. Im Rahmen dieser Tätigkeit besuchte ich auch zum ersten Mal eine Anhörung vor einem Senatsausschuss.

Senator Walter »Fritz« Mondale aus Minnesota, der später unter Jimmy Carter Vizepräsident wurde, hatte sich entschlossen, Senatshearings zu den Lebens- und Arbeitsbedingungen von Wanderarbeitern in der Landwirtschaft zu veranstalten. Die Hearings fielen mit dem zehnten Jahrestag der Ausstrahlung von Edward R. Murrows berühmter Fernsehdokumentation »Harvest of Shame« (Ernte der Schande) zusammen, die im Jahr 1960 mit einer Schilderung der menschenunwürdigen Behandlung, die den Wanderarbeitern zuteil wurde, ganz Amerika schockiert hatte. Marian beauftragte mich, für Senator Mondale Nachforschungen zur Bildungs- und Gesundheitssituation der Kinder von Wanderarbeitern anzustellen. Ich hatte in der Grundschule Kinder aus solchen Familien kennen gelernt, die jedes Jahr nur für wenige Monate an unserer Schule blieben, und sie später im Auftrag der Kirchengemeinde stundenweise beaufsichtigt. Jeden Samstagmorgen in der Erntezeit hatte ein Kleinbus der Kirche mich und mehrere meiner Freunde aus der Sonntagsschule zum Lager der Wanderarbeiter hinausgebracht, wo wir auf die jüngeren Kinder aufpassten, während ihre älteren Geschwister mit den Eltern auf den Feldern arbeiteten.

Ich hatte damals auch ein siebenjähriges Mädchen namens Maria kennen gelernt, das sich auf seine Erstkommunion vorbereitete. Die feierliche Zeremonie sollte nach der Erntezeit in Marias Heimat Mexiko stattfinden. Allerdings nur dann, wenn ihre Eltern genug Geld gespart hatten, um ihr ein angemessenes weißes Kleid zu kaufen. Als ich meiner Mutter davon erzählte, ging sie mit mir ein wunderschönes weißes Kleid kaufen, das wir anschließend in das Lager hinausbrachten. Marias Mutter brach in Tränen aus und fiel auf die Knie, um meiner Mutter die Hände zu küssen, was meiner Mutter sehr peinlich war. Sie wiederholte ein ums andere Mal, dass sie wisse, wie wichtig es für ein kleines Mädchen sei, bei einer solchen Gelegenheit perfekt gekleidet zu sein. Jahre später erst wurde mir klar, wie sehr sich meine Mutter mit diesem Kind identifiziert haben musste, dem ein so wichtiges Ereignis in seinem Leben zu entgehen drohte.

Im Verlauf meiner Nachforschungen für Marians Projekt erfuhr ich, dass Wanderarbeitern und ihren Kindern oft grundlegende Leistungen wie eine angemessene Unterkunft und sanitäre Einrichtungen vorenthalten wurden – was auch heute noch allzu oft der Fall ist. Im Jahr 1962 hatte Cesar Chavez zwar die National Farm Workers Association gegründet und die Wanderarbeiter auf den Feldern Kaliforniens organisiert, doch in den meisten anderen Landesteilen hatten sich die Bedingungen seit 1960 kaum geändert.

Während der Anhörungen, die ich im Juli 1970 besuchte, legte Senator Mondale Beweise dafür vor, dass einige Gesellschaften, die große landwirtschaftliche Betriebe in Florida besaßen, die Wanderarbeiter ebenso schlecht behandelten wie vor einem Jahrzehnt. Mehrere Studenten, die ich aus Yale kannte, vertraten im Auftrag der Anwaltsfirmen, für die sie im Sommer arbeiteten, diese Unternehmen vor dem Senatsausschuss. Als ich sie fragte, was sie dort täten, erklärten sie mir, sie lernten, wie man das beschädigte Image eines Klienten aufpoliere. Ich sagte ihnen, der beste Weg, um dies zu bewerkstelligen, sei, die Arbeiter besser zu behandeln.

Als ich im Herbst 1970 für das zweite Studienjahr nach Yale zurückkehrte, beschloss ich, mich auf die rechtliche Stellung der Kinder in der amerikanischen Gesellschaft zu konzentrieren. Die Rechte und Bedürfnisse des Kindes waren historisch ein Bestandteil des Familienrechts und wurden üblicherweise durch das definiert, was die Eltern für richtig hielten. Zu den wenigen Ausnahmen von diesem Grundsatz zählte das Recht des Kindes auf angemessene medizinische Versorgung ungeachtet möglicher religiöser Einwände der Eltern. Erst in den sechziger Jahren begannen die Gerichte, weitere Umstände zu definieren, unter denen die Rechte eines Kindes in beschränktem Maß von denen der Eltern zu trennen waren.

Zwei meiner Rechtsprofessoren, Jay Katz und Joe Goldstein, bestärkten mich in meinem Interesse für diesen neuen Bereich und schlugen mir vor, meine Kenntnis in einem Kurs am Yale Child Study Center zu vertiefen. Sie stellten einen Kontakt zum Direktor des Studienzentrums, Dr. Al Solnit, und zur klinischen

Leiterin Dr. Sally Provence her. Ich überzeugte die beiden davon, mich ein Jahr lang an den Diskussionen über Fälle und an klinischen Sitzungen teilnehmen zu lassen. Dr. Solnit und Professor Goldstein boten mir an, mich als Forschungsassistentin an den Arbeiten am Buch »Beyond the Best Interests of the Child« zu beteiligen, das sie gemeinsam mit Sigmund Freuds Tochter Anna verfassten. Darüber hinaus nahm ich Kontakt zum medizinischen Personal des Yale New Haven Hospital auf, um das Problem des Kindesmissbrauchs zu untersuchen und mich am Entwurf der rechtlichen Verfahren zu beteiligen, die das Krankenhaus im Fall des Verdachts auf Kindesmissbrauch anwenden würde.

Diese Aktivitäten gingen Hand in Hand mit meiner Tätigkeit für New Haven Legal Services. Penn Rhodeen, ein junger Rechtsanwalt, der mittellosen Personen unentgeltlich rechtliche Unterstützung gewährte, führte mir vor Augen, wie wichtig eigene Rechtsvertreter für Kinder sind. Penn bat mich, ihn bei der Vertretung einer afroamerikanischen Witwe in den Fünfzigern zu unterstützen, die ein zwei Jahre altes gemischtrassiges Mädchen seit seiner Geburt als Pflegemutter betreut hatte. Die Frau hatte ihre eigenen Kinder schon großgezogen und wollte das kleine Mädchen adoptieren. Der Sozialdienst des Bundesstaats Connecticut hielt jedoch an dem Grundsatz fest, Pflegeeltern kein Adoptionsrecht zuzugestehen, und entzog das Kind der Obhut der Frau, um es in einer »geeigneteren« Familie unterzubringen. Penn verklagte die Behörde mit dem Argument, die Pflegemutter sei die einzige Bezugsperson für das Kind, weshalb es bleibenden Schaden erleiden würde, sollte es von ihr getrennt werden. Trotz aller Bemühung verloren wir den Prozess. Doch dieser Fall spornte mich an, nach Wegen zu suchen, um den Entwicklungsbedürfnissen und Rechten des Kindes Geltung zu verschaffen.

Mein erster Rechtsartikel wurde im Jahr 1974 unter dem Titel »Children Under the Law« in der *Harvard Educational Review* veröffentlicht. Darin untersuchte ich die schwierigen Entscheidungen, mit denen die Justiz und die Gesellschaft konfrontiert waren, wenn Kinder von ihren Familien misshandelt oder vernachlässigt wurden oder wenn die elterlichen Entscheidungen potenziell irreparable Schäden verursachten – etwa, indem einem Kind der Schulbesuch verweigert wurde. Meine Arbeit für Legal Services wirkte sich dabei ebenso auf meinen Standpunkt aus wie meine Erfahrungen im Child Study Center und im Yale New Haven Hospital. Dort begleitete ich Ärzte, die festzustellen versuchten, ob die Verletzungen eines eingelieferten Kindes die Folge von Misshandlungen waren und ob das Kind der Obhut seiner Eltern entzogen und dem öffentlichen Fürsorgesystem anvertraut werden sollte. Diese Entscheidungen waren für jemanden wie mich, der aus einer stabilen Familie kommt, nicht leicht. Doch was ich im New Haven Hospital zu sehen bekam, hatte nur wenig mit dem zu tun, was ich in meiner behüteten Kindheit in einem friedlichen Vorort von Chicago erlebt hatte. Ich sah Kinder, die mit Brandwunden übersät waren, die von ihren Eltern geschlagen worden waren, die man tagelang in verwahrlosten Wohnungen allein gelassen hatte oder deren Eltern auf eine zwingend notwendige medizinische Versorgung verzichtet oder diese verweigert hatten. Ich gelangte zu dem traurigen Schluss, dass irgendwann ein Punkt erreicht war, an dem Eltern das Recht auf die Erziehung des eigenen Kindes verweigert wurde und nach Möglichkeit ein anderes Familienmitglied oder in letzter Instanz der Staat einschreiten musste, um dem Kind ein stabiles und liebevolles Zuhause zu bieten.

Ich dachte während dieser Zeit oft an die Vernachlässigung und Misshandlung, die meiner Mutter durch ihre Eltern und Großeltern zuteil geworden war. Sie hatte Hilfe von anderen, fürsorglicheren Erwachsenen erhalten und später versucht, der Gesellschaft etwas davon zurückzugeben, indem sie Mädchen aus einem örtlichen Heim aufnahm, die ihr im Haushalt helfen konnten. Sie wollte diesen Mädchen die Möglichkeit eröffnen, ebenso wie sie in ihrer Kindheit zu beobachten, wie eine intakte Familie funktionierte.

Wer hätte ahnen können, dass 1992 während des Präsidentschaftswahlkampfs, fast zwei Jahrzehnte, nachdem ich meinen Artikel über die Stellung des Kindes im Gesetz verfasst hatte, konservative Republikaner unter der Führung von Pat Buchanan und Vizepräsident Dan Quayles Frau Marilyn mei-

ne Worte verdrehen würden, um mich als »der Familie feind-
lich gesonnen« darzustellen. Sie stellten sogar die Behauptung
auf, ich wolle Kindern das Recht zugestehen, ihre Eltern zu
verklagen, wenn diese von ihnen verlangten, den Müll hin-
auszubringen. Diese Wirkung meines Artikels konnte ich ebenso wenig voraussehen wie die Umstände, die die Republikaner
dazu bewegten, mich an den Pranger zu stellen. Was ich damals
allerdings auch nicht ahnen konnte, war, dass ich kurz davor
stand, dem Menschen zu begegnen, der meinem Leben eine
Richtung geben würde, die mir tatsächlich nie in den Sinn
gekommen wäre.

BILL CLINTON

Bill Clinton war im Herbst des Jahres 1970 kaum zu übersehen. Dieser groß gewachsene Student erinnerte eher an einen Wikinger als an einen Rhodes-Stipendiaten, der gerade von einem zweijährigen Aufenthalt in Oxford an die Yale Law School zurückgekehrt war. Doch hinter dem rotbraunen Bart und der lockigen Mähne verbarg sich ein gut aussehender Mann, der große Vitalität ausstrahlte. Als ich ihn zum ersten Mal im Studentenclub sah, zog er gerade, umringt von anderen Studenten, die ihm gebannt zuhörten, über irgendetwas vom Leder. Im Vorübergehen hörte ich ihn sagen: »... und obendrein bauen wir auch die größten Wassermelonen der Welt an!« Entgeistert wandte ich mich an meinen Begleiter: »Wer ist denn *das?*«

»Oh, das ist Bill Clinton«, antwortete er. »Er stammt aus Arkansas – und er spricht über nichts anderes.«

In den folgenden Monaten kreuzten sich unsere Wege auf dem Campus immer wieder, doch wir lernten uns erst im folgenden Frühling in der rechtswissenschaftlichen Bibliothek von Yale kennen. Ich studierte gerade einige Texte, und Bill stand mit Jeff Gleckel, einem anderen Studenten, draußen in der Vorhalle. Jeff versuchte, Bill dazu zu bewegen, einen Artikel für das *Yale Law Journal* zu schreiben. Doch Bill war anscheinend nicht ganz bei der Sache – ich bemerkte, dass er immer wieder zu mir herübersah. Nach einer Weile erhob ich mich von meinem Platz, ging zu ihm hinüber und sagte: »Ehe du mich noch länger anstarrst und ich noch länger zurückstarre, können wir uns auch gleich vorstellen. Ich bin Hillary Rodham.« Das war's. Bill war im ersten Moment so perplex, dass ihm sein Name nicht einfiel.

Unser erstes »richtiges« Gespräch führten wir am Tag der letzten Vorlesungen im Frühjahr 1971, nachdem wir zufällig gleichzeitig Professor Thomas Emersons Vorlesung über »Politische Rechte und Bürgerrechte« verlassen hatten. Als ich Bill erklärte, dass ich auf dem Weg zur Studien- und Prüfungsabteilung sei, um mich für die Kurse des folgenden Semesters einzutragen, rief er aus, genau dorthin wolle er auch gerade. Er machte mir ein Kompliment für das lange geblümte Kleid, das meine Mutter für mich genäht hatte, und erkundigte sich nach meiner Familie und meinem Heimatort, während wir gemeinsam in der Schlange vor dem Inskriptionsschalter standen. Als wir an der Reihe waren, sah der Beamte auf und sagte: »Was machen Sie denn hier, Bill? Sie sind doch längst eingeschrieben.« Ich musste lachen, als Bill mir mit hochrotem Kopf gestand, dass er nur ein wenig Zeit mit mir habe verbringen wollen. Anschließend unternahmen wir einen ausgedehnten Spaziergang, der sich in unser erstes Date verwandelte.

Während unserer Verabredung erlebte ich zum ersten Mal Bills Überzeugungsgabe. Wir hatten festgestellt, dass wir beide an einer Ausstellung von Mark Rothko interessiert waren, die zu jener Zeit in der Yale Art Gallery stattfand. Doch aufgrund eines Arbeitskonflikts waren einige Universitätsgebäude geschlossen, darunter auch das Museum. Als Bill und ich an der Galerie vorübergingen, kam er auf den Gedanken, dass wir uns Zutritt verschaffen könnten, wenn wir die Abfälle im Hof der Galerie einsammelten. Ich sah fasziniert zu, wie er den Pförtner tatsächlich dazu brachte, uns hineinzulassen. Das Museum gehörte uns allein. Wir schlenderten durch die Galerie und sprachen über Rothko und die Kunst des 20. Jahrhunderts. Ich muss zugeben, dass ich von seinem Wissen und seinem Interesse an Dingen, die auf den ersten Blick nicht zu einem eingefleischten Provinzler aus Arkansas passen wollten, überrascht war. Schließlich landeten wir im Skulpturenhof, wo ich mich in den Schoß von Henry Moores »Draped Seated

Woman« setzte und bis in die Abenddämmerung mit Bill plauderte. Danach lud ich ihn spontan zu der Party ein, die ich mit meiner Zimmerkollegin Kwan Kwan Tan aus Burma am selben Abend zum Semesterende veranstalten wollte.

Bill kam zu unserer Party, brachte jedoch kaum ein Wort über die Lippen. Da ich ihn noch nicht besonders gut kannte, glaubte ich, er sei vielleicht schüchtern, habe Probleme mit Gruppen oder fühle sich einfach unwohl. Ich maß dem Ganzen jedoch nicht allzu viel Bedeutung bei – an eine Partnerschaft dachte ich schon gar nicht, zumal ich damals mit einem anderen Studenten ausging und ohnehin Pläne für das Wochenende hatte. Als ich am Sonntag spätabends völlig verschnupft und hustend nach Yale zurückkehrte, rief Bill an.

»Du hörst dich ja furchtbar an«, war alles, was er sagte. Etwa eine halbe Stunde später klopfte es an meiner Tür. Es war Bill – mit einer Hühnersuppe und Orangensaft. Er kam herein und begann sofort drauflloszureden. Irritiert fragte ich ihn, warum er bei meiner Party so schweigsam gewesen sei. »Ich wollte mehr über dich und deine Freunde erfahren«, antwortete er.

Ich begann zu begreifen, dass dieser junge Mann aus Arkansas sehr viel komplexer war als es auf den ersten Blick schien. Noch heute verblüfft mich Bill mit den Verbindungen, die er blitzschnell zwischen Ideen und Worten herstellt. Seine Sätze wirken leicht und spontan, sein Tonfall erinnert mich an Musik. Ich liebe seine Art zu denken – und seine Ausstrahlung. Das Erste, was mir damals an ihm aufgefallen ist, waren seine schmalen Hände. In unseren ersten Jahren konnte ich mich stundenlang allein am Anblick seiner Finger beim Blättern in einem Buch ergötzen. Seine Hände sind immer noch sehr schön, auch wenn die Zeit nicht spurlos an ihnen vorübergegangen ist.

Bald nachdem mich Bill mit Hühnersuppe und Orangensaft gerettet hatte, waren wir unzertrennlich. Wenn wir nicht für Semesterprüfungen büffeln mussten, reisten wir gemeinsam weite Strecken in seinem orangebraunen 1970er Opel-Kombi – mit Sicherheit eines der hässlichsten Autos, die je gebaut wurden – oder hingen in dem Strandhaus in der Nähe von Milford (Connecticut) am Sund von Long Island herum, in dem Bill mit seinen Studienkollegen Doug Eakeley, Don Pogue und Bill Coleman wohnte.

Eines Abends standen Bill und ich bei einer Party im Strandhaus in der Küche und unterhielten uns über unsere Pläne für die Zeit nach dem Studium. Ich hatte keine genaue Vorstellung davon, wo ich leben und was ich tun würde, da mein Interesse für die gesetzliche Stellung des Kindes und die Bürgerrechte nicht auf eine bestimmte Karriere abzielte. Bill hingegen war sich vollkommen sicher: Er würde nach Arkansas zurückkehren und sich um ein öffentliches Amt bewerben. Viele meiner Studienkollegen hatten vor, in die Politik zu gehen, doch Bill war der Einzige, bei dem man sicher sein konnte, dass er diesen Weg auch tatsächlich beschreiten würde.

An jenem Abend in der Küche des Strandhauses erzählte ich Bill von meinem Vorhaben, im Sommer bei Treuhaft, Walker & Burnstein, einer kleinen Anwaltskanzlei im kalifornischen Oakland, zu arbeiten. Bill sagte spontan, dass er gerne mit mir nach Kalifornien gehen würde. Ich war verblüfft. Ich wusste, dass sich Bill verpflichtet hatte, am Präsidentschaftswahlkampf von Senator George McGovern teilzunehmen und dass er von Wahlkampfleiter Gary Hart aufgefordert worden war, die Kampagne in den Südstaaten zu organisieren. Die Aussicht, durch die Südstaaten zu fahren und die Demokraten davon zu überzeugen, McGovern zu unterstützen und Nixons Vietnampolitik eine Absage zu erteilen, begeisterte ihn – zumal er bislang nie Gelegenheit gehabt hatte, Basisarbeit in einem Präsidentschaftswahlkampf zu leisten.

Ich wusste nicht, was ich sagen sollte. »Warum willst du auf etwas verzichten, was du liebst, nur um mit mir nach Kalifornien zu gehen?«, fragte ich.

»Weil ich *dich* liebe«, sagte er. Wir seien füreinander bestimmt, und nun, da er mich gefunden habe, wolle er mich nicht wieder verlieren.

Bill und ich bezogen für den Sommer eine kleine Wohnung in der Nachbarschaft eines großen Parks in Oakland. Ich verbrachte meine Tage mit Nachforschungen und damit, Anträge und Schriftsätze für Mel Burnstein zu verfassen. Bill erkundete in der Zwischenzeit Berkeley, Oakland und San Francisco. An den Wochenenden brachte er mich zu den Orten, die er entdeckt hatte, darunter ein Restaurant in North Beach oder eine Altkleiderhandlung in der Telegraph Avenue. Ich bemühte mich, ihm Tennis beizubringen, und beide versuchten wir uns als Köche. Um seine Rückkehr nach dem Wahlkampf von McGovern zu feiern, hatte ich ihm einen Pfirsichkuchen gebacken, den ich irgendwie mit Arkansas verband, obwohl ich noch nie in diesem Bundesstaat gewesen war. Wann immer wir Gäste hatten, kochten wir gemeinsam das einzige Gericht, das wirklich genießbar war: Curryhuhn. Bill verbrachte den Großteil seiner Zeit mit der Lektüre von Büchern wie »Auf dem Weg zum finnischen Bahnhof« von Edmund Wilson, um anschließend mit mir darüber zu diskutieren. Wir unternahmen lange Spaziergänge, bei denen er regelmäßig seine Lieblingssongs von Elvis Presley zum Besten gab.

Ich habe Berichte gelesen, in denen es hieß, ich hätte bereits damals aller Welt erzählt, dass Bill eines Tages Präsident werden würde. Ich kann mich nicht entsinnen, diesen Gedanken in unserer Studienzeit je geäußert zu haben. Allerdings erinnere ich mich in diesem Zusammenhang an ein seltsames Erlebnis. Eines Tages war ich in einem kleinen Restaurant in Berkeley mit Bill verabredet, wurde jedoch am Arbeitsplatz aufgehalten. Als ich mit einiger Verspätung am Ort unserer Verabredung eintraf, war weit und breit keine Spur von Bill zu sehen. Während ich dem Kellner Bill beschrieb, meldete sich ein langhaariger Gast zu Wort, der in der Nähe saß: »Er war einige Zeit hier und hat gelesen. Wir haben uns über Bücher unterhalten. Ich weiß seinen Namen nicht, aber er wird eines Tages Präsident werden.« Was für eine abwegige Äußerung, dachte ich und sagte: »Ja sicher, aber wissen Sie auch, wohin er gegangen ist?«

Am Ende des Sommers kehrten wir nach New Haven zurück und mieteten uns für 75 Dollar im Monat im Erdgeschoss des Hauses Nummer 21 in der Edgewood Avenue ein. Wir hatten ein Wohnzimmer mit Kamin, ein kleines Schlafzimmer, einen

Raum, der als Studier- und Esszimmer diente, ein winziges Bad und eine sehr einfache Küche. Die Böden waren derart uneben, dass wir kleine Holzklötze unter die Tischbeine schieben mussten, damit uns die Teller nicht vom Esstisch rutschten, und der Wind blies durch Ritzen in den Wänden, die wir mit Zeitungspapier zustopften. Trotz alledem liebte ich unsere erste Wohnung. Wir besorgten uns in den Läden der Heilsarmee Möbel und waren sehr stolz auf unser »Studentendekor«.

Einen Block von unserer Wohnung entfernt befand sich das Elm Street Diner, das wir oft besuchten, da es die ganze Nacht geöffnet war. Ich meldete mich in einem nahe gelegenen Fitnessstudio an und überredete Bill, gemeinsam mit mir dort einen Yogakurs zu besuchen. Unter der Bedingung, dass ich niemandem davon erzählte, willigte er ein. Wir gingen auch regelmäßig in die Cathedral of Sweat, das gotische Sportzentrum von Yale, wo wir wie verrückt eine Kreisbahn umrundeten. War Bill einmal in Fahrt gekommen, rannte er unermüdlich weiter. Von mir kann man das nicht gerade behaupten. Wir aßen oft im Basil's, einem griechischen Restaurant, und sahen uns Filme im Lincoln an, einem kleinen Kino in einer Wohngegend. In einem Winter entschlossen wir uns zu einem Kinobesuch, obwohl kurz vorher ein schwerer Schneesturm getobt hatte. Die Straßen waren noch nicht geräumt, und wir mussten durch knietiefe Schneewehen zum Kino und zurück stapfen. Aber das störte uns nicht – wir waren verliebt.

Da unsere Studienkredite nicht ausreichten, um sämtliche Ausbildungskosten zu decken, mussten wir beide zusätzlich arbeiten gehen. Trotzdem fanden wir noch Zeit für die Politik. Bill entschloss sich, in New Haven eine Wahlkampfzentrale für McGovern einzurichten und mietete einen Geschäftsraum, den er aus eigener Tasche bezahlte. Die meisten Freiwilligen waren Studenten und Fakultätsangestellte aus Yale, da der Vorsitzende der Ortsgruppe der Demokratischen Partei, Arthur Barbieri, McGovern nicht unterstützte.

Bill vereinbarte ein Treffen mit Mr. Barbieri in einem italienischen Restaurant. Nach einem ausgedehnten Mittagessen, bei dem Bill behauptete, jederzeit 800 Freiwillige auf die Straße schicken zu können, um dem regulären Parteiapparat das Wasser abzugraben, entschloss sich Barbieri, sich doch auf McGoverns Seite zu schlagen. Er lud uns zur Teilnahme an der Sitzung eines italienischen Vereins ein, wo er seine Entscheidung für McGovern bekannt geben wollte.

Die Versammlung fand im Keller eines gesichtslosen Gebäudes statt. Barbieri sprach über den Krieg in Vietnam und nannte die Namen junger Männer aus dem Raum New Haven, die in der Armee dienten oder gefallen waren. Dann erklärte er: »Dieser Krieg ist es nicht wert, auch nur einen einzigen Jungen mehr zu opfern. Daher sollten wir George McGovern unterstützen, der unsere Jungs nach Hause holen will.« Diese Äußerung fiel bei den Anwesenden nicht auf Anhieb auf fruchtbaren Boden, doch im Lauf des Abends warb er derart nachdrücklich für seinen Vorschlag, dass dieser am Ende einstimmig angenommen wurde. Und Barbieri hielt sein Versprechen: zunächst beim Parteikonvent auf bundesstaatlicher Ebene und später bei den Wahlen. New Haven war einer der wenigen Orte in den Vereinigten Staaten, wo McGovern im November 1972 mehr Stimmen als Nixon erhielt.

Nach Weihnachten kam Bill von Hot Springs nach Park Ridge, um einige Tage mit meiner Familie zu verbringen. Er hatte sie im Sommer kennen gelernt und meine Mutter mit seinen guten Manieren und seiner Hilfsbereitschaft beim Abwasch begeistert. Endgültig »erobert« hat er sie aber, als er eine Stunde lang mit ihr über ein Philosophiebuch diskutierte, das sie gerade für einen Universitätskurs las. Mein Vater hatte dagegen zunächst Probleme, mit Bill warm zu werden. Ich war nervös, weil ich wusste, dass er mit seinen Kommentaren nicht hinter dem Berg hielt. Und der Baptist und Demokrat aus dem Süden, der Koteletten wie Elvis trug, bot sich für Sticheleien wunderbar an. Aber mit der Zeit taute mein Vater bei zahllosen Kartenpartien und vor dem Fernsehgerät auf, wo er sich mit Bill Footballspiele ansah. Meinen Brüdern gefiel, dass er ihnen Aufmerksamkeit schenkte, und meine Freundinnen mochten ihn ebenfalls. Nachdem ich ihn Betsy Johnson vorgestellt hatte, nahm mich deren Mutter Rosalyn bei der Verabschiedung zur Seite und sagte: »Tu, was du willst, aber lass

Bill auf keinen Fall entwischen. Ich habe noch keinen Mann kennen gelernt, der dich zum Lachen bringen konnte!«

Am Ende des Sommersemesters 1972 ging ich erneut nach Washington, um für Marian Wright Edelmans Forschungsprojekt zu arbeiten, während Bill sich voll und ganz dem Wahlkampf für McGovern widmete. Meine vorrangige Aufgabe bestand diesmal in der Sammlung von Informationen über die Pläne der Regierung Nixon, die den rein weißen Privatschulen, die in den Südstaaten gegründet worden waren, um das gemischtrassige öffentliche Schulsystem auszuhebeln, Steuerbefreiungen gewähren wollte. Wieder einmal half Marian den Kongressabgeordneten, einen politischen Kurswechsel zu verhindern, mit dem die Bundesregierung der ethnischen Diskriminierung ihren Segen geben würde. Die betroffenen Schulen verteidigten sich mit dem Argument, lediglich auf die Nachfrage nach Privatschulen seitens der Eltern zu reagieren, und erklärten, ihre Entstehung habe nichts mit der bevorstehenden unvermeidlichen Integration der öffentlichen Schulen zu tun. Ich reiste nach Atlanta, um mich mit Rechtsanwälten und Bürgerrechtsaktivisten zu treffen, die Beweise dafür sammelten, dass die Privatschulen in Wahrheit ausschließlich zu dem Zweck gegründet worden waren, die durch die Verfassung gedeckten Urteile des Obersten Gerichtshofs zu umgehen. Das erste dieser Urteile war im Fall »Brown gegen den Board of Education« gefällt worden.

Für meine Nachforschungen fuhr ich auch nach Dothan in Alabama, wo ich mich als junge Mutter ausgab, die in die Gegend ziehen wolle und daran interessiert sei, ihr Kind in der weißen Privatschule des Ortes anzumelden. Mein Weg führte mich zunächst in den »schwarzen« Teil von Dothan, wo ich mich mit unseren Kontaktpersonen traf. Bei Hamburgern und stark gesüßtem Eistee erzählten sie mir, dass die Schulverwaltung der Gegend öffentlichen Schulen Bücher und Ausrüstung entzog, während sie die Gründung so genannter Akademien als Alternative für die weißen Schüler förderte. Anschließend erklärten sie mir den Weg zur örtlichen Privatschule, der Southeast Education Academy, wo ich mit einem Mitglied der Schulleitung zu einem Gespräch über die Anmeldung meines imaginären Kindes verabredet war. Ich spielte meine Rolle und stellte Fragen zum Lehrplan und zur Zusammensetzung der Schülerschaft. Man versicherte mir, in diese Schule würden keine schwarzen Kinder aufgenommen.

Während ich meinen Beitrag zum Kampf gegen die Politik der Regierung Nixon leistete, arbeitete Bill in Miami, um McGoverns Nominierung zum demokratischen Präsidentschaftskandidaten auf dem Parteikonvent am 13. Juli 1972 sicherzustellen.

Nach dem Konvent wurde Bill von Gary Hart gefragt, ob er mit Taylor Branch, einem jungen Autor, nach Texas gehen wolle, um dort in einem Triumvirat mit dem Houstoner Rechtsanwalt Julius Glickman den Wahlkampf für McGovern zu leiten. Bill fragte mich, ob ich mitkommen wolle. Glücklicherweise ergab es sich, dass Anne Wexler, eine erfahrene Wahlkämpferin, die ich aus Connecticut kannte, mich fragte, ob ich die Wählerregistrierung in Texas leiten wollte. Ich ergriff die Gelegenheit und machte mich im August 1972 auf den Weg nach Austin.

Die texanische Universitätsstadt war verglichen mit Dallas oder Houston damals eher unbedeutend. Gewiss, es handelte sich um die Hauptstadt des Bundesstaats und um den Sitz der University of Texas, doch das verschlafene Austin schien eher die Vergangenheit als die Zukunft von Texas zu repräsentieren. Zu jener Zeit war es unmöglich, das explosive Wachstum der Hochtechnologieunternehmen vorauszusagen, das die Kleinstadt in den folgenden Jahren vollkommen verändern sollte.

Die Wahlkampfzentrale wurde in einem leeren Schauraum in der West Sixth Street eingerichtet. Ich hatte eine kleine Arbeitsnische, in der ich mich allerdings selten aufhielt, da ich zumeist damit beschäftigt war, die Studenten zu organisieren, die die 18- bis 21-jährigen Jungwähler erfassen sollten. Roy Spence, Garry Mauro und Judy Trabulsi, die der Politik erhalten blieben und uns im Wahlkampf 1992 unterstützten, trugen unsere Bemühungen zur Einbindung der Studenten. Sie studierten selbst an der University of Texas und glaubten, sämtliche 18-Jährigen in Texas registrieren zu können, die ihrer Überzeugung nach die Wahl zu unseren Gunsten wenden würden. Nach Arbeitstagen, die 18 bis zwanzig Stunden dauerten, entspannte ich mich mit diesen unternehmungslustigen Mitarbeitern in Scholz's Beer Garden, wo wir im Freien saßen und darüber diskutierten, welche Möglichkeiten wir angesichts der sich stetig verschlechternden Umfragedaten noch hatten. In der wenigen verbleibenden Zeit fuhr ich in Südtexas herum und registrierte afroamerikanische und hispanische Wähler.

Die Hispanics in Südtexas waren gegenüber einer blonden jungen Frau aus Chicago, die kein Wort Spanisch sprach, verständlicherweise zurückhaltend. Ich fand aber Verbündete an den Universitäten, bei den Arbeiterorganisationen und bei den Rechtsanwälten der South Texas Rural Legal Aid Association, die mittellosen Personen kostenlose Rechtshilfe anbot. Einer meiner Führer entlang der Grenze war Franklin Garcia, ein in zahlreichen Schlachten gestählter Organisator für die United Food and Commercial Workers Union, der mich zu Orten brachte, die ich allein nie hätte aufsuchen können. Er beruhigte auch misstrauische Mexikaner, die mich für eine Mitarbeiterin der Einwanderungsbehörde oder einer anderen staatlichen Einrichtung hielten. An einem Abend holten Franklin und ich Bill in Brownsville ab, wo er sich mit Führern der Demokratischen Partei getroffen hatte, und fuhren über die mexikanische Grenze nach Matamoros, um, wie uns Franklin versprach, ein unvergessliches Essen zu uns zu nehmen. Wir landeten in einer Spelunke, einer Mischung aus Spielhölle und Stripbar, in der man mir den besten – den einzigen – gegrillten Ziegenkopf servierte, den ich je gegessen habe. Bill schlief am Tisch ein, während ich so schnell aß, wie es meine Verdauung und die Regeln der Höflichkeit zuließen.

Betsey Wright, die ein aktives Mitglied der texanischen Demokratischen Partei war und für Common Cause arbeitete, stieß ebenfalls zu unserem Wahlkampfteam. Betsey war im Westen von Texas aufgewachsen und hatte an der University of Austin studiert. Sie war eine ausgezeichnete politische Organisatorin und verfügte über ungewöhnlich empfindliche politische Antennen, die genau registrierten, was die aktiven

Demokraten im ganzen Bundesstaat dachten. Sie wusste, dass die Wahlkampagne für McGovern zum Scheitern verurteilt war. Selbst die herausragende Karriere des Senators als Bomberpilot, die seiner Antikriegsposition in Texas Glaubwürdigkeit hätte verleihen sollen, würde von den Attacken der Republikaner und von Fehlern in seinem Wahlkampf in den Hintergrund gedrängt werden. In dieser Situation nominierte McGovern Sargent Shriver zum Kandidaten für das Amt des Vizepräsidenten. Shrivers Tätigkeit unter Präsident Kennedy sowie die Tatsache, dass er über Eunice, die Schwester von Jack und Bobby Kennedy, enge Verbindungen zu dieser einflussreichen Familie hatte, würde hoffentlich das Interesse an McGovern wieder wecken.

Als dreißig Tage vor der Wahl die Frist für die Wählerregistrierung endete, bat mich Betsey, nach San Antonio zu fahren und für den verbleibenden Monat die Leitung des dortigen Wahlkampfs zu übernehmen. Ich wohnte bei einer Freundin aus dem College und tauchte in die Bilder, Klänge, Gerüche und kulinarischen Genüsse dieser schönen Stadt ein.

Die Leiter des Präsidentschaftswahlkampfs in einem Bundesstaat oder einer Stadt sind stets bemüht, die Kandidaten oder andere hochrangige Parteimitglieder für Auftritte zu gewinnen. Lange Zeit war Shirley MacLaine die bekannteste Anhängerin von McGovern, die wir dazu bewegen konnten, nach San Antonio zu kommen. Doch am Ende hatten unsere Bemühungen Erfolg: Die Zentrale teilte uns mit, dass Sargent Shriver zu einer symbolischen Veranstaltung vor dem Fort Alamo kommen würde.

Über eine Woche konzentrierten wir all unsere Kräfte darauf, möglichst viele Teilnehmer zu mobilisieren. Diese Erfahrung machte mir deutlich, wie wichtig es ist, dass die Mitarbeiter der Wahlkampfzentrale die Helfer vor Ort respektieren. Das Vorausteam sollte die Logistik für den Besuch des Kandidaten organisieren, was unter enormem Druck geschah. Die Mitglieder des Teams brauchten alles sofort: Telefone, Drucker, eine Bühne, Stühle, eine Lautsprecheranlage. Jedes Mal, wenn das Vorausteam etwas bestellte, erklärte man mir, dass das Geld dafür unverzüglich telegrafisch angewiesen würde. Doch das Geld tauchte niemals auf. Am Abend der großen Veranstaltung war McGovern glücklicherweise in Hochform und sparte auch nicht mit Bemerkungen über die Finanzlage der Organisatoren. Am Ende kam so viel Geld zusammen, dass wir die örtlichen Lieferanten bezahlen konnten. Dies sollte die einzige erfolgreiche Maßnahme im Lauf meines einmonatigen Aufenthalts in San Antonio bleiben.

Wir gingen alle davon aus, dass Nixon unseren Kandidaten McGovern bei den Wahlen klar schlagen würde. Doch selbst die Aussicht auf einen sicheren Sieg hielt Nixon und seine Mitarbeiter nicht davon ab, Wahlkampfgelder und staatliche Einrichtungen dafür zu missbrauchen, die Opposition auszuspionieren und alle erdenklichen schmutzigen Tricks anzuwenden, um den Sieg sicherzustellen. Ein stümperhafter Einbruch in die Büros der Demokratischen Partei im Watergate-Gebäudekomplex am 17. Juni 1972 war der Höhepunkt dieser Entwicklung, die nicht nur den Sturz Richard Nixons herbeiführen, sondern sich auch auf meine persönlichen Zukunftspläne auswirken sollte.

Nachdem ich im Frühjahr 1973 mein Jurastudium abgeschlossen hatte, brach ich mit Bill zu einer Europareise auf, um die Stätten seines Aufenthalts als Rhodes-Stipendiat zu besuchen. Bill erwies sich als ausgezeichneter Reiseführer. In London besuchten wir die Westminster Abbey, die Tate Gallery, das Parlament und andere bevorzugte Sehenswürdigkeiten von Bill. Wir schlenderten in Stonehenge umher und stellten uns die Druidenzeremonien vor, an denen unsere fernen Vorfahren teilgenommen haben mochten. Verzückt genossen wir den Anblick der unfassbar grünen Hügel von Wales. Wir versuchten, so viele Kathedralen wie möglich zu sehen und erkundeten mit Unterstützung eines Buches, das auf jeder Seite eine detaillierte Wanderkarte für jeweils eine Quadratmeile enthielt, die Umgebung dieser Sehenswürdigkeiten. Unser Weg führte uns von Salisbury über Lincoln und Durham nach York. Wir hielten inne, um uns die Ruinen eines Klosters anzusehen, das von Cromwells Truppen in Schutt und Asche gelegt worden war, und schlenderten durch die Gärten eines weitläufigen

Anwesens. Und im Dämmerlicht am Ufer des Lake Ennerdale im wunderschönen Lake District, fragte Bill schließlich, ob ich seine Frau werden wolle.

Ich war furchtbar verliebt in ihn, doch ich wusste überhaupt nicht, welche Richtung ich meinem Leben geben sollte. Also antwortete ich: »Nein, nicht jetzt.« Eigentlich hatte ich sagen wollen: »Gib mir noch etwas Zeit.« Ich hatte die triste und einsame Kindheit meiner Mutter vor Augen, die sehr unter der Scheidung ihrer Eltern gelitten hatte. Mir war klar, dass meine Ehe, wenn ich mich einmal zum Heiraten entschloss, das ganze Leben dauern müsse.

Wenn ich an jene Zeit und an die Person zurückdenke, die ich damals war, wird mir bewusst, wie sehr mich jede Verpflichtung im Allgemeinen und Bills Entschlossenheit im Besonderen erschreckten. Ich betrachtete ihn als eine Naturgewalt und war mir nicht sicher, ob ich imstande sein würde, mit seinem Lebensrhythmus mitzuhalten. Aber wenn es etwas gibt, das für Bill Clinton charakteristisch ist, so ist es seine Beharrlichkeit. Er setzt sich ständig Ziele – und ich war eines davon. Er hielt noch mehrere Male um meine Hand an, und ich sagte jedes Mal nein. Schließlich meinte er: »Nun gut, ich werde dich nicht mehr fragen, ob du mich heiraten willst. Wenn du dich eines Tages dazu entschließt, wirst *du* es mir sagen müssen.«

Reise nach Arkansas

Wir waren noch nicht lange aus Europa zurück, als Bill mich fragte, ob ich für die nächste Reise bereit sei. Diesmal wollte er mir einen ganz besonderen Ort zeigen – sein Zuhause.

Er holte mich an einem strahlenden Sommermorgen vom Flughafen in Little Rock ab und fuhr mit mir durch die bezaubernden Straßen der Stadt, die von viktorianischen Häusern und niedrigen Magnolienbäumen gesäumt waren. Dann durchquerten wir das Arkansas River Valley. In den Bergen hielten wir immer wieder an Aussichtspunkten und suchten Plätze und Menschen auf, die Bill viel bedeuteten. Bei Einbruch der Dämmerung kamen wir schließlich in Hot Springs an.

Als Bill und ich uns kennen lernten, hatte er mich stundenlang mit Geschichten über seine Heimatstadt Hot Springs unterhalten, die ihren Namen den heißen Schwefelquellen in den umliegenden Ouachita Mountains verdankt. Die Quellen, in denen die Indianer schon seit Jahrhunderten badeten, wurden 1541 von Hernando de Soto »entdeckt«, der sie für einen Jungbrunnen hielt. Später waren es die Rennbahn und der lockere Umgang mit illegalem Glücksspiel, die berühmte Besucher wie den Baseballstar Babe Ruth, Al Capone und den Billardspieler Minnesota Fats anzogen. Noch zu Bills Kindertagen gab es in vielen Restaurants der Stadt Glücksspielautomaten, und in den Nachtclubs traten die großen Entertainer der fünfziger Jahre auf – Peggy Lee, Tony Bennett, Liberace und Patty Page. Als Justizminister Robert F. Kennedy die illegalen

Glücksspieleinrichtungen schließen ließ, wurde es in der Stadt wesentlich ruhiger. Die großen Hotels und Badehäuser auf der Central Avenue mussten einige magere Jahre durchstehen. Erst als immer mehr Pensionisten das relativ milde Klima dieser Gegend, die Seen und andere Attraktionen entdeckten, ging es mit der Stadt langsam wieder aufwärts.

Bills Mutter, Virginia Cassidy Blythe Clinton Dwire Kelley, verbrachte fast ihr ganzes Leben in dieser Gegend. Sie war in Bodcaw zur Welt gekommen und in Hope, etwa achtzig Meilen südwestlich davon, aufgewachsen. Während des Zweiten Weltkriegs hatte sie in Louisiana eine Ausbildung zur Krankenpflegerin absolviert und dort auch ihren zukünftigen Mann William Jefferson Blythe kennen gelernt. Nach dem Krieg übersiedelten sie nach Chicago, wo sie sich unweit von meinen Eltern an der North Side niederließen. Als Virginia mit Bill schwanger wurde, kehrte sie nach Hope zurück. William war gerade auf dem Weg zu ihr, als er in Missouri im Mai 1946 bei einem Autounfall ums Leben kam. Am 19. August 1946 brachte die 23-jährige Witwe ihren Sohn Bill zur Welt. Sie beschloss, nach New Orleans zu gehen, um dort eine weiterführende Ausbildung zur Anästhesieschwester zu machen. Sie wusste, dass es in diesem Beruf leichter sein würde, den Lebensunterhalt für sich und ihr Kind zu verdienen. Bill ließ sie bei ihren Eltern in Hope. Vier Jahre später heiratete sie zum zweiten Mal. Roger Clinton, der mit seiner neuen Familie 1953 nach Hot Springs zog, war ein Autohändler, der zu viel trank und dann gewalttätig wurde. Bill, der sich auch um seinen zehn Jahre jüngeren Bruder Roger kümmern musste, ertrug die Trinkerei seines Stiefvaters und die Angriffe auf seine Mutter, bis er endlich groß genug war, Roger die Stirn zu bieten. Im Jahr 1967 wurde Virginia erneut Witwe, als Roger Clinton nach einem langen Kampf an Krebs starb. Doch was in ihrem Leben auch passierte, Virginia wahrte mit großer Disziplin die Fassung. Sie stand stets früh auf, klebte sich ihre falschen Wimpern an, trug ihren hellroten Lippenstift auf und tänzelte mit einem Lächeln im Gesicht zur Tür hinaus. Sie arbeitete viel, feierte viel und lernte nie einen Fremden kennen, den sie sich nicht zum Freund machte, wie man in Arkansas sagt. Mit mir hatte sie dagegen ihre liebe Not.

Sie hatte mich zum ersten Mal im Frühjahr 1972 in New Haven getroffen – und war entsetzt. Damals schnitt ich mir selbst das Haar (schlecht), um Geld zu sparen, schminkte mich nicht und trug Jeans und Arbeitshemden. Ich war keine Miss Arkansas und sicher nicht die Art von Frau, die Virginia sich für ihren Bill vorgestellt hatte. Darüber hinaus kam ich auch noch aus den Nordstaaten, war also ein Yankee mit merkwürdigen Ideen.

Viel leichter hatte ich es mit Virginias drittem Mann, Jeff Dwire, der mir ein wichtiger Verbündeter wurde. Er besaß einen Schönheitssalon in Hot Springs und behandelte Virginia wie eine Königin. Er war vom ersten Tag an nett zu mir und unterstützte meine Bemühungen, eine Beziehung mit Bills Mutter aufzubauen. Jeff riet mir, ihr Zeit zu lassen. »Mach dir keine Sorgen wegen Virginia«, sagte er immer wieder. »Sie muss sich nur an die Vorstellung gewöhnen. Es ist schwierig für zwei starke Frauen, miteinander auszukommen.«

Mit der Zeit lernten Virginia und ich, uns zu respektieren und entwickelten eine herzliche, liebevolle Beziehung. Irgendwann waren wir nämlich zu dem Schluss gekommen, dass das, was uns trennte, lange nicht so wichtig war, wie das, was uns verband: die Liebe zu Bill.

Virginia war glücklich, als sie während unseres Besuchs erfuhr, dass Bill nach Arkansas zurückkehren wollte, um an der juristischen Fakultät der Universität in Fayetteville zu unterrichten. Vielleicht war sie auch ein wenig erleichtert, dass ich beschlossen hatte, nach Cambridge (Massachusetts) zu übersiedeln, um für Marian Wright Edelman beim neu gegründeten Children's Defense Fund (CDF) zu arbeiten.

Ich mietete das oberste Geschoss eines alten Hauses, wo ich zum ersten Mal in meinem Leben alleine wohnte. Die Arbeit beim CDF machte mir große Freude. In einer Woche fuhr ich zum Beispiel nach South Carolina, um die Haftbedingungen von Jugendlichen zu untersuchen. Ich befragte 14- und 15-Jährige, die wegen geringer Vergehen im Gefängnis saßen. Sie mussten mit Erwachsenen eine Zelle teilen und wurden oft misshandelt. Der CDF setzte sich dafür ein, dass die Jugendlichen gesondert untergebracht wurden, mehr Schutz erhielten und nicht so lange auf eine richterliche Entscheidung warten mussten.

Eine andere Woche verbrachte ich damit, in New Bedford im Bundesstaat Massachusetts von Haus zu Haus zu gehen und zu fragen, ob es Kinder im Schulalter gebe, die nicht zur Schule gingen. Beim CDF hatten wir festgestellt, dass weniger Kinder in Schulen eingeschrieben waren als laut Volkszählung in der Region lebten. Nun wollten wir die Gründe für diese Diskrepanz herausfinden. Ich entdeckte Kinder, die wegen körperlicher Gebrechen wie Blindheit oder Taubheit nicht zur Schule gingen. Andere mussten zu Hause bleiben, um auf ihre jüngeren Geschwister aufzupassen, während ihre Eltern in der Arbeit waren. Ein Mädchen im Rollstuhl verriet mir, wie gerne sie die Schule besuchen würde. Sie wisse aber, dass das nicht möglich sei, weil sie nicht gehen könne. Der CDF legte die Ergebnisse unserer Untersuchung dem Kongress vor, der gerade über einen Gesetzesantrag diskutierte, der die Schulpflicht für Kinder mit körperlichen, emotionalen oder Lernbehinderungen forderte. Zwei Jahre später wurde dieser Antrag, der Individuals with Disabilities Education Act, vom Kongress bewilligt.

Obwohl ich die Arbeit für den CDF liebte, fühlte ich mich einsam und vermisste Bill mehr, als ich ertragen konnte. Die Telefonrechnung verschlang einen beachtlichen Teil meines Gehalts, und als Bill mich an Thanksgiving besuchte, war ich überglücklich. Wir nutzten dieses Wochenende, um gemeinsam Boston zu erkunden und über unsere Zukunft zu sprechen. Ich war im Sommer sowohl in Arkansas als auch in Washington zur Anwaltsprüfung angetreten, doch mein Herz zog mich immer mehr nach Arkansas. Ich war nicht einmal überrascht, als ich erfuhr, dass ich die Prüfung in Arkansas bestanden hatte, in Washington aber durchgefallen war. Es spiegelte nur wider, wie ich mein Engagement verteilt hatte.

Bill erzählte mir während seines Besuchs, dass ihm das Unterrichten Freude mache, er es genieße, zu Hause in Arkansas zu sein und sich in dem gemieteten Haus am Rand der freundlichen kleinen Collegestadt sehr wohl fühle. Doch auch die Politik rief nach ihm. Er suchte gerade einen Kandidaten, der gegen den einzigen republikanischen Kongressabgeordneten von Arkansas, John Paul Hammerschmidt, antreten sollte. Bisher hatte er keinen Demokraten gefunden, der bereit war, es mit dem beliebten Amtsinhaber aufzunehmen, der bereits vier Mal gewählt worden war. Im Lauf unserer Gespräche wurde mir klar, dass Bill inzwischen darüber nachdachte, selbst ins Rennen zu gehen. Ich war nicht sicher, was es für uns bedeuten würde, sollte er sich tatsächlich dazu entschließen. Wir vereinbarten zunächst nur, dass ich nach den Weihnachtstagen nach Arkansas kommen würde, um zu klären, wie es mit uns weitergehen sollte.

Als ich am Silvestertag des Jahres 1973 ankam, hatte Bill sich entschieden. Er würde selbst für den Kongress kandidieren. Er glaubte, der Watergate-Skandal werde der Republikanischen Partei schaden und die Wiederwahl selbst eines so populären Amtsinhabers wie Hammerschmidt gefährden. Bill stellte sich begeistert der Herausforderung und begann, seinen Wahlkampf vorzubereiten.

Etwa zur selben Zeit wurde bekannt gegeben, dass John Doar vom Rechtsausschuss des Repräsentantenhauses beauftragt worden war, die Untersuchung gegen Präsident Nixon zu leiten. Wir hatten Doar im Frühjahr 1973 in Yale kennen gelernt. Bill und ich leiteten damals die Barrister's Union und beaufsichtigten einen fiktiven Prozess, den wir während einer Vorlesung verhandeln mussten. John Doar, der mich mit seiner großen, schlaksigen Gestalt und seiner ruhigen Art immer ein wenig an Gary Cooper erinnerte, sollte die Rolle des Richters übernehmen. Er war ein Anwalt aus Wisconsin, der unter Kennedy im Justizministerium an der Abschaffung der Rassentrennung im Süden mitgearbeitet hatte. Außerdem hatte er die Regierung in einigen der wichtigsten Wahlrechtsfälle vor dem Bundesgericht vertreten und in der Zeit der gewalttätigen Vorfälle der sechziger Jahre in Mississippi und Alabama gearbeitet.

Irgendwann Anfang Januar, ich saß gerade mit Bill in seiner Küche bei einer Tasse Kaffee, läutete das Telefon. Es war Doar, der ihn fragte, ob er für den Impeachment-Ausschuss arbeiten wolle, der ein Amtsenthebungsverfahren gegen Richard Nixon vorbereiten sollte. Er erzählte Bill, er habe seinen alten Freund und Kollegen Burke Marshall aus der Bürgerrechtsabteilung des Justizministeriums gebeten, ihm ein paar junge Anwälte zu empfehlen. Bills Name habe ganz oben auf der Liste gestanden, gemeinsam mit drei Kommilitonen: Michael Conway, Rufus Cormier und Hillary Rodham. Bill sagte Doar, dass er für den Kongress kandidieren werde, die anderen auf der Liste seines Wissens aber verfügbar seien.

Doar rief mich an, bot mir eine Mitarbeit im Ausschuss an und erwähnte am Ende unseres Gesprächs, dass die Arbeit sehr schlecht bezahlt, sehr zeitintensiv, mühsam und monoton sein würde. Es sei, wie er mir sagte, ein Angebot, das ich unmöglich ablehnen könne. Ich konnte mir an diesem Punkt der amerikanischen Geschichte keine wichtigere Aufgabe vorstellen. Bill freute sich für mich, und wir waren beide erleichtert, dass wir die Entscheidung über unsere gemeinsame Zukunft eine Weile aufschieben konnten. Als auch Marian mir ihren Segen gab, packte ich meine Sachen und übersiedelte von Cambridge in ein Zimmer in Sara Ehrmans Apartment in Washington. Dort wartete eine der intensivsten Erfahrungen meines Lebens auf mich.

Die 44 Anwälte, die an der Impeachment-Untersuchung beteiligt waren, schufteten sieben Tage die Woche im Congressional Hotel auf dem Capitol Hill, wo die Zimmer in den oberen Stockwerken zu Büros umfunktioniert worden waren. Doar leitete den Ausschuss, der aus zwei Teams von Anwälten bestand. Eines war von Doar selbst zusammengestellt und anschließend vom Democratic Chair of the Committee, dem Kongressabgeordneten Peter Rodino aus New Jersey, offiziell ernannt worden. Das andere Team war von Albert Jenner, dem legendären Prozessanwalt der Chicagoer Kanzlei Jenner and Block, ausgewählt worden und vom Republican Ranking Member, dem Kongressabgeordneten Edward Hutchinson aus Michigan, ernannt worden. Die verschiedenen Bereiche der Untersuchung wurden von erfahrenen Anwälten geleitet, darunter auch Bernard Nussbaum, ein versierter und kampflustiger Stellvertreter Staatsanwalt aus New York, der ein Freund von mir wurde und später als Berater im Weißen Haus tätig war. Auch Joe Woods gehörte zu dieser Gruppe, ein Firmenanwalt aus Kalifornien, der sich durch seinen trockenen Humor und seine Genauigkeit auszeichnete und meine Arbeit im verfahrens- und verfassungsrechtlichen Bereich beaufsichtigte. Dann war da noch Bob Sack, ein Anwalt mit brillantem Schreibstil, der es verstand, schwierige Situationen mit einem Witz oder einer flapsigen Bemerkung zu entschärfen, und später von Bill zum Bundesrichter ernannt wurde. Doch die meisten von uns waren junge, ambitionierte Anwälte, die gerade ihr Studium abgeschlossen hatten und bereit waren, zwanzig Stunden am Tag in stickigen Zimmern Dokumente durchzuackern und Tonbänder zu transkribieren.

Ich teilte mir ein Büro mit Tom Bell, einem Anwalt aus New Richmond in Wisconsin, den ich fachlich ebenso schätzte wie menschlich. Wir saßen oft bis spät in die Nacht in unserem Zimmer und diskutierten erregt über verschiedene rechtliche Auslegungen. Aber wir hatten auch viel Spaß miteinander, denn Tom nahm sich selbst nicht zu ernst und ließ auch nicht zu, dass ich das tat – was zuweilen recht schwierig war.

Meine erste Aufgabe im Impeachment-Ausschuss bestand darin, die Verfahrensregeln für den Prozess auszuarbeiten. Bisher hatte es nur einen einzigen Präsidenten gegeben, der seines Amtes enthoben worden war: Andrew Johnson im Jahr 1868. Allerdings gibt es kaum Zweifel, dass der Kongress damals seine verfassungsmäßigen Befugnisse für rein machtpolitische Zwecke missbrauchte.

Dagmar Hamilton, eine Anwältin und Professorin für Politikwissenschaft an der University of Texas, recherchierte englische Impeachment-Verfahren, während ich amerikanische Fälle analysierte. Doar war es wichtig, einen Prozess zu führen, den die Öffentlichkeit und die Geschichte unabhängig von seinem Ausgang als unparteiisch und fair beurteilen würde. Gemeinsam mit Joe Woods arbeitete ich anschließend die Verfahrensregeln aus, die vom House Judiciary Committee genehmigt werden mussten und begleitete Doar und Woods zu einer öffentlichen Sitzung des Komitees, bei der die Prozessregeln erläutert wurden.

Als wir nach der Sitzung aus dem Gebäude kamen, stürzte

sich die Presse auf uns. Da bislang absolut keine Informationen über unsere Arbeit an die Öffentlichkeit gelangt waren, war schon die Tatsache, eine Frau in diesem Umfeld zu sehen, eine Nachricht wert. John Doar reagierte äußerst allergisch auf die Presse. Und als mich ein Reporter fragte, wie es sei, die »Jill Wine Volner des Impeachment-Ausschusses« zu sein, bekam ich ein Problem. Wir hatten miterlebt, wie sich die Medien auf Jill Wine Volner eingeschossen hatten, eine junge Anwältin, die dem Watergate-Ausschuss des Senats angehörte. Sie arbeitete damals im Team des Sonderstaatsanwalts Leon Jaworski und führte das denkwürdige Kreuzverhör von Nixons Privatsekretärin Rose Mary Woods, bei dem es unter anderem um die fehlenden 18,5 Minuten eines besonders wichtigen Tonbands ging. Jills Kompetenz und vor allem ihr Aussehen lieferten Stoff für zahlreiche Stories.

John Doar legte größten Wert darauf, dass wir unsere Arbeit streng vertraulich behandelten. Er ersuchte uns dringend, kein Tagebuch zu führen, Abfall, der irgendwelche Schlüsse zuließ, nur in den dafür vorgesehenen Eimern zu entsorgen, auf gesellschaftliche Aktivitäten zu verzichten (als ob wir dafür Zeit gehabt hätten!) und außerhalb des Büros niemals über unsere Arbeit zu sprechen. Seiner Meinung nach war absolute Diskretion die einzige Möglichkeit, einen Prozess von derartiger Tragweite fair und seriös zu gestalten. Und als John von dem Vergleich mit Volner erfuhr, wusste ich, dass dies mein letzter Auftritt in der Öffentlichkeit gewesen war.

Langsam, aber sicher trugen unsere Teams genügend Beweise zusammen, um Nixon unter Amtsanklage zu stellen. Da es damals noch keine PCs gab, mussten wir Karteikarten verwenden, um den Überblick über die Fakten zu bewahren. Wir tippten auf jedes Kärtchen eine Information – das Datum eines Memos, das Thema einer Sitzung, sogar Nixons Geburtsdatum – und stellten Querverbindungen zu anderen Fakten her. Dann mischten wir die Karten und suchten nach Mustern. Am Ende der Untersuchung hatten wir über 500 000 Karteikarten beschrieben.

Mit unserer Arbeit kamen wir noch einen großen Schritt

weiter, als wir von der Watergate Grand Jury die beschlag-
nahmten Tonbänder erhielten. Doar wies einige von uns an,
die Bänder abzuhören und zu analysieren. Es war eine harte
Arbeit, allein in einem der fensterlosen Räume zu sitzen und
zu versuchen, die Wörter, ihren Zusammenhang und ihre
Bedeutung zu verstehen. Ich hatte ein beinahe surreales Erlebnis, als ich das »Band der Bänder« abhörte. Richard Nixon
hatte sich selbst aufgenommen, während er frühere Bänder
anhörte und mit seinen Mitarbeitern darüber diskutierte. Er
erklärte und rechtfertigte seine früheren Aussagen, um den Eindruck zu erwecken, er habe von den gesetzes- und verfas-
sungswidrigen Aktivitäten des Weißen Hauses nichts gewusst
und sei auch nicht daran beteiligt gewesen. Ich hörte, wie
Nixon sagte: »Was ich meinte, als ich das sagte, war …« oder
»Eigentlich wollte ich damals sagen …«. Er erprobte auf diesem Band die Wirkung der Sätze, die er später verwenden wollte, um weiterhin alles zu vertuschen.

Am 19. Juli 1974 präsentierte Doar schließlich die von seinem Untersuchungsausschuss vorgeschlagenen Artikel der
Amtsanklage, die die Vorwürfe gegen den Präsidenten präzi-
sierten. Das House Judiciary Committee stimmte geschlossen
für drei dieser Artikel: Machtmissbrauch, Behinderung der Justiz und Missachtung des Kongresses. Präsident Nixon wurde
unter anderem vorgeworfen, sich mit Geld das Schweigen von
Zeugen erkauft oder deren Aussagen beeinflusst, sich Steuer-
bescheide von Privatpersonen beschafft, das FBI und den Secret
Service mit der Ausspionierung von Bürgern beauftragt, und
selbst eine geheime Ermittlungseinheit geleitet zu haben. Die
Entscheidung wurde von beiden Parteien getragen. Die folgende Impeachment-Untersuchung unter der Leitung von
Chairman Peter Rodino fand sowohl beim Kongress als auch
bei der amerikanischen Bevölkerung Rückhalt. Am 5. August
veröffentlichte das Weiße Haus schließlich die Abschrift eines
am 23. Juni 1972 aufgenommenen Tonbands, auf dem Nixon
zustimmte, die illegale Verwendung von Geldern durch sein
Wiederwahlkomitee zu vertuschen. Am 9. August 1974 trat
Nixon zurück und ersparte damit dem Land einen weiteren
ermüdenden Prozess im Senat. Das Impeachment-Verfahren,

das einen korrupten Präsidenten zum Rücktritt gezwungen hatte, war ein Sieg für die Verfassung und unser Rechtssystem. Dennoch hinterließ diese Erfahrung bei einigen von uns im Komitee ein unangenehmes Gefühl. Uns war klar geworden, dass die gewaltige Macht der Kongressausschüsse und Sonderstaatsanwälte nur so gerecht war wie die Männer und Frauen, die sie ausübten.

Plötzlich war ich arbeitslos. Das Team der Anwälte, das durch die Arbeit im Ausschuss eng zusammengewachsen war, traf sich zu einem letzten gemeinsamen Abendessen, bevor wir uns in alle Himmelsrichtungen verstreuten. Alle sprachen aufgeregt über ihre Zukunftspläne. Ich war unentschlossen, und als Bert Jenner mich nach meinen Plänen fragte, sagte ich ihm, ich wolle wie er als Prozessanwalt arbeiten – worauf er mir erklärte, dass dies unmöglich sei.

»Warum?«, fragte ich.

»Weil du keine Frau hast«, erwiderte er.

»Was soll das denn heißen?«, fragte ich verdutzt.

Er erklärte mir, dass ich ohne eine Frau, die sich um all meine persönlichen Bedürfnisse kümmerte, die Anforderungen des täglichen Lebens nie meistern könnte – zum Beispiel, jeden Tag mit sauberen Socken vor Gericht zu stehen. Ich bin mir bis heute nicht sicher, ob Jenner mich auf den Arm nahm oder mich ernsthaft darauf hinweisen wollte, wie schwierig es für Frauen immer noch war, sich in diesem Beruf zu behaupten. Letztlich spielt es aber keine Rolle, weil ich mich entschloss, meinem Herzen zu folgen. Ich wollte nach Arkansas. Sara Ehrman war fassungslos, als ich ihr die Neuigkeiten eröffnete. »Hast du den Verstand verloren? Warum willst du denn deine Zukunft wegwerfen?«

Als im Frühjahr während meiner Arbeit für den Impeachment-Ausschuss ausnahmsweise einmal weniger zu tun gewesen war, hatte ich John Doar gefragt, ob ich Bill in Fayetteville besuchen könne. Widerwillig hatte er mir ein Wochenende frei gegeben. Damals hatte ich Bill zu einer Dinnerparty begleitet, bei der ich einige seiner Kollegen von der juristischen Fakultät kennen lernte, darunter auch den damaligen Dekan Wylie

Davis. Als wir uns verabschiedeten, sagte er, wenn ich jemals unterrichten wolle, solle ich es ihn wissen lassen. Nun war der Moment gekommen, ihn beim Wort zu nehmen. Ich rief ihn an und fragte, ob sein Angebot noch gelte – er bejahte. Auf meine Frage, welches Fach ich unterrichten würde, meinte er, das werde er mir dann in zehn Tagen in Fayetteville sagen, kurz vor Beginn der Vorlesungen.

Meine Entscheidung kam nicht aus heiterem Himmel. Bill und ich hatten immer wieder über unsere berufliche Zukunft diskutiert und waren irgendwann zu dem Schluss gekommen, dass einer von uns seine Karriere zumindest vorübergehend zurückstellen musste, wenn wir zusammen sein wollten. Nun, da meine Arbeit in Washington früher als erwartet beendet war, hatte ich die Zeit und den Freiraum, unserer Beziehung und Arkansas eine Chance zu geben.

Obwohl Sara meine Entscheidung missbilligte, bot sie mir an, mich nach Arkansas zu fahren. Allerdings fragte sie mich alle paar Meilen, ob ich auch wisse, was ich tue. Ich antwortete jedes Mal, dass ich es nicht wisse, es aber trotzdem tun würde.

Es hat in meinem Leben immer wieder Situationen gegeben, in denen ich sehr genau auf meine Gefühle hören musste, um zu entscheiden, was richtig für mich war. Es kann sehr schwierig sein, zu diesen emotionalen Entscheidungen zu stehen, wenn die Freunde und die Familie, ganz zu schweigen von der Öffentlichkeit und der Presse, sie in Frage stellen oder kritisieren und über die Motive spekulieren. Ich wusste, dass ich mich an der Uni in Bill verliebt hatte und mit ihm zusammen sein wollte. Ich war einfach glücklicher, wenn er bei mir war. Und ich war immer davon ausgegangen, dass ich überall ein erfülltes Leben führen konnte. Wenn ich mich also als Persönlichkeit weiterentwickeln wollte, war es an der Zeit, »das zu tun, wovor ich am meisten Angst hatte«, um mit Eleanor Roosevelt zu sprechen. Ich fuhr nach Arkansas, wo ich nie gelebt und weder Freunde noch Familie hatte, um mit einem Mann zu leben, der von seinem Wahlkampf besessen war. Dennoch fühlte ich im tiefsten Herzen, dass ich den richtigen Weg eingeschlagen hatte.

In den 48 Stunden nach meiner Ankunft in Fayetteville an einem heißen Augustabend erlebte ich auf dem Stadtplatz von Brentonville zum ersten Mal, wie Bill vor einem größeren Publikum eine Wahlkampfrede hielt. Ich war beeindruckt und dachte, dass er trotz der schlechten Voraussetzungen eine Chance haben könnte. Anschließend ging ich zu einem Empfang für neue Fakultätsmitglieder, den die Washington County Bar Association, eine Anwaltsvereinigung, im örtlichen Holiday Inn veranstaltete. Zu diesem Zeitpunkt wusste ich bereits, dass ich Strafrecht und Prozessverteidigung unterrichten sowie die Rechtshilfestelle und die Gefängnisprojekte leiten würde. Bill Bassett, der Präsident der Anwaltsvereinigung, machte mich mit den örtlichen Anwälten und Richtern bekannt und stellte mir auch Tom Butt vor, der Richter am Chancery Court, einem Gericht, das nach Billigkeitsgrundsätzen urteilt, war. Er sagte feierlich: »Richter, das ist die neue Rechtsprofessorin. Sie wird Strafrecht unterrichten und die Rechtshilfeprogramme leiten.«

»Nun, wir freuen uns natürlich, dass Sie hier sind«, entgegnete Butt und sah auf mich hinunter, »aber Sie sollten wissen, dass ich keinen Bedarf an Rechtshilfe habe und ein ziemlich unangenehmer Zeitgenosse bin.« Ich rang mir ein Lächeln ab und sagte: »Es freut mich auch, Sie kennen zu lernen, Richter.« Gleichzeitig fragte ich mich, auf was, um Himmels willen, ich mich eingelassen hatte.

Ich hatte nicht viel Zeit, über die Bemerkung von Richter Butt nachzudenken, denn am nächsten Morgen begannen bereits die Vorlesungen. Ich hatte noch nie an einer juristischen Fakultät unterrichtet. Dazu kam, dass die meisten Studenten kaum jünger und einige sogar älter waren als ich. Ich teilte ein Büro mit Milt Copeland, der mir sein Wissen und seine Zeit großzügig zur Verfügung stellte. Die einzige andere Frau an der Fakultät, Elizabeth »Bess« Osenbaugh, wurde eine enge Freundin. Wir verbrachten unzählige Stunden damit, rechtliche und persönliche Probleme miteinander zu besprechen, meistens bei einem Truthahnsandwich.

Robert Leflar, der bereits über siebzig war, hielt immer noch seine legendären Vorlesungen über Rechtskonflikte und Revisionsrechtsprechung an der juristischen Fakultät der New York University. Er und seine Frau Helen nahmen mich freundlich auf und ließen mich im ersten Sommer sogar in ihrem von der preisgekrönten Architektin Fay Jones entworfenen Haus wohnen. Ich genoss den intellektuellen Schlagabtausch mit Al Witte, der den Titel des strengsten Rechtsprofessors für sich in Anspruch nahm, unter seiner rauen Schale aber einen butterweichen Kern hatte. Ich lernte das Einfühlungsvermögen meines Zimmerkollegen Milt Copeland zu schätzen, und ich bewunderte das Engagement und Fachwissen von Mort Gitelman, der sich für die Bürgerrechte einsetzte.

Eine Woche nach Semesterbeginn starb Virginias Mann, Jeff Dwire, völlig unerwartet an Herzversagen. Es war das dritte Mal, dass Bills Mutter Witwe wurde, doch der Verlust war für uns alle sehr schmerzlich. Virginia hatte im Lauf der Jahre so viel durchstehen müssen. Ich war beeindruckt, wie gut sie all diese Schicksalsschläge verkraftete; auch bei Bill schien die schwierige Kindheit nicht die geringste Spur von Bitterkeit hinterlassen zu haben. Seine Energie, sein Einfühlungsvermögen und sein Optimismus waren beeindruckend. Bis im Zuge der Präsidentschaftskampagne Geschichten über seine Kindheit bekannt wurden, wussten nur die wenigsten von den schmerzlichen Erfahrungen, die er hinter sich hatte.

Nach Jeffs Begräbnis setzte Bill seinen Wahlkampf fort, und ich fing an, das Leben in der kleinen Collegestadt zu erforschen – die ruhige, freundliche Atmosphäre in Fayetteville war eine willkommene Abwechslung für mich. Eines Tages wollte ich im Supermarkt gerade bezahlen, als die Kassiererin mich fragte: »Sind Sie die neue Rechtsprofessorin?« Ich bejahte, und sie erzählte mir, dass einer ihrer Neffen meine Vorlesung besuche und über mich gesagt habe, »sie ist nicht übel«. Ein anderes Mal rief ich die Auskunft an, weil ich einen Studenten kontaktieren wollte, der bei einer Besprechung gefehlt hatte. Als ich der Telefonistin den Namen des Studenten nannte, sagte sie: »Er ist nicht zu Hause.«

»Wie bitte?«, fragte ich.

»Er ist zum Campen gefahren.«

Ich hatte noch nie in einem so kleinen und freundlichen Ort gelebt und genoss es sehr. Ich ging zu den Footballspielen der Arkansas Razorbacks und lernte den Hog Call, den traditionellen Schlachtruf.

Doch das Beste an Fayetteville waren die Freunde, die ich dort fand. Wir grillten, spielten Volleyball oder vertrieben uns die Zeit mit einer Runde Scharade. Carl Whillock, ein Verwaltungsbeamter der Universität, und seine reizende Frau Margaret wohnten in einem großen gelben Haus gleich gegenüber der Law School. Sie waren die Ersten, die mich zu sich nach Hause einluden, und wir wurden schnell Freunde. Margaret war von ihrem ersten Mann verlassen worden, als ihre sechs Kinder nicht einmal zehn Jahre alt waren. Niemand glaubte, dass irgendein Mann eine geschiedene Frau mit sechs kleinen Kindern heiraten würde, ganz gleich wie lebhaft und attraktiv sie auch sein mochte. Carl tat es. Als ich einmal Margaret und Ann Landers miteinander bekannt machte, die eigentlich Eppie Lederer heißt, und Margaret ihre Geschichte erzählte, rief Eppie: »Meine Liebe, Ihr Mann sollte wirklich heilig gesprochen werden!«

Ann und Morriss Henry wurden ebenfalls gute Freunde. Ann, eine Anwältin, war in Arkansas selbst politisch aktiv und unterstützte Morriss, der im State Senate saß. Darüber hinaus engagierte sie sich sehr in den Schulen ihrer drei Kinder. Sie hatte zu allem eine Meinung, die sie ohne Scheu kundtat, und ich genoss ihre Gesellschaft sehr. Doch meine engste Freundin wurde Diane Blair. Wie ich hatte sie in Washington gewohnt, bevor sie mit ihrem ersten Mann nach Fayetteville gezogen war. Sie unterrichtete Politikwissenschaft an der Universität und zählte zu den besten Lehrern auf dem Campus. Wir spielten gemeinsam Tennis und tauschten uns über unsere Lieblingsbücher aus. Sie schrieb Artikel über Arkansas und die Politik in den Südstaaten, und ihr Buch über Hattie Caraway, die erste Frau, die in den Senat gewählt wurde, war von ihren Ansichten über die Rechte und Rolle der Frau inspiriert. Im Zuge der nationalen Debatte, ob die Gleichberechtigung verfassungsrechtlich verankert werden sollte, diskutierte Diane 1975 mit der erzkonservativen Aktivistin Phyllis Schlafly vor dem Parlament von Arkansas. Diane gewann die Debatte zwar mühelos, aber wir wussten beide, dass weder die religiöse noch die politische Opposition gegen den Gleichberechtigungszusatz in Arkansas durch zwingende Argumente, Logik oder Beweise zu besiegen war.

Diane und ich trafen uns regelmäßig zum Mittagessen in der Student Union. Wir setzten uns an einen der Tische bei den großen Fenstern, von denen man einen herrlichen Ausblick auf die Ozark Hills hat, und erzählten uns Geschichten und Tratsch. Ich unterhielt sie mit Anekdoten über meine Arbeit an der Universität und die Umstellung auf das Leben in Arkansas. Besonders interessant fanden sie die Fälle, an denen ich arbeitete. Eines Tages hatte mich Mahlon Gibson, der Staatsanwalt von Washington County, angerufen, um mir mitzuteilen, dass ein mittelloser Häftling, der beschuldigt wurde, ein zwölfjähriges Mädchen vergewaltigt zu haben, unbedingt von einer Frau vertreten werden wollte. Strafrichter Maupin Cummings habe mich empfohlen. Ich sagte Mahlon, es widerstrebe mir, einen solchen Klienten zu vertreten, aber Mahlon erinnerte mich sanft daran, dass ich den Wunsch des Richters nicht gut ablehnen konnte. So kam es, dass ich einen mutmaßlichen Vergewaltiger vertrat. Als ich meinen Klienten im Gefängnis besuchte, fand ich einen ungebildeten »Hühnerfänger« vor, der die Tiere von den großen Farmen abholte und zur örtlichen Verarbeitungsanlage brachte. Er leugnete alles und behauptete, das Mädchen, das entfernt mit ihm verwandt war, habe die ganze Geschichte erfunden. Ich untersuchte den Fall sorgfältig und holte sogar die Meinung eines renommierten Wissenschaftlers aus New York ein. Er stellte den Beweiswert des Blutes und Spermas in Zweifel, die laut Staatsanwalt die Vergewaltigung eindeutig bewiesen. Aufgrund der Expertenaussage handelte ich mit dem Staatsanwalt aus, dass der Angeklagte sich der sexuellen Nötigung, nicht aber der Vergewaltigung schuldig bekennen würde. Als ich mit meinem Klienten vor Richter Cummings erschien, um dieses Schuldgeständnis vorzutragen, ersuchte mich der Richter, den Gerichtssaal zu verlassen, während er den Sachverhalt prüfte. Ich sagte: »Herr Richter, ich kann nicht hinausgehen. Ich bin seine Anwältin.«

Darauf meinte der Richter: »Ich kann über diese Dinge nicht vor einer Dame sprechen.«

»Herr Richter«, sagte ich, »betrachten Sie mich einfach nicht als Frau, sondern nur als Anwältin.«

Obwohl es ihm immer noch äußerst peinlich war, hörte er sich nun die Darstellung des Angeklagten an. Und verurteilte ihn. Wenig später richteten Ann und ich die erste Hotline für Vergewaltigungsopfer in Arkansas ein.

Ein paar Monate später erhielt ich einen Anruf von einer Frau, die als Aufseherin im Gefängnis von Benton County nördlich von Fayetteville arbeitete. Sie erzählte mir, eine Frau sei wegen Ruhestörung festgenommen worden, weil sie in den Straßen von Bentonville das Evangelium gepredigt habe. Sie sollte demnächst einem Richter vorgeführt werden, der vorhatte, sie in die staatliche Nervenheilanstalt einzuweisen, weil niemand wusste, was sonst mit ihr geschehen sollte. Die Aufseherin bat mich, so schnell wie möglich zu kommen, weil sie glaubte, dass die Frau nicht verrückt war, sondern nur »vom Geist des Herrn besessen«. Im Gerichtsgebäude traf ich die Gefängniswärterin und besagte Predigerin, eine harmlos aussehende Frau in einem knöchellangen Kleid, die ihre zerlesene Bibel fest an ihre Brust drückte. Mit Zitaten aus dem Evangelium erklärte sie uns, dass Jesus sie geschickt habe, um den Menschen seine Botschaft zu verkünden und dass sie, sobald man sie freiließe, ihre Mission fortführen werde. Als ich erfuhr, dass sie aus Kalifornien war, kam mir die rettende Idee: Ich überredete zuerst den Richter, ihr eine Busfahrkarte nach Hause zu kaufen, statt sie einweisen zu lassen, und überzeugte anschließend die Frau selbst, dass sie in Kalifornien viel dringender gebraucht wurde als in Arkansas, wo es ohnehin so viele Kirchen gab.

Im Mai waren mein Vater und mein Bruder Tony nach Arkansas gekommen, um Bill beim Wahlkampf zu helfen. Sie hatten hart gearbeitet, Plakate aufgehängt und Telefondienst gemacht. Es erstaunt mich noch immer, dass mein Vater, der ein eingefleischter Republikaner war, sich für Bills Wahl engagierte. Aber es sollte sich lohnen, denn Bill gewann im Juni die Vorwahl und die demokratische Stichwahl.

Bills Wahlkampf lief bereits auf vollen Touren, als die Republikaner begannen, ihn persönlich zu attackieren. Ich war überrascht, wie viel von diesen schmutzigen Kampagnen hängen blieb und wie unerheblich es war, ob die Behauptungen der Wahrheit entsprachen oder nicht. Eine dieser absurden Geschichten hatte sich angeblich 1969 bei einem Besuch Präsident Nixons in Fayetteville zugetragen. Damals war ein junger Mann auf einen Baum geklettert, um gegen Nixon und den Vietnamkrieg zu protestieren. Fünf Jahre später verkündeten Bills politische Gegner, dass er dieser junge Mann gewesen sei. Es spielte keine Rolle, dass Bill zu dieser Zeit über 4000 Meilen entfernt in Oxford studierte. Noch Jahre später traf ich Menschen, die diese Geschichte glaubten. Es gab auch einige merkwürdige Vorfälle, die nie aufgeklärt werden konnten. So wurde zum Beispiel eine von Bills Postsendungen an die Wähler nicht zugestellt. Später fand man die Stapel mit den Werbebriefen hinter einem Postamt.

Bei der Wahl im November fehlten Bill 6000 Stimmen. Er kam auf 48 Prozent, sein Gegner auf 52 Prozent. Als Bill, Virginia, Roger und ich lange nach Mitternacht das kleine Haus verließen, das als Bills Wahlkampfzentrale gedient hatte, läutete das Telefon. Ich hob ab und erwartete einen Freund oder Anhänger, der Bill sagen wollte, wie Leid es ihm tue. Stattdessen schrie jemand in den Hörer: »Ich bin so froh, dass dieser schwule Niggerfreund und Kommunist Bill Clinton verloren hat«, und legte auf.

Während der vorlesungsfreien Zeit beschloss ich, eine lange Reise nach Chicago und an die Ostküste zu machen, um Freunde zu besuchen und Leute zu treffen, die mir Jobs angeboten hatten. Ich war noch immer nicht sicher, was ich mit meinem Leben machen wollte. Als Bill mich zum Flughafen fuhr, kamen wir unweit der Universität an einem roten Ziegelhaus vorbei, das zum Verkauf stand. Ich erwähnte kurz, dass es ein hübsches kleines Haus sei.

Nach ein paar Wochen, in denen ich viel gereist war und viel nachgedacht hatte, kehrte ich nach Arkansas zurück. Ich hatte mich entschieden, auch dort zu bleiben. Bill holte mich ab und sprudelte gleich los: »Erinnerst du dich an das Haus, das dir so gut gefallen hat? Ich habe es gekauft! Und du solltest mich jetzt heiraten, weil ich nicht allein darin wohnen kann.«

Bill fuhr voller Stolz in die Einfahrt und führte mich in das Haus hinein. Es war klein, hatte aber eine überdachte Veranda und ein Wohnzimmer mit Balkendecke, Kamin und einem großen Erkerfenster, ein gut geschnittenes Schlafzimmer, ein kleines Bad und eine renovierungsbedürftige Küche. Bill hatte in einem Antiquitätenladen bereits ein altes schmiedeeisernes Bett erstanden und war sogar bei Wal-Mart gewesen, um Bettwäsche und Handtücher zu kaufen. Diesmal sagte ich »Ja«.

Wir wurden am 11. Oktober 1975 im Wohnzimmer dieses Hauses von Reverend Vic Nixon, dem methodistischen Geistlichen, getraut. Er und seine Frau Freddie waren enge Freunde von uns geworden. Außerdem waren noch meine Eltern und Brüder da, Virginia und Roger, Johanna Branson, Betsy Johnson Ebeling (die mittlerweile mit einem Schulfreund aus der High School verheiratet war), F. H. und Myrna Martin, gute Freunde; Marie Clinton, Bills Cousine; Dick Atkinson, ein Freund aus der Yale Law School, der auch an der juristischen Fakultät unterrichtete; Bess Osenbaugh und Patty Howe, die mit Bill in Hot Springs aufgewachsen war. Ich trug ein Kleid im viktorianischen Stil aus Musselin und Spitze, das ich am Abend vor der Hochzeit mit meiner Mutter gekauft hatte. Am Arm meines Vaters trat ich vor den Reverend. Alle blickten gespannt auf meinen Vater – doch er ließ mich nicht los. Nach einer endlosen Weile sagte Reverend Nixon: »Mr. Rodham, es gibt kein Zurück mehr.« Nach der Trauung gaben Ann und Morriss Henry einen Empfang im riesigen Garten hinter ihrem Haus, wo sich an die zweihundert Freunde einfanden, um mit uns zu feiern.

Ich werde oft gefragt, warum Bill und ich nach allem, was geschehen ist, immer noch zusammen sind. Auch wenn mir diese Frage nicht gefällt, ist mir klar, dass ich sie immer wieder hören werde, da wir ein öffentliches Leben führen. Doch wie kann ich eine Liebe erklären, die Jahrzehnte überstanden hat und stetig gewachsen ist, während wir unsere Tochter aufgezogen, unsere Eltern begraben und uns um unsere großen

Familien gekümmert haben. Wir haben lebenslange gemeinsame Freunde und einen gemeinsamen Glauben und spüren beide eine tiefe Verpflichtung unserem Land gegenüber. Der Schlüssel zum Verständnis unserer Ehe ist sicher in unserer gemeinsamen Geschichte zu suchen. Im Grunde ist unsere Beziehung aber zu tief, als dass ich sie mit Worten beschreiben könnte. Vielleicht kann man es so formulieren: Im Frühjahr 1971 begann ich ein Gespräch mit Bill Clinton, und mehr als dreißig Jahre später reden wir immer noch miteinander.

LITTLE ROCK

Bill Clintons erster Wahlsieg, mit dem er im Jahr 1976 zum Generalstaatsanwalt von Arkansas wurde, war wenig spektakulär. Es gab keinen republikanischen Gegenkandidaten, und Bill hatte sich bei den Vorwahlen im Mai souverän durchgesetzt. Der große Showdown fand damals ohnehin im Präsidentschaftswahlkampf zwischen Jimmy Carter und Gerald Ford statt.

Bill und ich hatten Carter ein Jahr zuvor bei einem Vortrag an der University of Arkansas kennen gelernt. Carter stellte sich mir damals mit folgenden Worten vor: »Hi, ich bin Jimmy Carter, der zukünftige Präsident.« Carter verstand es, die Stimmung im Land richtig einzuschätzen. Er war davon überzeugt, dass nach Watergate in der politischen Arena Platz für einen Neuling war, der vor allem die Wähler im Süden an sich binden konnte. Carter gelangte zu dem zutreffenden Schluss, dass er ebenso gute Aussichten wie jeder andere Kandidat habe, und – das ging aus seiner Begrüßung hervor – auch das nötige Selbstvertrauen besitze, um sich auf eine aufreibende Präsidentschaftskandidatur einzulassen. Er war auch der Meinung, dass die Begnadigung Richard Nixons durch seinen Nachfolger Gerald Ford ein gutes Wahlkampfthema für die Demokraten abgeben würde. Obwohl ich Fords Vorgehen guthieß, da es in meinen Augen die beste Entscheidung für das Land war, stimmte ich Carters Einschätzung zu, dass diese Maßnahme die Wähler ständig daran erinnern würde, dass Ford

Richard Nixons Mann der Wahl gewesen war, als es darum ging, den in Ungnade gefallenen Vizepräsidenten Spiro Agnew zu ersetzen.

Am Ende unseres Gesprächs fragte er mich, ob ich einen Rat für ihn habe. »Nun, Herr Gouverneur«, sagte ich, »ich würde nicht gleich allen Leuten erzählen, dass ich der kommende Präsident bin. Das könnte so manchen vor den Kopf stoßen.«

Mit dem für ihn charakteristischen breiten Grinsen antwortete er: »Aber wenn ich es doch sein werde …«

Nachdem Bills Wahl gesichert war, konnten wir in Carters Wahlkampf einsteigen. Im Juli reisten wir zum Parteikonvent nach New York City, um seiner Nominierung beizuwohnen und seinem Wahlkampfstab unsere Mitarbeit anzubieten. Anschließend brachen wir zu einer wunderbaren zweiwöchigen Europareise auf, die eine Pilgerfahrt nach Guernica beinhaltete. Ich hatte den Ort, dessen Schicksal im spanischen Bürgerkrieg Picasso zu seinem Meisterwerk inspiriert hatte, besuchen wollen, seit ich in der Sonntagsschule zum ersten Mal eine Abbildung des Gemäldes gesehen hatte. Es gibt die Theorie, dass in Guernica die Kriegsführung des 20. Jahrhunderts begründet wurde, als der Diktator Francisco Franco 1937 Hitlers Luftwaffe um Unterstützung bat, um das Städtchen dem Erdboden gleichzumachen. Picasso brachte den Schrecken und die Panik, die das Massaker auslöste, in einem Bild zum Ausdruck, das zu einem Emblem des Kampfes gegen den Krieg wurde. Als Bill und ich rund vierzig Jahre später durch Guernicas Straßen schlenderten und auf dem Hauptplatz Kaffee tranken, sah das wieder aufgebaute Städtchen aus wie jedes andere nordspanische Bergdorf. Doch dank Picassos Gemälde werden mir diese Verbrechen an der Menschheit für immer ins Gedächtnis eingebrannt bleiben.

Nach unserer Rückkehr nach Fayetteville fragte Carters Stab bei Bill an, ob er den Wahlkampf in Arkansas leiten wolle; ich sollte die Aktivitäten in Indiana koordinieren. Seit Truman, also seit 1948, hatte kein Demokrat mehr in Indiana gewonnen, doch Carter war der Ansicht, seine Herkunft aus dem ländlichen Süden könne dort sogar republikanische Wähler ansprechen. Meine Aufgabe bestand darin, in sämtlichen Bezirken Kampagnen einzuleiten. Dazu mussten vor Ort Mitarbeiter gefunden werden, die unter der Leitung regionaler Koordinatoren arbeiten sollten, die wie ich überwiegend aus anderen Landesteilen kamen. Unsere Wahlkampfzentrale in Indianapolis war im ehemaligen Gebäude einer Haushaltsgerätehandlung und einer Firma untergebracht, die Kautionsbürgschaften ausstellte. Der Firmensitz war clever gewählt, denn auf der anderen Straßenseite befand sich das Gefängnis. Über den Carter-Mondale-Plakaten im Schaufenster hing immer noch der Neonschriftzug »Bail Bondsman«.

Ich lernte viel in Indiana, vor allem an einem Abend, an dem ich als einzige Frau mit mehreren Männern, die für die Mobilisierung der demokratischen Wähler verantwortlich waren, an einem Arbeitsessen teilnahm. Es war mir schier unmöglich, Einzelheiten über ihre Tätigkeit herauszufinden und ich musste laufend nachfragen, wie viele Telefone, Lautsprecherwagen und Plakate sie vorgesehen hatten. Plötzlich streckte einer der Männer seinen Arm über den Tisch, packte mich am Kragen und fuhr mich an: »Halten Sie einfach den Mund! Wenn wir sagen, dass wir es tun, werden wir es tun. Wie wir es tun, kann Ihnen egal sein!« Ich war fassungslos, denn ich war seit meiner Kindheit nicht mehr körperlich attackiert worden. Ich wusste, dass der Mann getrunken hatte, und ich wusste auch, dass alle Blicke auf mich gerichtet waren. Mein Herz raste, als ich ihm direkt in die Augen sah, seine Hand wegschob und sagte: »Erstens: Rühren Sie mich nie wieder an. Zweitens: Wenn Sie ebenso schnell antworten würden wie Sie zupacken, hätte ich längst die Informationen, die ich brauche, um meine Arbeit zu machen. Dann hätte ich Sie auch in Ruhe lassen können – und genau das werde ich jetzt tun.« Mit schlotternden Knien erhob ich mich und verließ das Lokal.

Wenngleich Carter Indiana nicht gewinnen konnte, die Wahl zum Präsidenten entschied er im November 1976 für sich. Ich war begeistert und freute mich auf die Arbeit der neuen Regierung. Auch bei Bill und mir standen Neuerungen an. Wir mussten nach Little Rock umziehen, wo wir unweit des Kapitols ein Haus mit hundert Quadratmeter Wohnfläche in einer malerischen Straße im Bezirk Hillcrest gekauft hatten. Da Fayetteville zu weit entfernt zum Pendeln war, musste ich meine Lehrtätigkeit an der dortigen Universität aufgeben. Ich hielt es für keine gute Idee, für eine aus Staatsgeldern finanzierte Einrichtung zu arbeiten oder ein öffentliches Amt wie das einer Bundesanwältin anzustreben, da es dabei zu Interessenskonflikten mit dem Generalstaatsanwalt kommen konnte. Ich begann daher, ernsthaft über eine Tätigkeit bei einer Anwaltsfirma nachzudenken. Als Anwältin glaubte ich wichtige Erfahrungen sammeln und vor allem einen wichtigen Beitrag zum Familieneinkommen leisten zu können. Das war auch nötig, da Bills Jahresgehalt als Generalstaatsanwalt bei lediglich 26 500 Dollar lag.

Die Anwaltsfirma Rose war nicht nur eine der ältesten und angesehensten in Arkansas, sondern stand auch in dem Ruf, die älteste Kanzlei westlich des Mississippi zu sein. Einen der Partner, Vince Foster, hatte ich kennen gelernt, als ich die Legal Aid Clinic der Law School für unentgeltliche Rechtsberatung leitete. Ich hatte damals versucht, Jurastudenten in Richter Butts Gericht zu schicken, um Obdachlose zu vertreten. Ein unmögliches Unterfangen, denn der Richter verlangte von den Studenten, ihre Klienten nach einem Statut aus dem 19. Jahrhundert einzustufen: Demnach war eine kostenlose Rechtsvertretung nur dann erlaubt, wenn der Besitz der fraglichen Person abgesehen von den Kleidern, die sie am Leib trug, nicht mehr als zehn Dollar wert war. Diese Norm konnte natürlich kaum jemand erfüllen. Ich wollte das Statut ändern und dazu brauchte ich die Hilfe der Anwaltsvereinigung von Arkansas. Gleichzeitig wollte ich die Vereinigung dazu bewegen, die Legal Aid Clinic finanziell zu unterstützen. Mit dem Geld sollte ein hauptberuflicher Verwalter und Rechtsberater bezahlt werden, eine Funktion, in der zukünftige Rechtsanwälte Erfahrungen sammeln konnten. Vince leitete den Ausschuss der Anwaltsvereinigung, der über die Gewährung von Zuschüssen entschied. Er gewann die Unterstützung einer Reihe führender Rechtsanwälte, darunter Henry Woods, der führende Prozessanwalt von Arkansas, und William R. Wilson junior, einer der besten Rechtsanwälte in der Umgebung. Richter Butt und ich wurden vor den Exekutivausschuss der Anwaltsvereinigung zitiert und legten unsere Argumente vor. Der Ausschuss stimmte für eine Unterstützung der Aid Clinic und billigte die Aufhebung des Statuts, ein Erfolg, der nicht zuletzt Vince' Engagement zu verdanken war.

Nach der Wahl 1976 besuchten mich Vince und ein anderer Partner von Rose, Herbert C. Rule III., und boten mir an, mich ihrer Firma anzuschließen. Herb, ein gelehrter Absolvent von Yale, hatte bereits eine Stellungnahme der Amerikanischen Anwaltsvereinigung eingeholt, die keine Einwände dagegen hatte, dass die Kanzlei eine Anwältin beschäftigte, die mit einem Generalstaatsanwalt verheiratet war und alle nötigen Schritte unternommen, um Interessenkonflikte zu vermeiden.

Nicht alle Anwälte der Firma teilten Vince' und Herbs Begeisterung über die Aufnahme einer Frau. Eine Anwältin hatte es in der Firma noch nie gegeben. Als die Partner nach einigen Diskussionen meiner Anstellung zugestimmt hatten, übergaben mir Vince und Herb ein Exemplar des Romans »Harte Zeiten« von Charles Dickens. Niemand konnte ahnen, wie zutreffend dieser Titel sein würde.

Ich trat in die Prozessabteilung ein, die von Phil Carroll geleitet wurde, einem ausgezeichneten Rechtsanwalt, der später zum Präsidenten der Amerikanischen Anwaltsvereinigung gewählt wurde. Die beiden Anwälte, mit denen ich dort am meisten zusammenarbeitete, waren Vince Foster und Webster Hubbell.

Vince, einer der klügsten Rechtsanwälte, denen ich je begegnete, wurde einer meiner besten Freunde. Um sich ein Bild von Vince zu machen, sollte man sich Gregory Peck in der Rolle des Atticus Finch in dem Film »Wer die Nachtigall stört« vorstellen. Es gab nicht nur eine physische Ähnlichkeit, auch sein Auftreten war ähnlich: ruhig, höflich, entschieden, jedoch stets zurückhaltend – genau die Art von Person, die man in schwierigen Zeiten um sich haben möchte.

Vince und ich saßen in benachbarten Büros und teilten uns eine Sekretärin. Es stellte sich heraus, dass er auch einmal ein Nachbar von Bill gewesen war. Vince war in Hope in Arkansas zur Welt gekommen, und der Garten des Hauses, in dem er seine Kindheit verbrachte, grenzte an den Garten des Hauses von Bills Großeltern, bei denen Bill bis zu seinem vierten Lebensjahr lebte. Bill und Vince hatten als kleine Jungen miteinander gespielt, den Kontakt jedoch verloren, als Bill im Jahr 1953 nach Hot Springs gezogen war. In Bills Wahlkampf für das Amt des Generalstaatsanwalts waren sie sich wieder begegnet. Vince Foster hatte seine Kandidatur nachdrücklich unterstützt.

Webb Hubbell war ein großer, stämmiger Mann, der an der University of Arkansas Football gespielt hatte und leidenschaftlich gern golfte, was ihn von Anfang an mit Bill verband. Er war eine Zeit lang Präsident des Obersten Gerichtshofs von Arkansas und wurde schließlich Bürgermeister von Little Rock. Es machte viel Spaß, mit diesem loyalen Freund zu arbeiten. Er wirkte gutmütig und etwas behäbig, doch er war ein einfallsreicher Prozessanwalt mit einem phänomenalen Gedächtnis. Sein einziges Handicap waren Rückenbeschwerden, die ihm immer wieder schwer zu schaffen machten. Einmal arbeiteten Webb und ich die Nacht durch, um einen Schriftsatz fertig zu stellen, der am nächsten Tag vorgelegt werden musste. Webb lag mit schmerzendem Rücken auf dem Boden und spuckte Präzedenzfälle aus, die bis ins 19. Jahrhundert zurückreichten, während ich kreuz und quer durch die Bibliothek hastete, um sie hervorzukramen.

Im ersten Geschworenenprozess, den ich allein führte, vertrat ich ein Unternehmen, das Lebensmittelkonserven herstellte und von einem Mann verklagt worden war, der in einer Dose, die Schweinefleisch und Bohnen enthalten sollte, das Hinterteil einer Ratte gefunden hatte. Der Kläger hatte die Überreste des Nagers zwar nicht gegessen, behauptete jedoch, der bloße Anblick sei so widerwärtig gewesen, dass er seitdem unentwegt würgen und spucken müsse, was ihn wiederum daran hindern würde, seine Verlobte zu küssen. Während des ganzen Prozesses saß er mit einem bedauernswerten Gesichtsausdruck da und spie in ein Taschentuch. Es stand außer Zweifel, dass in der Verarbeitungsanlage etwas gründlich schief gelaufen war, doch das Unternehmen weigerte sich, Schadenersatz zu leisten. Die Firma war der Ansicht, der Kläger sei keineswegs geschädigt worden – abgesehen davon seien die Körperteile des Nagers sterilisiert worden und würden in manchen Weltgegenden gar als Delikatesse gelten! Obwohl es mich nervös machte, vor einer Jury zu stehen und diesen Fall »ernsthaft« zu präsentieren, konnte ich die Geschworenen für die Argumentation meines Klienten gewinnen. Am Ende war ich aber doch erleichtert, dass sie dem Kläger nur einen nominellen Schadenersatz zuerkannten. Noch Jahre später zog mich Bill mit dem Fall des »Rattenhinterns« auf und machte den Kläger nach, der seine Verlobte nicht mehr küssen konnte, weil er ständig spucken musste.

Als Anwältin bei der Kanzlei Rose konnte ich aber auch meinen Kampf für die Rechte des Kindes fortsetzen. Beryl Anthony, ein Rechtsanwalt aus El Dorado, bat mich, ihn bei der Vertretung eines Paares zu unterstützen, das ein Pflegekind, das seit zweieinhalb Jahren bei ihm lebte, adoptieren wollte. Das Department of Human Services von Arkansas hielt an dem Grundsatz fest, Pflegeeltern keine Adoption ihrer Schutzbefohlenen zu gestatten. Gegen denselben Grundsatz hatte ich bereits als Studentin in Connecticut gekämpft. Beryl, der mit Vinces Schwester Sheila verheiratet war, hatte von seinem Schwager gehört, dass ich an solchen Fällen interessiert war. Unsere Klienten, ein Aktienhändler und seine Frau, verfügten über ausreichende Mittel, um die Behörden herauszufordern. Glücklicherweise hatte das Department of Human Services von Arkansas eigene Rechtsanwälte, weshalb ich keine Konfrontation mit dem Generalstaatsanwalt befürchten musste.

Beryl und ich riefen Experten in den Zeugenstand, die die Entwicklung des Kindes beurteilten und überzeugten den Richter davon, dass der von den Pflegeeltern unterzeichnete Verzicht auf jeden Adoptionsanspruch keine Gültigkeit haben konnte, wenn er den Interessen des Kindes widersprach. Da der Bundesstaat die Entscheidung nicht anfocht, gelang es uns allerdings nicht, das offizielle Verfahren zur Unterbringung von Pflegekindern zu ändern. Unser Sieg schuf aber immerhin einen Präzedenzfall, den Arkansas schließlich berücksichtigte.

Dieser und andere Fälle überzeugten mich von der Notwendigkeit, dass Arkansas eine staatliche Einrichtung brauchte, die für die Rechte und Interessen von Kindern eintrat. Dr. Bettye Caldwell, eine international angesehene Professorin für Entwicklungspsychologie an der University of Arkansas in Little Rock, wusste von meiner Arbeit und forderte mich nach diesem Prozess auf, mit ihr und einigen anderen eine Gruppe zu gründen, die den Status des Kindes verbessern sollte. Wir bildeten die Organisation Arkansas Advocates for Children and Families, die sich für Reformen im Fürsorgesystem einsetzte und heute noch für die Rechte des Kindes kämpft.

Während ich für die Kanzlei Prozesse vorbereitete und mich nebenher ehrenamtlich für Kinder einsetzte, lernte ich mehr über die unausgesprochenen Regeln, die im Süden für die Frau eines gewählten Amtsträgers galten. Barbara, die Ehefrau des neu gewählten Gouverneurs David Pryor, hatte sich beißender Kritik ausgesetzt, weil ihre neue lockige Frisur ein wenig an den Afrolook erinnerte. Ich mochte Barbara und hielt die öffentliche Aufmerksamkeit, die ihrem Haarschnitt zuteil wurde, für lächerlich. (Wie ahnungslos ich war!) Ich nahm an, sie habe als viel beschäftigte Mutter von drei Söhnen nach einer praktischen Frisur gesucht. In einem Anflug von Solidarität entschloss ich mich, mein widerborstiges glattes Haar mit einer Dauerwelle zu bändigen, die, so meine Hoffnung, Barbaras Frisur ähneln würde. Um die angestrebte Wirkung zu erzielen, musste ich mir die Dauerwelle zweimal machen lassen. Als ich mit gekräuseltem Haar zu Hause auftauchte, schüttelte Bill nur verständnislos den Kopf und fragte, warum ich meine schönen langen Haare abgeschnitten und »so fürchterlich durcheinander gebracht« habe.

Wie sehr in Arkansas auf das Einhalten gesellschaftlicher Normen geachtet wurde, konnte ich auch bei alltäglichen Dingen erfahren. Vince, Webb und ich gingen in der Mittagspause häufig gemeinsam essen, vornehmlich in das italienische Restaurant The Villa. Es war eines jener Lokale unweit der Universität, in denen karierte Decken auf den Tischen lagen und Chianti-Flaschen als Kerzenhalter dienten. Dort konnten wir dem üblichen Auftrieb der Geschäftsleute aus dem Weg gehen und Geschichten über die Schlachten austauschen, die wir im Justizsystem von Arkansas auszutragen hatten. Oder wir sprachen einfach über unsere Familien, was für manche Leute ebenfalls skandalös war, denn in Little Rock war es zu jener Zeit verpönt, dass Frauen mit Männern essen gingen, mit denen sie nicht verlobt oder verheiratet waren. Und als Frau eines Politikers und als Prozessanwältin war ich natürlich eine beliebte Zielscheibe für Spott, auch wenn ich damals noch nicht überall erkannt wurde.

Einmal charterte ich gemeinsam mit einem anderen Anwalt ein kleines Flugzeug, um nach Harrison zu fliegen, wo wir einen Termin vor Gericht hatten. Nach der Landung mussten wir feststellen, dass es keine Taxis gab. Ich ging zu einer Gruppe von Männern hinüber, die bei einem Hangar herumstanden. »Fährt jemand von Ihnen zufällig nach Harrison?«, fragte ich. »Wir müssen zum Gericht.«

Ohne sich umzudrehen, sagte einer der Männer: »Ich kann Sie mitnehmen.« Der Mann hatte einen alten Laster, der mit Werkzeug voll gestopft war. Wir quetschten uns zu dritt auf die Vorderbank und fuhren los. Aus dem Radio dröhnte Musik und als die Zeit für die Nachrichten gekommen war, sagte der Sprecher: »Generalstaatsanwalt Bill Clinton kündigte heute an, gegen den Richter XY eine Untersuchung wegen Fehlverhaltens im Amt einzuleiten ...« Der Fahrer rief aus: »Bill Clinton! Kennen Sie diesen Hurensohn Bill Clinton?«

Ich musste mir das Lachen verbeißen und sagte: »Ja, ich kenne ihn. Ich bin mit ihm verheiratet.«

»Sie sind mit Bill Clinton verheiratet? Nun, er ist mein Lieblingshurensohn, und ich bin sein Pilot!«

Erst in diesem Augenblick bemerkte ich, dass der Mann eine schwarze Augenklappe trug. Sein Name war One-Eyed Jay, und Bill war tatsächlich mit ihm in kleinen Flugzeugen kreuz und quer durch den Staat geflogen. Nun hoffte ich nur, dass One-Eyed Jay ebenso gut Auto fuhr wie er flog. Ich war erleichtert, als er uns unversehrt, wenn auch ein wenig durchgerüttelt vor dem Gerichtsgebäude absetzte.

Die Jahre 1978 bis 1980 zählten zu den schwierigsten, aufregendsten und bewegendsten meines Lebens. Nachdem wir so häufig darüber gesprochen hatten, wie Bill die Lebensbedingungen in Arkansas verbessern konnte, erhielt er endlich die Chance dazu: 1978 wurde er zum Gouverneur gewählt. Bill begann seine zweijährige Amtszeit mit der Energie eines Rennpferds, das endlich aus der Startbox gelassen wird. Er hatte dutzende Wahlversprechen abgegeben und wollte sie unverzüglich einlösen. Innerhalb kürzester Zeit ließ er jedem Abgeordneten ein dickes Buch aushändigen, das einen detaillierten Budgetplan enthielt, und ergriff Maßnahmen, um ein neues Ministerium für wirtschaftliche Entwicklung zu schaffen, die Gesundheitsfürsorge für die ländliche Bevölkerung zu reformieren, das mangelhafte Bildungssystem von Arkansas neu zu gestalten und die miserablen Autobahnen instand zu setzen. Um diese Vorhaben, insbesondere die Infrastrukturverbesserungen, finanzieren zu können, mussten die Einnahmen der öffentlichen Hand erhöht werden. Das bedeutete Steuererhöhungen. Bill und seine Berater glaubten, für bessere Straßen würden die Bürger eine Erhöhung der Zulassungssteuer akzeptieren. Doch das sollte sich als gravierender Trugschluss erweisen.

In der Zwischenzeit lernte ich, mich den vielen Herausforderungen meines neuen Lebens in der Öffentlichkeit anzupassen. Im Jahr 1979 wurde ich Partner der Rose Law Firm und widmete meiner Arbeit so viel Energie wie möglich. Bei gesellschaftlichen Anlässen in der Gouverneursresidenz fungierte ich als Gastgeberin oder stand Sitzungen des beratenden Ausschusses für das ländliche Gesundheitswesen vor und reiste alle paar Monate nach Washington, um den Vorsitz des Children's Defense Fund zu führen. Darüber hinaus hatte mich Präsident Carter ins Leitungsgremium der Legal Services Corporation berufen. In dieser Bundeseinrichtung ohne Gewinnzweck, die der Kongress und Präsident Nixon geschaffen hatten, um die Rechtshilfe für mittellose Personen zu finanzieren, arbeitete ich mit Mickey Kantor zusammen, einem ehemaligen Anwalt des Rechtshilfedienstes für benachteiligte Gruppen. Er wurde später Anwalt in Los Angeles und leitete Bills Präsidentschaftswahlkampf 1992.

Als wären dies noch nicht genug Aufgaben gewesen, wollten Bill und ich auch noch ein Kind haben. Wir lieben beide Kinder und wussten wie alle zukünftigen Eltern, dass es nie einen »geeigneten« Zeitpunkt für die Gründung einer Familie gibt. Bills erste Amtszeit als Gouverneur schien für dieses Vorhaben so ungeeignet wie jeder andere Moment in unserem Leben. Unsere Bemühungen waren allerdings erst auf einer Urlaubsreise auf den Bermudas von Erfolg gekrönt, was einmal mehr beweist, wie wichtig regelmäßige Ferien sind.

Zurück in Little Rock überredete ich Bill, mit mir einen Lamaze-Geburtsvorbereitungskurs zu besuchen. Diese Kurse waren damals so neu, dass sich viele Leute wunderten, warum der Gouverneur »unser Baby zur Welt bringen wollte«. Ich war etwa im siebten Monat schwanger, als ich gemeinsam mit Gaston Williamson, dem Leiter unserer Abteilung Steuer- und Immobilienrecht, einen Prozess führen sollte. Wir plauderten mit dem Richter, und ich erwähnte, dass Bill und ich jeden Samstagmorgen an einem Geburtshilfekurs teilnahmen. »Was?«, platzte der Richter heraus. »Ich habe Ihren Ehemann stets unterstützt. Aber ich glaube nicht, dass ein Mann etwas bei der Geburt eines Kindes zu suchen hat!«

Etwa um dieselbe Zeit, im Januar 1980, plante das Kinderkrankenhaus von Arkansas, Schuldverschreibungen zu begeben, um den Bau eines großen Erweiterungstrakts zu finanzieren. Das Krankenhaus benötigte dafür ein gutes Kreditrating. Dr. Betty Lowe, die medizinische Leiterin des Krankenhauses und spätere Kinderärztin von Chelsea, fragte mich, ob ich mich einer Gruppe von Treuhändern und Ärzten anschließen wolle, die das Krankenhaus vor den Ratingagenturen in New York City vertreten sollten. Obwohl ich mittlerweile so kugelrund war, dass ich kaum noch gehen konnte, schloss ich mich der Expedition an. Betty erzählte noch Jahre später jedem, der es hören wollte, die Agenturen hätten ihren Plänen nur zugestimmt, um die hochschwangere Frau eines Gouverneurs wieder loszuwerden, bevor sie in einem ihrer Büros niederkam.

Da der Geburtstermin im März immer näher rückte, verbot mir mein Arzt das Reisen, was bedeutete, dass ich auf das jährliche Dinner für die Gouverneure im Weißen Haus verzichten musste. Bill kehrte am Mittwoch, dem 27. Februar, nach Little Rock zurück, gerade noch rechtzeitig, um das Platzen der Fruchtblase mitzuerleben, was ihn und die Staatspolizisten in Panik versetzte. Bill rannte mit der Lamaze-Liste herum, um alles einzusammeln, was wir für das Krankenhaus benötigten. Zu den Gegenständen auf dieser Liste zählte auch eine kleine, mit Eis gefüllte Plastiktüte, an der die Mutter während der Wehen lutschen sollte. Als ich mich zum Auto schleppte, sah ich, wie ein Polizist einen mit hundert Kilo Eis gefüllten schwarzen Müllsack in den Kofferraum wuchtete.

Bald nachdem wir im Krankenhaus eingetroffen waren, stellte sich heraus, dass das Baby mit Kaiserschnitt geholt werden musste. Bill bestand darauf, mich in den Operationssaal zu begleiten – ein Novum. Er erklärte den Angestellten, dass er einige Operationen seiner Mutter erlebt habe und keineswegs umfallen werde. Die Tatsache, dass er der Gouverneur war, half sicherlich, das Baptist Hospital zum Nachgeben zu bewegen. Kurze Zeit später änderte die Klinik ihre Vorschriften und erlaubte es werdenden Vätern, bei einem Kaiserschnitt dabei zu sein.

Die Geburt unserer Tochter war die wunderbarste und beeindruckendste Erfahrung in meinem Leben. Chelsea Victoria Clinton erblickte am 27. Februar 1980 um 23.24 Uhr, drei Wochen vor dem vorgesehenen Geburtstermin, das Licht der Welt; um ein Haar wäre sie ein Schaltjahrkind geworden. Während ich mich von der Geburt erholte, nahm Bill unsere Tochter auf den Arm, drehte einige Runden durch das Krankenhaus und knüpfte erste Bande zwischen Vater und Tochter. Er sang für sie, wiegte sie, zeigte sie herum und brüstete sich ganz allgemein damit, soeben die Vaterschaft erfunden zu haben.

Chelsea hat von uns zahlreiche Geschichten aus ihrer Kindheit gehört: Sie weiß, dass sie ihren Namen Judy Collins' Version von Joni Mitchells Lied »Chelsea Morning« verdankt, das Bill und ich gehört hatten, als wir 1978 während unserer wunderbaren Weihnachtsferien durch den Londoner Bezirk Chelsea schlenderten. Bill sagte damals: »Wenn wir je eine Tochter bekommen, sollten wir sie Chelsea nennen.«

Chelsea weiß, welche Ehrfurcht mir ihre Geburt einflößte, und sie weiß, dass sie auch durch unermüdliches Wiegen kaum zu beruhigen war, wenn sie schrie. Und sie weiß auch, welche Worte ich zu ihr sagte, wenn ich nicht mehr weiter wusste: »Chelsea, dies ist für uns beide neu. Ich bin nie zuvor Mutter gewesen, und du warst nie zuvor ein Baby. Wir müssen einander helfen, um es so gut wie möglich zu machen.«

Am Morgen nach Chelseas Geburt rief mich Joe Giroir an, ein Partner aus der Kanzlei, und fragte mich, ob er mich ins Büro mitnehmen solle. Ein kleiner Scherz, doch bis dahin hatte ich meine Partner tatsächlich nicht dazu bewegen können, mir einen Karenzurlaub zuzugestehen. Sie hatten während der letzten Wochen meiner Schwangerschaft lediglich den Blick abgewendet und über alles andere als über meine Pläne für die Mutterschaft geredet. Doch als Chelsea auf der Welt war, versicherten sie mir, ich könne mir so viel Zeit nehmen, wie ich benötigte.

Ich war vier Monate von der Ganztagsarbeit freigestellt und konnte mich zu Hause um unsere Tochter kümmern. Zwar erhielt ich weiterhin mein Grundgehalt, da ich Partner war, doch mein Einkommen hing von den Honoraren ab, die in dieser Zeit selbstverständlich sanken. Ich hatte großes Glück, mich ohne wirtschaftliche Sorgen um mein Kind kümmern zu können, und diese Erfahrung lehrte Bill und mich, wie wichtig ein – nach Möglichkeit bezahlter – Karenzurlaub für Mütter ist. Alle Eltern sollten die Chance haben, mit ihren neugeborenen Kindern zu Hause zu bleiben. Wir waren uns einig, dass auch dafür gesorgt werden musste, dass die Kinder nach der Rückkehr der Eltern an den Arbeitsplatz angemessen untergebracht waren.

Im Gouverneurssitz genossen wir natürlich ausreichende Unterstützung bei der Betreuung von Chelsea. Eliza Ashley, die wunderbare Köchin, die seit Jahrzehnten in der Residenz arbeitete, betätigte sich als Babysitterin und war begeistert, ein Kind im Haus zu haben. Carolyn Huber, die wir von der Anwaltsfirma Rose abgeworben hatten, damit sie in Bills erster Amtszeit die Gouverneursresidenz leitete, wurde zu einem Familienmitglied, dessen Unterstützung unbezahlbar war. Chelsea hielt sie für eine Tante. Doch ich betrachtete keine dieser Segnungen als selbstverständlich. In dem Augenblick, als Bill und ich uns zur Gründung einer Familie entschlossen hatten, hatte ich begonnen, für unsere Zukunft vorzusorgen.

Geld hatte für Bill nie eine große Bedeutung. Er sträubte sich zwar nicht dagegen, Geld zu verdienen oder Besitz zu erwerben, doch diese Dinge waren nie vorrangig für ihn. Er war glücklich, wenn er genug Geld für Bücher, für Kino- und Restaurantbesuche hatte und hin und wieder eine Reise machen konnte. Es war auch gut, dass er keine hohen Ansprüche hatte, denn als Gouverneur von Arkansas verdiente er nie mehr als 35 000 Dollar im Jahr. In Arkansas war das ein gutes Einkommen, zumal wir in der Gouverneursresidenz wohnten und die Lebenshaltungskosten Teil der Dienstausgaben waren. Doch da die Politik ein sehr unsicherer Beruf ist, glaubte ich, für unsere Zukunft vorsorgen zu müssen.

Ich bin sicher, dass ich diese Sorge von meinem notorisch sparsamen Vater geerbt habe, der sein Geld gut investierte, seinen Kindern die Universitätsausbildung bezahlte und ohne finanzielles Kopfzerbrechen in den Ruhestand gehen konnte. Bereits als Schulkind hatte ich von meinem Vater gelernt, die Entwicklung der Börse zu verfolgen, und musste mir Vorträge darüber anhören, dass »das Geld nicht auf den Bäumen wächst« und dass man nur durch harte Arbeit, Sparsamkeit und umsichtige Investitionen finanziell unabhängig werden konnte. Trotz dieser Erziehung hatte ich kaum je einen Gedanken daran verschwendet, Geld zu sparen oder anzulegen, bis mir bewusst wurde, dass es hauptsächlich in meiner Verantwortung lag, dafür zu sorgen, dass unsere wachsende Familie in Zukunft keine finanziellen Probleme haben würde. Also begann ich mich nach Anlagemöglichkeiten umzusehen, die ich mir leisten konnte. Zum Glück war der Ehemann meiner Freundin Diane Blair damit vertraut und bereit, seine Kenntnisse mit mir zu teilen.

Mit seinem silbernen Haar, seinem massigen Körper und seiner langsamen Redeweise war Jim Blair eine imposante Erscheinung. Er war ein außergewöhnlich guter Rechtsanwalt, zu dessen Klienten der riesige Geflügelproduzent Tyson's Foods zählte. Jim war auch ein Mann mit politischen Überzeugungen: Er setzte sich für die Bürgerrechte und gegen den Vietnamkrieg ein und unterstützte – gegen den politischen Strom – die Senatoren Fulbright und McGovern. Er war ein warmherziger Mensch mit einem schelmischen Humor. In Diane hatte er eine Seelenverwandte gefunden. Bill hatte 1979 ihre Hochzeitszeremonie geleitet, ich war Trauzeugin.

Die Warenbörsen von Arkansas erlebten Ende der siebziger Jahre einen Boom, und Jim hatte ein System ausgeklügelt, mit dem er ein Vermögen verdiente. 1978 hatten sich seine Geschäfte so gut entwickelt, dass er seine Familie und seine besten Freunde ermutigte, ebenfalls in den Markt einzusteigen. Ich war bereit, 1000 Dollar zu riskieren, und überließ es Jim, meine Investments über einen Broker mit dem klingenden Namen Robert »Red« Bone abzuwickeln. Red war passenderweise ein ehemaliger Pokerspieler. Die Warenbörse ist nicht mit der Aktienbörse zu vergleichen, sondern hat mehr mit Las Vegas als mit der Wall Street gemein. Die Investoren kaufen so genannte Futures, das heißt, sie erwerben das Recht, bestimmte Waren – zum Beispiel Mehl, Kaffee oder Rinderhälften – zu einem bestimmten Zeitpunkt in der Zukunft zum im Augenblick des Kaufs festgelegten Preis zu kaufen. Steigt der Preis dieser Waren bis zu dem Moment, in dem der Investor sie kauft und anschließend wieder verkauft, so verdient er Geld. Manchmal auch sehr viel Geld, denn mit jedem Dollar kann ein Vielfaches an Futures gekauft werden. Preisschwankungen von wenigen Cent werden durch die riesigen Mengen vervielfacht. Kommt es jedoch zu einem Preisrückgang, weil der Markt mit Rinderhälften oder Getreide überschwemmt wird, so verliert der Investor Geld, da er die Ware trotzdem zum zuvor fixierten höheren Preis kaufen und unter diesem Kaufpreis abstoßen muss.

Ich tat mein Bestes, um mich mit der Funktionsweise von Rinder-Futures und Nachschussforderungen vertraut zu machen. Im Lauf der Monate gewann und verlor ich Geld, verfolgte das Marktgeschehen genau und legte langsam meine Furcht vor diesem Business ab. Doch als ich im Jahr 1979 erfuhr, dass ich tatsächlich schwanger war, hatte ich bald keine Nerven mehr für diese Art des Glücksspiels. Meine Spekulationsgewinne, die ich bislang meist weiter investiert hatte, konnten wir nun für die Ausbildung unseres Kindes verwenden. Also erhob ich mich vom Spieltisch – um 100 000 Dollar reicher. Jim Blair und seine Mitspieler blieben länger im Markt und verloren viel Geld, als die amerikanische Wirtschaft in die Krise schlitterte.

Die hohe Rendite, die ich mit meinen Investitionen erzielt hatte, wurde nach Bills Wahl zum Präsidenten genau unter die Lupe genommen, obwohl sie nie Gegenstand einer ernsthaften Untersuchung wurde. Der einzig zulässige Schluss lautete, dass ich wie viele andere Investoren zu jener Zeit einfach Glück gehabt hatte. Mit einem anderen Investment, auf das wir uns zu jener Zeit einließen, hatten Bill und ich allerdings weniger Glück. Nicht nur, dass wir mit einem Grundstück namens Whitewater Estates Geld verloren, diese Investition sollte 15 Jahre später auch eine Untersuchung auslösen, die Bills Präsidentschaft in Gefahr brachte.

Die Geschichte begann im Frühjahr 1978, als ein Geschäftsmann und langjähriger Politiker namens Jim McDougal an Bill herantrat, um ihm ein bombensicheres Geschäft vorzuschlagen: Bill und ich sollten gemeinsam mit Jim und seiner Frau Susan eine Partnerschaft gründen und am Südufer des White River im Norden von Arkansas einen unerschlossenen Grund mit einer Fläche von achtzig Hektar erwerben. Geplant war, dieses Areal in Parzellen für Sommerhäuser zu unterteilen und anschließend mit Gewinn wieder zu verkaufen. Der Grund kostete 202 611,20 Dollar.

Bill hatte McDougal 1968 als 21-jähriger Sommerpraktikant kennen gelernt, als McDougal in Senator J. William Fullbrights Büro in Arkansas gearbeitet hatte. Jim McDougal war eine schillernde Persönlichkeit: Wenn dieser charmante, geistreiche und ungemein exzentrische Mann in einem weißen Anzug aus seinem himmelblauen Bentley stieg, konnte man meinen, er sei einem Stück von Tennessee Williams entsprungen. Doch trotz seiner ausgefallenen Gewohnheiten genoss er einen guten Ruf. Er schien in Arkansas mit aller Welt Geschäfte zu machen, darunter auch mit dem angesehenen William Fullbright, dem er geholfen hatte, ein Vermögen mit Immobilien zu verdienen. Diese Referenzen überzeugten uns, zumal Bill ein Jahr zuvor eine kleine Immobilieninvestition mit McDougal durchgeführt hatte, die einen schönen Gewinn abgeworfen hatte.

Die Ozarks im Norden von Arkansas erlebten zu jener Zeit einen Bauboom, da zahlreiche Leute aus Chicago und Detroit dort ihren Zweitwohnsitz errichteten. Die Gegend hat einiges zu bieten: eine reizende bewaldete Hügellandschaft, die von Bergen umgeben und mit Seen und Flüssen gespickt ist, von denen einige zu den besten Angel- und Raftinggewässern des Landes zählen. Zudem waren die Grundsteuern niedrig. Wir nahmen also Bankkredite auf, um das Gelände zu kaufen, und übertrugen den Besitz auf die Whitewater Development Company, an der wir und die McDougals zu gleichen Teilen beteiligt waren. Bill und ich betrachteten uns als passive Investoren, während Jim und Susan das Projekt leiten sollten. Sobald der Verkauf der Grundstücke einmal ins Rollen gekommen war, sollte sich das Geschäft selbst finanzieren.

Als die Erschließung genehmigt war und die Grundstücke zum Verkauf bereitstanden, waren unglücklicherweise die Zinsen explodiert. Bis zum Ende des Jahrzehnts stiegen sie auf beinahe zwanzig Prozent. Die Leute konnten sich den Kauf eines Zweithauses nicht mehr leisten. Anstatt mit einem gewaltigen Verlust zu verkaufen, hielten wir den Grund, nahmen einige Verbesserungen vor und bauten ein Musterhaus, während wir auf eine Erholung der wirtschaftlichen Lage hofften. In den folgenden Jahren forderte uns Jim gelegentlich auf, einen Scheck für Zinszahlungen oder Abgaben auszustellen. Was wir nicht wussten, war, dass Jim die Gelder für die Finanzierung zahlreicher dubioser Geschäfte missbrauchte. Erst nach vielen Jahren erfuhren wir, dass er ein Doppelleben führte.

1980 war ein großartiges Jahr für uns. Wir waren junge Eltern, und Bill bewarb sich um die Wiederwahl. Sein Gegner in den Vorwahlen war Monroe Schwarzlose, ein 78-jähriger Truthahnzüchter im Ruhestand, der vielen Demokraten auf dem Land aus der Seele sprach, als er die Anhebung der Zulassungssteuer kritisierte. Für ihn ein deutliches Zeichen, dass Bill »den Kontakt zu Arkansas« verloren habe. Erschwerend hinzu kam, dass Jimmy Carters Präsidentschaft in eine Krise geraten war. Die Wirtschaft entwickelte sich schlecht, da die Zinsen unaufhörlich stiegen. Die Regierung wurde von einer Reihe internationaler Krisen abgelenkt, darunter die Geiselnahme in der amerikanischen Botschaft im Iran. Einige dieser Probleme griffen im Frühjahr und im Sommer 1980 auch auf Arkansas über. Hunderte kubanische Flüchtlinge, die Castro über den Hafen Mariel hatte ausreisen lassen – darunter zahlreiche Kriminelle und Insassen psychiatrischer Kliniken –, waren in ein »Eingliederungslager« in Fort Chaffee in unserem Bundesstaat verlegt worden. Ende Mai kam es zu einer Revolte im Lager: Zahllose Flüchtlinge entwichen und machten sich auf den Weg in die nahe gelegene Ortschaft Fort Smith. Die Bezirkspolizei und die Anwohner griffen zu den Waffen und bereiteten sich auf gewalttätige Ausschreitungen vor. Zusätzlich verschlimmert wurde die Lage dadurch, dass die Armee außerhalb des Stützpunkts keine polizeilichen Befugnisse hatte. Bill schickte die Staatspolizei und die Nationalgarde, um die Kubaner zu umzingeln und die Situation in Fort Smith unter Kontrolle zu bringen. Anschließend setzte er sich in den Flieger, um die Operation persönlich zu überwachen.

Bills rasches Eingreifen rettete damals Leben und verhinderte einen Gewaltausbruch. Als ich ihn einige Tage später bei einem Kontrollbesuch begleitete, hingen an den Tankstellen immer noch Plakate, auf denen zu lesen war: »Munition ausverkauft, kommen Sie morgen wieder.« Vor den Häusern standen Schilder mit der Aufschrift »Wir schießen, um zu töten«. Ich wurde auch Zeugin einiger spannungsgeladener Sitzungen, an denen Bill, mehrere Vertreter des Weißen Hauses und der befehlshabende Offizier von Fort Chaffee, General James »Bulldog« Drummond, teilnahmen. Bill verlangte, dass die Flüchtlinge zurückgehalten würden, doch der frustrierte General erklärte, ihm seien durch einen Befehl von oben die Hände gebunden. Die Botschaft des Weißen Hauses schien zu lauten: »Beschwert euch nicht, sondern seht zu, dass ihr den Schlamassel bewältigt, den wir euch aufgehalst haben.« Genau das hatte Bill mit seinen entschlossenen Maßnahmen getan, doch er musste einen politischen Preis dafür zahlen, dass er seinem Präsidenten die Stange hielt.

Nach den Juni-Unruhen erhielt er von Präsident Carter die Zusage, dass keine weiteren Kubaner nach Arkansas geschickt würden. Im August brach das Weiße Haus dieses Versprechen, indem es die Auffanglager in Wisconsin und Pennsylvania schloss und alle dort untergebrachten Flüchtlinge nach Fort Chaffee verlegte. Dieser Kurswechsel kostete sowohl Bill als auch Carter in Arkansas weitere Stimmen.

Im Süden gibt es einen bildhaften Ausdruck, um jemanden zu beschreiben, der vollkommen vom Glück verlassen ist. Zu jener Zeit war unübersehbar geworden, dass Jimmy Carters Präsidentschaft »von einer Schlange gebissen« worden war. Es fiel uns schwer einzugestehen, dass Bill Clinton als Gouverneur dasselbe Schicksal zu erleiden schien.

Bills republikanischer Widersacher Frank White begann im Fernsehen Negativwerbung zu schalten. Ausschnitte aus Fernsehreportagen, in denen dunkelhäutige kubanische Aufrührer zu sehen waren, wurden von einem Sprecher kommentiert, der erklärte, »Jimmy Carter liegt Bill Clinton mehr am Herzen als Arkansas«. Anfangs machte ich mir keine großen Gedanken über diese Werbespots, da ich überzeugt war, die Bürger von Arkansas wüssten genau, wie gut Bill reagiert hatte. Sie würden nie glauben, dass Bill kein Interesse an ihnen habe. Doch dann bekam ich in Schul- und Bürgerversammlungen immer häufiger Fragen wie die folgenden zu hören: »Warum ließ der Gouverneur die Revolte der Kubaner zu?« »Warum liegen wir dem Gouverneur weniger am Herzen als Präsident Carter?« Diese Werbespots schienen zu fruchten. Sie waren Teil eines strategischen Konzepts des NCPAC (National Conservative Political Action Committee), eines Komitees, das die Republikaner eigens zur Konzeption von Negativwerbung eingerichtet hatten. Im Oktober war ich fest davon überzeugt, die Umfragen, in denen Bill die Nase vorn hatte, müssten fehlerhaft sein. Ich rief Dick Morris an und fragte ihn, wie er die Entwicklung einschätze. Bill hatte bereits im erfolgreichen Wahlkampf des Jahres 1978 mit dem jungen New Yorker Meinungsforscher zusammengearbeitet. Morris erklärte mir, Bill sei in echten Schwierigkeiten und werde wahrscheinlich verlieren, wenn er keinen drastischen Kurswechsel vollziehe. Ich fühlte mich in meinen Befürchtungen bestätigt, stand im Team mit meinen Zweifeln an den für Bill vorteilhaften Umfrageergebnissen allerdings allein. Bill selbst war unsicher. Er wollte nicht öffentlich mit dem Präsidenten brechen oder die Erhöhung der Zulassungssteuer widerrufen. Er intensivierte lediglich seine Kampagne und versuchte, den Wählern seine Entscheidungen besser zu erklären.

Kurz vor der Wahl führten wir ein beunruhigendes Gespräch mit einem Offizier der Nationalgarde, der einen Teil der Truppen befehligt hatte, die die Revolte der kubanischen Flüchtlinge unter Kontrolle gebracht hatte. Er erzählte Bill, seine betagte Tante habe ihm mitgeteilt, sie werde für Frank White stimmen, weil Bill den Aufstand der Kubaner zugelassen habe. Als er seiner Tante erklärte, er wisse genau, dass Gouverneur Clinton die Revolte gestoppt habe, da er selbst dort gewesen sei, erwiderte seine Tante, das sei nicht wahr. Sie habe im Fernsehen genau gesehen, was passiert sei. Die republikanischen Wahlkampfspots übertrumpften nicht nur die Nachrichten, sondern auch den Bericht eines Augenzeugen! Dieser Wahlkampf, in dem die Fakten so auf den Kopf gestellt wurden, belegte, welchen Einfluss Negativwerbung auf die Wähler haben kann.

Am Nachmittag des Wahltags rief mich einer der Eigentümer eines örtlichen Fernsehsenders an, um mich aufzumuntern. Er erklärte mir, aus den von seinem Sender durchgeführten Wählerbefragungen gehe hervor, dass Bill gewinnen würde. Am Ende erhielt er nur 48 Prozent. Bill hatte die Wahl verloren und war am Boden zerstört. Sein Wahlkampfstab hatte eine große Hotelsuite gemietet, in der sich nun geschockte Freunde und Anhänger versammelt hatten. Bill entschloss sich, erst am folgenden Tag eine öffentliche Erklärung abzugeben, und bat mich, den Anwesenden für ihre Unterstützung zu danken und sie für den nächsten Morgen in die Gouverneursresidenz einzuladen.

Bei der Versammlung im Garten der Residenz herrschte eine Stimmung wie bei einer Totenwache. Bill hatte seine zweite Wahl verloren – erst war er als Kandidat für den Kongress gescheitert, nun musste er auch noch das Amt des Gouverneurs abgeben. Viele Beobachter fragten sich, ob er sich von diesen Niederlagen erholen würde.

Unweit unseres früheren Wohnorts Hillcrest fand ich ein altes Haus für uns. Es erstreckte sich über zwei Grundstücke und hatte ein ausgebautes Dachgeschoss, das wir als Kinderzimmer für Chelsea nutzen konnten. Da Bill und ich eine Vorliebe für alte Möbel haben, machten wir uns auf die Suche nach preisgünstigen antiken Stücken. Als Bills Mutter Virginia uns in unserem neuen Domizil besuchte, fragte sie uns, was wir nur an diesen alten Möbeln fänden. »Ich habe mein Leben lang versucht, alten Häusern und Möbeln zu entkommen.« Aber sie akzeptierte unseren Geschmack und schickte uns bereitwillig eine alte viktorianische Courting Couch mit zwei voneinander getrennten Sitzplätzen, die in ihrer Garage gestanden hatte.

Unser einziger Lichtblick in den dunklen Monaten nach der Wahl war Chelsea. Sie war sowohl für Bills als auch für meine Eltern das erste Enkelkind. Bills Mutter stellte sich mit Freude zur Verfügung, um Chelsea zu hüten. Ihren ersten Geburtstag feierte sie in unserem neuen Haus, wo sie auch gehen und sprechen lernte und ihrem Vater beibrachte, dass die gleichzeitige Bewältigung von mehreren Aufgaben nicht ganz ungefährlich ist: Eines Tages hatte Bill seine Tochter auf dem Arm, während er ein Basketballspiel im Fernsehen verfolgte, ein Telefongespräch führte und ein Kreuzworträtsel ausfüllte. Chelsea reagierte auf den Mangel an Aufmerksamkeit, indem sie ihn in die Nase biss!

Bill nahm einen Job bei der Anwaltsfirma Wright, Lindsey and Jennings in Little Rock an. Unter seinen neuen Kollegen war Bruce Lindsey, der einer der engsten Vertrauten Bills werden sollte. Gleichzeitig startete er, noch ehe der neue Gouverneur Frank White in die Residenz eingezogen war, eine inoffizielle Kampagne für seine Wiederwahl.

Mit Bills Wahl zum Gouverneur im Jahr 1978 war ich unter großen Druck geraten, mich den örtlichen Gepflogenheiten anzupassen. Als Frau des Generalstaatsanwalts hatte man es mir noch nachgesehen, dass ich mich ein wenig unkonventionell verhielt, doch als First Lady von Arkansas stand ich unvermittelt im Rampenlicht. In diesem Augenblick wurde mir klar, dass sich meine persönlichen Entscheidungen auf die politische Zukunft meines Ehemanns auswirken konnten. Ich wusste auch, dass ich meine eigenen beruflichen Interessen weiterverfolgen würde. Da ich Verwechslungen oder Interessenkonflikte mit der Karriere meines Mannes vermeiden wollte, war es für mich nahe liegend, meinen Mädchennamen auch weiterhin zu verwenden. Bill machte es nichts aus, doch für unsere Mütter war es schwer zu begreifen. Virginia weinte und meine Mutter adressierte ihre Briefe fortan an »Mr. und Mrs. Bill Clinton«.

Meine Eltern hatten mich dazu erzogen, nicht auf die Kleidung oder den Titel eines Menschen, sondern auf seine Persönlichkeit zu achten. Und da Äußerlichkeiten für mich wenig Bedeutung hatten, war ich überrascht, dass sie für andere Menschen sehr wohl sehr wichtig sein konnten. Denn ich musste die schmerzhafte Erfahrung machen, dass es einige Wähler in Arkansas als sehr anstößig empfanden, dass ich meinen Mädchennamen beibehalten hatte. Dies war eine persönliche Entscheidung gewesen, eine (in meinen Augen) kleine Geste, mit der ich zeigen wollte, dass ich meine eigene Identität bewahren wollte. Zudem hielt ich es für eine praktische Entscheidung. Zum Zeitpunkt unserer Hochzeit unterrichtete ich, führte Prozesse, veröffentlichte Artikel und hielt Vorträge – alles unter dem Namen Hillary Rodham. Einmal verdankte ich der Tatsache, dass ich meinen Mädchennamen beibehalten hatte, sogar den Erfolg in einem Prozess. Ich half Phil Carroll bei der Verteidigung eines Unternehmens, das imprägnierte Holzstämme verkaufte und auf dem Schienenweg zum Bestimmungsort transportierte. Bei der Entladung einer Lieferung hatten sich einige Stämme aus den Halterungen gelöst und mehrere Arbeiter verletzt. Der Prozess wurde von einem Richter geleitet, dem ein Verfahren wegen Fehlverhaltens im Amt – wegen übermäßigem Alkoholgenuss – drohte. Die gerichtliche Untersuchung fiel in den Verantwortungsbereich des Generalstaatsanwalts – und oblag damit zu jener Zeit meinem Ehemann. Der Richter, der mich als »Miss Rodham« kannte, schenkte mir beträchtliche Aufmerksamkeit und machte wiederholt Komplimente wie »Sie sehen heute sehr hübsch aus« oder »Kommen Sie ein wenig näher, damit ich Sie mir genau ansehen kann«.

Nachdem beide Parteien ihre Standpunkte dargelegt hatten, stellte Phil einen Antrag auf Freispruch, da das Holzunternehmen nicht für den Unfall verantwortlich gemacht werden konnte. Der Richter folgte unserer Argumentation. Einige Tage später rief mich Winslow Drummond an, einer der Anwälte der gegnerischen Partei, und erzählte mir, was geschehen war, während sich die Jury beraten hatte. Der Richter hatte sich über den Generalstaatsanwalt Bill Clinton beklagt, von dem er sich ungerecht behandelt fühlte. Schließlich hatte ihn jemand mit der Frage unterbrochen: »Herr Richter, kennen Sie die Anwältin Hillary Rodham, die Phil Carroll begleitet hat? Das ist Clintons Ehefrau.«

»Verdammt!«, rief der Richter aus. »Hätte ich das gewusst, hätte ich anders entschieden!«

Im Winter nach Bills Wahlniederlage besuchten mich einige Freunde, um mir nahe zu legen, den Nachnamen »Clinton« anzunehmen. Ann Henry erklärte mir, einige Leute seien ein wenig vor den Kopf gestoßen gewesen, als sie Einladungen in die Gouverneursresidenz von »Gouverneur Bill Clinton und Hillary Rodham« erhalten hatten. Chelseas Geburtsanzeige, die denselben Makel aufwies, hatte anscheinend im ganzen Staat Diskussionen ausgelöst. Die Bevölkerung von Arkansas reagierte dabei ganz ähnlich auf mich wie meine Schwiegermutter bei unserer ersten Begegnung: Meine Kleidung, mein für eine Nordstaatlerin typisches Benehmen und mein Festhalten an meinem Mädchennamen waren unpassend. Unser Freund Jim Blair entwarf ein buntes Szenario für eine Zeremonie auf den Stufen des Kapitols, in der mir Bill den Fuß auf die Kehle setzen, mich an den Haaren packen und etwa Folgendes sagen sollte: »Frau, du wirst meinen Familiennamen annehmen und Schluss!« Jim schwebte vor, dass anschließend Flaggen geschwenkt und Hymnen gesungen werden sollten, während ich meinen Namen änderte.

Auch Vernon Jordan, der zu einem Vortrag in der Stadt weilte, drängte mich, das Richtige zu tun und Bills Familiennamen anzunehmen. Er erschien morgens um halb sieben zum Frühstück, setzte sich in unserer kleinen Küche auf einen zu kleinen Stuhl, aß Unmengen Haferflocken und redete unablässig auf mich ein. Der Einzige, der mich nie um eine Namensänderung bat, war mein Ehemann. Er erklärte, diese Entscheidung sei mir überlassen. Außerdem glaube er nicht, dass seine politische Zukunft von meinem Namen abhinge.

Ich gelangte allerdings zu dem Schluss, dass Bills Rückkehr in die Gouverneursresidenz wichtiger war als mein Mädchenname. Als Bill ankündigte, sich erneut um das Amt zu bewerben, begann ich, mich Hillary Rodham Clinton zu nennen.

Der Wahlkampf im Jahr 1982 war ein Familienausflug der ungewöhnlichen Art. Wir luden Chelsea, Windeln und alles andere Babyzubehör in einen großen Wagen und fuhren kreuz und quer durch den Staat. Am Steuer saß Jimmy Red Jones, ein wahrer Freund. Wir begannen unsere Tour im Süden, wo der Frühling schon die Kiefern zur Blüte gebracht hatte, und beendeten sie in einem Schneesturm in Fayetteville. Wir hielten bei Läden und Grillrestaurants und besuchten ländliche Viehauktionen. Auf diesen Reisen lernt man viel über die menschliche Natur, einschließlich der eigenen.

Nach der Wahl kehrte ein demütiger und reiferer Gouverneur Bill Clinton in das State House zurück. Bill war entschlossen, in den folgenden zwei Jahren seiner Amtszeit so viele Vorhaben wie möglich durchzusetzen. Und es gab viel zu tun. Arkansas war ein sehr armer Staat, der in vielen Statistiken den letzten oder vorletzten Rang belegte. So etwa beim Anteil der Personen mit einem Hochschulabschluss oder beim Pro-Kopf-Einkommen. In Bills erster Amtszeit hatten wir die Reform des Gesundheitswesens in Angriff genommen; gegen den Widerstand der Medical Society war es uns gelungen, ein Netz von Kliniken aufzubauen und die Zahl der Ärzte, Krankenschwestern und Hebammen in den ländlichen Gebieten zu erhöhen. Für die neue Amtszeit hatte sich Bill vorgenommen, das Bildungssystem zu reformieren – sonst würde Arkansas nie Fortschritte machen. Er kündigte die Gründung einer Kom-

mission an, die Empfehlungen für eine umfassende Bildungsreform abgeben sollte und übertrug mir den Vorsitz des so
genannten Education Standards Committee. Niemand hielt
dies für eine gute Idee, ich selbst eingeschlossen. Doch Bill ließ
sich nicht davon abbringen. »Versuch, es gelassen zu nehmen«,
sagte er. »Wenn du Erfolg hast, werden unsere Freunde klagen, dass du noch mehr hättest erreichen können. Unsere Feinde werden sagen, du hättest zu viel getan. Erreichst du nichts,
werden unsere Freunde sagen, du hättest dir das nie aufhalsen
sollen. Und unsere Feinde werden sagen: ›Seht ihr, sie konnte
nichts bewältigen!‹« Schließlich gab ich nach.

Die Reform des Bildungssystems musste mit Steuererhöhungen finanziert werden – eine unpopuläre Maßnahme, politisch nicht ohne Risiko. Das 15-köpfige Komitee empfahl, die
Schüler genormten Tests zu unterziehen, und in der achten
Klasse eine Abschlussprüfung einzuführen. Der wichtigste
Punkt des Reformvorschlags war eine verpflichtende Prüfung
für Lehrer. Dies löste den erbitterten Widerstand der Lehrergewerkschaft aus und stieß bei Bürgerrechtsgruppen und anderen Organisationen, auf deren Unterstützung die Demokratische Partei in Arkansas angewiesen war, auf Kritik. Doch
wir waren der Ansicht, dass kein Weg um diese Prüfung herumführte. Wie konnte man von den Kindern gute Leistungen verlangen, wenn viele ihrer Lehrer den Aufgaben nicht
gewachsen waren? Die Debatte wurde so erbittert geführt,
dass sich der Bibliothekar einer Schule zu der Aussage ver-
stieg, ich krieche »tiefer als eine Schlange«. Derartige Attacken waren verletzend, aber ich versuchte, mir stets vor Augen
zu halten, dass sie nicht meiner Person, sondern meiner Tätigkeit galten.

Als wir versuchten, das Parlament zur Verabschiedung des
Reformpakets zu bewegen, kam es zu einem heftigen Kampf
zwischen den Interessengruppen, der sich lange hinzog. Die
Lehrer fürchteten um ihre Arbeitsplätze. Die Abgeordneten aus
ländlichen Wahlbezirken meinten, die Reform werde zu Las-
ten der kleinen Schulbezirke gehen. In dieser aufgeladenen
Atmosphäre trat ich während einer gemeinsamen Sitzung des
Repräsentantenhauses und des Senats von Arkansas vor das

Plenum und hielt eine flammende Rede, in der ich die Reform verteidigte. Ich wusste, dass das Reden in der Öffentlichkeit seit jeher zu meinen Stärken zählt, war aber dennoch ein wenig überrascht, als Lloyd George, ein republikanischer Abgeordneter des ländlichen Yell County, nach meiner Rede den Abgeordneten zurief: »Kollegen, es hat den Anschein, als hätten wir den falschen Clinton gewählt!«

Diese Bemerkung löste allgemeine Erheiterung aus. Für mich war dieser amüsante Vorfall ein weiteres Beispiel für ein Phänomen, das ich gern mit »Syndrom des sprechenden Hundes« bezeichne. Noch heute verblüfft es manche Menschen über alle Maßen, eine Frau zu sehen (einschließlich Gouverneursgattinnen, Unternehmensleiterinnen, Sportstars und Rocksängerinnen), die unter Druck ihren Mann stehen kann und sich als wortgewandt und kenntnisreich erweist. Der Hund kann sprechen! Tatsächlich ist es sogar von Nutzen, wenn man von den Leuten, die man überzeugen soll, anfangs unterschätzt wird. Nebenbei bemerkt wäre ich auch bereit gewesen, die ganze Rede zu bellen, wenn dies der Bildungsreform zum Durchbruch verholfen hätte.

Wir gewannen einige Stimmen und verloren andere, und mussten uns vor Gericht gegen die Lehrergewerkschaft durchsetzen. Doch am Ende von Bills zweiter Amtszeit war das Programm zur Hebung des Bildungsniveaus eingeleitet, zehntausende Kinder hatten bessere Möglichkeiten, ihr intellektuelles Potenzial auszuschöpfen, die Lehrer wurden Prüfungen unterzogen und erhielten eine dringend notwendige Gehaltserhöhung. Besonders erfreute mich, dass Präsident Reagans Bildungsminister Terrel Bell erklärte, der Reformplan von Arkansas sei für das ganze Land vorbildlich.

Auf den öffentlichen Erfolg folgte ein furchtbarer persönlicher Schlag. Im August 1984 wurde Bills Bruder Roger wegen des Verdachts auf Kokainbesitz und Drogenhandel verhaftet. Dass Roger in Schwierigkeiten war, hatte ich erst im Juli erfahren, als mir Bills Stabschefin Betsey Wright telefonisch mitteilte, dass Bill auf dem Weg zu mir sei. Ich saß gerade mit einigen Freunden beim Mittagessen in einem Restaurant und erhob mich nach dem Anruf vom Tisch, um draußen vor der Tür auf Bills Wagen zu warten. Bill bedeutete mir, zu ihm ins Auto zu steigen. Dort teilte er mir mit, der Chef der Staatspolizei habe ihn soeben darüber informiert, dass Roger unter Polizeibeobachtung stehe. Es gab eine Tonbandaufnahme, auf der zu hören war, wie Roger einem Informanten Drogen anbot. Der Polizeichef hatte Bill mitgeteilt, man könne Roger sofort verhaften oder weiter beschatten, um zusätzliches Belastungsmaterial sammeln und ihn unter Druck setzen zu können, damit er seinen Lieferanten nannte. Den Erkenntnissen der Polizei zufolge handelte Roger mit Kokain, um seine eigene Abhängigkeit zu finanzieren. Der Polizeichef fragte Bill, was er tun solle. Bill antwortete, es gebe keine Wahl, das Verfahren gegen Roger müsse seinen Lauf nehmen.

Bill und ich machten uns Vorwürfe, weil wir die Anzeichen von Rogers Abhängigkeit nicht gesehen hatten. Und wir machten uns Sorgen darüber, wie sehr diese Nachricht und die Tatsache, dass Bill von den Ermittlungen wusste, ihre Mutter verletzen würde. Als Roger schließlich verhaftet wurde, teilte Bill ihm und Virginia mit, dass er die Verpflichtung gehabt habe, sein Wissen zu verschweigen. Virginia war schockiert darüber, dass Bill und ich seit mehreren Wochen die schreckliche Gewissheit hatten, dass Roger ins Gefängnis gehen würde. Ich verstand ihr Leid und ihre Wut, doch ich war davon überzeugt, dass Bill das einzig Richtige getan hatte.

Roger willigte ein, sich einer Drogentherapie zu unterziehen, bevor er seine Gefängnisstrafe antrat. Im Verlauf dieser Sitzungen wurde deutlich, wie sehr er seinen Vater hasste und welche Auswirkungen dessen Gewalttätigkeit und Alkoholismus auf sein Leben hatten. Auch für Bill sollten die Leugnung und mangelnde Auseinandersetzung mit diesen Problemen in der Familie noch Konsequenzen haben.

Im Jahr 1987 begannen mehrere führende Köpfe der Demokratischen Partei, Bill zu drängen, über eine Präsidentschaftskandidatur nachzudenken. 1988 würde Ronald Reagans zweite Amtszeit enden. Bill und ich sprachen über die Möglichkeit einer Kandidatur. Es sah so aus, als würde der Vizepräsident

George Herbert Walker Bush der neue republikanische Kandidat werden. Ich war der Ansicht, dass es nicht nur schwer sein würde, Bush zu schlagen, sondern dass es auch triftige Gründe dafür gab, eine Kandidatur zu diesem Zeitpunkt abzulehnen. Bill war gerade zum vierten Mal zum Gouverneur gewählt worden, aber er hatte das Democratic Leadership Council noch nicht geleitet und eben erst den Vorsitz der Nationalen Gouverneursversammlung übernommen. Außerdem war er erst vierzig Jahre alt. Seine Mutter hatte berufliche Probleme, und Bills Bruder versuchte nach dem Ende seiner Haftzeit, sein Leben wieder in Ordnung zu bringen. Damit noch nicht genug, erlitt mein Vater einen schweren Schlaganfall, und meine Eltern zogen nach Little Rock, damit Bill und ich ihnen unter die Arme greifen konnten. Es schien einfach nicht der richtige Zeitpunkt zu sein.

Bill wusste nicht, was er tun sollte. Einmal war er völlig sicher, dass er kandidieren wollte, am nächsten Tag beschloss er, dass er definitiv nicht ins Rennen gehen würde. Schließlich überredete ich ihn, sich eine Frist zu setzen. Jeder, der Bill kennt, weiß, dass er einen fixen Termin braucht, weil er sonst nicht aufhört, pro und contra immer wieder abzuwägen. Er wählte den 14. Juli und reservierte ein Zimmer in einem Hotel, wo er seinen Entschluss bekannt geben würde – wie immer er ausfallen mochte. Einen Tag vorher kamen etliche Freunde aus dem ganzen Land nach Arkansas, um Bill zu beraten. Einige drängten ihn zu einer Kandidatur, andere meinten, es sei noch zu früh. Stundenlang analysierte Bill jedes Argument, das seine Freunde vorbrachten. Ich deutete die Tatsache, dass er weniger als 24 Stunden vor der Bekanntgabe seiner Entscheidung immer noch darüber diskutierte, dahingehend, dass er zu einer Absage tendierte, aber noch nicht bereit war, die Tür ganz zuzuschlagen.

Es wurde viel darüber geschrieben, warum er sich gegen eine Kandidatur entschied, aber letztendlich ließ es sich auf ein Wort reduzieren: Chelsea. Carl Wagner, ein langjähriger demokratischer Aktivist und Vater einer Tochter, hatte Bill gewarnt, er würde Chelsea mit einer Kandidatur zu einer »Halbwaise« machen. Mickey Kantor schlug in dieselbe Kerbe, als er mit

Bill auf der Veranda hinter der Governor's Mansion saß. Chelsea war in die Unterhaltung geplatzt und hatte ihren Vater nach unserem bevorstehenden Urlaub gefragt. Als er antwortete, er werde wahrscheinlich nicht weg können, wenn er für die Präsidentschaft kandidiere, sah Chelsea ihn traurig an und meinte: »Dann werden Mom und ich eben ohne dich fahren müssen.« In diesem Moment war Bills Entscheidung gefallen.

Zu jener Zeit begann Chelsea zu begreifen, was es bedeutete, die Tochter eines Mannes zu sein, der im Mittelpunkt des öffentlichen Interesses steht. Früher hatte sie auf die Frage, was ihr Vater arbeiten würde, immer gesagt: »Mein Daddy telefoniert, trinkt Kaffee und redet viel.« 1986 war sie alt genug gewesen, um den Wahlkampf für das Gouverneursamt bewusst verfolgen zu können. Sie konnte die Zeitungen lesen und fernsehen und war der Niedertracht ausgesetzt, zu der Politiker fähig sind. Zu Bills Widersachern zählte Orval Faubus, ein berüchtigter Ex-Gouverneur, der die Rassentrennung befürwortete und sich im Jahr 1957 Präsident Eisenhowers Anordnung widersetzt hatte, schwarzen Schülern Zugang zur Central High School von Little Rock zu gewähren. Da ich die möglichen Aussagen und Handlungen von Faubus und seinen Anhängern fürchtete, versuchten Bill und ich, Chelsea auf die Dinge vorzubereiten, die sie möglicherweise über ihre Eltern hören würde. Wir setzten uns in der Gouverneursresidenz an den Esstisch und machten Rollenspiele, in denen einer von uns einen politischen Gegner darstellte, der Bill vorwarf, ein schlechter Gouverneur zu sein. Chelsea saß mit weit aufgerissenen Augen da und konnte nicht fassen, dass jemand so böse Dinge über ihren Daddy sagen würde.

Chelsea begann, die Welt mit kritischeren Augen zu sehen – auch wenn ich mich darüber freute, fand ich diese neue Entwicklung nicht immer angenehm. Dr. Frank Kumpuris, ein ausgezeichneter Chirurg und guter Freund, hatte mich um die Weihnachtszeit eingeladen, auf Entenjagd zu gehen. Seit der Zeit am Lake Winola hatte ich nicht viel geschossen und freute mich auf den Ausflug. Bald stand ich bis zu den Hüften in eiskaltem Wasser und wartete auf die Dämmerung. Als die Sonne aufging, flog ein Entenschwarm über uns hinweg, und ich traf mit einem Glücksschuss. Zu Hause erwartete mich Chelsea mit vorwurfsvollem Blick. Sie hatte am Morgen zu ihrer Empörung erfahren, dass ich das Haus so früh verlassen hatte, um »die Mama oder den Papa eines armen kleinen Entleins zu töten«. Alle Rechtfertigungsversuche blieben fruchtlos – sie sprach den ganzen Tag nicht mit mir.

1988 bat der neue Präsidentschaftskandidat der Demokraten, Gouverneur Michael Dukakis aus Massachusetts, Bill, beim Parteikonvent in Atlanta die Nominierungsrede zu halten. Der Auftritt wurde zu einem Fiasko. Dukakis und seine Mitarbeiter hatten Bills Text eingehend geprüft und anschließend genehmigt, doch die Rede dauerte länger, als die Fernsehsender kalkuliert hatten. Die Folge war, dass einige Delegierte Bill zuriefen, er solle endlich Schluss machen. Eine Demütigung, die im ganzen Land live über den Bildschirm flimmerte. Viele Beobachter kamen zu dem Schluss, Bill werde sich nie mehr von diesem Debakel erholen. Doch acht Tage später war er in Johnny Carsons »Tonight Show« eingeladen, machte sich über sich selbst lustig, spielte Saxophon, und feierte wieder einmal ein gelungenes politisches Comeback.

Zwei Jahre später, nach Bills erneuter Wiederwahl zum Gouverneur 1990, traten abermals Demokraten aus dem ganzen Land an ihn heran, um ihm eine Präsidentschaftskandidatur nahe zu legen. Sie waren überzeugt davon, dass George H.W. Bush das Gespür für die Sorgen der meisten Amerikaner verloren habe. Obwohl 1991 nach dem ersten Golfkrieg ungemein populär, war Präsident Bush aufgrund schlechter innenpolitischer Ergebnisse, insbesondere aufgrund der schlechten Wirtschaftslage, verwundbar.

Während eines Bildungsgipfels in Charlottesville (Virginia), an dem im September 1989 alle Gouverneure teilnahmen, war mir aufgefallen, wie wenig Präsident Bush über viele der Probleme in unserem Land wusste. Da Bill damals der demokratische Vorsitzende des Gipfels für die National Governors Association war, saß ich bei einem großen Abendessen in Monticello neben Präsident Bush. Im Verlauf unseres Gesprächs über das amerikanische Gesundheitssystem sagte ich, wir hätten das beste der Welt, wenn man eine Herztransplantation brauchte, aber nicht, wenn ein Baby seinen ersten Geburtstag überleben sollte. Die Säuglingssterblichkeitsrate war damals so hoch, dass die Vereinigten Staaten unter den Industrienationen den 19. Platz belegten. Präsident Bush war konsterniert: »Sie müssen sich irren, das kann einfach nicht stimmen.«

»Doch! Ich besorge Ihnen die Statistik.«

Bush antwortete: »Danke, ich besorge sie mir selbst.«

Am nächsten Tag steckte er Bill bei einer Besprechung mit den Gouverneuren einen Zettel zu, auf dem stand: »Sagen Sie Hillary, sie hatte Recht.«

Im Juni 1991 nahm Bill an der jährlichen Bilderberg Konferenz in Europa teil, bei der Führungspersönlichkeiten aus aller Welt zusammentreffen. Nachdem er erlebt hatte, wie Vertreter der Regierung Bush ihre politischen Vorhaben erläuterten, rief er mich an, um mir zu sagen, wie sehr ihn ihre Konzepte frustriert hätten. »Das ist verrückt«, sagte er. »Sie tun nichts, um das Land auf die Zukunft vorzubereiten!«

Während unseres Telefonats wurde mir bewusst, dass Bill ernsthaft über eine Kandidatur nachdachte. Und anders als 1987 würde ich ihm diesmal auch zuraten. Er hatte sein Ansehen landesweit durch seine Arbeit in der National Governors Association verbessert, und sein Wirken in Arkansas in den Bereichen Bildung, Sozialreform und wirtschaftliche Entwicklung galt als Erfolg. Als wir im August an der jährlichen Gouverneurskonferenz in Seattle teilnahmen, überraschte es mich nicht, dass einige seiner demokratischen Kollegen ihm ihre Unterstützung zusagten, falls er kandidierte.

Nach der Konferenz machten Bill, Chelsea und ich ein paar Tage Urlaub in Victoria und Vancouver. Das beherrschende Gesprächsthema in diesem Urlaub war natürlich die Kandidatur. Bill wollte das Land für die Zukunft vorbereiten. Er wollte den Bundeshaushalt ausgleichen, und glaubte an die Notwendigkeit von Investitionen in die Bildung, in das Wirtschaftswachstum und in ein finanzierbares Gesundheitswesen. Er war sicher, dass Präsident Bush die eigentlichen Probleme des Landes nicht in Angriff nehmen würde. Wie ein erfolgreicher Wahlkampf zu führen war, wusste er auch. Was hatten wir also zu verlieren? Selbst wenn Bill nicht Präsident wurde, würde ihm die Befriedigung bleiben, es versucht zu haben – und zwar nicht nur um des Sieges willen, sondern um etwas für Amerika zu tun.

WAHLKAMPFODYSSEE

Im September 1991 erhielt ich einen guten Tipp, wie man einen Präsidentschaftswahlkampf überlebt. In der Eingangshalle des Biltmore Hotel in Los Angeles stieß ich mit Hal Bruno zusammen, einem altgedienten politischen Journalisten, der sich in der Stadt aufhielt, um sich bei der Herbstsitzung des Demokratischen Nationalkomitees die potenziellen Präsidentschaftskandidaten anzusehen.

Hal erkundigte sich, wie es mir gehe. Ich muss etwas verunsichert ausgesehen haben, als ich antwortete: »Ich weiß nicht. Das ist alles neu für mich. Haben Sie einen Rat für mich?«

»Nur einen«, sagte er. »Prüfen Sie sehr genau, wem Sie trauen können. Denn das, was Ihnen nun bevorsteht, wird anders sein als alles, was Sie bisher erlebt haben. Im Übrigen sollten Sie versuchen, die Erfahrung zu genießen!«

Es war sicher ein weiser Rat, vor den Medien auf der Hut zu sein. Doch es wäre unmöglich gewesen, ein derart komplexes Unterfangen wie einen Präsidentschaftswahlkampf zu bewältigen, ohne einer großen Zahl von Personen zu vertrauen. Zum Glück konnten Bill und ich uns nicht nur auf einen großen Freundeskreis, sondern auch auf Wahlkampfprofis stützen, die unser Vertrauen nicht enttäuschten.

Kaum hatte sich Bill im September entschlossen, am Rennen teilzunehmen, stellte er eine Rumpfmannschaft von Beratern zusammen, die ihm dabei helfen sollten, seine Kandidatur durchzusetzen. Craig Smith, ein langjähriger Mitarbeiter, gab seine Stelle im Büro des Gouverneurs auf, um die Aktivitäten zu leiten. Am 2. Oktober 1991 versammelten sich zahlreiche Berater von Bill in Little Rock, um ihn beim Fertigstellen der Rede zu unterstützen, in der er am folgenden Tag seine Kandidatur bekannt geben würde. Das kreative Chaos, das sich in jener Nacht der Gouverneursresidenz bemächtigte, sollte den gesamten Wahlkampf (und später auch die Aktivitäten der Regierung Clinton) prägen. Die Kernmannschaft bildeten der Meinungsforscher Stan Greenburg, der Medienberater Frank Greer, der Präsident des Democratic Leadership Council, Al From und Bruce Reed, der politische Leiter des DLC. Sie saßen bis tief in die Nacht mit Bill zusammen, um diese entscheidende Rede auszuarbeiten. Zwischendurch machte Bill Telefonanrufe, ging seine früheren Reden durch und plauderte mit Chelsea. Chelsea, die mittlerweile elf Jahre alt war und sich in eine Tänzerin verwandelt hatte, flitzte von einem Raum zum anderen und drehte Pirouetten um ihren Vater und die Gäste, bis es Zeit zum Schlafen war. Um vier Uhr morgens war die Rede endlich fertig.

Am Mittag des nächsten Tages stand ein überraschend erholter Bill Clinton mit Chelsea und mir vor dem Old State House in Little Rock und gab vor den Mikrofonen und Fernsehkameras seine Absicht bekannt, sich um das Präsidentenamt zu bewerben.

In seiner Ansprache kritisierte Bill auch die Regierung Bush: »Die Angehörigen der Mittelschicht verbringen heute mehr Zeit am Arbeitsplatz und haben weniger Zeit für ihre Kinder. Sie verdienen weniger Geld, mit dem sie höhere Ausgaben für die medizinische Versorgung, die Wohnung und die Bildung bestreiten müssen. Die Zahl der Armen wächst, die Straßen sind unsicherer geworden, und immer mehr Kinder wachsen in zerrütteten Familien auf. Unser Land bewegt sich mit hoher Geschwindigkeit in die falsche Richtung. Es fällt zurück, es verliert die Orientierung, und Washington ist im Status quo, in Vernachlässigung und Selbstsucht gefangen. ... Washington gibt uns keine Führung und keine Visionen.« Bill kündigte einen Wahlkampf an, in dem es »nicht um Slogans, sondern um Ideen« gehen werde. Er wolle dem Land »eine Führung geben, die den amerikanischen Traum wiederherstellen, für die vernachlässigte Mittelklasse kämpfen, den Menschen mehr Chancen eröffnen, von jedem einzelnen Bürger mehr Verantwortung verlangen und … den Gemeinsinn wieder festigen wird«.

Hinter diesen Worten standen spezifische Pläne, die Bill im Lauf seiner Kampagne für die Vorwahlen vorstellen wollte. Selbstverständlich gaben die Medien Bill kaum eine Chance, die Vorwahlen zu überstehen, geschweige denn zum Präsidenten gewählt zu werden. Er wurde als unbedeutender, wenn auch schillernder Außenseiter abgetan, der zwar gut aussehe und es verstehe, mit Worten umzugehen, jedoch mit 46 Jahren zu jung und zu unerfahren für das Amt sei. Erst als sich zeigte, dass seine Ankündigung eines radikalen Kurswechsels bei den potenziellen Wählern Anklang fand, begannen die Medien – und die Leute, die hinter Präsident Bush standen –, Bill Clinton genauer unter die Lupe zu nehmen. Und dasselbe taten sie mit mir.

Wenn ich geglaubt hatte, dass die ersten 44 Jahre meines Lebens manchmal eine harte Schule gewesen waren, so belehrte mich der 13 Monate dauernde Präsidentschaftswahlkampf eines Besseren. Obwohl wir zahlreiche gute Ratschläge erhalten hatten und Bill und ich seit langem in der politischen Arena kämpften, waren wir nicht auf die harten Angriffe und die gnadenlosen Prüfungen vorbereitet, die mit einer solchen Kandidatur verbunden sind. Bill musste nicht nur landesweit für seine politischen Überzeugungen eintreten, wir mussten auch eine umfangreiche Inspektion jedes Aspekts unseres Lebens ertragen. Wir mussten uns an ein nationales Pressekorps gewöhnen, das wenig über uns und noch weniger über unsere Herkunft wusste. Und wir mussten im Verlauf einer zunehmend bösartigen und persönlichen Kampagne, in der alle Augen auf uns gerichtet waren, lernen, unsere Gefühle zu beherrschen.

Immerhin konnten wir uns in dieser schwierigen Situation auf unsere Freunde und Mitarbeiter verlassen. Bill stellte ein ausgezeichnetes Team zusammen, an dessen Spitze James Carville und Paul Begala standen. James, ein ehemaliger Marine aus

Louisiana, verstand sich auf Anhieb mit Bill – denn beide hatten ihre Wurzeln im Süden, vergötterten ihre Mütter und betrachteten den Präsidentschaftswahlkampf als sportlichen Wettkampf. Paul, ein Texaner von scharfem Verstand, der gelegentlich Carvilles Dialekt für uns übersetzen musste, hegte eine Vorliebe für Populismus und war zugleich ein Verfechter höchster Kultiviertheit, was nicht immer gut zusammenpasste. David Wilhelm, der die Leitung der Wahlkampagne übernahm, stammte aus Chicago und verstand sich auf die Kunst, den Kampf um die Stimmen der Delegierten zu gewinnen, die einer nach dem anderen persönlich überzeugt werden mussten. Rahm Emanuel, ein Genie, wenn es um Geld ging, wurde der Finanzleiter. George Stephanopoulos, ein früherer Rhodes-Stipendiat, der für den Kongressabgeordneten Richard Gephardt gearbeitet hatte und vom DLC zu uns stieß, besaß großes Talent für rasche Antworten auf politische Attacken und wusste, wie man Angriffen zuvorkommen konnte. Bill und ich stützten uns auch auf engagierte Mitarbeiter aus Arkansas, darunter Rodney Slater, Carol Willis, Diane Blair, Ann Henry, Maurice Smith, Patty Howe Criner, Carl und Margaret Whillock, Betsey Wright, Sheila Bronfman, Mack und Donna McLarty und viele andere mehr, die all ihre Kraft in die Wahl des ersten Präsidenten aus Arkansas investierten.

Zeitgleich mit Bill stellte ich mein eigenes Team zusammen und wich damit von der üblichen Verfahrensweise ab. Normalerweise wurden die Auftritte des Ehepartners vom Stab des Kandidaten koordiniert. Aber dass ich nicht die typische Politikergattin war, sollte in den folgenden Monaten immer deutlicher werden.

Die erste Person, an die ich mich wandte, war Maggie Williams, zu jener Zeit Doktorandin an der University of Pennsylvania. Maggie und ich hatten in den achtziger Jahren gemeinsam für den Children's Defense Fund gearbeitet. Ich bewunderte ihre Führungsqualitäten und ihre Kommunikationsfähigkeit und traute ihr zu, jede Herausforderung selbstsicher zu bewältigen. Zwar konnte sie uns erst ab Ende 1992 all ihre Zeit opfern, doch sie stand mir während des gesamten Wahlkampfs als Beraterin zur Seite.

Drei junge Frauen, die in der Präsidentschaftskampagne für mich zu arbeiten begannen, wurden zu unersetzlichen Weggefährtinnen, die auch während der acht Jahre im Weißen Haus an meiner Seite blieben. Patti Solis, eine Tochter mexikanischer Einwanderer, die in Chicago aufgewachsen war und für Bürgermeister Richard M. Daley gearbeitet hatte, wurde meine Planungschefin. Sie hatte so etwas noch nie gemacht – und ich hatte noch nie jemanden gehabt, der mir sagte, was ich wann wo zu tun hatte. Aber Patti war ein Naturtalent und meisterte alle Aufgaben, egal ob politisch oder zwischenmenschlich mit Intelligenz, Entschlossenheit und Humor. Dank ihrer Widerstandskraft gelang es ihr tatsächlich, mein Leben neun Jahre lang Stunde für Stunde zu ordnen.

Capricia Marshall, eine junge Rechtsanwältin aus Cleveland, stammte ebenfalls aus einer Einwandererfamilie – ihre Mutter war aus Mexiko, ihr Vater war aus dem Jugoslawien Titos geflohen. Als sie im Jahr 1991 im Fernsehen eine Rede von Bill gesehen hatte, beschloss sie, bei seiner Kampagne dabei zu sein. Monatelang warb sie in Ohio um Delegierte und wurde schließlich engagiert, um für mich Vorbereitungsarbeiten vor Ort durchzuführen. Capricia nahm die Arbeit in den Vorausteams wie ein Profi in Angriff. Obwohl sie bei der völlig verunglückten ersten Reise am falschen Flughafen auf mich wartete, fanden wir zusammen, und ihre Fähigkeit, unter Druck mit Humor und Eleganz zu reagieren, erwies sich als sehr wertvoll für mich.

Kelly Craighead, eine schöne Kalifornierin, besaß bereits einige Erfahrung in der Veranstaltungsplanung, als sie begann, meine Auftritte zu organisieren. Egal ob wir durch Amerika tourten oder eine Reise nach Übersee anstand, Kelly wich für die nächsten acht Jahre nicht von meiner Seite. Ihr Motto »An der Planung scheitern, heißt das Scheitern planen« wurde zu einem unserer Wahlsprüche. Niemand arbeitete leidenschaftlicher oder länger, um auch noch die letzten Details meiner Reisen genau zu planen. Kelly hatte einen anspruchsvollen und aufreibenden Job, den sie kenntnisreich, engagiert und schwungvoll bewältigte. Das Wissen, dass sie auf mich aufpasste, gab mir selbst an den schwierigsten Tagen Sicherheit und Zuversicht.

Neben all den jungen Leuten bot sich Brooke Shearer, auch eine langjährige Freundin von Bill und mir, an, mich auf meinen Reisen zu begleiten. Brookes Ehemann Strobe Talbott war seit seiner Zeit als Rhodes-Stipendiat mit Bill befreundet. Brooke, die als Journalistin in Washington gelebt hatte, bereicherte diese verrückte Zeit mit schrägen Kommentaren zu den oft absurden Vorgängen im Wahlkampf und teilte ihre großen Medienkenntnisse mit mir.

In Little Rock dienten uns die weitläufigen Räume im vierten Stockwerk des ehemaligen Gebäudes der Parteizeitung als Wahlkampfzentrale. James Carvilles brillante Idee, alle Mitarbeiter der Bereiche Presse, Politik und Planung in einem einzigen großen Raum unterzubringen, trug wesentlich dazu bei, Hierarchie abzubauen und den freien Fluss von Informationen und Ideen zu fördern. Die ausgezeichnete Koordination in dieser Kommandozentrale, der wir die Bezeichnung »War Room« gaben, sorgte dafür, dass der Wahlkampf flüssig lief. Eines Abends klingelte in einem Winkel der Kommandozentrale Patti Solis' Telefon. Steve Rabinowitz, ein Wahlkampfhelfer, nahm den Hörer ab und meldete sich ohne besonderen Grund mit »Hillaryland!«. Patti fand Gefallen an dieser Bezeichnung und hängte hinter ihrem Tisch ein gleich lautendes Schild an die Wand. Eigentlich kein Wunder, dass diese Bezeichnung die Zeiten überdauerte. Das Schild und viele der ersten »Bürger« von »Hillaryland« begleiteten mich später ins Weiße Haus.

Ich lernte rasch, dass im Wahlkampf die Uhren anders gehen. Harmlose Kommentare oder Scherze können innerhalb von Sekunden nach ihrer Ausstrahlung Kontroversen auslösen. Gerüchte werden unabhängig von ihrem Wahrheitsgehalt zur »Nachricht des Tages« und liefern dem politischen Gegner umgehend Munition. Und unsere Vergangenheit wurde bis ins letzte Detail durchleuchtet und analysiert, als handelte es sich dabei um archäologische Fundstücke. Ich hatte das Phänomen schon in anderen Wahlkämpfen beobachtet: So hatte Senator Ed Muskie 1972 vor dem Gebäude der Zeitung protestiert, die Falschmeldungen über seine Frau verbreitet hatte. Und Bob Kerrey hatte 1992 in New Hampshire den Fehler gemacht, einen saftigen Witz zu erzählen, ohne zu merken, dass sich ein Mikrofon in der Nähe befand. Doch erst wenn man selbst ins Scheinwerferlicht blinzelt, begreift man wirklich, wie heiß es dort ist.

Eines Abends hatten Bill und ich einen Wahlkampfauftritt in New Hampshire, bei dem er mich einer Gruppe von Reportern vorstellte. Er berichtete über meine zwei Jahrzehnte währenden Kampf für die Rechte des Kindes und erklärte, ich werde eine aktive Rolle in seiner Administration spielen. Dann scherzte er, wir hätten einen neuen Wahlkampfslogan: »Zwei kaufen, einen bezahlen!« Der Slogan fand großes Echo in den Medien, entwickelte jedoch bald ein Eigenleben. Die Republikaner versuchten die Äußerung als Beweis dafür zu verwenden, dass ich insgeheim den Posten einer »Co-Präsidentin« anstrebte.

Ich hatte noch nicht genug Erfahrung mit dem nationalen Pressekorps gesammelt, um das Ausmaß, in dem die Medien das Bild gestalten, das sich die Öffentlichkeit von den Geschehnissen in einem Wahlkampf macht, zu realisieren. Man denkt immer, dass die Botschaft eines Kandidaten von den Meinungsforschern, Strategieexperten und politischen Beratern gestaltet wird. Und natürlich sind diese Fachleute in einer Zeit, in der rund um die Uhr Nachrichten laufen und Millionen Dollar in Wahlkampagnen investiert werden, unverzichtbar. Doch ein Kandidat kann seine Botschaft nicht ohne Medien vermitteln, und ein Journalist kann ohne Zugang zum Kandidaten nicht wirksam berichten. Daher sind Kandidaten und Journalisten einerseits Gegner, hängen andrerseits jedoch voneinander ab. Sie pflegen eine heikle und ungemein wichtige Beziehung, die im Wahlkampf jeden Tag auf die Probe gestellt wird. Bis ich dies begriff, verging einige Zeit.

Das, was mit der scherzhaften Bemerkung »Zwei kaufen, einen bezahlen« geschah, rief uns ins Bewusstsein, dass jede unserer Äußerungen aus dem Zusammenhang gerissen werden konnte, da die Nachrichtenredakteure nicht über genug Sendezeit oder Spalten verfügten, um den gesamten Text einer Erklärung auszustrahlen oder abzudrucken. So war es kein Wunder, dass die Medien dankbar aufgriffen, was ihnen einer der Meister der politischen Stichelei anbot.

Expräsident Richard Nixon verfügte immer noch über ein

außerordentliches politisches Gespür, und als er Anfang Februar Washington besuchte, schaltete er sich in unseren Wahlkampf ein. »Wenn sich die Ehefrau als zu stark und zu intelligent erweist«, erklärte er, »wirkt der Ehemann leicht wie ein Schwächling.« Er sei sich sicher, dass die Wähler Kardinal Richelieus Feststellung zustimmen würden, nach der Intellekt bei einer Frau unschicklich sei.

»Dieser Mann tut doch nie etwas ohne Hintergedanken«, dachte ich, als ich Nixons Kommentar in der *New York Times* las. Ich vermutete, dass seine Bemerkung etwas mit meiner Arbeit für den Amtsenthebungsausschuss im Jahr 1974 zu tun hatte. Vielleicht wusste Nixon aber auch besser als viele andere, welche Bedrohung Bill für das republikanische Monopol auf das Weiße Haus darstellte. Wahrscheinlich glaubte er, indem er Bill herabwürdigte, weil er mit einer selbstbewussten Frau lebte, und mich als »unschicklich« brandmarkte, könne er Wähler abschrecken, die sich zwar nach einem Wechsel sehnten, aber an der Eignung des Kandidaten zweifelten.

Zu jener Zeit hatten sich die Medien bereits darangemacht Bills gesamtes Leben zu sezieren. Er hatte mehr persönliche Fragen beantworten müssen als jeder Präsidentschaftskandidat in der Geschichte der Vereinigten Staaten. Während es die tonangebenden Medien weiterhin vermieden, unbegründete Gerüchte zu verbreiten (auch das sollte sich noch ändern), boten die Boulevardblätter Bargeld für Horrorgeschichten aus Arkansas an. Schließlich ging ihnen bei einem dieser Fischzüge ein Wal ins Netz.

Am 23. Januar befand ich mich zu einem Wahlkampfauftritt in Atlanta, als Bill mich anrief, um mich darauf vorzubereiten, dass eine Frau namens Gennifer Flowers in einem Sensationsblatt behaupten würde, sie habe seit zwölf Jahren eine Affäre mit ihm. Er sagte mir, die Geschichte sei nicht wahr, und ich glaubte ihm.

Der Wahlkampf geriet nichtsdestotrotz ins Trudeln, und mir wurde klar, dass einige unserer Mitarbeiter das Rennen bereits für verloren hielten. Ich bat David Wilhelm, eine Telefonkonferenz zu organisieren, und erklärte den Mitarbeitern, dass wir diesen Wahlkampf führten, weil wir glaubten, Bill werde Großes für unser Land leisten. Die Wähler würden darüber entscheiden, ob er die Chance dazu erhalten sollte. Ich schloss mit der Aufforderung: »Lasst uns wieder an die Arbeit gehen.«

Doch es schien unmöglich, die wachsende Hysterie einzudämmen. Wie ein hartnäckiger Virus infizierte die Flowers-Geschichte ein Mediengenre nach dem anderen. An einem Tag war sie im *Star* zu lesen, am nächsten wurde sie in der Fernsehsendung »Nightline« behandelt. Wir versuchten, den Wahlkampf fortzusetzen, aber die unablässigen Medienberichte machten es uns unmöglich, uns auf irgendeine Sachfrage zu konzentrieren. Die Vorwahlen in New Hampshire waren nur noch wenige Wochen entfernt. Es musste etwas geschehen.

In dieser Situation suchten uns unser Freund Harry Thomason sowie Mickey Kantor, James Carville, Paul Begala und George Stephanapoulos auf, um mit uns über die mögliche Vorgehensweise zu diskutieren. Sie empfahlen uns einen Auftritt in der Fernsehsendung »60 Minutes«, die am Sonntag nach dem Superbowl-Finale ausgestrahlt wurde. Dies würde uns Gelegenheit geben, unseren Standpunkt einem möglichst großen Publikum nahe zu bringen. Es kostete sie einige Mühe, uns davon zu überzeugen, dass ein derartiger Auftritt den Verlust der Privatsphäre und die möglichen Auswirkungen auf unsere Familie – insbesondere auf Chelsea – wert war. Am Ende mussten wir aber einsehen, dass das Rennen für Bill noch vor der Eröffnung der Wahllokale beendet sein würde, wenn wir die Situation nicht öffentlich bereinigen konnten.

Das Interview für »60 Minutes« fand am 26. Januar um elf Uhr vormittags in einer Suite im Hotel Boston statt. Der Raum war in ein Fernsehstudio verwandelt worden, und das Sofa, auf dem Bill und ich Platz nahmen, wurde von zahlreichen Scheinwerfern ausgeleuchtet. Mitten im Interview kippte ein schwerer Ständer mit Strahlern in meine Richtung. Bill sah ihn fallen und zog mich rechtzeitig zur Seite, bevor der Ständer auf meinen Platz stürzte. Völlig verstört klammerte ich mich an Bill. Er versuchte mich zu beruhigen, indem er mir zuflüsterte: »Ich halte dich. Keine Angst. Es ist alles in Ordnung. Ich liebe dich.«

Der Interviewer Steve Kroft begann mit einer Reihe von Fragen zu unserer Beziehung und zum Zustand unserer Ehe. Er fragte, ob Bill Ehebruch begangen habe, ob wir getrennt lebten oder über eine Scheidung nachdächten. Wir lehnten es ab, derart persönliche Fragen zu beantworten. Doch Bill gab zu, dass er unserer Ehe geschadet habe. Die Entscheidung darüber, ob ihn dies für das Amt des Präsidenten disqualifiziere, werde er den Wählern überlassen.

Kroft: *Ich glaube, die meisten Amerikaner teilen die Einschätzung, dass es bewundernswert ist, dass Sie zusammengeblieben sind, dass Sie versuchen, Ihre Probleme zu bewältigen, dass Sie zu einer Einigung gelangt sind und sich arrangiert haben.*

Eine Einigung? Ein Arrangement? Es mag sein, dass uns Kroft Anerkennung zollen wollte, doch diese Einstufung unserer Ehe war so unzutreffend, dass Bill und ich gleichermaßen fassungslos waren.

Bill Clinton: *Einen Augenblick. Sie sitzen zwei Personen gegenüber, die einander lieben. Das hat nichts mit einem Arrangement oder einer Einigung zu tun. Wir sprechen über eine Ehe. Das ist etwas ganz anderes.*

Ich wünschte, ich hätte Bills Satz unkommentiert gelassen – aber ich musste das letzte Wort haben.

Hillary Clinton: *Wissen Sie, hier sitzt kein kleines Frauchen, das ihrem Mann zur Seite steht wie Tammy Wynette. Ich sitze hier, weil ich ihn liebe und respektiere. Ich weiß zu würdigen, was er durchgemacht hat und was wir gemeinsam durchgemacht haben. Und wenn das den Leuten nicht genügt, dann sollen sie ihn eben nicht wählen.*

Wir hatten geglaubt, die Abmachung mit der Redaktion von »60 Minutes« sei, dass die gesamte Aufnahme von fast einer Stunde ausgestrahlt würde. Doch sie kürzten das 65 Minuten lange Interview auf etwa zehn Minuten und schnitten vieles von dem heraus, was in meinen Augen wichtig war. Als das Interview abgeschlossen war, war ich sehr erleichtert. Bill und ich hatten ebenso wie unsere Berater den Eindruck, uns gut geschlagen zu haben. Anscheinend teilte die Mehrheit der Amerikaner unsere Ansicht, dass es bei der Wahl nicht um unsere

Ehe, sondern um die Interessen des Volkes ging. 23 Tage später erhielt Bill den Spitznamen »Comeback Kid«: Es war ihm gelungen, bei den Primaries in New Hampshire den ausgezeichneten zweiten Platz zu belegen.

Mir erging es weniger gut. Die Reaktionen auf meine Anspielung auf Tammy Wynette ließen nicht lange auf sich warten, und sie waren heftig. Selbstverständlich hatte ich mich nicht auf die Person Tammy Wynettes, sondern auf ihren berühmten Song »Stand By Your Man« bezogen. Aber ich hatte meine Worte nicht vorsichtig genug gewählt – meine Äußerung löste einen Sturm wütender Reaktionen aus. Eine weitere schmerzhafte Lektion für mich. Ich entschuldigte mich persönlich bei Tammy und öffentlich in einem Interview mit Sam Donaldson von ABC. Doch der Schaden war nicht wieder gutzumachen. Und es sollten weitere Probleme folgen.

Anfang März, in der heißen Phase der demokratischen Vorwahlen, startete der ehemalige kalifornische Gouverneur und demokratische Präsidentschaftskandidat Jerry Brown einen Angriff auf Bill, in dessen Mittelpunkt meine Tätigkeit als Rechtsanwältin und die Anwaltsfirma Rose standen, der ich seit 1979 als Partner angehörte. Nachdem Bill im Jahr 1983 ein zweites Mal zum Gouverneur gewählt worden war, hatte ich die Kanzlei aufgefordert, bei der Berechnung meines Anteils an den Gewinnen der Partnerschaft keine Anwaltsgebühren mehr zu berücksichtigen, die der Staat Arkansas für Tätigkeiten der Kanzlei zahlte; dies schloss auch die Rechtsberatung von staatlichen Stellen ein. Die Firma war seit Jahrzehnten für die Staatsregierung von Arkansas tätig, weshalb tatsächlich kein Interessenkonflikt bestand. Doch ich war der Meinung, dass möglicherweise der Eindruck einer zweifelhaften Verbindung entstehen konnte. Die Firma war damit einverstanden, mich von der Verteilung der Gewinne aus Tätigkeiten für den Staat auszunehmen. Als Frank White 1986 versucht hatte, diese Frage im Wahlkampf für das Gouverneursamt auszuschlachten, war er in eine peinliche Lage geraten: Es hatte sich herausgestellt, dass ich nicht nur auf meinen Anteil an den entsprechenden Gewinnen der Firma verzichtet hatte, sondern dass während der Amtszeit von Bill andere Anwaltsfirmen in

Arkansas sehr viel mehr Staatsaufträge erhalten hatten als die Rose Law Firm.

Von Bills politischen Gegnern in Arkansas mit falschen Informationen gefüttert, kramte Jerry Brown diese Vorwürfe zwei Tage vor den Vorwahlen in Illinois und Michigan am 17. März in einer Debatte wieder hervor. Brown beschuldigte Bill, der Firma Rose Staatsaufträge zugeschanzt zu haben, um dadurch meine Einkünfte zu erhöhen. Diese Anschuldigung, die jeder Grundlage entbehrte, löste den berühmten »Cookies and Tea«-Vorfall aus.

Am Morgen, nachdem Brown seinen Angriff gestartet hatte, besuchten Bill und ich, begleitet von einem Knäuel von Kameramännern und Reportern, den Busy Bee Coffeeshop in Chicago. Die Reporter bombardierten Bill unablässig mit Fragen zu Browns Vorwürfen. Dann wandte sich auch ein Reporter an mich. Ich gab ihm die folgende erschöpfende Antwort: »Ich halte die Vorwürfe für lächerlich und verzweifelt. Zugleich finde ich sie interessant, denn es handelt sich hier um die Art von Vorwürfen, die … sich Frauen anhören müssen, wenn sie Karriere machen und ihr eigenes Leben führen. Ich denke, es ist eine Schande, doch ich glaube, mit solchen Dingen werden wir leben müssen. Wir, das sind Frauen, die versucht haben, Karriere zu machen – die versucht haben, ein unabhängiges Leben zu führen und etwas zu bewirken – und gewiss diejenigen, die wie ich Kinder haben. … Sie wissen, dass ich mein Bestes getan habe, um mein Leben zu gestalten, aber ich nehme an, dass ich weiterhin Angriffen ausgesetzt sein werde. Die Vorwürfe sind unwahr, und ich kann nur sagen, dass mich das Ganze sehr traurig stimmt.«

Der Reporter setzte nach und fragte mich, ob ich nicht den Anschein eines Interessenkonflikts hätte vermeiden können, als mein Ehemann Gouverneur wurde.

»Ich wünschte, das wäre möglich gewesen«, erwiderte ich. »Ich hätte zu Hause bleiben können, um Kekse zu backen und Tee zu kochen, doch ich entschied mich für einen Beruf, den ich angetreten habe, bevor mein Ehemann ein öffentliches Amt übernahm. Und ich habe sehr hart gearbeitet und bin so vorsichtig gewesen wie möglich. Mehr kann ich dazu nicht sagen.«

Dieses Interview zählte mit Sicherheit nicht zu meinen eloquentesten. Ich hätte sagen können: »Sehen Sie, das Einzige, was ich noch hätte tun können, um einen Interessenkonflikt zu vermeiden, wäre gewesen, die Anwaltsfirma zu verlassen und Hausfrau zu werden.« Doch ich sagte es anders. Meine Mitarbeiter, denen klar war, dass sich die Medien über meinen Kommentar zu »Keksen und Tee« die Hände reiben würden, schlugen mir vor, noch einmal mit den Reportern zu sprechen, um meinen Standpunkt ausführlicher – und geschickter – darzulegen. Also hielt ich noch an Ort und Stelle eine improvisierte Pressekonferenz ab, die jedoch kaum Wirkung erzielte.

Genau 13 Minuten, nachdem ich jene spontane Antwort gegeben hatte, gab AP eine Meldung heraus. CNN brachte ebenfalls sofort einen Bericht und setzte am Nachmittag mit einer Reportage nach, die praktisch keine Bezugnahme auf die Frage des Reporters nach dem Interessenkonflikt und der Anwaltsfirma Rose enthielt, sondern die Information auf die Aussage »Ich hätte zu Hause bleiben können, um Kekse zu backen und Tee zu kochen« reduzierte. NBC und viele andere Nachrichtensendungen konzentrierten sich auf den »schweren politischen Fehler«, den ich an jenem Tag begangen hatte.

Der zugegebenermaßen ungeschickte Versuch, meine Situation zu erklären und der Hinweis, dass viele Frauen, die ihr Familienleben mit einer Karriere in Einklang zu bringen versuchen, für diese Entscheidung bestraft werden, lieferte den Stoff für eine Geschichte über meine angebliche Geringschätzung für Mütter und Hausfrauen. Dem tatsächlichen Kontext meiner Äußerungen wurde derart wenig Aufmerksamkeit geschenkt, dass einige Journalisten die Aussagen »Kekse und Tee« und »an der Seite meines Mannes wie Tammy Wynette« zu einem einzigen Zitat verschmolzen. Als hätte ich beide Sätze nicht in einem Abstand von 51 Tagen, sondern im selben Atemzug gesagt. Die Kontroverse kam den Strategen der Grand Old Party wie gerufen: Die republikanischen Parteiführer hefteten mir das Etikett einer »radikalen Feministin« an und bezeichneten mich als »militante feministische Rechtsanwältin«, ja sogar als »die ideologische Führerin einer möglichen

Clinton-Clinton Administration, die eine radikalfeministische Politik verfolgen würde«.

Ich erhielt hunderte Briefe zum Thema »Kekse und Tee«, die ich alle beantwortete. Meine Anhänger sprachen mir Mut zu und lobten mich dafür, mich für die Chancengleichheit der Frau eingesetzt zu haben. Meine Gegner waren gehässig. In einem Brief wurde ich als der Antichrist bezeichnet, in einem anderen hieß es, ich sei eine Beleidigung für die amerikanische Mutterschaft. Einige der Attacken waren politisch motiviert, um mich an die Kandare zu nehmen, andere eher Ausdruck der tiefen Spaltung unserer Gesellschaft, wenn es um Emanzipation und die Rolle der Frau ging. In jedem Fall erlebte ich eine politische Feuertaufe, nach der ich mir eine eigene Philosophie zurechtlegen musste: Nimm Kritik ernst, aber nicht persönlich. Wenn an der Kritik etwas Wahres ist, versuche, daraus zu lernen. Ansonsten ignoriere sie einfach. Nur, das war leichter gesagt als getan.

Ich hatte meine eigene Meinung, meine Interessen und meinen Beruf. Ich nahm kein Blatt vor den Mund und war ein Beispiel für den grundlegenden Wandel der gesellschaftlichen Rolle der Frau. Und wenn mein Ehemann die Wahl gewann, würde ich eine Funktion übernehmen, die nicht klar definiert war, aber von aller Welt beurteilt würde. Denn sehr viele Menschen hatten eine feste Vorstellung von der angemessenen Rolle einer Präsidentengattin.

Weder die ehrfürchtige Bewunderung noch die bösartige Ablehnung, die mir entgegengebracht wurde, schienen mir gerecht zu werden. Aufgrund meiner Standpunkte und Fehler und auch, weil ich zu einem Symbol für die Frauen der Baby-Boomer-Generation geworden war, wurden mir Etiketten angeheftet. Aus diesem Grund löste alles, was ich sagte oder tat – ja sogar das, was ich trug – hitzige Debatten aus.

Mein Stil, meine Frisur wurden zum Dauerbrenner. Im Lauf des Wahlkampfs begannen einige Leute aus meiner Umgebung, mir eine Korrektur meines Erscheinungsbilds nahe zu legen. Sie schleppten Designermode an, die ich anprobieren musste, und sie erklärten mir, das Haarband müsse verschwinden. Sie hatten etwas verstanden, was ich nicht begriffen hatte: Die äußere Erscheinung einer potenziellen First Lady ist wichtig. Ich vertrat nicht länger nur mich selbst, sondern forderte das amerikanische Volk auf, mich mit seiner Vertretung zu betrauen. Die verschiedenen Akteurinnen, die diese Rolle bislang ausgefüllt hatten, vermittelten alles von Glamour bis zu mütterlicher Fürsorge.

Meine Freundin Linda Bloodworth Thomason schlug vor, ich solle mir von ihrem Freund, dem Hairstylisten Christophe Schatteman in Los Angeles die Haare schneiden lassen. Sie war davon überzeugt, dadurch mein Aussehen zu verbessern. Ich hielt dies für maßlos übertrieben, fühlte mich aber schon bald angesichts einer Vielzahl nie für möglich gehaltener Optionen wie ein Kind in der Süßwarenhandlung, das jede Geschmacksrichtung ausprobieren muss. In den folgenden Jahren versuchte ich es abwechselnd mit langem und kurzem Haar, mit Ponyfrisuren und Locken, mit geflochtenem Haar und mit Haarknoten. Ich entdeckte ein mir bis dahin weitgehend unbekanntes Universum, das mich nach der furchtbaren Erfahrung mit meinem ersten professionellen Haarschnitt an der High School nicht mehr interessiert hatte. Diese neue Welt bereitete mir Vergnügen, doch natürlich machten bald Geschichten darüber die Runde, dass ich bei keinem Haarschnitt bleiben könne – was Spekulationen darüber auslöste, was diese stetigen Wandlungen über meine Psyche verrieten.

Bereits in der Frühphase des Wahlkampfs erhielt ich einen Vorgeschmack auf die Schwierigkeiten, auf die eine Frau stoßen kann, die eine per definitionem abgeleitete Position einnimmt. Ich war Bills häufigster »Ersatz« im Wahlkampf, weil ich seine Frau war und weil ich ihn unterstützen und seine Ideen verbreiten wollte. Ich hatte mich von meiner Anwaltsfirma beurlauben lassen und alle meine Funktionen in den Leitungsgremien gemeinnütziger Einrichtungen und Unternehmen – etwa im Aufsichtsrat von Wal-Mart, wo ich mich sechs Jahre um Umwelt- und Personalfragen gekümmert hatte – abgegeben. Die Aufgabe all dieser Tätigkeiten machte mich verwundbar und gab mir das Gefühl, ausgeliefert zu sein. Ich war während unserer Ehe stets berufstätig gewesen und nun war ich ausschließlich »die Gattin von« – eine eigenartige Erfahrung für mich.

Mein neuer Status wirkte sich sogar auf etwas so Banales aus wie Büromaterial aus. Ich hatte cremefarbenes Briefpapier geordert, mit meinem Namen *Hillary Rodham Clinton* in Marineblau im Briefkopf. Als ich die Schachtel mit der Lieferung öffnete, musste ich feststellen, dass jemand die Bestellung geändert hatte. *Hillary Clinton* – das war alles. Offenkundig war jemand aus Bills Mitarbeiterstab der Überzeugung, dass es politisch opportuner sei, lediglich den Familiennamen meines Ehemanns zu verwenden. Ich schickte das Papier umgehend zurück.

Nachdem Bill am 2. Juni die demokratischen Vorwahlen in Kalifornien, Ohio und New Jersey für sich entschieden hatte, war seine Nominierung gesichert. Was die Wahl selbst anbelangte, sahen die Dinge ganz anders aus. Nach all der negativen Publicity nahm er lediglich den dritten Rang hinter Ross Perot und Präsident Bush ein. Also beschloss er, sich dem amerikanischen Volk erneut vorzustellen, trat in populären Fernsehsendungen auf und spielte in der »Arsenio Hall Show« Saxophon. Seine Mitarbeiter überzeugten mich von der Notwendigkeit, mehr Interviews zu geben und in eine Geschichte für das Magazin *People* einzuwilligen, die ein Coverfoto mit Chelsea einschloss. Ich war nicht begeistert davon, ließ mich aber von dem Argument überzeugen, dass die meisten Amerikaner nicht einmal wussten, dass wir ein Kind hatten. Auf der einen Seite war ich sehr froh, dass es uns gelungen war, Chelsea von den Medien abzuschotten und im brutalen Vorwahlkampf zu schützen. Auf der anderen Seite war für mich die Rolle der Mutter die wichtigste Aufgabe, die ich je erfüllt hatte. Ich wollte, dass die Bevölkerung Bill und mich als Eltern kennen lernte und sah, dass wir unser Bestes gegeben hatten, um Chelsea trotz des großen Drucks, dem wir ausgesetzt waren, gut zu erziehen. Unsere Tochter war der Mittelpunkt unseres Lebens, und wenn die Leute das nicht wussten, konnten sie uns unmöglich verstehen.

Der Artikel wurde gut, doch er bestärkte mich in meiner Auffassung, dass Chelsea ihre Privatsphäre brauchte. Also stellte ich gemeinsam mit Bill einige Richtlinien auf: Wenn

Chelsea uns als Teil der Familie zu einer Veranstaltung begleitete oder mit Bill oder mir irgendwo auftrat, konnten die
Medien über sie berichten. Allen weiteren Artikeln oder Interviews würde ich nicht zustimmen. Dies war eine unserer klügsten Entscheidungen, an der Bill und ich in den folgenden acht
Jahren auch festhielten. Ich bin dankbar dafür, dass die Medien
– abgesehen von wenigen Ausnahmen – meine Haltung respektierten.

Im Juli 1992 fand in New York City der Konvent der Demokratischen Partei statt, der Bill und seinen Mitkandidaten,
Senator Al Gore aus Tennessee, offiziell nominierte. New York
war eine ausgezeichnete Wahl. Es zählt nicht nur zu Bills, sondern auch zu meinen Lieblingsstädten, und wir waren hocherfreut, dass Bill ausgerechnet dort nominiert werden sollte.

Bill hatte sich nach einem mühsamen Auswahlprozess für Al
Gore entschieden. Ich hatte Al und seine Frau Tipper in den
achtziger Jahren bei politischen Veranstaltungen kennen
gelernt, doch weder Bill noch ich pflegten eine enge Beziehung
zu ihnen. Einige politische Beobachter waren davon überrascht, dass Bill für das Amt des Vizepräsidenten einen Kandidaten auswählte, der so große Ähnlichkeit mit ihm hatte. Sie
stammten aus benachbarten Bundesstaaten, gehörten derselben Altersgruppe und derselben Religionsgemeinschaft an und
hatten beide die Politik gründlich studiert. Doch Bill hatte
Hochachtung für Als Leistungen in öffentlichen Ämtern und
war davon überzeugt, dass sein Vize seine eigenen Stärken
ergänzen und seinem Land gut dienen würde, sollte er selbst
eines Tages Präsident werden.

Am folgenden Morgen, dem 17. Juli, begann für uns der
beste Teil des Wahlkampfes – die wunderbaren Busreisen,
denen wir einen eigenen Namen gaben: »Die phantastischen
Abenteuer von Bill, Al, Hillary und Tipper.« Das Konzept der
Busreisen hatte unser Wahlkampfleiter David Wilhelm gemeinsam mit Susan Thomases entwickelt, die Bill und ich seit mehr
als zwanzig Jahren kannten. Susan war eine warmherzige
Freundin, eine beinharte Rechtsanwältin und eine großartige
Planerin. Sie wusste, dass ein guter Wahlkampfplan etwas über
den Kandidaten, seine Anliegen und Vorhaben aussagen muss-

te, damit die Wähler verstanden, wie dieser Politiker dachte und wofür er stand. Um die Planung besser überwachen zu können, zog Susan mit ihrem Ehemann und ihrem Sohn nach Little Rock. Susan und David wollten die Begeisterung und Dynamik des Konvents von New York nutzen und waren der Ansicht, dass eine Busreise durch die umkämpften Staaten die Partnerschaft zwischen Bill und Al festigen und ihre Botschaft unterstreichen würde: »Die Menschen im Mittelpunkt.«

Im Verlauf der Busreise hatten wir Gelegenheit, einander besser kennen zu lernen. Bill, Al, Tipper und ich saßen Stunden zusammen und unterhielten uns, aßen gemeinsam, winkten aus dem Fenster und hielten den Bus an, um improvisierte Wahlveranstaltungen abzuhalten. Al war locker und entspannt und hatte stets einen treffenden Kommentar zu all unseren Aktivitäten auf den Lippen. Er lernte rasch, dass jede noch so kleine Gruppe von Personen am Straßenrand, gleichgültig wie spät es war und wo wir uns befanden, eine unwiderstehliche Versuchung für Bill war. Wann immer eine einsame Seele am Straßenrand winkte oder dem Bus nachsah, verkündete er: »Ich spüre, dass eine Rastpause bevorsteht.«

Als wir eines Nachts um zwei Uhr in Erie in Pennsylvania eintrafen, warteten hunderte geduldige Anhänger auf uns. Al, der ein wenig wacher war als alle anderen, wollte uns mit einer Abwandlung seiner Standardwahlrede auf Trab bringen: »Was steigt – Gesundheitskosten und Zinsen –, sollte sinken, und was sinkt – Beschäftigung und Hoffnung –, sollte steigen. Wir müssen die Richtung ändern.« Dann verkündete er: »Ich glaube, im 24-Stunden-Diner um die Ecke sitzen noch zwei Leute und trinken Kaffee. Auf, statten wir ihnen einen Besuch ab!« Selbst Bill schlug dieses Angebot aus.

Die größte Überraschung erlebten wir auf dem Land im Ohio River Valley. Wir hatten in Utica auf der Farm von Gene Branstool Halt gemacht, um bei einem Grillfest mit Landwirten aus der Gegend zu diskutieren. Als wir gerade aufbrechen wollten, erklärte uns Branstool, einige Meilen entfernt hätten sich an einer Kreuzung »ein paar Leute« versammelt, die wir begrüßen sollten. An der Kreuzung angekommen, glaubten wir, unseren Augen nicht zu trauen. Auf einem großen Feld hatten sich tausende Menschen versammelt. Fahnen schwenkende Leute saßen auf Traktoren, Kinder begrüßten uns mit selbst gemalten Schildern. Mein Lieblingsschild war: »Schenken Sie uns acht Minuten, und wir werden Ihnen acht Jahre schenken!«

Wo wir auch hinkamen, nach Vandalia (Illinois), nach St. Louis (Missouri), nach Corsicana (Texas) oder nach Valdosta (Georgia): Wir wurden von riesigen Menschenmengen erwartet, die eine so große Freude ausstrahlten, wie ich sie noch nie in Verbindung mit Politik gesehen habe. Die Reaktionen der Menschen, die wir im Verlauf dieser Busreise trafen, erhöhten meine Zuversicht, dass Bill die Wahl gewinnen würde. Die Amerikaner wollten eine neue Führung!

In den zwölf Jahren, in denen sie über das Weiße Haus herrschten, hatten die Republikaner die Staatsschulden vervierfacht und ständig wachsende Haushaltsdefizite angehäuft. In einer stagnierenden Wirtschaft war es vielen Menschen nicht mehr möglich, einen angemessenen Arbeitsplatz zu finden oder zu halten und die Krankenversicherung für sich und ihre Kinder zu bezahlen. Präsident Bush hatte zweimal ein Veto gegen den Family and Medical Leave Act eingelegt und sich als Vizepräsident und Präsident zum Abtreibungsgegner gewandelt, nachdem er früher noch als amerikanischer Botschafter bei den Vereinten Nationen und als texanischer Kongressabgeordneter die Familienplanung befürwortet hatte. Die Kriminalitätsrate, die Arbeitslosenquote, die Zahl der von Wohlfahrtsleistungen abhängigen Personen und die Zahl der Obdachlosen war gestiegen. Doch das größte Problem des Landes war die Krise des Gesundheitssystems. Wo wir auch hinkamen, hörten wir Geschichten über die ungleiche medizinische Behandlung. Mehr und mehr Bürgern blieb die erforderliche medizinische Versorgung versagt, weil sie nicht versichert waren und die Behandlungskosten nicht tragen konnten.

Ich glaube nicht, dass Bill jemals damit gerechnet hatte, dass die Gesundheitsreform zu einem zentralen Bestandteil seiner Wahlkampagne werden würde. Nicht umsonst lautete James Carvilles berühmter Slogan für den War Room »It's the economy, stupid«. Doch je mehr er sich mit dem Problem beschäftigte, desto klarer wurde ihm, dass die Reform der Krankenversicherung und die Eindämmung der außer Kontrolle geratenen medizinischen Kosten nicht nur nötig waren, um die medizinischen Bedürfnisse der Menschen zu befriedigen. Diese Maßnahmen zählten auch zu den Voraussetzungen für die wirtschaftliche Genesung.

Bill, ich und ein wachsendes Beraterteam begannen Konzepte für eine Gesundheitsreform zu entwickeln. Wir beschrieben diese Pläne in einem Buch, das unsere Wahlkampfleitung unter dem Titel »Putting People First« veröffentlichte. Zu den vorgeschlagenen Reformmaßnahmen zählten die Festlegung von Höchstgrenzen für die nationalen Ausgaben, um die Gesundheitskosten unter Kontrolle zu bringen, der Kampf gegen die Verschwendung im Versicherungswesen, ein Verbot der Preisabsprachen zwischen den Apothekern, die Festlegung grundlegender Leistungspakete, die Entwicklung von Versorgungsnetzen und vor allem die Garantie einer Krankenversicherung für alle Bürger. Wir wussten, dass die Reparatur des Gesundheitssystems eine gewaltige politische Herausforderung war. Aber wir waren der Ansicht, dass eine Entscheidung der Wähler für Bill Clinton am 3. November auch hieß, dass sie sich tatsächlich für einschneidende Veränderungen entschieden hatten.

Amtseinführung

Die letzten 24 Stunden des Wahlkampfs reisten Bill und ich kreuz und quer durch das Land und hielten letzte Veranstaltungen ab: in Philadelphia (Pennsylvania), Cleveland (Ohio), Detroit (Michigan), St. Louis (Missouri), Paducah (Kentucky), McAllen und Ft. Worth (Texas) sowie in Albuquerque (New Mexico). Wir sahen den Sonnenaufgang in Denver und landeten um etwa halb elf vormittags in Little Rock. Chelsea erwartete uns am Flughafen. Wir fuhren in die Gouverneursresidenz, um uns rasch umzuziehen, und machten uns auf den Weg zu unserem Wahllokal, wo ich stolz meine Stimme abgab, um Bill zu meinem Präsidenten zu wählen. Wir verbrachten den Tag mit Freunden und Verwandten im Gouverneurssitz und riefen unsere Helfer im ganzen Land an. Obwohl ich stets versuchte, die Wahlprognosen zu ignorieren, hörte ich nebenbei, dass erfreuliche Nachrichten hereinkamen. Um 22.47 Uhr gaben die Fernsehsender schließlich bekannt, dass Bill gewonnen hatte.

Ich war überwältigt. Nachdem Präsident Bush angerufen hatte, um Bill zu gratulieren, gingen wir in unser Schlafzimmer, schlossen die Tür und baten um Gottes Beistand bei der Bewältigung dieser ehrenvollen Aufgabe. Anschließend fuhren wir alle zum Old State House, wo der Wahlkampf vor 13 Monaten begonnen hatte. Gemeinsam mit den Gores traten wir vor begeisterte Anhänger aus Arkansas und Mitstreiter aus dem ganzen Land. Innerhalb weniger Stunden verwandelte sich

der Küchentisch im Amtssitz des Gouverneurs in das Nervenzentrum der zukünftigen Regierung. In den folgenden Wochen
gingen dort mögliche Kabinettsmitglieder ein und aus, die Telefone klingelten unentwegt, und Berge von Speisen wurden ver-
zehrt. Bill bat Warren Christopher, die Arbeiten in der Übergangszeit zu leiten. Mickey Kantor und Vernon Jordan sollten
bei der Auswahl der Kandidaten für die wichtigen Posten helfen. Als Erstes beschäftigten sie sich mit dem Wirtschaftsteam,
da Bill diesem Bereich absoluten Vorrang einräumte. Der texanische Senator Lloyd Bentsen willigte ein, das Amt des Finanz-
ministers zu übernehmen. Robert Rubin, einer der Chairmen
der Investmentbank Goldman Sachs, nahm Bills Angebot an,
als Wirtschaftsberater das neu zu gründende National Econo-
mic Council zu leiten. Laura D'Andrea Tyson, eine Wirt-
schaftsprofessorin an der University of California in Berkeley,
erklärte sich bereit, einem weiteren Gremium von Wirt-
schaftsberatern vorzustehen. Der Kongressabgeordnete und
Budgetexperte Leon Panetta wurde Direktor der Haushaltsbehörde. Gemeinsam mit diesen Experten konzipierte Bill eine
entschlossene und erfolgreiche Wirtschaftspolitik, die ein ver-
antwortungsvolles Haushalten des Staates und ein beispiello-
ses Wachstum des Privatsektors ermöglichen würde.

Inmitten dieser frenetischen Aktivität mussten Bill und ich
unser Hab und Gut zusammenpacken, um die Gouverneursresidenz zu verlassen, die ein Jahrzehnt lang unser Heim gewesen war. Da wir kein eigenes Haus besaßen, mussten wir unseren gesamten Besitz ins Weiße Haus mitnehmen. Es herrschte
absolutes Chaos.

Loretta Avent, eine Freundin aus Arizona, die mich in den
letzten Monaten auf meinen Wahlkampfreisen begleitet hatte,
nahm sich tausender Geschenke an, die aus aller Welt eintrafen und bald beträchtlichen Raum in dem großen Keller der
Gouverneursvilla einnahmen. Hin und wieder rief Loretta aus
dem Keller herauf: »Ihr werdet nicht glauben, was da gerade
gekommen ist!« Wenn mich die Neugierde packte und ich hinunterging, hielt sie ein aus Muscheln zusammengesetztes Porträt Bills auf rotem Samt oder eine Kollektion von Stoffhun-
den in Babykleidung in Händen, die als Präsent für unseren

mittlerweile im ganzen Land bekannten Kater Socks gedacht waren. Andere Freiwillige versuchten das Umzugsgut zu sortieren und zu dokumentieren, doch das Chaos weitete sich unaufhaltsam aus. In den letzten Tagen vor dem Umzug ähnelte die Gouverneursresidenz einem Irrenhaus. Die Zeit raste, und wir hatten noch zahllose Dinge zu organisieren.

Wir mussten eine neue Schule für Chelsea finden, die nun fast ein Teenager war und sich nicht darüber freute, ihr bisheriges Leben aufgeben und ein vollkommen neues beginnen zu müssen. Wir fragten uns, wie wir Chelsea im Weißen Haus eine normale Kindheit ermöglichen konnten. Von nun an würde sie rund um die Uhr vom Secret Service bewacht werden. Um ihr diese schwierige Anpassungsphase zu erleichtern, forderten wir Chelsea auf, ihre vier besten Freundinnen zu den Feierlichkeiten anlässlich der Amtseinführung einzuladen. Auch Socks durfte mit uns nach Washington kommen, wenngleich er dort nicht länger frei umherstreifen und tote Vögel und Mäuse als Trophäen sammeln konnte. Weil der Zaun um das Weiße Haus kein Hindernis für einen Kater ist, würden wir Socks zukünftig an die Leine legen müssen, wenn er ins Freie hinaus wollte.

Ich gab meine Partnerschaft in der Anwaltsfirma auf und begann, einen Mitarbeiterstab für das Büro der First Lady zusammenzustellen, während ich gleichzeitig Bill half, wo ich konnte. Wir machten uns auch schon Gedanken darüber, welche Rolle ich in Zukunft spielen sollte. Wie sollte ich eine »Position« ausfüllen, ohne einen eigentlichen »Arbeitsplatz« zu haben? Wie konnte ich meinem Mann helfen und meinem Land dienen, ohne meine eigene Stimme zu verlieren?

Es gab kein Schulungshandbuch und keine Stellenbeschreibung für die First Lady. Ich musste also meine eigenen Nachforschungen anstellen. Alle 38 Präsidentengattinnen vor mir hatten ihre persönlichen Einstellungen und Erwartungen, Vorlieben und Abneigungen, Träume und Zweifel ins Weiße Haus mitgebracht. Wie alle anderen First Ladies musste ich entscheiden, wie ich die neuen Möglichkeiten nutzen und der Verantwortung meiner Position gerecht werden wollte. Ich wollte im Weißen Haus eine Funktion übernehmen, die meinen

Interessen und meinem Stil entsprach und den Bedürfnissen meines Ehemanns, meiner Familie und meines Landes gerecht wurde. Doch das würde nicht leicht sein.

Im Lauf der Jahre hatte sich die First Lady zur Verkörperung einer idealtypischen – und weitgehend mythischen – amerikanischen Frau entwickelt. Eine Präsidentengattin, die diese Stereotype in Frage stellte, tat dies auf eigene Gefahr. Die wahren Geschichten des Lebens früherer First Ladies, insbesondere ihrer politischen und öffentlichen Aktivitäten, waren daher nicht beachtet, vergessen oder unterdrückt worden. Im März 1992 näherte sich die Geschichtsschreibung endlich der Wirklichkeit an. Das Smithsonian National Museum of American History nahm in seine populäre Ausstellung über die First Ladies auch Informationen über die politischen Aktivitäten und das öffentliche Image dieser Frauen auf. Neben der traditionellen Ausstellung der Kleider, die die Präsidentengattinnen bei der Amtseinführung getragen hatten, stellte das Museum nun auch die Tarnjacke aus, die Barbara Bush bei einem Truppenbesuch im Golfkrieg 1991 getragen hatte, und zitierte Martha Washington mit der Klage »Ich bin in erster Linie eine Gefangene des Staates«. Der Kuratorin der Ausstellung, Edith Mayo, wurde daraufhin vorgeworfen, das Smithsonian schreibe die Geschichte neu und würdige die »weiblichen Werte« der First Lady herab.

Bill und ich waren nicht das erste Paar im Weißen Haus, das im Privatleben und in der Politik eine Einheit bildete. Abigail Adams beriet ihren Ehemann in politischen Fragen, was ihr den abfälligen Spitznamen »Mrs. President« eintrug. Dolley Madison stritt sich mit dem Kongress über die Frage, ob für die Möblierung des Weißen Hauses öffentliche Gelder verwendet werden durften. Helen Taft übte hinter den Kulissen Druck auf Theodore Roosevelt aus, damit er ihren Ehemann zu seinem Nachfolger ernannte, und Edith Wilson war eine »inoffizielle Präsidentin«. Eleanor Roosevelt löste politische Wirbelstürme aus, Bess Truman redigierte Harrys Reden und Briefe und Lady Bird Johnson und Rosalyn Carter leisteten wichtige politische Arbeit. Wie wir hatten diese Paare gemeinsame Träume und vollbrachten gemeinsam Leistungen, wie wir feierten sie gemeinsame Siege und nahmen gemeinsam Niederlagen hin.

Doch uns war nicht vollkommen klar, wie diese Partnerschaft in die Regierung Clinton passen würde. Selbst wenn er es gewollt hätte – was er nicht tat –, hätte Bill mich nicht mit einem offiziellen Amt betrauen können. Denn seit Präsident John F. Kennedy seinen Bruder Bobby zum Generalstaatsanwalt gemacht hatte, verboten die Gesetze zur Bekämpfung des Nepotismus ein derartiges Verfahren. Aber es gab kein Gesetz, das es mir untersagt hätte, weiterhin als Bills unbezahlte Beraterin und gelegentlich als seine Repräsentantin zu fungieren. Wir waren uns stets darin einig gewesen, dass ich in der Regierung meines Ehemanns einen Beitrag leisten würde. Bis mich Bill am Ende der Übergangszeit fragte, ob ich die Leitung der Gesundheitsreform übernehmen wolle, hatten wir allerdings keine genaue Vorstellung von meiner Rolle.

Wir waren spät dran, als wir am Abend des 16. Januar 1993 Little Rock verließen. Tausende Freunde und Anhänger drängten sich in einem riesigen Flugzeughangar in Little Rock zu einer bewegenden Abschiedszeremonie. Bill war den Tränen nahe, als er der Menge zurief: »Arkansas ist fest in meinem Herzen verwurzelt und wird es immer sein.« Es folgten unzählige Umarmungen und Tränenausbrüche, als wir gemeinsam mit meinen Eltern, meinen Brüdern, Bills Mutter, ihrem Ehemann Dick sowie Bills Bruder Roger das Charterflugzeug nach Charlottesville in Virginia bestiegen. Bald verschwanden die Lichter von Little Rock hinter den Wolken – und wir konnten nur noch nach vorne blicken.

Von Charlottesville setzten wir unsere Fahrt nach Washington mit einem Bus fort. Wir wollten dieselbe 121 Meilen lange Strecke zurücklegen, die Thomas Jefferson im Jahr 1801 auf dem Weg zu seiner Amtseinführung in einer Kutsche bewältigt hatte. In meinen Augen war diese symbolische Reise ein wunderbarer Beginn für die Präsidentschaft von William Jefferson Clinton.

Am nächsten Morgen stießen Al und Tipper Gore bei einem Rundgang durch Jeffersons Herrenhaus Monticello zu uns.

Damit begannen die einwöchigen Amtseinführungsaktivitäten. Anschließend bestiegen wir wieder den Bus und fuhren nördlich in Richtung Washington. Entlang der vierspurigen Route 29 standen tausende Menschen, die uns zujubelten, Fahnen schwenkten, Schriftbänder emporhielten und Ballons steigen ließen. Auf selbst gebastelten Schildern konnten wir lesen: »Wir zählen auf dich.« »Halte deine Versprechen – AIDS wartet nicht.« »Ihr seid Sozialisten, ihr Dummköpfe.« Mein Lieblingsschild trug die simple Botschaft: »Gnade, Mitgefühl.«

Es war beinahe ein Wunder, dass der unter chronischer Unpünktlichkeit leidende designierte Präsident tatsächlich im Zeitplan blieb; wir trafen fünf Minuten vor Beginn unserer ersten offiziellen Veranstaltung beim Lincoln Memorial in Washington ein. Bei eisiger Kälte sollte auf den Stufen vor einer gewaltigen Menschenmenge ein Konzert stattfinden. Harry Thomason, Mel French und Rahm Emmanuel, die Zeremonienmeister der festlichen Amtseinführung, fielen sich vor Erleichterung in die Arme, als wir vorfuhren.

Aus Sicherheitsgründen musste ich zum ersten Mal in meinem Leben in einem Kasten aus kugelsicherem Glas Platz nehmen, was eine seltsame und befremdliche Erfahrung war. Sehr dankbar war ich allerdings für die kleinen Heizstrahler, die man uns wegen der Kälte vor die Füße gestellt hatte. Die Popdiva Diana Ross sang eine spektakuläre Version von »God Bless America«. Bob Dylan spielte für die Menge, genau wie an jenem Augusttag des Jahres 1963, an dem Martin Luther King junior auf denselben Stufen seine berühmte Rede »I Have a Dream« gehalten hat. Ich hatte Reverend King selbst erlebt und nun stand ich hier, und lauschte den Wortn, mit denen Bill diesen großen Mann würdigte: »Bauen wir gemeinsam ein amerikanisches Heim für das 21. Jahrhundert auf, in dem jedermann Platz an der Tafel findet und kein einziges Kind zurückbleiben muss. Wir müssen heute und in Zukunft gemeinsam vorwärts streben, oder wir werden auf der Stelle treten.«

Die Sonne ging bereits unter, als Bill, Chelsea und ich gemeinsam mit den Gores eine Parade anführten, die tausende singende Menschen über die Memorial Bridge führte. Auf der anderen Seite der Brücke wurde eine Replik der Freiheitsglocke geläutet – gleichzeitig erklangen im ganzen Land, ja sogar an Bord der Raumfähre Endeavor, die gerade den Erdball umkreiste, tausende »Glocken der Hoffnung«. Wir sahen eine Weile dem Feuerwerk zu, das die Nacht über der Hauptstadt erleuchtete. Dann mussten wir zu einer weiteren Veranstaltung aufbrechen, auf die noch eine folgte, und noch eine, bis all die Feiern zu einem Kaleidoskop von Gesichtern und Stimmen verschmolzen.

Im Verlauf der einwöchigen Amtseinführungsfeierlichkeiten wohnten wir mit unseren Familien und persönlichen Mitarbeitern im Blair House, in dem traditionell die Staatsgäste und designierten Präsidenten untergebracht werden. Das Blair House und seine professionelle Belegschaft wurde von Benedicte Valentiner geleitet. Valentiner, die von allen nur »Mrs. V« genannt wurde, und ihre Stellvertreterin Randy Baumgardner gaben uns das Gefühl, in der riesigen, eleganten Villa, die in dieser hektischen Woche eine Oase der Stille war, zu Hause zu sein. Das Blair House ist berühmt dafür, dass dort auch die ausgefallensten Wünsche umgehend erfüllt werden. Unsere Truppe war anspruchslos verglichen mit einigen Staatschefs, die beispielsweise nackte Wachen verlangten, um sicherzugehen, dass diese keine Waffen versteckten, oder ihre eigenen Köche mitbrachten, die ihnen alle erdenklichen Köstlichkeiten zubereiteten – darunter nationale Spezialitäten wie Schlange.

Bill hielt in dieser Woche zahlreiche Ansprachen, doch die wichtigste Rede seines Lebens hatte er immer noch nicht fertig. Er ist zwar ein begnadeter Redenschreiber, der die Gabe besitzt, seine Reden leicht und spontan erscheinen zu lassen. Aber seine ständigen Korrekturen in letzter Minute trieben mich und seine Mitarbeiter zur Verzweiflung. Ich war eigentlich an die unablässige Kesselflickerei gewöhnt, doch ich spürte, wie meine Angst wuchs, je näher der große Augenblick rückte. Meinen Ehemann, der Gefallen daran fand, seine gesamte Umgebung in sein kreatives Chaos einzubinden, amüsierte unsere Aufregung.

In jeder freien Minute zwischen den Veranstaltungen wurde die Arbeit an der Rede fortgesetzt. Bills wichtigster Redenschreiber David Kusnet, sein Kommunikationschef George

Stephanopoulos, Al Gore und ich steuerten unsere Anregungen bei. Obendrein rief Bill noch zwei alte Freunde zu Hilfe: den Romanautor Tommy Caplan, mit dem er sich in der Studienzeit in Georgetown ein Zimmer geteilt hatte, sowie den Pulitzerpreisträger Taylor Branch, der im Jahr 1972 in Texas am Wahlkampf für McGovern teilgenommen hatte. Während der Arbeit erhielt Bill einen Brief von Father Tim Healy, dem ehemaligen Präsidenten der Georgetown University, der mittlerweile die New York Public Library leitete. Er kannte Bill seit dessen Georgetown-Zeit und wollte ihm zu seinem Sieg gratulieren. Nachdem Healy einen plötzlichen Herzanfall erlitten hatte, war der Brief in der Schreibmaschine gefunden und an Bill geschickt worden. In dieser posthumen Botschaft stand zu lesen, dass Bills Wahl »den Frühling erzwingen« und zum Erblühen neuer Ideen, Hoffnungen und Energien führen werde, die dem Land neue Kraft verleihen würden. Ich mochte diese Formulierung, in der ich eine wunderbare Metapher für Bills Pläne sah.

Um vier Uhr morgens am Tag seiner Amtseinführung war Bill endlich mit seiner Antrittsrede fertig. Ich habe mich immer wieder gefragt, wie es uns gelang, jenen Tag zu überstehen. Er begann mit einem bewegenden ökumenischen Gottesdienst in der Metropolitan A.M.E. Church. Anschließend zogen wir ins Weiße Haus ein. Das Ehepaar Bush empfing uns mit seinen beiden wild umherspringenden Cockerspaniels Millie und Ranger im Säulengang beim Nordportico. Sie waren sehr zuvorkommend und gaben sich alle Mühe, in einer Situation, die leicht peinlich hätte werden können, für eine gelöste Stimmung zu sorgen.

Im Weißen Haus gesellten sich die Gores sowie Alma und Ron Brown zu uns. Ron Brown war Vorsitzender des Democratic National Congress und sollte kurz darauf das Handelsministerium übernehmen. Des Weiteren waren Harry und Linda Thomason anwesend; Harry war einer der Vorsitzenden des Amtseinführungskomitees.

Der Präsident und Mrs. Bush geleiteten uns in das Blaue Zimmer, wo wir Kaffee tranken und etwa zwanzig Minuten plauderten, bis der Zeitpunkt gekommen war, zum Kapitol aufzubrechen. Bill fuhr mit George Bush in der Präsidentenlimousine und ich folgte in Begleitung von Barbara Bush in einem anderen Wagen. Unendlich viele Menschen, die die Pennsylvania Avenue säumten, jubelten und winkten uns zu.

Im Kapitol folgten wir unseren Gastgebern vom Kongress durch das Gebäude hinaus zur Westfront, wo man einen atemberaubenden Blick über die Promenade bis zum Washington Monument und dem Lincoln Memorial hat. Ich schluckte, als ich die riesige Menschenmenge sah, die sich vor dem Kapitol versammelt hatte.

Dem Brauch entsprechend spielte die Marine Band kurz vor zwölf ein letztes Mal »Hail to the Chief« für George Bush. Ich war sehr bewegt, als das Stück wenige Minuten später für seinen Nachfolger erklang. Nachdem er den Amtseid geleistet hatte, nahm Bill Chelsea und mich in die Arme, küsste uns und flüsterte: »Ich liebe euch.«

In seiner Antrittsrede sprach Bill über die Bereitschaft, sich in den Dienst der Vereinigten Staaten zu stellen und warb für die Veränderungen, die er im Wahlkampf angekündigt hatte. »Amerika hat keine Mängel, die nicht mit seinen Vorzügen behoben werden könnten«, erklärte er, um die Amerikaner anschließend zu »einer Zeit des Dienstes« an ihren bedürftigen Mitmenschen in der Heimat und zum Aufbau der Demokratie und der Freiheit in aller Welt aufzurufen.

Nach der Vereidigungszeremonie aßen Bill und ich im Kapitol mit Kongressmitgliedern, während einige unserer neuen Mitarbeiter bereits im Weißen Haus unsere Sachen auspackten. So wie am Tag der Amtseinführung genau zu Mittag die Macht von einem Präsidenten auf den nächsten übergeht, wechselt auch das Weiße Haus in diesem Augenblick den Besitzer. Um 12.01 Uhr fuhr der Umzugswagen von George und Barbara Bush vor dem Lieferanteneingang ab, während unsere Lastwagen vorfuhren. Die Laster, die unser Gepäck, unsere Möbel und hunderte Kisten aus Arkansas gebracht hatten, wurden innerhalb weniger Stunden zwischen der Zeremonie auf dem Kapitol und dem Ende der großen Parade in Windeseile entladen. Unsere Helfer packten hastig die Kleider und die persönlichen Dinge aus, die wir an jenem Abend benötigen würden, während unser übriger Hausrat vorläufig in Schränken und leeren Räumen verstaut wurde.

Im Weißen Haus war man davon ausgegangen, dass sich unser Übergangsteam im Voraus mit den Sicherheitsbestimmungen vertraut gemacht und allen wichtigen Mitarbeitern einen Sicherheitsausweis beschafft hatte. Ohne diesen Ausweis wurde man von den uniformierten Wachen nicht auf das Grundstück gelassen. Die Sicherheitsprüfung wurde mit dem Akronym WAVES bezeichnet, das für »Workers and Visitors Entrance System« (Zutrittssystem für Mitarbeiter und Besucher) stand. Wer keinen Sicherheitsausweis des Weißen Hauses besaß, musste sich auf eine Liste von Gästen setzen lassen, die eine Vorprüfung absolviert hatten; dieser Vorgang wurde als »WAVE-d in« bezeichnet. Unglücklicherweise glaubte meine persönliche Assistentin Capricia Marshall, »waved in« bedeute, dass man mit einer freundlichen Handbewegung »hereingewinkt« werde. Also lief Capricia, die mein Festkleid an jenem Tag nicht aus den Augen lassen wollte, mit dem Kleid über dem Arm winkend von Tor zu Tor, in der Hoffnung, eine der Wachen würde »zurück«- und sie damit hineinwinken. Ich erfuhr erst später, dass das violett-blaue, mit Spitzen besetzte Ballkleid an jenem Tag beinahe nicht an den Sicherheitsleuten des Weißen Hauses vorbeigekommen wäre.

Im Anschluss an das Mittagessen fuhren Bill, Chelsea und ich gemeinsam vom Kapitol aus die Paradestrecke bis zum Gebäude des Schatzamtes entlang, wo wir unter Protest des Secret Service ausstiegen und den restlichen Weg über die Pennsylvania Avenue zu den Zuschauerrängen vor dem Weißen Haus zu Fuß gingen. Dort sollten wir die dreistündige Parade abnehmen. Da die Demokraten 15 Jahre lang keinen Präsidenten gestellt hatten, wollte alle Welt daran teilnehmen. Allein aus Arkansas kamen sechs Marschkapellen!

Nachdem der letzte Festwagen vorbeigerollt war, betraten wir das Weiße Haus als seine neuen Bewohner. Ich erinnere mich noch daran, wie ich das Gebäude zwei Monate zuvor als Frau des Gouverneurs von Arkansas auf Einladung von Barbara Bush besichtigt hatte. Nun war es mein Heim. Als ich den Weg zur Villa hinaufging und die Treppen des nördlichen

Säulengangs erklomm, wurde mir bewusst, dass ich tatsächlich die First Lady war, die Ehefrau des Präsidenten der Vereinigten Staaten. Nun war ich ein Teil der Geschichte dieses Landes.

In der Eingangshalle wurden wir vom ständigen Mitarbeiterstab des Weißen Hauses begrüßt. Diese hundert Frauen und Männer halten den Betrieb des Hauses aufrecht und erfüllen die besonderen Bedürfnisse seiner Bewohner, gleichgültig, wer der Präsident ist. Das Weiße Haus beschäftigt eigene Ingenieure, Tischler, Klempner, Gärtner, Floristen, Kuratoren, Köche, Butler und Hausmeister, deren Arbeitsplätze von den Regierungswechseln unberührt bleiben. Geleitet wird der Betrieb von den »Ushers«, den höchsten »Zeremonienmeistern«. Dieser Begriff aus dem 19. Jahrhundert, mit dem die obersten Hofbeamten des britischen Königshauses bezeichnet werden, wird im Weißen Haus immer noch verwendet.

Man begleitete uns in die Privaträume im zweiten Stock, die kahl wirkten, da die Möbel und persönlichen Dinge der Familie Bush verschwunden und unsere noch nicht vollständig ausgepackt waren. Doch ich hatte keine Zeit, mir darüber Gedanken zu machen. Ich musste mich beeilen, denn ich wollte noch feiern gehen.

Zu den Prunkstücken der Residenz zählt der Schönheitssalon, in dem sich Chelsea, ihre Freundinnen, meine Mutter, meine Schwiegermutter und meine Schwägerin Maria drängten, lauter Cinderellas, die sich in aller Eile schön machen wollten.

Bill hatte vor, zu jedem der elf Bälle zu gehen, die an diesem Abend zu seinen Ehren stattfinden würden – und zwar nicht nur für die üblichen fünfminütigen Anstandsbesuche. Chelsea und ihre Freundinnen begleiteten uns zu mehreren Festen, unter anderem zum MTV Ball, bevor sie zum Schlafen ins Weiße Haus zurückkehrten. Der Arkansas Ball, der im Washington Convention Center stattfand, war der größte und vergnüglichste, denn dort hatten sich unsere Familien und 12 000 Freunde und Anhänger versammelt. Ben E. King drückte Bill sein Saxophon in die Hand – der Präsident löste mit seinem Auftritt Begeisterungsstürme aus.

Keiner unter den tausenden Menschen, die jeden Augenblick

genossen, hatte mehr Freude als Bills Mutter Virginia. Sie wurde auf mindestens drei Bällen zur Ballkönigin gewählt, kannte in kürzester Zeit bereits die Hälfte der Nachtschwärmer und fand an jenem Abend auch eine besondere Freundin: Barbra Streisand. Die beiden begannen beim Arkansas Ball ein Gespräch, das im folgenden Jahr mit wöchentlichen Telefonaten fortgesetzt wurde. Bill und ich tanzten an diesem Abend so oft zu unserem inoffiziellen Wahlkampfsong »Don't Stop Thinking about Tomorrow«, dass ich mich zwischendurch meiner Schuhe entledigen musste, um meinen strapazierten Füßen ein wenig Erholung zu gönnen. Wir wünschten uns beide, dass dieser Abend nie enden würde, doch als die Musiker beim Midwestern Ball im Sheraton Hotel um zwei Uhr nachts anfingen, ihre Instrumente einzupacken, machten wir uns auf den Heimweg zum Weißen Haus.

Wir waren zu müde, um unser neues Heim zu erkunden und fielen völlig erschöpft ins Bett – nur um wenige Stunden später von einem energischen Klopfen gegen die Schlafzimmertür geweckt zu werden.

Klopf, klopf, klopf.

»Hmm?«

KLOPF, KLOPF, KLOPF.

Bill fuhr hoch, und ich tastete im Dunkeln nach meiner Brille. Ein Notfall? Plötzlich flog die Tür auf, und ein Mann im Smoking betrat das Schlafzimmer, um auf einem silbernen Tablett das Frühstück hereinzutragen. Anscheinend waren die Butler gewohnt, jeden Morgen um halb sechs das Frühstück den als Frühaufstehern bekannten Bushs zu servieren. Doch die ersten Worte, die der arme Mann vom 42. Präsidenten der Vereinigten Staaten zu hören bekam, waren: »Hey! Was soll das?« Ich habe nie jemanden schneller aus einem Raum flüchten sehen als diesen Butler. Bill und ich sahen uns nur an und brachen in Gelächter aus.

Als wir wieder unter die Bettdecken gekrochen waren, um wenigstens noch ein bisschen Schlaf zu erhaschen, dämmerte mir, dass sowohl dem Weißen Haus als auch seinen neuen Bewohnern einige größere öffentliche und private Änderungen bevorstanden.

Die Präsidentschaft von Bill Clinton stand stellvertretend für einen politischen Generationswechsel, der sämtliche Institutionen Washingtons erfassen sollte. Zwanzig der letzten 24 Jahre hatte das Weiße Haus den Republikanern gehört. Seine Bewohner stammten aus der Generation unserer Eltern. Die Reagans hatten ihr Abendessen oft vor dem Fernsehgerät eingenommen, und über das Ehepaar Bush wurde berichtet, dass sie sehr früh zu Bett gingen und im Morgengrauen aufstanden, um die Hunde auszuführen und sich auf den fünf Fernsehern in ihrem Schlafzimmer sämtliche Frühnachrichten anzusehen. Nach zwölf Jahren hatten sich die ständigen Mitarbeiter des Weißen Hauses an einen geregelten Tagesablauf gewöhnt. Seit Jimmy Carter im Jahr 1981 aus dem Weißen Haus ausgezogen war, hatten dort auch keine Kinder mehr gelebt. Ich hatte den Verdacht, dass der lockere Lebensstil unserer Familie und unsere Gewohnheit, rund um die Uhr zu arbeiten, dem Personal so fremd sein würden wie uns die Förmlichkeit des Weißen Hauses.

Bill hatte seinen Wahlkampf unter das Motto »Der Mensch im Mittelpunkt« gestellt, und wir wollten gleich am ersten Tag mit der Umsetzung beginnen. Wir luden tausende Menschen zu einem Tag der offenen Tür ins Weiße Haus ein; viele der Besucher waren per Losverfahren ausgewählt worden. Ihre Eintrittskarten in der Hand begannen sie noch vor Sonnenaufgang, sich vor dem Weißen Haus in einer Schlange anzustellen, die sich vom Osttor quer über das Grundstück bis zum südlichen Säulengang erstreckte. Doch wir hatten nicht vorausgesehen, wie lange die Gores und wir brauchen würden, um jeden einzelnen Besucher zu begrüßen. Mir war schrecklich zumute, als mir klar wurde, dass viele der Leute, die draußen in der Kälte warteten, uns nicht mehr antreffen würden.

Ich hatte völlig vergessen, dass C-SPAN das Ereignis live sendete und ich deshalb ein Reversmikrofon trug, während ich mich bei Bill über die Situation beklagte. Dies waren nicht gerade die ersten Worte, die die amerikanische Öffentlichkeit von der neuen First Lady hätte hören sollen. Immerhin diente mir dieser Vorfall als rechtzeitige Warnung, dass von nun an alles, was ich sagte oder tat, registriert werden würde – ob es mir gefiel oder nicht.

Am späten Nachmittag hatten wir auch unsere anderen Verpflichtungen absolviert und konnten endlich in Freizeitkleidung schlüpfen und uns ein wenig in unserem neuen Heim umsehen. Im zweiten Stock befanden sich zwei Gästezimmer, der Queen's Room und der Lincoln Bedroom. Dazu kamen sieben weitere Gästezimmer im dritten Stock, die alle belegt waren. Denn neben Chelseas Freundinnen und unseren Familien hatten wir auch Diane und Jim Blair sowie Harry und Linda Thomason ins Weiße Haus eingeladen.

Harry und Linda produzierten und schrieben einige sehr erfolgreiche Fernsehserien, darunter »Designing Women« und »Evening Shade«, doch ihr Herz hatten sie in den Ozarks gelassen. Harry war in Hampton aufgewachsen und hatte zu Beginn seiner beruflichen Laufbahn als Footballtrainer an einer Schule in Little Rock gearbeitet. Linda stammte aus einer Familie von Juristen und Aktivisten, die nahe der Staatsgrenze von Arkansas in Poplar Bluff (Missouri) ansässig war. Linda erzählte uns lachend, die einzige andere bekannte Person aus diesem Teil Missouris sei Rush Limbaugh, der ultrakonservative Radiomoderator, der zu den größten Anhängern George Bushs gehörte. Die Familien von Linda und Rush kannten einander und pflegten seit langem eine freundschaftliche Rivalität.

Nachdem wir in der turbulenten Woche der Feiern zur Amtseinführung keinen Augenblick zur Ruhe gekommen waren, war es schön, sich in Gesellschaft vertrauter Menschen ein wenig entspannen zu können. Da wir uns noch nicht daran gewöhnen konnten, die Butler zu rufen, wenn wir etwas essen wollten, entschlossen wir uns am späten Abend, die kleine Familienküche im Westflügel zu überfallen. Harry und Bill durchstöberten die Schränke, während Linda und ich den Kühlschrank öffneten. Das Einzige, was wir darin fanden, war eine halb volle Flasche Wodka, mit der wir auf den neuen Präsidenten, das Land und unsere Zukunft anstießen.

Unsere Eltern waren bereits zu Bett gegangen, und auch in Chelseas Zimmer war es endlich still geworden. Die Mädchen waren nach einer Schnitzeljagd, die die Verwalter und Ushers für sie inszeniert hatten, erschöpft ins Bett gefallen. Die Verwalter hatten sich alle möglichen Aufgaben ausgedacht, damit sich Chelsea spielerisch mit ihrer neuen Umgebung vertraut machen konnte. Eine hatte gelautet: »Findet das Gemälde mit dem gelben Vogel« (»Still Life with Fruit, Goblet and Canary« von Severin Roesen im Roten Zimmer). Eine andere hieß: »Sucht das Zimmer, in dem angeblich ein Gespenst gesichtet wurde.« Gemeint war das Schlafzimmer Lincolns, in dem manche Gäste einen kalten Hauch verspürten und sich einbildeten, geisterhafte Figuren zu sehen.

Harry und Linda wurde in jener Nacht ebenjenes Schlafzimmer zugeteilt. Als sie sich in das lange Rosenholzbett legten, fanden sie unter dem Kopfkissen einen Zettel.

»Liebe Linda«, war darauf zu lesen, »ich war zuerst hier, und ich werde wiederkommen.« Unterschrieben: »Rush Limbaugh.«

OSTFLÜGEL, WESTFLÜGEL

Das Weiße Haus ist der Amtssitz des Präsidenten, sein Wohnhaus und ein nationales Museum. Die Abläufe waren seit vielen Jahren unverändert und die Arbeit wurde vielfach von Angestellten geleistet, die seit Jahrzehnten dort tätig waren. Der Chefgärtner Irv Williams war schon unter Präsident Truman im Weißen Haus gewesen. Die ständigen Mitarbeiter sorgten für Kontinuität und waren in vielerlei Hinsicht das Herz, das Hirn und die Seele der Präsidentenresidenz. Diese Männer und Frauen waren die eigentlichen Bewohner des Amtssitzes, während die Präsidenten und ihre Familien lediglich »Gäste« waren. Als Bills Amtsvorgänger George Bush zur Enthüllung seines offiziellen Porträts im Weißen Haus weilte, traf er einen Butler namens George Washington Hannie junior wieder, der seit Jahrzehnten dort tätig war, und fragte: »George, Sie sind immer noch hier?!« Der altgediente Butler antwortete: »Ja, Sir. Die Präsidenten kommen und gehen, aber George bleibt.«

Wie in vielen altehrwürdigen Einrichtungen setzten sich Veränderungen im Weißen Haus nur langsam durch. Das Telefonsystem etwa stammte aus einer längst vergangenen Ära. Um von einem Apparat in der Residenz nach draußen zu telefonieren, musste man den Hörer abnehmen und einer Telefonistin sagen, welche Nummer sie wählen sollte. Irgendwann gewöhnte ich mich an das System und lernte die freundlichen und geduldigen Leute zu schätzen, die an den Schalttafeln saßen. Selbst als die Telefonanlage schließlich technisch aufgerüstet wurde, ließ ich mich weiterhin verbinden.

Unsere vielleicht überraschendste Entdeckung in der ersten Woche im Weißen Haus war, dass vor unserer Schlafzimmertür ein Agent des Secret Service postiert war. Auch diese Sicherheitsmaßnahme war seit Generationen üblich, und der Geheimdienst hielt anfangs unnachgiebig daran fest.

»Und wenn der Präsident mitten in der Nacht einen Herzanfall erleidet?«, fragte mich ein Agent, als ich vorschlug, er solle sich ein Stockwerk tiefer postieren.

»Er ist 46 Jahre alt und bei ausgezeichneter Gesundheit«, erwiderte ich. »Er wird keinen Herzanfall erleiden!«

Zwölf Jahre lang hatte der Geheimdienst kaum auf unvorhergesehene Ereignisse reagieren müssen. Mit uns wurde alles anders. Wenn Bill zwei oder mehr Leute auf einem Fleck sah, ging er auf sie zu, gleichgültig, ob der Sicherheitsdienst dies guthieß oder nicht. Ich führte zahlreiche lange Gespräche mit den Agenten, die uns schützen sollten. Schließlich sagte Don Flynn, ein leitender Sicherheitsbeamter: »Jetzt verstehe ich es. Es ist, als wäre einer von uns Präsident. Wir gehen auch gern irgendwohin, unternehmen etwas und bleiben lange auf.«

Der Sicherheitsdienst gibt seinen Schützlingen Decknamen, die nicht mit den Betroffenen abgesprochen werden. Die Mitglieder einer Familie erhalten dabei stets Namen, die mit demselben Buchstaben beginnen. So wurde Bill »Eagle«, während ich »Evergreen« war und Chelsea die passende Bezeichnung »Energy« erhielt. Die Decknamen, die irgendwie lächerlich auf uns wirkten, kaschierten eine schmerzhafte Realität: Wir waren einer ständigen Bedrohung ausgesetzt, die eine Bewachung erforderte, die oft die Privatsphäre verletzte.

Eine meiner ersten Aufgaben bestand darin, Mitarbeiter auszuwählen, Büros einzurichten und mich mit den traditionellen Pflichten einer First Lady vertraut zu machen. Und damit löste ich gleich ordentlichen Wirbel aus.

Im Westflügel des Weißen Hauses befinden sich das Oval Office, der Roosevelt Room, der Cabinet Room, der Situation Room (wo streng geheime Sitzungen stattfinden und Mitteilungen abgeschickt und entgegengenommen werden), die Navy Mess, wo die Mahlzeiten eingenommen werden, sowie die Büros der leitenden Mitarbeiter des Präsidenten. Der übrige Stab des Weißen Hauses arbeitet auf der anderen Seite einer Auffahrt im Old Executive Office Building, kurz OEOB.

Im Ostflügel, der auf zwei Etagen Büros beherbergt, waren seit der Administration Truman die First Ladies und ihre Mitarbeiterstäbe untergebracht. Darüber hinaus gab es in diesem Flügel einen großen Empfangssaal für Besucher, den Kinosaal des Weißen Hauses und einen langen verglasten Säulengang am Rand des Gartens. Als die First Ladies im Lauf der Jahre umfassendere Pflichten übernommen hatten, waren ihre zunehmend spezialisierten Mitarbeiterstäbe gewachsen. Jackie Kennedy hatte als Erste ein eigenes Pressesekretariat. Lady Bird Johnson lehnte die Organisation ihres Stabes an den des Westflügels an. Rosalyn Carter hatte einen Stabsleiter, der an den täglichen Sitzungen des Präsidentenstabs teilnahm und Nancy Reagan erhöhte die Zahl und die Stellung ihrer Mitarbeiter. Aber keine First Lady oder ihre Mitarbeiter hatten je Büros im Westflügel oder im OEOB, das mittlerweile nach Eisenhower benannt ist.

Meine Stabschefin Maggie Williams übernahm es, die harten Verhandlungen zu führen. Das Besucherbüro, die persönliche Korrespondenz und das Sekretariat für gesellschaftliche Anlässe sollten ihren Sitz im Ostflügel behalten. Doch mein politischer, mein Presse- und Verwaltungsstab mussten näher an das Nervenzentrum des Weißen Hauses heranrücken, denn sie sollten ein fester Bestandteil der Administration werden.

Schließlich konnte ein Teil des Stabes der First Lady eine Zimmerflucht am Ende eines langen Korridors im ersten Stock des OEOB beziehen. Dieses beispiellose Ereignis in der Geschichte des Weißen Hauses lieferte den Komikern in den Late Night Shows und den politischen Experten eine Menge Gesprächsstoff. Ein Karikaturist zeichnete ein Weißes Haus, bei dem sich aus dem Dach des zweiten Stocks ein Oval Office erhob – eine Anspielung darauf, dass es in der Administration meines Ehemanns angeblich eine Co-Präsidentin gab.

Ein weiteres Zugeständnis an das Büro der First Lady war, dass Maggie Assistentin des Präsidenten wurde – ihre Vorgängerinnen waren alle nur Stellvertretende Assistentinnen gewesen – und jeden Morgen um 7.30 Uhr an der Sitzung der leitenden Mitarbeiter und Spitzenberater des Präsidenten teilnahm. Meinem Büro waren auch eine innenpolitische Vollzeitmitarbeiterin sowie eine Redenschreiberin zugeteilt, die insbesondere an meinen Vorträgen in Zusammenhang mit der Gesundheitsreform arbeitete. Mein zwanzigköpfiges Team umfasste darüber hinaus eine Stabschefin, eine Pressesekretärin, eine Planungsleiterin, eine Reiseplanerin und eine Briefingchefin. Diese Veränderungen waren unverzichtbar, wenn ich wirklich wie vereinbart an Bills politischer Arbeit teilhaben sollte, insbesondere an der Politik im Bereich Frauen, Kinder und Familien.

Es dauerte nicht lange, bis sich mein Stab in der Administration und in den Medien den Ruf erworben hatte, aktiv und einflussreich zu sein, was nicht zuletzt den Führungsqualitäten von Maggie und meiner stellvertretenden Stabschefin Melanne Verveer zu verdanken war. Melanne und ihr Ehemann Phil waren seit einer gemeinsamen Studienzeit an der Georgetown University mit Bill befreundet. Melanne, eine leidenschaftliche Demokratin, die bereits auf dem Capitol Hill gearbeitet hatte, engagierte sich auch für Menschen- und Frauenrechte. Ich zog sie immer damit auf, dass es in Washington wohl keinen Menschen gebe, der ihr nicht bekannt sei. Nicht nur Melanne, sondern auch ihr Rolodex-Organizer war in der Hauptstadt legendär: Er enthielt mindestens 6000 Namen. Es ist unmöglich, all die Veränderungen und Projekte aufzuzählen, hinter denen Melanne zunächst als stellvertretende, und in Bills zweiter Amtszeit als Stabschefin stand.

Das neue »Hillaryland« im Weißen Haus war vollkommen in die tägliche Arbeit im Westflügel integriert. Zugleich bildete es eine kleine Subkultur mit einem eigenen Ethos. Mein Stab war stolz auf seine Diskretion, Loyalität und Kameradschaft. Der Westflügel leckte wie ein Sieb, aber aus Hillaryland drang nichts nach außen. Während die Chefberater des Präsidenten um die größten Büros in der Nähe des Oval Office buhlten, teilten meine leitenden Mitarbeiterinnen bereitwillig ihre Büros mit ihren jungen Assistentinnen. In unserem größten Konferenzsaal fanden kleine Besucher stets Spielzeug, Malstifte und

Kekse vor. Einmal bestellte Melanne zu Weihnachten Revers-
knöpfe, auf denen in ganz kleinen Buchstaben HILLARYLAND
zu lesen war, und wir begannen, Ehrenmitgliedschaften zu vergeben. In diesen Genuss kamen üblicherweise die geplagten
Ehemänner und Kinder meiner überarbeiteten Mitarbeiterinnen. Die Mitgliedschaft in Hillaryland berechtigte die Familienangehörigen, jederzeit zu Besuch zu kommen und an allen
unseren Partys teilzunehmen.

Während die Arbeit im Westflügel reibungslos angelaufen war,
hatte ich vor meinen Pflichten im Ostflügel eine Heidenangst.
Nur zehn Tage nach der Amtseinführung sollte unser erstes
großes gesellschaftliches Ereignis stattfinden, das jährliche
Galadiner zu Ehren der Gouverneure. Bill war Vorsitzender
des Gouverneursverbands gewesen, und unter den erwarteten
Gästen waren zahlreiche Kollegen und Freunde, die wir seit
Jahren kannten. Das Diner musste ein Erfolg werden, zumal
ich unbedingt die in den Medien kolportierte Einschätzung
entkräften wollte, dass ich nur geringes Interesse an den traditionellen Aufgaben der First Lady habe.
    Ich hatte zwar in Arkansas schon einige kleinere Gesell-
schaften gegeben, aber für diesen Galaempfang brauchte ich
Unterstützung. Meine engsten Freundinnen, die ich stets anrufen konnte, munterten mich zwar auf, doch keine von ihnen
hatte im Weißen Haus oder auch nur im Mittelpunkt des
öffentlichen Interesses gelebt. Glücklicherweise kannte ich eine
Frau, die wusste, was ich durchmachte, und mir mit wertvollen Einsichten und Ratschlägen zur Seite stand.
    Am 26. Januar flog ich in einer Linienmaschine nach New
York. (Eines der letzten Male für die folgenden acht Jahre, da
die Sicherheitsvorkehrungen die anderen Passagiere belästig-
ten.) Der offizielle Grund für meine Reise war, dass ich in New
York den Lewis Hine Award für meinen Einsatz für die Rechte des Kindes entgegennehmen und die öffentliche Schule P.S.
115 besuchen würde, um für ein freiwilliges Tutorenprogramm
zu werben. Inoffiziell war jedoch auch ein privates Mittagses-
sen mit Jacqueline Kennedy Onassis in ihrem wunderschönen
Apartment in der 5th Avenue vorgesehen.

Ich hatte Jackie mehrfach getroffen und sie 1992 im Lauf des Wahlkampfs schon einmal besucht. Sie hatte zu den ersten Befürwortern von Bills Kandidatur gezählt, seinen Wahlkampf finanziell unterstützt und am Parteikonvent teilgenommen. Sie war eine bedeutende öffentliche Person, die ich bewunderte, seit ich denken konnte. Jackie Kennedy war eine herausragende First Lady gewesen, die Stil, Eleganz und Intelligenz ins Weiße Haus gebracht hatte. Bei meinem Besuch hoffte ich nun, mehr darüber zu erfahren, wie sie sich damals, vor dreißig Jahren in der fest verwurzelten Kultur des Weißen Hauses zurechtgefunden hatte. Ich hatte das Gefühl, dass sich seitdem nicht viel geändert hatte.

Meine Begleiter vom Secret Service setzten mich kurz vor Mittag im Foyer ihres Wohnhauses ab. Jackie empfing mich in beigefarbenen Seidenhosen, einer dazu passenden Bluse mit feinen pfirsichfarbenen Streifen und einer Seidenjacke im 15. Stock beim Aufzug. Mit ihren 63 Jahren war sie immer noch so schön und würdevoll wie früher.

Nach Präsident Kennedys Tod 1963 hatte sie sich für viele Jahre aus der Öffentlichkeit zurückgezogen, den griechischen Reeder Aristoteles Onassis geheiratet und später eine erfolgreiche Karriere als Lektorin für eines der angesehensten New Yorker Verlagshäuser begonnen. Das Erste, was mir an ihrem Apartment auffiel, waren die vielen Bücher: auf und unter den Tischen, neben den Sofas und auf den Stühlen. In ihrem Büro waren die Bücher so hoch gestapelt, dass sie ihren Teller darauf stellen konnte, wenn sie am Schreibtisch aß. Ich war nicht nur beeindruckt von der Menge der Bücher, sondern auch von ihrer dekorativen Wirkung. Deshalb versuchte ich nach meiner Rückkehr, mit allen Büchern, die Bill und ich besitzen, Jackies »Bücherordnung« nachzuahmen. Wie nicht anders zu erwarten, wirkte das bei uns längst nicht so elegant.

Wir nahmen an einem Tisch in der Ecke ihres Wohnzimmers Platz, blickten auf den Central Park und das Metropolitan Museum und sprachen über den Verlust der Privatsphäre im Weißen Haus. Jackie erzählte mir, was sie unternommen hatte, um ihre Kinder Caroline und John zu schützen. Eine der schwierigsten Aufgaben für Bill und mich werde darin beste-

hen, Chelsea ein normales Leben zu ermöglichen. Wir mussten ihr erlauben, wie ein normales Kind aufzuwachsen und
Fehler zu machen, und sie gleichzeitig vor der ständigen Beobachtung abschirmen, der sie als Tochter eines Präsidenten ausgesetzt sein würde. Jackies Kinder hatten dank ihrer zahlreichen Cousins und Cousinen, deren Eltern vielfach fast ebenso
berühmt waren wie ihre eigenen, genug Spielgefährten und
Freunde. Ein Einzelkind werde es da viel schwerer haben.
»Umgeben Sie sie mit Freunden und Familienmitgliedern, aber
verderben Sie ihren Charakter nicht. Geben Sie ihr nicht das
Gefühl, etwas Besonderes zu sein oder ein Vorrecht zu genießen. Halten Sie die Medien nach Möglichkeit von ihr fern und
verhindern Sie, dass man sie instrumentalisiert.«

Bill und ich hatten bereits festgestellt, wie groß das öffentliche Interesse an Chelsea war. So hatte zum Beispiel unsere
Entscheidung über ihre zukünftige Schule eine leidenschaftliche Debatte innerhalb und außerhalb der Hauptstadt ausgelöst, was im Wesentlichen an der symbolischen Bedeutung dieser Wahl lag. Ich verstand die Enttäuschung der Verfechter der
öffentlichen Schule, als wir die private Quäkerschule Sidwell
Friends auswählten, insbesondere, da Chelsea in Arkansas
öffentliche Schulen besucht hatte. Ausschlaggebend war für
uns eine einfache Tatsache: Privatschulen standen auf Privat-
grundstücken und waren deshalb Reportern nicht zugänglich.
Denn das Letzte, was wir wollten, waren Fernsehkameras und
Reporter, die unserer zwölfjährigen Tochter während des gesamten Schultags nachstellten.

Bis dahin war es uns also gelungen, Jackies Empfehlungen
weitgehend zu entsprechen. Chelsea hatte sich in ihrer neuen
Schule fast problemlos eingefügt, obwohl sie ihre Freunde aus
Arkansas vermisste. Im Weißen Haus bewohnte sie die beiden
Räume auf der anderen Seite des Flurs im zweiten Stock, die
auch Caroline und John Kennedy und später Lynda und Luci
Johnson bewohnt hatten. Einer dieser Räume war Chelseas
Schlafzimmer, in dem Doppelbetten standen, damit sie Freundinnen zum Übernachten einladen konnte, der andere diente
ihr dazu, Hausaufgaben zu machen, fernzusehen, Musik zu
hören und mit ihren Freundinnen zusammenzusitzen.

Ich war Jackie sehr dankbar dafür, dass sie im oberen Stockwerk ein Esszimmer hatte einrichten lassen; wir gingen noch einen Schritt weiter und verwandelten die Anrichtekammer in eine kleine Küche. Im Esszimmer fühlten wir uns am ehesten wie in einem richtigen Heim, denn dort konnten wir unsere Mahlzeiten im Familienkreis in einer entspannteren und weniger förmlichen Atmosphäre einnehmen. Beflügelt von unserer kleinen Küche löste ich eines Abends eine kulinarische Krise im Weißen Haus aus. Chelsea fühlte sich nicht wohl, und ich wollte ihr Rühreier und Apfelmus machen, zwei Speisen, mit denen ich sie in der Vergangenheit stets beruhigt hatte. Da die Küche noch nicht vollständig ausgestattet war, rief ich unten beim Küchenchef an und bat ihn, mir mit einigen Dingen auszuhelfen. Doch er und das Küchenpersonal waren vollkommen außer sich bei dem Gedanken, dass die First Lady unbeaufsichtigt mit einer Pfanne hantierte! Sie riefen bei meinem Stab an und fragten, ob sie tatsächlich so schlecht kochten, dass ich mich entschlossen habe, die Dinge selbst in die Hand zu nehmen.

Jackie und ich diskutierten an jenem Nachmittag auch über den Secret Service und die ungewöhnlichen Sicherheitsprobleme, die die Präsidentenkinder verursachten. Sie bestätigte mich in der Überzeugung, dass der Secret Service zwar die Pflicht hatte, Chelsea zu schützen, meine Tochter diesen Männern aber auch Respekt zollen müsse. Jackie erzählte mir, dass ein anderes Kind John einmal das Fahrrad weggenommen hatte, worauf dieser seinen Leibwächter aufforderte, es ihm zurückzuholen. Als Jackie das herausfand, wies sie John zurecht; er müsse für sich selbst einstehen.

Jackie sprach auch offen über die eigenartige und gefährliche Anziehungskraft, die von charismatischen Politikern ausgeht. Sie warnte mich, dass Bill ähnlich wie Präsident Kennedy eine Ausstrahlung besitze, die starke Emotionen wecke. »Er muss vorsichtig sein«, sagte sie. »Sehr vorsichtig.«

Ich wusste, dass sie Recht hatte, doch ich konnte mir immer noch nicht vorstellen, wie wir in unserem Leben auch nur den Anschein von Normalität bewahren sollten, wenn wir laufend über die Schulter blicken mussten. Ich fragte Jackie, wie sie diese Situation bewältigt habe. Sie wusste, dass Bill und ich anders als alle früheren Präsidentenpaare kein eigenes Haus oder Urlaubsdomizil hatten, und drängte mich, Camp David als Ferienort zu nutzen oder Freunde mit Häusern an abgelegenen Orten zu besuchen, wo wir uns den Schaulustigen und Paparazzi entziehen konnten.

Unser Gespräch drehte sich allerdings nicht nur um derart ernste Themen. Wir klatschten über gemeinsame Freunde und Mode. Da Jackie zu den Stilikonen des 20. Jahrhunderts zählte, fragte ich sie, ob ich mein Aussehen einem Team von Modedesignern und -beratern anvertrauen solle, wie mir einige Medien empfohlen hatten. Sie sah mich erschrocken an. »Nein, keinesfalls, das ist nicht Ihr Stil«, sagte sie. »Sie müssen Sie selbst bleiben, sonst werden Sie am Ende die Vorstellung eines anderen darüber, wer Sie sind und wie Sie aussehen sollten, zur Schau tragen. Konzentrieren Sie sich stattdessen auf das, was für Sie wichtig ist.« Ihre Worte waren nicht nur eine Erleichterung für mich, sondern bestätigten mich auch darin, dass man sich später sicher nicht wegen meines Aussehens oder meines Stilempfindens an mich erinnern würde. Mit Jackies schweigender Zustimmung entschloss ich mich, diese Probleme weiterhin nicht übermäßig ernst zu nehmen. Dennoch war ich hocherfreut, als ich einige führende amerikanische Designer kennen lernte, deren Mode ich zu tragen begann. Ich verließ mich insbesondere auf Oscar de la Renta, der auch Nancy Reagan und Laura Bush bei der Wahl der geeigneten Kleidung geholfen hatte. Oscar ist nicht nur ein ungemein charmanter Mann, sondern versteht auch, dass eine First Lady eine einzigartige Position bekleidet.

Nachdem wir zwei Stunden zusammengesessen hatten, musste ich mich wieder auf den Rückweg machen. Wir umarmten einander und Jackie forderte mich nachdrücklich auf, mich bei ihr zu melden, wann immer ich Fragen habe oder plaudern wolle. Bis zu ihrem viel zu frühen Krebstod 15 Monate später blieb sie mir ein Quell der Inspiration und eine kluge Ratgeberin.

Der Besuch bei Jackie hatte mich gestärkt und beruhigt. Unterstützt von Ann Stock machte ich mich an die Vorbereitung des Gouverneursempfangs. Ann war unsere neue Sekretärin für gesellschaftliche Veranstaltungen, eine energiegeladene Frau von vollendetem Geschmack und Stil, die schon unter Carter im Weißen Haus gearbeitet hatte und anschließend als Spitzenmanagerin zu Bloomingdale's gegangen war. Wir prüften verschiedene Kombinationen von Tischdecken, Geschirr und Besteck, bevor wir uns schließlich für goldgerändertes Porzellan entschieden, das Mrs. Reagan erworben hatte. Wir brüteten eine Ewigkeit über der Sitzordnung und entschlossen uns dazu, die Gäste nach Interessen und Persönlichkeit zu mischen. Anschließend beriet ich mich mit Nancy Clarke, der Floristin des Weißen Hauses, die die rosafarbenen und weißen Tulpen arrangieren sollte, die ich als Tischschmuck ausgewählt hatte.

Das Dinner wurde ein großer Erfolg. Die überwiegend heimischen Gerichte umfassten gedünstete marinierte Garnelen, Braten von der Rinderlende, junges Gemüse in einem Zucchinikörbchen und Yukon-Gold-Kartoffeln mit Vidalia-Zwiebeln. Es gab Ziegenkäse aus Massachusetts und amerikanische Weine. Unsere Gäste schienen es wirklich zu genießen, insbesondere die anschließende Revue im Broadway-Stil, die unser mit dem Tony Award ausgezeichneter Freund James Naughton in letzter Minute zusammengestellt hatte und in der Lauren Bacall und Carol Channing auftraten. Als alles vorüber war, atmete ich erleichtert auf – doch die Atempause sollte nur kurz währen. Ich hatte zugestimmt, Marian Burros von der *New York Times* mein erstes Interview als First Lady zu geben. Burros berichtete seit Jahren vom ersten Staatsbankett jedes neuen Präsidenten oder in unserem Fall von der ersten großen offiziellen Veranstaltung. Ihre Reportagen kreisten üblicherweise um die Auswahl der Speisen, des Blumenschmucks und der Unterhaltungseinlagen.

Burros und ich begaben uns im State Floor des Regierungsgebäudes in das Rote Zimmer, neben dem Grünen und dem Blauen eines der drei Gesellschaftszimmer. Wir nahmen – umgeben von lauter Geschichte – beim Kamin auf einem amerikanischen Empiresofa aus dem 19. Jahrhundert Platz. An einer Wand hing das berühmte Porträt, das Gilbert Stuart 1804 von Präsident Madisons charakterstarker Gattin Dolley gemalt hatte. Während des Gesprächs mit Burros warf ich gelegentlich aus dem Augenwinkel einen Blick auf Dolley. Diese außergewöhnliche Frau war ihrer Zeit weit voraus gewesen und durch ihr geselliges Wesen, ihren bahnbrechenden persönlichen Stil (sie trug sehr gern Turbane), ihr politisches Geschick und ihren großen Mut berühmt geworden. Ihre größte Tat vollbrachte Dolley Madison 1812, als die britischen Invasionstruppen auf Washington vorrückten. Die Präsidentengattin bereitete den ganzen Tag ihre letzte Dinnerparty im Weißen Haus für Präsident Madison und seine militärischen Berater vor, die für den Abend von der Front zurückerwartet wurden. Obwohl sie wusste, dass das Weiße Haus evakuiert werden musste, weigerte sie sich zu gehen, bis die Briten praktisch vor der Tür standen. Sie konnte lediglich einige wichtige Staatsdokumente und Lieblingsgegenstände aus dem Weißen Haus mitnehmen. Ihre letzte Anordnung lautete, das maßstabsgetreue Porträt George Washingtons, gemalt von Gilbert Stuart, aus seinem Rahmen zu schneiden, einzurollen und an einen sicheren Ort zu bringen. Kurz nach ihrer Flucht plünderten der englische Admiral Cockburn und seine Mannen das Weiße Haus, verzehrten das von Dolley vorbereitete Mahl und brannten das Gebäude nieder.

Meine erste Dinnerparty im Weißen Haus sollte ebenfalls ein denkwürdiges Ereignis werden, wenn auch nicht unbedingt *so* denkwürdig. Deshalb wollte ich das Interview mit Burros für eine Erklärung nutzen, warum ich das Weiße Haus in ein Aushängeschild für amerikanische Kultur und traditionelle kulinarische Genüsse verwandeln wollte. Eine der ersten Veränderungen, die ich vorgenommen hatte, war die Bereicherung des Menüplans durch amerikanische Speisen. Seit die Kennedys im Weißen Haus residiert hatten, wurde dort ausschließlich französische Küche serviert. Ich konnte mir vorstellen, warum Jackie vieles von der Einrichtung bis zur Küche hatte verbessern wollen, doch das war in einer anderen Zeit gewesen. In den vergangenen drei Jahrzehnten hatten amerikanische Küchenchefs, vor allem das unvergleichliche Duo Julia Child und Alice Waters, die Kochkunst revolutioniert. Child hatte Bill und mich Ende 1992 in einem Brief aufgefordert, die amerikanische Küche zu unterstützen, und Waters ermutigte uns, einen amerikanischen Küchenchef zu ernennen. Das Weiße Haus war schließlich eines der wichtigsten Symbole unserer Kultur, und ich konnte nicht verstehen, warum es immer noch die Küche eines anderen Landes feierte. Es dauerte nicht lange, bis wir Walter Scheib einstellten, der sich auf die amerikanische Küche spezialisiert hatte und die Zusammenarbeit mit Lieferanten amerikanischer Nahrungsmittel und Weine förderte.

Die Burros-Reportage erschien am 2. Februar auf der Titelseite der *New York Times* – und machte Schlagzeilen. Der Text wurde von einem Foto begleitet, auf dem ich mit einem schulterfreien schwarzen Abendkleid von Donna Karan zu sehen war. In meinen Augen waren sowohl die Reportage als auch das Foto vollkommen harmlos. Doch sie lösten endlose Debatten aus. Zum einen war das Pressekorps des Weißen Hauses nicht erfreut darüber, dass ich einer Journalistin, deren Ressort nicht die Politik war, ein Exklusivinterview gewährt hatte. Für die Journalisten der Hauptstadt sei dies eine schroffe Zurückweisung, die auf meine Entschlossenheit hindeutete, kritischen Fragen zu meiner politischen Rolle aus dem Weg zu gehen. Einige Kritiker zogen den Schluss, die Geschichte habe dazu gedient, mir ein »milderes« Image zu verleihen und mich als traditionelle Frau in einer traditionellen Rolle darzustellen. Sogar einige meiner treuesten Anhänger waren weder mit dem Interview noch mit dem Foto einverstanden, da keines von beiden dem Bild entsprach, das sie sich von mir als First Lady machten. Warum, fragten sie sich, plauderte ich mit einer Reporterin über Speisen und Unterhaltung, wenn ich wirklich ernsthafte politische Absichten verfolgte? Wie konnte ich umgekehrt zu wichtigen politischen Initiativen beitragen, wenn ich mir allen Ernstes Gedanken über den Blumenschmuck und die Farbe der Tischdecken machte? Welche Botschaft wollte ich vermitteln? Die Leute wollten, dass ich mich entschied: Entweder ich wollte eine hart arbeitende berufstätige Frau sein oder eine beflissene und fürsorgliche Gastgeberin. Ich konnte unmöglich beides sein.

Langsam begann ich das Phänomen zu verstehen, das Kathleen Hall Jamieson, eine Professorin an der University of Pennsylvania, später als die »Doppelfalle« bezeichnet hat. Die geschlechtsspezifischen Stereotype, so Jamieson, zwangen die Frauen in ein starres Korsett, das der tatsächlichen Komplexität ihres Lebens nicht gerecht wurde. Für mich bedeutete das, dass weder die Traditionalisten noch die Feministinnen je mit dem zufrieden sein würden, was ich wirklich war – eine von Millionen Frauen, die an jedem Tag ihres Lebens verschiedene Rollen bewältigen mussten. Diane Blair konnte an einem Tag eine Vorlesung über Politikwissenschaft halten und einige Stunden später in ihrem Haus am See ein Abendessen für eine große Gruppe von Freunden vorbereiten. Melanne Verveer konnte in einer Minute eine Sitzung im Weißen Haus leiten und in der nächsten am Telefon mit ihrer Enkelin plaudern. Lissa Muscatine, eine Rhodes-Stipendiatin aus Harvard, die drei Kinder zur Welt brachte, während sie im Weißen Haus für mich arbeitete, konnte ebenso flink eine Rede redigieren wie eine Windel wechseln.

Ich weiß aus eigener Erfahrung, wie schwer es Frauen fällt, all die widersprüchlichen Forderungen, Entscheidungen und Tätigkeiten, mit denen sie täglich konfrontiert sind, miteinander in Einklang zu bringen. Unabhängig davon, welchen Weg wir gewählt haben, leben wir ständig mit jener inneren Stimme, die unsere Entscheidungen in Frage stellt, und mit bohrenden Schuldgefühlen. Ich war in meinem Leben Ehefrau, Mutter, Tochter, Schwester, Schwägerin, Studentin, Rechtsanwältin, eine Vorkämpferin für die Rechte des Kindes, eine Rechtsgelehrte, eine Methodistin, eine politische Beraterin, eine Bürgerin und vieles mehr gewesen. Nun war ich obendrein ein Symbol der amerikanischen Nation – und das war eine neue Erfahrung.

Auch wenn ich mir Gedanken über viele Dinge, mit denen wir im Weißen Haus konfrontiert sein würden, gemacht habe, so hatte ich doch nie erwartet, dass mein Versuch, als First Lady den mir angemessenen Platz zu finden, derart viele Kontroversen auslösen würde. Ich selbst betrachtete mich in mancher Hinsicht als traditionell, in anderer als unkonventionell. Ich machte mir Gedanken über das Essen, das ich unseren Gästen servierte, und ich dachte darüber nach, wie die medizinische Versorgung aller Amerikaner sichergestellt werden konnte. Zwischen meinen Interessen und Aktivitäten konnte ich persönlich keinen Widerspruch erkennen. Die amerikanische Öffentlichkeit sah das allerdings anders. In einer Ära des Wandels der Geschlechterrollen war ich Amerikas wichtigstes »Ausstellungsstück«.

Die Überwachung war total. Seit ich im Juli 1992 unter dem Schutz des Secret Service am demokratischen Konvent in New York teilgenommen hatte, versuchte ich, mich mit dem Verlust meiner Anonymität zu arrangieren. Gelegentlich setzte ich eine Sonnenbrille auf und stahl mich im Trainingsanzug und mit einer Baseballkappe auf dem Kopf aus dem Weißen Haus. Ich liebte es, auf der Promenade zu flanieren und mir die Denkmäler anzusehen oder auf dem Fahrrad am C&O Canal in Georgetown entlangzufahren. In zähen Verhandlungen überzeugte ich den Secret Service, mein Bewachungsteam auf einen Agenten zu reduzieren, der in Freizeitkleidung hinter mir herging oder mich auf dem Fahrrad begleitete. Doch bald fand ich heraus, dass für alle Fälle stets einer jener schwarzen Vans mit Agenten in der Nähe war. Wenn ich mich schnell bewegte, waren sich selbst Menschen, die mich zu erkennen glaubten, ihrer Sache nicht ganz sicher. An einem Morgen bat mich eine Touristenfamilie, vor dem Washington-Denkmal ein Foto von ihnen zu machen. Als ich mich von ihnen verabschiedete, sagte eines der Kinder: »Mom, diese Lady kommt mir bekannt vor.« Ich war schnell außer Hörweite und weiß nicht, ob sie herausgefunden haben, wer ihnen diesen Gefallen getan hat.

Die Augenblicke der erholsamen Anonymität waren ebenso flüchtig wie die Zeit, die ich mit engen Freunden verbringen konnte. Ironischerweise waren unter den Menschen, die ich in den ersten Wochen am meisten vermisste, alte Weggefährten aus Arkansas, die eine Funktion in Bills Administration übernommen hatten. Anfang Februar luden Bill und ich Vince Foster, mittlerweile Stellvertreter Rechtsberater des Weißen Hauses, Bruce Lindsey, ebenfalls einer der Rechtsberater und oft Bills Reisebegleiter, sowie Webb Hubbell, den neuen beisitzenden Generalstaatsanwalt im Justizministerium, zu einem informellen Abendessen in das Esszimmer im zweiten Stock

ein, um den vierzigsten Geburtstag unserer Freundin Mary
Steenburgen zu feiern. Mary, die ebenfalls aus Arkansas
stammte, hatte ihr Glück als Schauspielerin in Hollywood
gemacht und sogar einen Oscar gewonnen, doch nie den Kontakt zu ihren alten Freunden verloren. Sie, Bruce, Vince und
Webb zählten zu unseren engsten Freunden, und ich habe diesen Abend als einen unserer letzten sorglosen in Erinnerung.
Für einige Stunden vergaßen wir unsere Probleme und unterhielten uns über die Eingewöhnung in Washington und über
zeitlose Themen: die Kinder, Schulen, Filme, Politik. Ich sehe
Vince noch vor mir, wie er erschöpft, aber glücklich dasaß,
sich zurücklehnte und mit einem Lächeln zuhörte. In jenem
Moment konnte niemand ahnen, unter welchem Druck er als
Neuling in der politischen Welt von Washington stand.

Die Gesundheitsreform

Am 25. Januar bat Bill mich und zwei Gäste zu einem Mittagessen in das kleine Arbeitszimmer neben dem Oval Office: Carol Rasco, die neue talentierte innenpolitische Beraterin im Weißen Haus, die schon Bills Regierungsriege in Arkansas angehört hatte, und unseren alten Freund Ira Magaziner, einen erfolgreichen Wirtschaftsberater, der eine wegweisende Untersuchung über die Kosten des Gesundheitswesens durchgeführt hatte.

Ira neigte dazu, sich sogar in den besten Zeiten Sorgen zu machen, und wirkte an diesem Tag besonders angespannt. In wenigen Stunden wollte Bill seine »Health Care Task Force« vorstellen und bekannt geben, dass diese Projektgruppe in den ersten hundert Tagen seiner Präsidentschaft einen Reformentwurf für das Gesundheitswesen vorlegen werde. Nur wenige Mitarbeiter des Weißen Hauses wussten, dass Bill mir den Vorsitz dieser Gruppe übertragen hatte und Ira als Präsidentenberater für Politik und Planung die Arbeit der Task Force leiten würde. Ira hatte von seiner neuen Aufgabe selbst erst zehn Tage vor Bills Amtsantritt erfahren. Er verfügte über einen brillanten und kreativen Verstand und hatte die Gabe, Probleme innovativ anzugehen. Darüber hinaus hatte er auch Erfahrung in der Privatwirtschaft.

Nachdem die Proviantmeister der Navy das Essen aus der Küche gebracht hatten, eröffnete uns Ira Besorgnis erregende Neuigkeiten. Wir waren zunächst alle durch den Wahlerfolg des neuen demokratischen Senators Harris Wofford aus Pennsylvania ermutigt worden, die Gesundheitsreform entschlossen und in kurzer Zeit umzusetzen. Wofford hatte das Gesundheitswesen zu einem Hauptthema seines Wahlkampfs gemacht und in seinen Reden oft erklärt: »Wenn Kriminelle das Recht auf einen Anwalt haben, haben arbeitende Amerikaner das Recht auf einen Arzt.« Doch nun hatten einige Veteranen des Kapitols Ira gewarnt, dass hundert Tage auf keinen Fall ausreichen würden, um einen Gesetzesantrag für die Gesundheitsreform auszuarbeiten.

»Sie glauben, dass der Kongress unseren Antrag in der Luft zerreißen wird«, sagte Ira, der sein Sandwich nicht angerührt hatte. »Wir brauchen mindestens vier bis fünf Jahre, um ein Paket zu schnüren, das genehmigt wird.«

Das Gesundheitswesen war mir seit langem ein Anliegen, was vielleicht auch erklärt, warum ich nicht schreiend aus dem Zimmer gelaufen war, als Bill zum ersten Mal davon gesprochen hatte, mir die Leitung der Projektgruppe zu übertragen. An diesem Tag sorgten dagegen Bills unbegrenzter Optimismus und seine Entschlossenheit dafür, dass ich auf meinem Sessel sitzen blieb. Er wollte es unbedingt in dieser kurzen Zeit schaffen.

Es gab zwingende Gründe, rasch eine Reform herbeizuführen. Als Bill Präsident wurde, waren fast 37 Millionen Amerikaner nicht versichert, die meisten von ihnen arbeiteten und hatten Kinder. Sie wurden nur in Notfällen medizinisch versorgt und mussten selbst für Routinebehandlungen die Notaufnahme aufsuchen, wo die medizinische Versorgung am teuersten ist, oder verschuldeten sich heillos, wenn sie versuchten, die Kosten selbst zu tragen. Anfang der neunziger Jahre verloren jeden Monat 100 000 Amerikaner ihre Krankenversicherung, und zwei Millionen waren vorübergehend nicht versichert, wenn sie ihren Arbeitsplatz wechselten. Kleine Unternehmen konnten ihren Mitarbeitern keine Krankenversicherung bieten, weil sie sich die Beiträge nicht mehr leisten konnten. Und die Qualität der medizinischen Versorgung litt ebenfalls: Um die Kosten zu senken, verweigerten oder verzögerten die Versicherungen oft eine ärztlich verordnete Behandlung.

Die steigenden Gesundheitskosten schwächten die Wirtschaft, untergruben die Wettbewerbsfähigkeit, drückten die Gehälter, ließen die Zahl der Privatkonkurse steigen und erhöhten das Haushaltsdefizit. Als Nation gaben wir mehr für das Gesundheitswesen aus – 14 Prozent unseres Bruttoinlandsprodukts – als jeder andere Industriestaat. Im Jahr 1992 wurden 45 Milliarden Dollar des Gesundheitsbudgets nicht für Ärzte, Krankenschwestern, Krankenhäuser, Pflegeheime oder andere medizinische Leistungen verwendet, sondern für Verwaltungskosten.

Die Hauptursache für diesen Teufelskreis aus eskalierenden Kosten und abnehmenden Versicherungsleistungen war die steigende Zahl der nicht versicherten Amerikaner. Da es sich Patienten ohne Versicherung meist nicht leisten konnten, für ihre medizinische Versorgung zu bezahlen, mussten die behandelnden Ärzte und Krankenhäuser die Kosten übernehmen. Diese erhöhten im Gegenzug ihre Tarife – kein Wunder, dass auf Krankenhausrechnungen manchmal exorbitante Preise wie zwei Dollar für eine Aspirintablette oder 2400 Dollar für Stützkrücken auftauchen. Die Versicherungen, die nun höhere Arzt- und Krankenhaustarife decken mussten, begannen, ihre Leistungen einzuschränken, die Prämien, Selbstbehalte und Beiträge für Mitversicherungen aber anzuheben. Dadurch waren weniger Arbeitgeber in der Lage oder bereit, ihre Mitarbeiter zu versichern, sodass noch mehr Menschen ihren Versicherungsschutz verloren. Und damit schloss sich der Teufelskreis.

Die Lösung dieser Probleme war von entscheidender Bedeutung für das Wohl von Millionen Amerikanern und die Nation als Ganzem. Dennoch war uns klar, dass es ein harter Kampf werden würde. Im Lauf des 20. Jahrhunderts hatten etliche Präsidenten versucht, das Gesundheitswesen zu reformieren. Präsident Theodore Roosevelt hatte vor fast hundert Jahren als einer der Ersten eine universelle Krankenversicherung vorgeschlagen. Im Jahr 1935 propagierte Präsident Franklin D. Roosevelt im Rahmen seines New Deal ein nationales Krankenversicherungssystem als Ergänzung zur Sozialversicherung. Die Idee verlief im Sand, was vor allem am Widerstand des amerikanischen Ärzteverbandes lag, der sich gegen eine staatliche Kontrolle sträubte.

Präsident Truman setzte sich im Zusammenhang mit dem Fair Deal ebenfalls für eine Krankenversicherung aller Bürger ein und machte sie 1948 zu einem Wahlkampfthema. Doch auch er scheiterte an der finanzkräftigen und gut organisierten Opposition des Ärzteverbandes, der Handelskammer und anderer Interessengruppen, die die Idee mit Sozialismus und Kommunismus verbanden. Da Truman sich gegen die Opposition nicht durchsetzen konnte, schlug er eine bescheidenere – und praktischere – Variante vor: eine Krankenversicherung für alle Sozialhilfeempfänger. Erreicht wurde dieses Ziel allerdings erst später.

In den vierziger und fünfziger Jahren handelten die Gewerkschaften Arbeitsverträge aus, die auch eine Krankenversicherung enthielten. Daraufhin begannen andere Arbeitgeber, jenen Mitarbeitern, die nicht in der Gewerkschaft waren, dieselben Sozialleistungen anzubieten. Das führte schließlich zu einem Gesundheitssystem, das nicht nur weitgehend von Arbeitgebern getragen wurde, sondern sich auch auf die arbeitende Bevölkerung beschränkte.

1965 führte eine Initiative von Präsident Lyndon B. Johnson mit dem Namen Great Society zur Gründung der Programme Medicaid und Medicare, die eine staatlich finanzierte Krankenversicherung für mittellose und alte Menschen bieten und heute von 76 Millionen Amerikanern in Anspruch genommen werden. Diese Errungenschaft, die durch Johnsons Erdrutschsieg von 1964 und eine starke demokratische Mehrheit im Kongress möglich wurde, ist bis heute die erfolgreichste Reform des amerikanischen Gesundheitswesens.

Präsident Nixon erkannte, wie sehr die Kosten des Gesundheitswesens die Wirtschaft belasteten und schlug ein universelles Krankenversicherungssystem vor, das auf einem so genannten Arbeitgebermandat beruhen sollte. Alle Arbeitgeber sollten verpflichtet sein, ihren Mitarbeitern bestimmte Sozialleistungen zu bieten. Obwohl dem Kongress während Nixons Amtszeit nicht weniger als zwanzig verschiedene Vorschläge für ein solches Pflichtversicherungssystem unterbreitet wurden, bewilligte er keinen einzigen.

Die Präsidenten Ford und Carter – ein Republikaner und ein

Demokrat – strebten in den siebziger Jahren ebenfalls eine Reform des Gesundheitswesens an, scheiterten aber an denselben politischen Hindernissen, die Veränderungen seit Anfang des 20. Jahrhunderts blockiert hatten. Die Krankenversicherer waren über die Jahrzehnte immer mächtiger geworden und fürchteten, die Einführung einer Pflichtversicherung würde zu Preiskontrollen führen und ihre Freiheit einschränken, Risikopatienten abzulehnen. Einige glaubten sogar, eine universelle Krankenversicherung könnte das Ende privater Versicherungsunternehmen bedeuten.

Bills Chancen standen also schlecht, zumal selbst unter den Demokraten die Ansichten über eine Gesundheitsreform auseinander gingen. Die Meinungen waren, wie ein Experte äußerte, »theologisch motiviert«, das heißt, mit Logik, Beweisen oder Argumenten war nichts auszurichten. Doch Bill wollte der Öffentlichkeit und dem Kongress zeigen, dass er den politischen Willen hatte, das Gesundheitswesen sofort in Angriff zu nehmen, so wie er es im Wahlkampf versprochen hatte. Eine Reform war nicht nur in sozialer Hinsicht eine sinnvolle Maßnahme, sondern auch untrennbar mit der Verringerung des Finanzdefizits verbunden. Die Kosten für das Gesundheitswesen hatten das prognostizierte Defizit in vier Jahren auf 387 Milliarden Dollar steigen lassen – und damit auf wesentlich mehr, als die Regierung Bush vor der Wahl zugegeben hatte.

In Arkansas hatte Bill mir 1979 den Vorsitz einer Projektgruppe übertragen, die sich für eine bessere medizinische Versorgung der Landbevölkerung einsetzte. Außerdem war ich im Vorstand des Kinderkrankenhauses in Little Rock aktiv gewesen. Bei diesen Tätigkeiten hatte ich die Schwachstellen des amerikanischen Gesundheitswesens kennen gelernt, einschließlich der politischen Probleme einer Reform und des finanziellen Dilemmas von Familien, die entweder zu reich für Medicaid oder zu arm waren, um ihre medizinische Versorgung selbst zu bezahlen. Als ich in den achtziger Jahren durch Arkansas und während der Präsidentschaftskampagne durch das ganze Land reiste, hatte ich einige Begegnungen, die mich in meiner Überzeugung bestärkten, dass wir dieses System verbessern mussten. Bills Engagement für eine Reform war unsere größte Hoffnung, Millionen von hart arbeitenden Männern und Frauen die medizinische Versorgung zu garantieren, die sie verdienten.

Bill, Ira, Carol und ich verließen das Arbeitszimmer und gingen vorbei an der Abraham-Lincoln-Büste von Augustus Saint-Gaudens den schmalen Gang zum Roosevelt Room hinüber, wo Kabinettsmitglieder, hochrangige Mitarbeiter des Weißen Hauses und Journalisten auf das »Task Force Meeting« warteten, wie es in der offiziellen Agenda hieß.

Wenn man das Roosevelt-Zimmer betritt, hat man das Gefühl, eine Reise in die amerikanische Geschichte zu unternehmen. Man ist umgeben von Heeresfahnen jedes amerikanischen Feldzugs, Flaggen jeder Division der amerikanischen Streitkräfte, Porträts von Theodore und Franklin Roosevelt sowie der Medaille des Friedensnobelpreises, den Theodore Roosevelt 1906 für seine Vermittlung im Russisch-Japanischen Krieg erhalten hatte. Während unserer Zeit im Weißen Haus fügte ich eine kleine Bronzebüste von Eleanor Roosevelt zu den Ausstellungsstücken hinzu, um auch an ihren Beitrag zum Mythos »Roosevelt« zu erinnern.

In diesem geschichtsträchtigen Raum erklärte Bill offiziell, seine Regierung werde dem Kongress innerhalb von hundert Tagen einen Reformplan für das Gesundheitssystem vorlegen – einen Plan, der »intensive Maßnahmen umfassen werde, um die Kosten des Gesundheitswesens zu senken und die medizinische Versorgung aller Amerikaner zu gewährleisten«. Dann gab er bekannt, dass ich einer neuen Projektgruppe des Präsidenten für die Reform des Gesundheitswesens vorsitzen würde, der auch die Minister für Gesundheit, Finanzen, Verteidigung, Handel und Arbeit sowie der Direktor des Office of Management and Budget und hochrangige Mitarbeiter des Weißen Hauses angehören würden. Bill erklärte weiter, dass ich mit Ira, dem Kabinett und anderen zusammenarbeiten würde, um die Vorhaben zu realisieren, die er in seinem Wahlkampf und seiner Amtsantrittsrede angekündigt habe. »Wir werden einige harte Entscheidungen treffen müssen, um die Kosten zu senken … und die medizinische Versorgung aller zu erreichen. Ich bin dankbar, dass Hillary zugestimmt hat, den

Vorsitz dieser Projektgruppe zu übernehmen, und zwar nicht nur weil sie dadurch einen Teil der Aufregung abfangen wird, die ich sicher auslösen werde.«

Bills Ankündigung löste tatsächlich großen Wirbel aus, denn weder der Stab des Weißen Hauses noch die Bundesbehörden hatten mit meiner neuen Position gerechnet. Einige Stabsmitglieder hatten angenommen, ich würde zum innenpolitischen Berater ernannt werden. Andere dachten, ich würde mich für die Bildung oder die Gesundheit von Kindern engagieren, weil ich auf diesen Gebieten bereits Erfahrung hatte. Doch trotz einiger Vorbehalte unterstützten die meisten Berater des Weißen Hauses unser Vorhaben, wofür ich sehr dankbar war. Auch viele wichtige Mitarbeiter, darunter Robert Rubin, der Vorsitzende des Nationalen Wirtschaftsrats, standen voll und ganz hinter der geplanten Reform. Bob machte sich über sein außerordentliches politisches Gespür lustig: Er hätte nie gedacht, dass meine Ernennung für so viel Aufregung sorgen würde. Auch ich war von den heftigen Reaktionen überrascht.

Einige unserer Freunde warnten uns scherzhaft vor den Schwierigkeiten, die sie auf uns zukommen sahen. »Warum ist dein Mann so wütend auf dich?«, fragte mich Mario Cuomo, damals Gouverneur von New York, bei einem Besuch im Weißen Haus.

»Was meinst du?«, fragte ich irritiert zurück.

»Man muss schon furchtbar wütend auf einen Menschen sein, wenn man ihm so eine undankbare Aufgabe überträgt.«

Ich hörte die Warnungen, doch wie gewaltig unser Vorhaben tatsächlich war, war mir nicht bewusst. Eine Reform des nationalen Gesundheitswesens war natürlich mit den beiden Projekten, die ich in Arkansas geleitet hatte, nicht zu vergleichen. Aber da meine damaligen Bemühungen als erfolgreich galten, sah ich der neuen Herausforderung mit Begeisterung und Zuversicht entgegen. Das größte Problem schien die Frist zu sein, die Bill – nicht ohne Grund – so eng gesetzt hatte. Er hatte die Wahl mit nur 43 Prozent aller abgegebenen Stimmen gewonnen und konnte es sich nicht leisten, seine beschränkte politische Durchschlagskraft durch langwierige Diskussionen zu gefährden. James Carville, unser Freund, Berater und einer der brillantesten taktischen Denker in der amerikanischen Politik, hatte Bill genau davor gewarnt: »Je mehr Zeit wir den Verteidigern des Status quo geben, sich zu organisieren, desto mehr Widerstand werden sie gegen deinen Plan leisten können und desto besser sind ihre Chancen, ihn zu vereiteln.«

Die Demokraten im Kongress drängten uns ebenfalls, schnell zu handeln. Einige Tage nach Bills Ankündigung bat mich der Mehrheitsführer des Repräsentantenhauses, Dick Gephardt, um ein Treffen. Aufgrund seiner Position und Erfahrung würde Gephardt bei den Entscheidungen der Abgeordneten über das Gesundheitswesen eine wichtige Rolle spielen. Am 3. Februar kamen er und sein wichtigster Berater in mein Büro im Westflügel des Weißen Hauses, um unsere Strategie zu besprechen. Eine seiner größten Sorgen war, dass es uns nicht gelingen könnte, die Demokraten auf einen gemeinsamen Kurs einzuschwören. Selbst unter günstigsten Umständen waren sie sich selten einig und durch die Gesundheitsreform würden die bestehenden Differenzen noch vergrößert. Ich musste spontan an den alten Witz von Will Rogers denken: »Sind Sie Mitglied irgendeiner organisierten politischen Bewegung?«

»Nein, ich bin Demokrat.«

Demokratische Kongressabgeordnete hatten bereits begonnen, ihre eigenen Reformmodelle zu skizzieren, um die Pläne des Präsidenten zu beeinflussen. Einige schlugen ein durch Steuern staatlich finanziertes System vor, andere waren für eine schrittweise Ausweitung des Programms Medicare auf alle nicht versicherten Amerikaner, beginnend mit der Gruppe der 55- bis 65-Jährigen.

Bill und andere Demokraten lehnten beide Varianten ab; sie favorisierten ein quasiprivates System des »organisierten Wettbewerbs«, das darauf baute, dass die Kosten durch die Konkurrenz zwischen privaten Anbietern sinken würden. Der Staat sollte sich im Wesentlichen darauf beschränken, Standards für Leistungspakete festzulegen und bei der Organisation regionaler Gruppen zu helfen. Diese Kooperationen sollten Einzelpersonen und Unternehmen vertreten, bei den Versicherungsunternehmen bessere Konditionen aushandeln und die Qualität der medizinischen Versorgung sicherstellen. Ein Vorbild dafür war der Federal Employees Health Benefit Plan, eine Allianz von neun Millionen Bundesbediensteten, die ihren Mitgliedern verschiedene Versicherungsoptionen bot. Preise und Qualität des Programms wurden von eigenen Verwaltungsbeamten überwacht.

Mit dem System des organisierten Wettbewerbs müssten Krankenhäuser und Ärzte nicht mehr für die Behandlung nicht versicherter Patienten aufkommen, da jeder Amerikaner entweder bei Medicare, Medicaid, den Krankenversicherungen für Kriegsveteranen und Militärs oder einer der anderen versichert sein würde. Darüber hinaus sollten sich die Patienten ihren Arzt selbst aussuchen können – ein Punkt, auf dem Bill unbedingt bestand.

Gephardt betonte, die größte Chance hätten wir, wenn wir die Gesundheitsreform in ein Budgetgesetz einbetteten, den so genannten Budget Reconciliation Act, über den der Kongress normalerweise gegen Ende des Frühjahrs abstimmte. Der Budget Reconciliation Act fasst mehrere Budget- und Steuerentscheidungen des Kongresses zu einem Gesetzesantrag zusammen, der vom Senat mit einer einfachen Mehrheit angenommen oder abgelehnt werden kann. Auf diese Weise kann man Verzögerungstaktiken und endlose Marathonreden vermeiden. Viele Budgetpunkte, besonders jene, die mit der Steuerpolitik zusammenhängen, sind so kompliziert, dass die Debatte darüber die Beschlüsse des Repräsentantenhauses und des Senats endlos aufhalten kann. Gephardt schlug vor, das Instrument der Reconciliation erstmals für einen anderen Zweck zu nutzen: um eine umfassende Reform der amerikanische Sozialpolitik gesetzlich zu verankern. Problematisch war dabei nur, dass Bills Wirtschaftsteam im Weißen Haus diese Strategie vermutlich ablehnen würde, weil die Hinzunahme der Gesundheitsreform die Konzentration der Regierung auf die Verringerung des Defizits und die Ausarbeitung eines Wirtschaftsplans behindern würde. Aber, so Gephardt weiter, es sei unsere einzige Chance. Am Ende unserer Besprechung gingen wir gemeinsam ins Oval Office, um Bill unser Vorhaben zu erläutern. Bill fand den Plan überzeugend und bat Ira und mich, die Idee der Senatsführung vorzuschlagen.

Bewaffnet mit Gephardts Vorschlägen und Bills Unterstützung marschierten Ira und ich am nächsten Tag den Capitol Hill hinauf, um den Mehrheitsführer George Mitchell in seinem Büro zu treffen. Diesem ersten Meeting mit einem Kongressmitglied sollten im Zuge der Gesundheitsreform noch hunderte folgen. Mitchell teilte Gephardts Ansicht, dass eine Gesundheitsreform nur als Teil des Reconciliation-Pakets eine Chance hatte, den Kongress zu passieren. Falls dieses Vorhaben scheitern sollte, gäbe es voraussichtlich Probleme mit dem Finanzausschuss des Senats, der dann etlichen Aspekten der Gesundheitsgesetze zustimmen müsste. Der Vorsitzende des Finanzausschusses, Daniel Patrick Moynihan aus New York, ein altgedienter Demokrat, stand einer Gesundheitsreform äußerst skeptisch gegenüber. Moynihan war eine intellektuelle Größe und ein herausragender Akademiker, der in Harvard Soziologie unterrichtet hatte, bevor er für den Senat kandidierte. Wenn es nach ihm gegangen wäre, hätten der Präsident und der Kongress zuerst eine Reform des Sozialwesens in Angriff nehmen müssen. Er machte keinen Hehl daraus, dass er Bills Prioritätensetzung missbilligte.

Ich fand Moynihans Haltung zunächst frustrierend, wenngleich ich seine Überzeugung teilte, dass auch eine Sozialreform notwendig war. In Anbetracht des Budgetdefizits, das nicht zuletzt durch die Kostenexplosion im Gesundheitswesen entstanden war, musste die Sozialreform aber noch zurückgestellt werden. Moynihans ablehnende Haltung wurde zusätzlich dadurch verstärkt, dass er zunächst Bills Maßnahmenpaket zur Wirtschaftsbelebung durch den Finanzausschuss bringen musste. Allein dafür war außerordentliches politisches Geschick und Einfluss nötig. Die Republikaner hatten bereits verlauten lassen, dass sie gegen das Paket stimmen würden, egal, was es enthielt. Insofern war Moynihan natürlich nicht erfreut über die Aussicht auf eine weitere kontroverse Aufgabe.

Als Ira und ich Mitchells Büro verließen, hatten wir eine klarere Vorstellung davon, was wir, besonders in Hinblick auf die Reconciliation, tun mussten. Zunächst galt es, einige hochrangige Stabsmitglieder – vor allem Leon Panetta, den Direk-

tor des Office of Management and Budget – davon zu überzeugen, dass es auch der Wirtschaftsstrategie des Präsidenten
dienen würde, die Gesundheitsreform in das Reconciliation-
Paket einzuschließen. Dann mussten wir Senator Robert C.
Byrd aus West Virginia auf unsere Seite ziehen. Byrd, ein statt-
licher älterer Herr mit silbergrauem Haar, war der demokratische Vorsitzende des Haushaltsausschusses und saß seit 34
Jahren im Senat. Er war ein parlamentarisches Genie und
berühmt dafür, seine Kollegen mit Zitaten aus klassischen Werken zu verblüffen. Zudem legte er größten Wert auf Etikette
und die Einhaltung von Regeln. Mit der »Byrd-Regel« hatte
er das Verfahren erschwert, Anträge, die nicht mit dem Bud-
get- und Steuergesetz in Zusammenhang standen, in den Budget Reconciliation Act aufzunehmen. Seiner Meinung nach
untergrub es die Demokratie, wenn das Reconciliation-Gesetz
mit Anträgen überfrachtet wurde, die mit der Verabschiedung
des Budgets nichts zu tun hatten. Meines Erachtens konnte
man durchaus die Meinung vertreten, dass eine Gesundheitsreform ein Budgetantrag war, weil sie Ausgaben, Steuern und
Leistungsansprüche betraf. Doch wenn Senator Byrd anderer
Meinung war, musste seine Regel aufgehoben werden, bevor
die Reform dem Paket hinzugefügt werden konnte, und das
würde nicht so ohne weiteres möglich sein.

Langsam wurde mir bewusst, wie steil der Berg war, den wir
erklimmen wollten. Da das Land sich nicht am Rand des völligen Ruins befand, würden sowohl der Wirtschaftsplan als
auch die Gesundheitsreform politisch und öffentlich schwer
durchzusetzen sein. Beide Vorhaben gleichzeitig zu verwirklichen schien fast unmöglich. Die ersten Schwierigkeiten ließen
denn auch nicht lange auf sich warten.

Bill hatte Ira beauftragt, die Ausarbeitung der Gesundheits-
reform zu organisieren – eine Aufgabe, die für jemanden, der
in Washington kein Insider war, kaum zu bewältigen war.
Neben der Projektgruppe des Präsidenten, die aus mir, den
Kabinettsmitgliedern und anderen Mitarbeitern des Weißen
Hauses bestand, stellte Ira eine gigantische Arbeitsgruppe von
Experten zusammen, die jeden Aspekt des Gesundheitswesens
untersuchen sollte. Etwa 600 Personen trafen sich fortan regel-

mäßig mit Ira, um bestimmte Teile des Entwurfs im Detail zu diskutieren und zu prüfen. Das riesige Team umfasste Kongressabgeordnete, Mitarbeiter von Behörden, Ärzte, Krankenschwestern, Krankenhausmanager und Wirtschaftsexperten. Bei der Vielzahl der Mitglieder hatten einige das Gefühl, sie gehörten nicht zum inneren Kreis, der für die entscheidenden Aufgaben verantwortlich war. Manche verloren die Motivation und erschienen nicht mehr zu den Besprechungen. Andere interessierten sich nur mehr für jene Punkte, die sie selbst betrafen, statt sich für das Gesamtergebnis zu engagieren. Kurz gesagt führte der Versuch, so viele Personen und Standpunkte wie möglich zu integrieren, letztlich nicht zu einer Stärkung, sondern zu einer Schwächung unserer Position.

Am 24. Februar sahen wir uns plötzlich mit einem völlig unerwarteten Angriff konfrontiert. Drei Organisationen der Gesundheitsbranche verklagten die Task Force wegen ihrer Zusammensetzung. Sie behaupteten, da ich keine Regierungsangestellte sei (First Ladies bekommen kein Gehalt), dürfe ich geschlossenen Sitzungen der Projektgruppe nicht beiwohnen, geschweige denn ihnen vorsitzen. Diese Gruppen beriefen sich auf ein weitgehend unbekanntes Bundesgesetz, das die heimliche Beeinflussung von Regierungsentscheidungen durch private Interessen und Verstöße gegen das Informationsrecht der Öffentlichkeit verhindern sollte. Unser Projekt, bei dem hunderte Leute mitarbeiteten, hatte zwar nichts Geheimnisvolles an sich, doch die Presse, die zu den Besprechungen nicht eingeladen wurde, griff das Thema bereitwillig auf. Wenn ich an den Sitzungen teilnehmen durfte, hieß es in der Klage, mussten gemäß den Gesetzen zum Schutz der Informationsfreiheit auch andere Außenstehende zugelassen werden – einschließlich der Presse. Es war ein übler politischer Schachzug, der unsere Arbeit an der Gesundheitsreform behindern und bei der Öffentlichkeit und in den Medien den Eindruck erwecken sollte, dass wir ein geheimes Süppchen kochten.

Bald darauf erhielten wir weitere schlechte Nachrichten, diesmal von Senator Byrd. Eine ganze Reihe von demokratischen Emissären, einschließlich des Präsidenten selbst, hatte ihn ersucht, die Gesundheitsreform in das Reconciliation-Paket aufzunehmen. Doch am 13. März erklärte der Senator Bill in einem Telefongespräch, er habe sich aus Verfahrensgründen entschieden, die »Byrd-Regel« nicht auszusetzen. Der Senat dürfe über Reconciliation-Anträge nur zwanzig Stunden debattieren, was seiner Meinung nach für eine Gesundheitsreform dieser Größenordnung nicht ausreiche. Die Angelegenheit sei einfach zu kompliziert.

Rückblickend stimme ich dieser Einschätzung zu, damals war es eine politische Niederlage, die uns zwang, unsere Strategie neu auszurichten und zu klären, wie wir im Rahmen des normalen Gesetzgebungsverfahrens eine Bewilligung für die Gesundheitsreform erlangen konnten. In aller Eile führten wir Besprechungen mit den Mitgliedern des Repräsentantenhauses und des Senats durch, um sie auf Elemente des Plans festzunageln, den wir dem Kongress vorlegen wollten. Dass Byrds Absage viel mehr war als ein Nein zum Reconciliation Act war uns damals nicht klar. Byrd hatte der gesamten Gesundheitsreform die rote Karte gezeigt.

In dieser schwierigen Situation freuten wir uns über jeden Erfolg doppelt. Mitte März bewilligte das Repräsentantenhaus Bills Maßnahmenpaket zur Belebung der Wirtschaft, und mein Stab und ich beschlossen, uns am 19. März zu einer kleinen Feier in der Messe des Weißen Hauses zu treffen. Der Raum mit den eichengetäfelten Wänden, den Memorabilien der Navy und den lederbezogenen Polsterstühlen war der perfekte Rahmen für private Gespräche. Ich freute mich auf diese seltene Gelegenheit, ungezwungen und offen mit meinen engsten Beratern über jedes Thema sprechen zu können, das sich ergab. Kaum hatte ich die Messe betreten, spürte ich, dass meine Stimmung sich hob und ich mich zum ersten Mal seit Tagen entspannte.

Das Mittagessen war bereits serviert worden, und wir tauschten gerade Geschichten über unsere ersten Wochen im Weißen Haus aus, als plötzlich Carolyn Huber in der Tür stand. Meine langjährige Assistentin aus Arkansas, die uns nach Washington begleitet hatte, kam zu mir herüber und flüsterte mir ins Ohr: »Ihr Vater hatte einen Schlaganfall. Er ist im Krankenhaus.«

Etwas geht zu Ende

Ohne ein Wort zu verlieren verließ ich hastig die Messe des Weißen Hauses und ging nach oben in mein Büro, um den Arzt meines Vaters in Little Rock anzurufen. Drew Kumpuris bestätigte, dass mein Vater einen schweren Schlaganfall erlitten hatte und ins St. Vincent's Hospital gebracht worden war. Dort lag er bewusstlos auf der Intensivstation. »Sie müssen sofort kommen«, sagte Drew. Ich informierte Bill, packte schnell einige Sachen zusammen und saß wenige Stunden später gemeinsam mit Chelsea und meinem Bruder Tony in einem Flugzeug nach Arkansas. Es war der Beginn einer langen, traurigen Reise nach Hause.

Ich erinnere mich weder an die Ankunft in Little Rock noch an die Fahrt zum Krankenhaus. Vor der Intensivstation wartete meine Mutter auf uns. Sie sah müde und besorgt aus, war aber froh, uns zu sehen. Dr. Kumpuris erklärte uns, dass mein Vater in ein tiefes Koma gefallen war. Wir konnten ihn auf der Intensivstation besuchen, er würde von unserer Anwesenheit wahrscheinlich aber nichts mitbekommen. Ich wollte nicht, dass Chelsea ihren Großvater in diesem Zustand sah, aber sie bestand darauf, und da ich wusste, wie nahe er ihr stand, gab ich schließlich nach. Als wir das Zimmer betraten, war ich aber doch erleichtert, dass er beinahe friedlich aussah. Obwohl er künstlich beatmet wurde, standen neben seinem Bett nur ein paar unauffällige Ständer mit Infusionen und einige Monitore. Ich hielt seine Hand, strich ihm übers Haar und sprach mit ihm. Verzweifelt klammerte ich mich an die Hoffnung, er könnte die Augen aufschlagen oder meine Hand drücken. Auch Chelsea blieb stundenlang an seinem Bett sitzen. Sein Zustand schien sie nicht aus der Fassung zu bringen. Ich war erstaunt, wie gut sie mit der Situation umging.

Hugh kam einige Stunden später aus Miami. Meine Brüder glaubten, unseren Vater aus dem Koma wecken zu können, wenn sie ihm Familiengeschichten erzählten oder Lieder vorsangen, besonders jene, mit denen sie ihn früher immer auf die Palme gebracht hatten. Ganz besonders hasste mein Vater die Titelmelodie zu »Familie Feuerstein«. Also stellten sich Hugh und Tony an sein Bett und sangen ihm das alberne Lied vor, in der Hoffnung, irgendeine Reaktion zu provozieren. Auch wenn unser Vater uns in dieser Nacht nicht mit »Hört sofort mit dem Krach auf!« zurechtwies, würde ich gern glauben, dass er unsere Nähe spürte.

Abwechselnd saßen wir an seinem Bett, sahen zu, wie die geheimnisvollen grünen Linien auf den Monitoren anstiegen und fielen und lauschten dem hypnotischen Surren und Klicken des Beatmungsgeräts. Meine turbulente Welt voller Verpflichtungen und Termine rückte in weite Ferne. Alles reduzierte sich auf dieses kleine Krankenhauszimmer, eine eigene Welt, in der alles andere bedeutungslos war.

Bill kam am Sonntag, den 21. März nach Little Rock. Ich war unglaublich froh, ihn zu sehen, und spürte, dass meine Anspannung zum ersten Mal seit zwei Tagen nachließ. Er sprach mit den Ärzten und diskutierte mit mir die verschiedenen medizinischen Optionen, die für meinen Vater noch blieben. Am Abend stießen Bills Mutter Virginia und ihr Mann Dick Kelley direkt aus dem Urlaub zu uns.

Carolyn Huber und Lisa Caputo waren mit Chelsea und mir aus Washington gekommen. Carolyn stand meinen Eltern sehr nahe. Ich hatte sie bereits in der Kanzlei Rose kennen gelernt, wo sie jahrelang als Büroleiterin tätig war. Während Bills erster Amtszeit in Arkansas leitete sie die Governor's Mansion, den Amtssitz des Gouverneurs, und kam dann mit uns ins Weiße Haus, um sich um die persönliche Korrespondenz zu kümmern.

Lisa Caputo war seit dem Demokratischen Konvent meine Pressesprecherin. Sie verstand sich blendend mit meinem Vater, seit sie bei ihrer ersten Begegnung herausgefunden hatten, dass sie beide aus derselben Gegend in Pennsylvania stammten. »Hillary, du hast etwas Kluges getan«, erklärte er mir damals begeistert. »Du hast endlich jemanden aus Gottes eigenem Land eingestellt!«

Harry Thomason, der die Flüge von Virginia und Dick Kelley organisiert hatte, kam von der Westküste nach Little Rock. Er war es auch, der uns eine weitere schockierende Nachricht eröffnete. Während wir dachten, Virginia und Dick hätten ein paar Tage in ihrem Lieblingsurlaubsort Las Vegas verbracht, erzählte uns Harry so schonend wie möglich, dass sich Virginia in Denver einer experimentellen Therapie gegen ihre Krebserkrankung unterzogen hatte. Der Tumor war trotz der Mastektomie nachgewachsen und hatte sich ausgebreitet. Harry hatte zufällig von der Behandlung erfahren, als er versuchte, sie wegen der Flüge zu kontaktieren. Auch wenn Virginia darauf bestanden hatte, diese Nachricht vor uns geheim zu halten, war Harry der Meinung, dass wir es wissen sollten. Bill und ich dankten ihm für sein Feingefühl und kehrten zu Virginia und Dick zurück, die gerade mit meiner Mutter und meinen Brüdern sprachen. Wir beschlossen, Virginias Wunsch vorerst zu respektieren. Es war besser, sich um eine Familienkrise nach der anderen zu kümmern.

Schon am Tag nach seiner Ankunft in Little Rock musste Bill nach Washington zurück. Wenigstens konnte Chelsea, die Frühjahrsferien hatte, mit mir in Little Rock bleiben. Ich war zutiefst dankbar, meine Tochter in dieser schwierigen Zeit bei mir zu haben. Aus Stunden wurden Tage, doch der Zustand meines Vaters blieb unverändert kritisch. Freunde und Familienmitglieder kamen von überall her, um uns beizustehen. Um die langen Stunden auszufüllen, spielten wir Karten oder lenkten uns mit Wortspielen ab. Tony zeigte mir, wie man auf seinem Minicomputer Tetris spielt, und ich verbrachte Stunden damit, geistesabwesend die geometrischen Formen ineinanderzufügen. Ich war wie gelähmt und fühlte mich nicht in der Lage, meinen Pflichten als First Lady nachzukommen. Ich sagte alle Termine ab und bat Lisa Caputo, Ira Magaziner und allen anderen zu sagen, dass sie ohne mich weitermachen sollten. Tipper Gore war so freundlich, bei einigen Diskussionen über das Gesundheitswesen für mich einzuspringen, und Al übernahm meine Rede vor den führenden Vertretern des Ärzteverbandes in Washington und leitete die erste öffentliche Sitzung der Health Care Task Force. Normalerweise fällt es mir nicht schwer, mich auf mehrere Dinge gleichzeitig zu konzentrieren, aber die Situation, in der ich mich damals befand, war alles andere als normal. Ich wusste, dass unsere Familie bald vor der Entscheidung stehen würde, die Geräte, die meinen Vater am Leben hielten, abzuschalten.

Am Sonntag, dem 28. März, neun Tage nach dem Schlaganfall meines Vaters, kam Bill wieder nach Little Rock. Einen Tag später erklärten die Ärzte dem engsten Kreis der Familie die Lage: Hugh Rodham war hirntot und wurde von Maschinen am Leben erhalten. Wir konnten ihn noch eine Weile künstlich beatmen lassen, aber eigentlich war sein Leben bereits zu Ende. Keiner von uns konnte sich vorstellen, dass es im Sinne dieses unsentimentalen, unabhängigen Mannes war, seinen Körper unter solchen Umständen am Leben zu erhalten. Ich erinnerte mich noch, wie ärgerlich und deprimiert er 1983 nach seiner vierfachen Bypassoperation gewesen war. Damals sagte er mir, er würde lieber sterben als krank und hilflos zu sein. Wir waren uns alle einig, dass an diesem Abend, nachdem wir uns von ihm verabschiedet hatten, das Beatmungsgerät abgeschaltet werden sollte, damit Gott ihn zu sich nehmen konnte. Dr. Kumpuris meinte, er werde wahrscheinlich innerhalb von 24 Stunden sterben.

Doch die Seele des einstigen Footballspielers und Boxers war offensichtlich noch nicht bereit, auf diese letzte Reise zu gehen. Nachdem man die lebenserhaltenden Geräte abgeschaltet hatte, begann mein Vater wieder selbst zu atmen, auch sein Herz schlug weiter. Am Sonntag, dem 4. April, war sein Zustand unverändert. Er hatte eine Woche ohne lebenserhaltende Geräte und ohne jede Nahrung überlebt. Da das Krankenhaus sein Bett in der Intensivstation für einen anderen Patienten benötigte, wurde er auf eine normale Krankenstation verlegt. Dort lag

er nun in seinem Bett und sah aus, als wäre er nur kurz einge-
schlafen. Er wirkte ausgeruht und jünger als 82. Die Kranken-
hausverwaltung hatte meine Mutter und mich informiert, meinem Vater bald eine Ernährungssonde setzen zu lassen, damit
er in ein Pflegeheim gebracht werden konnte. Wir beteten beide, dass uns und ihm dieser Schritt erspart bleiben würde. Ich
war sicher, dass mein Vater nicht künstlich ernährt werden wollte und dass es ihm vermutlich noch mehr widerstrebt hätte, seine gesamten Ersparnisse für die Pflegekosten auszugeben. Doch
wenn sein Zustand anhielt, gab es keine Alternative.

Da Chelseas Ferien zu Ende gingen, verließen wir schweren
Herzens Little Rock und landeten spätabends in Washington.
Auch mich holte die Realität als First Lady rasch wieder ein.
Zwei Tage später flog ich wegen eines Vortrags nach Austin.

Ich hatte alle öffentlichen Auftritte abgesagt, nur in einem
Fall war es mir nicht gelungen, meine Zusage rückgängig zu
machen. Liz Carpenter, Lady Bird Johnsons ehemalige Pressesprecherin, veranstaltete neben ihren vielen anderen Aktivitäten auch eine Vortragsreihe an der University of Texas in
Austin. Vor Monaten schon hatte ich ihre Einladung angenommen, am 6. April eine Rede zu halten. Als mein Vater zwischen Leben und Tod schwebte, bat ich sie, mich von dieser
Verpflichtung zu entbinden oder zumindest einen späteren Termin für meinen Auftritt zu vereinbaren. In ihrer unnachahm-
lichen Art erklärte sie mir, die Rede würde nur ein paar Stunden meiner Zeit in Anspruch nehmen und mich zumindest
vorübergehend auf andere Gedanken bringen. Sie ließ sogar
Lady Bird bei mir anrufen und mich zum Kommen überreden
– ein kluger Schachzug. Liz wusste, wie sehr ich Lady Bird
Johnson bewunderte, eine wunderbare, gütige Frau und eine
der einflussreichsten First Ladies. Letztlich gab ich mich
geschlagen, denn es schien mir einfacher, diese Rede zu halten,
als weiterhin auf meinem Nein zu beharren. Als ich nun im
Flugzeug nach Austin saß, hatte ich keine Ahnung, was ich bei
meinem Vortrag sagen sollte. Immer wieder schob sich das Bild
meines Vaters über meine Gedanken. Die Rede, die ich in dieser Situation aufsetzte, war kein rhetorisches Meisterwerk,
aber sie zeigte ungefiltert, was ich damals dachte.

Jahre zuvor hatte ich begonnen, ein kleines Notizbuch zu führen, in das ich Bemerkungen, Zitate, Aussprüche und Stellen aus der Bibel eintrug, die mich besonders beeindruckten. Auf dem Flug nach Austin blätterte ich darin und blieb bei einem aus dem *Life Magazine* ausgeschnittenen Artikel von Lee Atwater hängen, den er im Alter von vierzig Jahren kurz vor seinem Krebstod geschrieben hatte. Atwater war ein politisches Wunderkind gewesen, hatte am Wahlkampf für die Präsidenten Reagan und Bush senior teilgenommen und erheblich zum Aufstieg der Republikaner in den achtziger Jahren beigetragen. Er war ein politischer Straßenkämpfer und berühmt für sein skrupelloses Vorgehen. Nur Gewinnen sei wichtig, verkündete Atwater stets – bis er krank wurde. In jenem Artikel schrieb er über das »spirituelle Vakuum im Herzen der amerikanischen Gesellschaft«. Seine Botschaft hatte mich schon berührt, als ich sie zum ersten Mal gelesen hatte. Jetzt schien sie mir noch wichtiger, und ich beschloss, Atwater in meiner Rede vor 14 000 Menschen zu zitieren:

»Lange bevor ich an Krebs erkrankte, spürte ich, dass sich etwas regte in der amerikanischen Gesellschaft. Unter den Menschen in diesem Land, ob sie nun Republikaner oder Demokraten waren, machte sich das Gefühl breit, dass etwas in ihrem Leben fehlte – etwas Wesentliches. Ich war nicht ganz sicher, was es war. Meine Krankheit half mir, es zu erkennen: Dasselbe, was dieser Gesellschaft fehlt, fehlte auch mir. Ein wenig Herz und viel Brüderlichkeit. In den achtziger Jahren ging es darum, Reichtum, Macht und Prestige zu erwerben. Ich weiß, wovon ich spreche. Ich erwarb mehr Reichtum, Macht und Prestige als die meisten. Aber man kann alles erwerben, was man sich wünscht, und sich immer noch leer fühlen. Welche Macht würde ich nicht eintauschen gegen ein wenig mehr Zeit mit meiner Familie? Welchen Preis würde ich nicht bezahlen für einen Abend mit Freunden? Ich musste todkrank werden, um dieser Wahrheit ins Auge zu sehen, doch es ist eine Wahrheit, die dieses Land, das an seinem gnadenlosen Ehrgeiz und seiner moralischen Schwäche leidet, an meinem Beispiel begreifen kann.«

Es war mir wichtig, in meiner Rede auf die Notwendigkeit

zu verweisen, unsere Gesellschaft neu zu formen. Und zwar indem wir neu definierten, was es bedeutet, im 20. Jahrhundert, an der Schwelle zum nächsten Jahrtausend, ein menschliches Wesen zu sein: »Wir brauchen eine neue politische Überzeugung, die von einem tieferen Sinn erfüllt ist. Wir brauchen ein neues Ethos, das auf der Verantwortung und dem Engagement des Einzelnen beruht. Wir brauchen eine neue Definition der Zivilgesellschaft, die jene unbeantwortbaren Fragen beantwortet, vor die uns der Markt und die Regierung stellen: Wie können wir eine Gesellschaft schaffen, die uns wieder erfüllt und uns das Gefühl gibt, Teil von etwas zu sein, das größer ist als wir.« Auf Lee Atwaters entscheidende Frage: »Wer wird uns aus diesem spirituellen Vakuum führen?«, lautete meine Antwort: »Wir alle.«

Nach meiner Rede umarmte ich Liz Carpenter, Governor Ann Richards und Lady Bird Johnson und fuhr direkt zum Flughafen, um die nächste Maschine nach Washington zu nehmen. Ich wollte meine Tochter und meinen Mann sehen, bevor ich mich wieder auf den Weg nach Little Rock machte. Nun, da die Verlegung meines Vaters in ein Pflegeheim anstand, brauchte mich meine Mutter. Ich war froh, dass ich diese Rede gehalten hatte, und nahm an, die Angelegenheit sei damit erledigt. Doch wenig später brachte die *New York Times* in ihrer Beilage eine Titelgeschichte mit der Überschrift »Heilige Hillary«, in der sie sich über meine Ansprache lustig machte. Der Artikel bezeichnete meine Frage nach dem Sinn in unserem Leben und unserer Gesellschaft als »moralinsaure Predigt, verpackt in federleichten, schwärmerischen New-Age-Jargon«. Deshalb wusste ich es besonders zu schätzen, dass viele Menschen anriefen, um mir für meine Worte zu danken.

Am Tag nach meiner Rede in Austin starb mein Vater. Ich musste daran denken, wie sich unsere Beziehung zueinander über die Jahre entwickelt hatte. Als kleines Mädchen betete ich ihn an. Ich stand abends oft am Fenster, um nach ihm Ausschau zu halten und lief ihm entgegen, wenn er nach der Arbeit nach Hause kam. Er ermunterte mich, Baseball, Football und Basketball zu spielen und trainierte oft mit mir. Um seine Anerkennung zu gewinnen, bemühte ich mich, gute Noten nach Hause zu bringen. Doch später wandelte sich unsere Beziehung, nicht nur, weil ich älter wurde und meine Erfahrungen in einer ganz anderen Zeit und Umgebung sammelte als er, sondern auch, weil er sich veränderte. Nach und nach verlor er die Energie, mit der er früher nach einem langen Arbeitstag Hughie und mir den Football zuwarf, während wir um die Ulmen vor unserem Haus rannten. Ebenso wie diese prachtvollen Bäume Jahr für Jahr morscher wurden und weniger Blätter trugen, schwanden seine Lebensgeister. Mit dem Tod seiner beiden Brüder Mitte der sechziger Jahre wurde seine Welt kleiner, und als er Anfang der siebziger Jahre in den Ruhestand ging, zog er sich immer mehr zurück. Während meiner Zeit in der High School und im College beschränkte sich unsere Beziehung im Wesentlichen auf peinliches Schweigen oder heftige Auseinandersetzungen über Politik und Kultur, die ich oft provozierte, indem ich von Vietnam, Hippies, Feministinnen und Nixon redete.

Vor kurzem habe ich die Briefe wieder gelesen, die er mir während meiner Zeit in Wellesley und Yale geschrieben hatte – meist nachdem ich wieder einmal den Tränen nahe zu Hause angerufen hatte, weil ich an meinen Fähigkeiten zweifelte oder nicht wusste, was ich mit meinem Leben anfangen sollte. Ich glaube, kaum jemand, der meinen Vater kannte und je Zielscheibe seiner beißenden Kritik wurde, kann sich vorstellen, wie viel Liebe und Rückhalt er mir gerade in dieser schwierigen Anfangsphase gab.

Großen Respekt habe ich auch vor der Bereitschaft meines Vaters, seine Ansichten zu ändern, obwohl er das selten zugab. Von seiner protestantischen Familie übernahm er jedes denkbare Vorurteil – gegen Demokraten, Katholiken, Juden, Schwarze und jeden, der irgendwie anders war. Wenn ich mich früher bei unseren Aufenthalten am Lake Winola über diese Ansichten ärgerte, erklärte ich allen Rodhams, dass ich einen katholischen Demokraten heiraten würde – ihrer Meinung nach das Schlimmste, was mir passieren konnte. Mit der Zeit legte mein Vater viele seiner Vorurteile ab, vor allem aufgrund persönlicher Erfahrungen. Als ich mich dann in einen baptistischen Demokraten aus den Südstaaten verliebte, war mein Vater zwar erstaunt, akzeptierte aber meine Entscheidung und wurde einer der größten Fans meines Mannes. Andere Vorurteile wurden allerdings erst später ausgeräumt.

Nachdem meine Eltern 1987 nach Little Rock gezogen waren, freundeten sie sich mit ihren Nachbarn Larry Curbo und Dr. Dillard Denson an. Die beiden kamen oft zu Besuch, plauderten mit meinem Vater über den Aktienmarkt oder Politik und halfen meiner Mutter im Haus. Eines Abends sahen meine Eltern sich eine Fernsehsendung über Homosexuelle an. Als mein Vater sagte, dass er solche Leute ablehne, fragte meine Mutter: »Und was ist mit Dillard und Larry?«

»Was meinst du?«, kam verblüfft zurück.

Also erklärte meine Mutter ihm, dass seine geschätzten Freunde und Nachbarn seit Jahren eine Liebesbeziehung miteinander führten. Larry, der Krankenpfleger war, besuchte meinen Vater oft im Krankenhaus. Er war auch bei ihm und hielt seine Hand, als er starb.

Früh am nächsten Morgen, es war Karfreitag, flogen Bill, Chelsea und ich nach Little Rock, um am Gedenkgottesdienst für meinen Vater in der First United Methodist Church teilzunehmen. Begleitet wurden wir von meinem Bruder Tony und seiner zukünftigen Frau Nicole Boxer, meiner lieben Freundin Diane Blair, Bruce Lindsey, Vince Foster und Webb Hubbell. Ich war gerührt, dass auch Al und Tipper Gore sowie Mack und Donna McLarty den weiten Weg nach Little Rock auf sich genommen hatten. Mack, ein enger Freund aus Kindertagen war mittlerweile Bills Stabschef im Weißen Haus. Reverend Ed Matthews und Reverend Vic Nixon, der Bill und mich getraut hatte, lasen die Totenmesse. Nach dem Gottesdienst brachte die Familie, begleitet von Dillard, Larry, Dr. John Holden und seiner Frau Carolyn, die zu den besten Freunden meines Bruders in Park Ridge gehörten, meinen Vater heim nach Scranton. Wie nicht anders zu erwarten, hatte er sein Grab schon vor Jahren ausgesucht und bezahlt.

In Scranton wurde ein zweiter Trauergottesdienst in der Court Street Methodist Church abgehalten, nur wenige Blocks von dem Haus entfernt, in dem mein Vater aufgewachsen war. Bill hielt eine liebevolle Rede, in der er an Hugh Rodhams schroffe Art und sein Engagement erinnerte: »Als ich im Jahr 1974 zum ersten Mal für ein politisches Amt kandidierte, trat ich in einem Kongressbezirk an, in dem viele Republikaner aus dem Mittleren Westen lebten. Mein zukünftiger Schwiegervater kam in einem Cadillac mit einem Nummernschild aus Illinois zu den Wahlveranstaltungen. Er verriet keinem, dass ich in seine Tochter verliebt war, sondern ging einfach zu den Leuten hin und sagte: ›Ich weiß, dass Sie Republikaner sind. Ich bin selbst einer und glaube, die Demokraten sind nur einen Schritt vom Kommunismus entfernt. Aber dieser Junge ist in Ordnung.‹«

Mein Vater wurde auf dem Washburn Street Cemetery beigesetzt. Es war ein kalter, verregneter Apriltag, und meine Gedanken waren so düster wie der bleifarbene Himmel. Ich stand da und hörte geistesabwesend zu, wie der Hornist der Militärischen Ehrengarde den Zapfenstreich spielte. Nach dem Begräbnis gingen wir mit einigen alten Freunden meines Vaters in ein Restaurant und tauschten Erinnerungen aus. Eigentlich hätten wir das Leben meines Vaters feiern sollen, aber für mich überwog die Trauer darüber, dass er nun so vieles nicht mehr erleben würde. Ich dachte daran, wie viel Freude es ihm gemacht hatte, seinen Schwiegersohn als Präsidenten zu erleben und wie sehr er es genoss, Chelsea aufwachsen zu sehen. Chelsea erinnerte uns daran, dass ihr »PopPop« immer gesagt hatte, wenn sie mit dem College fertig sei, würde er eine große Limousine mieten und sie in einem weißen Anzug abholen. Er hatte viele Träume, die nie wahr wurden. Aber ich war dankbar für das Leben, die Chancen und die Träume, die er mir mitgegeben hatte.

VINCE FOSTER

Bill, Chelsea und ich wollten Ostern in Camp David verbringen und luden auch die Familienmitglieder und Freunde ein, die nach Scranton gekommen waren. Nach dem Begräbnis und den sorgenvollen Wochen davor sehnten wir uns alle nach etwas Ruhe und Abgeschiedenheit. Camp David war der perfekte Ort dafür. Jackie Kennedy Onassis' pragmatischer Rat, dieses Anwesen, das mitten in einem Nationalpark in den Catoctin Mountains in Maryland liegt, als Refugium zu nutzen, war wie immer von unschätzbarem Wert gewesen.

An diesem Osterwochenende war es kalt und regnerisch – das Wetter passte genau zu meiner Stimmung. Ich machte einen langen Spaziergang mit meiner Mutter und fragte sie, ob sie bei uns im Weißen Haus leben wolle. Sie sagte zu, eine Weile bei uns zu bleiben, wolle dann aber nach Hause, weil sie sich nach dem Tod meines Vaters um einige Angelegenheiten kümmern müsse. Für meine Mutter war Selbständigkeit immer sehr wichtig. Anschließend dankte sie mir, dass ich Dillard Denson und Larry Curbo nach Camp David eingeladen hatte. Sie wusste, dass die beiden ihr auch in Zukunft mit Rat und Tat zur Seite stehen würden.

Wir besuchten die Ostermesse in der Evergreen Chapel, einem Gebäude aus Holz und Buntglas, das sich wunderbar in die Umgebung einfügt. Ich saß auf der Kirchenbank und dachte daran, wie sehr meine Brüder und ich uns immer für den lauten, falschen Gesang meines Vaters geniert hatten. Ich treffe die Töne genauso wenig wie er, aber an diesem Morgen sang ich voller Inbrunst mit, in der Hoffnung, dass die Klänge, wie falsch sie auch sein mochten, ihren Weg zu ihm fanden.

Körperlich und emotional ausgelaugt wie ich war, hätte ich mir wahrscheinlich mehr Zeit nehmen sollen, um mich auszuruhen und zu trauern. Doch ich konnte die Arbeit nicht länger aufschieben. Ira hatte mir bereits einige SOS-Signale gesendet und mich darüber informiert, dass Budgetstreitigkeiten die Gesundheitsreform blockierten. Nach einem großen Osteressen mit unseren Gästen kehrten Bill, Chelsea und ich schweren Herzens nach Washington zurück.

Als ich am Sonntagabend in unser Schlafzimmer kam, um unsere Koffer auszupacken, spürte ich sofort, dass etwas nicht stimmte. Einige Möbelstücke standen nicht an ihrem Platz, die Dinge auf unseren Nachttischen waren verrückt worden, und der Fernsehschrank hatte einen tiefen Kratzer. Beunruhigt ging ich in die West Sitting Hall, die uns als Wohnzimmer diente. Auch hier waren einige Möbel verschoben. Ich rief Gary Walters an, den Chief Usher: »Was ist hier los, Gary? Jemand hat die Möbel verrückt, und ein Schrank ist sogar beschädigt. Haben Sie die Zimmer reinigen lassen?«

»Wissen Sie das denn nicht?«, fragte er. »Der technische Dienst des Secret Service hat alle Ihre Sachen durchsucht, als Sie nicht da waren.«

»Warum das denn?«, fragte ich verblüfft.

»Nun, sie mussten prüfen, ob in Ihren Räumen eine Bombe oder Wanzen versteckt waren oder Ihre Sicherheit auf irgendeine andere Art gefährdet war.«

»Finden Sie nicht, dass man uns darüber informieren sollte, wenn es angeblich um unsere Sicherheit geht?«, fragte ich.

»Oh, habe ich Ihnen nichts davon gesagt? Das tut mir schrecklich Leid.«

Niemand aus meinem Stab oder dem des Präsidenten war über die Operation in Kenntnis gesetzt worden. Helen Dickey, eine Freundin aus Little Rock, die gerade zu Besuch war und ein Zimmer im dritten Stock hatte, erzählte mir später, sie habe am Samstagabend Geräusche gehört und sei nach unten gegangen, um nachzusehen. Sie wurde von schwarz gekleideten bewaffneten Männern aufgefordert, diesen Teil des Gebäudes sofort zu verlassen. Je länger ich über diesen Vorfall nachdachte, umso mehr mysteriöse Dinge fielen mir ein. Ich erinnerte mich plötzlich an die Nachricht von Rush Limbaugh, die jemand im Lincoln-Zimmer für Harry und Linda hinterlegt hatte, und an die bizarren Geschichten, die ab und an in der Presse erschienen. In einem dieser Artikel wurde ein anonymer Mitarbeiter des Secret Service zitiert, der angeblich gesehen hatte, wie ich mit einer Lampe nach meinem Mann warf. Es ist im Grunde genommen lächerlich, dass ein großes Nachrichtenmagazin eine derart banale Geschichte brachte, die sich ausschließlich auf bösartige Gerüchte stützte, um mein Temperament zu illustrieren.

Wie viele der guten und schlechten Dinge, die im Lauf der Jahre über mich gesagt wurden, sind auch die Berichte über mein »legendäres Temperament« übertrieben. Doch ich gebe zu, dass ich an jenem Sonntagabend vor Wut kochte. Ich rief Mack McLarty an, Bills Stabschef, und David Watkins, den Director of Management and Administration im Weißen Haus, um ihnen mitzuteilen, was ich entdeckt hatte – und vor allem, was ich davon hielt.

Ich war geschockt von diesem Eingriff in unsere Privatsphäre. Natürlich lebten wir in einem Haus, das dem Staat gehört. Aber es gibt eine stille Übereinkunft, dass die Menschen, die darin wohnen, einige Zimmer für sich beanspruchen können. Genau diese waren durchsucht worden, und das vermittelte mir das Gefühl, dass es im Weißen Haus keinen Ort gab, an dem meine Familie und ich ungestört über einen großen Verlust trauern konnten.

Mack und David hörten mir ruhig zu, während ich meiner Empörung Luft machte. Sie gingen der Sache sofort nach und fanden heraus, dass die Durchsuchung über das Büro der Ushers arrangiert worden war. Mack ordnete an, dass er in Zukunft vor solchen Aktionen informiert und der Präsident um Erlaubnis gefragt werden musste.

Ich schlief nicht viel in dieser Nacht, die ohnehin schon kurz genug war. Bereits um fünf Uhr früh stellten sich vor den Toren die ersten Eltern und Kinder für das traditionelle White House

Easter Egg Roll an, das jeden Ostermontag auf einem kleinen Hügel im Garten des Weißen Hauses stattfindet. Als ich gegen acht Uhr aus dem Fenster sah, hatten sich bereits tausende Kinder versammelt, die aufgeregt darauf warteten, mit einem Löffel bunte Ostereier über den Rasen zu rollen. Ich schob meine persönlichen Sorgen beiseite, zog mich an und ging hinaus. Das Gefühl, nur meine Pflicht zu erfüllen, verflüchtigte sich schnell. Die Begeisterung und das Lachen der Kinder, die hinter ihren Ostereiern den Hügel hinunterkollerten, waren ansteckend und hoben meine Laune.

Die vorangegangenen Monate waren ein schwieriger Auftakt zu einer gnadenlosen Saison in Washington gewesen. Wenn ich heute zurückblicke, wird mir klar, dass es damals und überhaupt während meiner ganzen Zeit im Weißen Haus meine Familie, meine Freunde und mein Glaube waren, die mir Kraft gaben. Auch wenn ich ihn nicht offen zur Schau stelle, war er immer ein wichtiger Bestandteil meines Lebens. Mein Vater betete jeden Abend kniend vor seinem Bett und gab seine tiefe Überzeugung von der Macht des Glaubens an mich weiter. Kurz vor seinem Schlaganfall hatte ich eine Einladung von meiner guten Freundin Linda Lader erhalten. Linda veranstaltete jedes Jahr mit ihrem Mann Phil die Renaissance-Wochenenden, an denen Bill und ich (später auch Chelsea) seit 1983 teilnahmen. Sie bat mich und Tipper zu einem Mittagessen, das von einer Frauengebetsgruppe gesponsert wurde. Zu diesem Gebetskreis, der sich aus Demokratinnen und Republikanerinnen zusammensetzte, gehörten Susan Baker, die Frau von George Bushs Außenminister, James Baker; Joanne Kemp, die Frau des ehemaligen republikanischen Kongressabgeordneten Jack Kemp; Grace Nelson, die mit meinem demokratischen Senatskollegen aus Florida, Bill Nelson, verheiratet ist, und Holly Leachman, die zu einer treibenden spirituellen Kraft in meinem Leben wurde. Während meiner Zeit im Weißen Haus faxte sie mir täglich eine Stelle aus der Bibel oder einen anderen religiösen Text und kam oft zu Besuch, um mich aufzumuntern oder mit mir zu beten.

Das Mittagessen am 24. Februar 1993 fand auf Cedars statt, einem Anwesen am Potomac River, das als Hauptsitz der Vereinigung National Prayer Breakfast dient, die Gebetskreise auf der ganzen Welt ins Leben gerufen hat. Doug Coe, der langjährige Organisator von National Prayer Breakfast, ist eine einzigartige Erscheinung in Washington: ein liebevoller spiritueller Mentor und Begleiter für jeden, der seine Beziehung zu Gott vertiefen und bedürftigen Menschen helfen möchte, egal welcher Partei oder Glaubensrichtung er angehört. Doug wurde eine Quelle der Kraft und Freundschaft für mich und schickte mir oft Nachrichten, die mich in meinem Glauben bestärkten. All diese Beziehungen begannen bei jenem außergewöhnlichen Mittagessen.

Jede meiner zwölf »Gebetspartnerinnen« versprach, einmal in der Woche für mich zu beten. Darüber hinaus schenkten sie mir ein selbst zusammengestelltes Buch mit Botschaften, Zitaten und Passagen aus der Bibel, die mir während meiner Zeit in Washington Kraft geben sollten. Von den tausenden Geschenken, die ich in meinen acht Jahren im Weißen Haus bekam, waren wenige so willkommen und hilfreich wie dieses, das zwölf kostbare Gaben enthielt: Einsicht, Friede, Mitgefühl, Glaube, Gemeinschaft, Vision, Vergebung, Gnade, Weisheit, Liebe, Freude und Mut. In den folgenden Jahren beteten diese großartigen Frauen für mich und mit mir. Ich schätzte ihre Anteilnahme und ihre Bereitschaft, sich über die politischen Differenzen in Washington hinwegzusetzen und einem Menschen, der Unterstützung brauchte, die Hand zu reichen – vom Verlust meines Vaters bis zu den politischen Stürmen während Bills Präsidentschaft.

Als der hundertste Tag von Bills Regierungszeit näher rückte, wurde klar, dass wir unsere selbst gesetzte Frist für eine Gesundheitsreform nicht einhalten konnten. Jeder Vorschlag, den wir zur Finanzierung einer universellen Krankenversicherung erwogen hatten, gelangte in die Öffentlichkeit, sodass Kongressabgeordnete schon gegen Strategien protestierten, noch ehe wir diese festgelegt hatten. Ich war überrascht, wie bereitwillig viele Leute Informationen an Journalisten weitergaben. Einige glaubten, sie könnten auf diese Weise die Geschehnisse beeinflussen, während andere sich anscheinend nach Aufmerksamkeit sehnten, selbst wenn sie nur als »anonyme Quelle« erwähnt wurden. Wir waren in der Defensive. Hinzu kam, dass das Reformvorhaben von anderen Ereignissen in den Hintergrund gedrängt wurde.

Das Land stand noch unter dem Schock der schrecklichen Geschehnisse in Waco (Texas). Mitglieder der Davidianer-Sekte hatten bei einem Feuergefecht vier Beamte der Sicherheitsbehörde für Alkohol, Tabak und Schusswaffen getötet und zwanzig weitere verletzt. Als das FBI am 19. April den Sitz der Sekte stürmte, nachdem die Davidianer Feuer gelegt hatten, wurden über achtzig Sektenmitglieder getötet, darunter auch viele Kinder. Eine unabhängige Untersuchung ergab zwar, dass die Sektenführer für das Feuer und die Schießerei verantwortlich waren, doch das änderte nichts an dem tiefen Bedauern, das wir alle empfanden, und dem Entsetzen darüber, was religiöser Fanatismus anrichten kann. Und im ehemaligen Jugoslawien belagerten bosnische Serben im Zuge ihrer grauenvollen »ethnischen Säuberungen« die moslemische Stadt Srebrenica. Was mich damals am meisten schockierte, war, dass die Vereinten Nationen nicht in der Lage waren, die muslimische Bevölkerung zu schützen und die Situation unter Kontrolle zu bringen. Die Medien brachten verstörende Bilder von Massakern unter der Zivilbevölkerung und ausgezehrten Gefangenen, die an die Gräuel der Nazizeit erinnerten. Unterschiedlicher Glaube wurde zur Rechtfertigung für Gewalt und Mord.

Im Schatten dieser Ereignisse empfingen Bill und ich zwölf Präsidenten und Premierminister im Weißen Haus, die zur Eröffnung des Holocaust-Museums am 22. April nach Washington gekommen waren. Einige der Anwesenden drängten die USA, die Bemühungen der Vereinten Nationen, das Blutvergießen in Bosnien zu beenden, stärker zu unterstützen. Am eloquentesten vertrat Elie Wiesel diesen Standpunkt, der bei der Einweihung des Museums eine leidenschaftliche Rede über Bosnien hielt. Wiesel, der selbst in einem Konzentrationslager gewesen war und 1986 den Friedensnobelpreis erhalten hatte, wandte sich an Bill und sagte: »Mr. President, ich bin im ehemaligen Jugoslawien gewesen. Was ich dort gesehen habe, lässt mich nicht mehr zur Ruhe kommen. Das sage ich als Jude. Wir müssen etwas unternehmen, um das Blutvergießen in diesem Land zu beenden.« Ich hatte Elie Wiesels erschütterndes Buch »Die Nacht. Erinnerung und Zeugnis« gelesen, in dem er von seinen Erfahrungen in Auschwitz und Buchenwald berichtet. Ich bewunderte seine Arbeit als Schriftsteller und sein Engagement für die Menschenrechte und stimmte seinen Worten zu. Die Zahl der Todesopfer stieg Tag für Tag, und die Situation wurde immer unerträglicher. Bill und seine Berater waren überzeugt, dass der Genozid in Bosnien nur durch selektive Luftangriffe auf serbische Ziele zu beenden war, und erwogen mittlerweile einen amerikanischen Militäreinsatz auf dem Balkan.

Bei dem ständigen Wechsel von guten und schlechten Nachrichten aus dem In- und Ausland gingen viele Leistungen der Regierung Clinton beinahe unter. Am Earth Day, dem 21. April, sagte Bill zu, ein wichtiges internationales Abkommen zum Schutz der biologischen Vielfalt zu unterzeichnen, das Präsident Bush abgelehnt hatte. In der Woche darauf kündigte er die Gründung eines amerikanischen Freiwilligenkorps für Zivildienste namens AmeriCorps an, das an die Ideale des Friedenskorps und der Freiwilligenorganisation VISTA anschließen und die Energie junger Menschen nutzen würde, um den Bedürftigen im eigenen Land zu helfen.

Doch auch wenn die offiziellen Aufgaben uns sehr beanspruchten, versuchten Bill und ich, unsere Pflichten als Eltern nicht zu vernachlässigen. Wir gingen zu jeder Schulveranstaltung und unterstützten Chelsea, wo wir nur konnten. Bill half ihr in Mathematik, und wenn er verreist war, faxte sie ihm die Aufgaben und besprach dann die Lösungen mit ihm. Außerdem bestanden wir weiterhin auf dem Schutz ihrer Privatsphäre, was einigen Leuten bei den Medien und in Bills Stab gar nicht recht war. Das Pressebüro des Weißen Hauses hatte Bill überredet, seinen Alltag von einem Kamerateam des Fernsehsenders NBC filmen zu lassen. Anfang Mai sollte dann eine Sendung mit dem Titel »Ein Tag im Leben des Präsidenten« ausgestrahlt werden. Ich sagte, dass ich mitmachen würde, Chelsea aber nicht gefilmt werden dürfe. Bills Stab versuchte mich zu überzeugen, dass es gut für unser Image wäre, wenn das Fernsehpublikum uns mit Chelsea beim Frühstück oder bei den Schularbeiten sah. Ich blieb eisern, obwohl sogar der Produzent der Sendung und Tom Brokaw, der prominente NBC-Nachrichtenmoderator und erfolgreiche Autor, bei mir anriefen. Dass er am Ende meine Entscheidung akzeptierte, habe ich ihm hoch angerechnet.

In meinem Entschluss, Chelsea aus allem herauszuhalten, wurde ich zusätzlich durch gesundheitliche Probleme meiner Tochter bestärkt. Wir waren gerade dabei, unsere Privaträume in ein richtiges Zuhause zu verwandeln. Wir ließen streichen, tapezieren und unsere Bücherregale aufstellen. Durch all die Farben und die Materialien, die für die Renovierung verwendet wurden, entwickelte Chelsea kurz nach Ostern eine heftige Allergie, die auf die Atemwege schlug. Deshalb war es mir noch wichtiger als sonst, in ihrer Nähe zu sein und sie zu schützen. Wir versuchten, ihren Zustand so gut es ging geheim zu halten; nur wenige Menschen wussten, wie besorgt ich war.

Als Chelsea sich wieder erholt hatte, fuhr ich mit ihr nach New York, wo wir uns »Dornröschen« in einer Aufführung des American Ballet Theatre ansahen. Der Kurztrip, der eigentlich als kleine Aufmunterung für mich und Chelsea gedacht war, hatte ungeahnte Folgen. Schuld daran waren wieder einmal meine Haare. Susan Thomases hatte mir gesagt, ich solle die Gelegenheit nutzen und in New York unbedingt einen Stylisten namens Frederic Fekkai ausprobieren. Also ließ ich anfragen, ob er zu uns ins in Waldorf Astoria kommen könne, bevor wir zum Ballett gingen. Frederic war mir auf Anhieb so sympathisch, dass ich ohne lange zu überlegen zustimmte, etwas Neues auszuprobieren – einen »unkomplizierten« Schnitt im Stil von Diane Sawyer, der berühmten Fernsehmoderatorin von ABC. Mein neuer Haarschnitt veränderte mein Aussehen deutlich, und die Berichte in der Presse würden nicht lange auf sich warten lassen.

Meine Pressesprecherin Lisa Caputo erfuhr spät in der Nacht durch Capricia Marshall von meiner neuen Frisur.

»Lisa, bitte sei nicht wütend auf mich«, sagte Capricia. »Hillary hat sich die Haare abschneiden lassen.«

»Was?«, rief Lisa entsetzt.

»Susan hat diesen Stylisten in ihr Hotelzimmer gebracht, und als sie wieder herauskam, war das Haar ab.«

»O mein Gott!«

Das Problem für Lisa war nicht der Medienwirbel, den mein Haar wieder einmal verursachen würde – sie war schon mit vielen Haargeschichten fertig geworden –, sondern eine bevorstehende Fernsehsendung. In der Annahme, dass wir im Mai eine Gesundheitsreform präsentieren würden, hatte ich zugestimmt, dass Katie Couric und ihr Team von der Sendung »Today« mir bei der Arbeit im Weißen Haus über die Schulter sahen. Dieser Bericht sollte dann gemeinsam mit einem großen Interview ausgestrahlt werden. NBC hatte mich in der Woche zuvor stundenlang gefilmt – mit schulterlangem Haar. Die First Lady, die Katie Couric demnächst ein Live-Interview geben würde, hatte dagegen einen neuen Look. Es war ausgeschlossen, alles noch einmal zu filmen.

Katie verzog keine Miene, als sie meine neue Frisur sah. Und sie verlor auch kein Wort darüber, dass mein rosafarbenes Kostüm nicht unbedingt mit ihrem lachsfarbenen Outfit harmonierte. Souverän und charmant führte sie mich durch das Interview. Sie war mir im Fernsehen immer sympathisch gewesen, und ich freute mich, dass sie im wirklichen Leben genauso natürlich war – und ein feiner Kerl obendrein.

Ich musste erst noch lernen, was es heißt, First Lady zu sein. Es ist ein gewaltiger Unterschied, ob man die Frau eines Gouverneurs oder die eines Präsidenten ist. Plötzlich verbringen die Menschen in deiner Umgebung viel Zeit damit, sich zu überlegen, was dich glücklich machen könnte. Manchmal kennen dich diese Menschen nur flüchtig oder verstehen dich falsch. Alles, was du sagst, wird ausgeschmückt. Und du musst dir sehr genau überlegen, was du dir wünschst, denn es kann leicht passieren, dass du es kistenweise bekommst.

Bei einer meiner ersten Reisen als First Lady fragte mich eine junge Mitarbeiterin: »Was würden Sie denn in Ihrer Suite gerne trinken?«

Und ich antwortete: »Wissen Sie, ich habe richtig Lust auf ein Diet Dr. Pepper.«

Noch Jahre später war der Kühlschrank in meinen Hotel-
suiten jedes Mal voll mit Diet Dr. Pepper. Wo ich auch hin-
kam, wurde mir ein Glas davon serviert. Ich kam mir vor wie
der Zauberlehrling in dem Disneyfilm »Fantasia«: Ich konnte
die Dr.-Pepper-Maschine einfach nicht mehr abstellen.

Aus dieser harmlosen Geschichte lernte ich, dass viele Menschen alles taten, was in ihrer Macht stand, um mir eine Freude zu machen, und dass sie meine Wünsche oft völlig falsch
interpretierten. Ich konnte nicht mehr einfach sagen: »Kümmern Sie sich darum«, wenn mir jemand von einem Problem
berichtete. Vielleicht hätte mir das früher klar sein sollen, aber
der Groschen fiel erst, als ich mit den Konsequenzen einer bei-
läufigen Bemerkung konfrontiert war: Ich hatte von der Misswirtschaft im Reisebüro des Weißen Hauses erfahren und sagte zu Stabschef Mack McLarty, dass ich hoffe, er werde sich
um diese Probleme »kümmern«.

»Travelgate«, wie die Angelegenheit in den Medien genannt
wurde, war eigentlich nicht wichtig genug, um länger als zwei
bis drei Wochen für Aufregung zu sorgen. Doch aufgrund der
angespannten Stimmung zwischen den beiden politischen Parteien wurde es zur ersten Manifestation einer Ermittlungsma-
nie, die bis ins nächste Jahrtausend anhalten sollte.

Bevor wir nach Washington kamen, wussten weder Bill noch
ich, noch unser engster Stab, dass es im Weißen Haus ein eigenes Travel Office gab. Dieses Reisebüro chartert Flugzeuge,
bucht Hotelzimmer, bestellt Mahlzeiten und kümmert sich um
die Medien, die den Präsidenten auf Reisen begleiten. Die
Kosten werden den Nachrichtendiensten in Rechnung gestellt.
Auch wenn wir nicht viel über die Arbeit dieses Büros wussten, war klar, dass wir die Behauptungen, irgendwo im Weißen Haus herrsche Misswirtschaft, nicht ignorieren konnten.
Eine Untersuchung durch das internationale Wirtschafts-
prüfungs- und Beratungsunternehmen KPMG hatte ergeben,
dass der Leiter des Reisebüros ein »geheimes Hauptbuch«
führte, Schecks im Wert von mindestens 18 000 Dollar nicht
korrekt verbucht waren und die Aufzeichnungen des Büros
chaotisch waren. Aufgrund dieser Erkenntnisse beschlossen
Mack und die Rechtsabteilung des Weißen Hauses, die Mit-

arbeiter des Travel Office zu entlassen und das Büro neu zu strukturieren.

Diese Maßnahmen, die den beteiligten Entscheidungsträgern selbstverständlich schienen, lösten einen Sturm der Entrüstung aus. Als Dee Dee Myers, die Pressesprecherin des Präsidenten – und erste Frau in dieser Position – am Morgen des 19. Mai 1993 in einer Lagebesprechung die Entlassungen bekannt gab, waren wir alle von der Reaktion überrascht. Während die Regierung versuchte, die finanziellen Interessen der Presse und des Landes zu wahren, konzentrierten sich einige Journalisten ausschließlich auf die Tatsache, dass ihre Freunde aus dem Travel Office entlassen wurden. Die Regierung wurde des Dilettantismus und der Vetternwirtschaft beschuldigt, weil ein Angestellter des Weißen Hauses, der entfernt mit Bill verwandt war und Erfahrung in der Reisebranche hatte, vorübergehend das neu strukturierte Travel Office leitete. Bill Kennedy, mein ehemaliger Anwaltspartner, der in der Rechtsabteilung des Weißen Hauses arbeitete, hatte das FBI aufgefordert, den Fall zu untersuchen, was einige Presseleute noch mehr erboste. Kennedy, wie wir ein Neuling in Washington, konnte nicht ahnen, dass man seinen direkten Kontakt mit dem FBI als schweren Verstoß gegen die etablierten Praktiken werten würde. Nach einer internen Überprüfung, die den Medien vollständig offen gelegt wurde, rügte Mack McLarty öffentlich vier Regierungsbeamte, darunter Watkins und Kennedy, wegen ihres mangelnden Urteilsvermögens in dieser Angelegenheit.

Nichtsdestotrotz konnte keine der mindestens sieben verschiedenen Untersuchungen – darunter auch die des Weißen Hauses, des Bundesrechnungshofs, des FBI und des Sonderermittlers Kenneth Starr – irgendeinem Regierungsmitglied illegale Handlungen, Vergehen oder Interessenkonflikte nachweisen. Vielmehr bestätigten sie, dass die Entlassung der Reisebüromitarbeiter gerechtfertigt war. Nach Auffassung des unabhängigen Sonderermittlers habe es genug Beweise für Misswirtschaft und finanzielle Unregelmäßigkeiten gegeben. Das Justizministerium erhob Anklage gegen den früheren Chef des Reisebüros wegen Veruntreuung. Laut Presseberichten habe er angeboten, sich vorab in einem Punkt der Anklage schuldig zu bekennen und sogar eine Gefängnisstrafe auf sich zu nehmen, um so einen Prozess zu vermeiden. Doch der Staatsanwalt bestand darauf, ihn vor Gericht zu bringen. Nachdem einige bekannte Journalisten bei seinem Prozess als Leumundszeugen für ihn aussagten, wurde er schließlich freigesprochen.

Alles, was das Weiße Haus in Zusammenhang mit dieser Affäre getan hatte, war völlig legal. Dennoch führten diese Entscheidungen zu einer verheerenden ersten Begegnung mit den Presseleuten, die über das Weiße Haus berichteten.

Vor allem Bills Berater Vince Foster litt sehr unter dieser Affäre. Er war ein äußerst gewissenhafter, anständiger und ehrenwerter Mann und hatte das Gefühl, den Präsidenten, Bill Kennedy, Mack McLarty und mich im Stich gelassen zu haben, weil er die Angelegenheit falsch eingeschätzt und es nicht geschafft hatte, sie einzudämmen. Dazu kam eine ganze Serie gehässiger Leitartikel im *Wall Street Journal*, die die Integrität und Kompetenz aller Anwälte aus Arkansas in der Regierung Clinton angriffen. Am 17. Juni 1993 verkündete ein Beitrag mit dem Titel »Wer ist Vince Foster?«, was an der Regierung am meisten irritiere, sei ihr »sorgloser Umgang mit dem Gesetz«. Einen Monat lang führte die Zeitung eine regelrechte Hetzkampagne, um das Weiße Haus unter Clinton und meine Kollegen von der Kanzlei Rose als eine Art korrupte Clique hinzustellen.

Bill und ich hatten oft das Gefühl, dass wir über die Strukturen im Weißen Haus noch einiges lernen mussten, in der rauen Welt der Politik dagegen hatten wir genug Erfahrung. Wir wussten, dass wir die Angriffe isoliert betrachten und uns auf andere Dinge konzentrieren mussten. Vince Foster fehlte diese Erfahrung. Er war neu in dieser Welt und nahm sich die Kritik sehr zu Herzen. Wir werden nie erfahren, was er in diesen letzten Wochen seines Lebens dachte, aber ich glaube, dass seine Verzweiflung mit jeder Anschuldigung größer wurde. Ich werde mir bis an mein Lebensende Vorwürfe machen, dass ich mir zu wenig Zeit für ihn genommen und seine Verzweiflung nicht erkannt habe. Doch damals ahnte niemand – weder seine Frau Lisa noch seine engsten Kollegen, noch seine Schwester Sheila, die ihm sehr nahe stand –, wie schwer Vince Fosters Depressionen waren.

Ich sprach das letzte Mal Mitte Juni mit ihm, am Sonnabend vor dem Vatertag [Anm. d. Red.: in Amerika am dritten Sonntag im Juni]. Bill war verreist, und ich wollte mit Webb Hubbell, seiner Frau Suzy, den Fosters und ein paar anderen Ehepaaren aus Arkansas zum Abendessen ausgehen. Wir wollten uns zwischen sieben und acht Uhr bei den Hubbells treffen.

Ich machte mich gerade zum Gehen fertig, als Lisa Caputo anrief und mir erzählte, dass die *Washington Post* am nächsten Tag einen Artikel über Bills Vater, William Blythe, bringen werde. Die Geschichte werde enthüllen, dass er mindestens zweimal verheiratet war, bevor er Bills Mutter kennen lernte – was niemand in der Familie wusste –, und von einem Mann berichten, der behauptete, Bills Halbbruder zu sein. Alles Gute zum Vatertag!

Bills Pressebüro bat mich, ihn zu verständigen, damit er sich auf die Fragen der Reporter über seinen Vater vorbereiten konnte. Dann mussten wir unbedingt Virginia finden, die ebenfalls keine Ahnung von der Vergangenheit ihres Mannes hatte. Ihretwegen machte ich mir besonders große Sorgen, denn ihre Krebserkrankung verschlechterte sich zusehends; Stress war das Letzte, was sie brauchen konnte.

Als ich bei Webb anrief, um abzusagen, hob Vince ab. Ich erzählte ihm, warum ich nicht kommen konnte.

»Ich muss Bill verständigen, und dann müssen wir seine Mutter finden«, sagte ich. »Sie sollte es von ihm erfahren.«

»Es tut mir so Leid«, entgegnete Vince.

»Mir auch. Ich kann dir gar nicht sagen, wie satt ich diese Dinge habe.«

Das war das letzte Gespräch mit Vince, an das ich mich erinnern kann.

Jeder von uns hatte in diesen Wochen so viel um die Ohren, dass wir uns weder sahen noch miteinander telefonierten. Vince war damit beschäftigt, gemeinsam mit dem Rechtsberater des Weißen Hauses, Bernie Nussbaum, die Kandidaten zu prüfen, die Richter Byron »Whizzer« White vom Obersten Gerichtshof und den Chef des FBI, William Sessions, ersetzen sollten. White trat in den Ruhestand, Sessions war zum Rücktritt aufgefordert worden. Ich selbst kämpfte gerade darum, dass die Gesundheitsreform auf der Agenda des Kongresses blieb, und bereitete mich auf meine erste Auslandsreise als First Lady vor. Bill wollte am alljährlichen G-7-Gipfel teilnehmen, einem Treffen der sieben führenden Industrienationen, das Anfang Juli in Tokio stattfinden sollte.

Ich freute mich auf meinen zweiten Besuch in Japan. Als ich das erste Mal während Bills Amtszeit als Gouverneur dort gewesen war, konnte ich den Kaiserpalast mit seinen prächtigen Gärten nur aus der Ferne bewundern. Diesmal würde ich ihn auch von innen sehen, denn der Kaiser und die Kaiserin hatten uns zu einem offiziellen Abendessen geladen.

Ich genoss die Tage in Japan und Korea sehr, zumal meine Mutter mich auf dieser Reise begleitete. Die Abwechslung tat ihr gut und brachte sie nach dem Tod meines Vaters wenigstens für kurze Zeit auf andere Gedanken. Gemeinsam reisten wir anschließend nach Hawaii, wo sie sich mit Chelsea erholte, während ich an einem Symposium über das erfolgreiche Gesundheitssystem von Hawaii teilnahm. Am 20. Juli begleiteten Chelsea und ich meine Mutter nach Arkansas, wo wir einige Freunde besuchen wollten. An diesem Abend, irgendwann zwischen acht und neun Uhr, rief Mack McLarty an und sagte mir, er habe schreckliche Nachrichten: Vince Foster sei tot und es sehe nach Selbstmord aus.

Ich war so geschockt, dass ich nicht mehr genau weiß, was danach passierte. Ich erinnere mich, dass ich weinte und Mack mit Fragen bestürmte. Ich konnte es einfach nicht glauben. War er sicher, dass kein Missverständnis vorlag? Mack erzählte mir einige Details über die Leiche, die man in einem Park gefunden hatte, über die Waffe, die daneben lag und eine Schusswunde im Kopf. Er fragte mich, wann er den Präsidenten informieren solle. Bill trat gerade in der Talkshow »Larry King Live« auf, die CNN aus dem Weißen Haus sendete, und hatte eben zugestimmt, eine halbe Stunde zu überziehen. Ich war der Meinung, das Interview müsse so schnell wie möglich beendet werden. Die Vorstellung, dass man Bill in einer Livesendung vom tragischen Tod eines seiner engsten Freunde informierte, konnte ich nicht ertragen.

Sofort nach dem Telefonat mit Mack erzählte ich meiner

Mutter und Chelsea, was passiert war. Danach rief ich jeden an, der Vince gekannt hatte, in der Hoffnung, dass irgendjemand mir sagen konnte, wie und warum es zu diesem tragischen Unglück gekommen war. Niemand konnte es glauben. Wir klammerten uns alle an die irrationale Hoffnung, dieser schreckliche Albtraum beruhe auf einem Missverständnis, einer Verwechslung.

Als ich Bill endlich erreichte, konnte er vor Entsetzen kaum reden und stammelte nur immer wieder: »Wie konnte das passieren?« Nach unserem Gespräch machte er sich sofort auf den Weg zum Haus der Fosters in Georgetown.

Ich blieb die ganze Nacht auf, weinte viel, sprach mit Freunden und rief sogar Tipper Gore an, um sie zu fragen, ob wir Berater engagieren sollten, die die Mitarbeiter des Weißen Hauses über Depressionen aufklären konnten. Ich fragte mich ununterbrochen, ob diese Tragödie nicht doch zu verhindern gewesen wäre. Als das *Wall Street Journal* angefangen hatte, Vince an den Pranger zu stellen, hatte ich ihm geraten, die Artikel zu ignorieren. Doch offensichtlich konnte er das nicht. Er erzählte gemeinsamen Freunden, alle seine Bekannten und Klienten in Arkansas hätten diese Zeitung gelesen, und er könne sich nicht vorstellen, diesen Leuten nach all den gehässigen Berichten gegenüberzutreten.

Der Trauergottesdienst fand an einem brütend heißen Sommertag in der St. Andrew's Kathedrale von Little Rock statt. Bill hielt eine berührende Rede über Vince und zitierte zum Schluss ein Lied von Leon Russell: »I love you in a place that has no space or time. I love you for my life. You are a friend of mine.«

Nach dem Gottesdienst fuhren wir in einem langen Konvoi nach Hope, wo Vince geboren und aufgewachsen war. Während der Beisetzung war ich wie betäubt. Alles, was ich empfinden konnte, war ein vages Gefühl, dass Vince nun endlich angekommen war. Die folgenden Tage schienen im Zeitlupentempo zu vergehen, während wir versuchten, unseren Alltag wieder aufzunehmen. Doch alle, denen Vince nahe gestanden hatte, quälten sich noch immer mit der Frage nach dem

Warum. Besonders Bernie Nussbaum war zutiefst erschüttert, denn er hatte noch am Morgen des Todestages mit Vince gearbeitet und nichts bemerkt. Bernie hatte sogar das Gefühl, dass Vince entspannt, ja sogar fröhlich war, denn die vergangenen Tage waren für die Rechtsabteilung äußerst erfolgreich gewesen: Ruth Bader Ginsburg würde Richter Whites Nachfolge am Obersten Gerichtshof antreten, und der Präsident hatte soeben Richter Louis Freeh zum neuen Direktor des FBI ernannt.

Als ich später mehr über klinische Depressionen lernte, wurde mir klar, dass Vince an jenem Morgen vielleicht glücklich wirkte, weil der Gedanke zu sterben ihm ein Gefühl des Friedens gab. Auch wenn die Verzweiflung, die jemand empfinden muss, um den Tod als Erlösung zu sehen, schwer vorstellbar ist. Wir fanden später heraus, dass er einige Tage vor seinem Selbstmord psychiatrische Hilfe in Anspruch genommen hatte, doch es war zu spät, um ihn zu retten. Wie immer hatte er alles perfekt geplant. Den Colt seines Vaters im Wagen, fuhr er zu einem abgelegenen Park am Potomac River, stieg aus, steckte sich die Mündung des Revolvers in den Mund und drückte ab.

Zwei Tage nach seinem Tod gingen Bernie Nussbaum und Vertreter des Justizministeriums sowie des FBI in Vince' Büro jedes Dokument durch, in der Hoffnung, ein Motiv für den Selbstmord zu finden. Bernie hatte bereits am Abend von Vince' Tod nach einem Abschiedsbrief gesucht, aber nichts entdeckt. Laut Zeugenaussagen war er bei dieser ersten Suche auf einige persönliche Akten aus der Zeit gestoßen, als Vince noch unser Anwalt in Little Rock gewesen war. Darunter waren auch Unterlagen über das Whitewater-Grundstücksgeschäft. Bernie hatte diese Akten Maggie Williams übergeben, die sie anschließend in unsere Privaträume brachte; bald danach wurden die Unterlagen in das Büro von Bob Barnett, unserem persönlichen Anwalt in Washington, weitergeleitet. Da Vince' Büro nicht der Tatort des Selbstmords war, waren diese Handlungen vertretbar. Nichtsdestotrotz stürzten sich Verschwörungstheoretiker und Ermittlungsbeamte auf diesen Vorgang und versuchten zu beweisen, dass Vince ermordet worden war, um sein »Wissen über Whitewater« zu vertuschen.

Diese Gerüchte hätten spätestens in dem Moment verstummen müssen, als der offizielle Bericht den Selbstmord bestätigte und ein in 27 Stücke zerrissenes Blatt Papier präsentiert wurde, das man in einem Aktenkoffer gefunden hatte:

»Ich bin nicht geschaffen für die Arbeit in Washington, im Rampenlicht der Öffentlichkeit. Hier gilt es als Sport, Menschen zu zerstören«, hatte Vince geschrieben. Weiter hieß es: »Die Öffentlichkeit wird nie glauben, dass die Clintons und ihre loyalen Mitarbeiter unschuldig sind. Die Redakteure des *Wall Street Journal* können ohne Konsequenzen ihre Lügen verbreiten.«

Diese Worte machten mich traurig und wütend zugleich. Vince Foster war ein anständiger Mann, der seinem Land dienen wollte. Er hätte weiter als Anwalt in Little Rock arbeiten und eines Tages Präsident der Anwaltsvereinigung von Arkansas werden können, ohne je ein schlechtes Wort über sich zu hören. Stattdessen war er nach Washington gekommen, um für seinen alten Freund aus Hope zu arbeiten. Die kurze Zeit im öffentlichen Dienst zerstörte sein Selbstbild und schädigte seinen Ruf. Kurz nach seinem Tod fasste ein Kolumnist des *Time Magazine* die traurige Wende, die Vince' Leben genommen hatte, mit dessen eigenen Worten zusammen: »Bevor wir hierher kamen, hielten wir uns für anständige Leute.« Er sprach für uns alle, die wir aus Arkansas nach Washington gekommen waren.

Die sechs Monate seit Bills euphorischem Amtsantritt waren grausam gewesen: Mein Vater und ein enger Freund waren tot. Vince' Frau und Kinder, seine Familie und Freunde trauerten. Meine Schwiegermutter lag im Sterben. Die Fehler einer neuen Regierung wurden buchstäblich zu Staatsaffären breit gewalzt. Ich wusste nicht, wie ich das alles verkraften sollte. Also tat ich das, was ich in schwierigen Zeiten oft tue: Ich stürzte mich in die Arbeit und verordnete mir einen derart gedrängten Zeitplan, dass keine Zeit zum Grübeln blieb. Dennoch konnte ich meine Gefühle oft nur mühsam unterdrücken. Wenn ich jemanden traf, der mich an meinen Vater erinnerte, oder eine bösartige Bemerkung über Vince hörte, stiegen mir sofort Tränen in die Augen. Ich bin sicher, dass ich manchmal angespannt, traurig, ja, sogar ärgerlich wirkte, und das war ich auch. Ich wusste, dass ich mich zusammenreißen und meinen Schmerz in der Öffentlichkeit verbergen musste, aber das fiel mir manchmal sehr schwer. Es war eine der Phasen, in denen mich nur meine Willenskraft weitermachen ließ.

Der große Budgetkampf endete im August, als Bills Wirtschaftsplan bewilligt wurde. Vor der Abstimmung sprach ich mit zögernden Demokraten, die sich nicht nur wegen der harten Budgetabstimmung Sorgen machten, sondern auch befürchteten, dass ebenso schwierige Entscheidungen über Gesundheitswesen, Waffen und Handel bevorstanden. Eine republikanische Kongressabgeordnete rief mich an, um mir zu sagen, sie persönlich befürworte das Ziel des Präsidenten, das Defizit zu verringern, habe aber von oben die Weisung bekommen, sich ungeachtet ihrer Überzeugungen dagegenzustellen. Letztlich stimmte kein einziger Republikaner für das Paket. Im Repräsentantenhaus wurde es mit nur einer Stimme Vorsprung angenommen; im Senat stand es fünfzig zu fünfzig, sodass Vizepräsident Gore in seiner offiziellen Funktion als Vorsitzender seine Stimme abgeben musste, um eine Entscheidung herbeizuführen.

Das Wirtschaftspaket, das am Ende verabschiedet wurde, enthielt nicht alles, was die Regierung gewollt hatte, aber es signalisierte, dass der Staat wieder Verantwortung für den Haushalt übernahm und leitete eine wirtschaftliche Wende ein, wie es sie in diesem Land noch nie gegeben hatte. Der Plan halbierte das Defizit, sicherte den Fortbestand des Medicare Trust Fund und verminderte die Steuerlast für 15 Millionen arbeitende Amerikaner mit niedrigem Einkommen ganz erheblich. Er reformierte das Programm für Ausbildungskredite und ersparte Studenten und Steuerzahlern Abgaben in Milliardenhöhe. Und er initiierte Programme zur Förderung bedürftiger Gemeinden. Zur Finanzierung dieser Reformen wurden die Steuern für Benzin und für die oberste Einkommensgruppe erhöht, wobei Letztere durch geringere Zinsen und boomende Aktienkurse mehr als entschädigt wurden. Bill unterzeichnete das Gesetz am 10. August 1993.

Mitte August waren Bill und ich derart eingedeckt mit Arbeit, dass man uns fast mit Gewalt zu einem Urlaub auf der Insel Martha's Vineyard überreden musste. Ann und Vernon Jordan, die dort seit Jahren Urlaub machten, fanden den perfekten Ort für uns: ein kleines, abgelegenes Haus, das Robert McNamara, dem Verteidigungsminister unter Kennedy und Johnson, gehörte. Es lag am Oyster Pond, einem der größten Salzwasserseen unweit der Südküste der Insel. Ich schlief viel, ging oft Schwimmen und spürte, wie die Anspannung der letzten Monate langsam von mir abfiel.

Bei der Party, die die Jordans am 19. August zu Bills 47. Geburtstag gaben, traf ich alte Freunde und machte neue Bekanntschaften. Es war einer der entspanntesten und lustigsten Abende seit Bills Amtsantritt. Jackie Kennedy Onassis kam mit ihrem langjährigen Begleiter Maurice Templesman, Katharine Graham, die Herausgeberin der *Washington Post,* war da, ebenso William und Rose Styron, die gute Freunde von uns wurden. Styron, ein sarkastischer, hochintelligenter Südstaatler mit einem wundervollen, ausdrucksstarken Gesicht und einem durchdringenden Blick, hatte ein Buch mit dem Titel »Sturz in die Nacht« veröffentlicht, in dem er von seinem Kampf mit Depressionen erzählt. Beim Abendessen sprach ich mit ihm über Vince, und wir setzten unsere Unterhaltung am nächsten Tag bei einem langen Spaziergang an einem der schönen Strände auf Martha's Vineyard fort. Er redete offen über das überwältigende Gefühl des Verlusts und die Verzweiflung, die einen Menschen so sehr quälen kann, dass der Tod zu einer erstrebenswerten, ja vernünftigen Wahl wird.

Auch mit Jackie verbrachte ich in diesem Urlaub viel Zeit. Ihr Haus, eine ehemalige Scheune, liegt in einer der schönsten Gegenden von Martha's Vineyard. Helle Holzböden, viele Bücher und Blumen und ein Ausblick auf die sanften Dünen verliehen ihm jene unprätentiöse Eleganz, die alles auszeichnete, was Jackie tat. Es war schön, sie und Maurice gemeinsam zu erleben. Maurice, ein charmanter, kluger und belesener Mann, begegnete Jackie mit Liebe, Respekt und Fürsorge und genoss ihre Gesellschaft offensichtlich sehr.

Die beiden luden uns und die Jordans zu einem Segeltörn

auf Maurice' Yacht ein. Mit von der Partie waren Caroline Kennedy Schlossberg und ihr Mann Ed Schlossberg sowie Ted und Vicky Kennedy.

Es war ein prächtiger, sonniger Tag. Wir verließen Menemsha Harbor und gingen in der Nähe einer kleinen Insel vor Anker, um vor dem Mittagessen noch ein wenig zu schwimmen. Bis ich unter Deck meinen Badeanzug angezogen hatte, tummelten sich Jackie, Ted und Bill schon im Wasser. Caroline und Chelsea waren auf eine Plattform geklettert, die mehr als zehn Meter hoch war. Mit einem lauten Platsch landeten sie im Wasser und schwammen lachend und prustend zurück zum Boot, um noch einmal zu springen.

Chelsea rief begeistert: »Los, Mom, versuch es auch!«

Natürlich stimmten Ted und Bill ein: »Ja, versuch es, versuch es!« Aus Gründen, die mir bis heute unerklärlich sind, willigte ich ein. Obwohl ich damals nicht mehr sehr sportlich war, kletterte ich hinter Caroline und Chelsea über eine schmale Leiter zur Plattform hinauf. Worauf hatte ich mich da nur eingelassen? Caroline und Chelsea waren längst gesprungen, und nun stand ich allein dort oben und sah auf die winzigen Gestalten im Wasser hinunter, die mir unentwegt zuriefen: »Komm schon! Los! Spring!«

Dann hörte ich Jackies Stimme, die die anderen übertönte: »Tu's nicht, Hillary! Lass dich nicht überreden. Tu es nicht!« Ich dachte: »Das ist die Stimme der Vernunft und der Erfahrung.« Jackie hatte sicher unzählige Male in ihrem Leben gesagt: »Nein, das tue ich nicht.« Sie wusste genau, wie ich mich fühlte.

So würdevoll wie möglich stieg ich die Leiter wieder hinunter. Dann ging ich ins Wasser und schwamm eine Runde mit meiner »Retterin«.

IM KREISSSAAL

Als wir eine Woche vor dem Tag der Arbeit, der am ersten Montag im September gefeiert wird, nach Washington zurückkehrten, wollten wir, gestärkt durch den Abstimmungserfolg im Parlament, die Reform des Gesundheitswesens in Angriff nehmen. Die Frist von hundert Tagen, die sich Bill gesetzt hatte, war längst verstrichen, die Task Force hatte sich Ende Mai bereits aufgelöst, und die Reform war für Monate in den Ausschüssen verschwunden. Der Präsident, seine Wirtschaftsberater und sein Mitarbeiterstab hatten sich deshalb auf die Maßnahmen zur Verringerung des Budgetdefizits konzentrieren können.

Nun schien es, als wäre der Weg frei für die Gesundheitsreform. Aber meine Hoffnungen wurden enttäuscht. Weiterhin galten andere Gesetzgebungsvorhaben als dringlicher. Schon bei Bills Regierungsantritt hatte Finanzminister Lloyd Bentsen den Zeitplan für die Gesundheitsreform kritisiert und Zweifel an der Möglichkeit geäußert, die Reform in weniger als zwei Jahren durchzubringen. Jetzt drängten Bentsen, Außenminister Warren Christopher und der Wirtschaftsberater Bob Rubin auf eine Verschiebung der Gesundheitsreform. Sie maßen der Verwirklichung der nordamerikanischen Freihandelszone NAFTA größere Bedeutung bei, da der Freihandel für die wirtschaftliche Erholung des Landes unerlässlich sei. Die Schaffung einer den gesamten nordamerikanischen Kontinent umfassenden Freihandelszone würde die Ausfuhren der USA ankurbeln, neue Arbeitsplätze schaffen und gewährleisten, dass unsere Wirtschaft nicht nur die Lasten der Globalisierung tragen, sondern auch ihre Früchte ernten könne. Während ich der Auffassung war, das Weiße Haus könne beide Vorhaben gleichzeitig durchsetzen, fürchteten die Befürworter der Freihandelszone, dass der Widerstand der Gewerkschaften eine Konzentration aller Kräfte auf ein Projekt nötig machen würde. Die letzte Entscheidung lag bei Bill. Da der Verabschiedung von NAFTA eine Frist gesetzt war, willigte er ein, das Freihandelsabkommen vorzuziehen. Ein Grund für seine Entscheidung war Bills besonderes Engagement für Mexiko, unserem wichtigsten Nachbarland im Süden. Das Land durchlebte gerade einen tief greifenden politischen und wirtschaftlichen Wandel, der das Potenzial hatte, ganz Lateinamerika zu erfassen. Bill wollte Präsident Ernesto Zedillo unterstützen, das Einparteiensystem in eine Demokratie zu verwandeln. Seine Regierung wollte seit langem anstehende Probleme wie Armut und Korruption in Angriff nehmen und sich grenzüberschreitenden Themen wie Immigration, Drogen und Handel widmen. Ein Abschluss des Freihandelsabkommens würde nicht zuletzt Zedillos Position stärken.

Nichtsdestotrotz bemühten Ira, ich und unser Reformteam uns weiter, den Boden für dieses dringend notwendige Gesetz zu bereiten. In Anbetracht der parlamentarischen Erfolge, die Bill im Sommer erreicht hatte, waren wir sogar einigermaßen optimistisch, was unsere Erfolgsaussichten anbelangte. Während Bill und seine Berater eine Politik entwarfen, die der Wirtschaft neue Energie verleihen sollte, reiste ich durch das Land und hörte den Bürgern zu, die darüber berichteten, wie schwer es ihnen fiel, die steigenden Kosten der medizinischen Versorgung zu tragen, sich mit der ungleichen Behandlung abzufinden und die alltäglichen bürokratischen Hindernisse zu überwinden. Von Louisiana bis Montana, von Florida bis Vermont, überall sprach ich mit Menschen, die vorübergehend den Versicherungsschutz verloren hatten, weil sie den Arbeitsplatz gewechselt hatten – ein Schicksal, das jeden Monat durchschnittlich zwei Millionen Erwerbstätigen widerfuhr. Ich begegnete Menschen, die von keiner Versicherung mehr aufgenommen wurden, weil sie ein »bestehendes Leiden« wie Krebs oder Diabetes hatten. Ältere Menschen berichteten mir, dass sie sich entscheiden mussten, ob sie ihr knapp bemessenes Geld in die Miete oder in verschreibungspflichtige Medikamente investieren wollten.

Doch ich begegnete auch Menschen, die mich mit Hoffnung erfüllten. Als ich einmal auf dem Capitol Hill vor Publikum über die Gesundheitsreform sprach, fiel mir ein kleiner Junge in einem Rollstuhl auf, der in der ersten Reihe saß und ein wunderbares Lächeln hatte. Ich konnte den Blick nicht von ihm abwenden und ging spontan vor meinem Vortrag zu ihm hinüber. Als ich mich zu ihm hinabbeugte, warf er seine Arme um meinen Hals. Ich hob ihn hoch und stellte fest, dass er unter seiner Kleidung einen Ganzkörpergips trug. Mit dem Jungen auf dem Arm wandte ich mich an das Publikum. Ryan Moore, ein siebenjähriger Junge aus South Sioux City in Nebraska, war mit einer seltenen Form von Zwergwuchs zur Welt gekommen. Seine Krankheit mochte sein körperliches Wachstum beeinträchtigt haben, doch seine Lebensfreude konnte sie nicht brechen. Ryans Familie focht einen unablässigen Kampf mit der Versicherung, die sich sträubte, die zahlreichen chirurgischen Eingriffe und Behandlungen zu bezahlen. Ryan wuchs mir und meinen Mitarbeiterinnen so ans Herz, dass Melanne in Hillaryland ein riesiges Foto von ihm an die Wand hängte. Ryan besucht mittlerweile die High School und träumt davon, Sportreporter zu werden. Sein Mut und seine Hoffnung inspirieren mich noch heute.

Anfang September musste sich Bill auch mit den Vorbereitungen für den bevorstehenden Besuch des israelischen Ministerpräsidenten Yitzhak Rabin und des Palästinenserführers Yassir Arafat beschäftigen. Die historische Begegnung, die am 13. September 1993 im Südgarten des Weißen Hauses stattfand, war das Ergebnis monatelanger Verhandlungen in Oslo. Es war wichtig, dass unsere Regierung die dort erzielten Vereinbarungen unterstützte, da die Vereinigten Staaten das einzige Land waren, das die Bestimmungen durchsetzen konnte und gleichzeitig das Vertrauen Israels genoss. Die Völker des Mittleren

Ostens und der Welt sollten sehen, dass sich der israelische Ministerpräsident und der Palästinenserführer persönlich zu dem bekannten, was ihre Unterhändler ausgehandelt hatten.

Ich hatte Yitzhak und Leah Rabin einige Monate vorher kennen gelernt, als sie Bill und mir einen Höflichkeitsbesuch im Weißen Haus abstatteten. Der Ministerpräsident tat nichts, um sich in den Vordergrund zu drängen, doch seine Integrität und die Intensität seiner Ausstrahlung zogen mich wie viele andere Menschen an. Ihn umgab eine Aura der Stärke – in seiner Gegenwart fühlte man sich sicher. Leah, eine auffällige, schwarzhaarige Frau mit leuchtend blauen Augen, strahlte Energie und Intelligenz aus. Sie war belesen, hatte einen enormen Kunstverstand und besaß eine ausgezeichnete Beobachtungsgabe. Leah nahm kein Blatt vor den Mund und gab unmissverständliche und teilweise beißende Kommentare zu Persönlichkeiten und Ereignissen ab, womit sie mir rasch ans Herz wuchs.

Sowohl Yitzhak als auch Leah schätzten die Herausforderungen, vor denen ihr Land stand, realistisch ein. Um ihrem Volk eine sichere Zukunft zu garantieren, mussten sie sich mit ihren Erzfeinden arrangieren. Bill teilte diese Auffassung und überzeugte Yitzhak an diesem verheißungsvollen Tag, Arafat als sichtbares Zeichen seines Friedenswillens die Hand zu schütteln. Rabin willigte schließlich unter der Bedingung ein, dass diese Geste keinen »arabischen Kuss« nach sich ziehen dürfe. Also übte er mit Bill einen Handschlag, bei dem sie einander die rechte Hand entgegenstreckten und gleichzeitig die linke Hand auf den rechten Unterarm legten. Auf diese Art wollte Rabin verhindern, dass ihm Arafat zu nahe kam. Es funktionierte tatsächlich. Allerdings verstanden manche Israelis und Araber den Handschlag und die Unterzeichnung des neuen Friedensabkommens als Affront gegen ihre politischen Interessen und religiösen Überzeugungen. Auf beiden Seiten kam es zu Ausschreitungen und Protestkundgebungen – die Welle der Gewalt gipfelte in Rabins Ermordung. Doch an jenem Nachmittag hoffte ich nur das Beste und war entschlossen, alles in meiner Macht Stehende zu tun, um diese mutige Entscheidung im Interesse eines dauerhaften Friedens zu unterstützen.

Obwohl er mit zahlreichen drängenden Fragen beschäftigt war, entschloss sich Bill, am 22. September seinen Plan für die Gesundheitsreform vor dem Kongress zu skizzieren. Die Rede sollte zur besten Sendezeit im Fernsehen übertragen werden. Auch wenn der Gesetzesentwurf noch nicht fertig gestellt war, wollten Bill, Ira und ich die demokratischen Kongressmitglieder noch vor Bills großer Rede mit den Inhalten vertraut machen. Anstatt ein unfertiges Dokument in Umlauf zu bringen, richteten wir daher einen »Lesesaal« ein, in dem die Mitarbeiter der demokratischen Abgeordneten unsere Vorschläge studieren konnten. Unglücklicherweise wurde das Dokument den Medien zugespielt, die darüber berichteten und so bei vielen Kongressmitgliedern den Eindruck erweckten, bei unserem Entwurf handle es sich bereits um die endgültige Fassung. Eine Steilvorlage für Senator Moynihan, der verkündete, das ganze Unterfangen beruhe auf »Phantasiezahlen«.

Seit unserer Rückkehr aus dem Urlaub hatten die Befürworter und Gegner der Reform begonnen, eigene Kampagnen zu starten. Die Gruppen, welche die Verbraucher, Familien, Arbeitnehmer und Rentner, Kinderkrankenhäuser und Kinderärzte vertraten, stellten sich mehrheitlich auf unsere Seite. Die Unternehmerverbände, insbesondere die Vertretungen der Ärzte, der Kleinunternehmen, der pharmazeutischen Industrie und der Versicherungsgesellschaften rüsteten dagegen zum Widerstand.

Die Health Insurance Association of America, eine einflussreiche Interessengruppe, die die Versicherungsgesellschaften des Landes vertritt, konzipierte eine Fernsehkampagne um das fiktive Pärchen »Harry« und »Louise«, mit der die Reform in Misskredit gebracht werden sollte. In einem der Werbespots etwa sahen die beiden Arztrechnungen durch und machten sich Sorgen darüber, dass »die Regierung« sie zwingen werde, eine neue Krankenversicherung abzuschließen, die sie nicht wollten. »Die Dinge ändern sich, und nicht unbedingt zum Besseren. Die Regierung wird uns zwingen, eine von wenigen Krankenversicherungen zu wählen, die von den staatlichen Bürokraten entworfen wurden«, erklärte ein Sprecher. Die Werbung war irreführend und beruhte auf falschen Annahmen, doch die »Harry und Louise«-Reihe erzielte die gewünschte Wirkung. Und das war nur die erste Runde in einem gewaltigen PR-Krieg.

Am 20. September, zwei Tage bevor Bill dem Kongress und der Nation seinen Plan für die Reform des Gesundheitswesens erläutern sollte, bat er mich, den Entwurf seiner Rede durchzusehen. Also zog ich mich in das »Solarium« zurück, einen meiner Lieblingsräume im Obergeschoss des Weißen Hauses, den wir oft nutzten, um Karten zu spielen oder fernzusehen. Ich ließ mich in einem großen Sessel nieder und blätterte die Rede rasch durch – sie war bei weitem nicht fertig! Panisch griff ich zum Telefonhörer und ließ mich mit Maggie verbinden, die wie immer einen kühlen Kopf bewahrte. Sie setzte für den Abend ein Arbeitstreffen der führenden Berater an. Bill und ich saßen mit einem Dutzend Mitarbeitern die halbe Nacht bei Nachos und Guacamole im Solarium und diskutierten über die Themen, die in der Rede behandelt werden sollten. Stunden später übergaben wir den Rohentwurf einigermaßen erleichtert an die Redenschreiber. Unterstützt von Bill, dem ständig neue Änderungen einfielen, gelang es ihnen, den Text rechtzeitig für den Auftritt im Kongress fertig zu stellen.

Die Präsidenten halten ihre wichtigen Reden vor dem Kongress im Prunksaal des Repräsentantenhauses. Diese Veranstaltungen gehorchen einem strengen Ritual. Während der Präsident den Saal betritt, verkündet der Sergeant-at-Arms, der Ordnungsbeamte der beiden Häuser des Kongresses, in feierlichem Ton: »The President of the United States.« Die Abgeordneten erheben sich, und der Präsident begrüßt die Angehörigen beider Parteien, die traditionell auf den gegenüberliegenden Seiten des Ganges sitzen. Anschließend besteigt er das Podium, hinter dem sich die Plätze des Vizepräsidenten und des Vorsitzenden des Repräsentantenhauses befinden.

Die First Lady nimmt üblicherweise gemeinsam mit den Gästen des Weißen Hauses und anderen Würdenträgern in einem eigens für diese Besucher vorgesehenen Bereich auf dem Balkon Platz. Es gehört zu den beliebtesten Ratespielen in Washington, darüber zu spekulieren, wer neben ihr sitzen wird. Bei Bills Rede zur Gesundheitsreform überraschte es wahrscheinlich nicht, dass zu meiner Rechten einer der führenden Kinderärzte des Landes saß: Dr. T. Berry Brazelton, mit dem ich seit etwa zehn Jahren in Kinderangelegenheiten zusammenarbeitete. Doch ich bezweifle, dass irgendjemand damit gerechnet hatte, dass zu meiner Linken Dr. C. Everett Koop sitzen würde, ein Kinderchirurg, der von Präsident Reagan zum Surgeon General ernannt worden war und als höchster beamteter Arzt das öffentliche Gesundheitswesen leitete. Er war ein hartgesottener Republikaner und vehementer Abtreibungsgegner, der erbittert hatte kämpfen müssen, um unter den Demokraten in seinem Amt bestätigt zu werden. Dr. Koop genoss Bills und meine Achtung, weil er als Surgeon General unerschrocken für seine Überzeugungen eintrat. Koop hatte die Mängel des Gesundheitswesens sowohl als praktizierender Arzt als auch als Politiker kennen gelernt und war zu einem entschiedenen Befürworter unserer Reform und zu einem wertvollen Ratgeber und Verbündeten geworden.

Die Abgeordneten empfingen Bill mit herzlichem Beifall. Dann begann er zu sprechen. Es ist Bills legendärem Improvisationstalent zu verdanken, dass nicht einmal ich bemerkte, dass etwas nicht stimmte. Später erfuhren wir, dass ein Mitarbeiter den Teleprompter versehentlich mit einer alten Rede zur Wirtschaftslage gefüttert hatte. Während seine Mitarbeiter hinter den Kulissen in aller Eile den Fehler behoben, trug Bill seine Argumente sieben nervenaufreibende Minuten lang aus dem Gedächtnis vor.

Es war eine großartige Rede, mit einer guten Mischung von Leidenschaft, Weisheit und sachlichem Gehalt: »Wir sind heute Abend hier versammelt, um ein neues Kapitel der amerikanischen Geschichte zu schreiben. ... Nachdem wir mehrere Jahrzehnte nur Fehlstarts erlebt haben, müssen wir endlich eine neue Priorität festlegen: Alle Amerikaner haben Anspruch auf die Erhaltung ihrer Gesundheit, auf eine Gesundheitsfürsorge, die ihnen niemand nehmen kann.« Anschließend hielt Bill eine in den Farben Rot, Weiß und Blau gehaltene »Krankenversicherungskarte« hoch, die, so seine Hoffnung, bald jedem Amerikaner ausgehändigt würde. Jeder Arbeitgeber sollte seinen Arbeitnehmern eine Krankenversicherung anbieten. Kleine

Arbeitgeber und solche, die niedrige Löhne bezahlten, würden staatliche Zuschüsse erhalten, um die Kosten bestreiten zu können.

Als Bill die Rede nach 52 Minuten beendete, erhoben sich die Abgeordneten zu stehenden Ovationen. Auch wenn aus den Reihen der Republikaner bald Kritik an Einzelheiten des Plans laut wurde, bewunderten die meisten Abgeordneten Bills Entschlossenheit, eine Aufgabe in Angriff zu nehmen, die so viele seiner Vorgänger zur Verzweiflung getrieben hatte. Ein Journalist bezeichnete die Reformbemühung später als »Besteigung des Mount Everest der Sozialpolitik«. Wir waren aufgebrochen und mussten nun die geeignete Route zum Gipfel finden.

Im Anschluss an die Rede fand im Weißen Haus eine kleine Feier statt. Doch vorher gingen wir noch zum Old Executive Office Building, in dem die mit der Gesundheitsreform betrauten Mitarbeiter dicht gedrängt in einem Raum mit behelfsmäßigen Büronischen arbeiteten. Wir dankten ihnen dafür, dass sie sich buchstäblich Tag und Nacht für die Reform einsetzten. Ich war noch so aufgekratzt von Bills Auftritt, dass ich unter Gelächter und Beifall auf einen Stuhl kletterte und vorschlug, den Raum mit der Nummer 160 angesichts der bevorstehenden Geburt des Krankenversicherungsgesetzes in »Kreißsaal« umzubenennen.

Wir hatten tatsächlich allen Grund, optimistisch zu sein. Die Kommentare zu Bills Rede und zu den Grundzügen des Reformplans fielen überwiegend positiv aus. In der Öffentlichkeit fand die Gesundheitsreform eine überwältigende Zustimmung. In den Nachrichten wurden der Plan und unsere Bemühungen um einen parteiübergreifenden Konsens gelobt. Wir sahen Schlagzeilen wie die folgenden: »Die richtige Strategie für das Gesundheitswesen: Keine Wellen schlagen, sondern Vereinbarungen schließen.« Und: »Die Gesundheitsreform: Was ist richtig gelaufen?«

Obwohl das Gesetz erst einen Monat später »das Licht der Welt erblicken« sollte, wartete ich ungeduldig darauf, in den zuständigen Kongressausschüssen dafür werben zu können. Sechs Tage nach Bills Rede, am 28. September, war es endlich so weit. Mein Auftritt vor dem Ausschuss für Haushaltsfragen war die erste Befragung einer First Lady zu einer wichtigen Regierungsangelegenheit. Als ich den zum Bersten gefüllten Anhörungssaal betrat, spürte ich, wie sich mein Magen zusammenzog. Sämtliche Fernsehsender hatten Kamerateams geschickt, sogar vor dem Zeugentisch saßen und lagen mehrere Dutzend Fotografen auf dem Boden. Ein Blitzlichtgewitter begleitete mich zu meinem Platz.

Ich wusste, dass ich mir keinen einzigen sachlichen Fehler leisten konnte, doch ich wollte auch vermeiden, dass das Schicksal der betroffenen Menschen im Labyrinth der Politik aus den Augen verloren wurde. Also entschloss ich mich, mit einem persönlichen Bekenntnis zu beginnen und dem Ausschuss zu erklären, warum mir die Verbesserung des Gesundheitswesens so am Herzen lag: »In den vergangenen Monaten, in denen ich die Probleme studiert habe, mit denen unsere Nation und ihre Bürger im Bereich der Gesundheitsfürsorge konfrontiert sind, habe ich viel gelernt. … Der offizielle Grund für meine heutige Stellungnahme ist, dass mir diese Aufgabe übertragen wurde. Doch wichtiger für mich ist, dass ich heute hier auch als Mutter, als Ehefrau, als Tochter, als Schwester, als Frau und als Bürgerin spreche, die sich um die Gesundheit ihrer Familie und des amerikanischen Volkes sorgt.«

Zwei Stunden lang beantwortete ich Fragen der Ausschussmitglieder; anschließend erschien ich noch vor dem Energie- und Handelsausschuss des Repräsentantenhauses. An den folgenden zwei Tagen sprach ich vor einem weiteren Ausschuss des Repräsentantenhauses und vor zwei Senatsausschüssen. Eine faszinierende und zugleich ungemein anstrengende Erfahrung. Ich war froh, als ich die Anhörungen hinter mir hatte. Die Kongressmitglieder zollten meinen Erklärungen Beifall und waren laut Medienberichten von meinen Kenntnissen über das komplexe Gesundheitssystem beeindruckt. Ich war sehr erleichtert, dass ich weder mich noch meinen Ehemann blamiert hatte, denn Bill war ein großes Risiko eingegangen, als er mich zu seiner Vertreterin in diesem wichtigen Unterfangen ernannt hatte.

Während viele Parlamentarier tatsächlich meine Beiträge zur Debatte über das Gesundheitswesen begrüßten, wurde mir jedoch rasch klar, dass einige lobende Äußerungen einmal mehr auf das »Syndrom des sprechenden Hundes« zurückzuführen waren. Man könnte dieses Syndrom auch mit Dr. Samuel Johnsons Worten umschreiben: »Eine Frau, die versucht zu predigen, ist wie ein Hund, der versucht auf den Hinterbeinen zu laufen. Es klappt nicht gut, aber man ist überrascht, dass es überhaupt funktioniert.« In meinem Fall wurde etwa anerkennend hervorgehoben, dass ich auf Notizen verzichtet hatte und mich gut mit dem Thema auskannte.

Ich erfuhr auch, dass meine Popularität über die Grenzen der Hauptstadt hinaus sowie die positive Reaktion des Kapitols und die scheinbare Bereitschaft des Kongresses, die Gesundheitsreform ernsthaft in Erwägung zu ziehen, in der Republikanischen Partei Alarm auslösten. Wenn es Bill Clinton gelang, dieses Gesetz durchzubringen, war ihm eine zweite Amtszeit praktisch sicher. Die republikanischen Strategen waren entschlossen, das zu verhindern. Unsere politischen Experten bemerkten, dass unsere politischen Gegner eine Strategie der verbrannten Erde vorbereiteten. Steve Ricchetti, der für die Beziehungen zwischen dem Weißen Haus und dem Senat zuständig war, äußerte seine Bedenken, dass wir dadurch den politischen Boden unter den Füßen verlieren könnten. »Die sind hinter euch her«, erklärte er mir eines Nachmittags in meinem Büro. »Ihr seid zu stark geworden. Die Republikaner müssen euch ein Stück Fleisch herausschneiden, egal auf welche Art.« Ich versicherte Steve, wir seien daran gewöhnt, im Kreuzfeuer der Kritik zu stehen. Und zumindest würde ich die Schläge für etwas einstecken müssen, von dem ich wirklich überzeugt war.

Nach den Anhörungen im Senat sollte der Präsident in einer Reihe von Reden und bei zahlreichen Veranstaltungen für sein Vorhaben werben. Zum Auftakt des so genannten Roll-out war am 3. Oktober eine Reise nach Kalifornien angesetzt.

Bill war bereits auf dem Weg in den Süden, als seine Mitarbeiter einen dringenden Anruf aus dem Situation Room, einem atombombensicheren Kommandokomplex unter dem Weißen Haus, erhielten. In Somalia waren zwei »Black Hawk«-Hubschrauber abgeschossen worden. Die Einzelheiten waren unklar, doch es stand fest, dass amerikanische Soldaten getötet worden waren. Bills Vorgänger im Amt, Präsident Bush, hatte Soldaten im Rahmen einer humanitären Hilfsaktion in das von einer dramatischen Hungersnot heimgesuchte Land entsandt. Fortdauernde gewaltsame Übergriffe gegen die Friedenstruppen hatten aber schnell zu einer militärischen Ausweitung des Einsatzes geführt. Die Sicherheitsexperten fürchteten, die Situation könne weiter eskalieren. Die schlechten Nachrichten ließen auch nicht lange auf sich warten: Der Leichnam eines der getöteten amerikanischen Soldaten wurde als grauenhafte Trophäe durch die Straßen Mogadischus geschleift – ein barbarisches Fanal des somalischen Kriegsherrn General Mohamed Aideed.

Zur selben Zeit erfuhr Bill, dass in Russland ein Militärputsch gegen den Präsidenten Boris Jelzin im Gange war. Bill, der in ständigem Kontakt mit den nationalen Sicherheitsbehörden stand, musste am 5. Oktober eine Diskussionsveranstaltung im kalifornischen Culver City abbrechen und nach Washington zurückkehren.

Während Bill, die Medien und die Nation vollkommen von Somalia und den Geschehnissen in Russland in Anspruch genommen waren, entwickelte die Gesundheitsreform ein Eigenleben. Wir hatten ursprünglich vorgehabt, dem Kongress lediglich einen konzeptionellen Überblick über die Gesundheitsreform zu geben. Doch nun erfuhren wir, dass der Kongressabgeordnete Dan Rostenkowski einen detaillierten Gesetzesentwurf erwartete. Dem Kongress gleich zu Beginn einen umfassenden Entwurf zu präsentieren, erwies sich als gewaltige Herausforderung und taktischer Fehler. Wir gingen davon aus, dass der Entwurf höchstens 250 Seiten haben würde, aber bald war klar, dass er wesentlich umfangreicher werden würde – nicht nur weil der Plan sehr komplex war, sondern auch, weil wir spezifische Forderungen verschiedener Interessengruppen berücksichtigen mussten. Angesichts all der Details, die aufgenommen werden mussten, konnte es nicht überraschen, dass der Health Security Act schließlich 1342 Seiten umfasste, als er am 27. Oktober dem Kongress vorlegt wurde. Unsere Gegner witterten Morgenluft. Es war dabei vollkommen unerheblich, dass viele andere Gesetze, die sich mit komplexen Themen befassten, mehr als tausend Seiten lang waren. Mit unverhohlener Häme wurde uns vorgehalten, wir seien angetreten, ein System zu reformieren und zu vereinfachen – und hätten dies nicht einmal bei der Gesetzesvorlage geschafft.

Angesichts der turbulenten Geschehnisse in jenem Herbst hätte ich leicht meinen Geburtstag am 26. Oktober vergessen können. Zu meinem Glück ließen meine Mitarbeiter nie eine Gelegenheit zum Feiern aus. Maggie, Melanne, Capricia und die ganze Bande aus dem Hillaryland trommelten über hundert Freunde und Familienmitglieder aus dem ganzen Land zusammen, die an meinem 46. Geburtstag zu einer Überraschungsparty auftauchten. Ich wusste, dass etwas im Busch war, als ich am Abend nach Sitzungen zum Weißen Haus zurückkehrte, und merkte, dass nirgends Licht brannte. Ein Mitarbeiter teilte mir mit, dass der Strom ausgefallen sei. Im Weißen Haus fällt der Strom nie aus! Dann erhielt ich die eigenartige Aufforderung, eine schwarze Perücke und einen Reifrock anzuziehen – um die modischen Vorlieben von Dolley Madison nachzuahmen! Anschließend wurde ich hinunter in den State Floor gebracht, wo ich von einem Dutzend Mitarbeiterinnen mit blonden Perücken begrüßt wurde, die »verschiedene Hillarys« darstellten – die Haarband-Hillary, die Kekse backende Hillary, die Reform-Hillary und so weiter. Bill war als Präsident James Madison verkleidet (mit weißer Perücke und Strumpfhosen!). Ich amüsierte mich sehr darüber und war gleichzeitig froh, dass wir im 20. Jahrhundert lebten. Im Anzug sah er besser aus!

WHITEWATER

Am Tag des Halloween-Festes 1993 nahm ich die Sonntagsausgabe der *Washington Post* zur Hand und stellte überrascht fest, dass unser altes, verlustreiches Immobiliengeschäft in Arkansas aus der Versenkung zurückgekehrt war. Die *Post* hatte aus nicht identifizierten »Regierungsquellen« erfahren, dass die Resolution Trust Corporation (RTC), eine für die Untersuchung von Fehlinvestitionen und faulen Krediten zuständige Bundesbehörde, eine strafrechtliche Untersuchung des Kreditinstituts Madison Guaranty Savings and Loan eingeleitet hatte. Der Inhaber dieser Firma war Jim McDougal, der gemeinsam mit seiner Frau Susan und uns seinerzeit die Whitewater Development Company gegründet hatte, um das Grundstück in den Ozarks zu verwalten. Obwohl McDougal Madison Guaranty erst vier Jahre später gekauft hatte und obwohl diese Bank nichts mit Whitewater Development zu tun hatte, wurden wir fälschlicherweise mit Jims Machenschaften bei Madison in Verbindung gebracht. Schon im Präsidentschaftswahlkampf 1992 waren in den Medien – rasch widerlegte – Vorwürfe aufgetaucht, McDougal habe während Bills Amtszeit als Gouverneur von Arkansas aufgrund seiner geschäftlichen Beziehungen zu uns eine Vorzugsbehandlung seitens staatlicher Stellen genossen. Diese Gerüchte waren jedoch bald verstummt, als Bill und ich nachwiesen, dass wir mit unserer Investition in Whitewater lediglich Geld verloren hatten und dass das Arkansas Securities Department die

Bundesbehörden noch während Bills Gouverneurszeit aufgefordert hatte, Madison Guaranty zu schließen und McDougal hinauszuwerfen.

Nun war in der *Washington Post* zu lesen, dass die Untersuchungsbeamten der RTC den Verdacht prüften, McDougal habe sein Kreditinstitut für illegale Wahlkampfspenden in Arkansas missbraucht, darunter auch für Bills Wiederwahlkampagne im Jahr 1986. Ich war vollkommen sicher, dass sich auch diese Anschuldigungen in Luft auflösen würden. Bill und ich hatten nie Geld bei Madison Guaranty hinterlegt, geschweige denn einen Kredit dort aufgenommen. Was die Wahlkampfspenden anbelangte, hatte Bill ein Gesetz unterstützt, mit dem eine Höchstgrenze von 1500 Dollar pro Spendenbeitrag festgelegt wurde.

Bill und mir entging die politische Tragweite der plötzlichen Wiederkehr von Whitewater, was möglicherweise zu einigen Fehlern in der Öffentlichkeitsarbeit und im Umgang mit der Kontroverse beitrug. Doch wir konnten damals nicht ahnen, wie weit unsere Gegner das Spiel treiben würden.

Der Name Whitewater wurde bald zum Synonym für eine schrankenlose Durchleuchtung unseres Lebens. Allein die Untersuchung durch den Sonderermittler kostete die Steuerzahler siebzig Millionen Dollar. Sie förderte nie auch nur den geringsten Verstoß unsererseits zutage. Bill und ich arbeiteten freiwillig mit den Untersuchungsbeamten zusammen. Wann immer sie einen neuen Aspekt vorbrachten, überprüften wir sorgfältig, ob wir nicht irgendwo etwas Wesentliches übersehen hatten. Doch auf die Entkräftung einer Anschuldigung folgte gleich ein neuer Vorwurf. Wir fühlten uns, als ob wir in einem Spiegelkabinett Gespenster jagten: Wann immer wir in eine Richtung liefen, mussten wir feststellen, dass die Erscheinung verschwunden war – um im nächsten Augenblick in unserem Rücken wieder aufzutauchen. Whitewater war wie ein Phantom – etwas Irreales, das in der Realität jeder Grundlage entbehrte. Der einzige Zweck der Untersuchungen bestand darin, den Präsidenten in Misskredit zu bringen und die Regierungsarbeit zu stören. Es war dabei nicht wichtig, worum es bei den Ermittlungen ging; wichtig war nur, dass es Ermittlungen gab. Es war nicht wichtig, dass wir nichts Unrechtes getan hatten; wichtig war nur, dass die Öffentlichkeit diesen Eindruck erhielt. Es war nicht wichtig, dass die Ermittlungen die Steuerzahler Millionen von Dollar kosteten; wichtig war nur, dass unser Leben und die Arbeit des Präsidenten immer wieder gestört wurden. Whitewater war von Anfang an ein politischer Feldzug, der sich auf die eine oder andere Art durch Bill Clintons gesamte Amtszeit zog, und wurde zum Sammelbegriff für sämtliche Angriffe, die unseren politischen Gegnern einfielen.

Die neuerliche Diskussion schien mir die Neuinszenierung eines alten Stücks mit neuen Darstellern zu sein – eher ein Ärgernis als eine Bedrohung. Doch angesichts der Artikel in der *Washington Post* und eines kurze Zeit später veröffentlichten Berichts in der *New York Times* hielten wir es für angebracht, Vorsichtsmaßnahmen zu ergreifen und engagierten einen Rechtsanwalt. Unser Familienanwalt Bob Barnett lehnte unsere Vertretung im Fall Whitewater ab, da seine Frau Rita Braver als CBS-Korrespondentin über das Weiße Haus berichtete. Bob empfahl uns David Kendall, einen seiner Kollegen bei der Kanzlei Williams and Connolly.

Wir kannten David seit Jahren. Obwohl er etwas älter war als Bill und ich, hatten wir kurze Zeit gemeinsam die Yale Law School besucht. Und da wir beide aus dem Mittleren Westen stammten – David wuchs im ländlichen Indiana auf einer Farm auf –, fühlten wir uns von Anfang an verbunden. David war genau der richtige Mann für diese Aufgabe. Er hatte am Obersten Gerichtshof für Richter Byron White gearbeitet, er hatte Erfahrung im Gesellschaftsrecht und im Umgang mit den Medien und hatte in den achtziger Jahren auch mehrere Kreditinstitute vertreten.

Wie alle wirklich guten Anwälte besaß David das Talent, anscheinend nebensächliche und unzusammenhängende Fakten zu einem überzeugenden Argumentationsstrang zu verknüpfen. Doch die Rekonstruktion der Geschichte von Whitewater sollte seine Fähigkeiten auf eine harte Probe stellen.

Zunächst übernahm David die Akten aus Vince Fosters Büro, die nach dessen Tod an Bob Barnett weitergeleitet worden waren. Anschließend versuchte er, von Washington aus weitere Dokumente aufzuspüren, die mit Whitewater zu tun hatten. In den folgenden drei Monaten traf sich David etwa einmal wöchentlich im Weißen Haus mit uns. Ich hörte mir fasziniert an, was er herausgefunden hatte, welche Lücken er in den Whitewater-Aufzeichnungen schließen konnte und wie er Jim McDougals zunehmend bizarre Investitionen verfolgte. Er erklärte uns, die Rekonstruktion von McDougals Geschäften sei mit dem Versuch vergleichbar, Rauch auf einen Haufen zu schaufeln.

Weder Bill noch ich hatten das Whitewater-Grundstück je persönlich in Augenschein genommen – wir kannten es nur von Fotos. David wollte den Ort »in drei Dimensionen und in Echtzeit« sehen, um den Fall greifbar zu machen. Also flog er in den Süden von Missouri (das Grundstück war von der Staatsgrenze weniger weit entfernt als von Little Rock), mietete sich ein Auto und verfuhr sich stundenlang auf Nebenstraßen, bis er endlich einen von Bulldozern geebneten Waldweg fand und nach Einbruch der Dunkelheit das Grundstück erreichte. Er sah einige Schilder mit der Aufschrift »Zu verkaufen«, jedoch keinen Bewohner. Wäre er einige Monate später zurückgekehrt, nachdem zahllose Journalisten auf der Suche nach Informationen über Whitewater ausgeschwärmt waren, wäre David auf einem der wenigen verkauften Grundstücke auf ein großes Schild mit der Aufschrift »Haut ab, ihr Idioten« gestoßen.

David gelang es schließlich, den Eigentümer einiger Whitewater-Grundstücke aufzuspüren, den Immobilienmakler Chris Wade in Flippin. Wir hatten keine Ahnung, dass McDougal im Mai 1985 die noch verbliebenen 24 Grundstücke an Wade verkauft hatte. Obwohl wir damals noch Partner in der Gesellschaft waren, hatte uns McDougal weder informiert noch um unsere Unterschrift unter den Vertrag gebeten. Natürlich hatte er uns auch nicht angeboten, die Einnahmen aus dem Verkauf – 35 000 Dollar – mit uns zu teilen. Wir wussten auch nicht, dass McDougal bei diesem Geschäft ein gebrauchtes Kleinflugzeug bekommen hatte – sein neuer »Firmenjet«.

Mitte der achtziger Jahre war McDougal zumindest auf dem

Papier Herr über ein kleines Unternehmensimperium. 1982 hatte er Madison Guaranty gekauft und rasch den Geldhahn aufgedreht. Soweit David Kendall hatte herausfinden können, waren viele von McDougals Geschäften fragwürdig und Ausdruck seiner hochtrabenden Pläne. Um es mit Davids Worten zu sagen, er tätigte »übermäßig optimistische Investitionen«. Als er die Zahlungen nicht mehr leisten konnte, begann McDougal, Geld hin und her zu schieben, sich Beträge von Peter zu leihen, um Paul bezahlen zu können. Ohne unser Wissen missbrauchte er bei einer Gelegenheit sogar die Whitewater Development Company, um einen Wohnwagenpark südlich von Little Rock zu kaufen, dem er den überzogenen Namen »Castle Grande Estates« verlieh.

Madison Guaranty hatte einst wie tausende kleine amerikanische Kreditinstitute mit der Vergabe von Kleinkrediten an Privatpersonen begonnen. Als die Regierung Reagan im Jahr 1982 die Finanzinstitute deregulierte, konnten diese plötzlich Großkredite vergeben und brachten sich – und das ganze Bankengewerbe – schließlich in ernste finanzielle Schwierigkeiten. Eine Möglichkeit, die krisengeschüttelten Institute zu sanieren, war die Ausgabe von Vorzugsaktien, um das Eigenkapital zu erhöhen. 1985 schlugen Rick Massey, ein junger Anwalt in der Kanzlei Rose, und ein Freund, der für McDougal arbeitete, ebendiese Vorgehensweise auch für Madison Guaranty vor. Doch da McDougal der Kanzlei noch das Honorar für eine frühere Rechtsberatung schuldete, bestand die Firma darauf, dass er ein monatliches Pauschalhonorar von 2000 Dollar überwies, bevor Massey für ihn tätig wurde. Meine damaligen Kanzleipartner forderten mich auf, das Honorar in ihrem Namen bei McDougal einzufordern und als »Honorarpartner« für Massey zu fungieren, da er als Juniorpartner selbst keine Rechnungen ausstellen konnte. Nachdem ich das Voraushonorar geregelt hatte, hatte ich nur noch am Rande mit Masseys Tätigkeit für Madison Guaranty zu tun. Die Aktienemission wurde von den Aufsichtsbehörden von Arkansas nie bewilligt, und die für die Kreditinstitute zuständige Bundesbehörde übernahm die in eine finanzielle Schieflage geratene Madison Guaranty. McDougal wurde als Präsident abgesetzt und die Behörde leitete eine Untersuchung seiner Transaktionen ein. Die anschließende Strafverfolgung nahm McDougal jahrelang in Anspruch.

1986 trat McDougal mit dem Vorschlag an uns heran, ihm unseren fünfzigprozentigen Anteil an der Whitewater Company zu übertragen. Ich hielt das für eine ausgezeichnete Idee. Wir hatten die Investition acht Jahre zuvor getätigt, und seitdem nur Geld verloren. Doch bevor wir ihm unsere Anteile überschrieben, forderte ich McDougal auf, unsere Namen aus der Hypothek zu nehmen, wofür er als Gegenleistung hundert Prozent des verbleibenden Eigenkapitals des Unternehmens erhalten würde. Er sollte die Restschulden tragen und uns aus allen zukünftigen Haftungsverpflichtungen entlassen. Als er dem nicht zustimmen wollte, begannen bei mir die Alarmglocken zu schrillen. Zum ersten Mal seit der Gründung unserer Partnerschaft im Jahr 1978 verlangte ich Einsicht in die Bücher. Ich bin gefragt worden, warum ich das nicht schon früher getan habe und wie es möglich war, dass ich überhaupt nichts von McDougals Vorgehensweise wusste. Dieselbe Frage habe ich mir später auch immer wieder gestellt. Aber damals dachte ich einfach, dass wir lediglich ein schlechtes Geschäft gemacht hatten und nun den Preis dafür bezahlen mussten. Ich hatte darüber hinaus auch keinen Grund, an McDougal zu zweifeln; er hatte in den siebziger Jahren großen Erfolg mit seinen Investments gehabt, und ich konnte beim besten Willen nicht ahnen, dass er mittlerweile nur noch Luftschlösser errichtete. Also hatten wir getan, was McDougal von uns verlangte, und keine Fragen gestellt, zumal ich in dieser Zeit dringendere Aufgaben zu bewältigen hatte: Ich brachte ein Kind zur Welt, nahm alle zwei Jahre am Wahlkampf meines Ehemanns teil, und arbeitete als Rechtsanwältin.

Nachdem mein Steuerberater die Whitewater-Dokumente analysiert hatte, wurde klar, dass die Bücher nicht in Ordnung waren und dass Whitewater ein Fiasko war. Erst, wenn Bill und ich die Dinge geregelt hatten, würden wir uns aus dem Whitewater-Geschäft zurückziehen können. Zunächst wollte ich mich um alle Verpflichtungen der Gesellschaft gegenüber dem Finanzamt und dem Arkansas Department of Revenue

1 Meine Mutter, Dorothy Howell, heiratete meinen Vater, Hugh Rodham Jr., 1942, der damals in der Navy diente. Ihre Kindheitserfahrungen öffneten ihr Herz für die vom Schicksal weniger Begünstigten, und durch ihr soziales Engagement war sie meinen Brüdern und mir ein leuchtendes Vorbild. Von meinem Vater habe ich das schallende Lachen geerbt, das Leute im Restaurant zusammenzucken lässt und Katzen aus dem Zimmer jagt.

2 Meine Großmutter, Hannah Jones Rodham, war eine eindrucksvolle Persönlichkeit. Sie starb, als ich gerade fünf Jahre alt war, weshalb ich mich nicht so gut an sie erinnere wie an meinen Großvater, Hugh Sr., einen liebenswürdigen, geduldigen Mann.

3 Ich war etwa acht Monate alt, als mein Onkel, Russel Rodham, zu uns zog. Er war Arzt, hörte früh auf zu praktizieren und scherzte oft, ich sei seine letzte Patientin gewesen.

4 Mein Stiefgroßvater, Max Rosenberg, war Jude. Als zehnjähriges Mädchen aus dem Mittelwesten war ich entsetzt, als ich erfuhr, dass Millionen unschuldiger Menschen wegen ihrer Religion umgebracht worden waren. Bei einem Besuch in Auschwitz erinnerte ich mich Jahrzehnte später daran, wie mein Vater mir zu erklären versuchte, zu welchen Verbrechen die Menschen fähig sind, und warum die USA den Nationalsozialismus bekämpfen mussten.

5 Nach dem Krieg gründete mein Vater eine kleine Textildruckerei. Sein Erfolg ermöglichte unseren Umzug nach Park Ridge, eine amerikanische Kleinstadt wie aus dem Bilderbuch. Hier sind wir an Ostern 1959 in unserer Sonntagskleidung mit unserer Katze Isis zu sehen.

6 Jedes Jahr verbrachten wir fast den ganzen August in Großvater Rodhams Haus am Lake Winola, nordwestlich von Scranton in den Pocono Mountains. Auf der großen Veranda vor dem Haus spielten wir oft Karten und Brettspiele.

7 In Park Ridge organisierte ich Spiele, Sportwettkämpfe und Feste für Kinder, um Geld für wohltätige Zwecke zu sammeln. Ich war zwölf Jahre alt, als die Lokalzeitung mich und meine Freunde bei der Übergabe einer Papiertüte mit Geld für United Way fotografierte.

8, 9 Don Jones, ein methodistischer Geistlicher, führte mich 1961 in die »Universität des Lebens« ein. Er ermutigte unsere Jugendgruppe, Glauben durch soziales Handeln zu praktizieren. Dieses Bild zeigt mich mit einigen Freundinnen aus der Gruppe bei einer unserer weniger »ernsthaften« Unternehmungen.

10 Ich interessierte mich schon sehr früh für Politik, war aktives Mitglied der Jungen Republikaner und später ein Goldwater Girl samt Cowgirl-Kostüm. Bei simulierten Wahldebatten in der High School kamen mir jedoch die ersten Zweifel.

11 Im Komitee für kulturelle Werte sammelte ich erste Erfahrungen in einer organisierten Initiative, die Pluralismus, gegenseitigen Respekt und Verständnis förderte. Unser Treffen mit Vertretern verschiedener Schüler- und Studentengruppen wurde von einem lokalen Fernsehsender ausgestrahlt. Ich hatte mir für meinen ersten Auftritt vor der Kamera das Haar hochgesteckt.

12 Alan Schechter war mein Professor für Politikwissenschaften und betreute meine Abschlussarbeit. Er wählte mich für ein Praktikum in Washington aus und half mir damit, meinen politischen Weg zu finden.

13 Ich kam 1965 nach Wellesley, einer Zeit, die von Diskussionen über und Demonstrationen gegen Vietnam geprägt war. Heute mag die exzessive Auseinandersetzung meiner Generation mit diesem Thema vielen als Nabelschau gelten, wir empfanden das damals anders.

15 In Wellesley waren wir – die »Class of ʼ69« – zwischen einer überholten Vergangenheit und einer unbekannten Zukunft gefangen. Es war das erste Mal, dass eine Studentin eine Rede bei der Abschlussfeier hielt. Das große Lob und die heftige Kritik, die ich für meine Ansprache erntete, gaben mir einen Vorgeschmack auf mein späteres Leben.

14 1968 machte ich ein Praktikum bei der Republikanischen Kongressfraktion in Washington D.C., und arbeitete für eine von Gerald Ford (rechts neben mir) geleitete Gruppe, der auch Melvin Laird und Charles Goodell (ganz rechts) angehörten. Dieses Foto hing bis zu seinem Tod im Schlafzimmer meines Vaters.

16 Mit Patty Howe Criner (links) und meiner Zimmergenossin im College, Johanna Branson, bin ich bis heute befreundet. Hier sind sie 1975 bei meiner Hochzeit in Arkansas zu sehen. Am Kopfende der Tafel saß mein Vater, ein Mann mit festen Überzeugungen, aber auch der Fähigkeit sich zu ändern.

17 Meinem Charakter und meiner Erziehung entsprechend, glaubte ich daran, dass sich jedes System nur von innen verändern lässt und entschied mich für ein Jurastudium. Gemeinsam mit Bill und anderen Studenten nahm ich auch an simulierten Gerichtsverhandlungen teil.

18 Bill Clinton war 1970 in Yale kaum zu übersehen. Er sah eher wie ein Wikinger aus und nicht wie ein Rhodes-Stipendiat, der aus Oxford zurückgekehrt war. Bei unserer ersten Verabredung im Frühjahr 1971 begannen wir ein Gespräch, das wir auch nach mehr als dreißig Jahren noch fortsetzen.

20 Marian Wright Edelman, die zu meinen großen Vorbildern gehört, inspirierte mich zu meinem lebenslangen Engagement für Kinder und Bürgerrechte.

19 John Doar (links), vom Justizausschuss des Repräsentantenhauses mit der Leitung der Impeachment-Untersuchung gegen Nixon beauftragt, holte mich in sein Team, um die Rechtsgrundlage für ein Amtsenthebungsverfahren zu prüfen.

21 Bill sollte 1971 die Wahlkampagne für McGovern in den Südstaaten organisieren. Er verzichtete auf diese Chance, um den Sommer mit mir in Kalifornien zu verbringen.

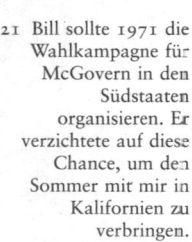

22, 23 Als Bill für ein öffentliches Amt kandidierte, folgte ich ihm und meinem Herzen nach Arkansas. Wir liebten unser Leben dort, einschließlich unserer regelmäßigen Volleyballspiele, und heirateten am 11. Oktober 1975 im Wohnzimmer unseres Hauses in Fayetteville.

24 Beim Wahlkampf für Jimmy Carter 1976 koordinierte ich die Kampagne für Indiana. Carter verlor zwar in diesem Bundesstaat, doch die Aufgabe war eine große Herausforderung, aus der ich viel lernte.

25–27 Im Jahr 1979 wurde Bill als Gouverneur von Arkansas vereidigt. Später gründete er das Education Standards Committee und übertrug mir den Vorsitz. Unser Vorschlag, verpflichtende Prüfungen für Lehrer einzuführen, war so heftig umstritten, dass ein Schulbibliothekar meinte, ich krieche »tiefer als eine Schlange«.

28, 29 Chelseas Geburt war das wunderbarste Ereignis unseres Lebens. Wir nannten sie nach dem Lied »Chelsea Morning«, das wir 1978 im Londoner Viertel Chelsea gehört hatten.

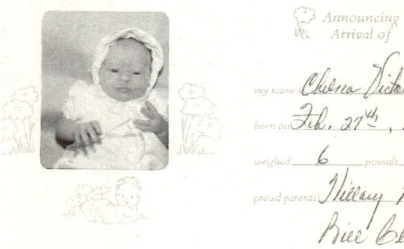

30 Bill, Carolyn Huber und ich lauschen dem Arkansas Boys Choir – ein erfreulicher Moment in der schwierigen Weihnachtszeit 1980. Bill hatte die Wiederwahl zum Gouverneur verloren, und wir räumten gerade die Governor's Mansion. Allerdings nicht für lange.

31 Die acht Jahre im Weißen Haus waren seit meinem 13. Lebensjahr die einzige Zeit, in der ich keine Anstellung hatte. Als erster weiblicher Partner der Rose Law Firm in Little Rock betrat ich wieder einmal neues Terrain.

32 Vince Foster (links) und Webb Hubbell, hier bei einer Geburtstagsparty von Chelsea, waren die Anwälte der Rose Law Firm, mit denen ich am meisten zusammenarbeitete. In Webb sah ich lange einen loyalen, hilfsbereiten Freund. Vince war einer der intelligentesten Anwälte, die ich je kennen gelernt habe, und einer meiner besten Freunde. Ich mache mir bis heute Vorwürfe, dass ich seine Verzweiflung nicht erkannt habe.

33 Als Frau des Generalstaatsanwalts konnte ich mir eine gewisse »Exzentrik« noch leisten, doch als First Lady von Arkansas stand ich voll im Rampenlicht. Zum ersten Mal wurde mir bewusst, dass sich meine persönlichen Entscheidungen unmittelbar auf die politische Zukunft meines Mannes auswirkten. Viele Wähler in Arkansas waren vor den Kopf gestoßen, weil ich meinen Mädchennamen Rodham behielt. Clinton fügte ich erst später hinzu.

34 Mein Glaube war immer ein wesentlicher, aber sehr persönlicher Teil meines Lebens. Als ich in der Methodistenkirche konfirmiert wurde, nahm ich mir John Wesleys Worte zu Herzen: »Tue so viel Gutes, wie du kannst und mit allen Mitteln, die dir zur Verfügung stehen.«

35 Tipper und Al Gore reisten mit uns während des Präsidentschaftwahlkampfs 1992 in einem Bus durchs Land. Jedes Mal wenn wir zwei oder mehr Leute zusammenstehen sahen, wollte Bill anhalten und mit ihnen reden.

37, 38 Meine Brüder und mein Vater begleiteten uns auf der Wahlkampftour. Waren die ersten 44 Jahre meines Lebens schon lehrreich, so waren die 13 Monate dieses Wahlkampfs eine Offenbarung.

36 Während des Wahlkampfs 1992 hatte ich mit Broccoli mehr Glück als mit Keksen. Alles, was ich sagte oder tat, selbst meine Frisur, konnte eine öffentliche Debatte auslösen.

39 Wahlnacht am 3. November 1992 im Old State House in Little Rock. Unsere Beziehung, die auf gemeinsamen Träumen, Leistungen, Siegen, Niederlagen und gegenseitiger Liebe und Unterstützung beruhte, schenkte und kostete uns viel Kraft, als Bill Präsident wurde.

40 Nach der Wahl feierten wir in Kalifornien Harry Thomasons Geburtstag. Harry und seine Frau Linda, die enge Freunde von uns sind, schrieben und produzierten einige der erfolgreichsten Fernsehsendungen, doch mit ihrem Herzen blieben sie den Ozark Mountains immer treu.

41 Ich war immer der Überzeugung, dass Frauen selbst über ihr Leben entscheiden sollten, First Ladies eingeschlossen. Ich hätte nie gedacht, dass Washington in mancher Hinsicht konservativer sein würde als Arkansas.

42 Bill wollte zu allen elf Bällen anlässlich seines Amtsantritts gehen und richtig feiern. Bei einer dieser Veranstaltungen stimmten wir uns hinter der Bühne ein.

43 Der 20. Januar 1993 war der Beginn einer neuen Präsidentschaft für Amerika und eines neuen Lebens für unsere Familie. Als First Lady wurde ich zu einem Symbol – und das war eine neue Erfahrung.

44, 45 Jackie Kennedy Onassis wurde eine Quelle der Inspiration und wichtige Ratgeberin für mich. »Sie müssen Chelsea um jeden Preis schützen«, sagte sie und bestätigte meinen Instinkt, dass wir alles tun mussten, damit unsere Tochter möglichst normal aufwachsen und ihre eigenen Fehler machen konnte.

46–49 Keine First Lady hatte je ein Büro im Westflügel. Da mein Stab zum Team des Weißen Hauses gehören würde, brauchten wir einen Platz am Tisch – im wörtlichen wie im übertragenen Sinn. Bald wurde mein Stab als »Hillaryland« bekannt; wir hatten sogar einen Anstecker mit einer entsprechenden Aufschrift. Huma Abadin (links), eine außergewöhnliche Praktikantin, wurde meine persönliche Assistentin. Maggie Williams (rechts) war in den ersten vier Jahren meine Stabschefin.

50 Mein Gebetskreis bei einem Treffen am 14. November 1993. Diese Frauen waren mir in schwierigen Zeiten stets eine große Stütze – obwohl viele von ihnen Republikanerinnen sind. Ich schätzte ihre Bereitschaft, politische Grenzen zu überwinden, um jemandem zu helfen, der Unterstützung brauchte. Wir beteten mit- und füreinander.

51 »Hillaryland« war eine kleine Subkultur im Weißen Haus. Mein Stab war stolz auf seine Diskretion, Loyalität und außergewöhnliche Kameradschaft – und jedes Kind, das uns besuchte, wusste genau, wo wir die Kekse aufbewahrten.

52 Die Menschen, die ich in diesen ersten Wochen am meisten vermisste, waren die alten Freunde aus Arkansas, die nun in Bills Administration arbeiteten. Wir luden sie zu einem informellen Abendessen ein, um den vierzigsten Geburtstag von Mary Steenburgen zu feiern, die ebenfalls zum Arkansaszirkel gehörte. Dieser Abend war eines unserer letzten unbeschwerten Treffen, bevor Vince Fosters Selbstmord ein riesiges Loch in unserem Leben hinterließ.

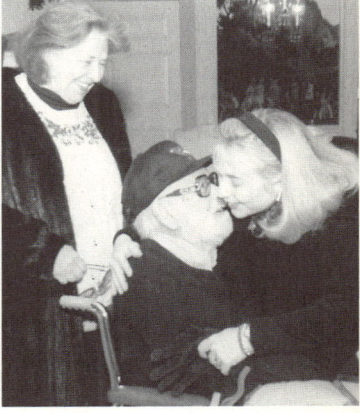

53 Mein Vater hatte mich auf alles in meinem Leben vorbereitet, außer auf den Schmerz, ihn zu verlieren. Die Zeit, die meine Mutter und ich im Krankenhaus an seinem Bett verbrachten, bestärkte mich in meinem Engagement für die Gesundheitsreform und vertiefte mein Verständnis für die Dinge, die im Leben am wichtigsten sind.

54 Bill gab bekannt, dass ich eine neu gebildete Projektgruppe für die Gesundheitsreform leiten würde, mit Ira Magaziner als Berater für gesundheitspolitische Vorhaben. Seine Erfahrung in der Privatwirtschaft, seine kreative Energie und seine Hartnäckigkeit machten ihn zu einem von Bills wichtigsten Mitarbeitern. Die Bekanntgabe meiner Rolle sorgte innerhalb und außerhalb des Weißen Hauses für Aufregung.

55 Mit dem Wirtschaftspaket, das Bill am 17. Februar 1993 vor dem Kongress präsentierte, legte er einen Plan vor, um das gewaltige Budgetdefizit zu reduzieren. Tatsächlich konnte er den Haushalt sogar drei Jahre früher als versprochen ausgleichen.

56 Im September 1993, nachdem Bill dem Kongress seine Gesundheitsreform vorgestellt hatte, feierten wir mit dem Stab im alten Executive Office Building, in dem sich auch der »Kreißsaal« befand, wie ich das Büro scherzhaft taufte. Mit der Gesundheitsreform hatten wir begonnen, den »Mount Everest der Sozialpolitik« zu erklimmen.

sowie um unsere kommunalen Grundstückssteuern kümmern. Obwohl Whitewater nie Einnahmen erzielte, war die Gesellschaft verpflichtet, eine Steuererklärung abzugeben, was McDougal, wie ich 1989 erfuhr, in den letzten Jahren nicht getan hatte. Trotz gegenteiliger Beteuerungen hatte er die Grundstückssteuern nicht bezahlt. Um die Steuererklärungen nachträglich einreichen zu können, benötigte ich die Unterschrift eines leitenden Angestellten der Whitewater Company; ich bemühte mich ein Jahr lang um McDougals Vollmacht, um die Steuererklärungen einreichen, die Steuern zahlen und den Grund verkaufen zu können, damit das Unternehmen seine Schulden bezahlen konnte – vergebens.

McDougal stand damals vor den Trümmern seines Lebens. Seine Frau Susan hatte ihn 1985 verlassen und war später nach Kalifornien gegangen. Im Jahr darauf hatte er einen Schlaganfall, der die manische Depression verschlimmerte, unter der er seit geraumer Zeit litt. Da er nicht auf meine Gesuche reagierte, rief ich Susan an, erläuterte ihr mein Vorhaben und fragte sie, ob sie als Verwaltungschefin der Gesellschaft die Papiere unterzeichnen könne. Sie willigte ein, und ich sandte ihr per Boten die Formulare zu, die sie mir unterschrieben zurückschickte. Als McDougal davon erfuhr, geriet er außer sich. Er brüllte Susan am Telefon an und rief in meinem Büro an, um mich zu bedrohen.

Die Verbitterung McDougals wuchs noch weiter, als er wegen verschiedener Verstöße gegen die Bundesgesetze angeklagt wurde. Unter den acht Anklagepunkten fanden sich der Vorwurf der Verschwörung, des Betrugs, der Falschaussage und des Verstoßes gegen die Steuergesetze. Obwohl die Jury ihn am Ende freisprach, äußerte McDougal erneut Drohungen, er werde es mir heimzahlen, dass ich die Whitewater-Papiere bei der Steuerbehörde eingereicht hatte.

Und genau das tat er auch mit einiger Unterstützung von Bills politischen Gegnern, darunter Sheffield Nelson. Nelson war ein ehemaliger Geschäftsführer der Arkansas-Louisiana Gas Company (ARKLA), der in die Republikanische Partei eingetreten war, um Bill 1990 das Gouverneursamt streitig zu machen. Er war es gewohnt, zu bekommen, was er wollte, weshalb er auf seine Wahlniederlage mit großer Verbitterung und Feindseligkeit reagierte. Kaum hatte Bill 1991 seine Kandidatur für das Präsidentenamt bekannt gegeben, bot Nelson dem Weißen Haus jede erdenkliche Hilfe an, um Bill zu schlagen. Nun war es ihm gelungen, McDougal zu überreden, Vorwürfe gegen Bill und mich zu erheben, egal wie abwegig sie auch sein mochten.

Das Produkt dieser ersten Bemühungen war eine »Whitewater-Story«, die im März 1992 mitten in den demokratischen Vorwahlen auf der Titelseite einer Sonntagsausgabe der *New York Times* erschien. In diesem Artikel wurde immer wieder Jim McDougal zitiert, der ungeniert falsche Informationen über unsere Partnerschaft verbreitete. Der Autor verwies mehrfach auf unsere »komplizierte Beziehung« zu McDougal und deutete fälschlicherweise an, Jim habe als Gegenleistung dafür, dass er im Whitewater-Geschäft Geld für uns verdient habe, Gefälligkeiten erhalten. In den Zeitungen folgten Schlagzeilen wie »Clintons schlossen sich Besitzer eines Kreditinstituts bei Immobiliengeschäft in den Ozarks an«, obwohl wir unser Geschäft mit McDougal vier Jahre vor seinem Engagement bei Madison abgeschlossen hatten. Der Clinton-Wahlkampfstab engagierte damals umgehend Jim Lyons, einen angesehenen Unternehmensanwalt aus Denver, der mit einer Gruppe von Gerichtssachverständigen die Aufzeichnungen über das Whitewater-Investment sammelte und auswertete.

Der Lyons-Bericht, der 25 000 Dollar kostete und in nur drei Wochen fertig gestellt war, bewies, dass die Ehepaare Clinton und McDougal zu gleichen Teilen die Haftung für den ursprünglichen Kredit zum Kauf des Grundstücks übernommen hatten und dass wir mit dieser Geldanlage über 68 000 Dollar verloren hatten. Jahre und Millionen Dollar später bestätigten auch der 2002 veröffentlichte Abschlussbericht des Sonderermittlers und eine von der Resolution Trust Corporation in Auftrag gegebene Untersuchung Jim Lyons Ergebnisse.

Nachdem unsere Wahlkampfleitung den Lyons-Bericht im März 1992 veröffentlicht hatte, ließen die Medien die Geschichte fallen. Doch einige Republikaner und ihre Verbündeten waren entschlossen, nicht so schnell aufzugeben. Im August desselben Jahres gab eine einfache Untersuchungsbeamtin der RTC namens L. Jean Lewis eine Empfehlung für strafrechtliche Ermittlungen gegen Madison Guaranty und das Ehepaar Clinton. Der republikanische Bundesanwalt Chuck Banks wurde vom Justizministerium unter Druck gesetzt, auf diese Empfehlung zu reagieren und uns vor eine Anklagejury zu zitieren. Doch Banks weigerte sich und äußerte seine Überraschung darüber, dass die RTC diese Empfehlung nicht schon drei Jahre früher abgegeben habe, als der Fall Jim McDougal untersucht worden war. Er erklärte, diese Ermittlungsempfehlung stütze sich weder auf einen konkreten Verdacht noch auf ein gesetzwidriges Verhalten unsererseits und rechtfertige daher keine Untersuchung. Nichtsdestotrotz sei er besorgt darüber, dass Informationen über diese Empfehlung an die Öffentlichkeit dringen und das Ergebnis der Präsidentschaftswahl beeinträchtigen könnten. Interessanterweise ist im abschließenden Whitewater-Bericht aus dem Jahr 2002 tatsächlich dokumentiert, dass die Administration Bush an dem Versuch beteiligt war, uns wenige Wochen vor der Wahl eine »unangenehme Überraschung« zu bereiten. Generalstaatsanwalt William Barr hatte dabei seine Finger ebenso im Spiel wie der Berater des Weißen Hauses, Boyden Gray. Aber als Whitewater im Herbst 1993 erneut hervorgekramt wurde, hatten wir keine Vorstellung davon, wie viele Kräfte sich verbündet hatten, um die gewaltige politische Lawine loszutreten, die nun folgte.

Während David Kendall Mitte November 1993 mit der Faktensuche beschäftigt war, übermittelte die *Washington Post* dem Weißen Haus eine lange Liste von Fragen zu Whitewater und Jim McDougal. In den folgenden Wochen wurde in der Administration darüber debattiert, wie auf die Forderungen der Medien zu reagieren sei. Sollten wir die Fragen beantworten? Sollten wir Dokumente vorlegen? Und wenn ja: welche? Unsere politischen Berater, darunter George Stephanopoulos und Maggie Williams, waren dafür, die Öffentlichkeit mit Dokumenten zu überhäufen. Derselben Ansicht war David Gergen, ein Politprofi, der schon für die Regierungen Nixon, Ford und Reagan tätig gewesen war und sich vor kurzem Bills Mitarbeiterstab angeschlossen hatte. Gergen war der Meinung, die Presse werde nicht ruhen, bis sie die gewünschten Informationen erhalte. Erst dann werde sie sich anderen Dingen zuwenden. Da wir nichts zu verbergen hätten, könnte uns auch nichts passieren. Die Geschichte würde eine Weile Blüten treiben und dann in der Versenkung verschwinden, so Gergen.

David Kendall, Bernie Nussbaum und Bruce Lindsey, allesamt Rechtsanwälte, hielten dies allerdings für ein riskantes Unterfangen. Unsere Aufzeichnungen über Whitewater waren erst bruchstückhaft und würden möglicherweise nie ein vollständiges Bild vermitteln können; die Presse würde daher nicht zufrieden sein und stets vermuten, wir hielten Informationen zurück. Als Rechtsanwältin neigte ich dazu, dieser Einschätzung zuzustimmen. Zudem befürchtete ich, jede Veröffentlichung von Informationen unsererseits werde McDougal und seine Komplizen dazu veranlassen, ihre Vorwürfe zu ändern, um die Geschichte am Leben zu erhalten. Bill schenkte den Vorfällen kaum Beachtung, denn er wusste, dass er als Gouverneur nichts getan hatte, um McDougal zu begünstigen. Da er von seinen Aufgaben als Präsident vollkommen in Anspruch genommen war, überließ er mir und David die Entscheidung über die geeignete Vorgehensweise.

Aufgrund unserer Erfahrung mit dem Amtsenthebungsverfahren gegen Präsident Nixon im Jahr 1974 waren Bernie und ich davon überzeugt, dass wir jeglichem Verdacht, wir versuchten die Nachforschungen zu behindern oder nähmen aufgrund unserer Machtposition Privilegien in Anspruch, vorbeugen mussten. Daher erklärte ich David, dass wir im Falle einer Untersuchung mit den Beamten zusammenarbeiten, ihnen alle Dokumente bereitwillig zur Verfügung stellen und mit einer Anklagejury kooperieren würden. Noch bevor das Justizministerium eine Vorladung schickte, teilte David den Behörden mit, dass wir alle auffindbaren Dokumente über Whitewater vorlegen wollten, einschließlich der Arbeiten, die Vince Foster als unser persönlicher Rechtsanwalt für uns geleistet hatte.

Wir waren zuversichtlich, dass sich dieser Nicht-Skandal so wie damals im Wahlkampf rasch in nichts auflösen würde. Also brachen wir nach Camp David auf, wo wir Thanksgiving feiern wollten. Wir erreichten das Haus in einer bittersüßen Stimmung. Mein Vater würde nicht mehr mit uns am Tisch sitzen und mit Hugh und Tony um eine der Keulen streiten oder nach mehr Preiselbeeren und Wassermelone verlangen. Und Virginias gesundheitlicher Zustand verschlechterte sich zusehends. Dies würde möglicherweise unser letztes gemeinsames Erntedankfest sein. Wir versuchten ihr eine schöne Zeit und ein paar unbeschwerte Momente zu bereiten. Virginia, die alle paar Tage eine Bluttransfusion benötigte, bewahrte wie immer Haltung. Sie saß oft mit Dick in dem kleinen Restaurant in der Hickory Lodge, nippte an einem Getränk und plauderte mit den Marines. Ich sehe sie noch vor mir, wie sie in roten Stiefeln, mit weißer Hose, weißem Pullover und roter Lederjacke junge Männer bezirzte. Kaum jemand wusste, wie ernst ihr Zustand tatsächlich schon war, was zum einen an ihrer positiven Einstellung und zum anderen an ihrem weiterhin guten Aussehen lag. Gleich wie schlecht sie sich fühlte, sie trug Make-up und falsche Wimpern und ließ sich sogar die Perücken, die sie seit ihrer Chemotherapie benötigte, von einem befreundeten Hairstylisten aus Los Angeles anfertigen.

An Thanksgiving servierten uns die Köche und Stewards der Navy ein wunderbares Mahl, das die Traditionen von Bills und meiner Familie vereinte. Es gab Brot und einen würzigen gefüllten Truthahn, Kürbis und Pasteten. Die Büfetttische knarzten unter dem Gewicht der Speisen, und alle Anwesenden hielten sich an eine Tradition, die unabhängig von der Familienzugehörigkeit gepflegt wird: an den übermäßigen Genuss.

Über das Wochenende kamen zwei alte Freunde mit ihren Söhnen zu Besuch: Strobe Talbot, der damalige Botschafter bei den Nachfolgestaaten der Sowjetunion und spätere stellvertretende Außenminister, und Brooke Shearer, die Leiterin des Stipendienprogramms des Weißen Hauses, die mich auch im Wahlkampf unterstützt hatte. Wir sprachen kaum über Whitewater, sondern befassten uns mit den politischen Ereignissen des vergangenen Jahres. Wir waren zuversichtlicher denn je, was die Zukunft des Landes anbelangte. Denn wir hatten zwar persönlich ein schwieriges Jahr hinter uns, in der politischen Arena aber war Bill nach einem schleppenden Beginn sehr erfolgreich gewesen. Es gab Anzeichen für eine wirtschaftliche Erholung und das Vertrauen der Verbraucher in die neue Regierung wuchs. Die Arbeitslosenrate war auf 6,4 Prozent gesunken, den niedrigsten Wert seit Beginn des Jahres 1991. Die Bevölkerung investierte wieder mehr in neue Eigenheime, während die Zinsen sanken und die Inflation zurückging. Neben dem Wirtschaftsplan, dem dieser Aufschwung zu verdanken war, hatte Bill den National Service Act unterzeichnet, mit dem das AmeriCorps gegründet wurde, sowie den Family and Medical Leave Act, den sein Vorgänger George Bush zweimal durch ein Veto zu Fall gebracht hatte. Die finanziellen Direkthilfen für Studenten reduzierten die Kosten für den Besuch der Hochschulen, und außenpolitisch trug die Wirtschaftshilfe für Russland dazu bei, die dort keimende Demokratie zu festigen.

Als wir um einige Pfunde schwerer, jedoch gut erholt aus dem Urlaub zurückkehrten, stürzte sich Bill sofort wieder in die Arbeit. Mit großer Freude erlebte ich, wie er am 30. November 1993 die Brady Bill unterzeichnete, ein neues Waffengesetz, das einst ebenfalls von Präsident Bush mit einem Veto verhindert worden war. Dieses vernünftige und seit langem überfällige Gesetz schrieb für die Käufer von Schusswaffen eine fünftägige Wartezeit vor, damit ihre Eignung für den Waffenbesitz überprüft werden konnte. Ohne den unermüdlichen Einsatz von James und Sarah Brady wäre das Gesetz gegen die übermächtige National Rifle Association nie zustande gekommen. James, ein ehemaliger Pressesekretär des Weißen Hauses, hatte im Jahr 1981 eine schwere Gehirnverletzung erlitten, als ihn ein geistig verwirrter Mann bei einem fehlgeschlagenen Mordanschlag auf Präsident Ronald Reagan in den Kopf geschossen hatte. Seitdem hatten James und Sarah ihr Leben dem Ziel gewidmet, den Besitz von Schusswaffen zu reglementieren. Ihr beharrlicher Einsatz wurde nun endlich belohnt.

Am 8. Dezember 1993 wurde das NAFTA-Abkommen ratifiziert. Damit konnte sich die Regierung endlich mit ganzer Kraft auf die Gesundheitsreform konzentrieren. Um die Diskussion erneut in Gang zu bringen, hatten Dr. Koop und ich unsere Reiseaktivität wieder aufgenommen. Am 2. Dezember sprachen wir in Hanover (New Hampshire) vor 800 Ärzten und Gesundheitsfachleuten.

Das Forum in New Hampshire wurde vom Fernsehen live übertragen. Während ich die Vorzüge des Clinton-Plans anpries, bemerkte ich plötzlich, dass Kelly Craighead auf allen vieren durch den Mittelgang Richtung Podium gekrochen kam. Sie gestikulierte wild, schlug sich permanent gegen den Kopf und zeigte auf mich. Ich hatte keine Ahnung, was sie wollte, und sprach weiter.

Nach meinem Vortrag stellte sich heraus, dass ich mich mal wieder in einer weiteren Frisurkrise befunden hatte. Capricia Marshall, die in Washington am Fernsehgerät die Direktübertragung verfolgt hatte, bemerkte, dass mir eine starre Haarsträhne direkt über der Stirn vom Kopf abstand. Sie befürchtete, dass sich das Publikum nicht auf meine Ausführungen, sondern auf meine Frisur konzentrieren werde, weshalb sie Kelly am Handy anrief und sie anbrüllte: »Ihr steht das Haar total zu Berge! Bringt verdammt noch mal diese Haare unter Kontrolle!«

»Ich kann nicht, sie sitzt vor hunderten Zuschauern«, jammerte Kelly.

»Das ist mir egal, gib ihr ein Signal!«

Ich konnte mich vor Lachen kaum beruhigen, als Kelly mir die Geschichte nach der Veranstaltung erzählte. Nach diesem Vorfall vereinbarten wir verschiedene Handzeichen, mit denen mich meine Mitarbeiterinnen darauf aufmerksam machen konnten, dass ich mein Haar bändigen oder mir den Lippenstift von den Zähnen wischen musste.

Zurück in Washington, waren die Weihnachtsrituale im Weißen Haus bereits in vollem Gange. Nun wusste ich zu schätzen, dass mich der Chief Usher Gary Walters an einem warmen Tag im Mai zu einer geradezu surrealen Planung gedrängt hatte: »Sie wissen, Mrs. Clinton, dass es höchste Zeit ist, mit den Weihnachtsvorbereitungen zu beginnen.« Ich glaubte, mich verhört zu haben. Gary erklärte mir, ich müsse über die Gestaltung der Weihnachtskarten des Weißen Hauses entscheiden, ein Thema für die Dekorationen wählen und die Feiern planen, die wir im Dezember veranstalten wollten. Ich liebte Weihnachten, doch üblicherweise begann ich nicht vor Thanksgiving darüber nachzudenken. Ich passte mich aber pflichtbewusst an und begann, Bilder mit verschneiten Landschaften auszuwählen, während der Duft der Magnolien durch die Fenster hereinströmte.

Ich hatte Handwerker aus dem ganzen Land aufgefordert, handgefertigten Schmuck zu schicken, mit dem wir nun die über zwanzig Weihnachtsbäume verzierten, die auf dem Grundstück und im Weißen Haus standen. Im gesamten Erdgeschoss und in den Räumen im State Floor stellten wir einige der besten amerikanischen Handwerksarbeiten in Holz, Glas und Keramik aus. Wir gaben drei Wochen lang mindestens einen Empfang oder eine Party am Tag und in jener ersten Weihnachtszeit strömten 150 000 Besucher durch die öffentlichen Räume, um sich die Weihnachtsdekoration anzusehen und Kekse zu probieren. Da wir Angehörige aller Glaubensbekenntnisse einbeziehen wollten, ließ ich einen siebenarmigen Leuchter im Weißen Haus aufstellen, den wir anzündeten, um Chanukka zu begehen. Drei Jahre später feierten wir zum ersten Mal das Ende des muslimischen Fastenmonats Ramadan im Weißen Haus. Es ist sehr schade, dass das Weiße Haus seit den Ereignissen vom 11. September 2001 der Öffentlichkeit kaum noch zugänglich ist.

Das Weihnachtsfest ist aber nicht nur im Weißen Haus ein großes Ereignis, sondern auch für unsere Familie. Bill und Chelsea lieben es, einkaufen zu gehen, Geschenke zu verpacken und den Baum zu schmücken. Und ich liebe es, ihnen dabei zuzusehen und mir die Geschichten anzuhören, die sie dabei austauschen. In jenem Jahr dauerte es allerdings eine Weile, bis wir unseren Weihnachtsschmuck ausfindig machen konnten. Viele unserer in aller Eile von Freunden und Freiwilligen eingepackten Besitztümer waren in nicht gekennzeichneten Schachteln verschwunden, die im dritten Stock des Weißen Hauses oder in einer Lagerhalle in Maryland gelandet waren. Aber schließlich hingen unsere geliebten Verzierungen doch noch am Kaminsims im Yellow Oval Room.

Für Virginia sollte es das letzte Weihnachtsfest werden; sie war in den vergangenen Wochen zusehends schwächer geworden und erhielt nun regelmäßig Bluttransfusionen. Die unbeugsame Mrs. Kelley war entschlossen, ihr Leben bis zum letzten Atemzug zu genießen. Wir wollten so viel Zeit wie möglich mit ihr verbringen und überredeten sie, eine Woche lang zu bleiben. Sie erklärte uns allerdings, dass sie keinesfalls über Neujahr bleiben könne, da sie und Dick zum Konzert von Barbra Streisand nach Las Vegas reisen wollten. Barbra hatte die beiden zu ihrer lang erwarteten Rückkehr auf die Konzertbühne eingeladen. Ich glaube, Virginia konzentrierte all ihre Willenskraft darauf, dieses Konzert und einen ausgiebigen Streifzug durch die Casinos noch zu erleben.

Die Medien blieben trotz der bevorstehenden Festlichkeiten und der Weihnachtsstimmung auf Whitewater fixiert. Die *New York Times,* die *Washington Post* und *Newsweek* kämpften mittlerweile um Exklusivmeldungen zum Thema. Die Republikaner im Repräsentantenhaus und im Senat – insbesondere Bob Dole, der nach dem Präsidentenamt schielte – forderten eine »unabhängige Prüfung« von Whitewater. In den Leitartikeln der großen Zeitungen wurde Justizministerin Janet Reno gedrängt, einen Sonderermittler zu ernennen. Das Gesetz über die Sonderermittlungen, das nach dem Watergate-Skandal erlassen worden war, war kurz zuvor ausgelaufen, über eine Verlängerung noch nicht entschieden, weshalb die Untersuchungen nun vom Generalstaatsanwalt genehmigt werden mussten. Der Druck wurde jeden Tag größer, obwohl es keine Fakten gab, die auch nur im Entferntesten die Ernennung eines Sonderermittlers gerechtfertigt hätten. Eine Woche vor Weihnachten wurde in der Presse kolportiert, dass Bernie Nussbaum einige Akten, darunter auch Whitewater-Dokumente, aus Vince Fosters Büro »herausgelotst« hätte. Das Justizministerium wusste selbstverständlich genau, dass die persönlichen Akten, die in Gegenwart von Rechtsanwälten des Ministeriums und von FBI-Agenten aus Vince' Büro geholt worden waren, unseren Anwälten übergeben worden waren, die sie anschließend dem Justizministerium zur Untersuchung ausgehändigt hatten. Doch wer immer diese »Neuigkeiten« hatte durchsickern lassen, goss Öl in ein schwelendes Feuer.

Am 18. Dezember wurde ein weiteres Feuer entfacht. Ich nahm gerade an einem Empfang teil, als ich wegen eines dringenden Telefonanrufs nach draußen gebeten wurde.

»Hillary«, hörte ich David Kendall sagen, »ich muss Sie über eine sehr, sehr schmutzige Sache informieren ...«

Ich setzte mich und hörte zu, wie David einen langen, detaillierten Artikel zusammenfasste, der im *American Spectator* erscheinen würde, einer ultrakonservativen Monatszeitschrift, die regelmäßig die Regierung attackierte. In dem von David Brock verfassten Artikel wimmelte es von bösartigen Lügen, die schlimmer waren als die obszönen Geschichten in den Sensationsblättern aus dem Supermarkt. Brocks Informanten waren vier Staatspolizisten, die in Arkansas für Bills Schutz zuständig gewesen waren. Sie behaupteten unter anderem, dem damaligen Gouverneur Frauen beschafft zu haben.

»Es ist nichts als Schmutz«, sagte David. »Aber es wird die Runde machen. Sie sollten sich darauf vorbereiten.«

»Was können wir dagegen unternehmen?«, fragte ich David. »Gibt es nicht irgendetwas, was wir tun können?«

Er riet mir, Ruhe zu bewahren und mich nicht dazu zu äußern. Jeder Kommentar von unserer Seite würde lediglich dazu beitragen, die Öffentlichkeitswirkung des Artikels zu erhöhen. Die meisten Behauptungen der Leibwächter waren vage, einige schlicht falsch. So hatten sie beispielsweise behauptet, ich hätte die Zerstörung der Eingangsbücher angeordnet, um Bills Verhältnisse zu decken. Tatsächlich war in der Gouverneursresidenz nie Buch über die Besucher geführt worden. Nichtsdestotrotz schien die Tatsache, dass Brocks Informationen von Staatspolizisten stammten, den unglaublichen Vorwürfen eine gewisse Glaubwürdigkeit zu verleihen. Daran änderte sich auch nichts, als die Staatspolizisten sich selbst diskreditierten, indem sie schamlos über ihr Vorhaben sprachen, mit ihren Geschichten viel Geld zu verdienen. Zwei der ehemaligen Leibwächter gaben sogar ihre Identität preis und bemühten sich um Buchverträge. Aufschlussreich war auch, dass sie von Cliff Jackson vertreten wurden, einem der entschiedensten politischen Gegner Bills in Arkansas.

Die Auswirkungen des Artikels wurden mir erst am folgenden Abend bewusst, als wir für unsere Verwandten und Freunde ein Weihnachtsfest im Weißen Haus veranstalteten. Lisa Caputo erzählte mir, dass zwei der Staatspolizisten ihre Geschichten am selben Abend im Fernsehen zum Besten geben würden und dass die *Los Angeles Times* beabsichtige, eine eigene Version der Story zu veröffentlichen. War das, was Bill für Amerika leisten wollte, wirklich die Schmerzen und Demütigungen wert, die unseren Familien und Freunden bevorstanden? Man muss mir meine Niedergeschlagenheit offenbar deutlich angesehen haben, denn Bob Barnett trat an mich heran, um mir seine Hilfe anzubieten. Ich sagte ihm, dass wir am nächsten Tag entscheiden müssten, wie wir reagieren wollten und schlug vor, uns kurz in einen anderen Raum zurückzuziehen, um unser Vorgehen zu besprechen. Während ich in einem kleinen Sessel an der Wand kauerte, sprach Bob in beruhigendem Ton auf mich ein. Er wollte herausfinden, ob ich nach allem, was uns in jenem Jahr widerfahren war, noch genug Kraft für einen weiteren Kampf hatte. Ich sah ihn müde an und sagte: »Ich hab' das alles so satt.«

Bob schüttelte den Kopf und entgegnete: »Der Präsident wurde gewählt, und Sie müssen die Sache im Interesse des Landes und im Interesse Ihrer Familie durchstehen. So schlimm die Situation auch erscheinen mag: Sie müssen durchhalten.« Ich bekam nicht zum ersten Mal zu hören, dass meine Aussagen oder Handlungen die Position meines Mannes festigen oder untergraben konnten. Aber ich wollte zum ersten Mal einfach sagen: »Bill wurde gewählt, nicht ich!« Mir war natürlich klar, dass Bob Recht hatte und dass ich alle Kraft aufbringen musste. Doch in jenem Augenblick war ich vollkommen erschöpft und fühlte mich sehr einsam.

Ich hatte eine Reihe von Interviews zugesagt, die ich nicht absagen konnte. Am 21. Dezember traf ich mich mit Helen Thomas, der Vorsitzenden des Pressekorps des Weißen Hauses, sowie mit anderen Agenturjournalisten zu einem Jahresrückblick. Natürlich fragten sie mich nach dem Artikel im *Spectator*, und ich entschloss mich, ihnen zu antworten. Ich glaubte nicht, dass es ein Zufall war, dass diese Vorwürfe genau in dem

Augenblick auftauchten, in dem Bills Umfragewerte den höchsten Stand seit seinem Amtsantritt erreicht hatten, und genau das sagte ich den Reportern. Und ich war davon überzeugt, dass diese Meldungen aus politischen und ideologischen Gründen lanciert worden waren. »Ich glaube, mein Ehemann hat bewiesen, dass ihm dieses Land wirklich am Herzen liegt und dass er sein Amt respektiert. ... Und letzten Endes wird ihn die Mehrheit der anständigen Amerikaner auch so bewerten. Und alles andere wird im Mülleimer landen, wo es hingehört.« Das war leider nicht ganz die gelassene, zurückhaltende Antwort, die David Kendall mir empfohlen hatte ...

Nachdem der erste Schaden bereits angerichtet war, begannen die Medien zaghaft, den Beweggründen der Staatspolizisten auf den Grund zu gehen. Es stellte sich heraus, dass sich zwei Polizisten ungerecht von Bill behandelt fühlten und zudem in einen Versicherungsbetrug verwickelt waren, in dem es um ein Dienstauto ging, das sie bei einer Zechtour zu Schrott gefahren hatten. Ein weiterer Leibwächter, der behauptet hatte, Bill habe ihm angeblich für sein Schweigen einen Posten bei einer Bundesbehörde angeboten, gab später eine eidesstattliche Erklärung ab, in der er beschwor, dies sei nie geschehen. Doch es sollte fast ein Jahrzehnt vergehen, bevor wir die Hintergründe der »Troopergate«-Affäre erfuhren.

David Brock, der Autor des *Spectator*-Artikels, entschuldigte sich 1998 öffentlich bei uns für die Lügen, die er damals über uns verbreitet hatte. Er erklärte, die Geschichten der Staatspolizisten trotz seiner Zweifel an ihrem Wahrheitsgehalt veröffentlicht zu haben, um seine Kontakte zur rechten Szene zu stärken. In seinen im Jahr 2002 unter dem Titel »Blinded by the Right« veröffentlichten Memoiren schildert er seine Jahre als »Schläger der extremen Rechten«. Er erklärte, nicht nur auf der offiziellen Gehaltsliste des *Spectator* gestanden, sondern auch unter der Hand Geld dafür erhalten zu haben, alle schmutzigen Anschuldigungen auszugraben, die jemand über uns verbreiten wollte. Zu seinen geheimen Hintermännern zählten der Finanzier Peter Smith aus Chicago, einer der wichtigsten Geldgeber von Newt Gingrich. Smith bezahlte Brock dafür, dass er nach Arkansas reiste, um die Staatspolizisten zu befragen. Die Interviews hatte Cliff Jackson arrangiert. Laut Brock bewegte der Erfolg der Leibwächtergeschichte Richard Mellon Scaife, einen ultrakonservativen Milliardär aus Pittsburgh, zur Gründung eines geheimen Unternehmens namens »Arkansas Project«, das weitere derartige Angriffe finanzieren sollte. Scaife spendete auch mehrere hunderttausend Dollar für den *Spectator*, um dessen Kampagnen gegen die Regierung Clinton zu unterstützen.

»In meinem Ehrgeiz als aufstrebender rechtsextremer Enthüllungsjournalist«, schreibt Brock, »ließ ich mich in einen bizarren und teilweise lächerlichen Versuch rechter Politiker hineinziehen, Clinton mit schmutzigen persönlichen Anschuldigungen zu brandmarken. Diese Kampagne, die in inoffizieller Zusammenarbeit mit der Republikanischen Partei und konservativen Bewegungen stattfand, ging weit über die in Wahlkämpfen übliche Durchleuchtung des politischen Gegners hinaus – nicht nur, was ihren geheimen Charakter und ihre Zielstrebigkeit anbelangte, sondern auch aufgrund des Verzichts, sich an irgendwelche Prinzipien oder Regeln für die Überprüfung von Vorwürfen zu halten. Diese Aktivitäten … gaben einen frühen Hinweis darauf, wie weit die politische Rechte im folgenden Jahrzehnt gehen würde, um die Clintons zu zerstören.« Gemeinsam mit anderen Mitarbeitern von Scaifes »Arkansas Project« machte sich Brock daran, Zweifel an Bills Charakter und an seiner Amtstauglichkeit zu schüren. Brock schreibt in seinen Erinnerungen, das Land sei »darauf vorbereitet worden, ein Bild zu sehen, das eine Erfindung der republikanischen Rechten war. Vom dem Augenblick an, da sie Arkansas verließen und sich auf die nationale Bühne begaben, sah das Land nie wieder die wirklichen Clintons.«

An einem frostigen Morgen zwischen Weihnachten und Neujahr saß ich mit Maggie Williams an einem unserer bevorzugten Orte, der West Sitting Hall bei einem großen fächerförmigen Fenster. Wir tranken Kaffee, unterhielten uns und überflogen die Zeitungen. Die meisten Titelseiten hatten nur ein Thema: Whitewater. Doch plötzlich rief Maggie aus: »Schau dir das an!« und reichte mir *USA Today.* »Hier steht, dass der Präsident und du die am meisten bewunderten Personen in der Welt seid.« Ich wusste nicht, ob ich lachen oder weinen sollte. Ich konnte nur hoffen, dass das amerikanische Volk seine Fairness und Offenheit bewahren würde. Ich selbst kämpfte gerade darum, sie nicht zu verlieren.

DER SONDERERMITTLER

Am 6. Januar 1994 läutete lange nach Mitternacht das Telefon in unserem Schlafzimmer. Dick Kelley überbrachte Bill die traurige Nachricht, dass seine Mutter soeben in ihrem Haus in Hot Springs gestorben sei. Während Bill mit Al Gore telefonierte und versuchte, Freunde und Verwandte zu erreichen, weckte ich Chelsea. Sie hatte ein sehr enges Verhältnis zu ihrer Großmutter, die sie liebevoll Ginger nannte. Nun hatte sie nach ihrem Großvater in weniger als einem Jahr eine zweite wichtige Bezugsperson verloren.

Noch in der Nacht gab das Pressebüro des Weißen Hauses Virginias Tod offiziell bekannt; als wir kurz darauf den Fernseher in unserem Schlafzimmer einschalteten, flimmerten die ersten Nachrichten des Tages über den Bildschirm: »Die Mutter des Präsidenten starb heute Nacht nach langem Kampf gegen den Krebs.« Wir sahen uns fast nie die Frühnachrichten an, doch an diesem Morgen ließen wir den Fernseher laufen. Die Stimmen im Hintergrund lenkten uns ein wenig von unseren Gedanken ab – bis wir Bob Dole und Newt Gingrich als Gäste der Sendung »Today« sahen. »Die Whitewater-Sache schreit mehr denn je nach der Ernennung eines Sonderermittlers«, hörten wir Dole sagen. Ich war entsetzt über diese Taktlosigkeit.

Bill bat den Vizepräsidenten, ihn am Nachmittag bei einer Veranstaltung in Milwaukee zu vertreten, damit er sofort nach Arkansas fliegen konnte. Als Chelsea und ich einen Tag später in Hot Springs eintrafen, hatten sich in Virginias und Dicks kleinem Haus am See bereits Scharen von Freunden und Familienmitgliedern versammelt. Auch Barbra Streisand war unter den Trauergästen – ein Hauch von Glamour, der Virginia sicher gefallen hätte. Bei Kaffee und Bergen von Essen, wie bei jeder Trauerfeier in Arkansas üblich, erzählten wir Geschichten aus Virginias bemerkenswertem Leben.

Als der Trauerzug am nächsten Morgen durch Hot Springs fuhr, waren die Straßen von unzähligen Menschen gesäumt, die Virginia schweigend die letzte Ehre erwiesen. Bei der anschließenden Messe wurde ihr Leben mit Geschichten und Liedern gefeiert, aber nichts konnte das einzigartige Wesen dieser Frau einfangen, die ihre Lebensfreude mit so vielen Menschen geteilt hatte. Nach dem Gottesdienst wurde Virginia auf dem Friedhof in Hope neben ihren Eltern und ihrem ersten Mann, Bill Blythe, bestattet.

Die Präsidentenmaschine Air Force One brachte uns noch am selben Tag zurück nach Washington. Bill hatte kaum Zeit zum Trauern.

Er musste noch am Abend nach Europa fliegen, um in Brüssel, Paris und Prag an Besprechungen über die Erweiterung der NATO teilzunehmen. Anschließend würde er zu einem Staatsbesuch nach Russland reisen, wo Chelsea und ich ihn am 13. Januar in Moskau treffen wollten.

Vor meiner Abreise musste die Entscheidung über die Ernennung eines Sonderermittlers fallen.

Die meisten politischen Berater des Präsidenten waren sicher, dass man uns früher oder später einen Sonderermittler aufzwingen werde und es daher besser sei, selbst eine Ernennung anzuregen, um die Angelegenheit möglichst rasch aus der Welt zu schaffen.

Sie argumentierten, dass ich die Präsidentschaft meines Mannes zerstören würde, wenn ich ihre Strategie nicht unterstützte. Whitewater müsse von den Titelseiten verschwinden, damit die Regierung in Ruhe ihre Arbeit fortsetzen könne. David Kendall, Bernie Nussbaum, David Gergen und ich waren hingegen überzeugt, dass wir uns der politischen Zweckmäßigkeit und dem Druck der Presse nicht beugen sollten. »Einen Sonderermittler zu verlangen, ist einfach falsch«, wiederholte ich gebetsmühlenartig.

Am 3. Januar hatte Bill den Anwalt Harold Ickes zu seinem stellvertretenden Stabschef ernannt. Harold, ein alter Freund und Berater im Wahlkampf 1992, sollte eigentlich die bevorstehende Kampagne für die Gesundheitsreform leiten. Doch schon nach wenigen Tagen erhielt er stattdessen den Auftrag, ein »Whitewater Response Team« zu bilden, das aus mehreren erfahrenen Beratern sowie Mitgliedern des Kommunikationsstabs und der Rechtsabteilung bestehen sollte.

Harold tat sein Bestes, um die Debatte über Whitewater unter Kontrolle zu halten, aber im Westflügel des Weißen Hauses ging der Wirbel weiter. Jeder Bericht in den Medien brachte uns der schicksalhaften Entscheidung näher. Am Dienstag, dem 11. Januar trafen David Kendall und ich uns im Oval Office mit einigen von Bills wichtigsten Beratern, um die Angelegenheit ein letztes Mal zu besprechen. George Stephanopoulos befürwortete die Einsetzung eines Sonderermittlers, Bernie Nussbaum hielt dagegen und Harold Ickes übernahm die Rolle des Vermittlers. Die Szene erinnerte mich an eine Karikatur, die ich einmal gesehen hatte: Ein Mann steht vor zwei Türen und überlegt, durch welche er gehen soll. Über der ersten Tür hängt ein Schild mit der Aufschrift: »Es wäre fatal, wenn du es tust.« Und über der anderen Türe steht: »Es wäre fatal, wenn du es nicht tust.« Wir konnten uns wieder nicht einigen und arrangierten eine Telefonkonferenz mit Bill.

In Prag war es zwei Uhr nachts. Bill war völlig erschöpft und verärgert, nachdem die Medien ihn tagelang mit Fragen über Whitewater bestürmt hatten. »Ich weiß nicht, wie lange ich das noch aushalte«, sagte er frustriert, weil die Presse sich nicht für die historisch bedeutsame Ost-Erweiterung der NATO interessierte. »Sie wollen nur wissen, warum wir uns vor einer unabhängigen Untersuchung drücken.«

George Stephanopoulos sprach als Erster und führte all seine Argumente noch einmal an: Ein Sonderermittler würde Bill die Medien vom Hals schaffen, eine Untersuchung würde sich ohnehin nicht vermeiden lassen und jede weitere Verzögerung werfe den Zeitplan für politische Projekte über den Haufen.

Dann unternahm Bernie Nussbaum einen letzten verzweifelten Versuch, Bill von seinem Standpunkt zu überzeugen. Bernie wusste ebenso gut wie ich, dass die Ermittler unter großem Druck stehen würden, genügend Beweise für eine Anklage zu finden, und somit ihren Einsatz zu rechtfertigen. Er betonte immer wieder, dass dem Justizministerium bereits Dokumente übergeben worden seien, und sich daraus keine glaubwürdigen Beweise für ein Vergehen ergeben hätten. Laut Gesetz könnte das Ministerium in diesem Fall keinen Sonderermittler einsetzen. Wenn wir nun selbst einen anforderten, sei dies mehr als absurd.

»Was soll ich Ihrer Meinung nach also tun?«, fragte Bill.

»Ich würde an Ihrer Stelle lieber die schlechte Presse in Kauf nehmen. Wenn Sie mich fragen, ist der Zirkus in der Öffentlichkeit einem juristischen Verfahren eindeutig vorzuziehen«, sagte Bernie.

Bill war erschöpft und hatte genug gehört.

Ich beendete die Besprechung und bat die anderen, den Raum zu verlassen.

Einen Augenblick war es still. Dann meldete sich Bill wieder zu Wort.

»Ich glaube, wir müssen es einfach tun«, sagte er. »Wir haben nichts zu verbergen, und wenn der Wirbel weitergeht, beeinträchtigt es unsere Arbeit.«

»Ich weiß, dass wir diese Sache hinter uns bringen müssen«, antwortete ich.

»Warum schläfst du nicht darüber. Wenn du morgen immer noch dafür bist, schicke ich der Justizministerin sofort ein Ansuchen.«

»Nein«, entgegnete er. »Bringen wir es gleich hinter uns.«

Ich fühlte mich schrecklich und ging in das Büro von Bernie Nussbaum, um ihm die schlechte Nachricht persönlich zu überbringen. Obwohl es schon spät war, begann Bernie, einen Brief an Janet Reno aufzusetzen. Er enthielt das formelle Ansuchen des Präsidenten an die Justizministerin, einen Sonderermittler zu ernennen, um eine unabhängige Untersuchung des Falls Whitewater durchzuführen.

Wir werden nie erfahren, ob der Kongress von sich aus einen

Sonderermittler eingesetzt hätte. Und wir werden nie erfahren, ob wir durch die Veröffentlichung persönlicher Dokumente in den Medien den Einsatz eines Sonderermittlers hätten abwenden können. Aus heutiger Sicht wünschte ich, dass ich härter gekämpft hätte und mich nicht hätte überreden lassen, den Weg des geringsten Widerstands zu gehen. Denn alles, was Bernie und David befürchtet hatten, traf ein. Wir wurden von einer Entwicklung überrollt, die der Rechtsexperte Jeffrey Toobin später als die »Politisierung des Strafrechts« und die »Kriminalisierung der Politik« bezeichnete. Was als schnelle Lösung für unsere Probleme propagiert worden war, kostete die Regierung sieben Jahre wertvolle Zeit und Energie. Darüber hinaus wurde die Privatsphäre unschuldiger Menschen verletzt und die Aufmerksamkeit der Nation von wichtigen nationalen und internationalen Herausforderungen abgelenkt. Es waren Bills Optimismus und seine Unverwüstlichkeit, die ihn weitermachen ließen und ermöglichten, dass er den Großteil seiner Pläne für Amerika bis zum Ende seiner zwei Amtszeiten verwirklichen konnte. Doch als ich mit Chelsea ins Flugzeug stieg, um Bill in Russland zu treffen, lag all dies noch in ferner Zukunft.

Der Anflug auf Moskau war turbulent, und als wir endlich aus dem Flugzeug stiegen, fühlte ich mich nicht wohl. Chelsea fuhr in einem Wagen mit Capricia Marshall, ich stieg in die offizielle Limousine mit Alice Stover Pickering, der Frau unseres Botschafters in Russland, Thomas Pickering. Auf dem Weg in die Stadt, wo ich Naina Jelzin treffen sollte, wurde mir speiübel. Unser Konvoi, der von der russischen Polizei eskortiert wurde, konnte nicht anhalten. In der Limousine gab es weder einen Becher noch ein Handtuch oder eine Serviette, also beugte ich mich vornüber und übergab mich auf den Boden. Alice Pickering verlor keine Sekunde die Contenance und half mir über die peinliche Situation hinweg, indem sie mich unverdrossen auf die Sehenswürdigkeiten hinwies. Als wir beim Spaso House, der offiziellen Residenz des Botschafters ankamen, fühlte ich mich ein wenig besser. Nachdem ich geduscht, mich umgezogen und mir gründlich die Zähne geputzt hatte, war ich bereit für meinen ersten Tag in Moskau.

Ich freute mich auf das Treffen mit Naina Jelzin, die ich im Sommer zuvor in Tokio kennen gelernt hatte. Naina, die früher als Bauingenieurin in Jekatarinenburg gearbeitet hatte, hat viel Humor, und wir lachten oft an diesem Tag, der mit öffentlichen Auftritten und privaten Treffen mit lokalen Würdenträgern ausgefüllt war.

Während unsere Männer ihre Gipfelgespräche über den Abbau des Atomwaffenarsenals der ehemaligen Sowjetunion und die Ost-Erweiterung der NATO führten, besuchten Naina und ich ein Krankenhaus, das zu Ehren unseres Besuchs frisch gestrichen worden war.

Bill traf ich erst am Abend. Die Jelzins gaben ein offizielles Dinner, das mit einem Empfang in der neu renovierten St.-Vladimir-Halle begann und mit einem Abendessen im Facettensaal fortgesetzt wurde. Dieser Raum mit seinen vielen Spiegeln war früher Teil des Thronsaals der Zaren und ist einer der schönsten, die ich je gesehen habe. Ich saß neben Präsident Jelzin, der mich mit Kommentaren über das Essen und den Wein unterhielt und mir allen Ernstes erzählte, dass Rotwein russische Matrosen in Atom-U-Booten vor der schädlichen Wirkung von Strontium 90 schützte. Ich hatte immer schon eine Schwäche für Rotwein ...

Chelsea stieß nach dem Abendessen zu uns, um an dem Unterhaltungsprogramm im St.-Georgs-Saal teilzunehmen. Danach führten uns Boris und Naina durch die Privatgemächer des Kreml, wo wir auch die Nacht verbrachten. Wir genossen die Gesellschaft der Jelzins sehr, und ich hoffte, dass wir sie in Zukunft häufiger treffen würden.

Als unser langer Konvoi am nächsten Morgen den Kreml verließ, hatte man vergessen, Chelsea und Capricia einer der Limousinen zuzuteilen. Die beiden warteten mit einem Sicherheitsbeamten, einem Butler und ihrem Gepäck vor dem Palast und bemerkten das Malheur erst, als der letzte Wagen abgefahren war und der rote Teppich eingerollt wurde. Capricia reagierte geistesgegenwärtig. Vor einem der Nebeneingänge war gerade ein ramponierter weißer Lieferwagen vorgefahren. Der Fahrer, der saubere Laken anliefern sollte, sprach zum Glück ein wenig Englisch. Als Capricia ihm begreiflich gemacht hatte, was passiert war, lud er die vier in seinen Lieferwagen und raste zum Flughafen. Trotz der vielen Absperrungen kamen sie rechtzeitig an. Ich bemerkte erst, dass Chelsea und Capricia fehlten, als sie keuchend in den Terminal gelaufen kamen. Ich ließ Chelsea und Capricia für die verbleibenden Tage in Russland nicht mehr aus den Augen. Heute kann ich darüber lachen, aber damals war ich außer mir.

Unser nächstes Reiseziel war Minsk in Weißrussland – einer der deprimierendsten Orte, die je ich gesehen habe. Die Architektur spiegelte die Trostlosigkeit der Sowjet-Ära wider, und auch sonst war der Geist des kommunistischen Regimes noch überall zu spüren. Die Bemühungen der Regierung, das Land nach dem Zusammenbruch der Sowjetunion in die Unabhängigkeit zu führen und marktwirtschaftlich auszurichten, schien immer wieder am Widerstand reaktionärer Kräfte zu scheitern.

Auf unserem Programm standen dann die Gedenkstätte Kuropaty, wo wir Blumen für die fast 300 000 Menschen niederlegten, die von der stalinistischen Geheimpolizei ermordet worden waren. Anschließend besuchte ich ein Krankenhaus, in dem krebskranke und missgebildete Kinder behandelt wurden – Spätfolgen des Reaktorunfalls von Tschernobyl. Was ich dort sah, führte mir nicht nur die wahren Ausmaße dieser Katastrophe vor Augen, die in der Sowjetunion jahrelang vertuscht worden war, sondern auch die Gefahr, die von nuklearen Waffen ausging. Nach diesen beiden bedrückenden Orten, die an die dunkle Vergangenheit Weißrusslands erinnern, hatten wir ein schönes unbeschwertes Erlebnis: eine Aufführung von »Carmina Burana« in der Staatsoper von Minsk, die Chelsea und mich restlos begeisterte. Seit unserem Besuch damals hat sich die Lage in Weißrussland nicht wesentlich gebessert. Das Land wird mittlerweile von einem autoritären Regime ehemaliger Sowjetkommunisten regiert, das die Menschenrechte und die Pressefreiheit auf ein Minimum reduziert hat.

Am 20. Januar 1994, dem ersten Jahrestag von Bills Präsidentschaft, gab Justizministerin Janet Reno die Ernennung von Robert Fiske zum Sonderermittler bekannt. Fiske, ein Republikaner, genoss einen ausgezeichneten Ruf als gewissenhafter und fairer Jurist. Er war von Präsident Ford zum Bundesanwalt für den Süden des Staates New York ernannt worden und hatte dieses Amt auch unter Präsident Carter weitergeführt. Nun arbeitete er für eine Wall-Street-Kanzlei. Fiske ließ sich beurlauben, um sich voll und ganz auf seine Aufgabe als Sonderermittler konzentrieren zu können und versprach eine rasche, unparteiische Untersuchung.

Einige Tage später hielt Bill seine zweite Rede zur Lage der Nation. Die Ansprache war überzeugend und vermittelte Zuversicht. Als er auf die bevorstehende Gesundheitsreform zu sprechen kam, unterstrich er seine Aussagen mit einer theatralischen Geste: Bill hielt einen Kugelschreiber hoch und versprach, sein Veto gegen jeden Gesetzesentwurf einzulegen, der keine universelle Krankenversicherung beinhaltete. David Gergen hatte Bill dringend von dieser Geste abgeraten. Er befürchtete, sie könne als Androhung von Konfrontationen ausgelegt werden. Damals hatte ich mich auf die Seite der politischen Berater und der Redenschreiber Bills gestellt, die in der Geste ein Zeichen dafür sahen, dass Bill zu seinen Überzeugungen stehen werde. Am Ende sollte Gergen Recht behalten, denn wir hatten die größten Schwierigkeiten, die Gegner der Gesundheitsreform zu Kompromissen zu bewegen.

Nach diesen Wochen der Anspannung willigte ich begeistert ein, als Bill mich bat, die amerikanische Delegation im Februar zu den Olympischen Winterspielen nach Lillehammer zu begleiten. Nachdem Chelsea trotz des Malheurs die Russlandreise sehr genossen hatte, beschloss ich, sie nach Norwegen mitzunehmen.

Lillehammer, ein bezaubernder Ort, bot einen malerischen Rahmen für die Olympischen Spiele. Wir wurden in einem kleinen Hotel etwas außerhalb einquartiert und erkundeten die traumhafte Umgebung auf langen Spaziergängen. Bei den Eröffnungsfeierlichkeiten, bei denen wir unser Land repräsentieren sollten, sahen Chelsea und ich wie Michelinmännchen aus, so dick waren wir in warme Schikleidung eingehüllt. Die europäischen Ehrengäste, häufig Mitglieder der Königshäuser wie etwa Prinzessin Anne aus England, erschienen dagegen in eleganten Kaschmirmänteln, aber ohne wärmende Kopfbedeckung. Mir wurde schon allein bei der Vorstellung, so »leicht« bekleidet zu sein, kalt – ganz zu schweigen vom Anblick der abgehärteten Norweger, die in den verschneiten Wäldern campten, um die Langlaufwettbewerbe aus nächster Nähe beobachten zu können.

Neben dem Besuch der Wettkämpfe war ein Höhepunkt der Reise mein Treffen mit Dr. Gro Harlem Brundtland, einer Ärztin und damals Premierministerin von Norwegen. Sie lud mich in das Freilichtmuseum Maihaugen ein, wo wir in einer rustikalen Holzhütte am knisternden Kamin frühstückten. Das Erste, was sie an jenem Morgen zu mir sagte, war: »Ich habe den Entwurf für die Gesundheitsreform gelesen und hätte einige Fragen dazu.« In diesem Moment wurde sie eine Freundin fürs Leben. Ich war so froh, dass ich jemanden gefunden hatte, der den Entwurf kannte und auch noch darüber sprechen wollte. Bei einem köstlichen Frühstück mit Fisch, Brot, Käse und starkem Kaffee diskutierten wir über die Stärken und Schwächen der europäischen Systeme und unterhielten uns anschließend noch lange und angeregt über die Chancen der amerikanischen Reformpläne. Brundtland zog sich später aus der norwegischen Politik zurück, um die Leitung der Weltgesundheitsorganisation zu übernehmen. In den folgenden Jahren förderte sie auch einige meiner Initiativen, etwa zur Bekämpfung von Tuberkulose und Aids sowie gegen Nikotinmissbrauch.

Ich genoss meine erste Reise nach Übersee ohne Bill in vollen Zügen. Es machte mir Freude, den Präsidenten und mein Land zu vertreten. Ich feuerte unsere Sportler an, fuhr ein wenig Schi und trug es mit Fassung, wenn sehr viel sportlichere Menschen an mir vorbeisausten. Außerdem hatte ich die Gelegenheit, mich in Ruhe mit Chelsea zu unterhalten. Sie war intelligent und wissbegierig, und ich wusste, dass sie die Geschichten über Whitewater in den Nachrichten verfolgte. Sie war hin und her gerissen zwischen dem Wunsch, mich danach zu fragen und dem Versuch, mich in meinem vergeblichen Bemühen, etwas Abstand zu gewinnen, zu unterstützen. Ich schwankte wiederum zwischen dem Bedürfnis, mit ihr über meine Frustration zu sprechen und dem Bestreben, sie so weit wie möglich abzuschirmen – nicht nur gegen die politischen Angriffe, sondern auch gegen meine eigene Wut und Enttäuschung. Der Versuch, unsere Beziehung im Gleichgewicht zu halten, glich einem ständigen emotionalen Tauziehen.

Die Ernennung des Sonderermittlers brachte den Wirbel um Whitewater nur für ein paar Tage zum Verstummen. Schnell füllte eine Flut neuer Forderungen, Anschuldigungen und Gerüchte das Skandalvakuum. Newt Gingrich sowie der republikanische Senator Al D'Amato aus New York verleugneten lautstark eine Anhörung vor dem Bankenausschuss sowohl des Kongresses als auch des Senats, um den Fall Whitewater zu untersuchen. Doch Robert Fiske ließ sich von diesen Forderungen nicht beirren und warnte die kampflustigen Republikaner davor, sich in seine Untersuchung einzumischen. Er arbeitete schnell, wie er es versprochen hatte, und lud jeden erdenklichen Zeugen vor die Großen Geschworenengerichte in Washington und Little Rock.

Fiske befragte mehrere Berater des Weißen Hauses über die Empfehlung einer strafrechtlichen Untersuchung gegen Madison Guaranty durch die Resolution Trust Corporation, die zum Finanzministerium gehörte. Er interessierte sich für alle Kontakte des Westflügels mit dem stellvertretenden Finanzminister Roger Altman, bei denen es um die Empfehlung und um Altmans Entscheidung ging, von seiner Funktion als Interimsleiter der RTC zurückzutreten. So wie ich die Abfolge der Ereignisse verstehe, besprachen das Weiße Haus und das Finanzministerium die Angelegenheit erst, nachdem die Presse im Herbst 1993 angefangen hatte, Fragen zu stellen. Die Presse war wiederum auf die Sache aufmerksam geworden, weil sie Informationen über die angeblich vertrauliche Untersuchung der RTC erhalten hatte. Obwohl Fiske und auch die nachfolgenden Ermittler die Kontakte für legal erklärten, wie so viele andere Aspekte des Falls Whitewater, ließen die Republikaner den Strom von Anschuldigungen gegen Altman und andere nicht versiegen. Als der im Jahr 2002 veröffentlichte Abschlussbericht über Whitewater Kontakte bestätigte, die das Weiße Haus unter Bush im Herbst 1992 mit Beamten der RTC geknüpft hatte, blieb der Schrei der Empörung allerdings aus. Roger Altman, ein aufrichtiger und äußerst fähiger Mann, der dem Präsidenten und dem Land hervorragende Dienste leistete, zog sich schließlich ins Privatleben zurück, ebenso wie mein alter Freund Bernie Nussbaum, ein weiterer engagierter Mitarbeiter der Regierung.

In diesem Frühling des Jahres 1994 waren die Berichte der Presse über Whitewater an manchen Tagen so wüst, dass sie sich sogar auf die Börse auswirkten. Am 11. März brachte die *Washington Post* einen Artikel mit dem Titel »Gerüchte um Whitewater drücken Dow Jones um 23 Punkte – subjektive Wahrnehmung, nicht Fakten, verschreckt Finanzmärkte«. Am selben Tag beschuldigte Roger Ailes, damals Direktor von CNBC und heute Chef des Nachrichtensenders Fox, die Regierung, »Betrug, illegale Zuwendungen, Machtmissbrauch, einen Selbstmord – möglicherweise auch einen Mord zu vertuschen«.

Mitte März traf uns ein weiterer Schlag. Webb Hubbell legte plötzlich sein Amt im Justizministerium nieder. Die Zeitungen berichteten, die Kanzlei Rose habe vor, bei der Anwaltskammer von Arkansas eine Beschwerde wegen fragwürdiger Honorarabrechnungen gegen ihn einzureichen. Die Vorwürfe waren ernst genug, um ihn zum Rücktritt zu veranlassen. Da ich damals an unwahre Anschuldigungen gewöhnt war, nahm ich an, dass auch Webb zu Unrecht beschuldigt wurde. Ich traf mich mit ihm im »Solarium«, um mit ihm über die Angelegenheit zu sprechen. Webb erzählte mir, er sei mit einigen unserer ehemaligen Partner wegen der Kosten für einen Fall von Patentverletzung in Streit geraten, den er für seinen Schwiegervater Seth Ward übernommen hatte. Webb hatte den Fall verloren, und Seth weigerte sich nun, die Kosten zu tragen. Da ich Seth kannte, erschien mir die Geschichte durchaus plausibel. Webb versicherte mir, dass er bereits an einer Einigung mit der Kanzlei arbeite und dass die Angelegenheit bald aus der Welt sei. Ich glaubte ihm und fragte, was ich tun konnte, um ihm und seiner Familie in dieser schwierigen Situation zu helfen. Er sagte, er habe bereits einige Aufträge in Aussicht, und sei zuversichtlich, dass er sich über Wasser halten könne, »bis dieses Missverständnis sich aufklärt«.

Die Ermittlungen im Fall Whitewater und die ständigen Anfragen der Presse drohten die politische Arbeit des Weißen Hauses lahm zu legen. Umso erleichterter waren wir alle, als Harold Ickes uns mitteilte, das »Whitewater Response Team« könne seine Arbeit nun aufnehmen. Die Mitarbeiter des Teams, die schnell den Spitznamen »Masters of Disaster« erhielten, sollten sich um alle Anfragen zu Whitewater kümmern.

Es gab vier Gründe für diese Maßnahme: Erstens wollten wir, dass sich Bills Stab auf die politische Arbeit konzentrierte. Zweitens, wenn sich zu viele Leute um eine Angelegenheit kümmern, fühlt sich am Ende niemand mehr verantwortlich. Drittens forderte Fiskes Team so viel Material an, dass wir ein organisiertes System brauchten, um Unterlagen zu finden und alle Fragen zu beantworten. Und viertens, wenn Stabsmitglieder mit Bill oder mir oder auch nur untereinander über Whitewater redeten, mussten sie mit einer eidesstattlichen Aussage, hohen Anwaltskosten und anderen zusätzlichen Belastungen rechnen, was sie wiederum von ihrer eigentlichen Arbeit ablenken würde.

Neben dem »Whitewater Response Team« war David Kendall in dieser Zeit mein wichtigster Ansprechpartner. Er beschäftigte sich seit Monaten mit kaum etwas anderem als dieser Affäre und erwies sich als wirkliches Geschenk Gottes. Von Anfang an hatte er mir geraten, die Medienberichte über die Untersuchung oder irgendeinen der anderen »Skandale« nicht zu verfolgen. Mein Pressestab würde all das zusammenfassen, was ich wissen musste, wenn ich von den Medien befragt wurde. Den Rest sollte ich mir ersparen. »Das ist meine Aufgabe«, sagte er. »Einer der Gründe, warum Anwälte engagiert werden, besteht darin, dass sie sich die Sorgen ihrer Klienten machen.« David verfolgte die Berichte natürlich akribisch und zerbrach sich den Kopf über die Dinge, die als Nächstes passieren würden. Alle paar Tage kam er in mein Büro und gab mir die neuesten Informationen über Jim McDougal und dessen Geschäfte weiter. David gelang es, die meisten Lücken zu schließen und unsere Aussage, dass wir bei dem Whitewater-Geschäft zwar Geld verloren, ansonsten aber mit McDougals finanziellen Machenschaften nichts zu tun hatten, mit Fakten zu belegen. Er förderte bei seiner Analyse aber auch einige unangenehme Nachrichten zutage: Er hatte sich Zeile für Zeile durch unsere alten Finanzunterlagen gearbeitet und war dabei auf einige Fehler gestoßen. So hatte er festgestellt, dass der Lyons-Bericht unsere Verluste durch das Whitewater-Geschäft mit 68 000 Dollar zu hoch beziffert hatte. Ein Scheck über 22 000 Dollar, den Bill ausgestellt hatte, um seine Mutter beim Kauf ihres Hauses in Hot Springs zu unterstützen, war fälschlicherweise als Kreditzahlung für Whitewater verbucht worden. Der Betrag musste auf 46 000 Dollar nach unten korrigiert werden. David hatte auch entdeckt, dass unser konzessionierter Steuerberater in Little Rock bei unserer Steuererklärung für das Jahr 1980 einen Fehler gemacht hatte. Aufgrund einer unvollständigen Aufstellung einer Maklerfirma hatte er einen Verlust von 1000 Dollar für uns geltend gemacht, obwohl wir fast 6500 Dollar verdient hatten. Die Verjährungsfrist war zwar bereits verstrichen, aber wir wollten dem Bundesstaat Arkansas und der Bundessteuerbehörde nichts schuldig bleiben und zahlten deshalb freiwillig 14 615 Dollar für Steuern und Zinsen nach.

Die Veröffentlichung unserer Finanzunterlagen in der Presse zog weitere Berichte nach sich. Mitte März brachte die *New York Times* eine Coverstory mit dem Titel »Spitzenanwalt aus Arkansas verhalf Hillary Clinton zu Riesenprofit«. Der Artikel berichtete wahrheitsgemäß über die Gewinne, die ich 1979 an der Warenbörse gemacht hatte. Doch er legte fälschlicherweise nahe, dass unser enger Freund Jim Blair mir diese Gewinne zugeschanzt hatte, um im Interesse seines Klienten Tyson Foods Einfluss auf den Gouverneur Bill Clinton zu nehmen. Die Geschichte war voller Anspielungen und Ungenauigkeiten über Blairs und Don Tysons Beziehung zu Bill. Ich fragte mich wieder einmal, warum man derartige Geschichten abdruckte, ohne sie vorher zu verifizieren. Wenn Tyson tatsächlich einen so großen Einfluss auf Bill gehabt hatte, wie die *Times* behauptete, warum unterstützte er dann Bills Gegner bei den Gouverneurswahlen 1980 und 1982? Und natürlich war es auch Jims Hilfe zu verdanken, dass ich seinerzeit in diesem unbeständigen Markt aus 1000 Dollar stolze 100 000 Dollar machen konnte. Aber: Musste ich meinem Broker dafür über 18 000 Dollar Maklergebühren zahlen? Ja. Beeinflussten meine Geschäfte Bills Entscheidungen als Gouverneur? In keiner Weise.

Nachdem die Geschichte über meine Warengeschäfte bekannt geworden war, beauftragte das Weiße Haus einige Experten, die Unterlagen über diese Geschäfte zu prüfen. Leo Melamed, ein engagierter Republikaner, der früher die Warenbörse in Chicago geleitet hatte, kam nach einer gründlichen Überprüfung meiner Geschäfte – wie auch die anderen Experten – zu dem Schluss, dass ich nichts Unrechtes getan hatte und die Kontroverse »ein Sturm im Wasserglas« war. Das Ergebnis der Untersuchung überraschte mich nicht, da die Bundessteuerbehörde unsere Steuererklärung für das Jahr 1979, die infolge meiner Warengeschäfte eine deutliche Erhöhung unseres Einkommens angab, bereits eingehend geprüft und für korrekt befunden hatte.

Die ständigen Anschuldigungen schadeten nicht nur meinem Ruf, sondern auch meiner Beziehung zur Presse. Das Pressekorps des Weißen Hauses blieb von dieser Entwicklung nicht verschont. Ich wollte, dass die Medien über die Gesundheitsreform berichten und gab vornehmlich Korrespondenten Interviews, die über meine politischen Reden im ganzen Land berichteten. Doch mit dem Pressekorps des Weißen Hauses sprach ich nur selten. Ich brauchte eine Weile, bis ich einsah, dass der Unmut, mit dem sie mir zum Teil begegneten, gerechtfertigt war.

Ende April 1994 beschloss ich daher, den Medien endlich das zu geben, was sie wollten: mich. Ich rief meine Stabschefin an und sagte: »Maggie, ich bin bereit. Setzen wir eine Pressekonferenz an.«

»Sie wissen, dass Sie dann *alle* Fragen beantworten müssen, was es auch sein mag.«

»Ich weiß. Und ich bin bereit.«

Ich besprach meinen Plan mit dem Präsidenten, David Kendall und Maggie. Darüber hinaus informierte ich Lisa, den Rechtsberater des Weißen Hauses Lloyd Cutler, Harold Ickes und Mandy Grunwald, damit sie sich vorbereiten konnten. Am Morgen des 22. April gab das Weiße Haus bekannt, dass die First Lady am Nachmittag im State Dining Room Fragen entgegennehmen werde. Wir hofften, ein neuer Rahmen werde auch eine neue Einstellung der Medien zu mir fördern.

Wie immer zerbrach ich mir nicht den Kopf darüber, was ich zu diesem Anlass tragen würde und entschied mich in letzter Minute für einen schwarzen Rock und ein rosafarbenes Twinset. Einige Journalisten legten das sofort als Versuch aus, mir ein sanfteres Image zuzulegen; mein 68 Minuten langes Zusammentreffen mit der vierten Macht im Staat ging daher auch als »Pink Press Conference« in die Geschichte ein.

Der Dining Room war bis auf den letzten Platz gefüllt, als ich die Pressekonferenz eröffnete: »Ich möchte Ihnen allen für Ihr Kommen danken. Ich habe diese Pressekonferenz angesetzt, weil mir bewusst geworden ist, dass viele von Ihnen nicht ausreichend Gelegenheit hatten, mich zu befragen, obwohl ich durch das ganze Land gereist bin und Fragen beantwortet habe. Doch letzte Woche sagte Helen: ›Ich kann sie auf ihren Reisen nicht begleiten. Wie soll ich ihr also Fragen stellen?‹ Aus diesem Grund sind wir hier, und Sie, Helen, können gleich die erste Frage stellen.«

Helen Thomas kam gleich zur Sache: »Wissen Sie von irgendwelchen Geldern, die Madison für das Whitewater-Projekt oder einen der Wahlkämpfe Ihres Mannes zur Verfügung gestellt haben könnte?«

»Nein, das tue ich nicht.«

»Was Ihre Warengeschäfte betrifft – für einen Laien und wahrscheinlich auch für viele Experten ist es schwierig, den Betrag, den Sie investierten, und die Höhe Ihres Gewinns in einen logischen Zusammenhang zu bringen. Können Sie irgendwie erklären ...«

Also fing ich an, zu erklären. Und erklärte und erklärte und erklärte noch einmal – bis den Journalisten die Fragen ausgingen. Dieses »Kreuzverhör« gab mir die Möglichkeit, all das vorzubringen, was ich damals wusste. Außerdem konnte ich ein Problem ansprechen, das mich von Anfang an verfolgt hatte, denn ich wurde gefragt, ob mein Widerwille, die Presse zu informieren, meiner Ansicht nach »den Eindruck gefördert habe, Sie hätten etwas zu verbergen?«.

»Ja, das glaube ich«, sagte ich. »Und das ist eine Entwicklung, die ich sehr bedauere, und einer der Gründe, warum ich diese Pressekonferenz wollte. ... Ich weiß nicht, wie oft mein Vater und meine Mutter mir früher gesagt haben: ›Hör nicht auf das, was andere Leute sagen. Richte dich nicht nach der Meinung der anderen. Du musst mit dir selbst leben können.‹ Aber dieser Rat und mein Glaube daran, kombiniert mit dem Wunsch, meine Privatsphäre zu schützen ... führte dazu, dass ich vielleicht nicht genug Verständnis für die Presse, für das Interesse der Öffentlichkeit und ihr Recht, gewisse Dinge über meinen Mann und mich zu erfahren, aufgebracht habe. ... Ich habe immer auf der Einhaltung meiner Privatsphäre bestanden. Doch kürzlich sagte ich einem Freund, dass ich nun wohl in einer anderen Sphäre lebe, auch wenn ich mich lange dagegen gewehrt habe.« Über diesen Satz mussten alle lachen.

Nach der Pressekonferenz nahmen David und ich zusammen einen Drink in der West Sitting Hall. Obwohl alle fanden, dass ich mich gut geschlagen hatte, war ich pessimistisch und sagte zu David: »Sie werden nicht damit aufhören. Sie werden uns weiterhin angreifen, was wir auch tun. Wir haben wirklich keine guten Karten.« Ich hatte das Gefühl, dass die Journalisten mir zugehört hatten, aber hatten sie auch gehört, was ich wirklich gesagt habe?

Zwei Wochen nach meiner Pressekonferenz war Whitewater für kurze Zeit aus den Schlagzeilen verschwunden. Nicht wegen meiner Interviews – sondern wegen einer Frau.

Eine gewisse Paula hatte sich über die Art und Weise beschwert, wie sie in einem Artikel der Zeitschrift *American Spectator* von Soldaten aus Arkansas dargestellt worden war. Obwohl sie in dem Artikel ihre Identität nicht preisgegeben hatte, behauptete sie, ihre Familie und Freunde würden sie als die Frau erkennen, die sich angeblich bei einer Tagung mit Bill in einer Hotelsuite in Little Rock getroffen und später einem der Soldaten des Gouverneurs gestanden hatte, sie wäre gerne Bills »feste Freundin«.

Bereits im Februar hatte Paula Corbin Jones bei einer Tagung des National Conservative Political Action Committee eine Pressekonferenz abgehalten. Cliff Jackson, der dort versuchte, Geld für einen »Troopergate Whistleblower's Fund« aufzutreiben, hatte sie mit der Bemerkung, Paula wolle ihren Namen reinwaschen, der Presse vorgestellt. Doch statt den *Spectator* wegen Verleumdung zu verklagen, beschuldigte sie Bill Clinton, er habe sie durch seine Annäherungsversuche »sexuell belästigt«.

Anfänglich hatte die Presse ihre Geschichte ignoriert, weil ihre Glaubwürdigkeit durch ihre Verbindung zu Jackson und den verärgerten Soldaten zweifelhaft war. Und auch wir hatten erwartet, dass diese Geschichte wie all die anderen vermeintlichen Skandale im Sand verlaufen würde. Doch am 6. Mai 1994, zwei Tage bevor die Verjährungsfrist ablief, erhob Paula Jones eine Zivilklage gegen den Präsidenten der Vereinigten Staaten und forderte 700 000 Dollar Schadenersatz. Es schien, als habe irgendjemand in diesem Spiel die Einsätze erhöht. Denn nun ging es nicht mehr um schlechte Presse, sondern um ein Gerichtsverfahren.

D-Day

Washington ist eine Stadt voller Rituale, und eines der ältesten und exklusivsten ist das jährliche Gridiron Dinner, bei dem Washingtons führende Journalisten sich verkleiden, verrückte Parodien aufführen und Lieder vortragen, in denen sie sich über die amtierende Regierung lustig machen – Präsident und First Lady eingeschlossen. Zu den Gästen bei diesem Dinner gehören die sechzig Mitglieder des Gridiron-Clubs sowie Kollegen und führende Persönlichkeiten aus der Welt der Politik, der Wirtschaft und der Medien. Wie so viele Institutionen des offiziellen Washington brauchte auch der Gridiron-Club lange, um sich gesellschaftlichen Entwicklungen anzupassen. Frauen wurden zum Beispiel erst 1975 zugelassen. (Eleanor Roosevelt veranstaltete eigene »Gridiron Widows Partys« für die ausgeschlossenen Ehefrauen und weiblichen Journalisten.) Im Jahr 1992 wurde Helen Thomas, die seit vielen Jahren zum Pressekorps des Weißen Hauses gehörte, zum ersten weiblichen Präsidenten des Clubs ernannt. Die Mitgliedschaft im Club ist aber immer noch sehr exklusiv, und die Einladungen zum jährlichen Dinner im Frühling gehören zu den meistbegehrten der Stadt. Das First Couple nimmt fast immer daran teil, macht gute Miene zum bösen Spiel und führt manchmal selbst einen Sketch auf.

Als im März 1994 das 109. Gridiron Dinner nahte, wussten Bill und ich, dass wir die Gesundheitsreform nicht klar und einfach genug präsentiert hatten, um die Unterstützung der

Öffentlichkeit zu gewinnen oder den Kongress zu motivieren, sich über die finanzkräftigen und gut organisierten Gegner hinwegzusetzen. Der Interessenverband der amerikanischen Krankenversicherungen war besorgt, dass die Forderung nach mehr Wettbewerb unter den Anbietern die Vorrechte und Gewinne der Versicherungsfirmen beschneiden würde. Um Zweifel an der Reform zu säen, hatte die Gruppe eine zweite Werbekampagne um das Ehepaar Harry und Louise ins Leben gerufen.

Bill und ich beschlossen, beim Gridiron Dinner eine Parodie dieses Werbespots vorzuführen. Das würde uns die Gelegenheit geben, die Verunsicherungstaktik zu entlarven, mit der unsere Gegner arbeiteten, und außerdem ein wenig Spaß zu haben. Mandy Grunwald und der Komiker Al Franken schrieben ein Manuskript, Bill und ich lernten unseren Text, und nach ein paar Proben nahmen wir den Sketch auf Video auf.

Unsere Version von »Harry und Louise« sah folgendermaßen aus: Bill und ich saßen auf einem Sofa – er in einem karierten Hemd mit einer Kaffeetasse in der Hand, ich in einem dunkelblauen Pullover und Rock – und starrten auf einen gewaltigen Papierstapel – den Health Security Act.

Bill: *Hey, Louise, wie war dein Tag?*

Hillary: *Eigentlich ganz in Ordnung – bis jetzt.*

Bill: *Du meine Güte, Louise, du machst ja ein Gesicht, als hättest du ein Gespenst gesehen.*

Hillary: *Ich habe etwas viel Schlimmeres gesehen: Clintons Gesundheitsreform.*

Bill: *Für mich hört sich eine Gesundheitsreform nach einer guten Idee an.*

Hillary: *Ja, aber einige Details machen mir eine Heidenangst.*

Bill: *Was zum Beispiel?*

Hillary: *Zum Beispiel steht hier auf Seite 3764, dass wir nach der Reform krank werden könnten.*

Bill: *Das ist ja furchtbar.*

Hillary: *Ja, ich weiß. Aber das ist noch lange nicht alles. Auf Seite 12 743 – nein, das stimmt nicht – auf Seite 27 655 heißt es, dass wir alle irgendwann sterben müssen.*

Bill: *Trotz der Clinton-Reform? Du meinst, nachdem Bill*

und Hillary uns all diese Bürokraten und Steuern aufgebürdet haben, müssen wir immer noch alle sterben?

Hillary: *Sogar Leon Panetta.*

Bill: *Wow, das ist wirklich beängstigend. Ich habe in meinem ganzen Leben noch nie so große Angst gehabt.*

Hillary: *Ich auch nicht, Harry.*

Gemeinsam: *Es muss einen besseren Weg geben!*

Stimme aus dem Off: *Gesponsert von der Koalition der Panikmacher.*

Es war ein untypischer Auftritt für das erste Paar im Staat, aber das Publikum war begeistert. Obwohl die Ereignisse beim Gridiron Dinner angeblich vertraulich behandelt werden, erscheinen Jahr für Jahr am Tag nach der Veranstaltung ausführliche Berichte über die Lieder und Parodien. Unser Video sorgte natürlich für viel Furore und wurde auf einigen Fernsehsendern sogar in den Frühnachrichten wiederholt. Auch wenn einige Experten meinten, die Parodie könnte noch mehr Aufmerksamkeit auf die Originalspots lenken, war ich froh, dass wir auf den fragwürdigen Ton der Kampagne und die absurden Behauptungen hingewiesen hatten. Außerdem hatte es einfach gut getan, ein wenig Humor in die sonst so triste Situation zu bringen.

Während unser kleiner Sketch Politiker und Journalisten in Washington zum Lachen brachte, wussten wir, dass wir dabei waren, den PR-Krieg um die Gesundheitsreform zu verlieren. Selbst ein populärer Präsident mit all seinem Einfluss konnte nichts ausrichten, wenn seine Gegner hunderte Millionen Dollar in eine negative, irreführende Kampagne investierten. Wir bekamen die Macht der Pharmaindustrie zu spüren, die befürchtete, eine Preiskontrolle für rezeptpflichtige Medikamente werde ihre Gewinne verringern, und auch die Versicherungsbranche scheute bei ihrem Feldzug gegen eine universelle Krankenversicherung keine Kosten. Dazu kam, dass einige Befürworter der Reform enttäuscht waren, weil sie nicht alle ihre Wünsche erfüllte. Jede Interessengruppe konnte in dem Entwurf etwas finden, das ihr nicht zusagte. Außerdem war unser Reformentwurf natürlich sehr komplex – ebenso wie die

Probleme des Gesundheitswesens –, was die Öffentlichkeitsarbeit zu einem Albtraum machte.

Wir mussten feststellen, dass so manche Opposition gegen die Gesundheitsreform, ebenso wie Whitewater, Teil eines politischen Krieges war, der über Bills Person oder seine politischen Vorhaben weit hinausging. Wir standen im Zentrum eines zunehmend feindseligen ideologischen Konflikts zwischen gemäßigten Demokraten und einer Republikanischen Partei, die immer weiter nach rechts tendierte. Wir merkten bald, dass in diesem Krieg alles erlaubt war und die andere Seite mit den Waffen des politischen Kampfs weit besser ausgestattet war: Geld, Medien und Organisation.

Vier Monate zuvor, im Dezember 1993, hatte der republikanische Stratege und Autor William Kristol, Stabschef des ehemaligen Vizepräsidenten Dan Quayle und Vorsitzender des Project for the Republican Future, ein Memo an republikanische Kongressführer verschickt, in dem er sie drängte, die Gesundheitsreform zur Strecke zu bringen. Der Plan, schrieb er, sei eine »ernsthafte politische Bedrohung für die Republikanische Partei«, und sein Scheitern wäre ein »gewaltiger Rückschlag für den Präsidenten«. Seine Ablehnung hatte nichts mit dem Inhalt des Plans zu tun, sondern mit parteipolitischer Logik. Er wies die Republikaner an, sich weder auf Verhandlungen einzulassen, noch Kompromisse einzugehen. Laut Kristol gab es nur eine einzige vernünftige Strategie: den gesamten Plan zu verhindern.

Kristol, Jack Kemp und William Bennett, ehemaliges Kabinettsmitglied der Reagan-Regierung, halfen der Grand Old Party mit gezielter Negativwerbung im Radio und Fernsehen – vornehmlich in Regionen, die ich kurz zuvor besucht hatte, um den Plan zu erklären und dafür zu werben. Sobald ich eine Veranstaltung oder eine Rede beendet hatte, wurde diese Gegend mit kritischer Werbung überflutet.

Kristols Memo an die republikanischen Kongressführer hatte den gewünschten Effekt. Auch gemäßigte Republikaner im Kongress begannen, sich von den Regierungsplänen zu distanzieren, obwohl sie prinzipiell für eine Reform des Gesundheitswesens waren. Manche mochten dabei bereits mit einem

Auge auf die Ende des Jahres anstehenden Zwischenwahlen geschielt haben, andere hatten noch Größeres vor. So war etwa Senator Dole ernsthaft an einer Reform interessiert, wollte aber 1996 bei der Präsidentschaftswahl kandidieren. Er konnte dem Amtsinhaber nicht zu einem weiteren Sieg verhelfen, besonders nach Bills Erfolgen mit dem Budget, dem Brady-Gesetz und der NAFTA. Wir hatten Senator Dole angeboten, einen gemeinsamen Gesetzesantrag vorzulegen und uns das Lob zu teilen, wenn er angenommen wurde. Der Senator hatte zunächst zugestimmt und seinerseits vorgeschlagen, ausgehend von unserem Antrag einen Kompromiss zu erarbeiten. Doch so weit sollte es nicht mehr kommen. Kristols Strategie zeigte Wirkung.

Die schlechten Nachrichten wollten nicht abreißen. Ende März 1994 änderten zwei wichtige wirtschaftliche Gruppen – die Handelskammer und der Nationale Handwerkerverband – auf Druck der Republikaner ihre Haltung zum Arbeitgebermandat. Ein Jahr zuvor hatten sie mitgeteilt, dass sie mit diesem zentralen Bestandteil des Gesetzesentwurfs leben konnten, das Unternehmen mit mehr als fünfzig Angestellten verpflichtete, ihrer Belegschaft eine Krankenversicherung anzubieten. Als nun ein Unterausschuss des Haushaltsausschusses des Repräsentantenhauses sechs zu fünf für das Arbeitgebermandat stimmte, sahen die Republikaner ihre Felle davonschwimmen und brachten daher die Diskussion über das Arbeitgebermandat wieder in Gang. Obwohl Bill gedroht hatte, jedes Gesetz, das keine universelle Krankenversicherung für alle Amerikaner einschloss, mit seinem Veto zu verhindern, deutete er nun an, dass er sich – um nicht die ganze Reform zum Scheitern zu bringen – mit weniger zufrieden geben könnte. Der Senat prüfte daraufhin einen Vorschlag, den auch der Finanzausschuss unter Senator Moynihan unterstützte: nicht mehr für hundert Prozent der Amerikaner, sondern nur noch für 95 Prozent sollte die Aufnahme in eine Krankenversicherung erreicht werden. Doch selbst dieses Zugeständnis brachte uns kaum neue Verbündete. Stattdessen verloren wir die Unterstützung einiger Hardliner, die monierten, dass wir die Sache verrieten, wenn wir nicht wie vorgesehen bei hundert Prozent blieben.

Im Frühling wurde Dan Rostenkowski, einer unserer wichtigsten Verbündeten im Repräsentantenhaus, wegen Amtsmissbrauch und persönlicher Bereicherung angeklagt und verurteilt. Kurz zuvor hatten wir erfahren, dass der Mehrheitsführer im Senat, George Mitchell, nicht mehr kandidieren wollte, was bedeutete, dass nicht nur der mächtigste Demokrat im Senat, sondern gleichzeitig auch der wichtigste Befürworter unseres Gesetzesantrags wegfiel.

Darüber hinaus stellten wir fest, dass die Gesundheitsreform den meisten Kongressmitgliedern sehr viel abverlangte. In Anbetracht der Vielzahl von Gesetzesanträgen, über die sie abstimmen müssen, konzentrieren sich die Kongressmitglieder auf jene Gesetze, die in die Zuständigkeit ihrer Ausschüsse fallen. Sie haben nicht die Zeit, sich im Detail mit allen Angelegenheiten zu befassen, über die im Repräsentantenhaus oder im Senat entschieden wird. Dennoch war ich überrascht, dass es nicht wenige Kongressabgeordnete gab, die den Unterschied zwischen Medicare und Medicaid nicht kannten, beides staatlich finanzierte Krankenversicherungen. Andere hatten keine Ahnung, dass sie vom Staat eine Krankenversicherung erhielten. Newt Gingrich, der 1995 der republikanische Vorsitzende des Repräsentantenhauses werden sollte, behauptete bei einem Auftritt in der Sendung »Meet the Press« im Jahr 1994, er habe keine staatliche Krankenversicherung, sondern sei auf eigene Kosten bei Blue Cross-Blue Shield versichert. Tatsächlich wurde genau diese Versicherung im Zuge des Federal Employees Health Benefits Plan vielen Staatsangestellten angeboten. Und der Staat bezahlte sowohl für Gingrich als auch für andere Kongressabgeordnete 75 Prozent der 400-Dollar-Monatsprämie.

Doch nicht nur das Informationsdefizit vieler Abgeordneter war problematisch, auch unsere Verbündeten hatten Schwierigkeiten. Eine der wichtigsten Organisationen in der Reformkampagne war die American Association of Retired Persons (AARP), der größte Seniorenverband der USA. Diese einflussreiche Lobby für Rentner startete im März 1994 eine Werbekampagne, mit der sie uns eigentlich helfen wollte. Mit ihrer Kampagne zur Finanzierung von Medikamenten erreichten sie jedoch das Gegenteil, weil die Leute daraus schlossen, dass unser Plan keine Regelung für ärztlich verschriebene Medikamente vorsah – was er natürlich tat.

Ich arbeitete hart, um die Befürworter einer Gesundheitsreform hinter unserem Reformplan zu vereinen. Doch unsere Mittel für eine Kampagne zur Information der Öffentlichkeit beschränkten sich auf 15 Millionen Dollar, während unsere Gegner, zu denen auch millionenschwere Unternehmen gehörten, laut Schätzungen mindestens 300 Millionen Dollar in ihren Feldzug gegen die Reform investierten. Besonders die verzerrte Darstellung der Reform durch die Versicherungsbranche war äußerst wirkungsvoll: Viele Amerikaner durchschauten nicht, dass wesentliche Reformelemente, die sie befürworteten, im Clinton-Plan enthalten waren. Ein Artikel im *Wall Street Journal* am 10. März 1994 fasste unser Dilemma unter der folgenden Überschrift zusammen: »Viele wissen gar nicht, dass sie für den Clinton-Plan sind.« Der Autor erklärte: »Mr. Clinton scheitert gerade daran, seine Gesundheitsreform zu definieren. Mit einer Kakophonie aus negativer Fernsehwerbung und Angriffen aus dem Hinterhalt verbreiten ihre Feinde schneller Zweifel an dem Plan, als der Präsident und Hillary Rodham Clinton ihn erklären können. Wenn es den Clintons nicht gelingt, die Verwirrung aufzuklären, ist es zweifelhaft, dass ihr Gesetzesantrag bewilligt wird.«

Während sich in Washington alles um die Gesundheitsreform und Whitewater drehte, musste sich der Rest der Welt mit anderen Themen befassen. Anfang Mai verschärften die Vereinten Nationen die Sanktionen gegen die Militärjunta in Haiti; eine gewaltige Welle von Flüchtlingen schwappte an die Küste der Vereinigten Staaten. Eine Krise schien sich anzubahnen, sodass Bill Al Gore bat, ihn bei den Feierlichkeiten zum Amtsantritt Nelson Mandelas als Präsident von Südafrika zu vertreten. Tipper und ich begleiteten Al als Mitglieder der amerikanischen Delegation. Ich war begeistert von der Aussicht, diesen historischen Moment persönlich mitzuerleben. In den achtziger Jahren hatte ich den Boykott Südafrikas unterstützt, in der Hoffnung, das Apartheidregime werde sich dem internationalen Druck beugen. Und an dem Tag im Februar 1990, als Mandela nach 27 Jahren aus dem Gefängnis entlassen wurde, hatte Bill Chelsea mitten in der Nacht geweckt, damit wir dieses Ereignis gemeinsam im Fernsehen verfolgen konnten. Bei den ersten freien Wahlen war Mandela zum ersten schwarzen Präsidenten gewählt worden. Der jahrzehntelange Freiheitskampf in Südafrika war eng mit der amerikanischen Bürgerrechtsbewegung verbunden. Viele afroamerikanische Führungspersönlichkeiten begleiteten uns nun, um Mandela ihre Ehrerbietung zu zeigen.

Wir landeten nach 16 Stunden Flug außerhalb von Johannesburg, einer schnell wachsenden, modernen Stadt im trockenen Binnenhochland Südafrikas. Am ersten Abend besuchten wir eine Vorstellung des berühmten Market Theatre, das der staatlichen Zensur jahrelang getrotzt und die Schrecken der Apartheid gezeigt hatte. Danach waren wir zu einem Büfett mit afrikanischen Spezialitäten eingeladen. Ich war nicht so mutig wie Maggie und der Rest meines Stabs, die auch die gebratenen Heuschrecken und Maden probierten.

Tags darauf fuhr unsere Delegation nach Pretoria. Da die offizielle Machtübergabe erst mit dem Amtseid des neuen Präsidenten stattfinden würde, residierte im imposanten Sitz des Staatsoberhaupts noch Frederik Willem de Klerk. Während Al Gore sich am nächsten Morgen mit de Klerk und seinen Ministern traf, waren Tipper und ich zu einem Frühstück mit Marike de Klerk und den Ehefrauen anderer Vertreter der National Party eingeladen. Wir saßen in einem holzgetäfelten Frühstückssalon, der reich mit Stoffen und Porzellanfiguren dekoriert war. In der Mitte des großen Tisches stand ein drehbares Tablett mit Marmeladen, Brot, Keksen und Eiern, die zu einem klassischen holländischen Bauernfrühstück gehören. Obwohl wir uns über das Essen, Kinder und das Wetter unterhielten, war dieses Treffen von den Worten geprägt, die keine von uns aussprach: In wenigen Stunden würde die Welt, in der diese Frauen so lange gelebt hatten, für immer verschwinden.

Die 50 000 Menschen, die zur feierlichen Amtseinführung Mandelas gekommen waren, erlebten ein Fest der Befreiung. Colin Powell, der ebenfalls zu unserer Delegation gehörte, war zu Tränen gerührt, als Militärflugzeuge rote, grüne, schwarze, weiße und goldene Kondensstreifen an den Himmel zeichneten – die Farben der neuen Landesfahne. Bis vor wenigen Jahren waren dieselben Flugzeuge ein bedrohliches Symbol für die militärische Macht des Apartheidregimes gewesen. Nun zogen sie zu Ehren des neuen schwarzen Oberbefehlshabers ihre Runden am Himmel. In seiner bewegenden Rede verurteilte Mandela die Diskriminierung von Menschen wegen ihrer Rasse oder ihres Geschlechts. Als wir die Zeremonie verließen, sah ich, dass Reverend Jesse Jackson vor Freude weinte. Er beugte sich zu mir und sagte: »Hätten Sie gedacht, dass wir diesen Tag je erleben würden?«

Der lange Weg zur Residenz des Präsidenten, noch vor wenigen Stunden von bewaffneten Soldaten abgesperrt, war von bunt gekleideten ausgelassenen Trommlern und Tänzern aus ganz Südafrika gesäumt. Im Haus gab es einen Cocktailempfang für die zahlreichen Staatsoberhäupter mit ihren Delegationen. Eine meiner Herausforderungen an diesem Nachmittag war Fidel Castro. Berater des Außenministeriums hatten mich gewarnt, dass er mich treffen wollte. Sie sagten mir, ich solle ihn um jeden Preis meiden, da wir keine diplomatischen Beziehungen mit Kuba hatten, ganz zu schweigen von dem Handelsembargo. »Sie dürfen ihm unter keinen Umständen die Hand geben oder mit ihm sprechen«, hatten sie mich instruiert. Selbst wenn ich versehentlich am Büfett mit ihm zusammenstieß, würde mir die Fraktion der Castro-Gegner in Florida einen Strick daraus drehen.

Also hielt ich während des Empfangs ständig nach Castro Ausschau. Wenn ich dann mitten in einer faszinierenden Unterhaltung etwa mit König Mswati III. von Swaziland sah, dass der kubanische Ministerpräsident auf mich zusteuerte, lotste ich meinen jeweiligen Gesprächspartner hastig ans andere Ende des Raumes. Es war lächerlich, aber ein einziges Foto, eine Bemerkung oder ein zufälliges Zusammentreffen konnte negative Schlagzeilen nach sich ziehen.

Das Essen wurde im Garten in einem riesigen weißen Stoffzelt serviert. Nachdem alle Platz genommen hatten, stand Mandela auf, um eine Begrüßungsrede zu halten. Ich liebe es, ihm zuzuhören, denn mit seiner langsamen, würdevollen Art zu sprechen gelingt es ihm, gleichzeitig formell und lebendig zu wirken. Zuerst begrüßte er wie erwartet die Gäste, doch dann sagte er etwas, das mich tief beeindruckte: Er sei natürlich sehr erfreut, dass sich so viele Würdenträger eingefunden hätten, aber am meisten freue er sich, dass auch drei seiner ehemaligen Gefängniswärter gekommen seien, die ihn stets mit Respekt behandelt hätten. Er bat sie aufzustehen, damit er sie allen Anwesenden vorstellen konnte. Diese großartige Geste war inspirierend und beschämend zugleich. Monatelang hatte ich mich wegen der Feindseligkeit in Washington und der gehässigen Angriffe in Zusammenhang mit Whitewater, Vince Foster, dem Travel Office und der Gesundheitsreform gegrämt. Und hier stand Mandela und ehrte drei Männer, die ihn gefangen gehalten hatten.

Als ich Mandela später besser kennen lernte, erzählte er mir, dass er als junger Mann ein aufbrausendes Temperament gehabt hatte. Im Gefängnis habe er lernen müssen, seine Emotionen zu beherrschen, um zu überleben. Seine Jahre in Gefangenschaft hatten ihm die Zeit gegeben, sich dem Schmerz zu stellen, den er empfand. Er erinnerte mich daran, dass Dankbarkeit und Vergebung enorme Disziplin erfordern. »Als ich am Tag meiner Entlassung zu dem Tor ging, das mich in die Freiheit führen würde, wusste ich, wenn ich meine Bitterkeit und meinen Hass nicht zurückließ, würde ich weiter ein Gefangener bleiben«, so Mandela.

Am Tag, an dem ich aus Südafrika zurückkehrte, fand die Nationale Gartengala statt. Ich war die Ehrenvorsitzende dieser Veranstaltung im Botanischen Garten und sammelte gemeinsam mit fünf ehemaligen First Ladies Spenden für den Bau eines neuen Geländes, das den First Ladies Amerikas gewidmet werden sollte.

Die Fotos von diesem Galaabend sind etwas ganz Besonderes, denn sie zeigen alle lebenden First Ladies gemeinsam auf einer Bühne: Lady Bird Johnson, Barbara Bush, Nancy Reagan, Rosalyn Carter, Betty Ford und Hillary Rodham Clinton. Nur Jackie Kennedy fehlte.

Einige Monate zuvor hatte man bei Jackie ein Non-Hodg-

kin-Lymphom festgestellt, eine Krebsart, die langsam voran-
schreitet, aber meist tödlich ist. Wir hatten gehört, dass sie
operiert worden war, wussten aber nicht, dass sich ihr Zustand
massiv verschlechtert hatte. Sie hatte immer versucht, ihr Privatleben vor der Öffentlichkeit abzuschirmen und daran bis
zum Schluss festgehalten.

Am 19. Mai 1994 starb Jackie Kennedy in ihrem New Yorker Apartment. Ihre Kinder Caroline und John und ihr letzter
Lebensgefährte Maurice waren bei ihr. Früh am nächsten Morgen machten Bill und ich einen Spaziergang durch den Teil des
Gartens im Weißen Haus, der nach ihr benannt ist. Bill sprach
vor Freunden und Journalisten von ihrem Beitrag für unser
Land, ich erinnerte mich an ihren selbstlosen Einsatz für ihre
Kinder und Enkelkinder. Einmal hatte sie mir gesagt: »Ich glaube, wenn man bei der Erziehung seiner Kinder versagt, verliert
alles, was man sonst tut, an Bedeutung.«

Nach einem bewegenden Gedenkgottesdienst in New York
flog ich mit ihrer Familie und den engsten Freunden nach
Washington zurück. Bill erwartete uns am Flughafen und
begleitete uns zum Grab, wo Jackie neben John F. Kennedy,
ihrem Sohn Patrick und einer Tochter, die tot zur Welt gekommen war, beigesetzt wurde. Nach der Bestattungszeremonie
versammelte sich die riesige Familie der Kennedys in Ethels
nahe gelegenem Haus zu einer Trauerfeier, an der auch wir teilnahmen.

Zwei Wochen später schickte John F. Kennedy junior Bill
und mir einen handgeschriebenen Brief, der mich sehr berühr-
te: »Ich wollte, dass Sie beide wissen, wie viel die Freundschaft
zu Ihnen meiner Mutter bedeutete. Ich glaube, seit sie Washington verlassen hatte, wehrte sie sich gegen eine emotionale Bindung zum Weißen Haus und gegen die offiziellen Anforderungen, die an eine ehemalige First Lady gestellt werden. Es
hatte viel mit ihren Erinnerungen zu tun, und mit dem Wunsch,
nicht ein Leben lang eine Rolle ausfüllen zu müssen, die nicht
ganz zu ihr passte. Sie schien jedoch glücklich und erleichtert,
durch Sie beide wieder einen Zugang gefunden zu haben – vielleicht weil sie mit jemandem darüber sprechen konnte, wie
schwierig es ist, unter diesen Umständen Kinder großzuziehen,

vielleicht weil es so viele Ähnlichkeiten zwischen Ihrer Präsidentschaft und der meines Vaters gibt.«

Anfang Juni 1994 fuhren Bill und ich nach England, um an einer Gedenkfeier anlässlich des fünfzigsten Jahrestages der Invasion in der Normandie teilzunehmen. Ihre Majestät Königin Elisabeth II. hatte uns eingeladen, die Nacht auf der *HMS Britannia*, der königlichen Yacht, zu verbringen. Ich war aufgeregt und gespannt, die ganze königliche Familie zu treffen. Prinz Charles hatte ich schon 1993 bei einer kleinen Dinnerparty der Gores kennen gelernt. Er war reizend und hatte mich durch seinen scharfen Verstand und die Fähigkeit, über sich selbst zu lachen, beeindruckt. Bill und ich wurden an Bord der *Britannia* von der Königin, Prinz Philip und der Königinmutter empfangen. Als ich meine Reisekoordinatorin Kelly Craighead vorstellte, überraschte Queen Mum uns alle mit der Frage, ob Kelly nicht auf der Yacht bleiben wolle, um mit ihr und einigen der jungen Militärberater der Königin Abend zu essen. Kelly entgegnete, sie sei entzückt über die Einladung, müsse aber erst klären, ob ihre Pflichten dies zuließen. Später kam sie aufgeregt in meine Kabine und fragte, was sie tun sollte. Ich sagte, dass sie die Einladung unbedingt annehmen müsse. Sie eilte davon, kam aber wenig später völlig aufgelöst zurück, weil sie erfahren hatte, dass bei dem Essen Abendkleidung erwartet wurde. Ihr schwarzer Hosenanzug war dafür zu leger. Also wühlten wir meine Koffer nach eleganten Sachen durch, probierten dieses und jenes, bis Kelly endlich die passende Kleidung für ein Abendessen mit der Königinmutter gefunden hatte.

Beim großen Diner anlässlich der Gedenkfeier saß ich zwischen Prinz Philip und Premierminister John Major an einer endlos langen Tafel, die für all die anwesenden Könige, Königinnen, Premierminister und Präsidenten reserviert war. Von der erhöhten Plattform blickte ich über den großen Raum, in dem sich über 500 Gäste versammelt hatten, um an den D-Day und die siegreiche anglo-amerikanische Allianz zu erinnern. Unter ihnen war die ehemalige britische Premierministerin Margaret Thatcher, deren Karriere ich mit großem Interesse verfolgt hatte, Churchills Tochter Mary Soames und sein Enkel, Pamela Harrimans Sohn Winston.

Major war ein angenehmer Gesprächspartner. Ich genoss es, mit ihm über einige der anwesenden Persönlichkeiten zu plaudern, und hörte ihm fasziniert zu, als er mir von einem schrecklichen Autounfall erzählte, den er als junger Mann in Nigeria gehabt hatte. Prinz Philip, der die Kunst der Konversation perfekt beherrschte, verteilte seine Aufmerksamkeit sorgfältig zwischen mir und seiner zweiten Tischnachbarin, Königin Paola von Belgien, während er über das Segeln und die Geschichte der *Britannia* sprach.

Die Queen, die in Bills Nähe saß, trug ein prächtiges Diamantdiadem, das funkelte, wenn sie nickte und über Bills Geschichten lachte. Ihr Aussehen, ihre Höflichkeit und ihre Zurückhaltung erinnerten mich an meine Mutter. Ich empfinde große Bewunderung für die Art, wie sie ihre Pflichten erfüllte, die sie als junge Frau nach dem Tod ihres Vaters übernehmen musste. Jahrzehntelang einer anspruchsvollen, exponierten Rolle gerecht zu werden, konnte ich mir aufgrund meiner eigenen – vergleichsweise geringen – Erfahrungen kaum vorstellen. Ich musste an einen Satz denken, den Chelsea vor einigen Jahren während eines Kurzurlaubs in London gesagt hatte. Wir besuchten damals eine historische Ausstellung über alle Könige und Königinnen Englands. Chelsea studierte alles sehr sorgfältig, ließ sich fast eine Stunde Zeit, um die Beschreibung jedes einzelnen Monarchen zu lesen und fing dann wieder von vorne an. Als sie endlich fertig war, sagte sie: »Mommy, ich glaube, König oder Königin zu sein, ist ein sehr schwieriger Job.«

Am Morgen nach dem großen Diner traf ich zum ersten Mal Prinzessin Diana beim Drumhead Service, einer traditionellen religiösen Zeremonie des »Forces Commited«. Das ist jener Moment in der Schlacht, ab dem die Soldaten nicht mehr aus dem Kampf abgezogen werden können. Ich beobachtete, wie Diana, die damals noch nicht von Charles geschieden war, die Menschen begrüßte, die ihr zujubelten. Sie verfügte über eine Präsenz, der man sich schwer entziehen konnte, war ungewöhnlich schön und zog die Menschen vor allem mit ihrem Blick in ihren Bann. Wenn sie jemanden begrüßte, neigte sie den Kopf und sah dann von unten zu ihrem Gesprächspartner hinauf. Sie wirkte sehr lebendig, strahlte aber gleichzeitig eine Verletzlichkeit aus, die ich herzzerreißend fand. Diana war eine Frau, die zwischen widersprüchlichen Bedürfnissen und Interessen hin und her gerissen war, aber es war ihr ein echtes Anliegen, Menschen zu helfen und ihrem Leben damit einen Sinn zu geben. Sie setzte sich dafür ein, das öffentliche Bewusstsein für die Gefahren von Aids zu verbessern und ein Verbot von Landminen zu erreichen. Darüber hinaus war sie eine liebevolle, engagierte Mutter, und jedes Mal, wenn wir uns trafen, sprachen wir über die Probleme, Kinder im Licht der Öffentlichkeit großzuziehen.

Später an diesem Nachmittag fuhren wir auf der *Britannia* auf den Kanal hinaus, um Schiffe wie die *Jeremiah O'Brian* zu besichtigen, mit denen die amerikanische Regierung während des Krieges Vorräte nach England transportieren ließ, bevor die Vereinigten Staaten in den Krieg eintraten. Dann wechselten wir auf die *USS George Washington,* einen modernen Flugzeugträger, der vor der französischen Küste ankerte und sich als schwimmende Stadt mit 6000 Matrosen und Marines entpuppte. Während Bill an der Rede arbeitete, die er am nächsten Tag halten würde, besichtigte ich das Schiff und aß in der riesigen Kombüse mit einigen Besatzungsmitgliedern zu Abend, von denen die meisten kaum älter als 18 oder 19 waren. Fünfzig Jahre zuvor hatten junge Männer in ihrem Alter am D-Day die Küste der Normandie erobert.

Bills Beziehung zum Militär hatte bislang nicht gerade unter einem guten Stern gestanden, sodass von seiner Rede zum D-Day viel abhing. Wie ich war er gegen den Vietnamkrieg gewesen, weil er schon damals vermutete, was wir heute wissen: Die amerikanische Regierung hatte die Bevölkerung weder über das Ausmaß unserer Beteiligung richtig informiert noch über die Stärke unserer vietnamesischen Verbündeten, die Vorfälle im Golf von Tonkin, den Erfolg der amerikanischen Militärstrategie, die Zahl der Opfer oder andere Faktoren, die den Krieg verlängerten und noch mehr Menschenleben kosteten. Bills Entschluss, seine Rekrutierung der Einberufungslotterie zu überlassen, zeigte, dass er wie so viele junge Männer zwischen der Liebe zu seinem Land und der Ablehnung dieses Krieges hin und her gerissen war.

Als ich Bill kennen lernte, sprachen wir unaufhörlich über Vietnam, die Einberufung und die widersprüchlichen Gefühle, die dieser Krieg in uns auslöste. Ich wusste, dass er den Militärdienst respektierte, dass er in der Armee gedient hätte, wenn er einberufen worden wäre und dass er sich im Zweiten Weltkrieg, von dessen Sinn er überzeugt war, freiwillig gemeldet hätte. Doch der Vietnamkrieg war eine Prüfung für den Intellekt und das Gewissen vieler Mitglieder meiner Generation, die fanden, dass er den nationalen Interessen und Werten Amerikas nicht diente, sondern widersprach. Als erster Präsident, der während des Vietnamkriegs volljährig wurde, trug Bill den ungelösten Konflikt über diesen Krieg ins Weiße Haus.

Er wollte die Differenzen unter den Amerikanern beilegen und ein neues Kapitel der Zusammenarbeit mit unserem ehemaligen Gegner beginnen. Mit Unterstützung der Vietnamveteranen im Kongress hob Bill 1994 ein amerikanisches Handelsembargo gegen Vietnam auf und normalisierte im Jahr darauf die diplomatischen Beziehungen. Die vietnamesische Regierung setzte ihre Bemühungen fort, vermisste oder gefangene amerikanische Soldaten zu finden, und im Jahr 2000 betrat Bill als erster amerikanischer Präsident seit dem Abzug der US-Truppen im Jahr 1975 vietnamesischen Boden. Seine couragierten diplomatischen Maßnahmen ermöglichten eine langsame Heilung alter Wunden auf beiden Seiten und halfen, sich vorsichtig anzunähern und auszusöhnen.

Eine seiner ersten Herausforderungen als Oberbefehlshaber war sein Wahlversprechen einzulösen, homosexuellen Männern und Frauen den Militärdienst zu ermöglichen, sofern ihre sexuelle Orientierung ihre Leistung oder den Zusammenhalt der Truppe nicht beeinträchtigte. Ich teilte seine Ansicht, dass beim Militär die sexuelle Orientierung außer Acht gelassen werden sollte. Doch in dieser Angelegenheit prallten unvereinbare Überzeugungen aufeinander. Jene, die meinten, Homosexuelle hätten in jedem Krieg unserer Geschichte mitgekämpft und sollten weiterhin beim Heer dienen dürfen, waren beim Militär und im Kongress deutlich in der Minderheit. Die öffentliche Meinung war ausgewogener, aber wie so oft waren die Gegner unnachgiebiger und lauter als die Befürworter. Was mich besonders störte, war die Heuchelei. Nur drei Jahre zuvor hatte man männliche und weibliche Soldaten, die bekennend homosexuell waren, in den Golfkrieg geschickt. Als sie ihre militärische Mission erfüllt hatten, wurden sie aufgrund ihrer sexuellen Orientierung entlassen.

Nachdem sowohl das Repräsentantenhaus als auch der Senat gegen eine Gesetzesänderung stimmten, erklärte Bill sich zu einem Kompromiss bereit: »Don't Ask, Don't Tell.« Laut dieser Regelung darf ein Vorgesetzter ein Armeemitglied nicht fragen, ob er oder sie homosexuell ist. Tut er es doch, muss der Befragte nicht antworten. Leider hat diese Regelung in der Praxis nicht viel geändert. Es kommt immer noch vor, dass homosexuelle Männer und Frauen belästigt, geschlagen und aus dem Dienst entlassen werden. Während andere Länder längst auf die Realitäten reagiert haben – Kanada etwa lässt Homosexuelle seit 1992 zum Militärdienst zu, Großbritannien seit 2000 –, hat die amerikanische Gesellschaft wohl noch einen langen Weg vor sich. Ich wünschte nur, die Opposition würde auf Barry Goldwater hören, eine Ikone der amerikanischen Rechten, der die Rechte der Homosexuellen offen unterstützt und darin keinen Widerspruch zu seinen konservativen Prinzipien sieht. Er meinte: »Man muss nicht *straight* (heterosexuell) sein, um für sein Land zu kämpfen und zu sterben. Man muss nur *straight* (geradeaus) schießen können.«

Bill wandte sich in seiner Rede, die er auf dem amerikanischen Militärfriedhof in der Normandie hielt, an die amerikanischen Veteranen aus der Generation unserer Eltern: »Für uns habt ihr diese großen Opfer gebracht«, sagte er. Diese tapferen Amerikaner hatten den Armeen und Widerstandskämpfern aus Großbritannien, Norwegen, Frankreich, Belgien, Holland, Dänemark und anderen Ländern beigestanden, um den Nationalsozialismus zu besiegen, und stärkten damit eine historische Allianz, die die USA und Europa auch ein halbes Jahrhundert später noch verbindet. In Anbetracht der unsicheren Verhältnisse in der heutigen Welt ist dieses historische Bündnis weiterhin ein Schlüssel zu globaler Sicherheit, Wohlstand und Hoffnung auf Frieden.

Bills D-Day war für ihn persönlich besonders berührend, weil er kurz zuvor eine Kopie der Militärakte seines Vaters erhalten und die Geschichte seiner Einheit erfahren hatte, die an der Invasion in Italien teilgenommen hatte. Nachdem mehrere Zeitungen über den Wehrdienst von Bills Vater berichtet hatten, bekam Bill einen Brief von einem Mann, der von Nettuno in Italien nach New Jersey emigriert war. Als Junge war er mit einem amerikanischen Soldaten befreundet gewesen, der die Fahrzeuge der Invasionstruppen betreute. Der Soldat, der dem Jungen zeigte, wie man Autos und Lastwagen repariert, war Bills Vater gewesen, William Blythe. Durch den Dank unserer Generation für all das, was sein Vater und Millionen andere für unsere Nation und die Welt getan hatten, konnte Bill auch eine Verbindung zu diesem Mann aufbauen, den er nie kennen gelernt hatte.

HALBZEIT

An einem unvergesslichen Abend im Juni brachte Aretha Franklin den Rosengarten zum Beben. Ihr Auftritt war Teil einer Konzertreihe im Weißen Haus. Während sie wie eine Königin zwischen den Tischen umherstolzierte, lauschte das Publikum gebannt dem Gospel- und Soulrepertoire, das Aretha gemeinsam mit dem Sänger Lou Rawls zum Besten gab. Als der Showteil folgte, ging sie langsam auf Bill zu, beugte sich zu ihm und sang: »Smile, what's the use of crying ...«

Zehn Tage später gab Robert Fiske das vorläufige Ergebnis seiner rasch voranschreitenden Whitewater-Untersuchung bekannt: Erstens hatte niemand im Weißen Haus oder im Finanzministerium versucht, Einfluss auf die Nachforschungen der RTC zu nehmen. Zweitens stimmte Fiske mit dem FBI und der Polizei überein, dass Vince Foster Selbstmord begangen hatte. Darüber hinaus war Fiske zu dem Schluss gelangt, dass Fosters Selbstmord nichts mit Whitewater zu tun gehabt hatte.

Zur Enttäuschung vieler am rechten Rand der Republikanischen Partei, die offen Spekulationen über Vince' Tod genährt hatten, erhob Fiske keine Anklage. Einige wenige konservative Kommentatoren und Kongressmitglieder wie der Senator Lauch Faircloth aus North Carolina, forderten Fiskes Kopf. Ironischerweise ebnete mein Ehemann genau an dem Tag, an dem Fiske die Untersuchungsergebnisse vorlegte, unabsichtlich den Weg für dessen Entlassung, indem er die vom Kongress vorgelegte Verlängerung des Gesetzes über die Berufung von Sonderermittlern unterzeichnete.

Da die Kritik der Republikaner an Fiske lauter wurde, hatte ich mich dagegen ausgesprochen, den Independent Counsel Act zu unterzeichnen, sofern er nicht mit der Verlängerung von Fiskes Mandat verknüpft war. Ich befürchtete, die Republikaner und ihre vom Vorsitzenden des Obersten Gerichtshofs, Richter William Rehnquist, angeführten Verbündeten im Rechtswesen würden einen Weg finden, den unparteiischen und gewissenhaften Fiske zu beseitigen. Ich teilte meine Befürchtung Lloyd Cutler mit, der Bernie Nussbaum als Rechtsberater des Weißen Hauses abgelöst hatte. Lloyd, einer der bedeutendsten Männer in Washington, war schon als Rechtsberater für Präsident Carter und in beratender Funktion für viele andere politische Führer tätig gewesen. Lloyd versuchte, mich zu beruhigen. Er erklärte mir, er werde »seinen Hut fressen«, sollte Fiske ersetzt werden.

Der neue Independent Counsel Act sah vor, dass unabhängige Sonderermittler von einer »Special Division« aus drei Bundesrichtern ernannt werden sollten, die wiederum vom Vorsitzenden des Obersten Gerichtshofs berufen wurden. Richter Rehnquist hatte David Sentelle, einen erzkonservativen Republikaner aus North Carolina, mit dem Vorsitz in der Special Division betraut.

Mitte Juli wurde Richter Sentelle Presseberichten zufolge beim Essen mit Faircloth und Senator Jesse Helms gesehen, einem weiteren erbitterten Gegner des Präsidenten. Mag sein, dass es sich lediglich um einen Zufall handelte – Sentelle behauptete später, es sei ein Treffen von drei alten Freunden gewesen, die über ihre Prostataprobleme gesprochen hätten. Doch am 5. August, wenige Wochen nach dem Mittagessen, gab die Special Division die Ernennung eines neuen Sonderermittlers bekannt: Robert Fiske wurde durch Kenneth Starr ersetzt.

Kenneth Starr, ein 48 Jahre alter Republikaner, war ein ehemaliger Berufungsrichter, der sein Amt abgegeben hatte, um in der ersten Administration Bush die Funktion des Solicitor General, des obersten Prozessvertreters vor dem Supreme

Court, zu übernehmen. Dieser Posten war traditionell ein Sprungbrett für den Aufstieg in den Obersten Gerichtshof. Starr war Partner in der Anwaltsfirma Kirkland & Ellis, die sehr viel Geld mit der Vertretung von Tabakkonzernen verdiente. Er gehörte dem harten Kern der konservativen Republikaner an. Anders als Fiske war er nie ein Vertreter der Anklage gewesen. Er hatte sich offen zum Paula-Jones-Prozess geäußert und war im Fernsehen für Jones' Recht eingetreten, einen amtierenden Präsidenten zu verklagen. Zudem hatte er angeboten, einen Amicus-Schriftsatz [Anm. d. Red.: Stellungnahme einer interessierten, aber nicht am Prozess beteiligten Person] für sie aufzusetzen. Aufgrund dieser offensichtlichen Interessenkonflikte forderten fünf ehemalige Präsidenten der amerikanischen Anwaltsvereinigung Starr auf, den Posten des Sonderermittlers abzulehnen. Zudem stellten sie in einer gemeinsamen Erklärung die Unvoreingenommenheit des Richtergremiums in Frage, das Starr ausgewählt hatte.

Starrs Ernennung bremste die Untersuchung, da der Großteil von Fiskes Mitarbeitern lieber aus dem Untersuchungsteam ausschied, als mit ihm zusammenzuarbeiten. Starr ließ sich auch nicht wie Fiske von seiner Anwaltsfirma beurlauben, weshalb er nur als Teilzeitsonderermittler arbeitete. Dazu kam, dass er keinerlei Erfahrung mit strafrechtlichen Ermittlungen hatte und »on the job« lernen musste. Obwohl ein Sonderermittler ausdrücklich verpflichtet ist, seine Untersuchungen »rasch, verantwortungsbewusst und kostengünstig« durchzuführen, erstellte Starr nie einen Zeitplan und zeigte im Gegensatz zu Fiske, der die Untersuchung bis Jahresende 1994 hatte abschließen wollen, nicht das geringste Interesse an einer zügigen Durchführung. Starr schien von Anfang an das Ziel zu verfolgen, die Untersuchung mindestens bis zur Präsidentschaftswahl im Jahr 1996 hinzuziehen.

In Anbetracht der Besorgnis erregenden Interessenkonflikte und der frühen Warnsignale war klar, dass Starr nicht an Fiskes Stelle getreten war, um eine unabhängige Sonderermittlung fortzusetzen. Es ging ihm darum, uns politischen Schaden zuzufügen. Ich wusste von Anfang an, was uns bevorstand – und dass wir nichts dagegen tun konnten. Wenigstens wollte ich unseren Rechtsberater Lloyd Cutler an sein Versprechen erinnern: Ich schlug ihm einen kleinen Hut aus Naturfaser vor ...

Parteigängerisches Verhalten war in Washington nichts Neues, sondern gehörte zum Alltag in der Hauptstadt. Was mich jedoch deprimierte, waren politisch motivierte Manöver, die der Zerstörung missliebiger Gegner dienten – jene bösartigen Kampagnen, deren einziges Ziel darin bestand, das Leben öffentlicher Personen zu ruinieren.

Während des gesamten Frühlings und Sommers hetzten ultrakonservative Radiomoderatoren ihre nationale Hörerschaft mit beängstigenden Horrorgeschichten aus Washington auf. Rush Limbaugh erzählte seinen zwanzig Millionen Hörern regelmäßig: »Bei Whitewater geht es um das Gesundheitswesen.« Es dauerte eine Weile, bis ich begriff, dass das tatsächlich stimmte. In der fortgesetzten Whitewater-Untersuchung ging es darum, unsere progressiven Vorhaben mit allen Mitteln zu verhindern. Wenn man alles glaubte, was man 1994 im Radio hörte, musste man zu dem Schluss gelangen, dass der Präsident ein Kommunist war, die First Lady eine Mörderin und dass sich die beiden verschworen hatten, den Bürgern ihre Waffen abzunehmen und sie dazu zu zwingen, sich von ihrem Hausarzt zu trennen (sofern sie einen hatten) und sich einem sozialistischen Gesundheitssystem auszuliefern.

An einem Nachmittag Ende Juli fuhr ich mit dem »Health Security Express« in Seattle ein. In Anlehnung an die »Freedom Rider«, die in den sechziger Jahren im Bus durch die Südstaaten gefahren waren, um für die Aufhebung der Rassentrennung zu werben, hatten die Befürworter der Gesundheitsreform diese Bustour durch die Vereinigten Staaten organisiert. Auf diese Weise sollte der Reformplan der Bevölkerung nahe gebracht werden, um dem Kongress zu zeigen, dass das Krankenversicherungsgesetz im Land Unterstützung genoss.

Die Promotiontour begann in Portland in Oregon, wo ich die erste Gruppe von »Healthcare Riders« verabschiedete. Trotz der Rekordhitze und der lautstarken Gegendemonstrationen war es eine fröhliche Veranstaltung. Als die Busse abfuhren, drehte über unseren Köpfen ein Sportflugzeug seine Runden, das ein Spruchband hinter sich herzog: »Hütet euch vor dem Betrüger-Express.« Billig war dieser Werbegag sicher nicht.

Die lokalen und nationalen Radiomoderatoren hatten während der ganzen Woche zum Protest aufgerufen: Die Leute sollten »Hillary zeigen«, was sie von ihr hielten. Dieser Aufruf mobilisierte hunderte hartgesottene Rechtsextreme, darunter Angehörige der Bürgermilizen, Steuerverweigerer und radikale Abtreibungsgegner, die Kliniken blockierten. Mindestens die Hälfte der 4500 Menschen, die meiner Rede zuhörten, waren Gegendemonstranten.

Der Secret Service befürchtete Schwierigkeiten. Ich war schon bei anderen Gelegenheiten aufgefordert worden, bestimmte Orte zu meiden oder Schutzkleidung zu tragen, doch an diesem Tag gab ich ihrem Drängen zum ersten Mal nach und legte eine kugelsichere Weste an. Ich fühlte mich tatsächlich physisch bedroht und konnte meine eigenen Worte kaum verstehen, so laut waren das Pfeifkonzert und die Zwischenrufe. Als wir nach meinem Vortrag abfahren wollten, drängten sich hunderte Demonstranten um die Fahrzeuge. Ich sah vor allem Männer zwischen zwanzig und vierzig, die mir Schmähungen zubrüllten. Ich werde ihre wuterfüllten Augen und ihre verzerrten Gesichter nie vergessen. Der Secret Service verhaftete an jenem Tag eine Reihe von Demonstranten und beschlagnahmte zwei Schusswaffen und ein Messer.

Diese Proteste ergaben sich weder zufällig noch spontan, sondern waren Bestandteil einer gut organisierten Kampagne, die dazu diente, die Rundreise der Buskarawane zu unterbrechen und ihre Botschaft zu unterdrücken. Wo die Busse auch hinkamen, sie wurden von Demonstranten empfangen, deren Aktivitäten ganz offen von einer Interessengruppe mit dem harmlos klingenden Namen Citizens for a Sound Economy, CSE (Bürger für eine gesunde Wirtschaft), finanziert wurden. Schließlich deckten mehrere Journalisten auf, dass die CSE in Koordination mit Newt Gingrichs Büro in Washington arbeitete. Und der großzügige Geldgeber der Gruppe war kein anderer als der medienscheue, jedoch zunehmend aktive Richard

Mellon Scaife, der ultrakonservative Milliardär, der auch das Arkansas Project finanziert hatte.

Zurück in Washington setzten wir unsere Bemühungen um einen Kompromiss mit den Republikanern im Kongress fort. Senator John Chafee aus Rhode Island, der aufgrund seiner Prinzipientreue und seines gemäßigten Auftretens großes Ansehen genoss, hatte sich früh auf die Seite der Reformbefürworter gestellt und setzte sich dafür ein, allen Bürgern eine Krankenversicherung zu garantieren. Senator Chafee hatte mit republikanischen Kollegen an einem eigenen, gut durchdachten Vorschlag gearbeitet und hoffte, eine Verschmelzung seines und unseres Reformplans werde in beiden Fraktionen ausreichende Unterstützung finden, um das Gesetz durchzubringen. Chafee unternahm große Anstrengungen, um die Kluft zwischen Republikanern und Demokraten zu überbrücken, blieb jedoch am Ende der einzige republikanische Befürworter der Reform. Damit ähnelte die Gesundheitsreform einem Patienten auf der Intensivstation, dem bereits die Letzte Ölung erteilt wurde.

In einer erhitzten Sitzung im Weißen Haus drängten mehrere Berater Bill, sich in einer Rede an die Nation zu wenden. Er solle über seinen Kampf um einen Konsens sprechen und die Frage stellen, warum sich Dole, Gingrich und andere führende Republikaner derart dagegen sträubten, sich an den Verhandlungstisch zu setzen. Eine andere Gruppe hielt es für klüger, das Gesetz in aller Stille sterben zu lassen. Mit Blick auf die Wahlen glaubten diese Berater, eine weitere Kontroverse könne uns nur schaden. Zudem befürchteten sie, der Präsident werde zusätzliche Aufmerksamkeit auf einen politischen Fehlschlag lenken, wenn er den Kongress offen herausforderte.

Ich war der Ansicht, das Land sollte einen kämpfenden Präsidenten sehen, auch wenn er verlor. Und ich befürwortete eine Abstimmung im Senat. Der Finanzausschuss hatte einen Kompromiss verabschiedet, den Senator Mitchell als Mehrheitsführer direkt zur Abstimmung vorlegen konnte. Selbst wenn diese Strategie eine republikanische Blockadepolitik auslösen würde, glaubte ich, dass wir Vorteile daraus ziehen könnten. Die Kongressmitglieder würden ihren Wählern bei den Novemberwahlen Rede und Antwort stehen müssen. Und deshalb mussten die Demokraten meiner Meinung nach unbedingt vermeiden, dass die Republikaner nicht einmal gegen die Reform stimmen müssten, um ein Projekt der demokratischen Mehrheit zu Fall zu bringen.

Doch die vorsichtigere Strategie setzte sich durch – die Gesundheitsreform starb in aller Stille. Ich glaube noch heute, dass das die falsche Entscheidung war. Die kampflose Aufgabe demoralisierte die Demokraten und ermöglichte es der Opposition, die Geschichte umzuschreiben.

Nach einem zwanzig Monate währenden Kampf gestanden wir unsere Niederlage ein. Wir wussten, dass wir zahlreiche Experten im Gesundheitswesen sowie einige unserer Abgeordneten enttäuscht hatten. Letzten Endes war es uns nicht gelungen, die große Mehrheit der versicherten Amerikaner davon zu überzeugen, dass sie nicht auf Leistungen würden verzichten müssen, um den Mitbürgern zu helfen, die keine Krankenversicherung hatten. Und es war uns nicht gelungen, die Bürger davon zu überzeugen, dass die Reform sie vor einem Verlust ihres Versicherungsschutzes bewahren und ihnen für die Zukunft eine erschwinglichere medizinische Versorgung garantieren würde.

Bill und ich waren enttäuscht und entmutigt. Ich wusste, dass ich zu unserem Scheitern beigetragen hatte, indem ich zum einen Fehler begangen und zum anderen den Widerstand unterschätzt hatte, den ich als First Lady mit einer politischen Mission wecken würde. Doch der entscheidende Punkt war, dass wir versucht hatten, zu viel zu schnell zu erreichen. Dennoch bin ich nach wie vor davon überzeugt, dass es richtig war, eine Reform zu versuchen. Ich glaube, dass unsere Arbeit in den Jahren 1993 und 1994 auch für den so genannten »Hillary-Faktor« sorgte, das heißt für die moderate Preispolitik der Pharmaunternehmen und der medizinischen Versorger in den neunziger Jahren. Unsere Reformansätze förderten auch ein politisches Klima, in dem wichtige, wenn auch kleinere Reformen in den folgenden Jahren möglich wurden. Unter der Führung der Senatoren Edward Kennedy und Nancy Kassebaum, einer Republikanerin aus Kansas, wurde ein Gesetz verabschiedet, das den Arbeitnehmern Versicherungsschutz auch bei einem Wechsel des Arbeitsplatzes garantierte. Darüber hinaus arbeitete ich hinter den Kulissen mit Senator Kennedy am Aufbau des Children's Health Insurance Program (CHIP), von dem im Jahr 2003 bereits mehr als fünf Millionen Kinder berufstätiger Eltern erfasst waren, die zu gut verdienten, um Zugang zu Medicaid zu haben, sich jedoch keine Privatversicherung leisten konnten. Bei CHIP handelte es sich um die umfassendste Erweiterung der öffentlichen Krankenversicherung seit der Einführung von Medicaid im Jahr 1965. Das Programm trug dazu bei, die Zahl der nicht versicherten Amerikaner zum ersten Mal seit zwölf Jahren zu senken.

Die Regierung Clinton brachte auch Gesetze durch, an denen ich mitgearbeitet hatte, darunter Gesetze, die dem Schutz der privaten medizinischen Daten dienten, Müttern das Recht auf einen mehr als 24-stündigen Krankenhausaufenthalt nach einer Geburt einräumten, die Brustkrebs- und Prostatakrebsfrüherkennung ausweiteten, die Diabetesforschung unterstützten und den Anteil der geimpften Zweijährigen zum ersten Mal auf neunzig Prozent erhöhten. Bill nahm auch den Kampf gegen die Tabaklobby auf und erklärte Aids in den USA und in der ganzen Welt den Krieg. Er nutzte seine Befugnisse als Präsident, um die Patientenrechte auf die mehr als achtzig Millionen im Federal Health Plan Registrierten und deren Familienangehörige auszuweiten. Keine dieser Maßnahmen stellte einen dem Health Security Act vergleichbaren Einschnitt dar, doch in ihrer Gesamtheit verbesserten diese Reformen die Lebensbedingungen von Millionen Amerikanern. Vorübergehend, denn im Jahr 2002 – die Wirtschaft war erneut in Schwierigkeiten geraten – stiegen die Kosten der Krankenversicherungen erneut sehr viel schneller als die Inflation. Die Zahl der nicht versicherten Menschen erhöhte sich, und die von Medicare abhängigen alten Menschen hatten immer noch keinen Anspruch auf eine Ausgabenerstattung für rezeptpflichtige Medikamente. Jene Leute, die damals die zur Diskreditierung der Gesundheitsreform gedachten Werbespots mit »Harry und Louise« finanzierten, mögen heute besser dastehen als zuvor, doch die Situation der amerikanischen Bevölkerung hat sich wieder verschlechtert. Eines Tages werden wir das System reparieren. Wenn es endlich gelingt, das Gesundheitssystem grundlegend zu reformieren, wird ein Kampf hinter uns liegen, der mittlerweile ein halbes Jahrhundert dauert. Er wurde von Harry Truman aufgenommen und von Richard Nixon, Jimmy Carter und zuletzt Bill Clinton und mir fortgeführt. Ja, ich bin glücklich darüber, dass wir es versucht haben.

Obwohl Bills Amt bei den Zwischenwahlen zum Kongress im Jahr 1994 nicht zur Disposition stand, wussten wir, dass sich seine Amtsführung – also auch der Rückschlag bei der Gesundheitsreform – auf das Wahlergebnis auswirken würde. Dazu kamen andere Faktoren, darunter einer der wenigen vorhersehbaren Trends in der amerikanischen Politik: Die Partei, die den Präsidenten stellt, verliert bei den Urnengängen zwischen den Präsidentenwahlen üblicherweise Sitze im Kongress. Dieses Wahlverhalten dürfte seine Wurzel in dem Wunsch der Wähler haben, ein Machtgleichgewicht in Washington aufrechtzuerhalten. Der Präsident darf nie so viel Macht erhalten, dass er sich das Recht nehmen kann, wie ein Monarch zu regieren. Eine Methode, um ihn an der Leine zu halten, besteht darin, die Position seiner Partei im Kongress zu schwächen. Entwickelt sich die Wirtschaft schlecht oder wird die Popularität des Präsidenten durch andere Faktoren beeinträchtigt, können diese Verluste hoch ausfallen.

Newt Gingrich und seine Truppe selbst ernannter republikanischer »Revolutionäre« schienen diesen Trend unbedingt nutzen zu wollen. Im September postierte sich Gingrich umgeben von seinen Gesinnungsgenossen auf den Stufen des Kapitols, um sein Vorhaben für den Fall eines Sieges bei den Zwischenwahlen zu verkünden: den »Contract with America«. Dieser »Vertrag« beinhaltete unter anderem Pläne, das Bildungsministerium aufzulösen, die Ausgaben für Medicare und Medicaid, die Bildung und den Umweltschutz zu kürzen und Steuervergünstigungen für den Niedriglohnsektor abzuschaffen. Im Weißen Haus wurde das Vorhaben aufgrund des Schadens, den es anzurichten drohte, auf den Namen »Contract *on* America« [Anm. d. Red.: so viel wie »Einschränkung von Amerika«] getauft. Die Zahlen, die diesem widersprüchlichen Plan zugrunde lagen, stimmten hinten und vorn nicht: Man kann nicht die Rüstungsausgaben erhöhen und gleichzeitig die Steuern senken und das Budget ausgleichen, ohne dabei staatliche Leistungen radikal zu kürzen. Doch Gingrich vertraute darauf, dass den Wählern die Rechenfehler entgehen würden. Der »Vertrag« diente dazu, aus den lokalen Wahlen um die Abgeordnetensitze eine nationale zu machen mit dem Ziel: Ablehnung der Regierung Clinton und Zustimmung zum »Contract with America«.

In den Vereinigten Staaten richten sich die Kandidaten für Abgeordnetsitze und öffentliche Ämter häufig nach Meinungsumfragen. Diese Umfragen, gedacht als eine Art Diagnoseinstrument, sollen es den Abgeordneten erleichtern, sich ausgehend vom Wählerwillen wirkungsvoll für eine bestimmte Politik einzusetzen. Gute politische Meinungsforschung ist zum Teil Statistik, zum Teil Psychologie und zum Teil Alchemie. Entscheidend ist Folgendes: Um brauchbare Antworten zu erhalten, muss man einer repräsentativen Gruppe potenzieller Wähler die richtigen Fragen stellen.

Als die Halbzeitwahlen im November näher rückten, versicherten uns Bills politische Berater, die Demokratische Partei sei in relativ guter Verfassung. Ich machte mir dennoch Sorgen. Nachdem ich wochenlang kreuz und quer durch das Land gereist war, um an den Wahlveranstaltungen unserer Kandidaten teilzunehmen, konnte ich mich des Gefühls nicht erwehren, dass sowohl die von außenstehenden Einrichtungen in Auftrag gegebenen als auch die von unseren Meinungsforschern durchgeführten Umfragen die Situation nicht richtig wiedergaben. Mein Verdacht war, dass die Experten die unter der politischen Oberfläche schwelende vehemente Opposition der Rechten und die Gleichgültigkeit unserer demoralisierten Anhänger nicht richtig erfassten. Möglicherweise sagt die Mehrheit der Wähler, dass ihnen an vernünftigen Maßnahmen zur Waffenkontrolle gelegen ist, doch diese Mehrheit ist nicht so engagiert wie die Minderheit der Wähler, die sich jeder Kontrolle des Waffenbesitzes widersetzt. Die engagierte Minderheit erschein in den Wahllokalen, um für den Kandidaten zu stimmen, der in dieser spezifischen Frage – die auch als Spalt-thema bezeichnet wird – ihre Interessen vertritt. Die Mehrheit macht ihr Wahlverhalten aber von einer Vielzahl anderer Fragen abhängig oder geht überhaupt nicht wählen.

Ich wusste, dass viele Leistungen unserer Regierung als Spalt-themen eingestuft werden mussten. Die meisten republikani-schen Wähler widersetzten sich vehement der stärkeren Besteu-erung von höheren Einkommen und dem Brady-Gesetz, das 1994 verabschiedet worden war und sowohl Herstellung als auch Verkauf und Besitz der 19 gefährlichsten halbautomati-schen Waffen für illegal erklärte. Die National Rifle Associ-ation, die religiöse Rechte und die Gruppen, die gegen die staat-lichen Steuern kämpften, waren motivierter denn je. Ich wusste auch, dass einige überzeugte Demokraten von uns enttäuscht waren, weil wir an der Gesundheitsreform gescheitert waren, oder dass sie sich von einer Regierung betrogen fühlten, die sich (mit Erfolg) für das NAFTA-Freihandelsabkommen einge-setzt hatte – ein Projekt, das Bill von der Regierung Bush senior übernommen hatte und das daher bei vielen Demokraten auf Ablehnung stieß. Meine Sorge war, dass ihnen diese Enttäu-schung den Blick auf alle Erfolge der Regierung und der demo-kratischen Führung verstellen würde. Die Anhänger der Demo-kratischen Partei schienen keine Notwendigkeit zu spüren, sich an der Wahl zu beteiligen. Und viele Wechselwähler spürten den Aufschwung noch nicht und konnten nicht ermessen, welch vorteilhafte Wirkung die Verringerung des Budgetdefi-zits auf die Zinsen und die Schaffung von Arbeitsplätzen haben würde.

Im Oktober kam mir der Gedanke, Dick Morris anzurufen, um ihn zu fragen, wie er als Außenstehender unsere Aussich-ten einschätzte. Bill und ich hielten Morris für einen kreativen Meinungsforscher und einen brillanten Strategen, der jedoch einige Schwächen hatte. Seine Ratschläge waren manchmal etwas abwegig und er konnte etwa so gut mit Menschen umge-hen wie ein Stachelschwein. Vor allem hatte er keinerlei Skru-pel, für beide politische Lager zu arbeiten und gegensätzliche Standpunkte zu verfechten. Er hatte Bill geholfen, fünf Gou-verneurswahlen für sich zu entscheiden, doch er hatte auch für die konservativen republikanischen Senatoren Trent Lott aus Mississippi und Jesse Helms aus North Carolina gearbeitet. Bills Berater hatten deshalb darauf bestanden, Dick Morris aus dem Präsidentschaftswahlkampf von 1991 herauszuhalten.

Dennoch glaubte ich, dass Dick, vor allem bei der Beurteilung des Verhaltens von Wechselwählern, sehr wertvoll für uns sein konnte, wenn wir ihn vorsichtig und unauffällig einbanden. Mit seinem instinktiven Verständnis für die verborgenen Seiten der Politik und seiner tiefen Skepsis Menschen gegenüber eignete Dick sich hervorragend als Gegenpol zu dem unerschütterlich optimistischen Bill Clinton. Bill sah hinter jeder Wolke bereits wieder die Sonne hervorblinzeln, Dick witterte hinter jeder Wolke ein Gewitter.

Ich griff also zum Hörer und erklärte Morris, dass ich den positiven Ergebnissen der Meinungsumfragen nicht traute und seine Ansicht dazu hören wollte. »Werden Sie uns helfen, wenn ich Bill dazu bewegen kann, Sie anzurufen?«

Dick war zu jener Zeit für vier republikanische Kandidaten tätig. Doch das war nicht der Grund für seinen Widerwillen.

»Es hat mir nicht gefallen, wie ihr mich vor drei Jahren behandelt habt«, sagte er in seinem rasanten New Yorker Stakkato. »Eure Leute waren wirklich fies zu mir.«

»Ich weiß, ich weiß, Dick. Aber die Leute finden Sie nun einmal schwierig.« Nachdem ich ihm versichert hatte, dass er nur mit Bill und mir zu tun haben werde, und ihm die verlockende Aufgabe skizziert hatte, biss Dick an.

Er entwarf in aller Stille eine Reihe von Fragen, anhand derer er die Stimmungslage unter den Wählern analysierte. Die Ergebnisse, die er uns vorlegte, waren alles andere als erfreulich. Obwohl das Haushaltsdefizit endlich wieder unter Kontrolle war, obwohl hunderttausende neue Arbeitsplätze entstanden und die Wirtschaft wieder zu wachsen begann, glaubte der Großteil der Bevölkerung nicht wirklich an einen Aufschwung. Und die, die daran glaubten, waren nicht bereit, die positive Entwicklung den Demokraten zuzuschreiben. Um einen Stimmungswechsel herbeizuführen, müssten die demokratischen Kandidaten konkrete Maßnahmen in den Vordergrund stellen, deren Erfolg die Wähler auch sehen konnten, etwa das Brady-Gesetz, den Family Leave Act und Ameri-Corps. Anstatt einer passiven Strategie, die nur auf den republikanischen »Contract with America« abzielte, sollten wir in die Offensive gehen.

Zwei Wochen vor dem Wahltag reisten Bill und ich in den Nahen Osten. Wir wollten der Unterzeichnung der Friedensvereinbarung beiwohnen, die den immer noch bestehenden Kriegszustand zwischen Israel und Jordanien offiziell beenden würde. Diese Reise fiel mit meinem 47. Geburtstag zusammen, den ich in drei verschiedenen Ländern feierte. Während Bill sich mit dem ägyptischen Präsidenten Mubarak und PLO-Chef Yassir Arafat traf, um über den Friedensprozess im Nahen Osten zu sprechen, genoss ich den Anblick der Pyramiden, bevor ich einer Frühstückseinladung von Mubaraks Ehefrau Suzanne folgte. In einem Gästezimmer mit Blick auf die Sphinx präsentierte sie mir sogar einen Geburtstagskuchen.

Hosni und Suzanne Mubarak sind ein beeindruckendes Paar. Suzanne, eine Soziologin, setzt sich in Ägypten trotz des Widerstands der Islamisten mit großer Energie dafür ein, Frauen und Mädchen mehr Chancen und Zugang zur Bildung zu ermöglichen. Mubarak regiert Ägypten seit der Ermordung von Anwar Sadat im Jahr 1981. Er versucht die muslimischen Extremisten zu kontrollieren, die mehrfach versucht haben, ihn zu ermorden. Wie andere arabische Führer, denen ich begegnet bin, ist sich Mubarak des Dilemmas bewusst, in dem sein Land steckt: In Ägypten bestehen große Spannungen zwischen einer westlich orientierten gebildeten Minderheit, die eine Modernisierung des Landes anstrebt, und einer konservativen Bevölkerungsmehrheit, deren Angst vor einem Verlust ihrer traditionellen Werte und ihrer Lebensform den Extremisten großen Zulauf beschert. Zwischen diesen beiden gesellschaftlichen Strömungen auszugleichen, kommt einem politischen Drahtseilakt gleich.

Von Kairo aus flogen wir nach Jordanien, wo wir die spektakuläre Schlucht des Wadi Mujib besuchten. Im Anschluss an die Besichtigung wurde der Friedensvertrag zwischen Jordanien und Israel unterzeichnet. Zwei visionäre politische Füh-

rer nahmen für den Frieden große persönliche und politische
Risiken auf sich. Ministerpräsident Yitzhak Rabin und König
Hussein bin Talal waren in vielen Schlachten gestählte Kämpfer, die nie die Hoffnung auf eine bessere Zukunft für ihre Völker aufgaben.

König Hussein, ein Nachfahre des Propheten Mohammed,
war eine fesselnde Persönlichkeit. Er vermittelte eine einzigartige Mischung von Liebenswürdigkeit, Bescheidenheit, Macht
und Stärke und war ein wahrer Überlebenskünstler, der seinem Volk einen Platz in einer gefährlichen Nachbarschaft zu
sichern versuchte.

Königin Noor ist die in den Vereinigten Staaten geborene
Princeton-Absolventin Lisa Najeeb Halaby. Ihr Vater, der ehemalige Vorsitzende der Fluggesellschaft Pan American, hatte
syrische und libanesische Vorfahren, ihre Mutter war Schwe-
din. Königin Noor, die Architektur und Stadtplanung studiert
hatte, hatte Hussein kennen gelernt, als sie als Planungsleiterin für die Royal Jordanian Airlines gearbeitet hatte. Seit ihrer
Heirat engagiert sie sich in ihrer zweiten Heimat für die Verbesserung des Bildungswesens, die Rechte der Frau und die
wirtschaftliche Entwicklung und vertritt rund um den Erdball
die Belange Jordaniens.

Im Anschluss an die Zeremonie fuhren wir mit dem Königspaar zur königlichen Sommerresidenz in Akaba am Roten
Meer. Noor überraschte mich mit meinem zweiten Geburtstagskuchen, in dem Kerzen steckten, die sich immer von neuem entzündeten, wenn man sie ausblies. Der König eilte mir
lachend zu Hilfe. Natürlich hatte er genauso wenig Erfolg.
Augenzwinkernd verkündete er: »Manchmal werden nicht
einmal die Befehle eines Königs befolgt!« Ich denke oft an diesen wunderbaren Nachmittag zurück, als die Hoffnung auf
Frieden so groß war.

Am Abend hatte Bill als erster amerikanischer Präsident die
Ehre, in Amman vor dem jordanischen Parlament zu sprechen.
Unsere Delegation nahm auf der Tribüne Platz und versuchte
vergeblich, Bills Ausführungen zu folgen – der Jetlag begann
Tribut von der erschöpften Reisegesellschaft zu fordern. Um
mich herum sackten die Köpfe der Mitarbeiter des Weißen

Hauses und der Kabinettsmitglieder einer nach dem anderen nach vorn. Ich hielt durch, indem ich die Fingernägel in meine Handflächen bohrte und mich in die Arme zwickte – diesen Trick hatten mir meine Leibwächter beigebracht. Zum Glück erholte ich mich rechtzeitig für ein privates Abendessen mit dem Königspaar in der Residenz. Sie lebten nicht in einem prunkvollen Palast, sondern in einem komfortablen Haus, das geschmackvoll, jedoch bescheiden eingerichtet war. Die Nacht verbrachten Bill und ich im al-Hashimiya-Palast, einem modernen königlichen Gästehaus in den Hügeln nördlich der Stadt, von dem aus man einen herrlichen Blick über die Landschaft und die Minarette des haschemitischen Königreichs hat.

Von Jordanien aus reisten wir nach Jerusalem weiter, wo mich Leah Rabin mit einem dritten Geburtstagskuchen erwartete und Bill eine weitere historische Rede hielt – diesmal in der Knesset, dem israelischen Parlament. Als wir uns auf den Heimweg machten, hatten wir das Gefühl, Israel sei einem sicheren Frieden mit seinen Nachbarn einen weiteren Schritt näher gekommen.

Diese Reise krönte Bills außenpolitische Aktivitäten in seiner ersten Amtsperiode. Er hatte in dieser Zeit eine tragende Rolle in den Friedensbemühungen im Nahen Osten gespielt und sich mit dem seit Jahrzehnten andauernden Konflikt in Nordirland befasst. Nach aufreibenden diplomatischen Interventionen und der Landung amerikanischer Truppen in Haiti konnte die Militärjunta abgelöst und der gewählte Präsident Jean-Bertrand Aristide wieder in sein Amt eingesetzt werden. Und von der Öffentlichkeit unbemerkt war es gelungen, eine atomare Krise in Nordkorea vorübergehend beizulegen. Nordkorea stimmte 1994 in einem Abkommen zu, sein gefährliches Atomwaffenprogramm einzustellen und Waffen – sofern vorhanden – unschädlich zu machen. Im Gegenzug sollte das kommunistische Land Hilfsleistungen von den USA, Kanada und Südkorea erhalten. Auch wenn die Weltöffentlichkeit später erfuhr, dass Nordkorea sich nicht an dieses Abkommen hielt, wendete es damals einen drohenden militärischen Konflikt ab. Wäre es nicht zustande gekommen, hätte Nordkorea bis zum Jahr 2003 genug Plutonium herstellen können, um dutzende

Atomwaffen zu produzieren oder die tödlichste Substanz der Welt an den Meistbietenden zu verkaufen.

Dank seiner Erfolge auf der Weltbühne machte Bill in den Meinungsumfragen in der letzten Oktoberwoche 1994 einen Sprung nach vorn. Seine politischen Berater drängten ihn nun, den demokratischen Kandidaten für den Kongress im Wahlkampf Rückendeckung zu geben. Bill fragte zahlreiche Freunde und Vertraute, offizielle und informelle Berater nach ihrer Meinung.

Ich war der Ansicht, dass ein Einstieg in den Wahlkampf Bills »Image« nicht zuträglich sein würde, da die Bevölkerung Bill anscheinend lieber als Staatsmann denn als Präsidenten sah, der in innenpolitische Kontroversen verwickelt war. Die Entscheidung war schwierig, doch schließlich konnte Bill der Versuchung nicht widerstehen und übernahm die Führung im Wahlkampf seiner Partei.

Die Wahlsaison war bislang alles andere als erfolgreich verlaufen – nicht nur für die Kandidaten auf der Wahlbühne, sondern auch im Weißen Haus, wo es zu zwei beunruhigenden Vorfällen gekommen war. Im September hatte ein Mann ein Kleinflugzeug in die Executive Mansion gesteuert. Glücklicherweise schliefen wir in jener Nacht im Blair House, da in unseren Privaträumen das Heiz- und Lüftungssystem renoviert wurde. Der Pilot starb noch im Wrack der Maschine; seine Motive konnten nicht genau geklärt werden. Rückblickend hätte die Tatsache, dass er ohne weiteres das Weiße Haus hätte treffen können, alle Welt darauf aufmerksam machen müssen, wie gefährlich selbst ein kleines Flugzeug sein kann.

Den zweiten Schreck erlebten wir am 29. Oktober. Ich begleitete an jenem Tag die Senatorin Dianne Feinstein zu einer Wahlveranstaltung im Palace of Fine Arts Theatre in San Francisco. Plötzlich lotsten mich die Leute vom Secret Service in einen kleinen Nebenraum. Der Leiter meines Bewachungskommandos teilte mir mit, der Präsident wolle mich am Telefon sprechen. »Ich möchte dich nicht beunruhigen«, sagte Bill, »aber jemand hat auf das Weiße Haus geschossen.« Ein Mann hatte vom Zaun an der Pennsylvania Avenue mit einem halbautomatischen Gewehr das Feuer auf den Amtssitz des Präsidenten eröffnet. Mehrere Passanten hatten ihn überwältigt, bevor er nachladen konnte, und wie durch ein Wunder war niemand verletzt worden. Es war beunruhigend, dass der Schütze das Feuer genau in dem Moment eröffnet hatte, als er auf dem Grundstück einen großen weißhaarigen Mann gesehen hatte, der aus der Entfernung eine gewisse Ähnlichkeit mit dem Präsidenten hatte. Der Täter war ein psychisch gestörter Waffennarr, der zuvor schon Drohanrufe an das Büro eines Senators gerichtet hatte, weil er über das Brady-Gesetz und das Verbot automatischer Waffen erbost war.

Als ich am Abend völlig übermüdet ins Weiße Haus zurückkehrte, riefen Bill und ich bei Dick Morris an. Er hatte die Meinungsumfragen ausgewertet.

»Ihr werdet den Kongress verlieren«, sagte Dick. »Den Senat *und* das Repräsentantenhaus.«

»*Was?!*«

»Und zwar mit großem Abstand.«

Meine schlimmsten Befürchtungen schienen sich zu bestätigen. Bill engagierte sich in der folgenden Woche noch nachdrücklicher im Wahlkampf, warf sich in Detroit und Duluth ins Gefecht und klapperte Orte im ganzen Land ab. Doch es brachte nicht viel.

Der Wahltag begann für mich wie jeder andere. Ich empfing Eeva Ahtisaari, die Gattin des finnischen Präsidenten, und traf mich in Begleitung von Tipper Gore mit Marike de Klerk, der Frau des ehemaligen südafrikanischen Regierungschefs, die in Washington zu Besuch war. Am späten Nachmittag machte sich in den Gängen des Weißen Hauses eine Stimmung wie bei einem Begräbnis breit.

Bill, Chelsea und ich nahmen das Abendessen in der kleinen Küche im zweiten Stock ein. Wir wollten allein sein, wenn die Katastrophe amtlich wurde: Obwohl Senator Feinstein nur knapp unterlag, verloren die Demokraten acht Senatssitze und erschreckende fünfzig Sitze im Repräsentantenhaus. Das Ergebnis bedeutete die erste republikanische Kongressmehrheit seit der Regierung Eisenhower. Überall waren die demokratischen Amtsinhaber abgewählt worden. Politische Schwergewichte wie der Sprecher des Repräsentantenhauses Tom Foley aus Washington oder der New Yorker Gouverneur Mario Cuomo büßten ihre Sitze im Kongress ein. Und meine Freundin Ann Richards musste das Gouverneursamt von Texas an einen Mann mit einem berühmten Namen abtreten: George W. Bush.

Chelsea zog sich schließlich in ihr Zimmer zurück, um sich auf den kommenden Schultag vorzubereiten. Bill und ich blieben am Küchentisch zurück, sahen uns die Hochrechnungen an und versuchten, die Ergebnisse zu verstehen. Das amerikanische Volk hatte uns eine deutliche Botschaft geschickt. Die Wahlbeteiligung war erbärmlich niedrig gewesen: Weniger als die Hälfte der registrierten Wähler war zu den Urnen gegangen, wobei sehr viel mehr Demokraten als Republikaner zu Hause geblieben waren. Der einzige Lichtblick in diesen düsteren Tagen war, dass die Republikaner ihr »gewaltiges Mandat« von weniger als einem Viertel der Wahlberechtigten erhalten hatten.

Doch diese Tatsache war nicht geeignet, einen siegestrunkenen Newt Gingrich zu bremsen, der sich an jenem Abend vor die Kameras stellte, um den republikanischen Triumph für sich in Anspruch zu nehmen. Er wusste bereits, dass er der nächste Vorsitzende des Repräsentantenhauses sein würde, der erste Republikaner seit 1954 im Amt des Speakers. Gingrich bot großmütig an, mit den Demokraten zusammenzuarbeiten, um seinen »Vertrag mit Amerika« in Rekordzeit im Kongress durchzubringen. Die Vorstellung, die nächsten zwei Jahre mit einem von den Republikanern beherrschten Kongress regieren zu müssen, war entmutigend. Die politische Auseinandersetzung würde noch härter werden, und die Regierung würde darum kämpfen müssen, das, was sie bereits für das Land erreicht hatte, zu bewahren.

Erschöpft und enttäuscht, musste ich mir die Frage stellen, welchen Anteil ich zu diesem Debakel beigetragen hatte: Hatten wir die Wahl auch aufgrund der gescheiterten Gesundheitsreform verloren? Hatte ich zu viel gewagt, als ich darauf gehofft hatte, das Land werde meine aktive Rolle im Weißen Haus akzeptieren? Und wie war es dazu gekommen, dass ich mich in eine bevorzugte Zielscheibe für die Wut so vieler Menschen verwandelt hatte?

Bill war niedergeschlagen. Es schmerzte mich, einen Menschen, den ich liebe, so leiden zu sehen. Er wusste, dass seine Erfolge und seine Fehlschläge zur Niederlage der Demokraten beigetragen hatten. Ich erinnerte mich, wie ihm zumute gewesen war, als er die Wahlen in den Jahren 1974 und 1980 verloren hatte. Doch diesmal war der Einsatz höher, und er hatte das Gefühl, seine Partei im Stich gelassen zu haben.

Zwiegespräch mit Eleanor

Ein alter chinesischer Fluch lautet: »Mögest du in interessanten Zeiten leben.« Diese Verwünschung wurde in unserer Familie zum geflügelten Wort. Bill und ich fragten einander regelmäßig: »Und, lebst du noch in einer interessanten Zeit?« Doch das Adjektiv »interessant« traf es nicht wirklich. Die Wochen nach der verheerenden Niederlage bei den Zwischenwahlen zählten zu den schwierigsten, die ich im Weißen Haus erlebte. An den besseren Tagen versuchte ich, die Niederlage als Teil des Auf und Ab der Wahlzyklen zu betrachten, ähnlich den wiederkehrenden Kursschwankungen an der Börse. An schlechten Tagen machte ich mir Vorwürfe, weil ich die Gesundheitsreform in den Sand gesetzt hatte, indem ich zu forsch losgelegt und dadurch unsere Gegner zusammengeschweißt hatte. Viele Leute innerhalb und außerhalb des Weißen Hauses waren verärgert; aus missfälligem Gemurmel wurden Schuldzuweisungen, die uns nicht weiterbrachten. Wir mussten eine neue Strategie entwickeln, um auf die veränderte innenpolitische Situation reagieren zu können.

Als ich an einem trübseligen Novembermorgen nach einer Sitzung mit Bill im Oval Office in meinem Büro vorbeischaute, fiel mein Blick auf ein gerahmtes Foto von Eleanor Roosevelt, das auf einem der Tische stand. Ich bin ein großer Fan von Mrs. Roosevelt und sammle seit langem Porträts von ihr sowie Momentaufnahmen ihrer Karriere. Beim Anblick ihres gelassenen, entschlossenen Gesichtsausdrucks kam mir eines ihrer Zitate in den Sinn: »Eine Frau ist wie ein Teebeutel. Wie robust sie ist, erfährt man erst, wenn man sie in heißes Wasser taucht.« Es war Zeit für ein Gespräch mit Eleanor.

In meinen Reden machte ich oft Witze über meine imaginären Unterhaltungen mit Eleanor Roosevelt, in denen ich sie um Rat zu verschiedensten Fragen bat. Diese Art von Zwiegespräch ist eine nützliche geistige Übung, die dabei hilft, Probleme zu analysieren, sofern man den richtigen Gesprächspartner findet. Eleanor Roosevelt war für mich ideal: Ich war – manchmal geradezu buchstäblich – den Spuren dieser First Lady gefolgt, die zu den umstrittensten in der amerikanischen Geschichte zählt. Ich besuchte verlassene Goldgräberstädte im Westen, verarmte Viertel von New York und abgelegene Orte in Usbekistan – überall hatte Eleanor bereits ihre Spuren hinterlassen. Sie setzte sich für viele Dinge ein, die auch mir am Herzen lagen: für die Bürgerrechte, für ein Verbot der Kinderarbeit, für den Schutz von Flüchtlingen und für die Menschenrechte. Sie sah sich oft harscher Kritik seitens der Medien ausgesetzt und wurde von Regierungsmitgliedern angegriffen, weil sie ihre Rolle als First Lady zu eigenwillig auslegte. Eleanor musste sich als kommunistische Agitatorin und als vorlautes Hausmütterchen bezeichnen lassen. Sie verärgerte Mitglieder der Regierung ihres Mannes – Innenminister Harold Ickes senior (der Vater von Bills stellvertretendem Stabschef) beklagte sich, sie solle sich nicht überall einmischen, sondern besser »zurück an den Herd« gehen – und trieb FBI-Chef J. Edgar Hoover zur Verzweiflung. Ihr kämpferischer Geist war nicht zu zähmen und ihr Engagement nicht zu bremsen.

Was würde Eleanor Roosevelt wohl zu meiner misslichen Lage gesagt haben? Nicht viel, stellte ich mir vor, denn sie hätte keinen Sinn darin gesehen, sich von den Rückschlägen im politischen Alltag entmutigen zu lassen. Man musste einfach weitermachen und unter den gegebenen Umständen sein Bestes geben.

Die Kämpfe, die Eleanor ausfocht, hätten sie leicht isolieren können, doch sie hatte gute Freunde, auf die sie sich stützen konnte, wenn sie unter Druck geraten war. Auch ich hatte das Glück, von einem Stab ausgezeichneter und loyaler Mitarbeiterinnen und einem großen Freundeskreis umgeben zu sein. Meine alten Freundinnen Diane Blair und Ann Henry aus Arkansas besuchten mich in den Wochen nach dem Wahldebakel im Weißen Haus und standen mir mit wertvollen Ratschlägen zur Seite. Freunde aus der ganzen Welt erkundigten sich, wie ich mit dieser neuerlichen Krise umging. Sogar Königin Noor rief mich an, um mir Mut zuzusprechen. Sie erzählte mir, ihre Familie verwende zur Aufmunterung in schwierigen Situationen den Ausdruck »Sei tapfer, Soldat!«. Der Ausdruck gefiel mir und ich begann, ihn in den Sitzungen zu verwenden, um meine Mitarbeiterinnen anzufeuern. Doch manchmal war ich diejenige, die Anfeuerung brauchte.

Eines Morgens Ende November berief Maggie Williams eine Sitzung ein, an der neun weitere Frauen teilnahmen, deren Meinungen ich besonders schätzte: Patti, meine Planungsleiterin; Ann, die Sozialberaterin des Weißen Hauses; meine Pressesekretärin Lisa, meine Redenschreiberin Lissa, die stellvertretende Stabschefin Melanne, Evelyn Lieberman sowie meine Freundinnen Mandy Grunwald, Susan Thomases und Ann Lewis.

Diese Frauen trafen sich einmal in der Woche, um über politische Ideen und Strategien zu sprechen. Evelyn hatte einen für ihre schroffe Art typischen Namen für diese reinen Frauentreffen geprägt: sie hießen »Chix meetings«. Wann immer ich konnte, schloss ich mich diesen lebhaften und wunderbar inoffiziellen Treffen an. Maggie begrüßte meine Teilnahme an diesen Runden, weil sie wusste, dass ich angesichts des Drucks, der im Weißen Haus auf mir lastete, einen Ort brauchte, an dem ich offen und geradeheraus sprechen konnte, ohne dass etwas durchsickerte und in die Medien gelangte. Diese Sitzungen würden es uns allen und insbesondere mir erleichtern, uns wieder auf die wirklich wichtigen Fragen zu konzentrieren und unser Bekenntnis zu den politischen Zielen dieser Regierung zu bekräftigen.

Diesmal hatten sich die Chix im historischen Map Room im ersten Stock des Weißen Hauses versammelt. Dort hatte Präsident Franklin D. Roosevelt im Zweiten Weltkrieg auf riesigen Militärkarten die Truppenbewegungen verfolgt und sich mit Winston Churchill und anderen politischen Führern der Alliierten ausgetauscht. Dreißig Jahre später hatten sich der damalige Außenminister Henry Kissinger und der sowjetische Botschafter während des Vietnamkriegs im Map Room getroffen, nachdem Präsident Richard Nixon die Verminung des Hafens Haiphong angeordnet hatte. Unter der Regierung Ford war der geschichtsträchtige Raum in einen Lagerraum verwandelt worden.

Nachdem ich von der Vergangenheit des Map Room gehört hatte, entschloss ich mich, das Zimmer wieder einzurichten. Ich spürte eine von Roosevelts Strategiekarten auf, in der die alliierten Positionen in Europa im Jahr 1945 eingetragen waren. Sie erhielt einen Ehrenplatz über dem Kamin. Besucher, die den Zweiten Weltkrieg erlebt hatten, reagierten sehr emotional auf die Karte. Einmal traf ich mich im Map Room mit Professor Uwe Reinhardt, einem in Deutschland geborenen Wirtschaftswissenschaftler, der mich in Fragen der Gesundheitsreform beriet. Die Karte zog ihn sofort in ihren Bann. Mit Tränen in den Augen zeigte er mir die Orte, wo er sich mit seiner Mutter vor dem Bombenhagel versteckt hatte, während sein Vater an der russischen Front kämpfte. Nun trafen sich also die Chix in diesem Raum – ein, wie wir fanden, würdiger Rahmen für unsere Strategiesitzungen.

Als ich den Raum betrat, hatten sich meine Mitarbeiterinnen bereits um einen großen rechteckigen Tisch versammelt. Bis zu jenem Augenblick war es mir gelungen, den auf mir lastenden Druck und meine Niedergeschlagenheit vor ihnen zu verbergen. Nur Maggie schien immer genau zu wissen, was ich empfand, gleichgültig, ob ich es zeigte oder nicht. Doch nun konnte ich die Tränen kaum noch zurückzuhalten und bat mit erstickter Stimme um Verzeihung, sollte ich zu unserer Niederlage beigetragen und meinen Stab im Stich gelassen haben. Ich sagte meinen Mitarbeiterinnen, dass ich mich aus der aktiven politischen Arbeit zurückziehen würde, da ich die Regierungszeit meines Mannes nicht behindern wollte. Und dass ich einen für denselben Abend geplanten Auftritt bei einem Forum über First Ladies absagen würde. Ich sah keinen Sinn mehr in einer Teilnahme.

Meine Mitarbeiterinnen hörten mir schweigend zu. Dann ergriffen sie eine nach der anderen das Wort, um mir zu sagen, warum ich nicht aufgeben oder mich zurückziehen sollte. Zu viele Menschen, vor allem Frauen, würden auf mich zählen. »Welche Botschaft würden Sie ihnen vermitteln, wenn Sie sich aus der aktiven Politik zurückzögen?«, fragte Lissa Muscatine schließlich. Diese Frage verfehlte ihre Wirkung nicht. Gestärkt durch die Unterstützung meiner Freundinnen, marschierte ich am Abend doch noch pflichtbewusst zum Mayflower Hotel hinüber, um am Forum über die First Ladies teilzunehmen. Das Publikum war begeistert und stand eindeutig auf meiner Seite, was ermutigend war. Zum ersten Mal seit der Wahl fühlte ich mich stark genug, um mich wieder ins Gefecht zu stürzen. Und wieder folgte ich Eleanor Roosevelt, die einmal gesagt hatte: »Wenn ich deprimiert bin, gehe ich an die Arbeit«.

Seit meinem Zusammenbruch war noch keine Woche vergangen, da gab mir Newt Gingrich den Anstoß, den ich gebraucht hatte. Der designierte republikanische Vorsitzende des Repräsentantenhauses wartete ungeduldig darauf, endlich die politischen Muskeln spielen zu lassen. Doch seine Impulsivität und seine ultrakonservativen Äußerungen zu Gesundheits- und Sozialreformen lösten sofort eine heftige Kontroverse aus. Einige Republikaner hatten vorgeschlagen, die Sozialausgaben zu senken, indem man Kinder von Müttern, die von der Sozialhilfe lebten, in Waisenhäuser steckte. Darüber hinaus sollte den einzelnen Bundesstaaten untersagt werden, Sozialleistungen für Kinder mit unbekannten Vätern und für uneheliche Kinder minderjähriger Mütter zu zahlen.

In einer Rede vor der New York Women's Agenda am 30. November 1994 kritisierte ich Gingrich und die Republikaner für diese Vorhaben und bezeichnete Gingrichs Aussagen über die Waisenhäuser als absurd und niederträchtig. Welch eine Ironie, dachte ich: Im Wahlkampf 1992 hatten mich die Republikaner als »familienfeindlich« verunglimpft, weil ich mich dafür ausgesprochen hatte, misshandelte und vernachlässigte Kinder der elterlichen Obhut zu entziehen. Nun schlugen dieselben Republikaner vor, Müttern ihre Kinder wegzunehmen, nur weil sie arm waren oder ihre Kinder unehelich zur Welt gebracht hatten.

Wenige Tage später holte Gingrich in der NBC-Sendung »Meet the Press« zum Gegenschlag aus: »Ich empfehle ihr, in die Videothek zu gehen und sich den Film »Boys Town« [Anm. d. Red.: »Teufelskerle«, ein Film über ein Waisenhaus mit Mickey Rooney und Spencer Tracy] auszuleihen. ... Ich kann diese Liberalen einfach nicht verstehen, die in ihren sicheren Enklaven leben und dann aufschreien: ›Oh, das wäre doch schrecklich!‹«

Ich antwortete Gingrich in einem langen Artikel in *Newsweek*, in dem ich ihm vorwarf, einen beängstigenden Eingriff der Regierung in das Leben der Bürger zu planen. Der Artikel sollte die Debatte über die Waisenhäuser eigentlich versachlichen, doch kurz darauf wurde die Atmosphäre noch einmal aufgeheizt: Gingrichs Mutter erklärte Connie Chung freimütig am Ende eines Fernsehinterviews, ohne zu merken, dass die Kameras noch liefen, ihr Sohn bezeichne mich üblicherweise als »Hure«.

Ich entschloss mich, diese neuen Schläge unter die Gürtellinie zu ignorieren und die Beziehung zu Gingrich wieder in normale Bahnen zu lenken. Deshalb schickte ich ihm und seiner Familie eine handschriftliche Einladung für einen Besuch im Weißen Haus. Einige Wochen später führte ich Gingrich, seine damalige Frau Marianne, seine Schwester Susan und seine Mutter durch das Gebäude. Abgesehen davon, dass dieses Treffen überhaupt zustande kam, war es kein denkwürdiger Besuch – mit Ausnahme eines kleinen Wortwechsels beim Tee im Roten Zimmer. Gingrich sah sich die Möbel an und begann, einen feierlichen Vortrag über amerikanische Geschichte zu halten, der jedoch rasch von seiner Frau unterbrochen wurde. »Wissen Sie, er wird unaufhörlich weiterreden, gleichgültig, ob er weiß, wovon er spricht«, sagte Marianne. Gingrichs Mutter sprang rasch für ihn in die Bresche. »Newty ist ein Historiker«, sagte sie. »Newty weiß *immer*, wovon er spricht.«

Der Aufruhr nach der Halbzeitwahl hatte auch sein Gutes, denn er lehrte mich, positiv auf die Ausfälle des rechten Lagers zu reagieren. Mir wurde klar, dass ich meine Ansichten so vermitteln musste, dass sie nicht verzerrt wiedergegeben werden konnten. Nur so würde die Bevölkerung Gelegenheit haben, objektiv zu bewerten, was ich vorzuschlagen hatte. Ich begann, ehrgeizigere Stellungnahmen zu verfassen, um den Menschen zu vermitteln, dass ich die Förderung der Eigenständigkeit und die sozialen Unterstützungssysteme für notwendig hielt, um das Leben der amerikanischen Bürger zu verbessern. Und ich wollte ein Buch über Kinder in der modernen Gesellschaft schreiben, um den Menschen klar zu machen, dass man, frei nach einem afrikanischen Sprichwort, »ein Dorf braucht, um ein Kind großzuziehen«. Ich hatte keine Ahnung, wie man ein Buch schreibt, doch ich lernte bald Personen kennen, die Erfahrung damit besaßen und mir ihre Hilfe anboten.

Bei einem unserer Renaissance-Wochenenden hatten Bill und ich die Bekanntschaft der Bestsellerautorin Marianne Williamson gemacht, die Selbsthilfebücher schrieb. Sie hatte vorgeschlagen, dass wir uns mit einer Gruppe von Leuten zusammensetzen sollten, die nicht in der Politik tätig waren, um über Bills Ziele für die beiden verbleibenden Amtsjahre zu sprechen. Da uns die Idee gefiel, baten wir sie, zum Jahreswechsel eine Versammlung in Camp David zu organisieren.

Auf Williamsons Gästeliste waren Tony Robbins, dessen Buch »Awaken the Giant Within« wochenlang auf der nationalen Bestsellerliste stand, und Stephen R. Covey, der das erfolgreiche Buch »Die 7 Wege zur Effektivität« geschrieben hatte. Zu den weiteren Gästen zählten Mary Catherine Bateson und Jean Houston. Die Anthropologin Bateson war Professorin und Buchautorin und hatte sich auf Geschlechterfragen spezialisiert. Ich hatte mit Begeisterung ihr 1989 veröffentlichtes Buch »Composing a Life« gelesen, in dem sie beschreibt, wie Frauen ihr Leben gestalten können, indem sie die für sie vorteilhaftesten Bestandteile des Alltagslebens miteinander kombinierten. Die Entscheidungen von Frauen hängen ihrer Meinung nach nicht länger von den Konventionen ab, die traditionell bestimmen, welche Rolle sie spielen dürfen. Frauen können nicht nur, sondern müssen improvisieren, während sie voranschreiten, und dabei ihre Begabungen und Chancen nutzen.

Ich führte in Camp David stundenlange Gespräche mit Bateson und Houston. Jean Houston schrieb und hielt Vorträge über Frauengeschichte, Stammeskulturen und Mythologie. Während Mary Catherine eine leise sprechende Gelehrte war, die Wolljacken und komfortable Schuhe vorzog, beherrschte Jean in ihren farbenfrohen Umhängen und Kaftanen den Raum mit ihrer gewaltigen Präsenz und ihrem sprühenden Geist. Sie war eine wandelnde Enzyklopädie und zitierte in einem Atemzug Gedichte, Passagen aus der Weltliteratur, historische und wissenschaftliche Daten. Wir fanden unzählige Themen, über die wir an jenem Nachmittag sprechen konnten. Denn Jean und Mary Catherine waren Expertinnen auf zwei Gebieten, die damals von unmittelbarem Interesse für mich waren. Beide hatten bereits zahlreiche Bücher veröffentlicht, und beide waren vertraut mit fremden Kulturen. Da mich das Außenministerium aufgefordert hatte, die Vereinigten Staaten bei einer Reise in fünf Länder des Indischen Subkontinents zu vertreten, bat ich sie, mir und meinem Stab ihre Eindrücke zu schildern, bevor ich im März nach Asien aufbrach.

Ich hatte mich bislang stets gegen den Gedanken gesträubt, meinen Titel »First Lady« zu nutzen und mich lieber auf spezifische politische Vorhaben konzentriert. Ich bin immer noch der Meinung, dass man einen Menschen nicht aufgrund dessen, was er repräsentiert, sondern aufgrund seiner Handlungen und deren Konsequenzen beurteilen sollte. Doch Jean und Mary Catherine verwiesen mich während unserer Gespräche über meine bevorstehende Reise immer wieder auf die Möglichkeiten, die sich gerade durch meine repräsentative und symbolische Funktion ergeben würden. Mary Catherine war zum Beispiel davon überzeugt, dass ich allein dadurch, dass ich als First Lady in Chelseas Begleitung nach Asien reiste, eine Botschaft über die Bedeutung von Töchtern vermitteln würde. Und meine Besuche bei unterprivilegierten Frauen würden deren Stellung in der eigenen Gesellschaft aufwerten. Ich verstand, was sie meinte, hatte aber dennoch Schwierigkeiten zu akzeptieren, dass ich lediglich die »Begleiterin« des Präsidenten sein sollte. Erst mit der Zeit lernte ich, dass ich tatkräftig zum Erfolg der Regierung Clinton beitragen konnte, indem ich die Macht, die mit meiner Rolle als First Lady verbunden war, strategisch wirksam einsetzte.

Meine Freundschaft mit Jean und Mary Catherine wurde ein Jahr später von Bob Woodward in seinem Buch »The Choice«, das den Wahlkampf 1996 behandelt, an die große Glocke gehängt. Woodward bezeichnete Jean melodramatisch als meine »spirituelle Beraterin« und beschrieb einige Übungen, die sie mir und meinen Mitarbeiterinnen beigebracht hatte, damit wir lernten, unsere Arbeit unter anderen Gesichtspunkten zu betrachten. Er ließ sich insbesondere darüber aus, dass Jean mich aufgefordert hatte, mir ein Gespräch mit Eleanor Roosevelt vorzustellen. Ich hatte nicht erwartet, dass dies für irgendjemanden von Interesse sein würde. Doch ein Auszug aus Woodwards Buch, in dem mein Zwiegespräch mit Eleanor beschrieben wurde, erschien prompt auf der Titelseite der *Washington Post*.

Am Abend saßen wir mit Jim und Diane Blair zum Abendessen auf dem Truman-Balkon, als Jim plötzlich mit ausdrucksloser Miene erklärte: »Nun Hill, nach dieser Eleanor-Geschichte musst du dir wahrscheinlich keine Gedanken mehr über Whitewater machen, oder?«

»Wie meinst du das?«, erwiderte ich.

»Wenn sie dir zu nah auf den Pelz rücken, kannst du immer noch auf Unzurechnungsfähigkeit plädieren.« Ich fand Jims Vorschlag herrlich komisch – auch wenn ich ihn nicht ernsthaft in Erwägung zog.

Am nächsten Tag nahm ich an einer Familienkonferenz teil, die Al und Tipper Gore einmal jährlich in Tennessee veranstalteten. Ich platzte mit der Bemerkung in die Runde: »Kurz vor meiner Ankunft hatte ich eines meiner Gespräche mit Eleanor Roosevelt. Und sie hält es ebenfalls für eine ausgezeichnete Idee, dass ich heute hier bin!«

Wir wussten, dass ein republikanischer Kongress eine Garantie dafür war, dass die Whitewater-Untersuchung noch mindestens zwei Jahre weitergeführt würde. Kenneth Starr ver-

suchte bereits, Freunde und Mitarbeiter von uns massiv unter
Druck zu setzen – eine Taktik, an die wir uns schon gewöhnt
hatten. Bis ihm Webb Hubbell ins Netz ging. Webb hatte im
vorangegangenen März seinen Posten im Justizministerium
aufgegeben, weil er jegliche Kontroverse vermeiden wollte,
solange er unter dem Verdacht stand, Klienten und Partner der
Anwaltsfirma Rose betrogen zu haben. Webb ließ nie durch-
blicken, dass es auch nur den geringsten Beweis für die Vorwürfe gab. Selbst als er im Vorsommer nach Camp David
gekommen war, um mit Bill Golf zu spielen, versicherte er uns,
er sei unschuldig und die Vorwürfe würden sich in Wohlge-
fallen auflösen.

Doch am Thanksgiving Day 1994 – wir hielten uns gerade
zu einem Kurzurlaub in Camp David auf – hörte ich im Radio,
dass gegen Webb Hubbell und Jim Guy Tucker, Bills Nachfolger im Amt des Gouverneurs von Arkansas, Anklage erhoben werden sollte. Die Nachricht beunruhigte mich, doch ich
nahm an, dass es sich, wie so oft, um eine Falschmeldung handelte. Nichtsdestotrotz würde sich die Geschichte unabhängig
von ihrem Wahrheitsgehalt wie ein Lauffeuer ausbreiten, wenn
Webb oder sein Anwalt nicht unverzüglich reagierten. Wir
beschlossen, Webb sofort anzurufen.

Nachdem Bill ihm ein frohes Erntedankfest gewünscht hatte, gab er den Hörer an mich weiter.Ich erzählte ihm, dass ich
von der bevorstehenden Anklage erfahren hatte. »Du musst
das sofort zurückweisen«, sagte ich. »Du kannst nicht zulassen, dass diese Falschinformation im Raum stehen bleibt. Das
ist furchtbar.« Webb erwiderte, er sei von den Strafverfolgungsbehörden nicht über eine bevorstehende Anklageerhe-
bung in Kenntnis gesetzt worden. Dann wechselte er das Thema und erzählte mir, wer zum Abendessen kommen würde und
dass er und seine Frau Suzy gerade einen Truthahn brieten.
Seine unbekümmerte Reaktion ärgerte mich. Entweder er
nahm die Nachrichten nicht ernst, oder er war sich sicher, dass
man ihm nichts anhaben konnte. Dieses Gespräch zu Thanksgiving war das letzte, das Bill und ich mit Webb führten. In
seinen Memoiren »Friends in High Places« schrieb er später,
sein Rechtsanwalt habe die Ankündigung der Klage am Tag

vor Thanksgiving erhalten, sich jedoch entschlossen, ihn erst nach dem Fest darüber zu informieren.

Am 6. Dezember 1994 gab das Büro des Sonderermittlers bekannt, Webb Hubbell werde sich der Nutzung der Post in betrügerischer Absicht und der Steuerhinterziehung schuldig bekennen. Webb gestand, zwischen 1989 und 1992 mehr als 400 gefälschte Rechnungen über persönliche Ausgaben vorgelegt und seine Klienten und Partner in der Anwaltsfirma Rose um mindestens 394 000 Dollar betrogen zu haben.

Das waren niederschmetternde Nachrichten. Webb hatte als Anwalt das Vertrauen vieler Menschen genossen und war ein angesehener politischer Vordenker in Arkansas gewesen. Wir hatten in ihm einen guten Freund gesehen und viele Stunden in seiner Gesellschaft verbracht. Die Vorstellung, dass er seine Familie und seine engste Umgebung belogen und betrogen hatte, verstörte mich. Und sein Schuldeingeständnis, das er mit Starr ausgehandelt hatte, würde wohl eine neue Eskalation der Whitewater-Untersuchung nach sich ziehen.

Die Sprache des Schweigens
wird hier nicht gesprochen

An einem kalten Nachmittag Ende März 1995 trat ich meine erste längere Reise nach Übersee ohne den Präsidenten an. Mit einem alten Jet der Regierung flog ich für zwölf Tage in den Süden des Asiatischen Kontinents, wo ich fünf Ländern einen offiziellen Besuch abstatten würde. Begleitet wurde ich von Mitarbeitern des Weißen Hauses, Beratern aus dem Außenministerium, Journalisten, Mitarbeitern des Secret Service und Jan Piercy, dem amerikanischen Exekutivdirektor der Weltbank, den ich noch aus Wellesley kannte. Zu meiner besonderen Freude konnte auch Chelsea mit mir kommen, weil die Reise mit ihren Frühjahrsferien zusammenfiel. Sie war gerade fünfzehn geworden und entwickelte sich zu einer ausgeglichenen, nachdenklichen jungen Frau. Ich war gespannt, wie sie auf diese außergewöhnlichen Länder reagieren würde.

Nach 17 Stunden Flug landeten wir am späten Abend bei heftigem Regen in Islamabad in Pakistan. Das Außenministerium hatte mich gebeten, den Indischen Subkontinent zu besuchen, um das Engagement der amerikanischen Regierung für diese Region zu unterstreichen. Mein Besuch sollte demonstrieren, dass dieser strategisch wichtige, instabile Teil der Welt für die Vereinigten Staaten von großer Bedeutung war. Darüber hinaus sollte er den politischen Führern der Region signalisieren, dass Bill ihre Bemühungen unterstützte, die Demokratie zu stärken, freie Märkte zu erweitern und Toleranz und Menschenrechte, darunter auch die Rechte der Frauen, zu fördern.

Ein altes chinesisches Sprichwort besagt, dass die Frauen die Hälfte des Himmels tragen, aber in den meisten Regionen der Welt ist es mehr als die Hälfte. Frauen übernehmen den Großteil der Verantwortung für das Wohlergehen ihrer Familie. Dennoch wird ihre Arbeit häufig weder von der Familie noch den offiziellen Stellen anerkannt. Diese Ungerechtigkeit ist auf dem Indischen Subkontinent besonders deutlich sichtbar, wo über eine halbe Milliarde Menschen in Armut lebt – die Mehrheit Frauen und Kinder. Arme Frauen und Mädchen werden unterdrückt und diskriminiert, haben keinen Zugang zu Bildung oder medizinischer Versorgung und sind die Opfer kulturell sanktionierter Gewalt. Die Justiz in diesen Ländern ignoriert oft, dass Frauen geschlagen, Bräute verbrannt und kleine Mädchen nach der Geburt umgebracht werden, oder vergewaltigte Frauen wegen Ehebruchs ins Gefängnis kommen. Trotz dieses durch Traditionen und religiöse Überzeugungen gestützten Systems der Benachteiligung gab es überall auf dem Indischen Subkontinent Anzeichen von Veränderung: In einigen Schulen wurden Mädchen unterrichtet, und einige Kreditprogramme förderten die Vergabe von Darlehen an Frauen, damit diese ein kleines Gewerbe anmelden und ihr eigenes Einkommen verdienen konnten.

Die amerikanische Regierung hatte viele erfolgreiche Projekte unterstützt, doch die neue republikanische Mehrheit im Senat und im Kongress hatte vor, die Auslandshilfe, die weniger als ein Prozent des Bundesbudgets ausmachte, drastisch zu kürzen. Ich hatte die U.S. Agency for International Development (USAID) lange unterstützt und hoffte, das Scheinwerferlicht, in dem ich als First Lady auf meiner Reise stand, nutzen zu können, um auf die Erfolge der von den USA finanzierten Programme in der Dritten Welt zu verweisen. Die Verringerung der Auslandshilfe würde nicht nur Menschen in Not treffen, sondern auch Auswirkungen auf die Vereinigten Staaten haben. Die ohnehin auf wackeligen Beinen stehende Wirtschaft der betroffenen Länder würde stagnieren, was letztlich auch potenzielle Absatzmärkte für amerikanische Produkte einschränken würde. Und wenn Frauen diskriminiert werden, untergräbt das die Stabilität von Familien, Gemeinden und

Nationen und gefährdet damit die globalen Chancen für Demokratie und Wohlstand.

Jedes der fünf Länder, die ich besuchte, litt unter Gewalt und Instabilität. Nur drei Wochen vor unserer Ankunft in Pakistan hatten muslimische Extremisten einen Wagen überfallen, in dem Mitarbeiter des amerikanischen Konsulats in Karatschi saßen. Zwei von ihnen wurden getötet. Und Ramzi Yousef, einer der Drahtzieher bei dem Bombenattentat auf das World Trade Center im Jahr 1993, war dort kurz zuvor verhaftet und nach Amerika ausgeliefert worden. Der Secret Service war besorgt wegen der Reise und hätte es begrüßt, wenn ich meine Besuche auf sichere Orte beschränkt hätte. Doch ich wollte neben den bei einem Staatsbesuch üblichen Programmteilen auch soziale Brennpunkte in den Städten und Dörfern besuchen. Eine Vorhut von Sicherheitsexperten überprüfte und sicherte sorgfältig jede meiner Stationen. Natürlich war mir bewusst, wie schwierig und brisant ein so unorthodoxer Besuch für die Gastgeberländer und unsere Botschaften war. Und als ich sah, wie viel zusätzliche Arbeit ihnen mein Aufenthalt verursachte, fühlte ich mich noch mehr verpflichtet, die kurze Zeit bestmöglich zu nutzen.

Als die Sonne über den Margalla-Hügeln aufging, genoss ich von meinem Hotelzimmer aus den ersten Blick auf Islamabad. Es ist eine auf dem Reißbrett geplante Stadt mit breiten Straßen, umgeben von grünen Hügeln, ein Musterbeispiel für die moderne Architektur der fünfziger und sechziger Jahre. Sie wirkt wie viele andere Hauptstädte, die nach der Erlangung der Unabhängigkeit auf neutralem Boden mit guten Absichten und ausländischer Hilfe errichtet worden waren. Zunächst hatte ich gar nicht das Gefühl, in Asien zu sein. Doch dieses Gefühl verschwand sofort, als ich Begum Nasreen Leghari einen Besuch abstattete, der Frau des pakistanischen Präsidenten Farooq Ahmad Khan Leghari.

Nasreen Leghari, eine elegant gekleidete Frau, lebte in strenger Abgeschiedenheit und durfte außer von ihren engsten männlichen Familienangehörigen von keinem Mann gesehen werden, was in Pakistan als *purdah* bezeichnet wird. Wenn sie das Haus verließ, was nur äußerst selten geschah, musste sie vollständig verschleiert sein. Als ich sie in ihren Gemächern im zweiten Stock der Residenz des Präsidenten besuchte, durfte ich nur von weiblichen Mitarbeitern und Sicherheitsleuten begleitet werden.

Frau Leghari bestürmte mich in ausgezeichnetem Englisch mit Fragen über Amerika. Anschließend sprachen wir über ihr Leben in einer männlich dominierten Gesellschaft. Ich wollte von ihr wissen, ob sie sich für die nächste Frauengeneration in ihrer Familie Veränderungen wünschte. Daraufhin erzählte sie mir, dass ihre seit kurzem verheiratete Tochter am nächsten Abend an einem großen Abendessen in Lahore teilnehmen würde, zu dem auch ich eingeladen war. »Das ist die Entscheidung ihres Mannes«, erklärte sie. »Meine Tochter gehört nicht mehr zu unserem Haushalt. Also tut sie, was immer ihr Mann möchte. Und er hat sich für einen offeneren Lebensstil entschieden.« Ihre Schwiegertochter dagegen lebte mit ihr in *purdah,* weil ihr Sohn den traditionellen Weg seines Vaters gewählt hatte.

Noch deutlicher traten diese Widersprüche hinsichtlich der Stellung der Frau in der pakistanischen Gesellschaft bei meinem nächsten Programmpunkt zutage: Premierministerin Benazir Bhutto gab mir zu Ehren ein Mittagessen, zu dem zahlreiche prominente pakistanische Frauen eingeladen waren. Ich hatte das Gefühl, Jahrhunderte in die Zukunft gereist zu sein. Unter diesen Frauen waren Akademikerinnen, Aktivistinnen, eine Pilotin, eine Sängerin, eine Bankdirektorin und eine stellvertretende Polizeichefin. Ganz zu schweigen von unserer Gastgeberin, der gewählten weiblichen Regierungschefin von Pakistan.

Benazir Bhutto, eine brillante, eindrucksvolle Frau, die damals Mitte vierzig war, stammt aus einer prominenten Familie und studierte in Harvard und Oxford. Ihr Vater, Zulfikar Ali Bhutto, der in den siebziger Jahren Premierminister war, wurde durch einen Militärputsch entmachtet und später gehängt. Nach seinem Tod stand Benazir Jahre unter Hausarrest. Ende der achtziger Jahre übernahm sie die Führung seiner alten politischen Partei. Bhutto ist die einzige Berühmtheit, auf die ich je hinter einer Absperrung gewartet habe: Im Sommer 1989 verbrachten Chelsea und ich einige Tage in London. Wir spazierten gerade durch die Stadt, als wir sahen, dass sich vor dem Ritz Hotel eine große Menschenmenge versammelt hatte. Es stellte sich heraus, dass Benazir Bhutto jeden Moment vor dem Ritz vorfahren würde. Chelsea und ich warteten auf den Konvoi und sahen zu, wie Bhutto, in gelben Chiffon gehüllt, aus ihrer Limousine stieg und in der Hotellobby verschwand. Sie wirkte anmutig, ruhig und entschlossen.

1990 wurde ihre Regierung wegen massiver Korruptionsvorwürfe abgesetzt. Doch drei Jahre später gewann ihre Partei erneut die Wahlen. Pakistan hatte immer größere Probleme mit der zunehmenden Gewalt und der allgemein herrschenden Gesetzlosigkeit. Vor allem in Karatschi geriet die Situation mit der steigenden Zahl ethnischer und religiös motivierter Morde immer mehr außer Kontrolle. Abgesehen davon gab es erneut wilde Korruptionsgerüchte über die Regierung, die auch Bhuttos Mann Asif Zardari und einige ihrer Anhänger ins Zwielicht rückten.

Bei dem Mittagessen, das sie für mich gab, drehte sich unsere Unterhaltung um den Wandel der Rolle der Frau in ihrem Land, und Benazir erzählte einen Witz über den Status ihres Mannes: »Geht man nach den Zeitungen in Pakistan«, sagte sie, »ist Herr Asif Zardari de facto Premierminister von Pakistan. Mein Mann meint dazu: ›Nur die First Lady weiß, dass das nicht stimmt.‹«

Sie kannte die Schwierigkeiten von Frauen, die mit der Tradition brachen und eine führende Rolle im öffentlichen Leben übernahmen. Mit einer prägnanten Bemerkung gelang es ihr, meine Probleme im Weißen Haus und ihre eigene Situation zusammenzufassen: »Frauen, die sich schwieriger Themen annehmen und neues Territorium abstecken, werden von ihrer Umwelt oft mit Ignoranz belohnt.«

Während unseres anschließenden privaten Treffens sprachen wir über Bhuttos bevorstehenden Besuch in Washington im April, und ich hatte Gelegenheit, sie im Kreis ihrer Familie zu erleben. Da ich gehört hatte, dass die Ehe mit ihrem Mann arrangiert worden war, fand ich es besonders faszinierend, wie harmonisch ihre Beziehung wirkte. Sie zogen einander oft auf, und Benazir schien von seinem Charme und Witz hingerissen zu sein. Einige Monate nach meiner Reise wurden die Korruptionsvorwürfe gegen sie schärfer. Im August übernahm Asif einen Posten im Kabinett seiner Frau. Am 5. November 1996 wurde die Premierministerin abgesetzt; Asif wurde beschuldigt, seine Position missbraucht zu haben, um sich persönlich zu bereichern und kam ins Gefängnis. Da ihr ebenfalls eine Verhaftung drohte, verließ Benazir mit ihren Kindern das Land.

In der kurzen Zeit meines Besuchs in Pakistan erhielt ich Einblick in eine Welt, die von gewaltigen Gegensätzen geprägt ist. Präsident Leghari hielt seine Frau in *purdah*, während Ali Bhutto seine Tochter zum Studium nach Harvard schickte. In Pakistan, Indien, Bangladesch und Sri Lanka waren Frauen an die Spitze des Staates gewählt worden. Andererseits wurde den Frauen in dieser Region so wenig Wert beigemessen, dass neugeborene Mädchen zum Teil immer noch getötet oder ausgesetzt wurden.

Ich wollte wissen, wie die kommende Generation gebildeter pakistanischer Frauen dachte, und besuchte mit Chelsea am nächsten Tag das Islamabad College für Mädchen, zu dessen Schülerinnen einst auch Benazir Bhutto gehört hatte. Die Mädchen fragten sich, wie sie die Gesellschaft ändern könnten, und ob sie als Frauen mit ausgezeichneter Bildung einen Platz darin finden würden. Ich setzte dieses Gespräch über die Wahlmöglichkeiten der Frauen fort, als ich die Lahore University of Management Science besichtigte. Das Programm wurde von pakistanischen Amerikanern unterstützt, die erkannt hatten, wie vorteilhaft es für die Wirtschaft Pakistans war, dass Frauen eine Ausbildung erhielten und eine aktive Rolle spielten. In Amerika führte ich oft das Argument an, dass der Erfolg von Immigranten in unserem Land zeigt, wie wichtig eine gut funktionierende, nicht korrupte Regierung ist, ebenso wie ein freier Markt, eine Gesellschaft, die alle ihre Mitglieder respektiert, auch Frauen und Mädchen, eine Kultur, die alle religiösen Traditionen anerkennt, und ein Umfeld ohne Gewalt und Krieg. Bisher konnte kein Land des Indischen Subkontinents all diese Voraussetzungen schaffen. So war in Sri Lanka, wo ich meine Reise beendete, sowohl bei den Männern als auch bei den Frauen die Rate der Analphabeten gering, doch das Land lebte seit Jahren in Angst und Schrecken, weil die hinduistischen

Tamil Tigers gegen die mehrheitlich buddhistische singalesi-sche Bevölkerung einen Guerillakrieg führten. Der fortdau-ernde Terror untergrub nicht zuletzt das Potenzial für wirt-schaftliches Wachstum und ausländische Investitionen.

Bevor wir Islamabad verließen, besuchten Chelsea und ich die Faisal-Moschee, eine der größten der Welt, und ein Geschenk des saudi-arabischen Königs Faisal. Mit ihren drei neunzig Meter hohen Minaretten und der riesigen Gebetshal-le in Form eines Beduinenzelts ist diese moderne Moschee eine von über 1500, die die saudi-arabische Regierung und wohl-habende Privatpersonen in aller Welt errichten ließen. Wir zogen die Schuhe aus und besichtigten die Frauen zugänglichen Bereiche der Moschee. Chelsea, die in der Schule einiges über Geschichte und Kultur des Islam gelernt hatte, stellte unserem Fremdenführer gut informierte Fragen über die verschiedenen Auslegungen des Koran. Während die meisten Strömungen eine friedliche Koexistenz mit anderen Religionen propagieren, gewinnt der Wahhabismus immer mehr Einfluss. Der Wahha-bismus ist die ultrakonservative saudi-arabische Auslegung des Islam, die auf der ganzen Welt Anhänger findet. Während ich tiefen Respekt für die Grundsätze des Islam habe, bereitet mir diese sich schnell ausbreitende Form von islamischem Funda-mentalismus, die Frauen von der Teilnahme an der Gesellschaft weitgehend ausschließt und religiöse Intoleranz propagiert, große Sorgen. Und dass diese extremistische Strömung zu Ter-ror und Gewalt führen kann, hat Osama bin Laden der Welt auf grauenhafte Weise bewiesen.

Letzte Station in Islamabad war ein Besuch der amerikani-schen Botschaft. Ich wollte den amerikanischen und pakista-nischen Mitarbeitern, die von den Morden an ihren Kollegen in Karatschi schwer erschüttert waren, Anerkennung zollen und ihnen versichern, dass trotz gegenteiliger Stimmen im Kon-gress ihre Arbeit von unschätzbarem Wert war. Auch wenn einige republikanische Mitglieder des Repräsentantenhauses sich damit brüsteten, dass sie keinen Pass hatten, nie ins Aus-land reisten, und das Budget des Außenministeriums drastisch kürzen wollten. Außerdem wollte ich den Mitarbeitern der Bot-schaft dafür danken, dass sie all die zusätzliche Arbeit, die mein

Aufenthalt ihnen verursacht hatte, bravourös gemeistert hatten. Aus ihrer Sicht war der beste Teil meines VIP-Besuchs der Moment, wenn das Flugzeug wieder abhob – und sie eine »Goodbye-Hillary-Party« veranstalten konnten. Scherzhaft meinte ich, dass ich nur zum Schein abreisen und mich dann zurückschleichen würde, um mit ihnen zu feiern.

Unter außergewöhnlichen Sicherheitsvorkehrungen – die Route zum Flughafen war von hunderten Soldaten gesichert – flogen wir nach Lahore, der mittelalterlichen Hauptstadt des Punjab. Im Gegensatz zu Islamabad ist Lahore eine alte Stadt mit prächtiger Mogul-Architektur. Die Straßen waren für den regulären Verkehr gesperrt worden, sodass die sonst so lebendige Stadt verlassen wirkte. Ich bemerkte, dass entlang unserer Route bunte Stofftücher an Wäscheleinen aufgehängt worden waren, um die Slums an der Bundesstraße zu verdecken. Hier und da konnte ich dennoch Kinder und magere Hunde in Abfallhaufen wühlen sehen.

Wir fuhren zu einem Dorf, das als fortschrittlich galt, weil es dort eine Klinik und eine Mädchenschule gab. Die Klinik war ein Betonbau, in dem eine Hand voll Ärzte und Techniker versuchte, ein Gebiet mit 150 000 Einwohnern zu versorgen. Die Patienten, vornehmlich Mütter mit ihren Kindern, warteten still auf den langen Bankreihen in den Gängen. Sie waren erstaunt über die vielen Fremden in ihrem kleinen Dorf, erlaubten Chelsea und mir aber, ihre Babys zu halten, und beantworteten freundlich die Fragen, die wir ihnen mit Hilfe eines Dolmetschers stellten. In einem weiteren Betonbau, ein paar hundert Meter weiter, war die Grundschule für Mädchen untergebracht. Mehr Bildung würden sie vermutlich auch nicht erhalten, da in der nächstgelegenen höheren Schule keine Mädchen zugelassen waren. Eine Mutter von zehn Kindern erzählte mir, dass ihre fünf Söhne die höhere Schule besuchten und sie sich diese Chance auch für ihre Töchter wünschte. Sie sprach sehr offen über Geburtenkontrolle und sagte, wenn sie damals gewusst hätte, was sie heute wisse, hätte sie nicht so viele Kinder bekommen. Gemeinsam besuchten wir eine Familiensiedlung direkt hinter der Schule, in der mehrere Generationen zusammenlebten. Die ältesten Familienmitglieder saßen in Hängematten und beobachteten den Wirbel, den mein Besuch verursachte, während das männliche Oberhaupt der Familie mich herzlich begrüßte und mir einige der Einzimmerwohnungen mit jeweils einem Schlaf- und einem Essbereich zeigte, in denen die einzelnen Familien lebten. Doch der Großteil des Lebens spielte sich eindeutig draußen ab, wo sich die Frauen versammelten, um die Mahlzeiten zuzubereiten.

Für den Abend hatte der Gouverneur von Punjab uns und 500 Gäste in die Festung aus rotem Sandstein eingeladen, die auf einem Hügel über der Stadt thronte und im mittelalterlichen Mogulreich das Zentrum der Macht gewesen war. Ich hatte vor meiner Abreise lange mit Jean und Mary Catherine darüber diskutiert, welche Kleidung wir mitnehmen sollten, damit wir niemanden vor den Kopf stießen. An Benazir Bhutto waren mir die wunderschönen *shalwar kameez* aufgefallen, in der Region übliche Gewänder aus einer langen, fließenden Tunika, die man über einer weiten Hose trägt. Für diesen Abend auf der Festung von Lahore hatte ich einen *shalwar kameez* aus roter Seide gewählt, während Chelsea sich für ein türkisfarbenes Modell entschieden hatte, das genau zu ihren Augen passte. Als wir aus unseren Autos stiegen, hatten wir das Gefühl, eine Szene aus »Tausendundeiner Nacht« zu betreten. Der Nachthimmel war von einem Feuerwerk erleuchtet, und auf beiden Seiten eines langen roten Teppichs warteten Musiker und Tänzer, um uns zu begrüßen. Dazwischen standen Kamele und Pferde mit juwelenbesetzten Decken und prächtigem Kopfschmuck. Chelsea und ich waren hingerissen. Zwei riesige Türme flankierten den Eingang ins Innere der Festung, wo tausende flackernde Öllampen die Höfe und Durchgänge beleuchteten und die Luft nach Rosen duftete. Ich betrachtete meine bezaubernde, plötzlich sehr erwachsen wirkende Tochter in ihrem glänzenden Seidenkleid und wünschte, Bill hätte sie sehen können.

Noch spät am Abend flogen wir nach Neu-Delhi weiter. Von einer Reise nach Indien hatte ich schon seit meinem ersten Jahr im College geträumt. Ein Vierteljahrhundert später reiste ich nun selbst zum ersten Mal in dieses Land.

Am ersten Tag hatte ich ein dicht gedrängtes Programm, das

einen Besuch in einem der Waisenhäuser von Mutter Teresa einschloss. Die Zahl der Mädchen in diesem Heim war deutlich höher als die der Jungen, weil viele Familien ein Mädchen als Belastung sehen und weggeben. Einige Babys hatten einen Klumpfuß, eine Hasenscharte oder andere körperliche Behinderungen und waren abgegeben worden, weil ihre Familien zu arm waren, um die medizinische Behandlung zu bezahlen. Schwester Priscilla, die uns herumführte, erzählte mir, dass einige dieser Kinder für eine Adoption in Amerika und Europa vorgesehen waren. Zum Abschluss unseres Rundgangs dankte sie mir für meinen Besuch und erklärte mir, der habe die Gemeindeverwaltung veranlasst, die Straße, die zum Waisenhaus führte, zu asphaltieren. Das sei ein kleines Wunder, fügte sie lachend hinzu.

Zu Mittag traf ich eine Gruppe indischer Frauen im Roosevelt House, der Residenz des Botschafters, und zum Abendessen war ich bei Präsident Shanker Dayal Sharma eingeladen. Am nächsten Tag würde ich dann Premierminister P. V. Narasimha Rao treffen. Es war wichtig, alle offiziellen Programmpunkte, die ich in Pakistan wahrgenommen hatte, in Indien zu wiederholen. Ich wusste, dass beide Länder genau darauf achteten.

Ich hatte vereinbart, vor der Rajiv Gandhi Foundation eine Rede über die Rechte der Frauen zu halten, suchte aber noch nach einem klaren Bild, das ausdrücken würde, was ich sagen wollte. Beim Mittagessen gab mir Meenakshi Gopinath, die Direktorin des Lady Sri Ram College, die Inspiration, die ich gesucht hatte – ein handgeschriebenes Gedicht von einer Schülerin namens Anasuya Sengupta. Es hatte den Titel »Schweigen« und begann mit den folgenden Zeilen:

Zu viele Frauen
in zu vielen Ländern
sprechen dieselbe Sprache.
Die des Schweigens ...

Bis spät in die Nacht arbeitete ich an meiner Rede, in der ich meine Überzeugung ausdrücken wollte, dass Probleme, die Frauen und Mädchen betreffen, nicht als nebensächlich abgetan, sondern bei den innen- und außenpolitischen Entscheidungen eines Landes berücksichtigt werden sollten. Wenn Frauen keine oder unzureichende medizinische Versorgung oder Bildung erhalten, ist das eine Verletzung von Menschenrechten. Wenn die Teilnahme der Frauen an Wirtschaft, Politik und Gesellschaft eingeschränkt wird, ist das eine Verletzung von Menschenrechten. Zu lange wurde die Stimme der Hälfte aller Menschen auf dieser Welt von ihren Regierungen nicht gehört. Ich wollte den Stimmen der Frauen Gehör verschaffen und beschloss, zum Abschluss meiner Rede das Gedicht zu zitieren.

Die Rajiv Gandhi Foundation, benannt nach dem ermordeten Premierminister, war von seiner Witwe Sonia gegründet worden, die mich auch als Rednerin eingeladen hatte. Sonia Gandhi, eine gewinnende Frau italienischer Herkunft, hatte sich während des Studiums in Cambridge in den Sohn von Premierministerin Indira Gandhi verliebt. Sie heirateten und zogen nach Indien. Sonia führte ein glückliches Leben mit ihrem Mann und ihren beiden Kindern, bis ein Schicksalsschlag nach dem anderen ihre Familie heimsuchte. Erst kam ihr Schwager Sanjay – von dem viele glaubten, er werde wie seine Mutter und sein Großvater, Jawaharlal Nehru, in die Politik gehen – bei einem Flugzeugunglück ums Leben. Dann wurde Indira Gandhi 1984 von ihren eigenen Leibwächtern ermordet. Rajiv übernahm die Führung der Congress Party und wurde Premierminister. Doch im Wahlkampf 1991 wurde er bei einem Selbstmordattentat der Tamil Tigers getötet, die gegen die Regierung von Sri Lanka und die indische Regierung kämpften, die sie unterstützte. Nach diesen schrecklichen privaten Tragödien trat Sonia in die Fußstapfen ihres Mannes und übernahm den Vorsitz der Congress Party.

Als ich meine Ansprache mit den folgenden Zeilen aus Anasuyas Gedicht beendete, waren die Zuhörer tief bewegt, dass ich die Gedanken eines Schulmädchens zu Hilfe nahm, um die Situation der Frauen in aller Welt zu verdeutlichen.

Wir wollen jenen eine Stimme geben,
die nicht sprechen können

*(zu viele Frauen
in zu vielen Ländern).
Ich will nur das Leid vergessen,
das meine Großmutter verbarg
hinter dem Schweigen.*

Anasuya, ein reizendes, bescheidenes und schüchternes Mädchen, war überrascht von dem großen Wirbel, den ihr Gedicht verursachte, und erstaunt, dass Frauen in aller Welt um eine Kopie baten. Ihre Worte berührten auch die Mitglieder des Pressekorps aus Washington, die mich begleiteten. Sie reagierten ausgesprochen positiv auf meine Aussagen über das Leben und die Rechte von Frauen, und einige Journalisten fragten mich, warum ich dieses Thema nicht schon früher angesprochen hätte. Obwohl ich seit 25 Jahren daran arbeitete, den Status von Frauen und Kindern in Amerika zu verbessern, trat die Problematik in dieser Region, in der es *purdah* und ausgesetzte Babys, aber auch weibliche Premierminister gab, für die Presse offensichtlich deutlicher zutage. Die Gesundheitsreform, Familienurlaub, die Steuervergünstigungen und Zuschüsse für den Niedriglohnsektor oder die offene Diskussion über Abtreibung waren alle Elemente desselben Themas: Menschen die Freiheit zu ermöglichen, selbst über ihr Leben zu entscheiden. Doch anscheinend musste ich erst um den halben Globus reisen, um das klar zu machen.

Dass sich meine Beziehung zur Presse veränderte, war eine der angenehmen Überraschungen auf dieser Reise. Wir waren einander anfänglich mit großem Argwohn begegnet, doch als die Tage vergingen und Washington in immer weitere Ferne rückte, begannen wir, uns langsam in einem anderen Licht zu sehen. Für mich war dabei sehr hilfreich, dass die Presse versuchte, die Grundregeln einzuhalten. Alles, was im Flugzeug oder in den Hotels passierte, war tabu, ebenso wie alles, was Chelsea sagte oder tat. Das Pressekorps, das zuvor nie mit Chelsea zu tun gehabt hatte, bemerkte nun ihr sicheres Auftreten und ihre Courage und drängte mich immer wieder, sie zitieren zu dürfen. Nach unserem Besuch des Tadsch Mahal gab ich schließlich nach: »Als ich klein war, war das der Inbegriff des Märchenpalasts für mich. Ich sah mir Bilder davon an und träumte, ich sei eine Prinzessin. Jetzt bin ich wirklich hier, und es ist spektakulär«, wurde Chelsea am nächsten Tag in den Medien zitiert. Eine harmlose Bemerkung, aber ich wünschte sofort, ich hätte diese Türe nicht geöffnet. Es war schwer, sie wieder zuzumachen. Als die Printmedien dieses Zitat veröffentlichten, wurde meine Pressesprecherin Lisa Caputo von Fernsehjournalisten belagert, die unbedingt wollten, dass Chelsea sie vor laufenden Kameras wiederholte. Ich musste alle an die Grundregeln erinnern und nahm mir vor, Chelsea wieder unter *purdah* zu stellen, sobald wir nach Washington zurückkamen!

Mir ist von Indien nicht der Tadsch Mahal am deutlichsten in Erinnerung, so atemberaubend er ist, sondern zwei Besuche in der Stadt Ahmadabad im Bundesstaat Gujarat. Der erste galt Mahatma Gandhis einfachem Aschram, in den er sich zur Meditation zurückgezogen hatte, um für den Kampf um ein unabhängiges Indien neue Kraft zu schöpfen. Die Einfachheit und die Entbehrungen seines Daseins machten mir bewusst, in welchem Überfluss ich lebte. Gandhis Glaube an gewaltlosen Widerstand und an die Notwendigkeit, große Oppositionsgruppen gegen die Politik der Regierung zu organisieren, hatte die amerikanische Bürgerrechtsbewegung beeinflusst und war wegweisend für Martin Luther Kings Feldzug zur Beendigung der Rassentrennung. In seinem eigenen Land inspirierten Gandhis Prinzipien 1971 eine bemerkenswerte Frau namens Ela Bhatt zur Gründung der Self-Employed Women's Association (SEWA). Liz Moynihan, die Frau des Senators, hatte mir von Ela erzählt und mir schon länger zugeredet, nach Indien zu fahren, um mir an Ort und Stelle ein Bild von ihrer Arbeit zu machen.

SEWA war sowohl eine Gewerkschaft als auch eine Frauenbewegung mit 140 000 Mitgliedern, darunter einige der ärmsten, ungebildetsten Frauen Indiens, die von der Gesellschaft ausgestoßen waren. Diese Frauen wurden von ihren Familien verheiratet und lebten dann im Haushalt ihres Mannes unter der Aufsicht ihrer Schwiegermutter. Einige lebten in *purdah*, bis der Mann sie verließ, arbeitsunfähig wurde oder starb und sie selbst die Familie ernähren mussten; sie kämpften Tag für Tag ums Überleben. SEWA gewährte ihnen geringfügige Kredite als Starthilfe und bot außerdem Kurse an, in denen die Frauen Lesen und Schreiben sowie wirtschaftliche Grundregeln lernen konnten. Ela Bhatt zeigte mir die riesigen Bücher, in denen die Darlehen und die Rückzahlungen verzeichnet wurden. Durch dieses System von »Mikrofinanzierungen« ermöglichte SEWA tausenden Frauen eine Gewinn bringende Beschäftigung und veränderte damit auch die tief verwurzelten Ansichten über die Rolle der Frau in der indischen Gesellschaft.

Mein Besuch hatte sich in den Dörfern von Gujarat herumgesprochen, und zu dem Treffen kamen fast tausend Frauen, von denen einige neun oder zehn Stunden über heiße, staubige Wege durch das Land marschiert waren, und warteten in einem großen Zelt auf mich. Wie die muslimischen und hinduistischen Frauen in ihren saphir-, smaragd- und rubinfarbenen Saris dasaßen und sich Luft zufächelten, sahen sie aus wie ein wogender menschlicher Regenbogen. Ich war zu Tränen gerührt. Einige der Frauen gehörten als Unberührbare der niedrigsten hinduistischen Kaste an. Sie verdienten sich ihr Geld, indem sie Abfall einsammelten, Gemüse verkauften oder *patangs* herstellten, die in Indien so beliebten Drachen aus Bambus und Papier. Eine nach der anderen stand auf, um mir zu erzählen, wie SEWA ihr Leben verändert hatte, nicht nur wegen der kleinen Darlehen und der geschäftlichen Unterstützung, sondern auch wegen der Solidarität, die diese Organisation Frauen entgegenbrachte. Eine Frau sprach aus, was viele empfanden: Seit sie ihren eigenen Marktstand hatte, hätte sie keine Angst mehr vor ihrer Schwiegermutter. In ihrer Kultur untersteht eine Ehefrau der strengen Kontrolle ihrer Schwiegermutter, sobald sie bei der Familie ihres Mannes einzieht. Ein eigenes Einkommen bedeutete ein Stück kostbare Unabhängigkeit. Sie fügte hinzu, sie habe auch vor der Polizei keine Angst mehr, weil sie nun in der Gruppe der Verkäuferinnen, die von der SEWA Geld bekamen, vor der Belästigung durch anmaßende Polizisten geschützt sei.

Nachdem ich ein paar abschließende Worte an die Frauen gerichtet hatte, nahm Ela Bhatt das Mikrofon und kündigte an, dass die Frauen mir für meinen Besuch danken wollten. Plötzlich standen alle auf und sangen »We Shall Overcome« in der Landessprache Gujarati. Es war ein überwältigendes und erhebendes Gefühl, von Frauen umgeben zu sein, die ihre eigene Not und Jahrhunderte der Unterdrückung überwunden hatten. Sie waren für mich der lebende Beweis für die Bedeutung der Menschenrechte.

Am nächsten Tag flogen wir in die nepalesische Hauptstadt Kathmandu. Die Stadt liegt in einem Tal im Himalaja, etwa 1300 Meter über dem Meeresspiegel. An klaren Tagen sieht man rund um die Stadt die schneebedeckten Berggipfel des höchsten Gebirges der Welt. Die Landschaft von Nepal zählt zu den schönsten, die ich je gesehen habe, doch die bewohnten Regionen des Landes haben massive Probleme. Sie sind so dicht besiedelt, dass menschlicher Abfall als Dünger verwendet wird und sauberes Wasser eine Seltenheit ist. Die Ausländer, denen ich begegnete, erzählten alle, dass sie krank geworden seien – anscheinend ein unvermeidlicher Initiationsritus. Einige Mitarbeiter des Friedenskorps trugen T-Shirts, auf denen all die Krankheiten aufgelistet waren, die sie überlebt hatten. Wir achteten auf strenge Hygiene, da wir noch die Hälfte der Reise vor uns hatten, und jeder Tag, den wir wegen Krankheit ausfielen, unseren gesamten Zeitplan durcheinander bringen würde. Darüber hinaus gaben sich unsere Gastgeber die größte Mühe, unsere Bedenken auszuräumen. »Mom, du wirst nicht glauben, was die Sicherheitsleute mir gerade erzählt haben«, erklärte mir eine völlig verblüffte Chelsea an unserem ersten Tag. »Angeblich wurde der Hotelpool vor unserer Ankunft abgelassen und mit Trinkwasser aus Flaschen wieder aufgefüllt!« Ich fand nie heraus, ob das tatsächlich stimmte, aber es hätte mich nicht überrascht.

Im Königspalast von Kathmandu wurde ich von Birendra Bir Bikram Shah Dev und seiner Frau Aishwarya empfangen. Die Königin hatte mich schon am Flughafen begrüßt und gesagt, sie freue sich darauf, sich mit mir zu unterhalten. Ich hoffte auf eine Gelegenheit, mir ihr über die medizinische Versorgung und die Bildungsmöglichkeiten für Mädchen in ihrem Land zu sprechen. Doch dazu kam es nicht, denn der König bestritt das Gespräch alleine. Bis vor kurzem hatte er über ein Königreich geherrscht, das von der Außenwelt isoliert war. Nun befand sich das Land in einer Phase des Umbruchs, und er wollte über potenzielle amerikanische Hilfe und Investitionen sprechen. Die Unruhen, die vor allem auf dem Land durch maoistische Guerillas ausgelöst wurden, scheinen im Nachhinein jedoch eine geringere Bedrohung für die königliche Familie gewesen zu sein als die Zustände innerhalb des Palasts. Es fällt mir immer noch schwer, das Schicksal des Königs, der Königin und acht weiterer Familienmitglieder zu akzeptieren, die in diesem Palast wenige Jahre später erschossen wurden. Offiziellen Berichten zufolge fielen sie einem Racheakt des Kronprinzen zum Opfer, der nicht die Frau heiraten durfte, die er liebte.

Früh am nächsten Morgen machten Chelsea und ich einen langen Spaziergang durch die Hügel über der Stadt. Ein etwa zehnjähriges Mädchen mit leuchtenden Augen schloss sich uns spontan an. Sie sprach ein englisches Kauderwelsch, das hauptsächlich aus Ortsnamen wie »New York« oder »Kalifornien« bestand, die sie mit Eigenschaftswörtern wie »big« oder »happy« ausschmückte. Dann nickte sie oder lachte, als wären wir Freunde, die eine lange Unterhaltung führen. Schon nach kurzer Zeit hatte sie mich restlos erobert. Je weiter hinauf wir gingen, desto deutlicher wurde, dass hier jeder Quadratzentimeter Land genutzt wurde – für Häuser, Landwirtschaft, Straßen oder buddhistische Klöster. Als wir zu unserem Auto zurückgingen, wartete der Vater des Mädchens auf uns. Inzwischen wusste ich, dass sie nicht zur Schule ging, sondern ihre paar Brocken Englisch von Touristen gelernt hatte. Ich gratulierte dem Vater zu seiner intelligenten, wissbegierigen Tochter, aber ich bezweifle, dass ich mich verständlich machen konnte. Obwohl ich wusste, dass Geld ein unangemessenes Zeichen für Dankbarkeit und Fürsorge war, wollte ich dem Vater zeigen, dass ich seine Tochter schätzte. Ich hoffte, ihr Arbeitseifer und Einfallsreichtum würden ihren Status in der Familie erhöhen und ihre Eltern dazu veranlassen, ihr ein anderes Leben zu ermöglichen. Ich habe mich oft gefragt, was aus ihr wurde.

Am Vormittag desselben Tages besuchten wir eine Geburtsklinik, die in Nepal lebende Amerikanerinnen gegründet hatten, um etwas gegen die hohe Todesrate bei Geburten zu unternehmen. Bei 100 000 Geburten starben 830 Mütter. Verglichen mit 400 Toten im internationalen Durchschnitt und weniger als sieben im amerikanischen Durchschnitt eine schockierende Zahl. Die Kliniken, finanziert von Privatleuten, USAID, der internationalen Kinderhilfsorganisation Save the Children und der nepalesischen Regierung, setzten auf einfache und praktische Präventivmaßnahmen und hatten ein Programm initiiert, das schwangeren Frauen und Hebammen Pakete mit Utensilien für eine sichere Heimgeburt zur Verfügung stellte. Diese Pakete enthielten ein Laken, ein Stück Seife, damit die Hebamme ihre Hände und Instrumente reinigen konnte, einen Bindfaden, um die Nabelschnur abzubinden, und eine saubere Rasierklinge, um sie durchzuschneiden. In Nepal konnten diese wenigen Dinge darüber entscheiden, ob Mutter und Kind die Geburt überlebten oder nicht.

Bei einer kurzen Zwischenstation im Royal Chitwan National Park in Südnepal hatten Chelsea und ich die Gelegenheit, auf einem Elefanten zu reiten. Das Foto, das um die Welt ging, zeigte ein fröhliches Mutter-Tochter-Team auf dem Rücken eines Dickhäuters, das ein seltenes asiatisches Rhinozeros betrachtet. Nach unserer Rückkehr nach Washington meinte James Carville sarkastisch: »Ist Amerika nicht unglaublich? Sie haben sich zwei Jahre für eine bessere medizinische Versorgung der Leute eingesetzt, und sie haben kein gutes Haar an Ihnen gelassen. Doch kaum reiten Sie mit Chelsea in irgendeinem Winkel der Welt auf einem Elefanten, werden Sie geliebt!«

In Bangladesch, dem Land mit der größten Bevölkerungsdichte der Welt, war der Kontrast zwischen Reichtum und Armut von allen südasiatischen Ländern, die ich bereiste, am eklatantesten. Vom Fenster unseres Hotelzimmers in Dhaka blickte ich auf einen Holzzaun, der die luxuriöse Hotelanlage von Baracken und Abfallhaufen trennte. Hier konnte man das Elend nicht mehr hinter bunten Tüchern verstecken. In der Stadt wimmelte es von Menschen, auf einem Quadratmeter drängten sich mehr Leute, als man sich vorstellen kann. Kleine Autos zwängten sich durch hoffnungslos verstopfte Straßen, Menschen auf Rädern oder zu Fuß wälzten sich in riesigen Trauben vorwärts. Die Hitze war mörderisch und die Luftfeuchtigkeit so extrem hoch, dass man sich wie in einem Dampfbad fühlte.

Ein Grund meines Aufenthalts in Bangladesch war, dass hier zwei international anerkannte Institutionen ihren Sitz haben – das International Center for Diarrheal Disease Research (ICDDR/B) in Dhaka und die Grameen Bank, eine Pionierin des Mikrokredits. Das ICDDR/B ist ein wichtiges Beispiel für die positiven Ergebnisse, die mit ausländischer Hilfe erreicht werden können. In den Teilen der Welt, wo es nur begrenzte Mengen an sauberem Trinkwasser gibt, ist Ruhr eine der häufigsten Todesursachen. Das ICDDR/B entwickelte eine »orale Rehydrierungstherapie« (ORT), bei der eine einfache Lösung verabreicht wird, die vorwiegend aus Salz, Zucker und Wasser besteht und schon Millionen von Kindern das Leben gerettet hat.

Den Gründer der Grameen Bank, Dr. Muhammad Yunus, hatte ich zum ersten Mal Mitte der achtziger Jahre kennen gelernt, als er in Little Rock Bill beriet, wie Mikrokreditprogramme einigen der ärmsten ländlichen Gemeinden von Arkansas helfen könnten. Die Grameen Bank vergibt Darlehen an sehr arme Frauen, die keinen anderen Zugang zu Krediten haben. Mit Darlehen von nicht mehr als fünfzig Dollar konnten tausende Frauen anfangen, Geld zu verdienen – etwa mit Nähen, Weben oder landwirtschaftlicher Tätigkeit – und damit ihre eigene Lage und die ihrer Familie entscheidend verbessern. Die Frauen zahlten nicht nur ihre Kredite verlässlich zurück – die Grameen Bank erreicht eine Rückzahlungsrate von 98 Prozent –, sondern sparen auch fleißig, um weiter investieren zu können. Yunus und die Grameen Bank unterstützen ähnliche Programme auf der ganzen Welt und vergeben Darlehen ohne Sicherheiten in Höhe von insgesamt 1,5 Milliarden Dollar an 3,7 Millionen Mitglieder in mehr als 41 000 Dörfern in Bangladesch und vielen anderen Ländern. Doch die Tatsache, dass die Grameen Bank Frauen hilft, finanziell unabhängig zu werden, macht sie (und ähnliche Institutionen) zu einer Zielscheibe islamischer Fundamentalisten. Zwei Tage vor unserer Ankunft in Dhaka marschierten etwa 2000 Extremisten durch die Hauptstadt, um gegen weltliche Hilfsorganisationen zu protestieren. Sie behaupteten, diese Institutionen würden Frauen dazu verleiten, einer strengen Auslegung des Koran zuwiderzuhandeln. In den Monaten vor unserem Besuch waren Dorfbanken und Mädchenschulen in Brand gesteckt worden, und eine der führenden Schriftstellerinnen des Landes hatte Morddrohungen erhalten. Und nun lagen dem Secret Service Informationen vor, dass eine extremistische Gruppe versuchen könnte, meinen Besuch zu stören. Als wir die Hauptstadt verließen, um zwei Dörfer im Südwesten des Landes zu besuchen, waren wir in höchster Alarmbereitschaft.

Unsere erste Station war das Dorf Jessore. Wir besuchten eine Grundschule, in der die Regierung ein neues Programm testete: Familien, die ihren Töchtern den Schulbesuch erlaubten, wurden mit Geld und Lebensmitteln belohnt. Ich ging in die Klassenräume, um mich mit den Mädchen und ihren Lehrern zu unterhalten. Mitten in einem Gespräch sah ich aus den Augenwinkeln, dass es draußen einen Tumult gab und Sicherheitsbeamte aufgeregt hin und her liefen. Tausende Dorfbewohner waren plötzlich aufgetaucht und strömten über eine kleine Anhöhe Richtung Schule. Niemand wusste, was sie wollten. Wir fanden es auch nie heraus, denn meine Sicherheitsbeamten brachten uns rasch fort, da sie einen Menschenauflauf befürchteten, den sie nicht kontrollieren konnten.

Unser Besuch in der Grameen Bank in einem Hindu-Dorf namens Mashihata war die lange, holprige Fahrt eindeutig wert. Bemerkenswerterweise waren auch muslimische Frauen aus dem Nachbardorf, das ich aus Zeitmangel nicht besuchen konnte, gekommen.

»*Swagatam*, Hillary, *swagatam*, Chelsea«, sangen die Kinder, was auf Bengalisch »Willkommen« bedeutet. Mein alter Freund Muhammad Yunus begrüßte mich überschwänglich. Er trug Kleidung, wie sie die Kreditnehmerinnen der Grameen Bank zum Verkauf anfertigten. Chelsea und mir hatte er einige Sachen ins Hotel geschickt, die wir – zu seiner großen Freude – auch angezogen hatten. In einer strohgedeckten Hütte erzählten mir die hinduistischen und muslimischen Frauen, dass sie sich den Fundamentalisten zum Trotz hier versammelt hatten. Eine muslimische Frau stand auf und sagte: »Wir haben genug von den Mullahs. Sie versuchen, die Frauen zu unterdrücken.« Ich fragte, mit welcher Art von Problemen sie zu kämpfen hätten, und sie antwortete: »Sie drohen uns zu ächten, wenn wir bei der Bank einen Kredit aufnehmen. Sie behaupten, die Leute von der Bank werden unsere Kinder stehlen. Ich sage ihnen, sie sollen uns in Ruhe lassen. Wir versuchen, unseren Kindern ein besseres Leben zu ermöglichen.«

Die Frauen überhäuften mich mit Fragen, um sich eine Vorstellung von meinem Leben machen zu können. »Haben Sie zu Hause Rinder?«, fragte eine. »Nein«, antwortete ich und grinste die Mitglieder des Pressekorps an, die inzwischen wie eine große Familie waren, »außer Sie zählen die Journalisten mit.« Die Amerikaner lachten, während die Einheimischen sich über meine Arbeit wunderten. »Verdienen Sie Ihr eigenes Geld?«, fragte eine Frau mit einem *bindi* auf der Stirn, jenem roten Punkt, der sie als verheiratete Frau auswies. »Seit mein Mann Präsident ist, verdiene ich selbst kein Geld«, antwortete ich und überlegte, wie ich meine Arbeit erklären sollte. Ich erzählte, dass ich früher sogar mehr als mein Mann verdient habe und auch vorhatte, später wieder Geld zu verdienen. Zum Abschluss meines Besuches führten die Dorfkinder uns zu Ehren ein Stück auf, und einige Frauen zeigten Chelsea und mir, wie man ein *bindi* aufträgt und einen Sari bindet. Ich war tief bewegt von der Kraft und der positiven Ausstrahlung dieser Frauen, die in einem armen, abgeschiedenen Dorf ohne Strom und fließend Wasser lebten. Doch die Grameen Bank hatte ihnen Hoffnung gegeben.

Ich war nicht die Einzige, die von diesen Frauen berührt war. Einer der amerikanischen Journalisten flüsterte mir ins Ohr: »Die Sprache des Schweigens wird hier nicht gesprochen.«

OKLAHOMA CITY

»Die First Lady bedauert, heute Abend wegen ihrer Auslandsreise nicht bei Ihnen sein zu können«, erklärte Bill Clinton den Journalisten und Politikern, die sich im März 1995 zum Galadiner im Washingtoner Gridiron Club eingefunden hatten. »Ich glaube, ich besitze in Arkansas ein Stück Land, das ich Ihnen gern verkaufen würde.«

Da ich in jenem Jahr nicht am Gridiron Dinner teilnehmen konnte, hatte ich eine fünfminütige Parodie auf den Kinohit »Forrest Gump« aufgezeichnet, die am Ende der Veranstaltung vorgeführt wurde. Mein Film begann mit einer weißen Feder, die vom blauen Himmel herabsegelte und vor dem Weißen Haus bei einer Parkbank landete, auf der ich, Hillary Gump, mit einer Pralinenschachtel auf dem Schoß saß.

»Meine Mama hat immer gesagt, das Weiße Haus ist wie eine Schachtel Pralinen«, erklärte ich, wobei ich mich bemühte, Tom Hanks so gut wie möglich zu imitieren. »Außen ist es sehr hübsch, doch drinnen findet man eine Menge ärgerliches Zeug.« [Anm. d. Red.: Im Amerikanischen lautet die Textstelle »but inside there's lots of nuts«, denn in den Pralinen findet man Nüsse, wobei *nuts* auch so viel wie »Mist« bedeuten kann.]

Der Sketch, geschrieben und umgesetzt vom Autor und Komiker Al Franken von »Saturday Night Live« war eine satirische Auseinandersetzung mit meinem Leben. Die kleine Posse enthielt Szenen aus meiner Kindheit, meiner Zeit im College und meiner politischen Laufbahn. Mandy Grunwald, Paul Begala und sogar Jay Leno hatten Ideen beigesteuert. Jedes Mal, wenn ich auf der Parkbank zu sehen war, trug ich eine andere Perücke, eine Anspielung auf meine unablässigen Bemühungen um eine zufrieden stellende Frisur. Am Ende hatte auch Bill einen Auftritt: Er setzte sich neben mich auf die Bank, nahm meine Pralinenschachtel, bot mir eine an und fragte mich dann, ob er ein paar Pommes frites haben könne.

Bill erzählte mir später am Telefon, dass ich für meinen Auftritt stehende Ovationen erhalten hätte. Wenige Dinge, die wir in Washington taten, gingen so reibungslos über die Bühne.

Zu dieser Zeit bereiteten der Präsident und seine Regierung gerade die Gegenstrategie vor, mit der sie den vom republikanisch beherrschten Kongress vorgeschlagenen »Vertrag mit Amerika« bekämpfen wollten. In den ersten hundert Tagen des 104. Kongresses setzte Newt Gingrich den Großteil seines »Vertrags« im republikanisch dominierten Repräsentantenhaus durch, doch nur zwei Maßnahmen wurden gesetzlich festgeschrieben. Die Gesetzgebungsinitiative war an den Senat übergegangen, in dem jedoch immer noch genug Demokraten saßen, um ein Veto des Präsidenten zu unterstützen. Bill musste sich entscheiden, ob er mit der Androhung eines Vetos Einfluss auf die republikanischen Gesetzesvorschläge nehmen wollte oder ob es besser war, eigene Alternativvorschläge vorzulegen. Schließlich tat er beides. Und er gewann die Initiative zurück, indem er sich einem Widersacher stellte, der seine Präsidentschaft ganz unverhohlen als »irrelevant« bezeichnet hatte.

Während Bills Umgebung versuchte, ihn zu einer direkten und aggressiven Konfrontation mit Gingrich zu drängen, erinnerte er sie geduldig daran, dass wir den Menschen erst vor Augen führen müssten, worin sich seine Position von der republikanischen unterschied. Er wollte der Bevölkerung klar machen, dass es nicht um einen Schaukampf zwischen Bill Clinton und Newt Gingrich, sondern um ihre unterschiedlichen politischen Auffassungen über Medicare, Bildung und Umweltschutz ging.

Bill besitzt einen unglaublichen politischen Weitblick. Er ist in der Lage, die Konsequenzen der Züge aller Spieler einzuschätzen und langfristig zu planen. Er wusste, dass der eigentliche Kampf einige Monate später um das Budget ausgetragen werden würde und dass alles, was jetzt entschieden wurde, Auswirkungen auf die Wahl im Jahr 1996 haben würde. Denn dann würde über den Erfolg seiner Präsidentschaft abgestimmt. Zunächst mahnte er also zur Geduld, da er – zu Recht – annahm, dass sich die Wähler von den weit über das Ziel hinausschießenden Republikanern abwenden und im Lauf der Zeit beginnen würden, sich vor den radikalen Veränderungen zu fürchten, die die Opposition vorschlug. Währenddessen wollte er an eigenen Vorschlägen arbeiten. Als Gingrich seine Absicht bekannt gab, die Erfolge des republikanisch dominierten Kongresses mit einer zur Hauptsendezeit übertragenen Fernsehansprache an die Nation zu feiern (so etwas war noch nie da gewesen), war für Bill der Zeitpunkt gekommen, die Initiative zurückzuerobern.

Am 7. April 1995 verwandelte Bill eine Rede über Bildungsfragen in Dallas in ein Manifest für die Arbeit seiner Regierung. Er beschrieb kurz, was er in den Bereichen Defizitsenkung und Arbeitsplatzschaffung geleistet hatte, und kündigte seine kommenden Vorhaben an: eine Erhöhung der Mindestlöhne, eine schrittweise Verbesserung der medizinischen Versorgung und Steuersenkungen für die Mittelschicht. Er griff die schlimmsten Auswüchse des republikanischen »Contracts« an, darunter ihr so genanntes Wohlfahrtsgesetz, und kritisierte die von den Republikanern geplanten Kürzungen bei den Bildungsausgaben und anderen Programmen, wie den Schulmahlzeiten und den Impfkampagnen. Und er schuf eine Grundlage für Kompromisse, die eine Blockierung der Regierungsarbeit vermeiden sollten. Kamen ihm die Republikaner nicht entgegen, so würde die Öffentlichkeit Gingrich und seine Partei dafür verantwortlich machen.

In den folgenden Wochen beriet sich Bill stundenlang mit Freunden und Verbündeten, um seine weitere Strategie zu formulieren. Ich hatte ihn ermutigt, auch Dick Morris in die Diskussionen über die neue Vorgehensweise einzubeziehen, da dieser als Berater der Republikaner Einblick in deren Denkweise hatte. Diese Kenntnisse konnte Bill nutzen.

Nach der Rede in Dallas entschloss sich Bill, Dick seinem Mitarbeiterstab vorzustellen. Bills Mitarbeiter im Westflügel waren unangenehm überrascht, als sie erfuhren, dass Dick Morris den Präsidenten bereits seit mehr als sechs Monaten inoffiziell beriet. Harold Ickes war entsetzt, seinen alten Gegenspieler wieder zu treffen, mit dem er sich vor 25 Jahren an der Upper West Side von Manhattan ideologische und persönliche Grabenkämpfe innerhalb der Demokratischen Partei geliefert hatte. George Stephanopoulos war beunruhigt, dass Bill einem politischen Wendehals wie Morris Gehör schenkte, und sah seinen Einfluss schwinden. Leon Panetta fand weder an Morris' Persönlichkeit noch an der Art Gefallen, wie dieser die Hierarchien im Westflügel umging. Die Sorgen von Bills Beratern waren durchweg berechtigt, doch die Gegenwart von Morris sollte am Ende für alle von unerwartetem Nutzen sein.

Der Verlust der Mehrheit im Kongress hatte einige von Bills Beratern in einen Schockzustand versetzt. Es bestand die Gefahr, dass die Administration durch interne Auseinandersetzungen, Schuldzuweisungen und dem ständigen Kreisen um Fehler und vergebene Chancen zusammenbrach. In dieser Situation wurde den Beratern ein gemeinsamer »Feind« vorgesetzt, was ihre Einigkeit förderte und sie gleichzeitig motivierte, neue Wege zu beschreiten.

Auf diese Weise sorgte Bill dafür, dass alle Beteiligten – und insbesondere er selbst – geistig offen blieben und wieder kreativ arbeiten konnten.

Bei Daten und Analysen verließ sich Morris auf Mark Penn, einen brillanten und engagierten Meinungsforscher des Democratic National Committee, und dessen Geschäftspartner Doug Schoen, ebenfalls ein erfahrener politischer Stratege. Die drei lieferten nicht nur das Datenmaterial, das den Mitteilungen des Weißen Hauses zugrunde gelegt wurde, sondern nahmen später auch an den wöchentlichen Strategiesitzungen im Yellow Oval Office Room teil. Im Lauf der Jahre lernten Bill und ich, Dicks Vorschläge kritisch zu durchleuchten, uns nicht allzu sehr von seinem theatralischen Gehabe beeinflussen zu lassen und abzuwägen, wann Bill Dick widersprechen und dessen Rat ausschlagen musste. Der Einfluss von Dick Morris' auf die Regierung Clinton wird vielfach überschätzt, manchmal von liberalen Kritikern, vor allem aber von Dick selbst. Doch er half Bill, eine Strategie zu entwickeln, mit der der Widerstand jener Republikaner durchbrochen werden konnte, die seine Gesetzgebungsvorhaben blockierten und unnachgiebig an ihren eigenen Vorschlägen festhielten: die Strategie der »Triangulation«.

Wenn die politischen Lager gegensätzliche Positionen einnehmen und jedes glaubt, den Eindruck vermeiden zu müssen, es nähere sich den Standpunkten der Gegenseite an, dann muss eine dritte Position gefunden werden – ein Konsens, der sozusagen der Spitze eines Dreiecks entspricht. Als die Republikaner beispielsweise versuchten, die Reform der Sozialfürsorge für sich in Anspruch zu nehmen – ein Vorhaben, an dem Bill als Gouverneur seit 1980 beteiligt gewesen war –, vermied er es, ihnen zu widersprechen. Er unterstützte die Reformziele, bestand jedoch auf Änderungen, welche die Gesetze verbessern und ihm ausreichende Unterstützung von den Gemäßigten sowohl unter den Linken als auch den Rechten sichern würden, um die extreme Position der ultrakonservativen Republikaner zu überwinden. Allerdings steckt der Teufel in der Politik wie im Leben im Detail. Die Einzelheiten der Reform der Wohlfahrtssysteme oder der Budgetverhandlungen waren hart umkämpft, und hatten manchmal mehr Ähnlichkeit mit einem magischen Würfel als mit einem gleichschenkeligen Dreieck.

Die Umsetzung von Morris' Initiativen oblag Leon Panetta und der übrigen Regierung. Leon war 1994 Stabschef geworden und hatte Mack McLarty ersetzt, der in den ersten anderthalb Jahren der Regierung unter sehr schwierigen Bedingungen ausgezeichnete Arbeit geleistet hatte. Panetta, der schon als Kongressabgeordneter für Kalifornien gegen das Staatsdefizit gekämpft hatte, war zuvor Leiter der Haushaltsbehörde gewesen. In dieser Funktion hatte er wesentlich zur Gestaltung des Plans zur Haushaltssanierung beigetragen und geholfen, das Vorhaben im Kongress durchzubringen. Als Stabschef führte er ein strenges Regiment, setzte eine striktere Kontrolle des Zeitplans des Präsidenten durch und sorgte dafür, dass die Mitarbeiter nicht mehr im Oval Office auftauchten, wann immer ihnen der Sinn danach stand. Seine Erfahrungen im Kongress und mit der Haushaltspolitik sollten sich in der bevorstehenden Schlacht um das Budget als entscheidend erweisen.

Die Republikaner, nun in der Mehrheit, begannen damit, in der Debatte über das jährliche Haushaltsgesetz verschiedenen Programmen den Garaus zu machen, indem sie ihnen die Finanzierung verweigerten. Sie wollten den Staat in Bereichen wie dem Verbraucher- und Umweltschutz, den Einkommensbeihilfen und den Unternehmensvorschriften seiner Regulierungsfunktion berauben. Newt Gingrich verunglimpfte sogar Präsident Lyndon B. Johnsons Great-Society-Programm (das Medicare, Medicaid und die bedeutenden Gesetze zum Schutz der Bürgerrechte hervorgebracht hatte) als »Wertsystem einer Gegenkultur« und »altes, gescheitertes Experiment der staatlichen Lenkung«.

Wir waren zunehmend befremdet von der erbitterten Rhetorik, mit der die Führer der Grand Old Party die Regierung, die Gemeinschaft, ja selbst herkömmliche Gesellschaftskonzepte attackierten. Sie schienen zu glauben, dass im Amerika des späten 20. Jahrhunderts lediglich altmodischer, ruppiger Individualismus zählte – es sei denn, ihre Klientel verlangte besondere gesetzliche Gefälligkeiten. Ich betrachte mich selbst als sehr individualistische Person, bin jedoch davon überzeugt, dass ich als amerikanische Bürgerin Teil eines Systems aus Rechten und Pflichten bin, das für alle von Nutzen sein muss.

Inmitten dieser extremen republikanischen Rhetorik, die zum Teil auch massiv gegen mich gerichtet war, arbeitete ich an meinem Buch »It Takes a Village«; den Titel hatte ich an das afrikanische Sprichwort angelehnt. Gingrichs Vorhaben, uneheliche Kinder aus armen Verhältnissen in Heimen unterzubringen, hatte mich alarmiert. Ich befürchtete, dass dieser politische Extremismus die Armen und Verwundbaren wieder in jene Welt zurückschicken würde, die Dickens einst beschrieben hatte. Mein Buch war keine politische Kampfschrift, doch es sollte jenen mitleidlosen, elitären und unrealistischen konservativen Vorstellungen, die im Kapitol verbreitet wurden, eine andere Vision gegenüberstellen.

Während die Rechte die »liberale Ausrichtung der Medien«

geißelte, waren die lautesten und wirkungsvollsten Stimmen in den Medien in Wirklichkeit alles andere als liberal. Die öffentliche Debatte wurde stattdessen zunehmend von reaktionären Gelehrten und Fernseh- und Radiomoderatoren beherrscht. Ich entschloss mich daher, meine Gedanken und Ansichten direkt in einer wöchentlichen Kolumne unter dem Titel »Talking it Over« zu veröffentlichen. In meinen ersten Kolumnen, die in mehreren Zeitungen erschienen, behandelte ich Themen, die vom 75. Jahrestag der Einführung des Frauenwahlrechts bis zu meinem Familienurlaub reichten. Indem ich meine Gedanken zu Papier brachte, gewann ich auch eine klarere Vorstellung davon, wie ich meine Rolle im Weißen Haus neu definieren konnte. Ich hatte begonnen, mich mit kleineren innenpolitischen Projekten zu befassen, die leichter zu verwirklichen waren als grandiose Vorhaben wie die Gesundheitsreform. Zu meinen Schwerpunkten zählten jetzt die Gesundheitsfürsorge für Kinder, die Brustkrebsvorsorge, Aufklärungskampagnen über das Golfkriegssyndrom, die Aufrechterhaltung der Bundeszuschüsse für das öffentliche Fernsehen, die unentgeltliche Rechtsberatung für benachteiligte Gruppen sowie die Künste.

Über Brustkrebs und die Schwierigkeiten bei der Prävention und Behandlung erfuhr ich mehr bei Gesprächsrunden, an denen ich im ganzen Land teilnahm. Die Willenskraft, die ich bei den Frauen erlebte, die den Krebs besiegt hatten, war beeindruckend. Und die Zahl derer, die jemanden kannten, der mit dieser Krankheit rang, war erschreckend. Bill und ich hatten den erfolglosen Kampf von Virginia miterlebt, und eine meiner treuesten Mitarbeiterinnen, Miriam Leverage, erlag nach sechs Jahren ihrem Leiden. Sie hatte sich zwei Operationen, einer Strahlenbehandlung und fünf Chemotherapien unterzogen, und hatte dennoch verloren. Sie erinnerte mich und meine Mitarbeiterinnen immer wieder daran, uns regelmäßig abzutasten und zur Mammografie zu gehen, was ich seit meinem vierzigsten Geburtstag auch jedes Jahr tue.

1995 startete ich am Muttertag die Medicare Mammography Awareness Campaign. Ich wollte den Frauen bewusst machen, wie wichtig die Früherkennung ist und dafür werben, dass Frauen, die bei Medicare versichert sind, die Möglichkeit der Mammografie auch nutzen. Lediglich vierzig Prozent der älteren Frauen, deren Mammographien von Medicare bezahlt würden, gingen tatsächlich zu den Früherkennungsuntersuchungen. Da statistisch gesehen jede achte Amerikanerin im Lauf ihres Lebens an Brustkrebs erkrankt, ist die Früherkennung unverzichtbar.

In den folgenden Jahren setzte ich mich dafür ein, die Medicare-Leistungen auszuweiten, damit alle Frauen einmal im Jahr zur Früherkennung gehen konnten. Für die »Mamagram«-Kampagne arbeitete ich mit Sponsoren, PR-Profis und Vertretern von Verbrauchergruppen zusammen. Die Kampagne reichte von einer Sonderbriefmarke über Grußkarten und Einkaufstüten bis hin zu Schaufensterdekorationen. In den folgenden Jahren setzte ich mich für eine Erweiterung des Versicherungsschutzes von Medicare ein, sodass mehr Frauen ohne zusätzliche Kosten einmal im Jahr zur Mammografie gehen konnten, und als Bill neue Bestimmungen ankündigte, um die Sicherheit und Qualität von Mammografien zu gewährleisten, war ich mehr als erfreut. Diese Bemühungen ergänzten mein Engagement für eine Erhöhung des staatlichen Forschungsbudgets für die Erkennung, Prävention und Behandlung von Brustkrebs.

Eines der bedrückendsten und erschütterndsten Probleme, mit denen ich konfrontiert wurde, war das Golfkriegssyndrom. Tausende Männer und Frauen, die 1991 an der Operation »Wüstensturm« im Persischen Golf teilgenommen hatten, litten nach ihrer Rückkehr an verschiedenen Symptomen, darunter chronische Müdigkeit, Kopfschmerzen, Verdauungsstörungen, Ausschläge und Atemwegsprobleme. Ich erhielt aufwühlende Briefe von Veteranen, die ihr Leben für unser Land riskiert hatten und nun aufgrund dieser nicht eindeutig diagnostizierten Krankheiten arbeitslos wurden und ihre Familien nicht mehr ernähren konnten. Ihre Bitten um Hilfe waren bislang auf taube Ohren gestoßen.

Ein Veteran, den ich kennen lernte, Colonel Herbert Smith, hatte ein gesundes Leben geführt, bevor er bei der Operation Wüstensturm am Persischen Golf eingesetzt wurde. Dort litt

er unter geschwollenen Lymphknoten, Hautausschlag, Gelenk-
schmerzen und Fieber und musste nach sechs Monaten nach
Hause zurückkehren. Doch die Ärzte konnten seine Krankheit
weder diagnostizieren noch behandeln, einige unterstellten ihm
sogar Manipulation. Ein Militärarzt beschuldigte ihn, sich
selbst Blut abzunehmen, um eine Anämie vorzutäuschen und
sich auf diese Weise eine Invalidenrente zu erschwindeln.

Ich forderte eine umfassende Untersuchung des Golfkriegs-
syndroms und darüber, ob unsere Truppen chemischen oder
biologischen Waffen ausgesetzt waren, und traf mich mit Vertretern des Verteidigungsministeriums, des Kriegsveteranenmi-
nisteriums und der Gesundheitsdienste, um festzustellen, was
der Staat tun konnte, um zum einen den Bedürfnissen dieser
Veteranen gerecht zu werden und zum anderen ähnlichen
Problemen vorzubeugen. Bill ließ einen beratenden Ausschuss
einrichten, der sich mit dem Thema befassen sollte, und unter-
schrieb Gesetze, die diesen Golfkriegsveteranen Behinderten-
status und damit Unterstützung garantierten.

Im Frühjahr 1995 war sowohl die Regierungsarbeit als auch
mein eigenes Engagement von innenpolitischen Fragen beherrscht. Doch dann erlebte die Nation an einem Tag im April
eine unfassbare Tragödie.

Der 19. April begann für mich wie ein gewöhnlicher Arbeitstag mit Sitzungen und Interviews. Gegen elf Uhr vormittags
saß ich in meinem Lieblingssessel in der West Sitting Hall und
ging mit Maggie und Patti meine Zeitplanung durch, als ein
dringender Anruf von Bill aus dem Oval Office kam. In einem
Bundesgebäude in Oklahoma City war es zu einer Explosion
gekommen. Wir gingen in die Küche und schalteten das kleine Fernsehgerät ein. Bald erschienen die ersten entsetzlichen
Aufnahmen vom Ort des Geschehens auf dem Bildschirm.

In den folgenden Stunden erfuhren wir, dass die Verwüs-
tungen von einer Autobombe verursacht worden waren; aber
niemand hatte zuverlässige Informationen über den oder die
Täter. Viele Mitarbeiter der Bundeseinrichtung waren tot oder
verletzt. 19 Kinder, die die Tagesstätte im zweiten Stock des
Gebäude besucht hatten, waren tot oder verstümmelt. Die Bil-

der aus Oklahoma City waren beunruhigend persönlich: Ein kleines Mädchen hing schlaff wie eine Stoffpuppe in den Armen eines verzweifelten Feuerwehrmanns, der es aus den rauchenden Trümmern trug, ein entsetzter Angestellter wurde auf eine Bahre gehoben. Die Vertrautheit der Umgebung, der gewaltsame Tod von Freunden, Nachbarn und Verwandten machte den Amerikanern die Tragödie in einer bis dahin nicht gekannten Form bewusst. Und genau das war der Zweck des grausamen Terroranschlags gewesen, der 168 unschuldige Opfer forderte.

Das Erste, was die Menschen brauchten, waren Informationen über den Anschlag. Bill schickte umgehend Untersuchungsteams der FEMA, des FBI und anderer Regierungsbehörden nach Oklahoma City. Sodann musste man ihnen die Gewissheit geben, dass alles Menschenmögliche getan wurde, um sie vor weiteren Angriffen zu schützen. Mir lagen insbesondere die Kinder am Herzen, die das Entsetzen ihrer Eltern miterlebten, von Details des Anschlags erfuhren und sich möglicherweise vor einer ähnlichen Katastrophe fürchteten. Am Samstag nach dem Bombenanschlag setzten Bill und ich uns mit Kindern, deren Eltern ebenfalls für Bundesbehörden arbeiteten, zu einem Gespräch zusammen, das im Fernsehen und im Radio übertragen wurde.

»Es ist in Ordnung, sich vor so etwas zu fürchten«, erklärte Bill den Kindern, die umringt von ihren Eltern im Oval Office auf dem Boden saßen. »Ich möchte, dass ihr wisst, dass eure Eltern euch lieben und euch behüten werden«, sagte ich. »Es gibt sehr viel mehr gute als böse Menschen auf der Welt.« Bill versprach den Kindern, die Schuldigen zu fangen und zu bestrafen. Dann forderte er sie auf, ihre eigene Meinung zu der Tragödie zu äußern.

»Es war böse«, sagte ein Kind.

»Es tut mir Leid für die Menschen, die gestorben sind«, meinte ein anderes.

Eine Frage traf mich besonders hart, weil ich sie nicht beantworten konnte: »Wie kann jemand Kindern, die nichts getan haben, so etwas antun?«

Am nächsten Tag flogen wir nach Oklahoma, um die Familien der Opfer zu besuchen und an einem Gottesdienst teilzunehmen. Vor der Abreise pflanzten wir im Gedenken an die Opfer eine Blutweide auf dem Südrasen im Garten des Weißen Hauses.

Als wir in Oklahoma City eintrafen, war bereits ein Verdächtiger verhaftet worden, der in Verbindung mit militanten regierungsfeindlichen Gruppen stand. Anscheinend hatte Timothy McVeigh den 19. April für seinen Angriff auf das Land gewählt, weil sich an diesem Tag der schreckliche Brand in Waco jährte, bei dem achtzig Angehörige der Davidianer, darunter auch viele Kinder, ums Leben gekommen waren. McVeigh und die Leute seines Schlags waren vollkommen marginalisierte und sehr gewalttätige Elemente der extremen Rechten, deren Taten alle vernünftigen Amerikaner abstießen. Mit ihrer Rhetorik der Intoleranz, ihrer Wut und paranoiden Regierungsfeindlichkeit heizten die rechtsradikalen Radiotalkshows und Websites diese feindliche Atmosphäre zusätzlich an. Nun schienen die schrecklichen Geschehnisse von Oklahoma City der radikalen Milizbewegung den Wind aus den Segeln zu nehmen und die schlimmsten Hassprediger im Radio an den Rand zu drängen. Anfang Mai, wenige Tage nach dem Anschlag, fand Bill in einer Rede vor Absolventen der University of Michigan harte Worte für die Hetzer und die staatsfeindlichen Gruppen: »Es ist nicht patriotisch, das eigene Land zu hassen oder vorzugeben, man könne sein Land lieben, seine Regierung jedoch verachten.«

Bill und ich besuchten eine Reihe von Opfern und ihre Familien, bevor wir an dem großen Gedenkgottesdienst teilnahmen, bei dem Bill und der Reverend Billy Graham sprachen, um die trauernde Nation aufzurichten. Wann immer ich Bill zusah, wie er schluchzende Familienmitglieder in die Arme schloss oder mit völlig gebrochenen Freunden eines Verstorbenen sprach, wuchs meine Zuneigung zu ihm. Sein Mitgefühl entspringt einer tief empfundenen Fürsorge, die es ihm ermöglicht, sich dem Leid anderer Menschen zuzuwenden.

Während das Land versuchte, die Tragödie von Oklahoma zu bewältigen, ruhte die Arbeit im Büro des Sonderermittlers nicht. Am Samstag, dem 22. April, kurz nach dem Treffen mit den Kindern im Oval Office, kamen Kenneth Starr und seine Deputies ins Weiße Haus. Ich hatte mich mit David Kendall sorgfältig auf die Befragung vorbereitet. In dem Wissen, dass das Büro des Sonderermittlers jedes meiner Worte sezieren würde, bestand David darauf, dass ich trotz meiner zahlreichen Verpflichtungen meine Aussage einstudierte. Wir trafen uns oft noch spät am Abend zu Besprechungen, in denen ich die Informationen verarbeiten musste, die er mir in großen schwarzen Ordnern vorlegte. Ich lernte diese Ordner zu fürchten, denn sie riefen mir in Erinnerung, dass ich gezwungen sein würde, mich unter Eid an unzählige Nebensächlichkeiten und Details zu erinnern, die alle verwendet werden konnten, um mich zu belangen.

Die Befragung fand im Treaty Room im zweiten Stock statt. Das Weiße Haus wurde von Abner Mikva, einem ehemaligen Kongressabgeordneten und Bundesrichter, der nun als Rechtsberater des Weißen Hauses tätig war, und Jane Sherburne vertreten, einer erfahrenen Prozessanwältin, die ihre Anwaltsfirma verlassen hatte, um sich um die mit der Untersuchung zusammenhängenden Fragen zu kümmern. Ihnen zur Seite standen unsere Privatanwälte David Kendall und Nicole Seligman. Starr und drei andere Anwälte aus dem Büro des Sonderermittlers nahmen auf der gegenüberliegenden Seite des langen Konferenztisches Platz, den wir für die Gespräche in den Treaty Room gestellt hatten.

Als Bill, der als Erster befragt worden war, aus dem Gespräch herauskam, berichtete er mir, seine Begegnung mit Starr habe in einer freundlichen Atmosphäre stattgefunden. Zu meiner Verblüffung hatte Bill Jane Sherburne aufgefordert, Starr und seinen Begleitern das benachbarte Lincoln-Schlafzimmer zu zeigen. Es ist bezeichnend, dass ich nicht bereit war, mich ähnlich zuvorkommend wie mein Ehemann zu verhalten. Wir befanden uns beide im Zentrum des Wirbelsturms, doch während ich mich anscheinend durch jeden Windstoß vom Kurs abbringen ließ, segelte Bill ruhig dahin. Der Gedanke, dass diese hartgesottenen republikanischen Parteigänger das Recht hatten, in unserem Leben herumzustöbern, jeden Scheck unter die Lupe zu nehmen, den wir in den letzten zwanzig Jahren ausgestellt hatten, und unsere Freunde mit den fadenscheinigsten Begründungen zu belästigen, erzürnte mich. Ich würde Starr nirgendwo herumführen.

Die Republikaner eröffneten eine neue Front, als Al D'Amato, der republikanische Senator aus New York und Vorsitzende des Bankenausschusses, endlich die Möglichkeit erhielt, ein umfassendes Senatshearing zu Whitewater durchzuführen. D'Amato schien auf Vince Fosters Tod fixiert zu sein. Obwohl die Polizei und der erste Sonderermittler Robert Fiske zu dem Ergebnis gekommen waren, dass es sich um einen Selbstmord handelte, der nichts mit Whitewater zu tun hatte, zerrte D'Amato zahlreiche Mitarbeiter des Weißen Hauses vor die Kameras, um sie über diese traurigen Vorgänge auszuhorchen. Maggie Williams, die normalerweise gelassen und stabil ist, brach während des unbarmherzigen Verhörs in Tränen aus. Es war unerträglich, mit ansehen zu müssen, wie sie wieder und wieder mit Unterstellungen gequält wurde, und es war schrecklich zu wissen, dass ihre Anwaltsrechnungen von Tag zu Tag stiegen.

Meine Freundin Susan Thomases bezeichnete D'Amato als Lügnerin, weil sie aufgrund ihrer fortgeschrittenen multiplen Sklerose Schwierigkeiten hatte, seine Fragen zu beantworten. Am schlimmsten aber war für mich, dass ich keiner meiner Mitarbeiterinnen und Freundinnen in diesem Albtraum beistehen konnte, da jedes Gespräch in Sachen Vince Foster oder Whitewater den Verdacht einer geheimen Absprache oder einer Beeinflussung begründen konnte. Ich musste jede Unterhaltung vermeiden, die zur Folge haben konnte, dass jemand auf die Frage, ob er oder sie mit mir gesprochen habe, mit »Ja« antworten musste.

Am Rand zu stehen, unfähig, meine Freunde und Kollegen zu verteidigen oder auch nur mit ihnen über die Ungerechtigkeit zu reden, die ihnen widerfuhr, war eine der schrecklichsten Erfahrungen meines Lebens. Und es sollte noch schlimmer kommen, bevor sich die Lage endlich aufhellen würde.

Frauenrechte sind
Menschenrechte

Die Verhaftung eines Dissidenten ist in China nichts Ungewöhnliches, und die Inhaftierung von Harry Wu hätte in den
amerikanischen Medien normalerweise kaum Aufmerksamkeit
erregt. Doch China war zum Veranstaltungsort der vierten
Weltfrauenkonferenz der Vereinten Nationen auserkoren worden, und ich sollte als Ehrenvorsitzende der US-Delegation an
der Konferenz teilnehmen. Wu, ein Menschenrechtsaktivist,
der 19 Jahre seines Lebens als politischer Gefangener in chinesischen Arbeitslagern verbracht hatte, bevor man ihm die
Ausreise in die Vereinigten Staaten gestattet hatte, wurde am
19. Juni 1995 verhaftet, als er aus dem Nachbarland Kasachstan in die Provinz Xianjiang einreiste.

Obwohl er ein gültiges Visum vorweisen konnte, wurde er
von den chinesischen Behörden ins Gefängnis geworfen. Über
Nacht wurde der Name Harry Wu in aller Welt bekannt, und
in den Vereinigten Staaten wurde die Teilnahme an der Frauenkonferenz in Frage gestellt. Menschenrechtsgruppen, amerikanische Aktivisten und mehrere Kongressmitglieder riefen zu
einem Boykott auf. Ich sympathisierte einerseits mit dieser Haltung, doch andererseits war es sehr enttäuschend für mich,
dass die wichtigen Anliegen, die auf dieser Konferenz diskutiert werden sollten, einem außenpolitischen Kräftemessen
geopfert werden sollten.

Die Regierungen einschließlich der amerikanischen neigen
dazu, sich auf die diplomatischen, militärischen und wirt-

schaftlichen Einflussmöglichkeiten zu beschränken. Themen wie die Gesundheit der Frau, das Bildungsangebot für Mädchen, die Einschränkung der Rechte und der politischen Beteiligungsmöglichkeiten der Frau oder ihre wirtschaftliche Isolation finden nur selten Berücksichtigung in der außenpolitischen Debatte. Doch in meinen Augen lag auf der Hand, dass manche Länder und Regionen im Bemühen um wirtschaftlichen oder sozialen Fortschritt in einer globalisierten Wirtschaft auf große Schwierigkeiten stoßen würden, solange ein unverhältnismäßig hoher Prozentsatz ihrer weiblichen Bevölkerung arm, ungebildet, ungesund und rechtlos leben musste. Die UNO-Frauenkonferenz, die alle fünf Jahre stattfindet, behandelt genau diese Themen und bietet den Nationen ein wichtiges Forum, um Fragen wie die Gesundheitsfürsorge für Mütter und Kinder, Mikrokredite, Gewalt in der Familie, Schulbildung für Mädchen, Familienplanung, Eigentums- und Grundrechte und das Frauenwahlrecht zu diskutieren. Ich hatte gehofft, meine Gegenwart werde signalisieren, dass die Vereinigten Staaten entschlossen waren, die Bedürfnisse und Rechte der Frauen in den Mittelpunkt der internationalen Politik zu rücken.

Zum Zeitpunkt von Harry Wus Verhaftung waren meine Mitarbeiterinnen und ich intensiv mit den Planungen für die Konferenz beschäftigt. Ich wollte möglichst breit gestreute politische Anliegen berücksichtigen, und bemühte mich gemeinsam mit Melanne und dem Stab des Präsidenten um die Zusammenstellung einer repräsentativen Delegation. Bill berief Republikaner (darunter den früheren Gouverneur von New Jersey, Tom Kean), katholische Vertreter wie Schwester Dorothy Ann Kelly, die Präsidentin des College von New Rochelle, und Dr. Laila Al-Marayati, die stellvertretende Vorsitzende der Moslemischen Frauenliga. Madeleine Albright, die damalige Botschafterin der USA bei den Vereinten Nationen, wurde zur offiziellen Delegationsleiterin ernannt. Doch es gab bereits Einwände der üblichen Verdächtigen im Kongress, die der Meinung waren, die Vereinigten Staaten sollten nicht an der Konferenz teilnehmen. Unter diesen Politikern waren die Senatoren Jesse Helms und Phil Gramm, der verkündete, die Konferenz sei »ein nicht sanktioniertes Festival gegen die Familie«.

Einige Kongressmitglieder standen jeder von den Vereinten Nationen unterstützten Veranstaltung skeptisch gegenüber und hatten für eine Versammlung, die sich mit Frauenfragen befassen sollte, erst recht nichts übrig. Der Vatikan, der lautstark gegen die Abtreibung kämpfte, schloss sich mit einigen islamischen Ländern zusammen, die besorgt waren, die Konferenz könne den internationalen Kampf für die von diesen Staaten abgelehnten Frauenrechte vorantreiben. Auch ein Teil der amerikanischen Linken war nicht sehr glücklich mit einer amerikanischen Teilnahme, da die chinesische Regierung angedeutet hatte, regierungsunabhängige Organisationen von der Teilnahme an der offiziellen Konferenz auszuschließen. Die chinesischen Behörden setzten nicht nur die tibetischen Aktivisten und andere Gruppen unter Druck, sondern erschwerten es auch bestimmten Teilnehmerinnen, Einreisevisa zu erhalten. Zudem stieß das Gastgeberland mit seinem fragwürdigen Umgang mit den Menschenrechten und seiner barbarischen »Einkindpolitik«, mit der erzwungene Abtreibungen zur Geburtenkontrolle gefördert werden, auf allgemeine Ablehnung. Mit der Inhaftierung von Wu drohten die Arbeit mehrerer Monate, ungezählte Meetings und Strategiesitzungen mit Vertretern der Vereinten Nationen und anderer Länder zunichte gemacht zu werden. In den folgenden sechs Wochen wurden alle möglichen Meinungen dazu laut, ob die Vereinigten Staaten eine Delegation zur Konferenz entsenden sollten oder nicht und ob meine Teilnahme wünschenswert sei.

Großes Kopfzerbrechen bereitete mir ein persönliches Schreiben von Mrs. Wu, die sich Sorgen über das Schicksal ihres Mannes machte und in einem Brief an mich die Befürchtung äußerte, meine Teilnahme an der Konferenz könne »der Führung in Peking ein missverständliches Signal bezüglich der Entschlossenheit senden, mit der die Vereinigten Staaten auf die Freilassung von Harry drängen«. Mrs. Wus Bedenken waren berechtigt. Ich wusste, dass die chinesische Regierung die Konferenz vor allem zur Imageverbesserung nutzen wollte. Reiste ich nach Peking, so half ich dem Regime, sich in einem besseren Licht darzustellen. Beteiligte ich mich an einem Boykott, so bedeutete dies Negativwerbung für die chinesische

Führung. Wir waren in einer diplomatischen Zwickmühle. Harry Wus Gefangennahme und meine Teilnahme an der Konferenz waren nicht voneinander zu trennen. Unsere Regierung erklärte öffentlich und hinter vorgehaltener Hand, dass meine Teilnahme ausgeschlossen sei, wenn Mr. Wu nicht freigelassen werde. Hinzu kamen ernste Bedenken über den allgemeinen Zustand der Beziehungen zwischen den Vereinigten Staaten und China. Es gab gravierende Meinungsverschiedenheiten in Bezug auf Taiwan, die Verbreitung von Atomwaffen, den Verkauf chinesischer M-11-Raketen an Pakistan und die fortgesetzten Menschenrechtsverletzungen. Mitte August 1995 verschlechterten sich die Beziehungen erneut, als die Chinesen in einer Geste der Aggressivität vor der Küste Taiwans Manöver in der Formosastraße durchführten.

Weniger als einen Monat vor Konferenzbeginn gelangte die chinesische Regierung offensichtlich zu dem Schluss, dass sie sich keine weitere schlechte Presse leisten könne. Am 24. August wurde Harry Wu in Wuhan in einem Schauprozess wegen Spionage verurteilt und des Landes verwiesen. Einige Kommentatoren in den Medien sowie Wu selbst waren davon überzeugt, dass die Vereinigten Staaten einen politischen Kuhhandel mit den Chinesen geschlossen hätten: Wu sei unter der Bedingung freigelassen worden, dass ich an der Konferenz teilnähme und von kritischen Äußerungen über die Regierung des Gastlandes Abstand nähme. Natürlich war die diplomatische Lage kritisch, doch zwischen unserer und der chinesischen Regierung war nie ein *quid pro quo* vereinbart worden.

Nach seiner Heimkehr nach Kalifornien kritisierte Wu meine Entscheidung und erklärte, meine Teilnahme an der Konferenz könne als schweigende Zustimmung zu den Menschenrechtsverletzungen in China gedeutet werden. Nancy Pelosi, seine Vertreterin im Kongress, rief mich an, um mir zu sagen, dass meine Anwesenheit in Peking ein gelungener Werbecoup für die Chinesen sei. Bill und ich machten zu dieser Zeit gerade Ferien in Jackson Hole (Wyoming) und sprachen lange über das Für und Wider meiner Reise. Bei einer Veranstaltung in Wyoming anlässlich des 75. Jahrestags des Frauenwahlrechts verteidigte Bill die Teilnahme der amerikanischen Delegation an der Konferenz: »Sie eröffnet eine große Chance, eine Grundlage für Fortschritte bei der Gleichstellung der Frau zu schaffen.« Darüber hinaus könne man am besten Einfluss auf die chinesische Regierung ausüben, wenn man sich vor Ort ein Bild von der Menschenrechtslage machte.

Ende August ging unser Familienurlaub in den Tetons langsam zur Neige. Ich verbrachte die verbleibende Zeit mit der Arbeit an meinem Buch und sah neidvoll zu, wie Bill und Chelsea zu ihren Wanderungen und Reitausflügen in eine der schönsten Landschaften der USA aufbrachen. Chelsea überredete uns dazu, vor unserer Abreise noch ein paar Tage zelten zu gehen. Sie hatte fünf Wochen in einem Ferienlager in Colorado verbracht, wo sie Stromschnellen hinuntergefahren war, Berge erklommen hatte, oberhalb der Vegetationsgrenze Unterstände gebaut und andere Kenntnisse für das Leben in freier Natur erworben hatte. Ich hatte seit der Universität nicht mehr gezeltet, und für Bill war es eine vollkommen neue Erfahrung – es sei denn, man zählt die eine Nacht, in der wir auf einer Reise quer durch das Land im Yosemite Park in seinem Auto übernachtet hatten. Wir waren willig, aber ahnungslos. Als Bill den Leuten vom Secret Service mitteilte, dass er wandern gehen und an einem abgelegenen Ort im Grand Teton Nationalpark zelten wollte, wurden sie vollkommen hysterisch. Als wir unseren Lagerplatz erreichten, hatten sie bereits die Umgebung sondiert und Agenten postiert, die mit Nachtsichtgeräten Wache hielten. Chelsea konnte über unsere Vorstellung vom »Leben in freier Natur« nur lachen: Wir schliefen auf Luftmatratzen in einem Zelt mit Holzboden!

Von Wyoming aus reisten wir nach Hawaii, wo Bill am 2. September 1995 auf dem National Memorial Cemetery of the Pacific bei den Gedenkfeiern zum fünfzigsten Jahrestag des japanischen Angriffs auf Pearl Harbor eine Rede hielt. Der im Krater eines erloschenen Vulkans gelegene Friedhof beherbergt mehr als 33 000 Gräber von Soldaten, die in Pearl Harbor, im Pazifik, im Koreakrieg sowie im Vietnamkrieg gefallen waren. Der Anblick dieser Gräber und die Anwesenheit tausender Weltkriegsveteranen rief uns die gewaltigen Opfer in Erinnerung, die diese Generation für die Freiheit gebracht hatte.

Ich blieb die ganze Nacht auf und arbeitete in dem kleinen Häuschen, das man uns auf dem Marinestützpunkt Kaneohe zur Verfügung gestellt hatte, am Entwurf für meine Rede in Peking. Ein begrüßenswertes Nebenprodukt der Affäre um Harry Wu war, dass sie die Aufmerksamkeit der Weltöffentlichkeit auf die UN-Konferenz gelenkt hatte. Alle Augen waren nun auf Peking gerichtet, und ich wusste, dass in Peking alle Augen auf mich gerichtet sein würden. In meiner Rede wollte ich für die Position der Vereinigten Staaten in der Menschenrechtsfrage werben und über die herkömmlichen Vorstellungen in Bezug auf die Frauenrechte hinausgehen. Auch was die Kritik an der chinesischen Regierung einschließlich der Zwangsabtreibungen und der generellen Einschränkung der Meinungs- und Versammlungsfreiheit anbelangte, wollte ich kein Blatt vor den Mund nehmen.

Schließlich war der Zeitpunkt gekommen, das Flugzeug der Luftwaffe zu besteigen, das die amerikanische Delegation in 14 Stunden nach Peking bringen würde. Nach dem Abendessen im Flugzeug wurden die Lichter in der Kabine ausgeschaltet, und die meisten Passagiere hüllten sich in Decken, um ein wenig zu schlafen, während wir den Pazifik überquerten. Nur das für meine Rede verantwortliche Team hatte noch Arbeit vor sich. Wir waren beim fünften oder sechsten Entwurf angelangt, und mussten den Text noch unseren außenpolitischen Experten vorlegen. Madeleine Albright, Winston Lord (unser ehemaliger Botschafter in China, den Bill zum Assistenten des Außenministers für asiatische Angelegenheiten ernannt hatte) und Eric Schwartz, ein Menschenrechtsexperte im Nationalen Sicherheitsrat, setzten sich um einen in gedämpftes Licht getauchten Arbeitstisch und begannen, den Text zu zerpflücken. Ihre Aufgabe war es, die Rede auf Fehler zu prüfen und unbeabsichtigte diplomatische Fehlgriffe auszumerzen. Ein falsches Wort konnte eine diplomatische Krise heraufbeschwören.

Madeleine, Win und Eric empfahlen mir, dem Abschnitt über die Menschenrechte größeres Gewicht zu verleihen und Bezug auf die Weltkonferenz über Menschenrechtsfragen zu nehmen, die kurz zuvor in Wien stattgefunden hatte. Sie schlugen vor, einige Passagen über die Auswirkungen von kriegerischen Auseinandersetzungen auf Frauen zu erweitern und insbesondere auf die verheerende Ausbreitung der Vergewaltigung als Kriegstaktik zu verweisen. Das Wichtigste für mich war, dass sie klar erkannten, dass diese Rede ihre Aussagekraft ihrer Einfachheit und ihrem emotionalen Gehalt verdankte. Sie bewahrten mich davor, in diplomatische Schwierigkeiten zu kommen, achteten jedoch sehr darauf, den Charakter der Rede nicht zu verfälschen.

Es war Mitternacht, als wir schließlich im China World Hotel, einem für ausländische Besucher reservierten Luxushotel, eintrafen. Wir hatten nur wenige Stunden Zeit zum Ausruhen, bevor wir am Dienstagmorgen zu meiner ersten offiziellen Verpflichtung aufbrechen mussten, einer von der Weltgesundheitsorganisation organisierten Gesprächsrunde zum Thema Frauen und Gesundheit. Dann war der Zeitpunkt gekommen, zum Plenarsaal aufzubrechen, in dem die Versammlung stattfinden sollte. Obwohl ich schon tausende Reden gehalten hatte, war ich nervös: Das Thema lag mir sehr am Herzen, und ich würde als Vertreterin meines Landes sprechen. Vom Erfolg meiner Rede hing viel ab – für die Vereinigten Staaten, für die Konferenz, für Frauen in aller Welt und für mich selbst. Endete die Konferenz ohne greifbares Ergebnis, so würden die Beobachter zu dem Schluss gelangen, dass eine weitere Chance, die Weltöffentlichkeit für Frauenfragen zu interessieren, vertan worden war.

Als ich vor mein Publikum trat, sah ich Frauen und Männer unterschiedlichster ethnischer Zugehörigkeit, die teilweise westliche Kleidung und teilweise ihre traditionellen Landestrachten trugen. Die meisten von ihnen hatten Kopfhörer aufgesetzt und hörten die Reden in Simultanübersetzung. Während ich sprach, erhielt ich deshalb keine Reaktionen auf meine Worte. Es fiel mir schwer, einen gemeinsamen Rhythmus mit dem Publikum zu finden, da die Pausen in meinem englischen Vortrag nicht mit denen der zahlreichen Sprachen übereinstimmten, in denen die Delegierten meinen Vortrag hörten.

Nachdem ich Gertrude Mongella, die Generalsekretärin der Konferenz, begrüßt hatte, sprach ich über meine Dankbarkeit, Teil einer weltumspannenden Gemeinschaft von Frauen sein zu dürfen: »Dies ist ein wirkliches Fest. Wir feiern die Beiträge, die die Frauen in allen Lebensbereichen leisten: in ihrem Heim, am Arbeitsplatz, in der Gemeinde, als Mütter, Ehefrauen, Schwestern, Töchter, Studierende, Arbeitskräfte, Bürgerinnen und Führungskräfte. ... So groß die Unterschiede zwischen uns auch scheinen mögen, es gibt sehr viel mehr Gemeinsamkeiten als Gegensätze. Wir haben eine gemeinsame Zukunft. Und wir haben uns versammelt, um gemeinsam eine Grundlage dafür zu schaffen, den Frauen und Mädchen in aller Welt zu mehr Würde und Respekt zu verhelfen. Und indem wir das tun, versuchen wir auch, die Familie zu stärken und zu festigen.«

Ich war davon überzeugt, dass ich, um der Sache der Frauen zu dienen, auch unverblümt über das unmoralische Verhalten der chinesischen Regierung sprechen musste. Die chinesische Führung hatte die Teilnahme der Nichtregierungsorganisationen (NGO) an der offiziellen Konferenz verhindert. Die Vertreterinnen der NGO, die sich für die medizinische Versorgung werdender Mütter, für Mikrokredite für Frauen und zahlreiche andere konkrete Anliegen einsetzen, waren gezwungen worden, sich an einem improvisierten Versammlungsort in der vierzig Meilen nördlich von Peking gelegenen Kleinstadt Huairou zu treffen, wo kaum Unterkünfte oder geeignete Konferenzeinrichtungen vorhanden waren. Obwohl ich weder China noch irgendein anderes Land namentlich erwähnte, bestand kaum Zweifel daran, wer sich die schlimmsten Menschenrechtsverstöße zuschulden kommen ließ, auf die ich zu sprechen kam: »Ich glaube, dass mit dem Beginn des neuen Jahrtausends der Zeitpunkt gekommen ist, unser Schweigen zu brechen. Es ist an der Zeit, dass wir hier in Peking für alle Welt hörbar sagen, dass es nicht länger akzeptabel ist, die Frauenrechte von den Menschenrechten zu trennen. ... Die Geschichte der Frau ist zu lange eine Geschichte des Schweigens gewesen. Und selbst heute gibt es noch Personen, die uns zum Schweigen bringen wollen. ... Die Botschaft der Teilnehmerinnen dieser Konferenz und der Frauen in Huairou muss laut und deutlich vernehmbar sein: Ein Baby verhungern zu lassen, es zu ertränken oder seine Knochen zu brechen, nur weil es als

Mädchen zur Welt gekommen ist, bedeutet, ein Menschenrecht zu verletzen. Eine Frau oder ein Mädchen als Sklavin zu verkaufen oder zur Prostitution zu zwingen, bedeutet, ein Menschenrecht zu verletzen. Eine Frau mit Benzin zu übergießen und zu verbrennen, weil ihre Mitgift als unzureichend betrachtet wird, bedeutet, ein Menschenrecht zu verletzen. Eine Frau innerhalb der Gemeinde der Vergewaltigung preiszugeben, die Vergewaltigung tausender Frauen als Kriegstaktik einzusetzen oder Soldaten wehrlose Frauen als Trophäe zu überlassen, bedeutet, ein Menschenrecht zu verletzen. Wenn zu den häufigsten Todesursachen bei Frauen zwischen 14 und 44 Jahren die Gewalt zählt, die ihnen in ihrem Heim von ihren eigenen Verwandten angetan wird, bedeutet dies, dass ein Menschenrecht verletzt wird. Ein junges Mädchen der schmerzhaften und erniedrigenden Verstümmelung der Genitalien auszusetzen, bedeutet, ein Menschenrecht zu verletzen. Einer Frau das Recht auf Familienplanung vorzuenthalten, bedeutet, ein Menschenrecht zu verletzen. Und dies schließt erzwungene Abtreibungen und Zwangssterilisationen ein. Wenn diese Konferenz eine Botschaft aussendet, so sollte es die sein, dass Menschenrechte Frauenrechte sind … und dass Frauenrechte Menschenrechte sind. Lassen Sie uns dies ein für alle Mal klarstellen.«

Abschließend rief ich zum Handeln auf. Wir mussten in unsere Länder zurückkehren und uns weiter um die Verbesserung der Bildung, der Gesundheitslage, der rechtlichen Stellung und der politischen Beteiligungsmöglichkeiten für Frauen bemühen. Als ich die letzten Worte ausgesprochen hatte, sprangen die Zuhörerinnen, die bis dahin mit unbewegten Mienen dagesessen hatten, von ihren Sitzen auf und spendeten mir tosenden Beifall. Aus allen Richtungen bestürmten mich Teilnehmerinnen, wollten mir die Hand schütteln, mir ihre Anerkennung ausdrücken und mir für mein Kommen danken. Selbst der Delegierte des Vatikan drängte sich durch die Menge, um mich für die Rede zu beglückwünschen. Ich war erleichtert darüber, dass meine Botschaft auf fruchtbaren Boden gefallen war. Auch das Medienecho war positiv. Im Leitartikel in der *New York Times* hieß es, diese Rede sei »möglicherweise der größte Augenblick« in meinem öffentlichen

Leben gewesen. Was ich zu jenem Zeitpunkt nicht wusste, war, dass sich meine 21-minütige Rede in ein Manifest der Frauenrechtlerinnen in aller Welt verwandeln würde. Heute noch begegne ich bei jeder Auslandsreise Frauen, die Stellen aus meiner Pekinger Rede zitieren oder mich bitten, ihnen eine Kopie des Vortrags zu signieren.

Weniger positiv war die Reaktion der chinesischen Regierung. Im Nachhinein erfuhr ich, dass man meine Rede weder auf den Monitoren im Konferenzzentrum noch im chinesischen Fernsehen übertragen hatte, das über die Höhepunkte der Konferenz berichtete. Während die chinesische Führungsriege zu kontrollieren versucht, was das Volk erfährt und was nicht, war sie selbst erstaunlich gut informiert: Als wir uns nach der Rede ins Hotel zurückzogen, um einige Stunden auszuruhen, erwähnte ich beiläufig, wie schön es jetzt wäre, die *International Herald Tribune* zu lesen. Nach wenigen Minuten hörten wir einen dumpfen Schlag gegen die Tür: Wie auf ein Stichwort war die *Tribune* eingetroffen. Wir erfuhren nie, wer meinen Wunsch gehört und die Zeitung gebracht hatte.

Bevor ich meine Reise nach China angetreten hatte, war ich vom State Department und vom Secret Service eingewiesen worden. Die Informationen umfassten nachrichtendienstliche Daten sowie Angaben zum Protokoll und zu den diplomatischen Spielregeln, die ich zu berücksichtigen hatte. Ich war gewarnt worden, dass ich davon ausgehen müsse, dass alles, was ich sagte oder tat, auf Tonband aufgezeichnet werden würde – insbesondere im Hotelzimmer.

Ob die Lieferung der Zeitung nun ein Zufall oder ein Beispiel für die chinesische Sicherheitspolitik war, sie löste in jedem Fall einiges Gelächter aus. Von diesem Augenblick an winkten meine Mitarbeiter regelmäßig in den Fernsehbildschirm und sprachen mit lauter Stimme in die Lampenschirme, wobei sie in der Hoffnung, unsere Bewacher würden weitere Wünsche erhören, Pizzas, Steaks und Milchshakes bestellten. Doch nach drei Tagen war die Zeitung immer noch das Einzige, was wir vor der Tür gefunden hatten.

Am Tag nach der Rede in Peking fuhr ich nach Huairou, um zu den Delegierten der NGO zu sprechen. Es war ein trüber Tag, es regnete in Strömen, und ein eisiger Wind fegte über die flachen Reisfelder. Obwohl die Konferenz der nichtstaatlichen Organisationen von der UN-Konferenz abgekoppelt worden war, bereitete die große Menge an Aktivistinnen, die sich angekündigt hatte, den chinesischen Behörden immer noch Kopfzerbrechen. Meine Anwesenheit erhöhte die Risiken in ihren Augen zusätzlich. Sie waren verärgert darüber, dass ich ihre Regierung in meiner Rede am Vortag kritisiert hatte, und sie dürften noch besorgter gewesen sein, was ich zu den Frauen sagen würde, die sie aus Peking verbannt hatten.

Aufgrund des Regens musste das Forum in ein Kino verlegt werden, das zum Bersten gefüllt war. Als wir eintrafen, drängten sich 3000 Menschen in einem Saal, der ein Fassungsvermögen von 1500 Personen hatte. Hunderte harrten draußen stundenlang in schlammigen Pfützen im Dauerregen aus. Als mein Wagen vor dem Kino vorfuhr, drängte die Polizei die Menge unter Einsatz von Gummiknüppeln vom Eingang zurück. Einige verloren im Getümmel das Gleichgewicht und stürzten. Mit ihrem rücksichtslosen Vorgehen stachelte die chinesische Polizei die Vertreterinnen der NGO zusätzlich an. Sie sangen, schrien, klatschten und jubelten, als ich die Bühne betrat. Die Atmosphäre begeisterte mich, und ich sagte diesen Frauen, wie sehr ich ihren Beitrag zum Aufbau und zur Erhaltung der Zivilgesellschaft und der Demokratie schätzte. Die regierungsunabhängigen Organisationen spielen eine wichtige Mittlerrolle und tragen dazu bei, zwischen dem Privatsektor und dem Staat auszugleichen. Ich sprach über die Arbeit der NGO, die ich rund um den Erdball gesehen hatte, und zitierte erneut das Gedicht »Schweigen« der Schülerin aus Neu-Delhi. Es eignete sich hervorragend, die Maßnahmen zu beschreiben, die das chinesische Regime ergriffen hatte, um das NGO-Forum zu unterdrücken und auf diese Weise viele Frauen zum Schweigen zu bringen. Ich fühlte mich gestärkt durch den Mut und die Leidenschaft dieser Frauen, die tausende Meilen gereist waren und große persönliche Opfer gebracht hatten, um das Schweigen zu brechen und für ihre Sache einzutreten.

Im Anschluss an meinen umstrittenen Aufenthalt in China reiste ich in die Mongolei. Nach dem Zusammenbruch der

Sowjetunion hatte dieser Satellitenstaat des kommunistischen Imperiums 1990 die mutige Entscheidung für die Demokratie gefällt, anstatt sich der anderen benachbarten kommunistischen Führungsmacht China anzuschließen. Die junge Demokratie war in großen Schwierigkeiten, da die wirtschaftliche Unterstützung aus der Sowjetunion versiegt war. Es war wichtig, dass die Vereinigten Staaten dem mongolischen Volk und seiner gewählten Regierung halfen.

In Ulan Bator, der kältesten Hauptstadt der Welt, sind Schneefälle Anfang September nicht ungewöhnlich, doch wir landeten an einem kristallklaren Tag mit strahlendem Sonnenschein. Wir fuhren etwa eine Dreiviertelstunde in die Hochebene, um eine mongolische Nomadenfamilie zu besuchen. Drei Generationen dieser Familie lebten in zwei großen Zelten aus Filzdecken, die als »gers« bezeichnet werden. Als Gastgeschenk hatte ich einen handgefertigten Sattel mitgebracht, den der Großvater und Patriarch der Familie entgegennahm. Die Familie hatte in der Hochebene ihr Sommerlager aufgeschlagen und bereitete sich nun darauf vor, in ihr Winterlager nahe der Wüste Gobi zu ziehen. Wie ihre Vorfahren vor hunderten Jahren lebten sie von Fleisch, Stuten- und Yakmilch und dem, was ihre Tiere sonst noch hergaben.

Ihr Leben in der weiten Steppe war von großer natürlicher Schönheit. Die kleinen Kinder ritten im wilden Galopp über die Tundra, und ihre bildschöne junge Mutter zeigte mir, wie sie Stuten und Yaks molk. Die mongolische Gastfreundschaft gebot es, dass sie mir eine Tasse fermentierter Stutenmilch anbot. Sie schmeckte wie warmes altes Joghurt. Ich hätte mich nicht darum gerissen, doch es schmeckte nicht so schrecklich, dass ich es nicht höflich hätte schlürfen können. Als einer der Ärzte, der uns auf Auslandsreisen begleitete – wir nannten ihn alle nur Dr. Doom (Dr. Unheil) –, am folgenden Tag von meinem kulinarischen Abenteuer erfuhr, verschrieb er mir zur Sicherheit ein starkes Antibiotikum, um zu verhindern, dass ich an Brucellose erkrankte.

Ich hätte noch Stunden an diesem Ort verbringen können, doch ich hatte einen Termin zum Mittagessen mit Präsident Ochirbat. Anschließend war ein Gespräch mit einer Frauen-

gruppe und schließlich eine Rede vor Studenten der Nationaluniversität vorgesehen. Wir mussten aufbrechen. In Ulan Bator
erinnerte kaum etwas an die große mongolische Vergangenheit, denn die Sowjets hatten die meisten alten Gebäude und
Monumente zerstört und durch sterile stalinistische Bauten
ersetzt. Es war den Menschen sogar verboten, den Namen
Dschingis Khans, der im 13. Jahrhundert das riesige Mongo-
lenreich regierte, auszusprechen.

Bei meinem Vortrag an der Nationaluniversität musste ich
nach jedem Absatz auf die Übersetzung ins Mongolische warten. Ich sprach über den Mut des mongolischen Volkes und
seiner Führung und forderte die Zuhörer auf, ihren Kampf für
die Demokratie fortzusetzen. Nach unserer Abreise meinte
Winston Lord, die Mongolei könne als leuchtendes Beispiel
dafür dienen, dass die Demokratie in der Lage ist, auch unter
ungünstigen Bedingungen Fuß in einer Gesellschaft zu fassen.
Von da an riefen wir jedes Mal, wenn wir ein Land besuchten, das um demokratische Reformen rang, im Chor: »Zeigt
ihnen die Mongolei!«

Auf meinem Rückflug dachte ich über die vielen Frauen
nach, die ich kennen gelernt hatte und die sich mit großer Solidarität für die Belange von Frauen einsetzten. Mir mochten die
Schlagzeilen gegolten haben, doch das Leben und die gegen
großen Widerstand erzielten Leistungen dieser Frauen verdienten den Respekt der Welt. Mein Respekt war ihnen sicher.

BLOCKADE

Chelsea und ich kehrten rechtzeitig zum Schulbeginn aus Asien zurück. Meine Tochter weckte natürlich meine mütterlichen Beschützerinstinkte, doch sie war mittlerweile eine typische 15-Jährige mit einem ausgeprägten Unabhängigkeitsstreben. Ich gab nach, wenn sie mich anbettelte, in den Autos ihrer Freundinnen mitfahren zu dürfen, anstatt stets allein in einem Wagen des Secret Service hinterherzuckeln zu müssen. Ich wollte, dass sie so weit wie möglich das Leben eines normalen Teenagers führte, obwohl wir beide wussten, dass ihre Situation nun einmal alles andere als normal war. Trotz des offenkundig andersartigen Lebens im Weißen Haus drehte sich ihr Leben um Freunde, Schule, Kirche und Ballett. Sie ging fünfmal die Woche nach der Schule in den Ballettunterricht an der Washington School of Ballet, und wenn sie nach dem Training nach Hause kam, erwartete sie der Berg von Hausaufgaben, die den Schülern im letzten Schuljahr vor dem Wechsel an die Universität aufgebürdet wurden. Da Chelsea meine ständige fürsorgliche Gegenwart nicht mehr brauchte, konnte ich mich darauf konzentrieren, mein Buch »It Takes a Village« fertig zu stellen. Ich musste dem Schreiben viele Stunden widmen und brauchte Unterstützung, um die Arbeit an dem Buch wie geplant bis spätestens Thanksgiving abzuschließen.

Ich plante, im Oktober erstmals nach Lateinamerika zu reisen, wo ich am Jahrestreffen der First Ladies der westlichen

Hemisphäre teilnehmen wollte. Bill und ich hatten im Dezember 1994 an einem Gipfeltreffen nord- und südamerikanischer Staaten in Miami teilgenommen, wo wir Gelegenheit hatten, alle Staatschefs dieser Hemisphäre und deren Ehefrauen kennen zu lernen. Bill wollte, dass die Vereinigten Staaten in dieser Region eine wichtige Rolle bei der Verbreitung der demokratischen Werte spielten.

Mit Ausnahme Kubas waren mittlerweile alle Länder der westlichen Hemisphäre Demokratien – eine Entwicklung, die für die Völker der Region und für die Vereinigten Staaten gleichermaßen erfreulich war. Doch unsere Regierung musste den Nachbarn dabei helfen, die wirtschaftliche Entwicklung und den Kampf gegen die Armut voranzutreiben, die Analphabetenrate zu senken und die Gesundheitssysteme zu verbessern. Das Ende der inneren Konflikte und die Aussicht auf eine Ausweitung des Handels und der Investitionsmöglichkeiten konnten den Lebensstandard heben und eines Tages möglicherweise zur Bildung einer Allianz führen, die von der kanadischen Arktis bis nach Feuerland reichte. Aber bis es so weit war, musste noch sehr viel getan werden.

Meine Reise führte mich zunächst nach Nicaragua, in ein Land mit über vier Millionen Einwohnern, das nach einem jahrelangen Bürgerkrieg und einem furchtbaren Erdbeben 1972, das die Hauptstadt Managua fast dem Erdboden gleichgemacht hatte, daniederlag. Violeta Chamorro, die erste Präsidentin in der Geschichte Nicaraguas, stand in dem Land, das seit Jahrzehnten kaum etwas anderes als Diktaturen und Kriege kennen gelernt hatte, an der Spitze einer ehrgeizigen, aber zerbrechlichen Regierung. Die Präsidentin, eine elegante, auffällige Frau, hatte im Jahr 1990 als Führerin einer oppositionellen Bewegung in einer der ersten wirklich freien Wahlen einen überraschenden Sieg errungen. Sie empfing mich in ihrem Haus in der Hauptstadt, das Ähnlichkeit mit einem ländlichen Herrensitz hatte und das sie in einen Schrein für ihren verstorbenen Ehemann verwandelt hatte. Der engagierte Verleger war 1978 von den Schergen des Diktators Anastasio Somoza ermordet worden. Violeta zeigte mir im Hof des Anwesens das von Kugeln durchsiebte Auto ihres Mannes – ein Memento mori, das sie stets daran erinnerte, wie gefährlich die Umgebung war, in der sie sich bewegte.

In einem von Managuas ärmsten *barrios* besuchte ich Frauen, die mit Unterstützung von USAID eine von der Foundation for International Community Assistance (FINCA) geführte Kreditgemeinschaft namens Mothers United gegründet hatten – ein ausgezeichnetes Beispiel für funktionierende amerikanische Auslandshilfe. Man zeigte mir die Produkte, die die Frauen erzeugten oder kauften, um damit zu handeln: Moskitonetze, Backwaren, Automobilteile. Eine der Frauen überraschte mich mit der Erklärung, sie habe im Fernsehen einen Bericht über meinen Besuch des SEWA-Projekts im indischen Ahmedabad gesehen: »Sind die indischen Frauen so wie wir?«, wollte sie von mir wissen. Ich sagte ihr, dass die Frauen in Indien genau wie sie ihr Leben verbessern wollen, indem sie Geld verdienen, mit dem sie ihre Kinder zur Schule schicken, ihre Häuser reparieren und in ihre kleinen Unternehmen investieren können.

Die Begegnung mit diesen Frauen in Nicaragua bestärkte mich einmal mehr in dem Bemühen, die finanzielle Unterstützung unserer Regierung für Mikrokreditprojekte in aller Welt zu erhöhen und solche Projekte auch in den Vereinigten Staaten aufzubauen. 1994 hatte ich die Einrichtung des Community Development Financial Institutions Fund (CDFI) befürwortet, aus dem im ganzen Land Gemeindebanken finanziert wurden, die Kredite und Kapital für verarmte Viertel bereitstellten, die von den traditionellen Banken aufgegeben worden waren. Ich war von dem Konzept der Mikrokredite überzeugt, doch konnte es nur in einem Land funktionieren, das eine vernünftige Wirtschaftspolitik betrieb – wie etwa Chile.

Chile hatte jahrelang unter der brutalen Diktatur von General Augusto Pinochet gelitten, seit dessen Rücktritt im Jahr 1989 jedoch deutliche Fortschritte erzielt. Unter dem demokratisch gewählten Präsidenten Eduardo Frei Ruiz-Tagete hatte sich das Land in ein beispielhaftes Modell für wirtschaftlichen und politischen Erfolg verwandelt. Die Präsidentengattin Marta Larraechea de Frei war eine First Lady ganz nach meinem Geschmack. Mit Unterstützung eines Stabes professioneller Mitarbeiter arbeitete sie an zahlreichen Projekten, die von Mikrokrediten bis zu einer Bildungsreform reichten. Gemeinsam mit Marta besuchte ich ein Mikrokreditprojekt in der chilenischen Hauptstadt Santiago. Eine Frau, die mit einem Mikrokredit eine neue Nähmaschine für ihre Näherei gekauft hatte, erzählte uns, sie fühle sich »wie ein Vogel, der aus seinem Käfig befreit worden ist«. Ich wünschte mir, dass eines Tages alle Frauen frei sein würden und selbst über ihr Leben bestimmen könnten – so wie Martas vier Töchter und meine.

Wie der chilenische Präsident war auch der brasilianische Staatschef Fernando Henrique Cardoso, der sein Amt im Jahr 1994 antrat, entschlossen, die Wirtschaft seines Landes nach einer Phase der Instabilität wiederzubeleben. Ruth Cardoso, eine ausgebildete Soziologin, war von ihrem Mann offiziell mit der Aufgabe betraut, die Lebensbedingungen der Armen in Brasiliens überbevölkerten Städten und auf dem Land zu verbessern. Ich traf die Cardosos im Präsidentenpalast in Brasilia, einem futuristischen Gebäudekomplex aus Glas, Stahl und Marmor. Wir diskutierten über den Status der Frau in Brasilien. Die Bilanz fiel gemischt aus: Gut ausgebildete Frauen aus den wohlhabenden Gesellschaftsschichten fanden zahlreiche Möglichkeiten vor, während die große Mehrheit der brasilianischen Frauen keinen Zugang zu Bildung und damit auch keine Chancen hatte. Die Cardosos erzählten von ihren Bemühungen, die Ungleichheit im Bildungssystem zu beheben: Bislang waren in weiten Teilen des Landes öffentliche Schulen nur wenige Stunden am Tag geöffnet; Zugang zu einer fundierten Bildung war damit denjenigen vorbehalten, die sich Privatschulen oder Tutoren leisten konnten.

Der Gegensatz zwischen Reich und Arm war in Salvador de Bahia an der brasilianischen Küste klar zu sehen. Das für seine faszinierende Mischung aus kulturellen Einflüssen berühmte Salvador ist eine pulsierende Stadt mit einer afrobrasilianischen Bevölkerung, deren Vorfahren einst als Sklaven ins Land gekommen waren.

Auf einem großen Platz erlebte ich einen Auftritt der Band Olodum, die als Begleitband von Paul Simon weltbekannt geworden war. Dutzende junger Männer erzeugten mit Trommeln unterschiedlicher Form und Größe einen elektrisierenden Rhythmus, der die begeisterte Menge mitriss.

Während Olodum dem positiven Lebensgefühl von Salvador Ausdruck verlieh, spiegelte eine Frauenklinik, die ich am folgenden Morgen besuchte, die harten Lebensbedingungen in der Stadt wider. Die Hälfte der Patientinnen waren Mütter mit ihren Neugeborenen, während die andere Hälfte zur gynäkologischen Behandlung dort war – meist wegen verpfuschter illegaler Abtreibungen. Der Gesundheitsminister, der mich begleitete, erklärte mir offen, dass die Gesetze gegen Abtreibungen fruchtlos seien: »Reiche Frauen können sich empfängnisverhütende Mittel und Abtreibungen leisten. Arme Frauen können weder das eine noch das andere bezahlen.«

Als ich in Asunción, der Hauptstadt Paraguays, eintraf, um dort an der Versammlung der First Ladies teilzunehmen, hatte ich bereits einen Eindruck von den vielfältigen Problemen Lateinamerikas gewonnen und Lösungsversuche an der Basis gesehen. Bevor wir auf der Konferenz mit unserer Arbeit begannen, hatten wir Gelegenheit, uns kennen zu lernen. Mit dem Bus wurden die First Ladies zu einem Empfang bei Präsident Juan Carlos Wasmosy und seiner Frau Maria Teresa Carrasco de Wasmosy im Präsidentenpalast gebracht. Ich entdeckte noch einen freien Platz neben einer freundlich wirkenden weißhaarigen Dame und fragte, ob ich mich neben sie setzen dürfe. Meine Sitznachbarin kam mir bekannt vor, doch ich konnte mich nicht an ihren Namen erinnern. In der Hoffnung, einen Hinweis auf ihre Identität zu erhalten, fragte ich sie, wie lange ihre Reise gedauert habe und wie die Dinge in ihrer Heimat stünden. »Ganz gut«, sagte sie mit unbewegter Miene, »abgesehen vom Embargo.« Es war mir doch tatsächlich gelungen, mich neben Fidel Castros Schwägerin Vilma Espin zu setzen. Zum Glück interpretierte niemand das Sitzarrangement als Annäherungsversuch an Kuba.

Obwohl meine Reise nur insgesamt fünf Tage dauerte, schuf sie eine ausgezeichnete Grundlage für meine zukünftigen Besuche in Zentral- und Südamerika sowie in der Karibik. Die Konferenz der First Ladies war eine großartige Gelegenheit, Bildungsreformen und Maßnahmen zur Gesundheitsvorsorge zu diskutieren. Sie bestätigte mich in der Überzeugung, dass persönliche Beziehungen der internationalen Zusammenarbeit bei wichtigen Projekten den Weg ebnen können.

Den Wert solcher persönlichen Kontakte hatte ich im Zusammenhang mit dem Mittleren Osten erfahren. Ein paar Wochen vor meiner Reise nach Lateinamerika hatte ich in Washington Besuch von Königin Noor von Jordanien, Leah Rabin aus Israel und Suzanne Mubarak aus Ägypten. Sie begleiteten ihre Ehemänner, die eine Friedensvereinbarung unterzeichnen wollten, mit der die israelische Besatzung von Teilen der West Bank beendet werden sollte. Vor der offiziellen Unterzeichnungszeremonie im East Room des Weißen Hauses am 28. September 1995 empfing ich die Ehefrauen der politischen Führer zum Tee.

Wir begrüßten uns im Yellow Oval Room im zweiten Stock wie alte Freundinnen und taten unser Bestes, ein neues Mitglied in der Gruppe willkommen zu heißen: Suha Arafat, die Frau des Palästinenserführers. Ich war neugierig darauf, sie kennen zu lernen. Ich wusste, dass sie einer bekannten palästinensischen Familie entstammte und dass ihre Mutter Raymonda Tawil eine berühmte Dichterin und Essayistin war – für ihre Kultur eher eine unkonventionelle Frau. Suha, die vor ihrer überraschenden Heirat mit Arafat für die PLO gearbeitet hatte, war sehr viel jünger als ihr Mann. Sie hatte kurz zuvor eine Tochter zur Welt gebracht, womit wir eigentlich ein gemeinsames Gesprächsthema hatten, doch trotz unserer Bemühungen schien sich Suha nicht wohl zu fühlen.

In seiner Ansprache zur Unterzeichnung des Abkommens machte sich König Hussein über das Rauchverbot lustig, das ich im Weißen Haus durchgesetzt hatte: »Wenigstens haben Ministerpräsident Rabin und ich während unseres Aufenthalts nicht geraucht. Ich danke Ihnen für den guten Einfluss, den Sie diesbezüglich auf uns ausgeübt haben.« Ich hatte angeboten, für ihn und Ministerpräsident Rabin eine Ausnahme zu machen, doch der König lehnte jede »Vorzugsbehandlung« ab. »Nebenbei bemerkt sorgt diese Regelung für kurze Sitzungen!«, fügte er hinzu.

Der abendliche Empfang in der nahe gelegenen Corcoran

Gallery verwandelte sich in einen Redemarathon. Als Yitzhak Rabin im Anschluss an Yassir Arafats epischen Vortrag an das Rednerpult trat, blickte er den Palästinenserführer direkt an und sagte: »Wissen Sie, in Israel gibt es einen Witz: Was ist der jüdische Volkssport? Die Antwort lautet: Reden zu halten.« Er machte ein kurze Pause und fuhr dann fort: »Nachdem ich Ihnen zugehört habe, kann ich nur sagen: Sie sind beinahe ein Jude.« Arafat fiel in das Gelächter des Publikums ein.

Nach der Unterzeichnung des Abkommens intensivierte Rabin seine Bemühungen um eine Zukunft ohne Gewalt und Terror in Israel. Es ist eine Tragödie, dass er nicht lange genug lebte, um seinen Traum zu verwirklichen.

Am Samstag, dem 4. November 1995, ich arbeitete gerade oben in der Residenz an meinem Buch, rief Bill an, um mir mitzuteilen, dass Yitzhak Rabin beim Verlassen einer Friedensveranstaltung in Tel Aviv einem Mordanschlag zum Opfer gefallen war. Der Mörder war kein Palästinenser, sondern ein rechtsradikaler israelischer Fanatiker, der die Verhandlungen mit den Palästinensern und Rabins Bereitschaft, den Grundsatz »Land für Frieden« umzusetzen, ablehnte. Es war ein schwerer Verlust – politisch und persönlich. Rabin hatte nicht nur unsere Bewunderung als Staatsmann genossen, sondern war auch so etwas wie eine Vaterfigur für Bill. Zwei Stunden später gab Bill im Rosengarten des Weißen Hauses eine der bewegendsten Erklärungen seiner Präsidentschaft ab, in der er sich von einem großen Politiker und Freund verabschiedete: »Heute trauert das Land, für das er sein Leben gegeben hat. Doch ich möchte die Welt daran erinnern, was Ministerpräsident Rabin vor nicht einmal einem Monat hier im Weißen Haus gesagt hat: ›Wir sollten nicht zulassen, dass sich das Land, in dem Milch und Honig fließen, in ein Land verwandelt, in dem Blut und Tränen fließen.‹ Lasst das nicht zu! Nun ist es an uns, an allen friedliebenden Menschen in Israel, im Mittleren Osten und in aller Welt, dafür zu sorgen, dass dies nicht geschieht. Yitzhak Rabin war ein politischer Partner und ein Freund. Ich bewunderte ihn und liebte ihn. Worte können meinen Gefühlen keinen Ausdruck geben. Ich kann lediglich sagen: *Shalom, chaver* – Leb wohl, mein Freund.«

Diese letzten hebräischen Worte wurden in ganz Israel zum Synonym der Trauer. Als wir zum Begräbnis eintrafen, sahen wir überall Schilder und Anstecker, auf denen Bills Worte zu lesen waren.

Bill hatte einige herausragende Persönlichkeiten eingeladen, uns zu Rabins Beerdigung am 6. November in Jerusalem zu begleiten, darunter die früheren Präsidenten Jimmy Carter und George H. W. Bush, die Stabschefs sowie vierzig Kongressmitglieder. Unmittelbar nach unserer Ankunft statteten Bill und ich Leah einen Besuch in ihrer Residenz ab. Ich litt mit ihr. Wie Jackie Kennedy war sie an der Seite ihres Ehemanns gewesen, als er niedergeschossen wurde. Sie war vom Schmerz gezeichnet und wirkte um Jahre gealtert. Beim Trauergottesdienst auf dem Friedhof Har Herzl zollten arabische Könige, Ministerpräsidenten und Präsidenten einem Kämpfer Respekt, der für den Frieden gestorben war. Yassir Arafat nahm aus Sicherheitsgründen nicht an der Beerdigung teil. Die bewegendste der zahlreichen Trauerreden war auch die persönlichste. Rabins Enkelin Noa Ben Artzi-Pelossof wandte sich mit folgenden Worten an ihren geliebten Großvater: »Du warst die brennende Fackel vor unserem Lager. Jetzt liegt unser Lager im Dunkeln, und uns ist so kalt.«

Für den langen Rückflug nach Washington lud Bill Carter und Bush ein, ihm im Konferenzraum der Air Force One Gesellschaft zu leisten, um gemeinsam Rabins zu gedenken und über den Stand des Friedensprozesses zu diskutieren. Carter war während seiner Präsidentschaft Schutzherr der Vereinbarung von Camp David zwischen Israel und Ägypten gewesen, und Bush hatte die Konferenz von Madrid einberufen, die erstmals sämtliche Parteien aus dem Mittleren Osten zu Friedensgesprächen an einen Tisch gebracht hatte. Als wir uns endlich ein wenig ausruhen wollten, wussten wir nicht, wo wir die beiden Expräsidenten unterbringen sollten. In den privaten Präsidentenräumen im Bug des Flugzeugs gab es neben einem Büro und einem Bad nur ein kleines Abteil mit zwei Sofas, auf denen Bill und ich schlafen würden. Schließlich boten wir ihnen den Raum für das medizinische Personal an, der mit Klappbetten ausgestattet war. Die übrigen Delegationsmitglieder streckten sich in den VIP-Kabinen im Heck der Maschine in ihren Sesseln aus. Einige Tage später erfuhren wir, dass sich Newt Gingrich über seine Unterbringung und die seiner Meinung nach unangemessene Verabschiedung am hinteren Ausgang der Air Force One nach der Landung auf dem Luftwaffenstützpunkt Andrews beklagt hatte.

In Washington hatte sich seit dem Frühjahr ein massiver Zusammenstoß in der Diskussion um den Bundeshaushalt angekündigt. Die Republikaner hatten, gestützt auf ihre Mehrheit im Kongress, begonnen, Haushaltsgesetze zu entwerfen, die den Grundsätzen ihres »Vertrags mit Amerika« entsprachen. Sie forderten sowohl eine umfassende Steuersenkung als auch den Ausgleich des Budgets innerhalb von sieben Jahren – eine Kombination, die jeder Arithmetik Hohn sprach und nur mit tiefen Einschnitten in den Bereichen Bildung und Umweltschutz sowie bei Sozialprogrammen wie Medicare und Medicaid finanziert werden konnte. Sie schlugen ein Paket von drakonischen Reformen im Sozialbereich vor, unter anderem allein stehenden minderjährigen Müttern lebenslang alle Sozialleistungen vorzuenthalten. Darüber hinaus kündigten sie an, die vorgesehene Senkung der Medicare-Bonusse zu Fall zu bringen, wodurch die Versicherungsbeiträge der Rentner de facto erhöht würden. Bill war immer bereit, mit den Republikanern zusammenzuarbeiten, doch ihr Budgetplan war inakzeptabel. Er gab ihnen zu verstehen, dass er gegen jedes Gesetz, mit dem Medicare geschwächt, die Rechte des Kindes verletzt oder die Unterstützung für die Armen gekürzt werden sollte, sein Veto einlegen würde. Und er kündigte an, ein ausgeglichenes Budget vorzulegen, ohne dabei auf rücksichtslose Kürzungen und andere Punkte des Gingrich-Plans zurückgreifen zu müssen.

Als am Ende der Sommerpause immer noch keine Einigung über den Haushalt erzielt war und den staatlichen Stellen am 30. September, an dem das Haushaltsjahr des Bundes endete, das Geld ausging, einigte sich der Präsident mit dem Kongress auf einen »Beschluss zur Haushaltsfortsetzung«. Diese Überbrückungsregelung erlaubte es dem Finanzministerium, noch bis zum 13. November Schecks auszustellen, während die Verhandlungen weiterliefen.

Obwohl die Republikaner drohten, die Regierung lahm zu legen, wies Bill auch die neue Haushaltsvorlage zurück, die ihm nach unserer Rückkehr aus Israel übermittelt wurde und die noch härter war als die vorhergehende. Er führte rund um die Uhr Verhandlungen im Westflügel und holte zwischendurch immer wieder meine Meinung zu bestimmten Punkten ein. Da mir vor allem die republikanischen Vorschläge zu Medicare und Medicaid große Sorgen bereiteten, fragte ich ihn, ob Jennifer Klein, eine Mitarbeiterin, die sich während der Arbeit an der Gesundheitsreform mit diesen Programmen vertraut gemacht hatte, an den Verhandlungen teilnehmen könne. Jennifer könnte dabei helfen zu analysieren und zu dokumentieren, wie sich die republikanischen Vorschläge im Einzelnen auf Medicare auswirken und zur Aushöhlung von Medicaid beitragen würden. In diesen wichtigen Fragen wollte ich direkt mit Bills Stab in Kontakt bleiben. Er war einverstanden.

Als am 13. November um Mitternacht die Haushaltsverlängerung endete, war der Präsident gesetzlich verpflichtet, die nunmehr zahlungsunfähigen staatlichen Behörden zu schließen. Es war ein ungemein schwieriger Schritt für Bill, der sich Sorgen machte, wie sich die Unterbrechung der staatlichen Aktivitäten und die Zwangsbeurlaubung von 800 000 Bundesbeamten auswirken würde. Laut Gesetz durften nur »unverzichtbare« Bedienstete am Arbeitsplatz bleiben – und zwar ohne Bezahlung. Programme wie »Essen auf Rädern«, mit dem etwa 600 000 alte Menschen mit Mahlzeiten versorgt wurden, wurde die Finanzierung entzogen. Die Federal Housing Administration (FHA) konnte tausende Häuser nicht an ihre neuen Besitzer übergeben. Das Kriegsveteranenministerium konnte die Leistungen aus Lebensversicherungen nicht an Soldatenwitwen und andere Begünstigte auszahlen. Die staatlichen Museen und Denkmäler, der Yellowstone Nationalpark und der Grand Canyon wurden für Besucher geschlossen. Zwei Wagenladungen Weihnachtsbäume, die für den jährlichen Friedensumzug in Washington bestimmt waren, blieben irgendwo östlich von Ohio liegen, da die Parkverwaltung sie nicht abladen oder aufstellen konnte.

Im Weißen Haus kehrte eine seltsame Stille ein. Die meisten Mitarbeiter des Wohntrakts und des Ostflügels wurden nach Hause geschickt. Die Belegschaft des Westflügels wurde von 430 auf etwa neunzig Personen verringert, und von meinem offiziellen Stab blieben nur vier Mitarbeiterinnen. Praktikanten und Freiwillige versuchten, die Lücken zu füllen und die laufenden Arbeiten zu bewältigen. Nur der Secret Service blieb von den Maßnahmen verschont. Doch diese Unannehmlichkeiten waren von vergleichsweise geringer Bedeutung. Gelang es nicht, eine Einigung zu erzielen, so würden am Monatsende die wirklichen Probleme beginnen: wenn die Schecks für die Mitarbeiter der Behörden ausgestellt werden und wir möglicherweise auf eine weitere nationale Notsituation oder eine internationale Krise reagieren mussten.

Die beiden politischen Lager gaben sich gegenseitig die Schuld an der Blockade der Regierung – bis Newt Gingrich am 15. November in einem Frühstücksgespräch mit Journalisten die Maske fallen ließ. Er gab zu, dem Weißen Haus eine härtere Version der Haushaltsvorlage geschickt zu haben, da er sich auf der Rückreise vom Begräbnis Yitzhak Rabins von Bill brüskiert fühlte. »Es ist eine Kleinigkeit, doch ich glaube, es ist menschlich, sich darüber zu ärgern«, erklärte Gingrich. »Du sitzt 25 Stunden in diesem Flugzeug, ohne dass irgendjemand mit dir spricht, und dann fordern sie dich auch noch auf, die Maschine durch den Hinterausgang zu verlassen. Da fragst du dich schon: Wo sind ihre Manieren geblieben? Haben sie denn keinen Sinn für Höflichkeit?«

Am nächsten Tag erschien auf der Titelseite der *New York Daily News* in dicken Lettern die Überschrift »CRY BABY«. Darunter war Gingrich in einer Karikatur in Windeln zu sehen. Am Nachmittag desselben Tages veröffentlichte das Weiße Haus ein von Bob McNeely aufgenommenes Foto, auf dem Gingrich im Flugzeug in Gesellschaft des Präsidenten und des Mehrheitsführers Bob Dole zu sehen war und durchaus zufrieden dreinschaute. Gingrichs Aussage – und das Foto – machten in Windeseile die Runde durch die Medien. Mit einer einzigen selbstgerechten Äußerung hatte er seine Glaubwürdigkeit verloren und dafür gesorgt, dass das amerikanische Volk nicht die Regierung, sondern den Kongress für die Blockade verantwortlich machte. Die Schlacht war noch nicht geschlagen, doch das Blatt hatte sich gewendet.

Die staatlichen Einrichtungen blieben sechs Tage lang geschlossen – länger als je zuvor in der Geschichte. Die beiden Seiten einigten sich schließlich auf ein weiteres Anschlussbudget, mit dem die staatlichen Dienste bis 15. Dezember finanziert werden konnten. Viele Menschen machten in jener Zeit schwierige Tage durch, doch ich bin davon überzeugt, dass es im langfristigen Interesse unseres Landes unerlässlich war, dass Bill standhaft blieb.

Wenn ich mir heute unsere Terminkalender aus den letzten drei Monaten des Jahres 1995 ansehe, fällt es mir schwer zu glauben, wie viele Veranstaltungen und Aufgaben wir damals bewältigten. Während eines weiteren Thanksgiving-Festes in Camp David gelang es mir schließlich, im Schoß der Familie und umgeben von guten Freunden meinem Buch »It Takes a Village« den letzten Schliff zu geben. Ich hatte meine handschriftlichen Entwürfe immer wieder hektisch überarbeitet, um die Frist, die ich mir gesetzt hatte, einzuhalten. Nun war ich glücklich, dass es geschafft war, und konnte beruhigt den Startschuss für die Weihnachtsfeierlichkeiten geben, die mit dem Friedensumzug begannen.

Am 28. November brachen Bill und ich zu einer offiziellen Reise auf, die uns nach England, Irland, Deutschland und Spanien führen würde. Ich war zum ersten Mal 1973 mit Bill in England gewesen. Damals waren wir als Studenten, die unter ständiger Geldnot litten, für weniger als hundert Dollar geflogen, hatten in billigen Frühstückspensionen oder bei Freunden auf der Couch übernachtet und unseren Zeitplan über den Haufen geworfen, wann immer uns der Sinn danach stand. Nun kehrten wir in der Air Force One nach England zurück und fuhren in einer gepanzerten Staatskarosse zu unseren Terminen, die auf die Minute genau geplant waren.

Bills Beziehung zu Premierminister John Major war von

Anfang an problematisch gewesen, da wir erfahren hatten, dass Majors Regierung mit der Administration Bush zusammengearbeitet und versucht hatte, alte Berichte über Bills Aktivitäten in England während der Studentenproteste gegen den Vietnamkrieg ausfindig zu machen. Diese offene Einmischung der Tories in die amerikanische Innenpolitik war befremdlich. Zusätzlich belastet wurden die Beziehungen dadurch, dass Bill im Jahr 1994 seine Zustimmung gegeben hatte, Gerry Adams, dem Vorsitzenden von Sinn Féin, dem politischen Flügel der Irisch-Republikanischen Armee, ein Visum zu erteilen.

Noch nie hatte sich ein amerikanischer Präsident in die »Troubles« eingeschaltet, aber Bill war entschlossen, an einer Lösung des Konflikts mitzuwirken – auch gegen den Willen des amerikanischen Außenministeriums und der Regierung Major. Es gab keinen Zweifel daran, dass Adams in der Vergangenheit an Aktivitäten der IRA beteiligt gewesen war, doch die irische Regierung war zu der Überzeugung gelangt, dass es sinnvoll sei, Adams und Sinn Féin in die Gespräche einzubeziehen. Die Iren waren der Ansicht, Bill könne dazu beitragen, geeignete Bedingungen für Friedensverhandlungen zu schaffen. Wie schon bei anderen Gelegenheiten war Bill auch in diesem Fall bereit, politische Risiken einzugehen, um zu zeigen, dass man keinen Frieden mit seinen Feinden schließen kann, wenn man nicht bereit ist, mit ihnen zu reden. Er entschloss sich, Gerry Adams das Visum zu gewähren, und das Wagnis lohnte sich. In Nordirland wurde ein Waffenstillstand ausgerufen, und nun würden wir uns auf den Weg nach Belfast machen, um die Fortschritte im Friedensprozess zu feiern.

Kaum eine andere Reise, die wir in Bills achtjähriger Amtszeit unternahmen, bedeutete für uns persönlich mehr. Bill war stolz auf seine irische Herkunft (seine Mutter war eine Cassidy), und Chelsea hatte bereits als kleines Mädchen ihre Liebe zu irischen Volksmärchen entdeckt. 1994 hatte sie erstmals irischen Boden betreten, als wir auf dem Flug nach Russland mitten in der Nacht auf dem Flughafen Shannon zwischenlandeten, damit die Maschine aufgetankt werden konnte. Sie fragte mich damals, ob sie hinausgehen und irischen Boden berühren dürfe. Ich sah ihr zu, wie sie ein Stück Rasen in ein Glas füllte, um es mit nach Hause zu nehmen. Thomas Cahills Buch »Wie die Iren die Zivilisation retteten« ist eines von Bills und Chelseas Lieblingsbüchern. Bill kaufte zahlreiche Exemplare, um sie an Freunde und Kollegen zu verschenken. Doch abgesehen von den Zwischenlandungen auf dem Flughafen Shannon war keiner von uns je in Irland oder Nordirland gewesen. Und jetzt nahmen wir gerührt den wunderschönen gälischen Gruß entgegen: *Céad Míle Fáilte* – hunderttausend Mal willkommen.

Unser erster Besuch in Belfast führte uns in das Mackie-Werk, in dem Textilmaschinen gebaut werden. Das Unternehmen war eines der wenigen in Nordirland, in dem die Integration von katholischen und protestantischen Arbeitskräften gelungen war. Die meisten Menschen in Belfast lebten in rein protestantischen oder katholischen Vierteln, die Kinder besuchten konfessionelle Schulen. Doch nun stellten ein katholisches Mädchen, dessen Vater 1987 ermordet worden war, und ein protestantischer Junge Hand in Hand Bill der Belegschaft vor. Diese Begegnung symbolisierte die Hoffnung auf eine bessere, friedlichere Zukunft.

Während sich Bill mit verschiedenen politischen Gruppen traf, setzte ich mich vom Tross ab, um einige der Frauen zu besuchen, die sich an die Spitze der Friedensbewegung gesetzt hatten. Ihre Bereitschaft, sich über die Konfessionsgrenzen hinweg zu engagieren, hatte sie zusammengeführt. Im Restaurant Lamplighter Traditional Fish and Chips lernte ich die 65-jährige Joyce McCartan kennen, eine bemerkenswerte Frau, die 1987 das Women's Information Drop-in Center gegründet hatte, nachdem ihr 17 Jahre alter Sohn von protestantischen Fanatikern erschossen worden war. Sie hatte ein Dutzend Familienmitglieder durch religiös motivierte Gewalt verloren. Joyce und andere Frauen hatten das Zentrum als Refugium eingerichtet, als einen Ort, an dem Frauen aus beiden konfessionellen Lagern zusammenkommen konnten, um über ihre Bedürfnisse und ihre Angst zu sprechen. Die Arbeitslosenrate war hoch, und sowohl die katholischen als auch die protestantischen Frauen machten sich Sorgen um die jungen Leute, die keine Aufgabe hatten. Die neun Frauen, die sich um den

Tisch versammelt hatten, beschrieben, welche Ängste sie durchzustehen hatten, wenn ihre Söhne und Ehemänner das Haus verließen, und wie groß ihre Erleichterung war, wenn die Männer unversehrt heimkehrten. »Man braucht Frauen, um die Männer zur Vernunft zu bringen«, sagte Joyce. Die Frauen hofften, der Waffenstillstand werde halten und die Gewalt ein für alle Mal ein Ende haben.

Wir tranken Tee aus rostfreien Stahlbechern, und als ich begeistert anmerkte, wie gut die Becher den Tee warm hielten, bestand Joyce darauf, dass ich zur Erinnerung einen davon mitnehmen solle. Ich verwendete diesen kleinen mit Dellen übersäten Teebecher jeden Tag in unserer Familienküche im Weißen Haus. Joyce starb kurz nach unserem Besuch. 1997 hatte ich die Ehre, nach Belfast zurückzukehren, um an der University of Ulster die erste Rede zum Gedenken an Joyce McCartan zu halten. Der Teebecher stand auf dem Rednerpult, während ich über den Mut der irischen Frauen sprach, die an ihren Küchentischen und bei einem Becher Tee dazu beitrugen, den Weg für den Frieden zu ebnen.

Von Belfast aus flogen wir im Hubschrauber entlang der Küste Nordirlands nach Derry, der Heimatstadt John Humes. Neben David Trimble, dem Führer der größten protestantischen Partei Nordirlands, der Ulster Unionist Party, zählt Humes zu den Architekten des Friedensprozesses; gemeinsam erhielten sie 1998 den Friedensnobelpreis. John, ein großer Mann mit einem freundlichen Gesicht und einem offenen Lächeln, war der beredte Führer der im Jahr 1970 gegründeten gemäßigten Social Democratic and Labor Party (SDLP), die für eine friedliche Lösung des Konflikts eintrat. Er stand seit Jahrzehnten an der Spitze des gewaltlosen Bemühens um eine Aussöhnung. In Derry wollte Bill das persönliche Risiko würdigen, das Humes für den Frieden auf sich genommen hatte. Als wir ankamen, riefen zehntausende Menschen, die in der eisigen Kälte auf den Straßen ausgeharrt hatten: »We want Bill. We want Bill.« Ich war sehr stolz auf meinen Ehemann.

Bei unserer Rückkehr nach Belfast erwartete uns zur feierlichen Entzündung des Weihnachtsbaums vor dem Rathaus ebenfalls eine gewaltige Menschenmenge. Einer der jungen

Marinestewards, die den Präsidenten begleiteten, betrachtete das Gesichtermeer und sagte: »Diese Leute sehen alle gleich aus. Warum bringen sie sich gegenseitig um?«

Ich stand vor der Menge und las aus Briefen vor, in denen Kinder ihre Sehnsucht nach einem bleibenden Frieden beschrieben. Anschließend schaltete Bill, begleitet von zwei der jungen Briefschreiber, die Lichter des Weihnachtsbaums ein. Er sprach über Hoffnung und Frieden und sagte den Menschen, dass uns dieser Tag, den wir in Belfast, Derry und im County Derry verbracht hatten, als einer der bemerkenswertesten Tage unseres Lebens in Erinnerung bleiben werde. Ich stimmte ihm von ganzem Herzen zu.

Der Abend klang mit einem Empfang aus, den der Nordirlandminister Sir Patrick Mayhew an der Queens University gab und an dem Vertreter der verschiedenen Fraktionen teilnahmen. Viele von ihnen waren bislang erst ein einziges Mal in einem Raum zusammengekommen, und zwar im März des Vorjahres, als sie einer Einladung ins Weiße Haus zur Feier des St. Patrick's Day gefolgt waren. Bei der Versammlung in Belfast stand die katholische Führung in der Nähe der Bühne, während sich die Protestanten auf der anderen Seite des Saales versammelt hatten. Ian Paisley, der Führer der Democratic Unionist Party, das Sammelbecken radikaler Protestanten, war zwar erschienen, weigerte sich jedoch, den »Papisten« die Hand zu schütteln. Wie alle Fundamentalisten schien er in einer anderen Zeit gefangen und sträubte sich dagegen, sich mit der neuen Wirklichkeit abzufinden.

Am folgenden Morgen flogen wir nach Dublin. Aufgrund des rasanten Wirtschaftswachstums und des neuen Wohlstands, der sogar irische Auswanderer in die alte Heimat zurücklockt, wird die Republik Irland seit Anfang der neunziger Jahre von den Wirtschaftsexperten als »keltischer Tiger« bezeichnet. Wir statteten Mary Robinson, der ersten Präsidentin Irlands, einen offiziellen Besuch in ihrem Amtssitz Áras an Uachtaráin ab. Die Präsidentin und ihr Ehemann Nick, zwei bodenständige und unterhaltsame Gesprächspartner, engagierten sich im irischen Friedensprozess und wollten unbedingt wissen, welchen Eindruck wir von Belfast und Derry gewonnen hatten. Am Ende unserer Unterhaltung erzählte sie uns, dass in irischen Häusern ständig ein kleines Licht im Fenster brenne, um jeden ausgewanderten Iren willkommen zu heißen, der den Weg zurück in sein Land fände.

Nach diesem Besuch fuhr ich in die National Gallery, wo ich vor Frauen aus beiden Teilen Irlands sprach. Die Rede wurde vom irischen Fernsehen direkt übertragen. Ich lobte das mutige Eintreten der irischen Frauen für den Frieden und scherzte über einen irischen Fernsehmoderator, der eine Gruppe von Parlamentarierinnen in seiner Sendung mit den Worten »Wer kümmert sich um die Kinder?« begrüßt hatte. »Ich sehne mich nach dem Tag, an dem diese Frage einem Mann gestellt wird«, meinte ich lachend. In Irland tobte gerade eine Debatte über die Frage, welche Entscheidungen Frauen »zugestanden« werden sollten, wobei das Familienleben im Mittelpunkt der Diskussion stand. Es war gerade eine Woche her, dass die Iren mit knapper Mehrheit gegen den erbitterten Widerstand der römisch-katholischen Kirche in einem Referendum der Legalisierung der Scheidung zugestimmt hatten. Die irischen Frauen hatten trotz ihrer wirtschaftlichen, politischen und gesellschaftlichen Fortschritte immer noch zahlreiche Hindernisse zu überwinden.

Ich traf Bill unweit der Trinity University in der Bank of Ireland, wo wir einige Zeit mit Bono und den übrigen Mitgliedern der Band U2 verbrachten, die wir seitdem zu unseren Freunden zählen. Wir unterstützen Bono in seinen globalen Anliegen, zu denen der Schuldennachlass für die ärmsten Länder und die Erhöhung der Mittel für den Kampf gegen Aids zählen. Als wir vor dem Bankgebäude die Bühne betraten, die für Bills Rede errichtet worden war, verschlug es mir den Atem: In den Straßen und auf dem Rasen vor der Universität drängten sich etwa 100 000 Menschen, die den amerikanischen Präsidenten sprechen hören wollten. Bill forderte die gewaltige Menschenmenge auf, für den Frieden zu arbeiten, und rief ihr zu, kein Konflikt könne so vertrackt sein, dass er nicht irgendwann gelöst werden könne. Auch der Konflikt in Nordirland könne einer friedlichen Zukunft weichen.

Nachdem er eine weitere Rede vor dem irischen Parlament,

dem *Dáil*, gehalten hatte, machten wir uns auf zu einem Einkaufsbummel und zu einem Besuch des Cassidy Pubs. Unsere Vorausmannschaften hatten genealogische Nachforschungen angestellt und einen Zweig der Cassidys gefunden, der möglicherweise mit Bill verwandt war. Egal, ob nun die Cassidys, die mit uns ein Guinness tranken, tatsächlich mit Bill verwandt waren oder nicht, gelangte ich bald zu dem Schluss, dass alle Iren auf die eine oder andere Art miteinander verwandt sind.

Am frühen Abend trafen wir in der Botschaftsresidenz Jean Kennedy Smith, die Schwester des ermordeten Präsidenten und seit 1993 amerikanische Botschafterin in Irland, sowie Seamus Heaney und seine Frau Marie. Der mit dem Nobelpreis ausgezeichnete Poet hatte Bill mit seinem Gedicht »Die Heilung zu Troja« zu der Aussage inspiriert, dass dies eine Zeit sei, in der sich in Irland »Hoffnung und Geschichte reimen«.

Irland gab mir neue Kraft, und ich wünschte mir, wir könnten die positiven Empfindungen, wie Chelsea einst ein Stück Rasen, in einem Glas mit nach Hause nehmen.

Zeit zu sprechen

Bills Abschiedsworte in Belfast – »Möge der weihnachtliche Geist des Friedens und der Güte in euren Herzen wachsen« – hatten Washington offensichtlich nicht erreicht, denn das Parteiengezänk hörte auch während der Ferienzeit nicht auf. Am traditionellen Kongressball, der am 5. Dezember im Weißen Haus stattfand, nahmen dieselben Leute teil, die Bill in der Budgetfrage bekämpften und unsere Flure mit Vorladungen pflasterten. Dennoch waren sie erpicht darauf, sich jetzt im Diplomatic Reception Room in einer langen Schlange anzustellen, um sich mit uns fotografieren zu lassen. Selbstverständlich begrüßte Bill jeden von ihnen freundlich. Erst am nächsten Tag zeigte er den republikanischen Parteiführern die Zähne, indem er erneut sein Veto gegen ein Haushaltsgesetz einlegte.

Auch diesmal sah das republikanische Budgetvorhaben brutale Kürzungen in den Bereichen Umweltschutz und Bildung und außerdem bei den Programmen zur Unterstützung von unter der Armutsgrenze lebenden Frauen, Kindern und Senioren vor. Auch Medicaid und Medicare waren wieder betroffen. Bill begründete seine Ablehnung damit, dass es um »zwei grundverschiedene Zukunftsmodelle für Amerika« ginge. Da die Republikaner das Veto des Präsidenten nicht überstimmen konnten, mussten sie ihre Positionen abschwächen und Verhandlungen mit dem Weißen Haus aufnehmen, um die Pattsituation zu überwinden. Doch Gingrichs revolutionäre Schützlinge weigerten sich, von ihrem ideologischen Kreuzzug gegen die Bundesregierung Abstand zu nehmen.

Am 16. Dezember um Mitternacht verlor die Regierung erneut die Befugnis, Geld auszugeben. Diesmal kam es zu einer »partiellen« Stilllegung der Bundesbehörden; einige Angestellte wurden beurlaubt, einige arbeiteten ohne Gehalt weiter, bis die Behörden wieder öffneten – gerade in der Weihnachtszeit eine sehr schwierige Situation. Doch bevor der Kongress am 22. Dezember in die Weihnachtspause ging, stellten Gingrichs Republikaner noch einmal ihre Hartherzigkeit unter Beweis. Sie beschlossen eine radikale Reform der Wohlfahrtsleistungen, die – sollte sie sich durchsetzen – Millionen Menschen treffen würde.

In Bills Stab wurde seit dem Wahlkampf über die Reform des Sozialschutzes diskutiert. Bill hatte versprochen, den »Wohlfahrtsstaat in seiner gegenwärtigen Form« abzuschaffen. Ich teilte die Einschätzung, dass das System nicht mehr funktionierte und repariert werden musste, doch ich legte großen Wert darauf, dass ein angemessenes soziales Sicherheitsnetz erhalten blieb, das Wohlfahrtsempfänger so lange auffing, bis sie in den Arbeitsmarkt integriert werden konnten. Während ich mich aus der öffentlichen Debatte heraushielt, machte ich Bill und seinen politischen Beratern im Westflügel unmissverständlich klar, dass ich mich in aller Öffentlichkeit gegen sie stellen würde, wenn sie einem republikanischen Gesetz zustimmten, das vor allem Frauen und Kindern schaden würde. Ich verstand Bills Dilemma und wollte Einfluss auf seine Entscheidung nehmen. Unsere Stäbe arbeiteten auf meine Anregung hin zusammen und erzielten wesentliche Fortschritte im Bemühen um einen Gegenvorschlag, mit dem die republikanische Gesetzesinitiative beantwortet werden konnte. Zunächst legte der Präsident aber sein Veto gegen das republikanische Wohlfahrtsgesetz ein.

Ende Dezember meldeten die Meinungsforscher einen Popularitätsgewinn des Präsidenten. Die Republikaner bekamen endlich die Rechnung für die Blockierung des Haushalts und der Regierung präsentiert, und bald zeigten sich erste Risse in ihrer bis dahin so geschlossenen Front. Im Januar begann Bob

Dole, der wahrscheinlich an den Beginn seines Präsident-schaftswahlkampfs in New Hampshire dachte, von Kompro-misslösungen zu sprechen. Gingrichs »Pokerstrategie« war offensichtlich fehlgeschlagen.

Als am 3. Januar 1996 die zweite Sitzung des 104. Kon-gresses eröffnet wurde, waren nur drei wenig bedeutende Vor-schläge aus Gingrichs »Vertrag mit Amerika« umgesetzt wor-den. Bill hatte elf Vetos aufrechterhalten. Es war ihm gelungen, verheerende Einschnitte in Medicare und Medicaid abzuwen-den und Programme wie AmeriCorps und die unentgeltlichen Rechtsdienste von Legal Aid zu retten. Am Monatsende erziel-ten die beiden Parteien einen Kompromiss über die Finanzie-rung des Haushalts, die staatlichen Einrichtungen nahmen den Betrieb wieder auf und die Mitarbeiter bekamen ihr Gehalt.

Während die Regierung aufgrund des Budgetstreits zweimal lahm gelegt wurde, in Veteranenkrankenhäusern die Behand-lung der meisten Patienten untersagt war und Staatsbediens-tete in einen unbezahlten Urlaub geschickt wurden, setzte der Bankenausschuss des Senats seine Arbeit, die als »unverzicht-bar« betrachtet wurde, fort. Ohne Pause wurden unsere Freun-de, Rechtsanwälte und Mitarbeiter ins Kapitol zitiert, um sie nach Hinweisen auf irgendein Fehlverhalten zu durchleuchten.

Am 29. November 1995, während wir in Europa waren, hatten der Senator von Maryland, Paul Sarbanes, und Richard Ben-Veniste, der demokratische Beisitzende in D'Amatos Aus-schuss, die Hauptzeugin der Republikaner, L. Jean Lewis, einem Kreuzverhör unterzogen. Lewis war jene Mitarbeiterin der RTC, die im August 1992 eine Empfehlung für strafrecht-liche Ermittlungen an das FBI und den Bundesanwalt in Little Rock ausgesprochen hatte. In ihrem Schreiben hatte sie nicht nur gegen die McDougals, sondern gegen alle Personen, die an der Spendensammlung für Bill beteiligt waren, die McDougal 1985 bei Madison Guaranty organisiert hatte, den Verdacht einer strafbaren Handlung erhoben. Bill und mich nannte Lewis als mögliche Zeugen.

Ben-Veniste erhob den Vorwurf, das Vorgehen von Lewis sei politisch motiviert gewesen und habe sich gegen uns gerichtet.

Lewis habe ihre Ermittlungsempfehlung unmittelbar vor der Wahl im Jahr 1992 abgegeben, um das Wahlergebnis zu beeinflussen. Um Lewis' Aussage zu entkräften, versuchte er während des Verhörs, Lewis zu verunsichern. Er unterstellte ihr, sie habe gelogen, als sie behauptete, zufällig ein Gespräch mit einem RTC-Mitarbeiter, der sie in ihrem Büro in Kansas besucht hatte, auf Tonband aufgenommen zu haben. Ben-Veniste brachte Lewis auch zu der Aussage, sie habe, obwohl sie eine glühende Republikanerin war, nie politisch Vorurteile gegen Bill gehegt und ihn nie als Lügner bezeichnet. Ihre Strategie brach zusammen, als Ben-Veniste einen Brief aus dem Jahr 1992 präsentierte, in dem sie ebendies behauptete. Darüber hinaus wurden Beweise vorgelegt, dass Lewis mit Sprüchen bedruckte T-Shirts und Tassen auf den Markt bringen wollte, die Bill und mich kritisierten. Noch bevor die Befragung beendet werden konnte, brach Lewis zusammen und musste hinausgeführt werden.

Die Öffentlichkeit erfuhr kaum etwas von dieser Entwicklung im Whitewater-Drama. Von den Fernsehsendern, die über die Hearings berichteten, meldete lediglich C-SPAN die neuen Details. Die *New York Times* dagegen schenkte Lewis' unbegründeten Anschuldigungen weiterhin Glauben und bezeichnete sie als »Kronzeugin«.

Von den Fakten unberührt, setzte auch D'Amatos Ausschuss seine Erforschung meiner Verbindungen zu McDougals Kreditinstitut fort, während das Büro des Sonderermittlers ein bemerkenswertes Talent zeigte, vertrauliche Informationen über die angeblich geheime Ermittlung gezielt durchsickern zu lassen.

Ende des Jahres 1995 überbrachte mir Dick Morris eine bizarre Botschaft: Ich würde wegen einer noch nicht definierten Straftat angeklagt werden und »Leute aus Starrs Umgebung« würden mir nahe legen, die Anklage zu akzeptieren und Bill noch vor Beginn des Prozesses um Gnade zu bitten. Ich nahm an, dass Morris im Auftrag seiner republikanischen Klienten oder Kontaktleute an mich herangetreten war, und wählte meine Worte sehr sorgfältig: »Sagen Sie Ihren Quellen, sie mögen Starrs Leuten Folgendes mitteilen: Obwohl ich mir nichts habe zu Schulden kommen lassen, ist mir vollkommen bewusst, dass ein Anklagevertreter, um es mit den unsterblichen Worten von Edward Bennett Williams zu sagen, ›ein Schinkensandwich anklagen kann, wenn ihm danach ist‹. Und wenn Starr dies tut, werde ich nie um Gnade bitten. Ich werde vor das Gericht treten und zeigen, was für ein Betrüger Kenneth Starr ist.«

»Sind Sie absolut sicher, dass ich das ausrichten soll?«, fragte Morris.

»Wort für Wort«, antwortete ich.

In dem Trubel über das Budget und die Lahmlegung der Regierungsbehörden war eine wichtige Entwicklung in der Whitewater-Untersuchung fast unbemerkt vorübergegangen: Kurz vor Weihnachten waren endlich die Ergebnisse von RTC über Whitewater veröffentlicht worden. Sie bestätigten unsere Behauptung, dass Bill und ich nur am Rande mit der Investition in Whitewater zu tun hatten und in keiner Weise für den Zusammenbruch von Madison Guaranty haftbar waren. Nachdem sie 47 Zeugen gehört, 200 000 Dokumente zusammengetragen und 3,6 Millionen Dollar ausgegeben hatten, hatten die Ermittler keinerlei Hinweis auf ein Fehlverhalten unsererseits gefunden – der Whitewater-»Skandal« entbehrte jeder Grundlage.

So wie die Entkräftung von Jean Lewis' Zeugenaussage fand auch dieser Bericht keinen großen Widerhall in den Medien. *USA Today* erwähnte ihn nicht mit einem Wort. Die *Washington Post* vergrub die Nachricht im elften Absatz eines Artikels über die Whitewater-Vorladungen auf der Titelseite, und die *New York Times* widmete ihm einige wenige Zeilen. Die Republikaner erklärten, die RTC-Untersuchung sei nicht ausführlich genug gewesen, und setzten ihre Anhörungen fort.

Diese enttäuschenden Nachrichten standen immer noch im Raum, als ich mich am Morgen des 4. Januar 1996 im Weißen Haus mit David Kendall zu einer unserer regelmäßig stattfindenden Informationssitzungen traf. David versuchte stets, die Stimmung bei diesen Briefings aufzuhellen, indem er mir Fotokopien seiner bevorzugten politischen Karikaturen mitbrachte oder die unerhörtesten Schlagzeilen aus der Boulevardpresse für mich ausschnitt, darunter Perlen wie »Hillary gebärt Außerirdischen«.

Wir trafen uns im Familienzimmer, das zwischen dem großen Schlafzimmer und dem Yellow Oval Room im Südteil des Wohntrakts lag. Die Ehepaare Bush und Reagan hatten hier ausgespannt und ferngesehen, und Harry Truman sowie Franklin Roosevelt hatten den Raum als Schlafzimmer genutzt. Bill und ich hatten einen Fernseher, einen Spieltisch, eine gemütliche Couch und einen Armsessel hineingestellt. Mitten in der Sitzung klopfte ein Usher an die Tür, kam herein und übergab David eine Mitteilung, die er kurz überflog, zusammenfaltete und in die Tasche steckte.

Am nächsten Tag rief er mich an und fragte, ob er vorbeikommen könne. »Da ist etwas aufgetaucht.« David erklärte mir, die Notiz vom Vortag sei von Carolyn Huber gewesen. Sie habe ihn gebeten, nach unserem Gespräch in ihrem Büro im Ostflügel vorbeizukommen. Carolyn, die schon in Arkansas unsere Sekretärin gewesen war, betreute in Washington unsere persönliche Korrespondenz und archivierte unsere Papiere – von alten Schulunterlagen und Urlaubsfotos bis zu wichtigen Reden, die in hunderten Schachteln im ganzen Gebäude und in einem Lager des Weißen Hauses in Maryland aufbewahrt wurden. In den vorangegangenen Monaten hatte sie tausende Papiere aus unseren Schachteln und ihren Ordnern für den Sonderermittler hervorgekramt.

Als er in ihrem Büro eintraf, übergab sie ihm einen Stapel Papiere. David erkannte rasch, worum es sich handelte: Es waren Fotokopien eines 1992 angefertigten Computerausdrucks, der sämtliche Tätigkeiten enthielt, die ich oder andere in den Jahren 1985 und 1986 bei der Anwaltskanzlei Rose für Madison Guaranty durchgeführt hatten. Die Rechnungsaufstellungen zu Madison Guaranty zählten zu den vom Sonderermittler angeforderten Unterlagen, und es war nahe liegend, sie zunächst bei Rose beziehungsweise Madison Guaranty zu suchen. Dass wir keine solchen Aufzeichnungen besaßen, hatte David und mich nicht verwundert, obwohl wir sehr daran interessiert waren, dass sie endlich gefunden würden. Wir waren sicher, dass sie meine Erinnerung bestätigen würden, dass ich kaum mit Madison zu tun gehabt hatte. Und nun waren sie plötzlich doch bei uns aufgetaucht.

»Wo um alles in der Welt haben sie gesteckt?«, fragte ich David.

»Ich weiß es nicht«, antwortete er. »Carolyn stieß auf sie, als sie in ihrem Büro die Papiere in einer Schachtel durchsah. Als ihr klar wurde, worum es sich handelte, schickte sie mir sofort die Mitteilung.«

»Was bedeutet das nun für uns?«, fragte ich.

»Die gute Nachricht ist, dass wir die Papiere gefunden haben. Die schlechte Nachricht ist, dass die Medien und die Ermittler sich darauf stürzen werden.«

Genau so war es. William Safire, ein ehemaliger Redenschreiber Nixons, bezeichnete mich in seiner Kolumne in der *New York Times* als »gewohnheitsmäßige Lügnerin«. Mein Foto erschien auf dem Cover von *Newsweek* unter der Überschrift »Heilige oder Sünderin?«. Und die Diskussion über eine Vorladung vor eine Anklagejury und eine mögliche Anklage im Fall Whitewater entbrannte von neuem.

Später rekonstruierten wir, dass die Kopien im Wahlkampf 1992 angefertigt worden waren, damit Bills Wahlkampfstab, die Kanzlei Rose und ich die damals aufgetauchten Fragen der Medien nach Madison Guaranty, Jim McDougal und Whitewater beantworten konnten. Vince Foster, der damals die Nachforschungen für mich angestellt hatte, hatte sich auf den Dokumenten Notizen gemacht. Nichtsdestotrotz war ich davon überzeugt, dass diese Dokumente bestätigen würden, was ich immer wieder erklärt hatte: meine viele Jahre zurückliegende Tätigkeit für McDougals Kreditinstitut war sowohl am Zeitaufwand als auch am Gehalt gemessen unerheblich gewesen.

Unterstützt von den Ushers wurde das Grüne Zimmer im Weißen Haus in ein Fernsehstudio verwandelt, in dem mein Interview mit Barbara Walters stattfinden würde. Die Techniker verlegten Kabel auf dem Boden und stellten Lampen auf, die den Raum in ein Licht tauchten, das so angenehm und schmeichelnd war, dass sogar das über dem Kamin hängende Porträt von Benjamin Franklin mit weißer Perücke jugendlich wirkte. Barbara und ich plauderten entspannt, während die Crew den Ton justierte.

Das Interview war von langer Hand geplant und für den 9. Januar 1996 angesetzt worden. Es sollte mir Gelegenheit geben, über mein Buch »It Takes a Village« zu sprechen, das kurze Zeit später erscheinen sollte. Doch nun war ich darauf gefasst, dass Barbara, die ich sehr bewunderte und mochte, andere Themen im Sinn haben würde – nicht der beste Start für die Promotiontour für mein Buch, die mich in elf Städte führen sollte. Als die Kameras liefen, kam Barbara Walters sofort auf den Punkt: »Mrs. Clinton, statt Ihres neuen Buches sind Sie selbst zum Thema geworden. Wie sind Sie in diesen Schlamassel geraten, in dem Ihre Glaubwürdigkeit auf dem Prüfstand steht?«

»Diese Frage stelle ich mir selbst jeden Tag, Barbara«, antwortete ich, »denn die Vorgänge überraschen und verwirren mich sehr. Seit vier Jahren sind wir nun mit Vorwürfen konfrontiert. Sind sie schließlich geklärt, tauchen neue auf. Wir werden einfach weiterhin unser Bestes tun, um sie alle zu beantworten.«

»Stehen Sie unter Druck?«

»Gelegentlich stehe ich unter großem Druck, bin ein wenig traurig, ein wenig wütend, ein wenig gereizt. Ich glaube, das ist nur natürlich. Doch ich weiß, das ist Teil des Geschäfts, und wir werden standhalten und versuchen, die Sache durchzustehen.«

Als mich Barbara Walters nach den Rechnungsaufstellungen fragte, antwortete ich: »Vor einem Monat regten sich die Leute auf, weil diese Unterlagen offensichtlich verloren gegangen waren. Es wurde der Verdacht erhoben, jemand habe sie beseitigt. Nun sind die Aufzeichnungen da, und die Leute regen sich wieder auf. Natürlich wünschte ich, sie wären vor einem oder zwei Jahren gefunden worden. Aber jetzt bin ich glücklich darüber, dass sie überhaupt aufgetaucht sind, denn sie beweisen, was ich von Anfang an gesagt habe. Ich habe damals 15 Monate lang etwa eine Stunde pro Woche für Madison Guaranty gearbeitet. Und das war wahrlich nicht viel.«

Barbara konnte sich nicht vorstellen, warum die Dokumente so schwer auffindbar gewesen waren: »Wie sieht es denn bei Ihnen aus?

»Es ist ein Chaos ...«

»Das ist schwer nachzuvollziehen.«

»Ich glaube, die Leute sollten wissen, dass im Weißen Haus Millionen von Dokumenten aufbewahrt werden. Die Mitarbeiter haben seit mehr als zwei Jahren sorgfältig nach den Papieren gesucht.«

Es war schwierig zu erklären, mit welcher Unordnung wir gelebt hatten, seit wir ins Weiße Haus eingezogen waren. Wir waren 1993 mit unserem gesamten, aufs Geratewohl in Kartons gepackten Besitz dort angekommen. Kurz nach unserem Einzug hatte eine umfassende Renovierung stattgefunden, da die Heizung und die Belüftungsanlage des Weißen Hauses den Umweltschutz- und Energiestandards angepasst werden mussten. Schachteln wurden in Wandschränken und leeren Räumen verstaut, während die Handwerker die Decken und Wände aufstemmten, um neue Rohre zu verlegen.

Im Sommer 1995 wurden Arbeiten auf dem Dach und im dritten Stock durchgeführt. Dort befanden sich einige Gästeräume, das »Solarium«, ein Büro, ein Fitnessraum, eine Waschküche und mehrere Lagerräume. In einem zentralen Speicher, den wir als »Bücherkammer« bezeichneten, hatten wir Regale aufgestellt, um die Berge von Büchern zu lagern, die wir mitgebracht hatten. Er war durch Türen mit der Waschküche, dem Fitnessraum und einem kleinen Flur verbunden und so herrschte rund um die Uhr ein ständiges Kommen und Gehen. Auf mehreren Tischen standen zeitweilig Kartons mit Papieren und persönlichen Unterlagen, die unentwegt zwischen einem außerhalb gelegenen Lager und dem Weißen Haus hin- und hertransportiert wurden, damit sie gesichtet und katalogisiert werden konnten. Darüber hinaus legte Carolyn Huber in der Bücherkammer in mehreren Aktenschränken Papiere ab. Zusätzlich erschwert wurden die Dinge dadurch, dass die Tische häufig mit alten Kleidern abgedeckt werden mussten, um sie vor dem Zement und dem Staub zu schützen, der im Verlauf der Bauarbeiten von der Decke rieselte.

Die unablässige Suche nach Dokumenten, die von den Ermittlern angefordert wurden, verschlimmerte das Chaos nur noch. David Kendall bat uns, in der Bücherkammer eine Kopiermaschine aufzustellen, damit er und seine Mitarbeiter die Dokumente kopieren konnten, bevor sie sie an das Büro des Sonderermittlers weitergaben. Und auf einem der Tische fand Carolyn, wie sie später aussagte, im Sommer 1995 ein Bündel gefalteter Papiere. Carolyn hielt sie für alte Aufzeichnungen, die jemand dort zurückgelassen hatte, damit sie archiviert werden konnten. Ohne sich ihrer Bedeutung bewusst zu sein, warf sie sie zu anderen Dokumenten in eine Schachtel und nahm sie mit in ihr Büro, das bereits mit Kartons voll gestellt war, die sie sichten wollte, sobald sie etwas mehr Zeit fand. Als sie Monate später in den Unterlagen stöberte, entdeckte sie, dass es sich um die seit langem gesuchte Aufstellung meiner Arbeiten für Madison Guaranty handelte.

Carolyn berichtete David umgehend von ihrem Fund. Sie hatte in den vergangenen Monaten ihr Bestes getan, um einer Lawine von Papieren standzuhalten und die Wünsche der Ermittler zu erfüllen. Wie sie selbst zugab, dauerte es manchmal ein wenig, bis es ihr gelang, Ordnung in das Chaos zu bringen. Ich habe nie mit Carolyn über die Rechnungsprotokolle oder die Untersuchung gesprochen, da ich nicht in den Verdacht geraten wollte, ihre Zeugenaussage zu beeinflussen. Doch ich vertraue ihr vollkommen und weiß, dass ihr lediglich ein unbeabsichtigter und verständlicher Fehler unterlaufen war.

D'Amatos Senatsausschuss machte sich unverzüglich auf die Suche nach – nicht vorhandenen – Beweisen für eine Behinderung der Untersuchung oder einen Meineid. Der Ausschuss verlangte sofort zusätzliche Mittel für eine Verlängerung der Anhörungen um zwei oder drei Monate. Die Hearings hatten die Steuerzahler bereits fast 900 000 Dollar gekostet. Wenige Monate später legte die RTC einen ergänzenden Bericht vor, in dem sie bestätigte, dass die Rechnungsaufzeichnungen meine Version der Vorgänge untermauerten. Damit stand fest, dass ich keinen Grund hatte, die Papiere den Ermittlern vorzuenthalten. Ich bedauerte allerdings, dass sie nicht früher gefunden worden waren.

Die Dinge nahmen unvermeidlich ihren Lauf. Die Anhörungen wurden fortgesetzt, die Medienberichte wurden fortgesetzt, und jedes Mal, wenn ich mich mit einem Radiomoderator oder einem Talkmaster zusammensetzte, um über »It Takes a Village« zu sprechen, wurde ich nach den Rechnungsprotokollen gefragt. Die einzigen Lichtblicke in diesem dunklen Monat erlebte ich bei meinen Auftritten in Buchhandlungen, Schulen und Kinderkrankenhäusern im ganzen Land. Dort wurde ich von großen Menschenmengen freundlich begrüßt – ein weiterer Beweis dafür, dass die Uhren in Washington anders gingen als im Rest des Landes.

Diese Kluft war auch in anderen Bereichen spürbar. Als ich über den wachsenden Druck nachdachte, dem die amerikanischen Kinder ausgesetzt waren, wurde mir klar, wie wenig die zunehmend parteipolitisch motivierte Rhetorik in Washington dazu beitrug, die Probleme dieser Kinder zu lösen. Viele meiner Überzeugungen, was für Kinder und Familien gut ist, passen in kein politisches oder ideologisches Schema, und viele der Menschen, denen ich im Verlauf meiner Promotiontour begegnete, dachten ähnlich wie ich. Die Leute, die stundenlang in einer Schlange standen, wollten nicht über die letzte Episode der parteipolitischen Schlammschlacht in der Hauptstadt reden. Sie wollten darüber sprechen, wie schwer es ihnen fiel, eine gute und erschwingliche Kinderbetreuung zu finden, wie mühsam es war, Kinder ohne ein familiäres Netzwerk aufzuziehen, unter welchem Druck sie als Eltern in einer Massenkultur standen, die allzu oft Risikoverhalten förderte und Werte verzerrte. Sie wollten über die Bedeutung guter Schulen und einer bezahlbaren Hochschulausbildung sowie über eine Vielzahl von Themen diskutieren, die ihnen in einer sich rasch wandelnden Welt auf der Seele lagen. Diese Gespräche gaben mir Kraft, und ich hoffte, mein Buch werde dazu beitragen, eine nationale Debatte darüber anzuregen, was für die Kinder Amerikas getan werden konnte.

In »It Takes a Village« stellte ich Ideen und Programme vor, die auf Gemeindeebene entwickelt worden waren und das Leben von Kindern und Familien verbesserten. Vorbildliche Programme in einer Gemeinde werden vielfach nicht von anderen Orten übernommen, weil es an geeigneten Kommunikationskanälen mangelt. Mein Honorar aus dem Verkauf dieses Buches – fast eine Million Dollar – spendete ich verschiedenen Wohlfahrtseinrichtungen für Kinder.

Die Erfahrungen dieser Rundreise richteten mich persönlich auf. In Ann Arbor in Michigan versammelten sich am 17. Januar Dutzende Menschen in einer Buchhandlung, die T-Shirts mit der Aufschrift »Hillary Fan Club« trugen. Ruth und Gene Love, ein Rentnerehepaar aus Silver Spring in Maryland, hatten den Club 1992 in ihrer Küche ins Leben gerufen. Er hatte mittlerweile hunderte Mitglieder im ganzen Land und sogar einige internationale Niederlassungen. Die Loves – nomen est omen – wurden wunderbare Freunde, die immer genau zu wissen schienen, wann ich eine Aufmunterung nötig hatte. In San Francisco gab James Carville in einem Restaurant ein Dinner für mich, zu dem er einige meiner engsten Freunde eingeladen hatte. Meine freigeistige Freundin Susie Buell sagte mir, sie habe zwar nicht alle Dramen mitbekommen, die in Washington passiert seien, aber eines wolle sie mir sagen: »Gesegnet sei dein großes Herz.« Mehr brauchte ich nicht zu hören.

Im Verlauf der Promotiontour hielt ich am 19. Januar 1996 auch einen Vortrag im Wellesley College. Ich verbrachte die Nacht auf meinem ehemaligen Campus im Haus der bemerkenswerten Collegepräsidentin Diana Chapman Walsh, direkt am Ufer des Lake Waban. Ich war gerade von einem langen Spaziergang um den See zurückgekehrt, als David anrief, um mir mitzuteilen, dass mir Kenneth Starr eine Vorladung geschickt hatte. Ich sollte vor der Grand Jury eine Aussage zu den Rechnungsprotokollen machen. Diesmal würde die Befragung nicht in aller Stille im Weißen Haus stattfinden. Ich würde in der folgenden Woche vor der versammelten Anklagejury aussagen müssen.

Melanne hatte darauf bestanden, mich auf meiner Promotiontour zu begleiten, da sie wusste, wie groß der Mediendruck sein würde. Dieser Akt der Freundschaft kam sie emotional und finanziell teuer zu stehen, denn sie musste nicht nur schwere Zeiten mit mir durchstehen, sondern auch persönlich büßen. Jener Tag in Wellesley war besonders schwer für mich, da ich nicht mit Melanne über die Geschehnisse sprechen konnte. Aufmerksam wie immer, bemerkte sie meine Aufregung und schirmte mich vor den Medien ab. Ich werde nie vergessen, wie loyal sie sich damals verhielt.

Als ich nach Washington zurückkehrte, war ich entmutigt und fragte mich, ob die letzte Wendung der Ereignisse meine Glaubwürdigkeit – sofern ich in der Öffentlichkeit noch eine besaß – vollkommen zerstören würde und welche Auswirkungen dies auf Bills Präsidentschaft haben könnte. Bill war beunruhigt und entschuldigte sich wieder und wieder bei mir, weil er nicht in der Lage war, mich vor diesen heftigen Angriffen zu schützen.

Chelsea machte sich ebenfalls Sorgen. Sie verfolgte die Ermittlungen genau, manchmal sehr viel genauer, als mir lieb war. Anfangs hatte ich noch versucht, sie nicht mit meinen Erlebnissen zu belasten, doch nach einiger Zeit wurde mir klar, dass sie erwachsen wurde und sich besser fühlte, wenn sie wusste, wie es mir ging.

Bill hatte im Konflikt um die Lahmlegung der Regierungsbehörden die Oberhand über die Republikaner behalten, doch sein politischer Erfolg konnte uns beide nicht vor der missbräuchlichen Strafverfolgung schützen. Ich wusste, dass er sich Starr und dessen Verbündeten ausgeliefert fühlte.

Wut ist kein geeigneter Gemütszustand, um sich auf einen Auftritt vor einer Anklagejury vorzubereiten. Die Tatsache, dass ich Rechtsanwältin war, half mir ein wenig, da ich mit den Abläufen vertraut war. Doch in der Woche vor meiner Aussage konnte ich weder essen noch schlafen und verlor zehn Pfund Gewicht – wobei ich diese Art von Schlankheitskur niemandem empfehle. Obwohl ich an meiner Aussage arbeitete, die einfach und schnörkellos sein würde, machte ich mir mehr Gedanken darüber, wie ich meine Wut über die ungerechte Behandlung beherrschen konnte. Ich wusste, dass die Mitglieder der Anklagejury lediglich ihre Bürgerpflicht erfüllten. Sie verdienten meinen Respekt – im Gegensatz zu den Anwälten, die für Starr arbeiteten.

David argumentierte gegenüber der Anklagevertretung, dass meine Vorladung ungerechtfertigt und ein Prozessmissbrauch sei. Ich hätte wie bisher unter Ausschluss der Öffentlichkeit oder auch in einer Videokonferenz befragt werden können, doch Starr beharrte darauf, mich vor Gericht zu zitieren. Eines seiner Ziele bestand möglicherweise darin, mich öffentlich zu demütigen. Aber ich war fest entschlossen, mich von ihm nicht brechen zu lassen. Ich mochte die erste Präsidentengattin sein, die vor einer Anklagejury aussagen musste, doch ich würde es zu meinen Bedingungen tun. David wies mich darauf hin, dass wir die vor dem Gericht wartenden Fotografen und Kamerateams umgehen konnten, indem wir in der Tiefgarage parkten und mit dem Aufzug in den dritten Stock fuhren, wo sich der Gerichtssaal befand. Ich lehnte diesen Vorschlag ab, weil ich nicht den Eindruck erwecken wollte, dass ich etwas zu verbergen hätte.

Als mein Wagen am 26. Januar 1996 um 13.45 Uhr in schneidender Kälte vor dem Bundesgericht für den Distrikt Columbia vorfuhr, stieg ich lächelnd aus und winkte den Schaulustigen zu. Ich wusste, dass ich mir nicht anmerken lassen durfte, was ich über Starr und sein absurdes Verfahren dachte. Ich hatte mich die ganze Woche geistig und seelisch auf das vorbereitet, was mich nun erwartete. Atme tief durch, sagte ich mir immer wieder, und bitte um Gottes Hilfe.

Beim Betreten des Gerichtssaals sagte ich mit einem Augenzwinkern zu meinen hart arbeitenden Anwälten: »Nur Mut, Hillary! Das Erschießungskommando wartet!« Die für Grand Jurys geltenden Verfahrensbestimmungen, die dem Bundesrecht unterliegen, sehen vor, dass die Zeugen keinen Anwalt in den Saal mitnehmen dürfen. Ich war allein. Bis auf zwei waren alle Geschworenen anwesend – zehn von 23 Geschworenen waren Frauen, die Mehrheit Afroamerikaner. Die Jury schien einen guten Querschnitt durch die Bevölkerung des Distrikts widerzuspiegeln, während die acht Mitarbeiter von Kenneth Starr genauso aussahen wie er.

Starr überließ es einem seiner Deputies, die Fragen zu stellen. Er selbst saß nur da und starrte mich an. Ich beantwortete alle Fragen, viele davon mehrfach. In einer der drei Pausen, die ich beantragte, trat auf dem Flur ein Geschworener mit der Bitte an mich heran, ihm ein Exemplar von »It Takes a Village« zu signieren. Ich sah zu David hinüber, der mich angrinste. Später erfuhr ich, dass der Geschworene nach einer Untersuchung dieses »Vorfalls« entlassen wurde.

Nach vier Stunden war die Befragung beendet. In einem Nebenraum informierte ich kurz meine Anwälte David Kendall, Nicole Seligman und Jack Quinn, den neuen Rechtsberater des Weißen Hauses, sowie Jane Sherburne. Wir sprachen darüber, was ich den Reportern sagen sollte, die bereits ungeduldig auf mich warteten. Auf dem Weg zum Ausgang kam ich an einigen Büros vorbei und bemerkte, dass wohl noch niemand nach Hause gegangen war. Viele Leute wollten mir noch zuwinken oder ein paar aufmunternde Worte sagen.

Es war schon dunkel, als ich das Gerichtsgebäude verließ und mich bereit erklärte, einige Fragen der Journalisten zu beantworten. Sie fragten mich, wie es mir gehe.

»Nun, es war ein langer Tag«, sagte ich.

»Wären Sie lieber an einem anderen Ort gewesen?«

»O ja, es gibt eine Million Orte, die ich vorgezogen hätte.«

Zu den wieder aufgetauchten Rechnungsaufzeichnungen sagte ich: »Wie Sie wüsste auch ich gern, warum diese Dokumente erst nach so vielen Jahren gefunden wurden. Ich habe wirklich alles versucht, um die Ermittler bei ihrer Arbeit zu unterstützen.«

Ich winkte lächelnd, als ich die Limousine bestieg, die mich zum Weißen Haus brachte. Als ich den Diplomatic Receiving Room betrat, begrüßten mich Bill und Chelsea mit Umarmungen und drängenden Fragen nach dem Verlauf der Anhörung. Ich war einfach nur glücklich, dass es vorüber war.

In den Medien wurde viel Aufhebens um den bestickten schwarzen Wollmantel gemacht, den ich an jenem Tag getragen hatte. Ein Reporter wies darauf hin, dass die Rückseite »mit einem goldenen Drachen verziert« sei, was die politischen Kommentatoren in der Hauptstadt dazu bewegte, Vermutungen über die symbolische Bedeutung anzustellen: War es ein Totem? War ich die Drachenlady? Das Weiße Haus sah sich gezwungen, in einer Pressemitteilung zu erklären, dass die geschwungenen Linien auf dem Mantel, den meine Freundin Connie Fails, eine Designerin aus Little Rock, entworfen hatte, überhaupt nichts bedeuteten: Es handelte sich einfach um ein abstraktes Muster, das eine Modekolumnistin mit einer »Art-déco-Darstellung von Muscheln« verglich. Mein Pressebüro wies die Journalisten darauf hin, dass ich den Mantel schon einmal während der Amtseinführungsfeiern im Jahr 1993 getragen hatte. Damals hatte sich niemand Gedanken über das Design gemacht. Doch das Geschwätz hörte nicht auf. Ein Kommentator erklärte, der Mantel habe sich »in einen politischen Rorschachtest« verwandelt. Wie wahr.

Am Abend des folgenden Tages zwang ich mich, an einem weiteren Hauptstadtritual teilzunehmen, dem Alfalfa Club Dinner. Der einzige Zweck dieses Clubs besteht darin, jedes Jahr während eines Dinners, bei dem Frackzwang besteht, eine fingierte Nominierung eines Präsidentschaftskandidaten zu veranstalten. Ich saß im Capitol Hilton Hotel mit Bill und einer Schar von Ministern und Obersten Richtern auf dem Podium. Der Nominierte war in jenem Jahr Colin Powell. Er ergriff das Wort und begrüßte alle Würdenträger, Damen und Herren, republikanische Extremisten, Demokraten und andere Nebensächlichkeiten und »... all jene, die in letzter Zeit vor eine Anklagejury zitiert wurden«. Ich nahm an, dass ich in dieser Kategorie wohl die Einzige war, und hob den Arm. Powell bedachte mich mit einem verschmitzten Lächeln. Als Powell seine Ansprache beendet hatte, kam Bob Rubin, einer von Bills Top-Beratern, zu mir herüber und flüsterte mir zu: »Solange Sie nicht wenigstens fünf Mal vor einer Anklagejury ausgesagt haben, sind Sie nur ein kleiner Fisch.«

KAMPFGEBIETE

In gespannter Erwartung blickten wir dem ersten Staatsbankett entgegen, das wir im Februar 1996 für den französischen Staatspräsidenten Jacques Chirac und seine Frau Bernadette gaben. Wir waren uns der Bedeutung der langen und komplexen Beziehung zu Frankreich bewusst. Chirac, ein konservativer Politiker aus der Partei de Gaulles, der 18 Jahre lang Bürgermeister von Paris gewesen war, teilte nicht immer unsere politischen Ansichten. Doch Bill bemühte sich sehr um diesen Bündnispartner: Im Jahr 1999 sollte es ihm gelingen, Frankreich dazu zu bewegen, trotz des Fehlens einer spezifischen UN-Resolution die Luftschläge der NATO im ehemaligen Jugoslawien zu unterstützen.

Die enge Bindung und der wechselseitige Respekt zwischen den Vereinigten Staaten und Frankreich haben ihre Wurzeln in der französischen Unterstützung für die amerikanische Revolution, doch hat es seither immer wieder Zeiten gegeben, in denen deutliche politische Gegensätze zutage traten und unsere Beziehung Belastungsproben bestehen musste – zuletzt im Fall des von den USA angeführten Krieges gegen den Irak, dem sich die französische Regierung vehement widersetzte.

Die erste Hürde, die es bei dem Staatsbankett zu überwinden galt, war das Essen. Die französische Küche ist weltberühmt und so machte ich mir viele Gedanken über das richtige Menü, aber unser amerikanischer Küchenchef Walter Scheib versicherte mir, er werde die besten Elemente beider Traditionen miteinander verbinden.

Die Tische im State Dining Room waren mit Damasttüchern, Kristallgläsern und Silberbesteck gedeckt und mit Rosen geschmückt. Während draußen Schnee fiel, unterhielten sich Diplomaten, Unternehmensführer, Künstler und Kinostars bei Hummer mit Zitrone und Thymian, Auberginensuppe und Lammrippchen mit Süßkartoffelpüree. Dazu wurden die besten amerikanischen Weine serviert. Dieses und die folgenden Treffen mit dem Ehepaar Chirac lehrten Bill und mich, dass die Diplomatie zwar ein heikles Geschäft ist, aber auch immer wieder für Überraschungen gut ist.

»Ich liebe viele Dinge an Amerika, darunter das Essen«, erklärte mir Präsident Chirac. »Wussten Sie, dass ich eine Zeit lang in einem Restaurant der Howard-Johnson's-Kette am Harvard Square gearbeitet habe?«

Trotz mancher politischer Differenzen zwischen den Vereinigten Staaten und Frankreich unterhielten Bill und ich in unseren acht Jahren im Weißen Haus eine entspannte Beziehung zu den Chiracs, und bei einem Besuch in Frankreich unternahm ich mit Bernadette Chirac eine schöne Reise nach Zentralfrankreich. Madame Chirac war eine elegante, kultivierte Frau und saß seit 1971 im Lokalparlament von Corrèze in Zentralfrankreich. Sie war die einzige mir bekannte Präsidentengattin, die selbst eine gewählte Volksvertreterin war. Es faszinierte mich, dass es ihr gelungen war, eine unabhängige Rolle für sich zu definieren, und hörte gespannt zu, als sie mir schilderte, wie sie von Tür zu Tür gegangen war und um Wählerstimmen geworben hatte. Als sie mich im Mai 1998 einlud, sie in ihren Wahlkreis zu begleiten, sagte ich gern zu und verbrachte einen wunderbaren Tag mit ihr und der Bevölkerung von Corrèze.

Bald darauf stand ein anderes großes Ereignis an: Chelseas 16. Geburtstag. Es kam mir vor, als wäre sie gerade erst gestern auf meinen Schoß geklettert, um in einem Buch zu blättern. Nun war sie so groß wie ich und wollte den Führerschein machen. Das beunruhigte mich zwar, aber viel schlimmer war, dass Bill ihr das Fahren beibringen wollte. Außer im Golfcart ließ der Secret Service Bill nie ans Steuer – und das war auch

1 Ryan Moore, ein siebenjähriger Junge aus South Sioux City (Nebraska), war für mich und meinen Stab eine so große Inspiration, dass wir in einem Hillaryland-Büro ein riesiges Foto von ihm an die Wand hängten. Wir wollten ein Gesundheitssystem, das allen Kindern die nötige medizinische Versorgung garantierte, unabhängig von den wirtschaftlichen Verhältnissen oder der Versicherung der Eltern.

2 Am 28. September 1993 trat zum ersten Mal eine First Lady vor einem Ausschuss auf, um offiziell für einen wichtigen Gesetzesantrag der Regierung zu werben. Erst später wurde mir bewusst, dass viele der positiven Reaktionen auf meine Rede ein weiteres Beispiel für »das Syndrom des sprechenden Hundes« waren.

3 Um die Aufmerksamkeit der Öffentlichkeit auf die Gesundheitsreform zu lenken, reiste ich viel und hörte den Menschen zu. Dass Dr. Koop, einst Reagans Gesundheitsminister, unsere Reform unterstützte, war ein großer Segen.

4 James Carville, unser Freund und Berater, ist einer der brillantesten taktischen Denker in der amerikanischen Politik und hat außerdem die Gabe, mich wirklich zum Lachen zu bringen.

5 Beim Gridiron Dinner 1994 parodierten Bill und ich einen gegen die Reform gerichteten Fernsehspot der Versicherungslobby. Al Franken und Mandy Grunwald halfen uns, die Panikmache unserer Gegner bloßzustellen und Spaß an der Sache zu haben.

6 Inspiriert von den Freedom Riders, die Anfang der sechziger Jahre mit dem Bus durch die Südstaaten zogen, um gegen die Rassentrennung zu protestieren, organisierten die Befürworter der Gesundheitsreform im Sommer 1994 eine Bustour durch Amerika.

7 Menschen, die im Health Security Express mitgefahren waren, erzählten bei einer Veranstaltung auf dem Südrasen des Weißen Hauses ihre persönliche Geschichte. Jedes Mal wenn ich sah, wie Bill sich mit dem Leid anderer identifizierte, verliebte ich mich aufs Neue in ihn.

8–10 Die Hillaryland-Bande organisierte zu meinem 46. Geburtstag eine Überraschungsfeier. Mit einer schwarzen Perücke und einem Reifrock wurde ich in Dolley Madison verwandelt, eine frühere First Lady, die ich sehr bewundere. Bei einer späteren Party stellte ich eine andere Dolly dar (Parton), und zu einer Fifties-Party kam ich mit Pferdeschwanz.

11 Jeder, der das Vergnügen hatte, Virginia Cassidy Blythe Clinton Dwire Kelley zu treffen, lernte sie als amerikanisches Original kennen – großherzig, gutmütig, für jeden Spaß zu haben und frei von Vorurteilen. Nach anfänglichen Schwierigkeiten lernten wir, unsere Unterschiede zu respektieren, und entwickelten eine herzliche, liebevolle Beziehung.

12–15 Camp David war einer der wenigen Orte, wo wir uns entspannen konnten. Bills Bruder Roger besuchte uns dort manchmal mit seinem Sohn Tyler und Zachary, dem Sohn meines Bruders Tony, die dicke Freunde waren. Auch Hugh und seine Frau Maria kamen oft.

16, 17 Harold Ickes, ein alter Freund und Politprofi, verstärkte Bills Team als stellvertretender Stabschef. Nach wenigen Tagen beauftragte ihn Bill jedoch mit der Bildung des »Whitewater Response Teams«. Später half Harold mir bei der Entscheidung, ob ich für den Senat kandidieren sollte. Als ich mich dafür entschloss, übernahm Mark Penn die Meinungsforschung für meinen Wahlkampf und war mir ein ebenso guter Berater und Freund wie meinem Mann.

18–20 David Kendall, unser persönlicher Anwalt, war in der schweren Zeit der Whitewater-Ermittlungen ein Geschenk Gottes, ebenso wie seine Kolleginnen Cheryl Mills und Nicole Seligman.

21 Bob Barnett, ein Anwalt und enger Freund, stand uns in guten und schlechten Zeiten mit seinem Rat zur Seite.

22 Sid Blumenthal stellte mich dem künftigen britischen Premierminister Tony Blair vor, weil er wusste, dass wir und die Blairs uns politisch und persönlich gut verstehen würden.

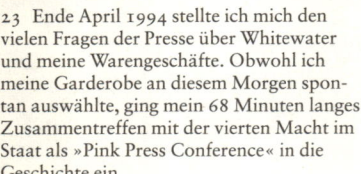

23 Ende April 1994 stellte ich mich den vielen Fragen der Presse über Whitewater und meine Warengeschäfte. Obwohl ich meine Garderobe an diesem Morgen spontan auswählte, ging mein 68 Minuten langes Zusammentreffen mit der vierten Macht im Staat als »Pink Press Conference« in die Geschichte ein.

24 Das Nadelkissen mit dem Cover meines Buches »It Takes a Village« war ein Geschenk von Phyllis Fineschriber, einer freiwilligen Mitarbeiterin von Hillaryland. Ich spendete sämtliche Einnahmen aus dem Verkauf des Buchs – fast eine Million Dollar – an wohltätige Einrichtungen für Kinder.

25 Israels Premierminister Rabin verbreitete eine Aura der Stärke. Bill betrachtete ihn als Freund und Vaterfigur. Seine Frau Leah beeindruckte durch ihre Energie und Intelligenz.

26 Kaiser Akihito und Kaiserin Michiko im Weißen Haus. Die Kaiserin war eine der faszinierendsten Frauen, die ich je getroffen habe.

27 Sechs der sieben lebenden First Ladies versammelten sich bei der Eröffnung des U.S. Botanic Garden. Jackie Kennedys Abwesenheit warf für mich einen dunklen Schatten über diese Veranstaltung. Sie starb einen Monat später.

28 Ich lernte Russlands Präsident Jelzin bei einem Staatsdiner kennen. Er unterhielt mich mit Kommentaren über das Essen und erzählte mir, Rotwein schütze russische Soldaten auf Atom-U-Booten gegen Strontium 90.

29 Nelson Mandela entwickelte eine besondere Beziehung zu Chelsea. Als wir ihn 1997 in Südafrika besuchten, zeigte er uns seine frühere Gefängniszelle auf Robben Island.

30 Während Bills Präsidentschaft durch endlose Untersuchungen untergraben wurde, setzte er die Regierungsgeschäfte fort. Der deutsche Kanzler Helmut Kohl prophezeite mir 1994, dass Bill 1996 wiedergewählt werden würde. Damals dachte die Mehrheit in Amerika anders, und seine Überzeugung überraschte mich – ebenso wie sein Humor.

31 Bei der vierten Weltfrauenkonferenz der UNO, die 1995 in Peking stattfand, war ich die Ehrenvorsitzende der amerikanischen Delegation. Bei meiner Rede pochte ich darauf, dass »Frauenrechte Menschenrechte sind«.

32 Newt Gingrich beschwerte sich, dass Bill ihn auf dem Rückflug von Rabins Begräbnis ignoriert habe. Dieses Foto von Bill, Gingrich und dem damaligen Mehrheitsführer im Senat, Bob Dole, beweist das Gegenteil.

33 Die Wochen nach dem verheerenden Ausgang der Zwischenwahlen zählten zu den schwierigsten in meinen acht Jahren im Weißen Haus. Ich wusste, dass viele Leute sagten: »Das ist Hillarys Schuld. Sie hat die Gesundheitsreform und damit das Wahlergebnis vermasselt.« Als langjähriger Fan von Eleanor Roosevelt ließ ich mich von ihrem Beispiel wieder ermutigen. Ein enger Freund fertigte damals diese Fotomontage von Eleanor und mir an.

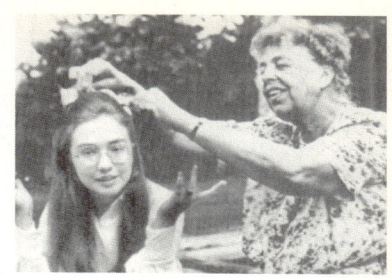

34–37 Als mich das Außenministerium auf den Indischen Subkontinent schickte, wollte ich die Aufmerksamkeit darauf lenken, dass der Beitrag von Frauen für das Wohl von Familien, Gemeinden und Ländern unerlässlich ist. Auf meiner Reise traf ich Dr. Muhammad Yunus in Bangladesch (oben), Ela Bhatt in Ahmedabad in Indien (Mitte) und Benazir Bhutto in Pakistan (rechts). In Nepal hatten Chelsea und ich viel Spaß bei einem Ritt auf einem Elefanten.

38 Von all den Ländern, die wir in den acht Jahren von Bills Präsidentschaft besuchten, war keines so belebend wie Irland. Ich traf die Friedensaktivistin Joyce McCartan (rechts) im Lamplighter Traditional Fish and Chips Restaurant in Belfast. Sie sagte mir: »Es braucht Frauen, um Männer zur Vernunft zu bringen.«

40 Ich werde sicher als erste Präsidentengattin, die vor einer Grand Jury aussagte, in die Geschichte eingehen. Aber ich tat es zu meinen Bedingungen.

39 Bill und ich arbeiteten trotz politischer Differenzen gut mit Jacques und Bernadette Chirac zusammen. Bernadette war die einzige Präsidentengattin, die ich kannte, die selbst in ein Amt gewählt worden war, und ich war fasziniert von der Selbständigkeit und Freiheit, mit der sie diese Rolle ausfüllte.

41 Im Jahr 1996 reiste ich mit Chelsea nach Bosnien-Herzegowina, um das Friedensabkommen von Dayton zu unterstützen. Damit war ich die zweite First Lady, die ohne Präsident eine Kampfzone besuchte – wie nicht anders zu erwarten, war Eleanor Roosevelt die Erste.

42 Nach Bills Wiederwahl zum Präsidenten hatte ich das Gefühl, dieses neue Kapitel meines Lebens gestählt beginnen zu können: ein wenig härter an den Rändern, aber standhafter.

43 Chelsea überraschte mich am Tag der Vereidigung im Minirock. Sie hatte keine Zeit mehr, sich umzuziehen – und ich bezweifle, dass sie es getan hätte. Ich musste mich daran gewöhnen, Mutter eines Teenagers zu sein.

44–46 Bei der traditionellen »Mutter-Tochter-Show« der Sidwell Friends School parodierten wir unsere Töchter. Während ich Chelseas Leidenschaft für Pirouetten für einen Sketch verwendete, ließ Bill sich davon beim Golfen nicht aus der Ruhe bringen.

47 In allen Häusern, in denen ich gewohnt habe, war die Küche das Herzstück. Dieser kleine Tisch in unserer Küche im Weißen Haus wurde zum Zentrum unseres Familienlebens: Hier aßen wir, machten Schulaufgaben, feierten Geburtstage, lachten und weinten oder redeten bis tief in die Nacht.

48 Kurz vor Chelseas Auszug wurde es Zeit, das leere Nest wieder zu füllen. Leider hatten wir vergessen, unseren Kater Socks um Erlaubnis zu fragen. Er hasste unseren Hund Buddy von der ersten Sekunde an.

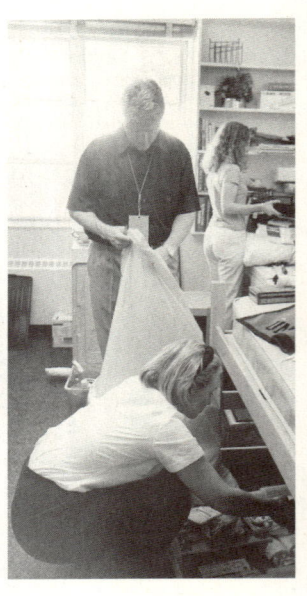

49 Nach unseren Erfahrungen in Washington verstand ich, warum Chelsea sich für ein 3000 Meilen entferntes College entschied. Als wir in ihr Studentenheim in Stanford kamen, begann ich hektisch, ihre Sachen auszupacken, während Bill in eine Art Trance zu fallen schien.

50 Nachdem die Lewinsky-Geschichte bekannt wurde, trat ich in der Sendung »Today« auf. Ich hätte meine Meinung kunstvoller verpacken können, aber ich stehe zu dem, was ich dem Moderator Matt Lauer sagte: dass es eine »rechte Verschwörung« gebe, ein Netz von Gruppen und Einzelpersonen, die viele der Fortschritte, die unser Land erzielt hatte, rückgängig machen wollten.

51–53 Ich war nie ein Mensch, der seine tiefsten Gefühle ständig vor anderen ausbreitet, aber es geht mir besser, wenn ich meine engsten Freunde um mich habe. Diane Blair und ihren Mann Jim (links) lernte ich kennen, als ich Bill 1974 nach Arkansas folgte. Ann Henry gab unseren Hochzeitsempfang in Fayetteville und Vernon und Ann Jordan waren immer liebevolle, weise Ratgeber.

54 Mit Tony und Cherie Blair verbanden uns nicht nur ähnliche Erfahrungen, sondern auch ähnliche Visionen und politische Ansichten. Als Bill und ich sie in der Downing Street 10 besuchten, unterhielten wir uns endlos über unsere gemeinsamen Anliegen.

55–57 Betsy Johnson Ebeling (Mitte) war in der 6. Klasse mein »Blindenhund«, wenn ich mich mal wieder weigerte, meine dicke Brille zu tragen. Ricky Ricketts war der Unglücksrabe, der mich in der 9. Klasse »skalpierte«, und Susan Thomases (links), unsere langjährige Freundin, half Bill im Präsidentschaftswahlkampf.

58 Ich unternahm viele unvergessliche Reisen nach Lateinamerika. In Antigua in Guatemala wurde ich von drei Mädchen begrüßt, von denen eine – wie ich hoffe – eines Tages ihr Land regieren könnte.

59 Nachdem ich Bill endlos und voller Begeisterung von meiner Afrikareise erzählt hatte, stattete Bill diesem Kontinent 1998 als erster amtierender Präsident einen längeren Besuch ab. In Accra (Ghana) begrüßten uns Präsident Jerry Rawlings, seine Frau Nana Konadu und die größte Menschenmenge, die ich je gesehen habe. Wir fuhren auch nach Kapstadt und trafen Nelson Mandela, der uns einmal sagte, dass »der größte Ruhm des Lebens nicht darin besteht, nie zu fallen, sondern jedes Mal, wenn man fällt, wieder aufzustehen«.

60 In Botswana genossen Bill und ich die letzten Sonnenstrahlen am Chobe River. Damals wünschte ich mir, dieser Tag möge nie enden – denn das Scheinwerferlicht in Washington war weniger sanft.

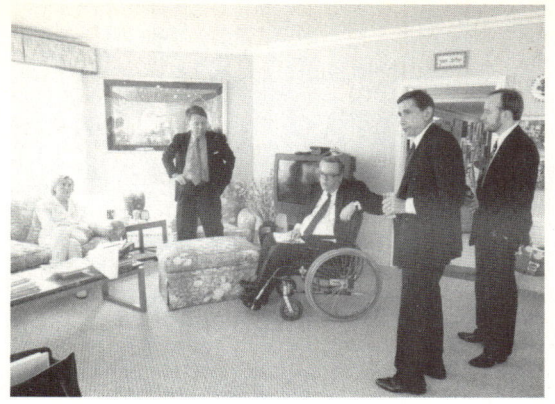

61 Nachdem Bill vor der Grand Jury ausgesagt hatte, dass es eine unangemessene, intime Beziehung mit Monica Lewinsky gegeben habe, traf ich mich mit David Kendall, Chuck Ruff, Mickey Kantor und Paul Begala im Weißen Haus. Ich war sprachlos, verletzt und wütend, weil ich ihm geglaubt hatte. Warum Bill mich betrogen hat, wird er selbst erzählen müssen.

62 Das Letzte, was ich mir wünschte, war ein Urlaub mit Bill Clinton, doch ich wollte unbedingt aus Washington weg. Ich musste mich darauf konzentrieren, was ich für mich selbst, meine Familie, meine Ehe und mein Land tun würde. Die rührende Besorgnis von Walter und Betsy Cronkite half mir in dieser schwierigen Zeit.

63 Stevie Wonder schenkte mir damals einen wunderschönen Augenblick. Er kam ins Weiße Haus und sang ein Lied über die Kraft der Vergebung, das er für mich geschrieben hatte.

64 Nach der Abstimmung über ein Amtsenthebungsverfahren kam eine Delegation von Demokraten, angeführt von Dick Gephardt (Mitte), ins Weiße Haus, um Solidarität mit dem Präsidenten zu demonstrieren.

65 Madeleine Albright und ich verschwanden in Prag auf der Damentoilette, damit wir uns ohne Presse unterhalten konnten. Barbara Kinney fotografierte uns dabei.

66 Susan McDougal war monatelang im Gefängnis, weil sie sich weigerte, vor der Whitewater Grand Jury auszusagen. Sie beharrte darauf, das sei eine Falle, damit sie Bill und mich belastete.

67 Als ich zu Beginn von Bills Präsidentschaft mit einigen Schwierigkeiten kämpfte, besuchte mich Königin Noor von Jordanien. Sie erzählte mir, in ihrer Familie gelte in harten Zeiten das Motto: »Sei tapfer, Soldat.« Ich besuchte die Königin später in Amman, um mit ihr um ihren Mann zu trauern.

68 Nachdem Senator Moynihan seinen Rücktritt bekannt gegeben hatte, redeten mir führende Demokraten in New York zu, für das Amt zu kandidieren. Sein Tod im März 2003 war ein großer Verlust für unser Land.

69 Zu den schwersten Entscheidungen meines Lebens gehörte die Kandidatur für den Senat. Jahrelang hatte ich darüber ge- sprochen, wie wichtig die Teilnahme von Frauen an der Politik und der Regierung ist. Nun war es an der Zeit, selbst ins Rennen zu gehen. Dieses Foto zeigt mich mit den Menschen, die mich am meisten unter- stützen: Bill, Chelsea und meine Mutter.

70, 71 Als ich mich für den Abend fertig machte, brachte Chelsea mir die letzten Ergebnisse. Ich würde mit einem wesentlich größeren Vorsprung gewinnen, als erwartet. Die große Freude über den Erfolg meines Wahlkampfs wurde aber durch die Ereignisse bei den Präsidentschaftswahlen überschattet.

72 Ein routinierter Wahlkämpfer und eine frisch gebackene Kandidatin sprechen beim New York State Fair über Politik. Die Reise meines Lebens hatte mich von Illinois in den Osten und dann nach Arkansas geführt, wo ich einen Mann heiratete, der Präsident wurde. Im Jahr 2000 zog der Sohn eines früheren Präsidenten ins Oval Office und zum ersten Mal eine First Lady in den Senat.

73 Eines der ersten Dinge, die mir an Bill auffielen, waren seine Hände. Als wir uns an der Uni kennen lernten, konnte ich ihm stundenlang zusehen, wie er die Seiten eines Buches umblätterte. Heute sind an seinen Händen, mit denen er tausende andere Hände geschüttelt, Golfbälle eingelocht und Dokumente unterschrieben hat, die Spuren des Alters zu sehen.

74 Mit unserem Umzug nach Chappaqua (New York) begann für Bill und mich ein neuer Abschnitt in unserem Leben. Obwohl wir nicht vorhersehen können, wohin unser Weg uns führen wird, bin ich bereit für die Reise.

75 Nachdem ich bei allen Vereidigungen die Bibel für Bill gehalten habe, übernahmen er und Chelsea nun diese Aufgabe. Hier simulieren wir die Zeremonie gerade mit Al Gore. Kurze Zeit später war ich Senator Clinton.

gut so. Nicht, dass mein Mann nicht fahren könnte, aber er hat immer so viele Dinge im Kopf, dass er oft nicht Acht gibt, wohin er fährt. Aber Bill bestand darauf, seine väterliche Pflicht zu erfüllen, und lieh sich einen Wagen aus der Flotte des Secret Service. Als Chelsea nach der ersten Einparkübung zurückkam, fragte ich sie, wie es gelaufen sei: »Nun, ich glaube, Dad hat eine Menge gelernt.«

An ihrem Geburtstag, dem 27. Februar, gingen wir ins National Theatre und sahen uns »Les Miserables« an. Anschließend fuhren wir mit einer ganzen Ladung von Chelseas Freunden ins Wochenende nach Camp David. Chelsea plante die Aktivitäten, die eine nachmittägliche »Paintball«-Partie beinhalteten. Die auf dem Stützpunkt stationierten Marines, die nur wenige Jahre älter waren als die Gäste, stellten verschiedene Teams von Teenagern in Tarnanzügen zusammen. Die jungen Leute pirschten sich durch das Unterholz, um sich gegenseitig mit »Paintballs« zu beschießen. Bill feuerte dabei das zurückliegende Team mit Strategietipps an. Nach dem Geburtstagsessen in der Laurel Lodge, zu dem der Konditormeister des Weißen Hauses, Roland Mesnier, einen riesigen Karottenkuchen beigesteuert hatte, wechselten wir in die Hickory Lodge zu einer Kinovorführung und zu einer Partie Bowling. Irgendwann nach Mitternacht gestanden Bill und ich uns schließlich ein, dass wir nicht mehr 16 Jahre alt waren.

Chelsea und ihre Freundinnen schmiedeten bereits Pläne für die Zeit nach der High School. An ihrer Schule Sidwell Friends wurde jedes Jahr für die Schüler und ihre Eltern einen »Collegeabend« veranstaltet. Bill und ich begleiteten unsere Tochter, um uns Vertreter verschiedener Colleges anzuhören, die die Schüler über Aufnahmebedingungen und Bewerbungsschritte informierten. Chelsea schwieg auf der ganzen Heimfahrt, um dann unvermittelt zu erklären: »Wisst ihr, ich werde mir vielleicht Stanford ansehen.«

Ich vergaß alles, was ich über paradoxe Intervention und die Dynamik von Mutter-Tochter-Beziehungen gelernt hatte, und rief aus: »Was? Stanford ist zu weit weg! Du kannst nicht so weit weggehen. An die Westküste? Das sind drei Zeitzonen! Wir würden dich nie sehen.« Bill drückte meinen Arm und sagte zu Chelsea: »Liebling, du kannst gehen, wohin immer du willst.« Dieses Gespräch zwang mich, der Wirklichkeit ins Auge zu sehen: Unabhängig davon, für welche Universität sie sich entschied, würde sie uns in anderthalb Jahren verlassen. Also entschloss ich mich, noch mehr Zeit mit ihr zu verbringen, zumindest so viel, wie sie mir erlaubte!

Das Außenministerium hatte mich gebeten, als Emissärin nach Bosnien-Herzegowina zu reisen, um die Bedeutung des im November unterzeichneten Friedensabkommens von Dayton zu unterstreichen. Landgewinne der kroatisch-muslimischen Allianz, die von den Vereinigten Staaten unterstützt worden war, sowie massive Luftangriffe der NATO hatten die Serben schließlich an den Verhandlungstisch gezwungen. Zudem waren Besuche auf amerikanischen Stützpunkten in Deutschland und Italien sowie eine einwöchige Rundreise durch Griechenland und die Türkei vorgesehen; diese beiden Länder waren wichtige Verbündete, deren Beziehung zueinander gespannt war und durch die Zypernfrage ständig aufs Neue belastet wurde.

Für mich war es ein Wunder, dass es Bill, Außenminister Warren Christopher und dem Sondergesandten Richard Holbrooke in Dayton gelungen war, Serben, Kroaten und Muslime dazu zu bewegen, die Kämpfe zu beenden und sich auf einen neuen Regierungsrahmen zu einigen. Um die Kriegsparteien voneinander zu trennen und die Sicherheit zu gewährleisten, hatten die Vereinigten Staaten über 18 000 Soldaten für eine Friedenstruppe entsandt, zu denen 40 000 weitere aus anderen Ländern kamen. Die Regierung wollte mit meinem Besuch ihre Entschlossenheit signalisieren, für die Einhaltung der Friedensvereinbarung zu sorgen. Mein Stab zog mich wieder mit einer vermeintlichen Richtlinie des Außenministeriums auf: Ist das Land zu klein, zu gefährlich oder zu arm, so schicken wir Hillary. Doch ich war damit einverstanden, denn die abgelegenen und heiklen Orte waren oft auch die interessantesten. Ich empfand es als besondere Ehre, nach Bosnien entsandt zu werden.

Am Sonntag, dem 24. März, landete unsere umgebaute Boeing 707 auf dem Luftwaffenstützpunkt Ramstein in der Nähe von Baumholder in Deutschland, wo die 1. Gepanzerte Division stationiert war, die den Großteil der US-Streitkräfte für Bosnien stellte.

Die Deutschen hatten Bill und mir einen herzlichen Empfang bereitet, als wir zwei Jahre vorher in Berlin an einer Feier anlässlich der deutschen Wiedervereinigung teilgenommen hatten. Wir waren mit dem damaligen Bundeskanzler Helmut Kohl durch das Brandenburger Tor in den Ostteil der Stadt gegangen, der bis zum Jahr 1989 Teil des kommunistischen Ostdeutschland gewesen war. Kohl, der Deutschland von 1982 bis 1998 regierte, war ein gewinnender, emotionaler und unterhaltsamer Mann, und wurde ein enger Freund und politischer Partner für Bill. Er schätzte das große außenpolitische Wissen des Bundeskanzlers, seine langjährige Erfahrung und seinen Weitblick – der auch vor der amerikanischen Innenpolitik nicht Halt machte. So hatte uns Helmut Kohl seinerzeit versichert, Bill würde in jedem Fall eine zweite Amtszeit regieren. In den Vereinigten Staaten glaubte das damals nur eine Minderheit. Kohl leistete einen wesentlichen Beitrag zur europäischen Einigung und zur Einführung einer gemeinsamen europäischen Währung. Zudem unterstützte er die amerikanischen Bemühungen, den Konflikt auf dem Balkan zu beenden. Die Zusammenarbeit zwischen unseren Ländern war ein ausgezeichnetes Beispiel für die amerikanische Nachkriegsallianz, die dem Frieden und der Sicherheit in Europa diente.

Chelsea und ich nahmen in Baumholder an Gottesdiensten teil, trafen uns mit den Familien unserer Soldaten und sahen uns in der Offiziersmesse einen kurzen Auftritt der Sängerin Sheryl Crow und des Komikers Sinbad an. Etwa um halb sieben am nächsten Morgen bestieg unser Tross ein C-17-Transportflugzeug, das uns zum Luftwaffenstützpunkt Tuzla in Bosnien-Herzegowina bringen würde. Wir brachten kistenweise Post und Geschenke für die Truppen mit, darunter 2200 Telefonkarten für Ferngespräche und 300 Filmvideos, die von amerikanischen Unternehmen für die Truppe gespendet worden waren. Das Weiße Haus steuerte sechs Kisten M&Ms bei, wobei jede Schachtel das Präsidentensiegel trug. Für die bosnischen Kinder, denen aufgrund des Krieges mehrere Schuljahre entgangen waren, hatten amerikanische Unternehmen Lernmaterial und Geschenke gespendet.

Ich verbrachte den Flug, der eine Stunde und vierzig Minuten dauerte, mit einem Rundgang durch das riesige Transportflugzeug und plauderte mit der Crew und den Mitgliedern des Pressekorps. Unsere Pilotin, eine von damals nur vier C-17-Pilotinnen in der Air Force, flog in großer Höhe über das verwüstete Land, um uns außer Reichweite von Flugabwehrraketen zu halten. Wir mussten eine Flakweste tragen, was uns vor Augen führte, dass trotz des offiziellen Waffenstillstands in Bosnien immer noch einige Gefahren lauerten. Trotz dieses Schutzes brachte der Secret Service Chelsea und mich für den Landeanflug hinauf in das gepanzerte Cockpit.

Die Sicherheitslage im ehemaligen Jugoslawien änderte sich laufend. Da es Berichte darüber gab, dass sich in den Hügeln um den Flughafen Heckenschützen versteckten, mussten wir eine Veranstaltung mit Kindern aus der Gegend absagen, die auf der Landebahn hätte stattfinden sollen. Allerdings hatten wir Zeit, die Kinder und ihre Lehrer an einem sicheren Ort zu treffen und uns anzuhören, wie sie während des Krieges darum gekämpft hatten, den Unterricht fortzusetzen. Ein achtjähriges Mädchen übergab mir ein selbst verfasstes Gedicht mit dem Titel »Frieden«. Chelsea und ich verteilten das Schulmaterial, das wir mitgebracht hatten, sowie Briefe von Siebtklässlern aus Baumholder, deren Eltern und Lehrer ein Partnerschaftsprogramm ins Leben gerufen hatten. Anschließend wurden wir in aller Eile zum befestigten amerikanischen Stützpunkt in Tuzla gebracht, wo über 2000 amerikanische, russische, kanadische, britische und polnische Soldaten in einer großen Zeltstadt untergebracht waren.

Flankiert von Kampfhubschraubern flogen Sheryl Crow, Sinbad, Chelsea und ich zu vorgelagerten Posten an der ehemaligen Frontlinie. Wir landeten in Camp Bedrock und Camp Alicia, Außenposten unserer Truppen im Nordosten des Landes, und sahen bei einer Minenräumübung zu – eine harte Aufgabe, die uns die Gefahr vor Augen führte, mit der die Friedenstruppen dort lebten. In den Vereinigten Staaten wurde viel

Kritik am amerikanischen Engagement in Bosnien geübt. Einige waren der Ansicht, unsere Soldaten sollten nicht an Missionen zur »Friedenssicherung« teilnehmen, obwohl unsere Streitkräfte in der Vergangenheit in so unterschiedlichen Gegenden wie im Sinai nach den Friedensvereinbarungen zwischen Israel und Ägypten oder in der entmilitarisierten Zone nach dem Koreakrieg an derartigen Aktionen beteiligt waren. Andere meinten, die Sicherheit der Grenzen auf dem Balkan sollte nicht von amerikanischen, sondern von europäischen Truppen gewährleistet werden. Ich führte deshalb Gespräche mit den Soldaten und ihren Vorgesetzten, um ihre Meinungen zu diesem Einsatz einzuholen. Ein Lieutenant erklärte mir, ihm sei nicht klar gewesen, was die Vereinigten Staaten dort bewirken konnten, bevor er Bosnien selbst gesehen habe. Er erzählte, Menschen, die friedlich zusammengelebt hatten, hätten plötzlich begonnen, einander wegen ihrer Religionszugehörigkeit zu töten. »Wenn du in die Dörfer gehst, siehst du die ganze Verwüstung. Du siehst Häuser, deren Dächer weggeblasen wurden. Du siehst ganze Viertel, die dem Erdboden gleichgemacht wurden. Du triffst Menschen, die jahrelang fast ohne Nahrung und Trinkwasser überleben mussten. Doch nun sehen wir fröhliche Kinder, wo immer wir hinkommen. Sie winken uns zu und lächeln«, sagte er. »In meinen Augen ist das Grund genug, hier zu sein.«

Durch das Fenster unseres Hubschraubers konnte ich mir selbst ein Bild von der Zerstörung machen. Aus der Höhe wirkten die sanften Hügel lieblich und grün – das typische ländliche Europa. Doch wenn wir tiefer flogen, konnte ich sehen, dass bei kaum einem Bauernhaus das Dach unbeschädigt war. Fast alle Gebäude wiesen Einschusslöcher auf. Die Felder waren nicht gepflügt worden, sondern von Granaten aufgerissen. Es war Frühling, doch niemand brachte die Saat aus, da überall Landminen verstreut waren und Heckenschützen lauerten. Auch die Wälder und Straßen waren nicht sicher. Es war schrecklich zu sehen, wie sehr diese Menschen gelitten hatten und wie viel noch zu tun war, bis sie wieder ein normales Leben würden führen können und bis die seelischen Wunden verheilen würden.

Ich hatte einen Besuch in Sarajewo mit einer multi-ethnischen Delegation geplant, die mir darüber berichten sollte, wie unsere Regierung und amerikanische Privateinrichtungen dazu beitragen konnten, die Wunden einer vom Krieg zerrissenen Gesellschaft zu heilen. Die instabile Sicherheitslage zwang mich, diese Reise abzusagen, doch die Delegation bestand darauf, eine fünfzig Meilen lange Reise über gefährliche Straßen auf sich zu nehmen, um mich in Tuzla zu treffen.

Meine Besucher im Hauptquartier der U.S. Army, darunter der erste römisch-katholische Kardinal aus Bosnien und der orthodoxe Patriarch der Serbischen Republik, beschrieben ihre Versuche zur Aufrechterhaltung einer gewissen Normalität in einer Welt, die durch einen schrecklichen Krieg aus den Fugen geraten war. Sie erzählten, wie furchtbar es gewesen war, dass langjährige Freunde und Kollegen plötzlich nicht mehr miteinander sprachen und zum Teil feindselig reagierten. Als die Lage schließlich eskalierte, wurden Gewalt, Bomben und Angriffe der Heckenschützen alltäglich. Der bosnische Leiter des Kosovo-Krankenhauses erzählte mir, dass das Krankenhaus den Betrieb noch aufrechterhalten habe, selbst als das medizinische Material ausgegangen und der Strom ausgefallen war. Eine kroatische Kindergärtnerin, die während der Belagerung von Sarajewo ihren zwölf Jahre alten Sohn verloren hatte, berichtete, wie immer weniger Kinder gekommen waren: Familien waren geflohen oder der chaotischen und oft willkürlichen Gewalt zum Opfer gefallen. Ein serbischer Journalist, der von seinen Landsleuten geschlagen und eingesperrt worden war, weil er versucht hatte, bosnische Muslime zu schützen, bestätigte mein Gefühl, dass psychische Wunden oft größeren Schaden anrichten als körperliche Verletzungen. Die seelischen Narben sind oft noch nach Jahrzehnten sichtbar. Aufbauhilfe kann Infrastruktur wiederherstellen, zerstörtes Vertrauen aber nicht.

Im Anschluss an dieses Gespräch machte ich einen Rundgang durch das Lager, um mir ein Bild von den Lebensbedingungen der Soldaten zu machen. Als Sheryl und Sinbad am Abend nach Tuzla zurückkehrten, inszenierten sie eine großartige Show für die Soldaten. Chelsea kam bei den Soldaten und ihren Familien sehr gut an, schüttelte Hände und gab mit großer Herzlichkeit Autogramme. Während der Show wurde sie von einem Hauptfeldwebel, der als Conferencier fungierte, auf die Bühne gebeten. Völlig unbefangen kletterte sie hinauf, um ein wenig mit ihm herumzublödeln.

»Dein Name ist Chelsea?«, fragte der Hauptfeldwebel.

»Etwas in der Richtung«, antwortete sie lachend.

Er forderte sie auf, den Anfeuerungsruf auszustoßen, den sie von den Soldaten gehört hatte.

»*Hoooo*-hah!«

»Schon ganz gut«, lobte er. »Versuch es noch einmal.«

»*HOOOO*-hah!«, brüllte sie. Applaus brandete auf, und Chelsea bekam ihrerseits einige raue Anfeuerungsrufe aus der Menge zu hören.

Obwohl weiterhin die gewohnten Regeln für den Umgang mit den Medien galten – keine Interviews mit Chelsea, keine ungenehmigten Fotos –, war sie auf dieser Reise selbstsicherer und vergnügter als je zuvor. Sie besaß die natürliche Freundlichkeit und Neugierde ihres Vaters und genoss das Bad in der Menge. Als wir später die amerikanischen Truppen im italienischen Aviano besuchten, gesellte sie sich zu mir, um mit einer Gruppe von Piloten und Mechanikern für ein Foto zu posieren. Als wir weitergingen, rief jemand: »Hey, Chelsea! Was machen deine Fahrkünste?«

Sie drehte sich um, um dem jungen Mann in Kampfmontur zu antworten, der offensichtlich die jüngsten Presseberichte über sie verfolgt hatte. »Ich kann nicht klagen«, erwiderte sie lächelnd. Sie ging einige Schritte weiter, drehte sich dann erneut um und rief ihm zu: »Aber sei vorsichtig, wenn du nach Washington kommst!«

Bevor unsere Reise mit Zwischenstopps in Istanbul und Athen zu Ende gehen sollte, besuchten wir die antike griechische Stadt Ephesos an der kleinasiatischen Küste. Die historische Stätte war wunderbar restauriert worden und wir genossen an diesem Tag den herrlichen Blick auf die türkische Küste und die tiefblaue Ägäis in der Ferne. Was für ein großartiger Tag zum Fliegen, dachte ich, und wie schön, diesen Augenblick zu erleben.

Als ich am letzten Märztag wieder in Washington landete, war ich körperlich erschöpft, doch voll von Eindrücken und Informationen, die ich mit Bill teilen wollte. Was ich in Bosnien gesehen hatte, ließ die Seifenoper in Washington bedeutungslos erscheinen. Und die Seifenoper lief immer noch, nur dass diesmal zur Abwechslung Kenneth Starr unter die Lupe genommen wurde.

In einem kritischen Leitartikel über das Büro des Sonderermittlers hatte die *New York Times* Kenneth Starr vorgeworfen, dass er seine private Anwaltstätigkeit als Partner bei Kirkland & Ellis, die ihm pro Jahr rund eine Million Dollar einbrachte, nicht aufgegeben hatte, als er gegen das Weiße Haus ermittelte. In dem Artikel hieß es, der Fall erfordere »einen ausgewogenen und unbelasteten Ermittler«. Die Zeitung schreckte allerdings davor zurück, Starrs Rücktritt als Sonderermittler zu fordern, wobei sie die – in meinen Augen widersinnige – Ansicht vertrat, die möglicherweise diskreditierte Untersuchung sei »zu weit fortgeschritten, um noch einmal von vorn anzufangen«. Dennoch war es ermutigend, dass die Presse die Öffentlichkeit darüber aufklärte, dass Starr weiterhin Unternehmen wie große Tabakkonzerne vertrat, deren Interessen unübersehbar mit den politischen Vorhaben der Regierung Clinton kollidierten.

Einige wenige unerschrockene Journalisten – darunter Gene Lyons von der *Arkansas Democrat Gazette* und Joe Conason vom *New York Observer* – hatten bereits früher in Zeitungen mit geringeren Auflagen über Starrs Interessenkonflikt berichtet, doch nun begann die Geschichte das Interesse des Washingtoner Pressekorps zu wecken. Es war allgemein bekannt, dass Starr, der für die Regierungen Reagan und Bush gearbeitet hatte, ein republikanischer Parteigänger war. Es war auch kein Geheimnis (wenn auch weniger bekannt), dass er Verbindungen zur religiös-fundamentalistischen Rechten und zu Paula Jones unterhielt. Doch Kenneth Starrs fortgesetzte geschäftliche Beziehungen zu unseren politischen Gegnern waren bis vor kurzem der Aufmerksamkeit der Medien entgangen.

Am 11. März 1996 meldete *USA Today*, dass Starr als Anwalt des Staates Wisconsin einen Stundenlohn von 390 Dollar bezog. Er vertrat den Staat bei einer Klage zur Aufrechterhaltung eines Programms, das Bildungsgutscheine vergab und von der Clinton-Administration bekämpft wurde. Sein Honorar wurde von der erzkonservativen Bradley Foundation bezahlt. Doch die Liste sollte noch länger werden. Das Magazin *The Nation* fand heraus, dass bei Starr tatsächlich ein Interessenkonflikt bestand, da er als Teilzeitanklagevertreter gegen die RTC ermittelte und diese wiederum gegen seine Anwaltsfirma Kirkland & Ellis. Die RTC hatte Kirkland & Ellis wegen Fahrlässigkeit im Fall eines Kreditinstituts aus Denver verklagt. Damit stand Starrs persönliche finanzielle Beteiligung an seiner Anwaltsfirma auf dem Spiel. Starr hätte sich aus den Ermittlungen gegen die RTC zurückziehen müssen. Seine Firma erreichte gegen eine Zahlung von 325 000 Dollar eine Beilegung der Klage, was gemäß einer Vertraulichkeitsvereinbarung geheim gehalten wurde. Im Gegensatz dazu wurde die Tätigkeit der Anwaltsfirma Rose für Madison Guaranty von der RTC, dem Kongress und den Medien genau durchleuchtet. Die Beilegung der Klage gegen Starrs Firma und sein zweifelhaftes Verhalten wurden nie untersucht.

Das plötzliche Auftauchen unvorteilhafter Schlagzeilen im März hatte keine nennenswerten Auswirkungen auf Starr. Er ignorierte die Ermahnung der *New York Times*, sich von seiner Firma beurlauben zu lassen und alle seine Fälle abzugeben, bis der Whitewater-Fall geklärt sei, und vertrat stattdessen am 2. April vier große Tabakunternehmen in einem wichtigen Fall vor dem Berufungsgericht des fünften Gerichtsbezirks in New Orleans.

Ich war entsetzt darüber, dass Starr und seine Hintermänner keine Rechenschaft ablegen mussten, weil in ihrem Fall ein anderer Maßstab angelegt wurde als in meinem, während die konservative Fraktion die Karte des »Interessenkonflikts« ausspielte, um unabhängige Juristen und Ermittler auszuschalten. Robert Fiske, der ursprüngliche Sonderermittler, hatte aufgrund eines Interessenkonfliks, der sehr viel geringer war als all die politischen und finanziellen Konflikte, die Starrs Ernennung eigentlich hätten verhindern beziehungsweise später zu seiner Entlassung führen müssen, im August 1994 seinen Platz für Starr freimachen müssen.

Starr hatte seinerseits einen konstruierten Interessenkonflikt benutzt, um einen der angesehensten Bundesrichter von Arkansas aus dem Weg zu räumen, weil der Richter zu seinen Ungunsten entschieden hatte. Dieser Fall hatte weder mit Bill oder mir noch mit Madison Guaranty, den McDougals oder irgendeiner anderen Person zu tun, die mit der Whitewater-Investition in Verbindung gebracht werden konnte. Starr hatte seine Macht als Sonderermittler benutzt, um Jim Guy Tucker, den demokratischen Amtsnachfolger von Bill im Gouverneurssitz von Arkansas, wegen Betrugs und Verabredung zu einer Straftat in Zusammenhang mit Tuckers Kauf von Kabelfernsehstationen in Texas und Florida anzuklagen. Im Juni 1995 griff Starr auf Druckmittel und Einschüchterungen zurück: Er bedrohte alle möglichen Personen, um ihnen anschließend einen Handel anzubieten, sofern sie etwas – irgendetwas – zu sagen hatten, was Bill oder mich belasten konnte. Der Bezirksrichter Henry Woods wurde mit dem Fall Tucker betraut und wies Starrs Klage nach einer Prüfung der Fakten ab, da sie nichts mit der Whitewater-Untersuchung zu tun hatte. Woods interpretierte das Gesetz über die Sonderermittlungen so, dass Starr seine Befugnisse überschritten hatte. Starr legte Berufung gegen die Entscheidung ein und verlangte, Richter Woods den Fall zu entziehen.

Judge Woods, ein ehemaliger FBI-Agent und angesehener Anwalt, war von Präsident Jimmy Carter ernannt worden, mittlerweile 77 Jahre alt und hatte eine glänzende Karriere als Jurist und Verfechter der Bürgerrechte hinter sich. In über 15 Jahren auf der Richterbank hatte sich Woods den Ruf erworben, stets faire, nahezu unanfechtbare Urteile zu fällen, die nur selten revidiert wurden. Bis er Kenneth Starr in die Quere kam.

Die drei Bundesrichter, die über Starrs Berufung zu entscheiden hatten, waren konservative Republikaner, die von den Präsidenten Reagan und Bush in das Berufungsgericht des achten Gerichtsbezirks berufen worden waren. Diese Richter gaben beiden Forderungen Starrs statt, setzten die Klage wieder in Kraft und willigten ein, Richter Woods von dem Fall abzuziehen. Diese Entscheidung begründeten sie nicht damit, dass er befangen sei, sondern damit, dass die Presseberichte über ihn den »Anschein« der Voreingenommenheit erwecken könnten.

Diese ungewöhnliche und beispiellose Entscheidung empörte mich als Juristin. Es sollte einem Anklagevertreter nicht erlaubt sein, einem Richter den Fall zu entziehen, nur weil ihm eine Entscheidung missfällt. Starr war schlau genug, gar nicht erst von Richter Woods zu verlangen, den Fall abzugeben. Hätte er dies getan, so hätte der Richter die Chance gehabt, seine Entscheidung zu verteidigen, auf Starrs Behauptungen zu reagieren, eine Anhörung zu beantragen und seine Argumentation aktenkundig zu machen. Indem sich Starr aber direkt an das Berufungsgericht wandte, nahm er Richter Woods jede Möglichkeit zu antworten.

Die verunglimpfenden Medienberichte, mit denen die Berufungsrichter die Enthebung von Richter Woods begründeten, konnten bis zu Richter Jim Johnson zurückverfolgt werden. Johnson war ein für die Rassentrennung eintretender Politiker in Arkansas, der in seiner Kandidatur um den Gouverneursposten vom Ku-Klux-Klan unterstützt worden war und gegen Bill und Richter Woods wegen deren liberaler Ansichten in der Rassenfrage opponierte. Jener Op-ed-Beitrag, in dem Johnson Richter Woods und fast alle Politiker in Arkansas attackiert hatte, war in der ultrakonservativen *Washington Times* erschienen. In dem Beitrag wimmelte es von falschen Informationen, die jedoch von den meisten anderen Medien als Fakten übernommen wurden. Nachdem ihm der Fall entzogen worden war, erklärte Richter Woods gegenüber der *Los Angeles Times:* »Ich habe die Ehre, als meines Wissens einziger Richter in der anglo-amerikanischen Geschichte auf der Grundlage von Zeitungsnachrichten, Zeitschriftenartikeln und Fernsehreportagen von einem Fall abgezogen zu werden.«

Es tat mir schrecklich Leid, dass sich Jim Guy Tucker und seine Frau Betty in Starrs Schleppnetz verfangen hatten. Doch es gelang Starr nicht, Tucker, der 1982 im Rennen um den Gouverneurssitz in den demokratischen Primaries gegen Bill verloren hatte, zu einer Falschaussage gegen uns zu bewegen.

Allerdings hielt dieser Fehlschlag Starr nicht davon ab, eine weitere Klage voranzutreiben, die ihn im März 1996 gemeinsam mit Jim und Susan McDougal in Little Rock auf die Anklagebank brachte.

Diesmal wurden Tucker und die McDougals der Benutzung von Posteinrichtungen mit betrügerischer Absicht, des Missbrauchs von Kreditmitteln sowie falscher Eintragungen in die Aufzeichnungen eines Kreditinstituts beschuldigt. Die meisten Anschuldigungen gingen auf David Hale zurück, einen dubiosen republikanischen Geschäftsmann aus Arkansas. In der Klagebegründung hieß es, Hale habe sich mit Jim McDougal verschworen, um von Madison Guaranty und der Small Business Administration Kredite für verschiedene Projekte zu erhalten, unter anderem für Immobiliengeschäfte. Diese Kredite seien nicht zurückgezahlt und die Verwendung der Gelder sei falsch beschrieben worden. In der 21 Punkte umfassenden Anklageschrift wurden weder die Whitewater Development Co., Inc. noch der Präsident oder ich erwähnt.

Hale war ein erfahrener Dieb und Betrüger, und er war motiviert. In der Hoffnung, einer langen Haftstrafe für frühere Verbrechen zu entgehen, kooperierte er mit Starr. Die Small Business Administration (SBA), eine Finanzierungseinrichtung des Bundes, die Kleinunternehmen und Personen mit niedrigem Einkommen Unterstützung für unternehmerische Aktivitäten gewährt, hatte Hales Unternehmen mehrere Millionen Dollar geliehen und beschuldigte ihn, sie durch unzulässige Aktivitäten, Insidergeschäfte und verbotene Transaktionen um 3,4 Millionen Dollar geprellt zu haben. Letzten Endes ließ die SBA sein Unternehmen einem Zwangsverwalter unterstellen. 1994 bekannte sich Hale schuldig, die SBA um 900 000 Dollar betrogen zu haben. Die Verurteilung erfolgte jedoch erst zwei Jahre später, unmittelbar vor dem Verfahren gegen McDougal und Tucker. Seine Aussagen änderten sich im Lauf der Zeit wesentlich, und er lieferte den Anklagevertretern bereitwillig jede gewünschte Variante.

Die Anwälte der Verteidigung taten alles, damit Zeugenaussagen zu Hales Verbindungen mit rechtsradikalen Aktivisten, zu den Zahlungen seitens des Büros des Sonderermittlers, zu Hales mehr als vierzig Telefongesprächen mit Richter Jim Johnson vor und nach dessen Handel mit Starr und zur unentgeltlichen Rechtsberatung durch den Anwalt Ted Olson, einen alten Freund von Kenneth Starr, zugelassen wurden. Olson vertrat als Anwalt auch das »Arkansas Project« und die rechtsextreme Propagandapublikation *American Spectator*. Später machte sich Olson der Irreführung des Rechtsausschusses des Senats schuldig, als er die Frage beantworten sollte, ob er sich an diesen Aktivitäten beteiligt hatte, während seine Nominierung zum Solicitor General unter Präsident George W. Bush erwogen wurde. Trotz seiner Unaufrichtigkeit wurde er bestätigt. Der Vorsitzende Richter im Prozess gegen McDougal / Tucker ließ nicht zu, dass Beweise für Hales lukrative Verbindungen zu den Akten genommen wurden, doch zum ersten Mal gelangten Einzelheiten des geheimen Arkansas Project an die Öffentlichkeit. Die ganze Geschichte sollte aber erst Jahre später ans Tageslicht kommen.

David Hale war eine gut bezahlte Marionette in einer heimtückischen Medienkampagne, mit der Bill diskreditiert und seine Regierung gestürzt werden sollte. Hale erhielt nicht nur mindestens 56 000 Dollar in bar vom Büro des Sonderermittlers Kenneth Starr, nachdem er sich zu einer Aussage bereit erklärt hatte, sondern wurde auch insgeheim vom Arkansas Project bezahlt. Der Journalist David Brock enthüllte später in seinem Buch, dass Hale beträchtliche Summen aus dem von Richard Mellon Scaife finanzierten Schmiergeldfonds des *American Spectator* erhalten hatte. Brock schrieb: »Ursprünglich ... diente das Arkansas Project dazu, Hale verdeckt Geld zukommen zu lassen, damit er Clinton mit einem Verbrechen in Verbindung brachte.«

Als Richter Henry Woods Beweise für die Beteiligung der Gruppe an der schmutzigen Kampagne gegen ihn vorgelegt wurden, verlangte er eine Untersuchung des Arkansas Project durch die Bundesbehörden. Die Bundesrichter seines Bezirks – die teilweise von den Demokraten und teilweise von den Republikanern eingesetzt worden waren – schlossen sich seiner Forderung an. Dennoch fand nie eine Untersuchung statt. Richter Woods trat 1995 in den Ruhestand und starb im Jahr 2002.

Er war einer von vielen guten Menschen, die Starrs parteipolitisch motivierter Kampagne zum Opfer fielen.

Nachdem das Büro des Sonderermittlers den Fall vorgetragen hatte, der hauptsächlich auf den Zeugenaussagen Hales beruhte, bestand der zunehmend unberechenbare Jim McDougal darauf, zu seiner Verteidigung auszusagen. Viele Beobachter waren der Ansicht, dass seine Aussage die Verteidigung aller drei Angeklagten schwer beeinträchtigte. Es gelang den Anklägern, gegen die drei Verurteilungen wegen mehrerer Vergehen zu erwirken. Während Tucker als Gouverneur zurücktrat, um seine Berufung durchzufechten, erhöhte Kenneth Starr den Druck auf Jim und Susan McDougal.

Nachdem die gesamten Whitewater-Fakten dem Gericht schließlich vorgelegt worden waren, bemerkte ich, dass sich die Atmosphäre in Washington änderte. Senator D'Amato stellte die Whitewater-Hearings ein, als die Demokraten drohten, die Finanzierung seines Ausschusses zu blockieren. Zum ersten Mal seit Jahren keimte in mir die Hoffnung auf, dass wir Whitewater endlich hinter uns lassen würden.

Trotz dieser erfreulichen Entwicklungen war uns im Frühjahr 1996 nicht zum Feiern zumute. Am 3. April stürzte eine Air-Force-Maschine vom Typ T-43 an der kroatischen Küste in einem heftigen Sandsturm ab. An Bord waren der Handelsminister Ron Brown, sein Stab und eine Delegation amerikanischer Spitzenmanager. Ron wollte die amerikanischen Investitionen und den Handel auf dem Balkan ankurbeln, um den Friedensprozess in dieser unruhigen Region zu unterstützen. 33 Amerikaner und zwei Kroaten kamen bei dem Absturz ums Leben.

Ich war am Boden zerstört. Ron und seine Frau Alma waren enge Freunde von uns und zählten seit dem Wahlkampf 1992 zu unseren treuesten Verbündeten. Als wir die schreckliche Nachricht erfuhren, suchten Bill und ich Almas Kinder Michael und Tracey auf. In ihrem Haus hatten sich zahlreiche Angehörige und Freunde versammelt. Wir lachten und weinten und erzählten Geschichten über Ron. Später erfuhr ich, dass die abgestürzte Maschine dieselbe war, in der Chelsea und ich nur eine Woche zuvor in die Türkei geflogen waren – ein schöner Tag zum Fliegen. Welch grausame Ironie.

An einem bewölkten Samstag standen Bill und ich auf dem Luftwaffenstützpunkt Dover in Delaware, als das Flugzeug mit den 33 in Flaggen gehüllten Särgen landete. In seiner kurzen Ansprache auf dem Rollfeld erinnerte uns Bill daran, dass die Unfallopfer, die im Dienst für die Vereinigten Staaten gestorben waren, für das Beste standen, was unser Land hervorbrachte. »Die Sonne geht unter«, sagte er, während ich versuchte, die Tränen zu unterdrücken. »Wenn sie das nächste Mal aufgeht, feiern wir das Osterfest, an dem Hoffnung und Erlösung an die Stelle von Verlust und Verzweiflung treten. Dieser Tag erinnert uns wie kein anderer daran, dass das Leben mehr ist als das, was wir kennen ... manchmal sogar mehr, als wir ertragen können. Doch das Leben ist auch ewig. ... Was sie taten, während die Sonne für sie schien, wird uns für immer begleiten.«

PRAGER SOMMER

Als ich Anfang Juli 1996 zum ersten Mal nach Mittel- und Osteuropa reiste, waren die kommunistischen Diktaturen in den ehemaligen sowjetischen Satellitenstaaten durch junge Demokratien ersetzt worden. Millionen Menschen waren aus der Tyrannei befreit worden, unter der sie hinter dem Eisernen Vorhang hatten leben müssen. Doch bei dieser Reise sollte ich mit eigenen Augen sehen, dass die Übernahme demokratischer Werte lediglich der erste Schritt auf dem Weg in eine freie Gesellschaft ist. Nach Jahrzehnten der Diktatur dauert es lange, funktionierende demokratische Regierungen zu bilden, freie Märkte zu schaffen und eine Zivilgesellschaft aufzubauen. Der Prozess erfordert große Anstrengungen, Geduld und moralische Unterstützung sowie Finanzhilfe und Investitionen durch westliche Länder.

Zu Bills außenpolitischen Vorhaben zählte die Ost-Erweiterung der NATO. Er war davon überzeugt, dass die Aufnahme der früheren Mitgliedsstaaten des Warschauer Pakts in das Nordatlantische Bündnis unerlässlich war, um die langfristigen Beziehungen der Vereinigten Staaten zu Europa zu festigen und die europäische Integration voranzutreiben. Bill und sein Team mussten nun herausfinden, welche Länder bereits die Kriterien für eine Aufnahme in das Bündnis erfüllten, und sie mussten die Tür für andere mittel- und osteuropäische Länder offen halten, indem sie ihnen auch weiterhin die Unterstützung der Vereinigten Staaten zusicherten.

Auf meiner Reise in die Region, die in Bills Augen besonders auf unser Engagement angewiesen war, wollte ich die Politik unserer Regierung stellvertretend für Bill vermitteln. Einen Teil des Besuchs würde ich gemeinsam mit Madeleine Albright absolvieren, unserer damaligen Botschafterin bei den Vereinten Nationen.

Meine erste Station war Bukarest, eine Stadt, die zu Beginn des 20. Jahrhunderts mit Paris um den Titel der schönsten Hauptstadt Europas gerungen hatte. Doch vierzig Jahre kommunistischer Herrschaft in Rumänien hatten kaum etwas vom früheren Glanz übrig gelassen. Entlang der breiten Boulevards, an denen sich einst ein belebtes Café an das nächste gereiht hatte, waren noch Überbleibsel des früheren kosmopolitischen Bukarest zu sehen: elegante, mittlerweile jedoch heruntergekommene Bürgerhäuser der Jahrhundertwende. Nun war das Stadtbild vom sozialistischen Realismus sowjetischer Prägung und den Skeletten nie fertig gestellter monumentaler Gebäude beherrscht.

Es ist für Außenstehende unmöglich, den Schrecken und das Leid zu ermessen, dem Rumänien vor dem gewaltsamen Sturz von Nicolae Ceausescu ausgesetzt war. Der Diktator hatte das Land gemeinsam mit seiner Frau Elena jahrelang terrorisiert, bevor er am 25. Dezember 1989 gestürzt und hingerichtet wurde. Ich besuchte zunächst den Platz der Revolution, wo ich Blumen an dem Denkmal niederlegte, das an die Opfer des Aufstands erinnert, der den Diktator schließlich zu Fall gebracht hatte. Auf dem schönen Hauptplatz von Bukarest wurde ich von 3000 Menschen und Vertretern der »Vereinigung 21. Dezember« begrüßt, deren Name an den Beginn des Volksaufstands erinnert. Zu meiner Überraschung sah ich auf den Straßen zahlreiche Rudel streunender Hunde. Als ich unseren Stadtführer darauf ansprach, erklärte er mir: »Sie sind überall. Die Leute können es sich nicht mehr leisten, Haustiere zu halten, und es gibt niemanden, der sie einfängt und sich um sie kümmert.« Die Hunde sollten ein böses Omen für sehr viel tragischere Vernachlässigungen in Rumänien sein.

Zu den schrecklichsten Hinterlassenschaften des kommunistischen Regimes gehört die wachsende Zahl aidskranker

Kinder. Ceausescu hatte sowohl die Empfängnisverhütung als auch die Abtreibung verboten, da er wollte, dass die Frauen im Dienst des Staates Kinder zur Welt brachten. Rumänische Frauen erzählten mir, dass sie früher einmal im Monat von staatlichen Ärzten untersucht wurden, die prüfen sollten, ob sie auch ja keine Verhütungsmittel verwendeten oder eine Abtreibung hatten vornehmen lassen. Eine Frau, bei der man eine Schwangerschaft festgestellt hatte, wurde von diesem Zeitpunkt an bis zur Geburt überwacht. Ich konnte mir kaum eine entwürdigendere Erfahrung vorstellen: Frauen, die vom Arbeitsplatz weggeholt wurden und sich nackt in einer Schlange anstellen mussten, um sich von medizinischen Bürokraten unter den aufmerksamen Blicken von Polizisten untersuchen zu lassen. In der Abtreibungsdebatte in den Vereinigten Staaten führte ich zur Verteidigung meiner Haltung oft die abschreckenden Beispiele Rumäniens und Chinas an: In einem Land überwachte der Staat die Schwangerschaft, im anderen konnte er ihren Abbruch erzwingen. Einer der Gründe, warum ich mich gegen eine Kriminalisierung von Abtreibungen wehre, besteht darin, dass meiner Meinung nach kein Staat die Macht haben sollte, die Entscheidungsfreiheit von Frauen durch Gesetze oder polizeiliche Maßnahmen einzuschränken. In Rumänien und an anderen Orten werden zahlreiche ungewollte Kinder geboren, viele Familien können es sich nicht leisten, angemessen für ihren Nachwuchs zu sorgen. Unter Ceausescu wurden diese Kinder in staatlichen Waisenhäusern im wahrsten Sinn des Wortes verwahrt. Viele waren unterernährt oder wurden krank, weshalb man sie mit Bluttransfusionen behandelte. Als sich herausstellte, dass der Großteil der rumänischen Blutkonserven mit Aids verseucht war, schlitterte das Land in eine pädiatrische Katastrophe. In einem Waisenhaus in Bukarest sahen wir todgeweihte Kinder, deren kleine Körper mit Tumoren übersät und vollkommen ausgezehrt waren. Einige meiner Mitarbeiterinnen verließen schluchzend das Gebäude. Ich kämpfte gegen die Tränen, denn ich wollte nicht mit einem Zusammenbruch bestätigen, dass die Lage dieser Kinder und ihrer Pfleger hoffnungslos war. Die neue rumänische Regierung bemühte sich mit ausländischer Unterstützung unermüdlich darum, die Situation zu verbessern und mehr Adoptionen durch ausländische Familien zu ermöglichen. Doch nachdem Vorwürfe laut geworden waren, dass Kinder an den Meistbietenden verkauft wurden, und nachdem die Europäische Union die Praktiken der rumänischen Behörden kritisiert hatte, wurden im Jahr 2001 internationale Adoptionen untersagt. Es muss noch viel getan werden, um der Korruption ein Ende zu bereiten und die soziale Unterstützung für Kinder zu verbessern, aber Rumänien hat seit meinem Besuch eindrucksvolle Fortschritte erzielt und ist mittlerweile ein Beitrittskandidat sowohl für die NATO als auch die Europäische Union.

Mein nächstes Reiseziel war Polen. Dieses Land hatte 1996 bereits bemerkenswerte wirtschaftliche und politische Fortschritte erzielt. Präsident Aleksander Kwasniewski sprach ausgezeichnet Englisch und hatte ausgedehnte Reisen durch die Vereinigten Staaten unternommen, bevor er als Mitglied der Kommunistischen Partei in die polnische Politik eingestiegen war. Er hatte 1995 im Alter von 41 Jahren das Amt angetreten und gehörte einer anderen Generation an als der erste demokratisch gewählte Präsident des Landes, der legendäre Gewerkschaftsführer Lech Walesa, der 1980 den Streik in der Danziger Leninwerft angeführt hatte. Unter seiner Leitung hatte die Gewerkschaft »Solidarität« entscheidend zum Sturz des Kommunismus in Polen beigetragen; Walesa wurde 1983 mit dem Friedensnobelpreis ausgezeichnet. Als Bill und ich 1994 zum ersten Mal Warschau besucht hatten, war er noch Präsident gewesen. Beim Staatsbankett war zwischen Walesa, seiner Frau Danuta und einem Bauernvertreter eine lebhafte Diskussion darüber ausgebrochen, ob die von Walesa befürworteten radikalen Wirtschaftsreformen das Richtige für das Land waren. Der Bauernvertreter sprach sich für langsamere Veränderungen und einen besseren staatlichen Schutz der Betroffenen aus. Walesa zeichnete für viele der harten wirtschaftspolitischen Entscheidungen verantwortlich, die beim Übergang von einer staatlichen Planwirtschaft zu einer freien Marktwirtschaft unumgänglich sind. Er bezahlte seine Entschlossenheit 1995 mit einer Wahlniederlage gegen Aleksander Kwasniewski, dem es gelungen war, seine postkommunistische Partei für die Jungwähler zu öffnen.

Ich traf mich in Krakau, das zu den am besten erhaltenen mittelalterlichen Städten Europas zählt, mit der neuen Ehefrau des Präsidenten, Jolanta Kwasniewska. Sie hatte ebenso wie ich eine Tochter, was uns Anlass zu einem angeregten Gespräch über die Freuden und Probleme der Kindererziehung gab. Gemeinsam besuchten wir den Dissidenten Jerzy Turowicz und den Dichter Czeslaw Milosz. Turowicz hatte vierzig Jahre lang dem Druck des Regimes widerstanden und eine katholische Wochenzeitung veröffentlicht. Der Schriftsteller Milosz, der seit 1960 an der Universität Berkeley unterrichtete und 1980 für sein Gesamtwerk, darunter »Das Tal der Issa« und »Verführtes Denken«, mit dem Literaturnobelpreis ausgezeichnet wurde, kämpfte jahrzehntelang für die Gedanken- und Redefreiheit. Diese beiden außergewöhnlichen Männer, die aufgrund ihres Mutes und ihrer Überzeugung gleich gesinnten Dissidenten in aller Welt als Vorbilder gedient hatten, schienen sich fast nach der moralischen Klarheit ihres Kampfs gegen den Kommunismus zurückzusehnen.

Ähnliche Empfindungen spürte ich auch bei anderen, die den Nationalsozialismus und den Kommunismus überlebt hatten, in denen Gut und Böse so leicht zu unterscheiden waren. Für die Existenz des Bösen gibt es wohl kein niederdrückenderes Zeugnis als die Konzentrationslager Auschwitz und Birkenau. Dokumentar- und Kinofilme, die uns die harmlos wirkenden Ziegelgebäude von Auschwitz und die in völliger Stille daliegenden Bahngleise in Birkenau zeigen, können unmöglich den Schrecken dieser Orte vermitteln, an denen Juden, Oppositionelle, Zigeuner und andere Menschen den Tod fanden. Ich wurde in Räume geführt, die mit Kinderkleidung, Brillen, Schuhen, Zähnen und menschlichem Haar gefüllt waren – stumme Zeugen der grauenhaften Verbrechen der Nazis. Ich war wie betäubt von dem Gedanken an die Millionen Menschen, die hier und in vielen anderen Konzentrations- und Arbeitslagern umgekommen waren. Als wir am Bahngleis standen, das bei den Gaskammern endet, erklärte man mir, dass die Nazis kurz vor dem Einmarsch der alliierten Truppen versucht hatten, die Krematorien zu sprengen, um die Beweise für ihre Verbrechen zu beseitigen.

In Warschau besuchten Jolanta und ich die Ronald S. Lauder Foundation, ein jüdisches Kommunikationszentrum. In einem Sitzungssaal warteten etwa zwanzig Personen jeden Alters auf uns. All diese Menschen hatten erst in den letzten Jahren erfahren, dass sie jüdischer Herkunft waren. Ein Mann in den Fünfzigern war vor kurzem von der Frau, die er für seine leibliche Mutter gehalten hatte, darüber informiert worden, dass seine biologischen Eltern ihn einst in ihre Obhut gegeben hatten, um ihn vor dem Holocaust zu retten. Und eine junge Frau sprach über ihre widersprüchlichen Gefühle, als die Eltern ihr mitgeteilt hatten, dass die Großeltern ihren jüdischen Glauben geheim gehalten hatten, um dem Konzentrationslager zu entgehen. Bei einer späteren Reise nach Polen im Oktober 1999 besuchte ich die Foundation erneut, um an einer öffentlichen Veranstaltung teilzunehmen, bei der die Fortschritte im Bemühen um die Wiederherstellung der jüdischen Gemeinschaft gefeiert wurden. Nachdem die polnischen Medien über meine Rede berichtet hatten, gingen bei der Foundation Anrufe und Briefe von Menschen aus abgelegenen Gebieten ein, die erklärten, erst aus den Berichten über meinen Besuch erfahren zu haben, dass sie nicht die einzigen verbliebenen Juden in Polen waren.

Von Polen aus reiste ich weiter in die Tschechische Republik, wo ich Madeleine Albright traf. Madeleine war als Marie Jana Körbelova in der Tschechoslowakei zur Welt gekommen und aufgewachsen. Ihre Familie floh vor den Nationalsozialisten zunächst nach England, kehrte nach Kriegsende zurück und wanderte endgültig aus, als die Kommunisten die Macht übernahmen. Sie ließen sich schließlich in Denver nieder. Madeleine hatte lange Zeit nicht gewusst, dass ihre Eltern Juden waren. Sie war katholisch erzogen worden und erfuhr erst von einem amerikanischen Journalisten, der an ihrer Biographie arbeitete, dass drei ihrer Großeltern in einem Konzentrationslager ums Leben gekommen waren.

Gemeinsam wollten Madeleine und ich uns mit Präsident

Václav Havel treffen. Der Präsident, ein Dramaturg, Schriftsteller und Menschenrechtsaktivist, saß unter den Kommunisten jahrelang im Gefängnis. Nach der »samtenen Revolution« im Jahr 1989 war Havel zum ersten Präsidenten des nunmehr demokratischen Landes gewählt worden. Drei Jahre später, als sich die Tschechoslowakei in Tschechien und die Slowakei spaltete, wurde er Präsident der neuen Tschechischen Republik.

Ich war Havel erstmals 1993 in Washington bei der Einweihung des Holocaust Museum begegnet. Er war ein enger Freund von Madeleine, die ihre ersten Lebensjahre in Prag verbracht hatte und immer noch fließend Tschechisch spricht. Havel, der sich zu jenem Zeitpunkt bereits in eine Ikone der internationalen Politik verwandelt hatte, war ein schüchterner, zugleich jedoch eloquenter, amüsanter und ungemein charmanter Mann. Mit Bill teilte er die große Liebe zur Musik. Bei Bills erstem Pragbesuch im Jahr 1994 besuchten sie gemeinsam einen Jazzclub, der im Mittelpunkt der samtenen Revolution gestanden hatte. Havel schenkte Bill ein Saxophon und bestand darauf, dass er mit der Band spielte – begleitet von Václav mit dem Tamburin! Bills Version von »Summertime« und »My Funny Valentine« sowie andere Songs, die sie gemeinsam spielten, erschienen auf einer CD und erlangten Kultstatus in Prag.

Der erst vor kurzem verwitwete Präsident zog ein Essen in seiner Privatwohnung einem Dinner in der offiziellen Residenz in der Prager Burg vor. Als mein Wagen vorfuhr, erwartete er mich bereits auf dem Gehsteig mit einem Blumenstrauß und einem kleinen Geschenk in der Hand, einem Haarreif aus Aluminium, den ein befreundeter Künstler angefertigt hatte.

Nach dem geselligen Essen lud uns Havel zu einem Spaziergang durch die berühmte Altstadt ein. Havel erzählte uns, dass sich in seinen Dissidentenjahren auf der Karlsbrücke Menschen trafen, um miteinander zu musizieren, auf dem Schwarzmarkt erworbene Platten und Kassetten auszutauschen und – von den Behörden unbemerkt – Mitteilungen weiterzugeben. Nach der Niederschlagung der Reformbewegung im Jahr 1968 hatte die Musik, insbesondere die amerikanische Rockmusik, dazu beigetragen, die Hoffnung auf Veränderungen aufrecht zu halten. 1977 hatte sich Havel an die Spitze der Proteste gegen die Verhaftung und Verurteilung einer tschechoslowakischen Rockband gesetzt, die in Anlehnung an einen Liedtext von Frank Zappa die Bezeichnung »Plastic People of the Universe« trug. Als Mitbegründer der Bürgerrechtsbewegung »Charta 77« erhielt er im Oktober 1977 wegen »subversiver und staatsfeindlicher Aktivitäten« eine dreijährige Bewährungsstrafe. 1979 wurde er nach der Gründung des »Komitees für die Verteidigung zu Unrecht Verfolgter« wegen »Aufruhrs« zu viereinhalb Jahren Gefängnis verurteilt. Eine große Hilfe waren ihm damals seine literarischen und intellektuellen Ideen. Eine Sammlung von Briefen, die er aus dem Gefängnis an seine Frau Olga schrieb, zählt mittlerweile zu den Klassikern der Dissidentenliteratur.

Havel, ein politischer Philosoph, glaubte, dass die Globalisierung die nationalen und ethnischen Gegensätze eher verschärfen könne, als die Menschen in einer gemeinsamen globalen Kultur zu verschmelzen. Eine Massenkultur, in der alle Menschen dieselben Jeans trügen, dasselbe Fast Food äßen und dieselbe Musik hörten, sei nicht zwangsläufig geeignet, die Menschen einander näher zu bringen. Im Gegenteil, eine solche Kultur mache die Menschen unsicher und verleite sie zu extremen Bemühungen, ihre Identität zu finden und zu verteidigen. Die Folge seien religiöser Fundamentalismus, Gewalt, Terrorismus, ethnische Säuberungen und sogar Völkermord. Havels Theorie galt insbesondere für die neuen Demokratien in Mittel- und Osteuropa, wo Intoleranz und nationale Spannungen aufflammten, wie im ehemaligen Jugoslawien und in den Nachfolgestaaten der Sowjetunion.

Havel setzte sich bei Bill und anderen amerikanischen Politikern mit Erfolg dafür ein, die Zentrale von Radio Free Europe (RFE) von München nach Prag zu verlegen. Diesen Radiosender hatte die amerikanische Regierung im Kalten Krieg ins Leben gerufen, um ein Gegengewicht zur kommunistischen Propaganda im Herrschaftsbereich der Sowjetunion zu schaffen. Nun, da Europa nicht länger durch den Eisernen Vorhang geteilt war, befürwortete Havel eine neue Rolle für Radio Free Europe: Der Sender solle nunmehr dazu dienen, den Aufbau der Demokratie zu fördern. Sowohl Bill als auch der Kongress schlossen sich Havels Argumentation an und willigten 1994 ein, die RFE-Zentrale nach Prag zu verlegen, wo sie im sozialistischen Prunkbau des früheren Parlaments am Wenzelsplatz untergebracht wurde. Auf diesem Platz hatten die Sowjets nach der gewaltsamen Niederschlagung des Prager Frühling 1968 ihre Panzer abgestellt. Havel verstand etwas von politischer Symbolik.

Am Independence Day hielt ich in der Zentrale von Radio Free Europe eine Rede, die 25 Millionen Menschen in Mittel- und Osteuropa und in der neuen Gemeinschaft Unabhängiger Staaten (GUS) empfangen konnten. Ich würdigte die Rolle des Senders vor der Revolution und rief in Anlehnung an Havels Warnung vor den Schattenseiten der Globalisierung zu einer »Allianz der demokratischen Werte« auf. Gemeinsame Grundsätze sollten es den Menschen erleichtern, »die unausweichlichen Probleme des 21. Jahrhunderts« zu bewältigen, wie etwa eine Balance zwischen den Rechten des Einzelnen und den Bedürfnissen der Gemeinschaft zu schaffen, Kinder unter dem Druck der Massenmedien und der Konsumkultur aufzuziehen und den ethnischen Stolz und die nationale Identität zu wahren und gleichzeitig auf regionaler und globaler Ebene zusammenzuarbeiten. Demokratie ist nie vollendet. Mein eigenes Land war mehr als zwei Jahrhunderte nach der Errichtung der Demokratie immer noch damit beschäftigt, sie weiterzuentwickeln. Die Grundpfeiler einer freien Gesellschaft sind wie ein dreibeiniger Hocker: ein Bein ist eine demokratische Regierung, das zweite eine freie Marktwirtschaft und das dritte die Zivilgesellschaft, die sich auf Bürgervereinigungen, religiöse Einrichtungen, Freiwilligengruppen, NGOs und individuelles bürgerliches Engagement stützt. Der Aufbau einer aktiven Zivilgesellschaft ist ebenso wichtig wie freie Wahlen und freie Märkte, um die demokratischen Werte im Bewusstsein der Bürger und im Alltagsleben zu verankern. Ich schloss meine Ansprache mit einer Geschichte, die mir Madeleine Albright über eine Reise erzählt hatte, die sie 1995 anlässlich des fünfzigsten Jahrestags des Endes des Zweiten Weltkriegs nach Tschechien unternommen hatte. In allen Orten, die sie besuchte, schwenkten die Einwohner amerikanische Flaggen mit 48 Sternen. Die US-Truppen hatten diese Flaggen ein halbes Jahrhundert vorher verteilt, und die Menschen hatten sie in all den Jahren unter den Kommunisten aufbewahrt, so als hätten sie gewusst, dass sie eines Tages frei sein würden.

Im Anschluss an die Rede unternahm ich mit Madeleine Albright, mit der mich seit der Frauenkonferenz in Peking eine enge Freundschaft verband, einen herrlichen Bootsausflug auf der Moldau. Danach flanierten wir gemeinsam durch Prag, und Madeleine erklärte mir die Sehenswürdigkeiten.

Bevor wir uns mit Ministerpräsident Václav Klaus trafen, mussten wir einige vertrauliche diplomatische Informationen durchgehen. Es gab jedoch keinen Ort, an den wir uns hätten zurückziehen können. Da packte mich Madeleine am Arm und zog mich hinter sich her zu einer Tür. Wir fanden uns auf der Damentoilette wieder, der beste – und einzige – Ort, an dem zwei Frauen ein vertrauliches Gespräch führen konnten.

Von Prag aus reisten wir in die slowakische Hauptstadt Bratislava. An der Spitze der dortigen Regierung stand zu jener Zeit Ministerpräsident Vladimír Meciar, was einem Rückfall in den Autoritarismus gleichkam. Meciar war bestrebt, die nichtstaatlichen Organisationen, in denen er eine Bedrohung für seine Macht sah, in die Illegalität zu drängen. Vor unserer Reise hatten mich Vertreter verschiedener NGOs gefragt, ob ich an einer Versammlung teilnehmen würde, die während meines Besuchs stattfinden sollte, um größere Aufmerksamkeit auf Meciars repressiven Umgang mit diesen Organisationen und auf seine Abneigung gegen die Demokratie zu lenken. Meine Anwesenheit ermutigte die Teilnehmer, offen über Fragen wie Minderheitenrechte, Umweltschäden und Wahlbetrug zu sprechen und die Versuche der Regierung, ihre Arbeit zu kriminalisieren und sie mundtot zu machen, zu kritisieren.

Ich bin nur zwei politischen Führern begegnet, deren Auftreten mich persönlich befremdete: dem Staats- und Regierungschef von Simbabwe, Robert Mugabe, und Vladimír Meciar, ein ehemaliger Boxer, den ich später an jenem Nachmittag im Regierungsgebäude traf. Er nahm neben mir auf einer kleinen Couch Platz. Ich sagte ihm, dass mich die NGOs in der

Konzerthalle beeindruckt haben und dass ich die Arbeit dieser Gruppen für sehr wichtig halte. Er beugte sich zu mir herüber und ließ sich in einem drohenden Ton über die Doppelzüngigkeit und die umstürzlerischen Bestrebungen der NGOs aus, wobei er immer wieder die Fäuste ballte. Am Ende unseres Gesprächs hatte ich mich in den äußersten Winkel der Couch gezwängt, erschreckt von seinen Drohgebärden und seiner kaum gezügelten Wut. Das slowakische Volk wählte ihn im September 1998 ab, wozu die NGOs mit ihrem Eintreten für den politischen Wandel wesentlich beitrugen.

Alle Staaten, die ich besuchte, wollten einen möglichen NATO-Beitritt erörtern. In Ungarn diskutierte ich mit Ministerpräsident Gyula Horn die Aussichten seines Landes auf eine Aufnahme, und da ich die Erweiterung der NATO befürwortete, ermutigte ich ihn in seinen Bestrebungen. Ich traf mich auch mit Árpád Göncz, einem Mann, der sowohl unter den Nationalsozialisten als auch unter den Kommunisten auf der »falschen« Seite gestanden hatte. Wie Havel ein Schriftsteller, war er nach dem Triumph der Demokratie zum ersten Präsidenten Ungarns gewählt worden. Göncz, ein weißhaariger und humorvoller Mann, begrüßte mich in der weitläufigen Präsidentenresidenz und gestand mir, er wisse gar nicht, was er mit all den Räumen machen solle. »Hier wohnen nur meine Frau und ich«, sagte er. »Vielleicht sollten wir ein paar Leute einladen, mit uns hier zu leben!« Göncz wurde sehr ernst, als wir auf den Balkankonflikt zu sprechen kamen. Er äußerte die Befürchtung, Europa und der ganzen westlichen Welt stehe eine lange Phase der Auseinandersetzung mit ethnischen Konflikten bevor. Er sprach eine – wie sich herausstellen sollte – prophetische Warnung vor islamischen Extremisten aus, die den säkularen Pluralismus der modernen Demokratie, die Glaubensfreiheit und die Gleichberechtigung der Frau ablehnten.

Ich bin oft gefragt worden, ob ich bei meinen Reisen große Bewegungsfreiheit genoss oder ob ich überall von meinen Leibwächtern begleitet wurde. Nun, zumeist reiste ich in Wagenkolonnen und war von Leibwächtern umgeben. Doch in Budapest hatte ich die seltene Gelegenheit, im berühmten Restaurant

Gundel zu essen und an einem wunderschönen Nachmittag die Altstadt zu Fuß zu besichtigen. Melanne, Lissa, Kelly und Roshann Parris, die ausgezeichnete Leiterin meiner Vorausteams, taten ihr Bestes, um sich als Touristinnen zu verkleiden. Bob McDonough, der Chef meiner Leibwache, der mich als einziger Agent begleiten würde, tat dasselbe. Ich trug einen Strohhut, eine Sonnenbrille, eine Freizeitbluse und eine bequeme Hose. So getarnt brachen wir auf, um die engen Gassen und alten Läden zu erkunden und den neugotischen Dom zu besichtigen. Der einzige Makel an diesem Inkognito-Ausflug war, dass meine Gastgeber darauf bestanden, mich zu beschützen. Ein paar Schritte vor uns marschierten zwei ungarische Sicherheitsbeamte, die dunkle Anzüge, Schuhe mit dicken Sohlen und Waffen trugen. Dennoch dauerte es über eine Stunde, bis ich von einem amerikanischen Touristen, der »Hillary! Hi!« brüllte, enttarnt wurde.

AM KÜCHENTISCH

Ich lasse mich leicht von großen, bewegenden Zeremonien mit-
reißen, und die Eröffnung der Olympischen Spiele in Atlanta
am 19. Juli 1996 war eine in vollendeter Form. Bill erklärte
die Spiele nach einem Fanfarenstoß für eröffnet, ein Chor
begeisterte zehntausende Sportler und Zuschauer im Stadion,
und der von seiner Parkinson-Erkrankung schwer gezeichnete
Muhammad Ali entzündete die olympische Flamme. Es war
ein unvergesslicher Augenblick für die ganze Welt und für den
kranken Boxchampion.

Eine Woche später wich die Feierlichkeit dem Schrecken, als
im Centennial Olympic Park eine Rohrbombe explodierte, die
eine Frau tötete und 111 Menschen verletzte. Wenige Tage
nach dem Bombenanschlag gab das FBI bekannt, dass ein
Wachmann namens Richard Jewell der Tat verdächtig sei.
Jewell, der anfangs als Held gefeiert worden war, weil er die
Bombe entdeckt hatte, bemühte sich verzweifelt, sich gegen die
Anschuldigungen zu verteidigen. Monatelang belagerten die
Medien rund um die Uhr sein Zuhause. Ende Oktober wurden alle Vorwürfe gegen ihn fallen gelassen. Schließlich fiel der
Verdacht auf den fanatischen Abtreibungsgegner Eric Ru-
dolph, der in die Wildnis der Appalachen flüchtete und nie
gefasst wurde.

Mit dem Bombenanschlag endete ein von tragischen Ereignissen überschatteter Sommer: Ein Passagierflugzeug war nach
dem Start vom New Yorker Kennedy Airport ins Meer gestürzt,

und bei einem Terroranschlag auf die Khobar Towers, eine Militäreinrichtung in Saudi-Arabien, wurden 19 Amerikaner getötet.

Seit seiner ersten Rede zur Lage der Nation hatte Bill immer wieder vor der Gefahr des globalen Terrorismus gewarnt. Die Anschläge auf das World Trade Center 1993 und auf das Bundesgebäude in Oklahoma City 1995 hatten seine Besorgnis zusätzlich erhöht. Er sprach oft darüber, dass der erleichterte Reiseverkehr, die offenen Grenzen und die Technologie Terroristen neue Möglichkeiten eröffneten, Gewalt und Furcht über die Menschen zu bringen. Nach intensiven Beratungen mit Experten für chemische und biologische Waffen hatte Bill 1995 dem Kongress umfassende Gesetze zur Terrorbekämpfung vorgelegt, um die Verfolgung von Terroristen, den Kampf gegen ihre Finanziers und die Kontrolle über das Material zur Herstellung von biologischen und chemischen Waffen zu verbessern. Da in den Gesetzen, die schließlich 1996 verabschiedet worden waren, wesentliche Vorschläge des Präsidenten nicht berücksichtigt waren, wandte sich Bill erneut an den Kongress. Er wollte die finanziellen Mittel und die Befugnisse der Strafverfolgungsbehörden erhöhen, eine Ermächtigung zum Abhören von verdächtigen Personen und die Kennzeichnung von Chemikalien durchsetzen. Doch es fiel ihm schwer, die Aufmerksamkeit der Öffentlichkeit auf die in seinen Augen erforderlichen Maßnahmen zu lenken und die Unterstützung des Kongresses zu gewinnen – sowohl die Demokraten als auch die Republikaner beschäftigten sich in den Monaten vor den Parteitagen in erster Linie mit innenpolitischen Fragen. Die Republikaner ritten auf ihren gewohnten Lieblingsthemen herum, prangerten die Ausgabenfreude der »Liberalen« im Weißen Haus an und liefen gegen Programme zur »Gesellschaftsveränderung« Sturm: gegen die Sozialleistungen, gegen das Recht auf Abtreibung, gegen die Kontrolle des Waffenbesitzes und gegen den Umweltschutz. Bill konzentrierte sich in seiner Wiederwahlkampagne auf die politischen Maßnahmen, die der Festigung der Gemeinschaft dienen, den Menschen neue Chancen eröffnen, Verantwortung von den Bürgern verlangen und den Unternehmergeist belohnen würden.

Ich hatte darüber nachgedacht, wie ich Bill unterstützen und die von mir verfochtenen Anliegen präsentieren und besser mit dem öffentlichen Interesse verknüpfen konnte. Da sich zahllose Familien – einschließlich meiner eigenen – oft am Küchentisch versammeln, um über die Ereignisse des Tages zu diskutieren, begann ich »meine« Themen als »Küchentischthemen« zu bezeichnen, was im Wahlkampf zu einem geflügelten Wort wurde. Die Diskussion über Küchentischthemen veranlasste einige kluge Köpfe in Washington dazu, sich über die »Verweiblichung der Politik« lustig zu machen. Auf diese Art versuchten sie, politische Fragen wie den Pflegeurlaub für junge Eltern, die Ausweitung der Brustkrebsvorsorge für ältere Frauen oder angemessene Krankenhausaufenthalte für Mütter nach der Geburt an den Rand zu drängen und als nebensächlich abzutun. Meine Reaktion bestand darin, dass ich das Schlagwort von der »Humanisierung der Politik« einführte, um der Öffentlichkeit klar zu machen, dass die »Küchentischthemen« nicht nur Frauen, sondern alle Bürger betrafen.

Wie im Wahlkampf 1992 versprochen, hatte Bill das Haushaltsdefizit bis 1996 um die Hälfte verringert. Er war der Präsident einer boomenden Wirtschaftsmacht, der zehn Millionen neue Arbeitsplätze geschaffen hatte und eine Erhöhung des Steuerfreibetrags für 15 Millionen Arbeitskräfte mit geringem Einkommen durchgesetzt, die Erwerbstätigen vor einer Kündigung ihrer Krankenversicherung beim Verlust des Arbeitsplatzes geschützt und den Mindestlohn angehoben hatte. Und es war ihm gelungen, erste Maßnahmen zur Reform der Adoptionsgesetze durchzusetzen: einen nicht zu erstattenden Steuerfreibetrag von bis zu 5000 Dollar pro Kind für alle Adoptiveltern und von 6000 Dollar pro Adoptivkind mit besonderen Pflegebedürfnissen. Dazu kam das Verbot, Adoptionen aufgrund der ethnischen Zugehörigkeit, der Hautfarbe oder der nationalen Herkunft zu verweigern oder zu verzögern. Seit ich als Jurastudentin begonnen hatte, mich für Pflegekinder einzusetzen, hatte ich gehofft, in der Adoptionsfrage einen Durchbruch zu erzielen. 1996 lud ich Adoptionsexperten zu einer Reihe von Versammlungen im Weißen Haus ein und legte ihnen meinen Entwurf dar. Das Ergebnis der Beratungen war der Adoption and Safe Families Act von 1997, mit dem die Bundesstaaten erstmals einen finanziellen Anreiz erhielten, Pflegekinder zur Adoption freizugeben.

Dringend notwendig war auch eine Reform des sechzig Jahre alten Wohlfahrtssystems, das Generationen von Amerikanern hervorgebracht hatte, die von Sozialleistungen abhängig waren. Das erste amerikanische Wohlfahrtsprogramm war in den dreißiger Jahren eingeführt worden, da Frauen kaum Chancen auf dem Arbeitsmarkt vorfanden, um in jener Zeit verwitweten Müttern unter die Arme zu greifen. Mitte der siebziger Jahre stieg die Zahl der unehelich geborenen Kinder deutlich an, und Mitte der Achtziger waren es vorwiegend ledige Mütter, die von Sozialleistungen lebten. Da die meisten von ihnen schlecht ausgebildet waren und es kaum Anreize gab, auf die Sozialhilfe zu verzichten und eine Arbeit anzunehmen, schien es zumindest vorübergehend vernünftig, zu Hause zu bleiben. In der Folge entstand allerdings eine Gesellschaftsgruppe, die auf Dauer von Sozialleistungen abhängig war. Dies weckte wiederum den Unmut der Steuerzahler, insbesondere den von Eltern, die beide wenig verdienten. Ich hielt es nicht für gerecht, dass sich eine allein stehende Mutter um die Kinderbetreuung kümmern und jeden Tag früh aufstehen musste, um arbeiten zu gehen, während eine andere zu Hause blieb und von staatlicher Unterstützung lebte. So wie Bill war ich davon überzeugt, dass wir durch Kinderbetreuung und eine Krankenversicherung den Menschen einen Anreiz geben mussten, zu arbeiten statt Sozialleistungen zu beziehen.

In Bills erster Amtszeit als Gouverneur hatte Arkansas 1980 an einem Projektversuch der Regierung Carter teilgenommen, der dazu diente, die von Sozialhilfe lebenden Menschen beim Einstieg in das Erwerbsleben zu unterstützen. Sieben Jahre später, 1987, und noch einmal 1988 hatte Bill die Führung einer Gruppe demokratischer Gouverneure übernommen, die mit der Regierung Reagan an der Wohlfahrtsreform arbeiteten. Als Vorsitzender der Hearings der Gouverneursversammlung ließ er Frauen zu Wort kommen, die dank seines Plans in Arkansas aus dem Wohlfahrtssystem ausgeschieden waren und nun erklärten, sehr viel zufriedener und zuversichtlicher bezüglich der Zukunft ihrer Kinder zu sein. Im Oktober 1988 wurde Bill von Präsident Reagan zur feierlichen Unterzeichnung eines Reformgesetzes eingeladen, das viele Maßnahmen enthielt, die Bill und andere Gouverneure angestrebt hatten.

Als Bill 1991 seine Kandidatur für das Präsidentenamt bekannt gab, hatte sich herausgestellt, dass die Reformen die Situation nicht wesentlich verändert hatten, was vor allem daran lag, dass die Regierung Bush die erforderlichen finanziellen Mittel nicht zur Verfügung stellte und die Reform nicht entschlossen genug durchsetzte. Bill versprach damals, »den Wohlfahrtsstaat in seiner bekannten Form« abzuschaffen und die Sozialleistungen so umzugestalten, dass sie die Erwerbstätigkeit und die Familien begünstigten.

Bei Bills Amtsantritt bezog das Programm zur Unterstützung von Familien mit Kindern (Aid to Families with Dependent Children, AFDC) mehr als die Hälfte seiner Mittel von der Bundesregierung, wurde jedoch von den Bundesstaaten verwaltet. Das Bundesgesetz schrieb eine generelle Unterstützung von unter der Armutsgrenze lebenden Müttern und Kindern vor, wobei die monatlichen Zahlungen von den jeweiligen Staaten festgelegt wurden. Auf diese Weise entstanden fünfzig verschiedene Systeme. Die Folge war, dass eine Familie mit zwei Kindern in Alaska 821 Dollar im Monat bezog, in Alabama lediglich 137 Dollar. Gleich war nur, dass die AFDC-Empfänger in allen Staaten Anspruch auf Lebensmittelmarken und Medicaid-Versorgung hatten.

Die Republikaner hatten ihre eigenen Vorstellungen von der Reform des Systems. Sie sprachen sich dafür aus, den Bezug von Sozialleistungen zeitlich zu begrenzen, die Bereitstellung von Bundesmitteln einschließlich der Gelder für Medicaid und Lebensmittelmarken zu stoppen und legale Einwanderer – selbst jene, die erwerbstätig waren und Steuern zahlten – von allen Ansprüchen auf Sozialleistungen auszunehmen. Was der republikanische Plan dagegen nicht enthielt, waren generelle Anreize für Wohlfahrtsempfänger, die eine Erwerbstätigkeit aufnehmen wollten.

Bill, ich und einige Kongressmitglieder strebten dagegen eine produktive Reform an, die den Menschen, die sich aus der Abhängigkeit vom Wohlfahrtsstaat befreien wollten, Unterstützung anbot. Voraussetzung für eine erfolgreiche Reform waren dabei umfassende Investitionen in die allgemeine und die berufliche Bildung, finanzielle Hilfe bei der Kinderbetreuung, eine Übergangskrankenversicherung, Steueranreize für Arbeitgeber, die ehemalige Wohlfahrtsempfänger einstellten, und entschlossenere Bemühungen um die Eintreibung von Unterhaltszahlungen.

Ende 1995 begannen die politischen Grabenkämpfe um die Sozialreform. Ich glaube, viele Republikaner hofften, Bill in eine ausweglose Situation drängen zu können, wenn sie nur eine ausreichende Zahl von »Giftpillen« in dem Entwurf zum neuen Wohlfahrtsgesetz versteckten. Unterzeichnete er ihren Gesetzesvorschlag, so würde er wichtige demokratische Wählergruppen enttäuschen und Millionen Kinder, die unter der Armutsgrenze lebten, in eine kritische Situation bringen. Legte er sein Veto ein, so konnten ihm die Republikaner im Wahlkampf vorhalten, die Reform zu Fall gebracht zu haben, die in der Öffentlichkeit grundsätzlich auf Zustimmung stieß. Ein Vorwurf, der vor allem bei vielen Wählern, die nicht über die Einzelheiten des Gesetzesvorhabens informiert waren, auf offene Ohren stoßen würde.

Einige Berater drängten den Präsidenten, das vom Kongress vorgelegte Reformgesetz ungeachtet seines Inhalts zu unterzeichnen. Andere Ratgeber sahen die einzige Lösung darin, dass Bill die Republikaner ausmanövrierte und die Öffentlichkeit davon überzeugte, dass er der eigentliche Vorkämpfer der Reform war. Ich wiederum hielt eine Reform des Sozialsystems für unumgänglich, wusste aber durch mein Engagement für Mütter und Kinder, dass arme Familien unbedingt eine zeitweilige soziale Unterstützung benötigten. Obwohl ich des Öfteren hinter verschlossenen Türen Entscheidungen von Bills Regierung kritisiert hatte, hatte ich mich noch nie öffentlich gegen eine von Bills Entscheidungen gestellt. Doch nun teilte ich Bill und seinen Spitzenberatern mit, dass ich mich offen gegen jedes Gesetz stellen werde, das für Empfänger von Sozialhilfe und ins Erwerbsleben wechselnde Personen (einschließlich der unter der Armutsgrenze lebenden Erwerbstätigen) keine medizinische Versorgung, keine Hilfe bei der Kinderbetreuung und keine Lebensmittelmarken vorsehen würde. Die Republikaner legten schließlich ein Gesetz vor, das eine strikte zeitliche Begrenzung der Sozialleistungen, einen Verzicht auf jegliche Unterstützung für ins Berufsleben wechselnde Sozialhilfeempfänger, die Streichung der Sozialleistungen für legale Einwanderer und ein Ende der Bundesaufsicht über dieses System und dessen Ausgaben vorsah. Die Bundesstaaten sollten also selbst festlegen dürfen, ob und in welchem Umfang sie Zahlungen leisten und Kinderbetreuung, Lebensmittelmarken und medizinische Versorgung anbieten wollten. Nach einer intensiven Debatte im Weißen Haus legte Bill sein Veto gegen den Entwurf ein. Ein neuer, nur leicht modifizierter Vorschlag der Republikaner wurde ebenfalls durch Bills Veto zu Fall gebracht.

Das dritte Gesetz, das der Kongress vorlegte, wurde von mehr als der Hälfte der Demokraten im Repräsentantenhaus und im Senat unterstützt. Es sah eine höhere finanzielle Unterstützung für Personen vor, die einen Arbeitsplatz annahmen, beinhaltete mehr Geld für die Kinderbetreuung und stellte die Bundesgarantie für die Lebensmittelmarken und die medizinische Versorgung wieder her. Doch es beschnitt die Ansprüche legaler Einwanderer, begrenzte die Bezugszeit von Sozialleistungen auf maximal fünf Jahre, verteilt auf das ganze Leben, und beließ die Entscheidung über die monatliche Unterstützung in Händen der Bundesstaaten. Die Bundeszuschüsse zu den einzelstaatlichen Programmen wurden auf dem Niveau zu Beginn der neunziger Jahre festgeschrieben; damals hatte die Zahl der Sozialhilfeempfänger einen historischen Höchststand erreicht.

Dieses dritte Gesetz, das trotz seiner Mängel ein erster Schritt zur Reform des amerikanischen Wohlfahrtssystems war, unterzeichnete Bill schließlich. In meinen Augen war es richtig, obwohl dieser Schritt von den Liberalen, von den Interessenvertretungen der Einwanderer und von den meisten Sozialexperten heftig kritisiert wurde. Doch hätte Bill die Sozialreform ein drittes Mal mit seinem Veto verhindert, hätte er den Republikanern in die Hände gespielt und bei der Wahl weitere Stimmenverluste und vielleicht sogar eine Niederlage riskiert. Zumindest würde das Reformvorhaben unter einer demokratischen Administration – und somit menschlich und sozial verträglich – umgesetzt werden.

Bills Entscheidung und mein Einverständnis empörten auch einige unserer loyalsten Anhänger, darunter unsere langjährigen Freunde Marian Wright Edelman und ihren Ehemann Peter, ein Ministerialdirektor im Gesundheitsministerium. Aufgrund meiner Vergangenheit als Mitarbeiterin des Children's Defense Fund hatten sie gehofft, ich würde mich der Maßnahme widersetzen. Sie hielten das in ihren Augen undurchführbare Gesetz für eine Schande und Marian veröffentlichte einen »Offenen Brief an den Präsidenten« in der *Washington Post*.

In der quälenden Zeit nach der Verabschiedung des Gesetzes überschritt ich die Linie, die eine gesellschaftspolitische Aktivistin von einer Politikerin trennt. Meine Überzeugungen hatten sich nicht geändert, doch ich widersprach respektvoll der leidenschaftlichen Argumentation der Edelmans und anderer, die das Gesetz bekämpften. Als Verfechter gesellschaftlicher Anliegen waren sie nicht zu Kompromissen gezwungen, mussten nicht mit Newt Gingrich und Bob Dole verhandeln oder sich Gedanken darüber machen, das politische Gleichgewicht im Kongress zu erhalten. Ich erinnerte mich noch allzu gut an unsere Niederlage bei der Gesundheitsreform, die nach Ansicht mancher Beobachter nicht zuletzt auf mangelnde Kompromissbereitschaft zurückzuführen war. Ich glaube, dass man in der Politik nicht auf seine Prinzipien und Werte verzichten darf. Doch man muss in der Lage sein, seine Strategie anzupassen, um seine Ziele zu erreichen. Wir hofften, dass wir nun, da das alte Wohlfahrtssystem durch ein neues ersetzt war, die Gesellschaft dazu bringen könnten, sich mit dem Problem der Armut und ihren Konsequenzen auseinander zu setzen. Und ich hoffte, die Wohlfahrtsreform würde der Beginn, nicht das Ende unseres Einsatzes für die Armen sein.

Einige Wochen nach der Verabschiedung des Gesetzes traten Peter Edelman und Mary Jo Bane, eine weitere Freundin, die ebenfalls im Gesundheitsministerium tätig gewesen war und an der Wohlfahrtsreform mitgearbeitet hatte, aus Protest zurück. Ich akzeptierte und bewunderte ihre prinzipientreue Entscheidung, obwohl ich den Wert des Gesetzes ganz anders einschätzte als sie.

Als Bill und ich das Weiße Haus verließen, war die Zahl der Sozialhilfeempfänger um sechzig Prozent von 14,1 Millionen auf 5,8 Millionen gesunken. Millionen von Eltern hatten einen Arbeitsplatz gefunden. Die Einzelstaaten hatten Teilzeitarbeit und Niedriglohntätigkeiten gefördert, indem sie Arbeitskräften, die im Niedriglohnsektor tätig waren, weiterhin medizinische Versorgung und Lebensmittelmarken gewährten. Im Januar 2001 war die Zahl der unter der Armutsgrenze lebenden Kinder um mehr als ein Viertel auf die niedrigste Rate seit 1979 gesunken. Die Wohlfahrtsreform, die Anhebung des Mindestlohns, die Steuersenkungen für Arbeitskräfte mit geringem Lohn und der wirtschaftliche Aufschwung hatten fast acht Millionen Menschen aus der Armut befreit – hundertmal mehr als unter der Regierung Reagan.

Einen wesentlichen Beitrag zum Erfolg der Reform leistete die Welfare to Work Partnership. Eli Segal, ein langjähriger Freund von Bill, hatte das Programm auf Anregung des Präsidenten ins Leben gerufen, um Arbeitgeber zu ermutigen, Sozialhilfeempfänger einzustellen. Eli war als Assistent des Präsidenten bereits für die Gründung der National Service Corporation und des AmeriCorps verantwortlich gewesen. Das AmeriCorps, das zwischen 1994 und 2000 mehr als 200 000 jungen Menschen Gelegenheit gab, im Dienst der Gemeinschaft aktiv zu werden und Universitätsstipendien zu erwerben, bildete eine Partnerschaft mit Unternehmen und Gemeinden. Eli übernahm das Modell für die Welfare-to-Work-Partnerschaft, die unter seiner Leitung 1,1 Millionen Sozialhilfeempfängern half, einen Arbeitsplatz zu finden.

Die Wohlfahrtsreform, die in einer gesunden Wirtschaft mit einem ausgeglichenen Bundeshaushalt durchgeführt wurde, erwies sich als wirkungsvoll. Doch ihre eigentliche Bewährungsprobe wird sie bestehen müssen, wenn das Land in eine Rezession gerät und die Zahl der von sozialer Unterstützung abhängigen Menschen wieder steigt.

Bills Umfragewerte wurden in den Monaten vor der Präsidentenwahl 1996 immer besser, und seine Gegner machten sich auf die verzweifelte Suche nach irgendetwas, das ihn bremsen konnte. Die Zeitschrift *Time* beschrieb diese Bemühungen Anfang Juli in einem Artikel mit dem Titel »Der Starr-Faktor«. Darin hieß es: »Clinton wartet seit Monaten auf den Herausforderer in der Grand Old Party, der den Wahlkampf '96 in ein wirkliches Duell verwandeln könnte. Es sieht so aus, als hätte er ihn endlich gefunden. Doch sein Gegner heißt nicht Bob Dole. Hinter jedem ernsthaften Problem des Präsidenten steht Kenneth Starr ... Da der Wahlkampf für Dole noch immer nicht in Schwung gekommen ist, stützen sich die republikanischen Hoffnungen darauf, dass der Präsident zwischen Vorladungen und Anklagen aufgerieben wird.«

Im Mittelpunkt der neuen Vorwürfe, die in der Phase der Parteitage im Sommer laut wurden, standen zwei Angehörige des Sicherheitsstabs des Weißen Hauses, Craig Livingstone und Anthony Marceca. Um eine Akte über alle Mitarbeiter anzulegen, die einen Sicherheitsausweis des Weißen Hauses besaßen, hatten sie 1993 beim FBI Hintergrundinformationen angefordert. Das Office of Personnel Security führte generell keine »Sicherheitsüberprüfungen« durch – das war Aufgabe des FBI. Auch für die Sicherheit war das Office nicht zuständig – diese oblag dem Secret Service. Mir war nie ganz klar, was dieses Büro sonst noch tat, doch es kontrollierte die gegenwärtigen Mitarbeiter des Weißen Hauses, brachte ihre Sicherheitseinstufungen auf den neuesten Stand und informierte das Personal über die Sicherheitserfordernisse. Als Präsident Bush das Weiße Haus im Januar 1993 verließ, nahmen seine Leute sämtliche Akten aus dem Office of Personnel Security mit, um sie der Bush Library zu übergeben. Eine Vorgehensweise, die durch den White House Records Preservation Act gedeckt war. Die Folge war, dass die folgende Administration keinerlei Aufzeichnungen über die ständigen Mitarbeiter des Weißen Hauses hatte (allerdings hatte der Secret Service seine eigenen Informationen) und Livingstone und Marceca deshalb den Auftrag erhielten, den Aktenbestand wieder aufzubauen. Das FBI lieferte ihnen hunderte Akten, darunter versehentlich auch einige von Mitarbeitern der Administrationen Reagan und Bush. Als eine Angestellte den Irrtum bemerkte, schickte sie die Unterlagen umgehend an das FBI zurück. Das Weiße Haus entschuldigte sich zwar offiziell für den Fehler, doch Kenneth Starr hatte nun sein »Filegate«, das er in seine Untersuchungen aufnehmen konnte.

Bevor der Fall zu den Akten gelegt wurde, erklärte ein verärgerter FBI-Agent dem Rechtsausschuss des Senats, er habe seinen Posten als Leiter der Abteilung Personalsicherheit an Craig Livingstone verloren, weil Livingstones Mutter mit mir befreundet sei. Tatsächlich kannten Mrs. Livingstone und ich einander nicht, waren aber gemeinsam auf einem großen Gruppenfoto zu sehen, das auf einem Weihnachtsfest im Weißen Haus aufgenommen worden war. Als mich ein amerikanischer Reporter nach meiner Beziehung zur Familie Livingstone fragte, sagte ich ihm, ich könne mich nicht erinnern, Craig oder seiner Mutter je begegnet zu sein. Doch sollte sie mir jemals vorgestellt werden, würde ich sagen: »Mrs. Livingstone, I presume?« [Anm. d. Red.: Der Scherz bezieht sich auf die berühmten Worte des Journalisten Morton Stanley, als er 1871 den seit Jahren in der Wildnis verschollenen Afrikaforscher David Livingstone fand: »Dr. Livingstone, nehme ich an?«]

Im August besuchte ich mit Chelsea einige Colleges in Neuengland. Ich hatte mit dem Secret Service vereinbart, dass wir in einem unauffälligen Van mit möglichst wenigen Leibwächtern von Campus zu Campus fahren und die Universitäten erst kurz vor unserem Eintreffen informieren würden. Obwohl ich mich vor dem Augenblick fürchtete, in dem sie auszog, machte mir diese Rundreise großes Vergnügen. Insgeheim hegte ich die Hoffnung, Chelsea werde sich in mein College Wellesley verlieben oder sich zumindest für eine Universität an der Ostküste entscheiden, damit sie es nicht allzu weit nach Hause hätte. Doch sie wollte unbedingt Stanford kennen lernen. Also machten wir uns auf den Weg nach Palo Alto. Die damalige Leiterin der Studienabteilung, Condolezza Rice, empfing uns liebenswürdig. Im Verlauf unseres eintägigen Besuchs schlug Stanford Chelsea endgültig in seinen Bann. Sie war begeistert von der Lage der Universität, vom milden Klima und von der Architektur. Am Abend rief ich Bill an, um ihm mitzuteilen, dass Chelseas Wahl auf Stanford gefallen sei. Ich nehme an, das war der Preis, den ich dafür bezahlen musste, meine Tochter zur Unabhängigkeit erzogen zu haben.

Unseren Sommerurlaub verbrachten wir erneut in Jackson Hole in Wyoming. Während ich mich im Vorjahr verzweifelt bemüht hatte, mein Buch »It Takes a Village« fertig zu stellen, konnte ich diesmal mit Bill und Chelsea in den Grand Tetons wandern gehen und den nahe gelegenen Yellowstone Nationalpark erkunden, in dem seit einigen Jahren auch Wölfe ausgewildert wurden (die *richtigen,* nicht die des Pressetrosses ...). 1872 war Yellowstone der erste Nationalpark der Welt, seitdem folgten zahllose weitere: Sie sollten die wertvollsten Naturschätze der Vereinigten Staaten für die Nachwelt erhalten und zugleich Besuchern offen stehen. Um beide Aufgaben zu erfüllen, muss das natürliche Gleichgewicht in den Ökosystemen gewahrt werden. Je älter ich werde, desto mehr liegt mir der Schutz unserer Erde vor unnötigen und irreversiblen Eingriffen am Herzen. Wie Bill bin ich der Ansicht, dass eine gesunde Wirtschaft und eine intakte Umwelt sich nicht ausschließen. Sie sind im Gegenteil untrennbar miteinander verbunden, denn alles Leben und alle wirtschaftliche Aktivität hängt letzten Endes davon ab, ob es uns gelingt, unsere natürliche Umgebung vernünftig zu verwalten. In unserer Zeit im Weißen Haus unterstützte ich Bill und Al in ihrem Bemühen, natürliche Räume zu schützen, Treibhauseffekt und Abgasemissionen einzudämmen, Programme für sauberes Wasser und die Nutzung alternativer Energiequellen zu fördern.

Am 12. August eröffneten die Republikaner ihren Parteikonvent. Es ist Tradition, dass die Partei, die ihre Convention abhält, in den Mittelpunkt des Medieninteresses rückt, während sie ihre Kandidaten nominiert und ihre Wahlkampfbotschaften formuliert. Der Kandidat der Gegenpartei steht in dieser Zeit schweigend am Rand, was uns sehr recht war, da wir alle ein wenig Ruhe brauchten. Ich sah mir die im Fernsehen übertragenen Reden nicht an, doch ich erfuhr bald von Elizabeth Doles Auftritt am zweiten Abend des Konvents. Die ehemalige Kabinettssekretärin von Reagan und Bush war mit dem Mikrofon in der Hand in den Saal hinuntergestiegen, zwischen den Zuhörern umhergegangen und hatte liebevoll über ihren Ehemann, seine Karriere und seine Überzeugungen gesprochen. Diese selbstsichere und intelligente Frau, eine Juristin, war ein Politprofi und gab mit ihrer Präsenz und Eloquenz dem Wahlkampf ihres Mannes Auftrieb. Obwohl Bob Dole ein harter Gegner war, fand ich Gefallen daran, eine Frau zu sehen, die der Situation gewachsen war und das verdiente Lob dafür auch erhielt. Es ist eine eigenwillige Fügung des Schicksals, dass wir heute gemeinsam im Senat sitzen.

Elizabeth Doles Rede beschwor zwangsläufig Vergleiche zwischen uns herauf. Kaum hatte sie die Bühne verlassen, da wurden meine Mitarbeiterinnen bereits mit Fragen zu meinem Auftritt beim Demokratischen Konvent bombardiert. Doch so verlockend es auch sein mochte, etwas Neues auszuprobieren – ich hielt es für besser, meinen Themen und meinem Stil treu zu bleiben.

Ich traf am Sonntag, dem 25. August, drei Tage vor Bill und Chelsea in Chicago ein. Betsy Ebeling hatte ein Treffen mit Verwandten und Freunden im Riva's arrangiert, einem Restaurant am Navy Pier, von dem man einen herrlichen Blick über den Lake Michigan hat. Chicago erwartete den Demokratischen Konvent, der von Terry McAuliffe (ein wunderbarer Mensch und leidenschaftlicher Politiker) organisiert wurde, mit großer Freude. Bürgermeister Richard M. Daley hatte alles getan, um die Stadt für den Parteitag herauszuputzen. Ich musste zurück an das Jahr 1968 denken, als die Straßen während des Konvents von Demonstranten gegen den Vietnamkrieg gesäumt waren. Damals war Richards Vater Bürgermeister gewesen. Diesmal würde der Konvent in einer harmonischen Atmosphäre stattfinden.

Am Dienstagabend sollte ich als erste First Lady eine im Fernsehen übertragene Rede auf einem nationalen Parteitag halten. In den verbleibenden 48 Stunden jagte ein Ereignis das nächste. Ich sprach vor den Demokratischen Frauen, traf mich mit Delegationen mehrerer Bundesstaaten, nahm an der Eröffnung eines Parks zu Ehren von Jane Addams teil und besuchte eine städtische Schule. Nebenher arbeitete ich an meiner Rede, die am Montagabend, als ich in der Kongresshalle im United Center am Teleprompter übte, immer noch nicht fertig war. Das United Center ist die Heimat der Chicago Bulls, die meine Mitarbeiter zu einem wunderbaren Button inspirierten. Der Mannschaft des Jahres 1996 gehörten der unvergleichliche Michael Jordan und der »böse Bube« der NBA, Dennis Rodman, an. Auf einem der Anstecker, die auf dem Konvent verkauft wurden, war ich in einer Fotomontage mit Rodmans bunt gefärbtem Haarschopf abgebildet. Der Text lautete: »Hillary Rodman Clinton: As bad as she wants to be.«

Am Dienstagmorgen war ich immer noch nicht zufrieden mit meiner Rede. In etwas weniger als zwölf Stunden würde ich vor dem größten Publikum meines Lebens sprechen, und fand nicht die richtigen Worte, um meine Gedanken zu vermitteln. Plötzlich fiel es mir wie Schuppen von den Augen. In seiner Rede auf dem Republikanischen Konvent hatte Bob Dole die Prämisse meines Buches angegriffen. Er verstand das Bild des Dorfes irrtümlich als Metapher für den »Staat« und erklärte, ich und die Demokraten im Allgemeinen befürworteten die Einmischung des Staates in jeden Aspekt des amerikanischen Lebens: »Und nach der Zerstörung der amerikanischen Familie, nach der Zerstörung des Felsens, auf dem dieses Land errichtet wurde, erzählt man uns, dass ein Dorf, das heißt der Staat benötigt werde, um ein Kind aufzuziehen. Mit allem gebotenen Respekt: Ich bin hier, um euch zu sagen, dass man kein Dorf braucht, um ein Kind aufzuziehen. Man braucht eine Familie, um ein Kind aufzuziehen.«

Dole hatte die Quintessenz des Buches nicht verstanden: Die darin besteht, dass die Familie die vorrangige Verantwortung für ihre Kinder trägt, aber das Dorf – eine Metapher für die Gesellschaft als Ganzes – trägt die Verantwortung für die Kultur, die wirtschaftlichen Bedingungen und die Umwelt, in der unsere Kinder aufwachsen.

Ich stürzte mich auf das Thema und ordnete die Rede rasch rund um dieses Bild an. Anschließend setzte ich mich im Untergeschoss des United Center mit Michael Sheehan zusammen, um den Text ein letztes Mal am Telepromter zu üben. Denn was nutzte es, die richtigen Worte gefunden zu haben, wenn ich meine Rede ruinierte, indem ich während meines Vortrags wie ein Roboter wirkte.

Schließlich war es so weit. Chelsea, meine Mutter, meine Brüder, Dick Kelley, Diane Blair, Betsy Ebeling und einige Freunde saßen bereits in einer Loge, von der aus sie einen ausgezeichneten Blick auf das Podium hatten.

In der Halle drängten sich etwa 20 000 begeisterte Menschen. Zwei unserer besten Redner – der ehemalige New Yorker Gouverneur Mario Cuomo und der Bürgerrechtsführer Jesse Jackson – hatten vor mir gesprochen und die Demokraten mit klassischen Anfeuerungsreden über die Grundwerte der Partei in Schwung gebracht.

Als ich auf die Bühne trat, brandete minutenlanger Beifall auf. Die Zurufe und das Getrampel berührten mich und halfen mir, meine Nerven unter Kontrolle zu bringen. Nachdem sich das Publikum beruhigt hatte, begann ich zu sprechen. Ich forderte die Menschen auf, sich vorzustellen, wie die Welt wohl im Jahr 2028 aussehen werde, wenn Chelsea so alt sein würde wie ich jetzt. »Was wir mit Sicherheit wissen ist, dass der Wandel unumgänglich ist«, sagte ich. »Der Fortschritt ist es nicht. Der Fortschritt hängt davon ab, dass wir heute die Weichen für die Zukunft stellen und den Herausforderungen begegnen, die unsere Werte gefährden.« Ich sprach die verschiedenen Themen an, mit denen sich Bill in seinem Wahlkampf befassen würde, und nahm am Ende Bezug auf Bob Dole: »Nichts hat Bill und mir mehr abverlangt, nichts war beglückender und nichts hat uns mehr Demut gelehrt als die Erziehung unserer Tochter. Wir haben gelernt, dass man eine Familie braucht, um ein glückliches, gesundes und hoffnungsvolles Kind aufzuziehen. Und wir brauchen Lehrer. Wir brauchen Geistliche. Wir brauchen Unternehmer. Wir brauchen politische Führer. Wir brauchen Personen, die über die Gesundheit und die Sicherheit unseres Kindes wachen. Wir brauchen die ganze Gemeinschaft dafür. Wir brauchen ein Dorf dafür. Und wir brauchen einen Präsidenten. Wir brauchen einen Präsidenten, der nicht nur an die Möglichkeiten seines eigenen

Kindes, sondern an die aller Kinder glaubt, der nicht nur an die Stärke seiner eigenen Familie, sondern an die Stärke der amerikanischen Familie glaubt. Wir brauchen Bill Clinton.«

Das Publikum in der Halle explodierte. Die Menschen glaubten nicht nur, dass die Kinder Bill am Herzen lagen; sie verstanden auch, dass ich dem radikalen Individualismus der Republikaner und ihren unrealistischen Vorstellungen über Kinder und Familie direkt die Stirn bot.

Am Abend des nächsten Tages fuhr ich gemeinsam mit Chelsea zum Bahnhof, um Bill abzuholen. Er stieg mit deprimierenden Nachrichten aus dem Zug. Ein Skandalblatt würde eine Geschichte veröffentlichen, in der behauptet wurde, dass Dick Morris regelmäßig ein Callgirl in einem Hotel empfing, wenn er in Washington war. In der Geschichte, die am Donnerstag erscheinen sollte, wurde das Callgirl zitiert. Die Frau erklärte, Morris habe damit geprahlt, meine Parteitagsrede sowie die des Vizepräsidenten Al Gore geschrieben zu haben (tatsächlich hatte er keine von beiden verfasst). Sofort nach Erscheinen der Geschichte zog sich Dick aus dem Wahlkampf zurück. Bill gab eine Erklärung ab, in der er Morris, den er als »herausragenden politischen Strategen« bezeichnete, für seine Arbeit dankte.

Bills Auftritt auf dem Parteitag löste einen Begeisterungssturm unter den Delegierten aus. Er warb leidenschaftlich für die Fortsetzung seines Konzepts und beschrieb die Fortschritte, die das Land seit 1992 gemacht hatte. Chelsea und ich sahen seinem virtuosen Auftritt voll Stolz zu. Als er etwa zwei Drittel seiner Rede absolviert hatte, machten wir uns auf den Weg zu ihm auf die Bühne, um gemeinsam den Abschluss des Konvents zu feiern. In seinen Schlussworten spannte er noch einmal den Bogen zum Wahlkampf des Jahres 1992: »Nach diesen vier guten, schweren Jahren glaube ich weiterhin an einen Ort, der Hoffnung heißt, an einen Ort mit Namen Amerika.«

Die zweite Amtszeit

In den letzten Tagen des Wahlkampfs begleiteten Chelsea und ich Bill auf einem Rundflug kreuz und quer durch das Land. Wir waren der Erschöpfung nahe, doch wir wollten uns nicht in Sicherheit wiegen, bis die Auszählung der Stimmen abgeschlossen war oder, wie Bill es sagen würde: bis der letzte Hund tot war. So eilten wir von einem Ort zum anderen, um auch noch die letzten Wähler zu mobilisieren.

Die Stimmung in der Air Force One wurde besser, je größer unsere Zuversicht wurde, dass Bill als erster demokratischer Präsident seit Franklin Roosevelt zwei volle Amtszeiten im Weißen Haus bleiben könnte. Am Vorabend des Wahltags waren wir alle vollkommen überdreht. Mitten in der Nacht, irgendwo über Missouri, nötigte Chelsea unseren ganzen Tross sogar zu einer improvisierten Vorführung des Macarena, eines Tanzes, der damals ganz Amerika fesselte (wir wirkten dabei aber eher wie eine Gruppe von Campern, die versuchten, sich eines Mückenschwarms zu entledigen). Als Mike McCurry, der Pressesekretär des Präsidenten, die Journalisten im Bug des Flugzeugs über unsere Aktivitäten informierte, legte er besonderen Wert auf die Formulierung, Bill tanze, »wie es sich für einen Präsidenten geziemt«. Irgendwann nach zwei Uhr nachts setzten wir zur Landung in Little Rock an. Es stand außer Frage, dass wir in Arkansas, wo Bills Reise ins Weiße Haus begonnen hatte, wählen gehen und auf die Ergebnisse der Wahl warten würden.

Wahltage sind quälend, denn man kann nichts anderes tun als warten. Um mich abzulenken, traf ich mich mit einigen Freunden. Anschließend überredete ich meinen Sicherheitschef Don Flynn, mich ans Steuer des Wagens zu lassen und neben mir Platz zu nehmen, damit ich meiner Mutter einen kurzen Besuch in Hillcrest abstatten konnte. Aus unerfindlichen Gründen war Don kreidebleich, als wir dort eintrafen. Seitdem bin ich nicht mehr gefahren.

Als ich zurück zum Hotel kam, hatten sich bereits zehntausende Menschen versammelt, die sich auf eine Siegesfeier vorbereiteten. Wir zogen uns zurück und mischten uns lediglich unter die Leute, um wählen zu gehen und auf Einladung von Senator David Pryor, der sich in jenem Jahr aus der Politik zurückziehen würde, an einem Essen teilzunehmen.

Ich war glücklich, von vertrauten Gesichtern umgeben zu sein, und genoss die überwältigende Unterstützung durch die Bevölkerung, doch es lag auch ein Hauch von Wehmut in der Luft: einem Präsidenten stehen höchstens zwei Amtszeiten zu. Der Mann, der für Wahlkämpfe lebte, hatte die Ziellinie in seinem letzten Wettlauf um ein öffentliches Amt erreicht. Und in die fröhliche Stimmung bei der Festversammlung mischte sich ein ernüchternder Unterton: Senator Pryor erinnerte uns in seiner Ansprache vor den Festgästen daran, dass die Untersuchung des Sonderermittlers, der vor zwei Jahren sein Lager in Arkansas aufgeschlagen hatte, immer noch nicht abgeschlossen war. Pryor sagte: »Ich denke, den größten Applaus werden Sie in Arkansas erhalten, wenn Sie sagen: ›Bringen wir diese Wahl hinter uns und schicken wir Kenneth Starr nach Hause.‹« Er wies darauf hin, dass die Untersuchung »das Leben zahlreicher Menschen zerstört und viele Menschen in den finanziellen Ruin getrieben hat. ... Es ist an der Zeit, dass sie uns in Frieden lassen«.

Als wir erfuhren, dass Bill die Wahl mit stattlichen acht Prozentpunkten Vorsprung gewonnen hatte, war dies mehr als ein Sieg für den Präsidenten: Das Ergebnis bestätigte die Reife des amerikanischen Volkes. Die Bevölkerung hatte über das abgestimmt, was für sie Bedeutung hatte – Arbeit, Wohnung, Familie, Wirtschaft. Die Bürger hatten sich nicht dazu verleiten lassen, über politisches Hickhack und fingierte Skandale abzustimmen. Trotz der vergifteten Atmosphäre in Washington hatten sie unsere Botschaft gehört. Der Grundsatz aus dem Wahlkampf 1992 – »It's the economy, stupid« – hatte weiterhin Gültigkeit, doch nun lag die Betonung auf dem, was der wirtschaftliche Aufschwung zu einem besseren Leben für alle Amerikaner beitragen konnte.

Nachdem Bob Dole kurz nach Mitternacht seine Niederlage eingestanden hatte, traten Bill und ich Hand in Hand mit den Gores vor das Old State House, wo Bill am 3. Oktober 1991 seine erste Kandidatur für das Präsidentenamt bekannt gegeben hatte. Ich konnte die Gesichter unserer Freunde und Anhänger in der Menge ausmachen, die sich vor dem Gebäude versammelt hatten, und dachte an meinen ersten Besuch im Old State House zurück. Im Januar 1977 hatten wir dort einen Empfang für die Freunde gegeben, die an Bills Vereidigung zum Generalstaatsanwalt von Arkansas teilgenommen hatten. Ich fühlte mich den Menschen von Arkansas, die mir im Lauf der Jahre so viel gegeben hatten, sehr verbunden. Bill war ebenfalls gerührt, als er erklärte: »Ich danke den Menschen meines geliebten Heimatstaates. Ich möchte in dieser Nacht an keinem anderen Ort der Welt sein. Vor diesem wunderschönen alten Kapitol, das eine so große Rolle in der Geschichte unseres Staates und in meinem Leben gespielt hat, möchte ich euch dafür danken, dass ihr mir so lange die Treue gehalten habt, dass ihr nie aufgegeben habt, dass ihr immer gewusst habt, dass wir noch mehr erreichen können.« Und nun hatte Bill die Chance, »eine Brücke zum 21. Jahrhundert zu schlagen«. Ich würde mein Bestes tun, um ihm dabei zu helfen. In meinen Lehrjahren während seiner ersten Amtszeit hatte ich gelernt, meine Stellung sowohl hinter den Kulissen als auch in der Öffentlichkeit besser zu nutzen. Ich hatte meine exponierte Funktion als Chefberaterin des Präsidenten in Gesundheitsfragen, die vor Kongressausschüssen erschien, Reden hielt, durch das ganze Land reiste und sich mit Kongressführern beriet, in den zwei Jahren seit der Halbzeitwahl im Jahr 1994 durch eine unauffälligere – wenn auch nicht weniger aktive – politische Tätigkeit ersetzt.

In Bills zweiter Amtszeit wollte ich einen Beitrag zur Gestaltung jener politischen Vorhaben leisten, die Frauen, Kinder und Familien betrafen. Obwohl die meisten Menschen in den hoch entwickelten Volkswirtschaften unter guten materiellen Bedingungen lebten, standen die Familien unter großem Druck. Die Kluft zwischen Reich und Arm wurde größer. Ich wollte das soziale Sicherheitsnetz – Krankenversicherung, Bildung, Renten, Löhne und Gehälter, Arbeitsplätze – für jene Bürger erhalten, die durch das Netz zu rutschen drohten, da sie mit den technologischen Entwicklungen und der Entstehung einer globalen Konsumkultur nicht Schritt halten konnten.

1994 hatte ich die umfassendste Studie über berufstätige Frauen (die immerhin fast die Hälfte der amerikanischen Erwerbstätigen stellen) unterstützt, die das Arbeitsministerium je durchgeführt hatte. Unabhängig von sozialer Stellung und Einkommen bestanden die größten Probleme dieser Frauen darin, eine erschwingliche Kinderbetreuung zu finden und Job und Familienleben in Einklang zu bringen. Ich hatte mich bei der Erziehung meines Kindes auf die Hilfe von Freunden und Verwandten stützen können, die für Chelsea sorgten, während Bill und ich arbeiteten. Doch die meisten amerikanischen Kinder hatten nicht so viel Glück. Ich lernte einige Frauen, die an der Studie teilgenommen hatten, persönlich kennen. Eine allein erziehende Mutter aus New York City erzählte mir, sie könne ihr Leben nur dank perfekter Organisation bewältigen: um sechs Uhr morgens aufstehen, die Katze füttern und Frühstück machen, ihren neunjährigen Sohn wecken, schnell noch etwas zum Anziehen bügeln, ihren Sohn zur Schule fahren, bis 17 Uhr arbeiten, den Sohn wieder abholen, Abendessen machen, dem Jungen bei den Hausaufgaben helfen, Rechnungen durchsehen, aufräumen und ins Bett fallen. Auch wenn sie stolz darauf war, alle Anforderungen zu bewältigen – Zeit für sich selbst hatte sie kaum. Eine 37-jährige Intensivschwester aus Santa Fe brachte die Schwierigkeiten auf den Punkt: »Wir müssen Ehefrau, Mutter, Freundin und Berufstätige sein, ohne unsere eigenen Bedürfnisse dabei aus den Augen zu verlieren. Aber die stehen meistens an letzter Stelle.«

Die junge Mutter aus New York war froh, ihren Sohn nach

der Schule wenigstens ab und an zu einer Sportgruppe der Polizei schicken zu können, die sich um Kinder kümmerte. Nur wenige Eltern können einen der dünn gesäten Kindergarten- oder Hortplätze ergattern und sich auch leisten. Und Tagesstätten schicken kranke Kinder nach Hause und verlangen bei später Abholung eine erhöhte Gebühr. Ein anderes Problem war, dass viele Kinderstätten ungünstige Öffnungszeiten hatten. So erzählte mir eine stellvertretende Bankdirektorin aus Atlanta, dass sie jeden Abend ernsthaft den Straßenverkehr gefährde, um ihren Sohn rechtzeitig abholen zu können. Und eine Rechtsanwältin klagte: »Alle meine Kollegen haben Frauen, die nicht arbeiten, und müssen sich deshalb auch nicht um die schmutzige Wäsche oder die Kindererziehung kümmern.« Dieser Satz erinnerte mich fatal an Albert Jenners Reaktion auf meine eigenen Pläne, Anwältin zu werden ...

1994 hatte mich Dr. David Hamburg, der Präsident der Carnegie Corporation, auch aufgefordert, meine Position als First Lady zu nutzen, um die öffentliche Aufmerksamkeit auf die Mängel des amerikanischen Kinderbetreuungssystems zu lenken und mich dafür einzusetzen, die finanzielle Unterstützung für berufstätige Eltern zu erhöhen. Im Verlauf der Debatte über die Wohlfahrtsreform im Jahr 1996 bestand ich darauf, in Armut lebenden Müttern weiter den Zugang zu Kinderbetreuungsstätten zu garantieren, um ihnen den Einstieg ins Erwerbsleben zu ermöglichen. Als neue Forschungen die Bedeutung der geistigen Stimulation von Kindern in den ersten Lebensjahren hervorhoben, weitete ich mein Engagement aus: Ich unterstützte das innovative Programm »Reach Out and Read«, das die Ärzte ermutigte, Eltern zu »verschreiben«, ihren Babys und Kleinkindern vorzulesen. Ich traf mich mit zahlreichen Experten für kindliche Entwicklung und mit Mitgliedern von Organisationen, die sich für die Rechte des Kindes einsetzten, und reiste kreuz und quer durch das Land, um verschiedene Ansätze zur Verbesserung der Betreuung insbesondere von Kindern erwerbstätiger Eltern zu studieren. Ich sprach mit Firmenchefs über die Verantwortung ihrer Unternehmen für die Kinderbetreuung und präsentierte bei einer Veranstaltung im Weißen Haus erfolgreiche Programme verschiedener Firmen.

Ich berief zwei Konferenzen zu den Themen frühkindliche Entwicklung und Kinderbetreuung ein, bei denen Experten, Interessenvertreter, Unternehmensleiter und Politiker zusammenkamen, um Initiativen der Bundesregierung auszuarbeiten. Mein Stab kooperierte weiterhin eng mit den innenpolitischen Beratern des Präsidenten, um jene bahnbrechenden politischen Vorhaben vorzubereiten, die Bill 1998 schließlich der Öffentlichkeit vorstellte. Ich war stolz, als die Regierung verkündete, sie wolle innerhalb von fünf Jahren zwanzig Milliarden Dollar in die Kinderbetreuung investieren. Die Gelder sollten verwendet werden, um erwerbstätigen Eltern mit niedrigem Einkommen den Zugang zu Kinderbetreuungsstätten zu ermöglichen, das Programm Head Start auszuweiten und Unternehmen steuerliche Anreize für Investitionen in die Kinderbetreuung zu bieten. Es wurde ein Early Learning Fund eingerichtet, um die Bundesstaaten und die Gemeinden in dem Bemühen zu unterstützen, die Qualität der Betreuungsstätten zu verbessern und die Zahl der Betreuer sowie der zugelassenen Einrichtungen zu erhöhen. Ich hatte hart dafür gekämpft, dass auch das Angebot für ältere Kinder ausgeweitet wurde, und sah nun voller Stolz, dass die Regierung das 21st Century Community Learning Centers Program ankündigte, das rund 1,3 Millionen Kindern eine außerschulische Betreuung garantieren sollte.

Ich nahm an zahlreichen öffentlichen Veranstaltungen teil, hielt Reden und suchte den Kontakt zu Kongressmitgliedern sowie zu außenstehenden Organisationen, um diese Initiativen voranzutreiben. Meine begabten innenpolitischen Mitarbeiterinnen Shirley Sagawa, Jennifer Klein, Nicole Rabner, Neera Tanden, Ann O'Leary, Heather Howard und Ruby Shamir waren mir dabei acht Jahre lang eine unschätzbare Hilfe. In Strategiesitzungen im Weißen Haus berieten Bill und ich mit unseren Stäben darüber, wie wir die Gewalt in den Medien zurückdrängen, die Bildung für spanischsprachige Schüler – unter denen besonders viele Schulabbrecher waren – verbessern und den amerikanischen Jugendlichen bessere Chancen auf Ausbildung und Arbeit eröffnen konnten.

1993 hatte Bill den Family and Medical Leave Act unterzeichnet, der von dem demokratischen Senator Christopher Dodd aus Connecticut initiiert worden war und Millionen arbeitenden Menschen das Recht einräumte, bei Notfällen in der Familie oder der Erkrankung eines Familienmitglieds bis zu zwölf Wochen im Jahr unbezahlten Urlaub zu nehmen. Während Millionen Erwerbstätige diese Möglichkeit nutzten, fürchteten andere die finanziellen Einbußen. Also drängte ich meinen Stab, nach Lösungen zur Verbesserung des Gesetzes zu suchen; die Modifikation der Bestimmungen ermöglichte es Bundesbediensteten, in Notfällen bis zu zwölf Wochen bezahlten Urlaub zu nehmen. Wir hofften, die Regelung für die Bundesbehörden würde dem Privatsektor als Beispiel dienen.

Die Reform der Konkursgesetze, mit der sich der Kongress befasste, bedrohte viele Frauen, die auf Unterhaltszahlungen angewiesen waren. Die Zahl der Amerikaner, die Bankrott gingen, war innerhalb von zwanzig Jahren um 400 Prozent gestiegen, was schwer wiegende Auswirkungen auf die wirtschaftliche Stabilität des Landes hatte. Nutzen immer mehr Amerikaner den Bankrott als finanzielle Strategie, um sich persönlicher Schulden zu entledigen? Hatte ein verantwortungsloses Bank- und Kreditkartengewerbe im Bemühen um Kunden zu leichtfertig Kredite vergeben? Konnten pflichtbewusste und korrekte Bürger schlicht ihre Rechnungen etwa für Gesundheitsleistungen nicht mehr bezahlen, egal, wie sehr sie sich bemühten? Die Meinungen der Politiker zu diesem Thema gingen weit auseinander. Diejenigen, die die Banken für diese Entwicklung verantwortlich machten, forderten eine stärkere Kontrolle bei der Kreditvergabe. Diejenigen, die einen Missbrauch des Systems witterten, verlangten höhere Hürden für Konkursanträge und geringere Schuldenerlasse.

Was in der Debatte fehlte, war das Thema Unterhaltsleistungen. In hunderttausenden Fällen mussten Frauen Unterhaltsansprüche vor Gericht einklagen, weil der Vater ihres Kindes oder der Exmann den Bankrott erklärt hatte. Was die Situation zusätzlich verschlechtern würde, war der Wunsch der Kreditkartenunternehmen, im Fall einer Bankrotterklärung unbezahlten Kreditkartenrechnungen dieselbe Priorität wie Unterhaltsansprüchen einzuräumen. Ich widersetzte mich diesem Vorhaben und unterstützte Bills Veto gegen zwei Versionen des Gesetzes, welche die Rechte der Kreditkartenunternehmen eindeutig über die der Konsumenten stellten.

Ich setzte mich auch weiterhin für die Förderung der wirtschaftlichen Eigenständigkeit der Frauen ein, da sie immer noch nicht den gleichen Lohn für gleiche Arbeit erhielten und die meisten arbeitenden Frauen nach dem Ausscheiden aus dem Erwerbsleben keine angemessene Rente erhielten und daher von der Sozialhilfe lebten. Die Struktur der Sozialversicherung beruht noch immer auf der veralteten Vorstellung, dass Frauen – wenn überhaupt – nur einen sekundären Beitrag zum Familienunterhalt beisteuern. Da die meisten Frauen nicht nur weniger verdienen, sondern auch häufiger einer Teilzeitarbeit nachgehen und oft für mehrere Jahre völlig aus dem Erwerbsleben aussteigen, fallen die eingezahlten Beiträge und damit auch die Versicherungsleistungen geringer aus. Viele ältere Frauen entgehen nur dank der Sozialhilfe dem Absturz in tiefste Armut. In dem Bemühen, dieses unverzichtbare Sicherheitsnetz zu erhalten, übernahm ich im Jahr 1998 den Vorsitz einer Konferenz über die Sozialversicherungssysteme, die sich mit der strukturellen Diskriminierung der Frauen befasste.

Viele Frauen und Kinder litten auch unter der Ungleichheit im Gesundheitswesen. 1996 setzten wir durch, dass Frauen nach einer Normalgeburt einen Anspruch auf einen Krankenhausaufenthalt von 48 Stunden erhielten, während sich die Frist bei einem Kaiserschnitt auf 96 Stunden erhöhte.

Beeindruckt vom Leben der Aids-Aktivistin Elisabeth Glaser begann ich auch, mich für eine bessere Prüfung und Kennzeichnung von pädiatrischen Medikamenten für die Behandlung von HIV-positiven Kindern einzusetzen. Ich hatte Elisabeth beim Demokratischen Konvent 1992 kennen gelernt, wo sie einen bewegenden Vortrag über ihre HIV-Ansteckung durch eine Bluttransfusion bei der Geburt ihrer Tochter Ariel im Jahr 1981 hielt. Die Mutter infizierte, ohne etwas zu ahnen, ihre Tochter und später auch ihren Sohn Jake. Elisabeth und ihr Ehemann mussten hilflos zusehen, wie Ariel im Alter von sieben Jahren an Aids zugrunde ging.

Elisabeth gründete die Pediatric Aids Foundation, um die

Erforschung von Präventions- und Behandlungsmethoden bei Kindern zu fördern. Sie insistierte bei Kongressangehörigen, beim Präsidenten und bei den Präsidentschaftskandidaten, die Bemühungen um ein Heilmittel für die Krankheit zu erhöhen. Ich unterstützte Elisabeth' Arbeit und setzte mein Engagement, vor allem was die Entwicklung gesonderter Testreihen für Kinder anbelangte, nach Elisabeth' Tod 1994 in ihrem Gedenken fort. Wenigstens ihrem Sohn Jake geht es dank der medizinischen Fortschritte gut. 1998 verpflichtete die Nahrungsmittel- und Medikamentenbehörde FDA die Pharmaunternehmen, Medikamente für Kinder eigenen Tests zu unterziehen. Doch verschiedene Firmen klagten; ein Bundesgericht entschied, dass die FDA nicht befugt sei, eine solche Vorschrift zu erlassen. Heute trete ich als Senatorin für ein Gesetz ein, das endlich Elisabeth' Forderungen berücksichtigt.

Mitte November brachen Bill und ich zu Staatsbesuchen nach Australien, auf die Philippinen und nach Thailand auf. Nach Zwischenstopps in Sydney und Canberra fuhren wir nach Port Douglas, wo Bill die amerikanische Beteiligung an einer internationalen Initiative zum Schutz von Korallenbänken bekannt gab. Anschließend brachte uns ein Boot zum Great Barrier Reef. Ich war begeistert von der unglaublichen Schönheit und konnte es kaum erwarten, die Korallen aus der Nähe zu betrachten. »Los, los«, drängte ich meine Mitarbeiterinnen. »Das Leben ist nun wirklich zu kurz, um sich Sorgen um die Frisur zu machen!«

Lissa und Kelly schlüpften kühn in Neoprenanzüge. Evelyn Lieberman und Melanne Verveer weigerten sich dagegen in weiser Voraussicht, ihre schattigen Sitzplätze zu verlassen. Während Bill und ich, umgeben von Tauchern der Marine und Geheimagenten, eine riesige Muschel und Schwärme von schimmernden Fischen bewunderten, schrie Kelly plötzlich auf und flüchtete panisch aus dem Wasser. Sie hatte einen »riesigen«, 1,20 Meter langen Hai gesehen.

Auf dieser Reise erlebten wir zahlreiche schöne Momente: Bill spielte Golf mit Australiens berühmtestem »weißen Hai«, dem legendären Greg Norman – auf diese Begegnung hatte sich der Präsident während des Flugs in der Air Force One mit endlosen Putt-Versuchen auf dem Gang vorbereitet. Ich besuchte das weltberühmte Opernhaus von Sydney, wo ich vor ausgewählten Frauen einen Vortrag über – wie ich meine – die »Humanisierung« der Politik hielt (nicht »Feminisierung«, wie meine Kritiker das nennen). Anschließend besuchte ich mit Bill und Chelsea einen Wildpark, in dem mein Mann einen Koala namens Chelsea an sich drückte. Es war ein kleines Wunder – oder ein Beispiel für eine glückliche Nachlässigkeit –, dass er überhaupt in die Nähe des Tieres gelangte. Denn ein übereifriger Mitarbeiter unseres Vorausteams hatte es auf sich genommen, Bill auf unserer Reise von jedem potenziellen Allergierisiko fern zu halten. Während unseres Besuchs beim Generalgouverneur der britischen Krone in Canberra standen wir mit Sir William und Lady Deane im Garten ihres Amtssitzes und bewunderten den weitläufigen Rasen, als sich die Gastgeberin Bill zuwandte und sagte: »Es tut uns sehr Leid wegen der Kängurus. Wir hoffen, dass wir auch wirklich alle eingefangen haben.«

»Was meinen Sie?«, fragte Bill.

»Lieber Freund«, antwortete Lady Deane, »man hat uns gesagt, wir sollten unbedingt sämtliche Kängurus aus dem Garten entfernen, da sie bei Ihnen eine allergische Reaktion auslösen würden. Das wollten wir keinesfalls riskieren.«

Soweit wir wussten, war Bill nicht gegen Kängurus allergisch, aber natürlich mussten unsere Vorausteams mit allem rechnen. Ich war ihnen für ihr Bemühen dankbar, doch es war mir sehr unangenehm, wenn ihre Forderungen zu einer Belästigung für unsere Gastgeber wurden. Bei einem Staatsbankett, das Präsident François Mitterrand und seine Frau Danielle 1994 im Elysée-Palast für uns gaben, entschuldigte sich Madame Mitterrand für die kahlen Tische. »Ich verstehe nicht ganz, was Sie meinen«, sagte ich. »Mir wurde gesagt, der Präsident sei allergisch auf Blumen.« Bill hat seinen Mitarbeitern jahrelang vorgebetet, dass er nicht gegen Schnittblumen allergisch ist; offenbar ohne Erfolg. Was hätten wir all die Jahre im Weißen Haus ohne unsere engagierten Mitarbeiter getan – doch manchmal taten sie zu viel des Guten!

Bei unserer ersten Reise auf die Philippinen im Jahr 1994 hatten Bill und ich den amerikanischen Stützpunkt Corregidor besucht, der im Zweiten Weltkrieg vorübergehend an die Japaner gefallen war. General Douglas MacArthur war gezwungen gewesen, die Inseln zu verlassen, hatte aber das Versprechen abgegeben, zurückzukehren. Philippinische Soldaten hielten tapfer die Stellung und ebneten den Weg für MacArthurs Rückkehr 1944. Die Philippinen hatten seit dem Zweiten Weltkrieg aufreibende politische Veränderungen erlebt. Das Volk litt noch immer unter den Folgen der 21 Jahre dauernden Herrschaft von Diktator Ferdinand Marcos. Corazon Aquino, deren Ehemann während der Diktatur ermordet worden war, hatte die Führung der Demokratiebewegung übernommen und war 1986 bei der Präsidentenwahl gegen Marcos angetreten. Marcos gewann zwar – vermutlich durch Wahlbetrug und Einschüchterung von Wählern – die Wahl, wurde aber durch Massenproteste zum Rücktritt gezwungen; Aquino wurde Präsidentin. Sie war eine weitere Frau, die durch einen persönlichen Verlust den Einstieg in die Politik fand.

Präsidentin Aquinos Nachfolger war Fidel Ramos, ein ehemaliger General, der in West Point ausgebildet worden war. Ramos stellte sich seinen gewaltigen Aufgaben mit Gelassenheit und Humor. Er und seine Frau Amelita waren bei unseren beiden Besuchen in Manila unsere Gastgeber. Beim Staatsbankett 1994 hatte Fidel darauf bestanden, dass Bill Saxophon spielte; anschließend zeigte er uns eines der vielen Kabinette, die noch immer mit tausenden Schuhen von Imelda Marcos gefüllt waren.

Nachdem ich auf einer Konferenz vor tausenden Frauen aus dem ganzen Land gesprochen hatte, verließ ich Manila ohne Bill, um das Hügelland im Norden Thailands zu besuchen. Meinen Mann würde ich erst bei einem Staatsakt anlässlich des fünfzigsten Thronjubiläums von König Bhumibol Adulyadej und Königin Sirikit in Bangkok wiedertreffen. Beim Anflug auf Chiang Rai im Grenzgebiet zu Laos und Burma hatte ich einen wunderbaren Blick auf die grünen Reisfelder und die Flüsse, die sich zwischen den Feldern hindurchschlängelten. Auf der Rollbahn wurde ich von Musikern mit Trommeln,

Zimbals und *sahs*, einem traditionellen Streichinstrument, empfangen. Mädchen in Stammestrachten tanzten für mich, wobei es ihnen wie durch Zauberei gelang, die um ihre Handgelenke gebundenen Blumensträuße und Kerzen zu balancieren. Mein Besuch fiel mit dem Loy-Krathong-Fest zusammen, bei dem die Menschen einem alten Brauch gehorchend Blumengebinde in den Mae-Ping-Fluss warfen, um die Sorgen des vergangenen Jahres zu verabschieden.

Dieses hoffnungsfrohe Fest stand in deutlichem Gegensatz zu dem harten Leben jener jungen Mädchen, die ich später in einem Rehabilitationszentrum für ehemalige Prostituierte besuchte. Diese Gegend Thailands gehört zum »goldenen Dreieck«, in dem der Handel mit Drogen, Schmuggelware und Frauen blüht. Man erzählte mir, dass in dieser Region über zehn Prozent aller Mädchen zur Prostitution gezwungen würden. Viele würden von ihren Familien verkauft, bevor sie die Pubertät erreichten, da die »Kunden« in dem Irrglauben, Kinder und Jungfrauen könnten kein Aids übertragen, junge Mädchen vorzögen. Im New Life Center in Chiang Mai fanden ehemalige Prostituierte Schutz bei amerikanischen Missionarinnen und konnten eine Ausbildung absolvieren. Ich lernte im Zentrum ein Mädchen kennen, das im Alter von acht Jahren vom opiumsüchtigen Vater an einen Zuhälter verkauft worden war. Nach einiger Zeit gelang der Kleinen die Flucht und sie kehrte nach Hause zurück, wurde jedoch erneut an ein Bordell verkauft. Nun war sie zwölf Jahre alt und würde im Rehabilitationszentrum an Aids sterben. Das Mädchen war nur noch Haut und Knochen, und ich sah hilflos zu, wie es sich abmühte, um seine kleinen Hände zum traditionellen thailändischen Gruß zu falten. Zum Sprechen hatte es nicht mehr genug Kraft. Ich konnte lediglich eine Weile seine Hand halten. Das Kind starb kurz nach meinem Besuch.

Bei einem Rundgang durch ein Dorf sah ich, wie jenes Wechselspiel von Angebot und Nachfrage funktionierte, das dieses kleine Mädchen das Leben gekostet hatte. Meine Führer erklärten mir, eine Fernsehantenne auf dem Dach eines Hauses bedeute, dass dort eine wohlhabende Familie lebte – in den meisten Fällen ein Zeichen dafür, dass eine Tochter in die Prostitution verkauft worden war. Dieser Besuch bestärkte mich in der Überzeugung, dass das Missverhältnis zwischen globaler Politik und lokalem Leben überwunden werden musste. Bei einem Treffen mit Vertretern der thailändischen Regierung und Frauengruppen sprachen wir über den Plan der Regierung, den Frauen- und Mädchenhandel in Bangkok zu zerschlagen. Dieser Handel ist ein Menschenrechtsverstoß, der ebenso wie der Drogenschmuggel die Volkswirtschaft ganzer Regionen aus dem Gleichgewicht bringt. Thailand war kein Einzelfall. Im Verlauf meiner Reisen wurde mir klar, was für ein riesiger Wirtschaftszweig der Menschenhandel – insbesondere der Handel mit Frauen – geworden war. Das amerikanische Außenministerium geht in aktuellen Schätzungen davon aus, dass jedes Jahr vier Millionen Menschen, die oft in tiefster Armut leben, verkauft werden. Ich begann, diese grauenhafte Menschenrechtsverletzung lautstark anzuprangern und unsere Regierung zu drängen, die Führung im weltweiten Kampf gegen dieses Verbrechen zu übernehmen. 1999 nahm ich an einer OSZE-Konferenz in Istanbul teil, die internationale Maßnahmen forderte, und ich arbeitete mit dem State Department und mit Kongressmitgliedern zusammen, die sich bereits mit diesen Themen befassten. Der 2000 verabschiedete Trafficking Victims Protection Act dient ausländischen Regierungen und Nichtregierungsorganisationen mittlerweile als Grundlage für den Kampf gegen den Menschenhandel.

Wir kehrten rechtzeitig zum Erntedankfest nach Washington zurück. Nach einer kurzen Erholungspause bei einem Familientreffen in Camp David mussten wir uns wieder dem innenpolitischen Alltag zuwenden.

Obwohl die Republikaner neun Sitze im Repräsentantenhaus und zwei im Senat verloren hatten, beherrschten sie immer noch beide Kammern des Kongresses. Ihre Reaktion auf die Wahlniederlage bestand darin, noch mehr Führungspositionen an radikale Ideologen zu vergeben. Der neue Vorsitzende des Ausschusses des Repräsentantenhauses für die Regierungsreform und -kontrolle, der Republikaner Dan Burton aus Indiana, war der führende Verschwörungstheoretiker im Kapitol. Burton hatte ein gewisses Maß an Bekanntheit erlangt, indem er im Garten seines Hauses eine Pistole auf eine Wassermelone abfeuerte – einer seiner vielen bizarren Versuche zu beweisen, dass Vince Foster ermordet worden war.

Mehrere wichtige republikanische Politiker, darunter der Mehrheitsführer im Senat, Trent Lott, hatten bereits versprochen, ihrer »Verantwortung« gerecht zu werden und die Durchleuchtung der Administration Clinton fortzusetzen. Doch die Whitewater-Untersuchung schien an Dynamik zu verlieren. Senator D'Amato hatte die Hearings im Juni ausgesetzt. Kenneth Starr war es trotz andauernder Befragungen nicht gelungen, aus Webb Hubbel, der wegen Betrugs an seinen Klienten und Partnern 18 Monate Haft in einem Bundesgefängnis absaß, irgendeinen uns belastenden Hinweis herauszupressen.

Bill nahm für seine zweite Amtszeit eine Reihe von Änderungen im Kabinett und im Mitarbeiterstab des Weißen Hauses vor. Stabschef Leon Panetta hatte sich entschlossen, nach Kalifornien zurückzukehren. An seine Stelle trat Erskine Bowles, ein Geschäftsmann aus North Carolina und enger Freund, der bis dahin Leons Stellvertreter gewesen war. Harold Ickes, unser langjähriger Freund, der als Organisator des Wahlkampfs 1992 großartige Arbeit geleistet hatte, kehrte in seine Anwalts- und Beratungsfirma zurück. Evelyn Lieberman übernahm die Leitung von Voice of America. Und George Stephanopoulos schied aus dem Weißen Haus aus, um zu unterrichten und seine Memoiren zu schreiben.

Auch ich verlor meine Stabschefin. Maggie wollte endlich ihr altes Leben wiederhaben und mit ihrem Mann Bill Barrett nach Paris ziehen. Maggie hatte die schlimmsten Schikanen durch die Ermittler über sich ergehen lassen müssen. Selbstverständlich war sie nicht als Einzige in diesen Strudel geraten, aber es war ihr anzusehen, wie viel Kraft die letzten Jahre sie gekostet hatten.

Melanne Verveer wurde meine neue Stabschefin. Sie hatte mich auf vielen Auslandsreisen begleitet und hatte einen wesentlichen Anteil an der Entwicklung des von uns geleiteten internationalen Netzes zur Ausbildung von Frauen für Führungspositionen. Sie ist eine ausgezeichnete Gesellschafterin, kennt sich hervorragend mit Gesetzgebungsprozessen aus und hat gute Kontakte zum Kongress.

Nach der Wahl waren mehrere Kabinettsposten vakant, darunter auch der des Außenministers. Seit Warren Christopher Anfang November seinen Rückzug angekündigt hatte, kursierten in Washington zahlreiche Gerüchte über mögliche Nachfolger. Es gab eine Reihe von Anwärtern, die jeweils ihre Anhänger hatten. Ich hoffte, Bill würde die Möglichkeit erwägen, Madeleine Albright zur ersten Außenministerin in der amerikanischen Geschichte zu ernennen. Sie hatte als Botschafterin bei den Vereinten Nationen ausgezeichnete Arbeit geleistet, und ich war von ihrem diplomatischen Geschick, ihrem Verständnis der Weltpolitik und ihrer persönlichen Courage beeindruckt. Ich bewunderte sie dafür, dass sie fließend Französisch, Russisch, Tschechisch und Polnisch sprach, womit sie vier Fremdsprachen mehr beherrschte als ich. Madeleine Albrights Lebensgeschichte spiegelte in vielerlei Hinsicht die Geschichte Europas und Amerikas im letzten halben Jahrhundert wider. Sie teilte das Bedürfnis der Völker nach Freiheit und Demokratie.

Im politischen Establishment von Washington gab es aber auch andere Stimmen. Hinter vorgehaltener Hand begann eine Kampagne gegen Madeleine: Sie sei zu forsch und zu aggressiv, und die Führer bestimmter Länder würden mit einer Frau nicht sprechen. Ende November 1996 brachte die *Washington Post* eine Meldung, aus der hervorging, das Weiße Haus betrachte Albright nur als »zweitrangige Kandidatin«. Die Nachricht war wahrscheinlich von einem ihrer Widersacher lanciert worden, um ihre Kandidatur zu sabotieren, doch der Schuss ging nach hinten los: Nun rückten Madeleines Qualifikationen in den Mittelpunkt, was zur Folge hatte, dass ihre Kandidatur ernst genommen werden musste.

Ich sprach nie mit Madeleine über eine Kandidatur, und selbst meine engsten Mitarbeiterinnen wussten nicht, dass ich Bill ermutigte, sie für das Amt in Erwägung zu ziehen. Die einzige Person außer meinem Ehemann, mit der ich über die Kandidaten für den Posten des Außenministers sprach, war Pamela Harriman, unsere damalige Botschafterin in Paris. Einige Tage nach der Meldung in der *Washington Post* besuchte sie mich im Weißen Haus. Auch nach vier Jahren im Ausland war sie noch über alle Vorgänge und Gerüchte in der Hauptstadt auf dem Laufenden und brannte vor Neugier, alles über Madeleine Albright zu erfahren. »Ich habe mit *allen* geredet«, sagte sie in ihrem wunderbar rauchigen britischen Akzent. »Einige Leute halten es tatsächlich für möglich, dass Madeleine zur Außenministerin ernannt wird.«

»Wirklich?«

»Wenn ich es doch sage«, setzte sie nach. »Was halten Sie davon?«

»Nun, ich wäre nicht überrascht, wenn es dazu käme.«

»Tatsächlich?«

»Ich glaube, sie hat ausgezeichnete Arbeit geleistet, und ich denke, wenn alle Kandidaten gleichermaßen qualifiziert sind, wäre es schön, einmal eine Frau in der Position zu sehen.«

»Na ja, ich weiß nicht. Ich bin nicht sicher«, entgegnete Pamela. »Es gibt einige andere sehr qualifizierte Leute, die an dem Posten interessiert sind.«

»Ich weiß«, sagte ich. »Aber ich würde an Ihrer Stelle nicht gegen Madeleine wetten.«

Ich wusste, dass meine Meinung nur eine von vielen war, die Bill einholte. Seine Entscheidungen fällte er allein. Also hörte ich ihm zu und warf gelegentlich eine Bemerkung oder eine Frage ein. Als wir auf Madeleine zu sprechen kamen, sagte ich ihm, dass es niemanden gebe, der seine Politik nachdrücklicher unterstütze als sie. Sie beziehe klar Position und besitze Überzeugungskraft. Und ihre Ernennung würde jedes kleine Mädchen in Amerika stolz machen.

Am 5. Dezember 1996 rief Bill Madeleine an und fragte sie, ob sie das Außenministerium übernehmen wolle. Nachdem er seine Entscheidung bekannt gegeben hatte, schickte mir Pamela Harriman eine Notiz: »Ich werde nie gegen Sie oder Madeleine wetten.«

Madeleine war die erste Frau an der Spitze des Außenministeriums, und zumindest in ihrer Amtszeit würden die Rechte und Bedürfnisse der Frauen auf der außenpolitischen Tagesordnung der Vereinigten Staaten stehen. Das machte sie unmissverständlich klar, als sie 1997 im Außenministerium als Gastgeberin einer Feier anlässlich des Weltfrauentags fungierte. Ich hatte die Ehre, mit ihr auf dem Podium zu sitzen und über die Bedeutung der Frauenrechte für den globalen Fortschritt zu diskutieren. Ich fand deutliche Worte für die barbarische Herrschaft der Taliban in Afghanistan und wiederholte meinen Standpunkt, dass die Vereinigten Staaten diese Regierung aufgrund der Unterdrückung der Frauen nicht anerkennen sollten. Genauso wenig sollten amerikanische Unternehmen Aufträge für den Bau von Pipelines annehmen oder irgendwelche anderen Geschäfte mit den Taliban machen.

Der zweiten Amtseinführung sahen wir sehr viel gelassener entgegen als der ersten, und ich genoss die Veranstaltungen, ohne mich davor fürchten zu müssen, im Stehen einzuschlafen. Ich hatte das Gefühl, dass wir diesen neuen Lebensabschnitt gestählt in Angriff nehmen würden: mit etwas härteren Kanten, jedoch belastbarer und ausdauernder. Bill war in den vergangenen Jahren in das Amt des Präsidenten hineingewachsen – auch optisch. Zum ersten Mal in seinem Leben entsprach sein Aussehen seinem tatsächlichen Alter. Er war schlohweiß, wirkte sehr würdevoll, hatte sich aber jenes jungenhafte Lächeln, jenen scharfen Verstand und jenen ansteckenden Optimismus bewahrt, in den ich mich vor so langer Zeit verliebt hatte. 25 Jahre später strahlte ich noch immer, wenn er den Raum betrat. Wir teilten den Glauben an die Bedeutung des Dienstes an der Gemeinschaft, und wir waren der beste Freund des anderen. Doch vor allem brachten wir einander immer noch zum Lachen. Ich war sicher, dass uns dies durch weitere vier Jahre im Weißen Haus bringen würde.

Auch ich war nicht mehr dieselbe Frau, die den Präsidenten im Jahr 1993 in einem veilchenblauen Kleid zur Amtseinführung begleitet hatte. Ich hätte – abgesehen von dieser geschmacklichen Entgleisung – nach vier Jahren wunderbarer Kost im Weißen Haus, auch nicht mehr hineingepasst. Und ich war nicht nur älter, sondern auch blonder geworden, eine Tatsache, die die Medien nach wie vor gerne aufgriffen. Aber immerhin hatten sie sich mittlerweile mit meinem Kleidungsstil abgefunden. Ich hatte mich mit dem Designer Oscar de la Renta und seiner glamourösen Frau Annette angefreundet, die ich bei einem Empfang im Weißen Haus im Jahr 1993 kennen gelernt hatte. Als Oscar an der Reihe war, dem Präsidenten und mir die Hand zu schütteln, sah er, dass ich eines seiner Modelle trug, und bot mir an, ich könne mich mit jeder Frage in Bezug auf Mode jederzeit an ihn wenden. Ich nahm ihn beim Wort und begann, seine Modelle zu tragen, deren elegantes Design mir sehr gefiel. Für die zweite Runde von Amtseinführungsbällen fertigte mir Oscar ein fabelhaftes besticktes goldfarbenes Spitzenkleid samt dazu passendem Satincape an. Bei der Vereidigungszeremonie trug ich eines von Oscars korallenfarbenen Kostümen mit einem dazu passenden Mantel. Auf Oscars nachdrückliche Empfehlung brach ich mit der Tradition und verzichtete auf einen Hut. Den einzigen Moderüffel erhielt ich an jenem Tag – von Oscar und den Medien – dafür, dass ich zu dem Mantel eine Brosche trug. Ich hänge nun mal an meinen Broschen! Und überhaupt hatte ich an jenem Tag andere Sorgen: Unsere Tochter Chelsea überraschte unten in der Halle mit einem halblangen Mantel. Erst unmittelbar vor unserem Aufbruch entdeckte ich, was der Mantel verbarg – einen Minirock. Just in dem Augenblick, als ich sie aufforderte, mir ihr ganzes Outfit zu zeigen, hielt die Fotografin Diana Walker, die für *Time* eine Fotoreportage über das Leben hinter den Kulissen im Weißen Haus machte, diesen – in meinen Augen – Hauch von Nichts und meinen Gesichtsausdruck mit der Kamera fest. Es war zu spät, um Chelsea noch einmal hinaufzuschicken, damit sie sich umzog, und möglicherweise hätte meine 16-jährige Tochter meinem Flehen auch nicht nachgegeben. Sie erregte großes Aufsehen, als sie mit dem Mantel über dem Arm auftrat, lächelte, winkte in die Menge und bewältigte die Situation mit großer Selbstsicherheit.

Beim traditionellen Mittagessen im Kapitol hatten Mutter und Tochter an jenem Tag schon einmal einigen Sinn für Humor beweisen müssen. Da die Republikaner den Kongress beherrschten, entschieden sie über die Sitzordnung beim traditionellen Bankett zur Amtseinführung. Vielleicht hatte sich jemand einen Scherz erlaubt, indem er mich neben Newt Gingrich und Chelsea zwischen Tom DeLay, den Einpeitscher der Republikaner im Repräsentantenhaus, und Senator Strom Thurmond setzte, einen fidelen Greis aus South Carolina. DeLay, der alle möglichen Widerwärtigkeiten über Chelseas Vater verbreitet hatte, verhielt sich ihr gegenüber so liebenswürdig, wie es ihm nur möglich war, und Chelsea tat dasselbe. Er sprach über seine Tochter, die in seinem Büro arbeitete, und darüber, wie wichtig es sei, die Familie in das öffentliche Leben einzubinden. Und er bot an, Chelsea durch das Kapitol zu führen. Strom Thurmond bemühte sich ebenfalls um Smalltalk. »Wissen Sie, wie ich es geschafft habe, so lange zu leben?«, fragte er Chelsea. Thurmond war 95 Jahre alt, war mit zwei ehemaligen Schönheitsköniginnen aus South Carolina verheiratet gewesen und hatte noch vier Kinder gezeugt, als er schon über sechzig Jahre alt war. »Liegestütze! Einarmige Liegestütze!«, riet er Chelsea. »Und essen Sie nie etwas, das größer ist als ein Ei. Ich nehme täglich sechs Mahlzeiten in der Größe eines Eies zu mir!«

Chelsea nickte höflich und stocherte in ihrem Salat herum. Die nächste Charmewelle rollte bereits. »Ich glaube, Sie sind *fast* so hübsch wie Ihre Mama«, sagte der Senator mit diesem seidigen Südstaatenton, für den er einiges Ansehen genoss. Als die Hauptspeisen serviert wurden, erklärte er nachdenklich: »Sie *sind* so hübsch wie Ihre Mama. Sie ist wirklich hübsch, und Sie sind auch hübsch. Ja, das sind Sie. Sie sind so hübsch wie Ihre Mama.« Beim Dessert sagte Thurmond: »Ich glaube, Sie sind *hübscher* als Ihre Mama. Ja, das sind Sie, und wenn ich siebzig Jahre jünger wäre, würde ich Ihnen den Hof machen!«

Meine Unterhaltung beim Bankett war nicht annähernd so angeregt wie die von Chelsea. *Wie geht es Ihrer Mutter? Danke, gut. Und wie geht es Ihrer?* Es war mühsam, ein Gespräch mit Newt Gingrich in Gang zu halten. Er wirkte bedrückt. Er war zwar erneut zum Sprecher des Repräsentantenhauses gewählt worden, doch seine Popularität schwand und er verlor im Repräsentantenhaus an Boden. Darüber hinaus war er wegen unethischen Verhaltens vor den Ethikausschuss des Hauses zitiert worden. Er wurde beschuldigt, steuerbefreite Einrichtungen zur Finanzierung politischer Vorträge missbraucht und den Ausschuss anschließend diesbezüglich in die Irre geführt zu haben. Er behauptete, einen harmlosen Fehler begangen zu haben, und gab seinem Anwalt die Schuld, doch der Ausschuss gelangte zu dem Schluss, Gingrich habe im Verlauf der Untersuchung bei 13 Gelegenheiten fragwürdige Erklärungen abgegeben. Er wurde mit einer Geldbuße belegt und erhielt einen Verweis. Ich bezweifelte allerdings, dass Gingrichs Probleme im Repräsentantenhaus ihn davon abhalten würden, die Whitewater-Untersuchung weiter in die Länge zu ziehen. Tatsächlich konnte ich das Gefühl der Bedrohung nicht abschütteln, das bei der Vereidigung am Mittag in mir aufgestiegen war.

Es war ein trüber kalter Tag, und die Atmosphäre unter der Rotunde des Kapitols war noch frostiger als draußen. Traditionsgemäß nahm der Vorsitzende des Obersten Gerichtshofs dem neuen Präsidenten den Amtseid ab, doch weder Bill noch mir gefiel der Gedanke, diesen bedeutenden Augenblick mit Richter William Rehnquist teilen zu müssen, der uns und unserer Politik mit unverhohlener Abneigung begegnete. Zu Beginn seiner Karriere hatte Rehnquist als Mitarbeiter des damaligen Obersten Richters Robert Jackson ein Memo verfasst, in dem er sich nachdrücklich für die Aufrechterhaltung eines Urteils aus dem Jahr 1896 aussprach, mit dem die Rassentrennung legitimiert worden war. Er befürwortete auch ein texanisches Gesetz, das es erlaubte, das Recht zur Teilnahme an Vorwahlen auf Weiße zu beschränken. »Es ist an der Zeit, dass sich der Gerichtshof der Tatsache stellt, dass die Weißen im Süden keine Farbigen mögen«, schrieb er 1952. Und im Jahr 1964 sagte ein Zeuge unter Eid aus, Rehnquist stecke hinter den Versuchen, die Eignung schwarzer Wähler in Arkansas anzufechten. 1970 schlug Rehnquist als von Nixon ernannter Ministerialdirektor im Justizministerium einen Verfassungszusatz vor, um die Umsetzung des bahnbrechenden Rassentrennungsurteils im Fall Brown gegen den Board of Education aus dem Jahr 1954 zu blockieren. Und nachdem er 1971 von Nixon in den Obersten Gerichtshof berufen worden war, versuchte er unentwegt, die Fortschritte im Kampf gegen die Rassentrennung rückgängig zu machen. Er machte keinen Hehl aus seiner Freundschaft zu vielen Politikern am rechten Rand der Republikanischen Partei, die seit dem Beginn von Bills erster Amtszeit versuchten, die Position des Präsidenten zu untergraben. Wie die Öffentlichkeit später durch die Entscheidung über das Ergebnis der Wahl zwischen Bush und Gore erfahren sollte, hinderte seine Lebensstellung als Richter am Obersten Gerichtshof Rehnquist nicht daran, Urteile nach ideologischen oder parteipolitischen Gesichtspunkten zu fällen.

Ich hatte Bill vorgeschlagen, entweder die Richterin Ruth Ginsburg oder den Richter Stephen Breyer zu bitten, ihm den Amtseid abzunehmen. Er hatte meinen Vorschlag erwogen, sich dann jedoch entschlossen, die Tradition zu respektieren. Schließlich kreiste seine Antrittsrede um das Thema der Versöhnung, wobei er insbesondere auf die »Rassentrennung als Amerikas bleibenden Fluch« Bezug nahm. Um diesen Fluch zu überwinden, rief Bill die Amerikaner auf, »neue Bande zu knüpfen«.

Chelsea und ich hielten die Bibel, auf die Bill seine linke Hand legte, während er die rechte zum Schwur erhob. Als ihm William Rehnquist den Eid abgenommen hatte, reichte Bill ihm die Hand.

»Viel Glück«, sagte Rehnquist mit versteinerter Miene. Etwas in seinem Ton ließ mich ahnen, dass wir es brauchen würden.

In Afrika

Der zweite Versuch meines Mannes, mit Greg Norman Golf zu spielen, endete für zwei Monate auf Krücken. Es war kein Sandhindernis, das ihm zum Verhängnis wurde, und auch kein unkontrollierter Schlag – er machte einfach einen falschen Schritt auf einer dunklen Treppe vor Normans Haus in Florida und riss sich dabei die rechte Quadrizepssehne fast ganz durch. Der Unfall passierte am Freitag, dem 14. März 1997 gegen ein Uhr nachts, und als Bill mich kurz darauf aus dem Krankenhaus anrief, witzelte er, dass er froh sei, nun endlich die Beine hochlegen zu können. Ich war zwar erleichtert, dass sein Humor nicht gelitten hatte, machte mir aber große Sorgen. Trotz schrecklicher Schmerzen bestand Bill darauf, so schnell wie möglich ins Weiße Haus zurückzukehren, denn am Dienstag wollte er zu einem lange vereinbarten Treffen mit Boris Jelzin nach Helsinki fliegen – egal, was die Ärzte sagten. Ich rief Dr. Connie Mariano an, die Ärztin des Präsidenten und Leiterin der Sanitätseinheit im Weißen Haus, und fragte sie nach ihrer Meinung. Sie sagte, dass Bill operiert werden müsse, aber ohne Risiko nach Washington transportiert werden könne, um den Eingriff hier durchzuführen.

Ich wartete auf der Andrews Air Force Base, als die Präsidentenmaschine am Freitagvormittag landete und eine Schar von Sicherheitsbeamten meinen normalerweise unverwüstlichen Mann aus dem Flugzeug trugen. Sie setzten ihn in einen Rollstuhl und ließen ihn mit einem mobilen hydraulischen Aufzug zu Boden. Gemeinsam fuhren wir ins Bethesda Naval Hospital, wo er operiert werden sollte. Bill war zuversichtlich, nach Helsinki fliegen zu können. Ich bat ihn, mit seiner Entscheidung bis nach der Operation zu warten, aber er hatte bereits beschlossen, dass alles gut gehen würde. Bill erinnert mich oft an einen Jungen, der sich mit Feuereifer durch einen Stall voller Pferdemist wühlt, und auf die Frage, warum er das tue, antwortet: »Bei all dem Pferdemist muss hier doch irgendwo ein Pony sein.«

Ein Problem war, dass Bill eine Vollnarkose oder betäubende Schmerzmittel ablehnte; als Präsident musste er 24 Stunden am Tag abrufbereit sein. Die Operation, bei der die Chirurgen seine Quadrizepssehne wieder an der Kniescheibe befestigen würden, war sehr schmerzhaft. Wenn er eine Vollnarkose erhielt, müsste Bill laut dem 25. Zusatz zur Verfassung seine Befugnisse als Präsident vorübergehend dem Vizepräsidenten übertragen. Eine solche Machtübertragung hatte es seit 1985 nicht mehr gegeben, als sich Präsident Reagan wegen Dickdarmkrebses einer Operation unterziehen musste. Und Bill war entschlossen, sie um jeden Preis zu verhindern. Bei dem bevorstehenden Treffen mit Jelzin ging es erneut um die Erweiterung der NATO, die die Russen vehement ablehnten. Nachrichten über die Verwundbarkeit des amerikanischen Präsidenten wollte Bill daher vermeiden. Er entschied sich für eine Lokalanästhesie und plauderte mit den Ärzten über die Musik von Lyle Lovett, die im OP gespielt wurde, während der Chirurg Löcher in seine Kniescheibe bohrte, die gerissene Sehne durchzog und am unbeschädigten Teil des Muskels annähte.

Nach einer dreistündigen Operation wurde Bill um 16.43 Uhr in die Präsidentensuite des Krankenhauses gebracht. Er sah blass und erschöpft aus, war aber guten Mutes, weil Dr. Mariano und der Chirurg uns mitteilten, dass die Operation erfolgreich verlaufen sei und er sehr gute Aussichten auf eine vollständige Genesung habe. Doch die Ärzte machten uns auf die Risiken einer Fernreise aufmerksam und fragten mich, ob ich meinen Mann nicht davon abbringen könne. Ich bezweifelte, dass es mir gelingen würde, und rief Bills Sicherheitsberater Sandy Berger an. Sandy besaß die Gabe, den Präsidenten mit Fakten und Argumenten von Notwendigkeiten überzeugen zu können. Er sagte, die Reise sei sehr wichtig und er hoffe, dass Bill fahren könne, akzeptiere aber, dass die Gesundheit vorging. Ich informierte Bill, dass Sandy sich mit großem Bedauern dem Urteil der Ärzte fügen werde. »*Ich* aber nicht«, beharrte Bill. »Ich fahre.«

Ich teilte Dr. Mariano telefonisch mit, dass Bill unbedingt fahren wolle: »Wir müssen uns also überlegen, wie wir ihn sicher nach Finnland und auch wieder zurückbringen.«

»Aber er kann nicht so lange in einem Flugzeug sitzen«, protestierte sie. »Es könnten sich Blutgerinnsel bilden.«

Ich warf einen Blick auf meinen wild entschlossenen Mann und dachte, dass er etwas ganz anderes bekommen würde, wenn die Ärzte ihn nicht fahren ließen.

»Was sagt sie?«, drängte er ungeduldig.

»Kann Jelzin nicht hierher kommen?«, fragte ich.

»Nein! Ich muss fahren.«

»Er fährt nach Helsinki«, sagte ich zu Dr. Mariano. »Tun Sie alles, damit sich kein Blutgerinnsel bildet.«

»Dann müssen wir ihn in Trockeneis packen.«

»Gut, dann packen Sie ihn in Trockeneis.«

Dr. Mariano gab schließlich nach und begann, ein medizinisches Begleitteam für die Reise zusammenzustellen.

Bevor Bill aus dem Krankenhaus entlassen wurde, mussten unsere Wohnräume vorbereitet werden: Teppiche und Kabel wurden am Boden festgeklebt, einige Möbelstücke entfernt, und in der Dusche wurde ein Haltegriff befestigt. Am Sonntagmorgen kehrte Bill schließlich im Rollstuhl sitzend ins Weiße Haus zurück. Chelsea und ich freuten uns, ihn zu sehen, obwohl wir kaum Zeit für ihn hatten. Wir hätten eigentlich bereits am Vortag zu unserer Reise nach Afrika aufbrechen sollen. Ich hatte versucht, die Reise abzusagen, um Bill nach Helsinki zu begleiten oder zumindest unsere Abreise zu verschieben. Aber Bill hatte nichts davon hören wollen; er war der Meinung, wenn wir unsere Pläne änderten, könnten einige Leute glauben, die Operation sei kein Erfolg gewesen. Schließlich hatten wir einen Kompromiss gefunden: Bill würde wie geplant allein nach Helsinki fliegen, und Chelsea und ich würden einen Tag später als geplant nach Afrika abreisen.

Zu den Journalisten und Fotografen, die mich normalerweise begleiteten, gesellte sich diesmal auch die hochgelobte Annie Leibovitz, um im Auftrag der Zeitschrift *Vogue* unsere Reise zu dokumentieren. Die für ihre Porträts weltberühmte Fotografin stürzte sich mit Begeisterung in die Herausforderung, die Schönheit und Erhabenheit der Menschen und der Landschaft Afrikas einzufangen. Ich hatte zugesagt, den Artikel zu ihren Bildern zu schreiben. Dabei wollte ich auf »Hilfe zur Selbsthilfe«-Initiativen aufmerksam machen, über die Rechte der Frauen sprechen, die Demokratie unterstützen und Amerikaner anregen, sich mehr mit Afrika zu beschäftigen. Wie wichtig dieses letzte Ziel war, wurde deutlich, als ein Journalist mich vor der Reise fragte: »Wie heißt eigentlich die Hauptstadt von Afrika?« Dass Chelsea mitkam, freute mich wie immer ganz besonders. Doch darüber hinaus war es auch eine Botschaft für die Menschen aus jenen Regionen, in denen die Bedürfnisse und Fähigkeiten junger Mädchen zu oft ignoriert werden.

Die erste Station unserer Afrikareise war der Senegal, das Ursprungsland von Millionen Amerikanern, deren Vorfahren als Sklaven verkauft worden waren. Auf Goree Island vor der Küste von Dakar waren sie bis zu ihrem Abtransport in einer kleinen Festung gefangen gehalten worden. An den Wänden der Zellen sind noch die Fußeisen und Ketten befestigt, die auf bedrückende Weise daran erinnern, zu welcher Grausamkeit Menschen fähig sind. Durch ein Tor ohne Wiederkehr auf der Rückseite der Festung waren zehntausende Menschen auf Sklavenschiffe getrieben worden. Ich schloss die Augen, atmete die feuchte, muffige Luft ein und versuchte mir meine Verzweiflung vorzustellen, wäre mir oder meiner Tochter dieses Schicksal widerfahren.

Kurz darauf erfuhr ich von den Bemühungen, eine Tradition abzuschaffen, die ich für eine andere Form der Versklavung halte: die Verstümmelung der weiblichen Genitalien. In einem Dorf namens Saam Njaay, eineinhalb Stunden von Dakar entfernt, hatte Molly Melching, eine ehemalige Mitarbeiterin des Friedenskorps, eine NGO namens Tostan mitbegründet, die in

Dörfern kleine Geschäfte aufbaute und Bildungsprojekte durchführte. Dank Tostan begannen Frauen, über die Schmerzen und die verheerenden gesundheitlichen – manchmal sogar tödlichen – Auswirkungen des alten Brauchs zu sprechen, nach dem Mädchen die äußeren Genitalien entfernt werden, bevor sie die Geschlechtsreife erreichen. Nach einer von Tostan organisierten Diskussion, an der das ganze Dorf teilnahm, entschieden sich die Bewohner, diese Praktik einzustellen. Die männlichen Führer von Saam Njaay gingen von Dorf zu Dorf, um für die Abschaffung der Beschneidung zu werben. Schließlich reichten die Anführer der Bewegung bei Präsident Abdou Diouf ein Gesuch ein, die Beschneidung von Frauen im ganzen Land gesetzlich zu verbieten. Als ich Präsident Diouf traf, lobte ich diese basisdemokratische Initiative und sicherte meine Unterstützung zu. Noch im selben Jahr wurde ein Gesetz erlassen, das die Beschneidung von Frauen untersagte – doch die Verordnung gegen die tief verwurzelte Tradition durchzusetzen, ist schwierig.

Dieses Beispiel gab mir dennoch Hoffnung, als wir nach Südafrika weiterreisten, das wie kein anderes Land die Veränderungen auf dem afrikanischen Kontinent symbolisiert. Nelson Mandela war einer der Wegbereiter dieser Veränderung, ebenso wie Erzbischof Desmond Tutu, das Gewissen der Antiapartheidbewegung, der Mandela veranlasst hatte, die so genannte Wahrheits- und Versöhnungskommission zu gründen. Diese Kommission sammelte Aussagen von Opfern und Tätern, um die Wahrheit ans Licht zu bringen und nach Jahrzehnten der Ungerechtigkeit und Brutalität die Versöhnung zwischen den Rassen zu ermöglichen. Täter, die sich bei der Kommission meldeten und ihre Verbrechen gestanden, wurden begnadigt. Und die Opfer erhielten endlich Antworten auf die Fragen, die sie quälten. Ein Opfer drückte es so aus: »Ich möchte vergeben, aber ich muss wissen, wem und was.«

Als Nelson Mandela Chelsea und mir das Gefängnis auf Robben Island zeigte, in dem er 18 Jahre eingesperrt war, erklärte er uns, wie mühsam der lange Weg zu Wahrheit und Versöhnung war. Jahre seines Lebens zu verlieren ist immer schmerzlich, umso mehr, wenn die Ursache »das verdorbene

Brot des Hasses« ist, wie Dr. Martin Luther King es nannte. Für die meisten von uns ist der Wunsch nach Vergeltung stärker als die Bereitschaft zu vergeben. Doch Mandela zeigte der Welt, wie man vergibt und sich der Zukunft zuwendet.

Wie der Rest des Kontinents kämpft auch Südafrika immer noch mit überwältigender Armut, Kriminalität und Krankheit. Was mich dennoch optimistisch stimmte, war die Hoffnung, die ich in den Gesichtern vieler Schüler und Studenten sah. Und als ich auf einem staubigen Stück Land am Rand von Kapstadt eine Rede hielt, lernte ich Frauen kennen, die im wahrsten Sinn des Wortes eine bessere Zukunft für sich und ihre Kinder aufbauten. Singend schoben sie Schubkarren, gossen Zement und mischten Farbe für ihr neues Zuhause. Diese Frauen, die früher als Obdachlose unter elenden Bedingungen gelebt hatten, gründeten eine Wohnungs- und Kreditvereinigung nach dem Vorbild der Self-Employed Women's Association in Indien. Sie legten ihre Ersparnisse zusammen, kauften Baumaterial, lernten, wie man ein Fundament gießt und Abflussrohre verlegt und errichteten ihre eigene Gemeinde. Bei unserem Besuch hatten sie bereits 18 Häuser gebaut. Als ich ein Jahr später mit Bill wiederkam, waren es schon 104. Ich denke oft an eine Zeile aus einem ihrer Lieder, die frei übersetzt bedeutet: »Stärke, Geld und Wissen – ohne sie können wir nichts tun.« Ein guter Rat für Frauen auf der ganzen Welt.

Im Gegensatz zu Südafrika war Zimbabwe, der nördliche Nachbar, ein Land, dessen großes Potenzial von seiner Regierung zunichte gemacht wurde. Robert Mugabe, der an der Macht war, seit Zimbabwe 1980 seine Unabhängigkeit erlangt hatte, verwandelte sich zusehends in einen autokratischen Herrscher, der keine Kritik duldete. Während meines Höflichkeitsbesuchs in seiner Residenz in Harare sagte Mugabe wenig. Er konzentrierte sich ganz auf seine junge Frau Grace, während ich mich mit ihr unterhielt, und brach immer wieder ohne ersichtlichen Grund in Gelächter aus. Mugabe wirkte gefährlich und schien ein destabilisierender Faktor für die ganze Region zu sein. Meine Meinung wurde in den letzten Jahren bestätigt, als Mugabe jede politische Opposition unterdrückte und eine Terrorkampagne sanktionierte, um weiße Farmer von ihrem Land zu vertreiben und seine Kritiker zum Schweigen zu bringen. Er stürzte das ganze Land in Hunger und Chaos.

In Harare traf ich auch eine Gruppe von Frauen, die in politischen, akademischen und wirtschaftlichen Bereichen tätig waren. Sie berichteten von der Kluft zwischen den Rechten, die sie auf dem Papier hatten, und den alten Bräuchen und Ansichten, die immer noch vorherrschten. Sie erzählten Geschichten von Frauen, die von ihren Männern geschlagen wurden, weil sie »schlechte Manieren« hatten oder Hosen trugen. Eine Frau fasste die Probleme zusammen: »Solange es ein Gesetz gibt, dass ein Mann zwei Frauen haben darf, aber eine Frau nicht zwei Männer, brauchen wir über Gleichberechtigung nicht einmal zu reden.«

Bei meiner Abreise aus Harare war ich niedergeschlagen wegen der Verschlechterung der Lebensbedingungen und der offensichtlichen Fehler eines politischen Führers, der schon zu lange an der Macht war. Doch meine Stimmung hob sich bei unserem nächsten Stopp, den Viktoriafällen, wo der breite Strom des Sambesi in eine tiefe, enge Schlucht stürzt. Chelsea und ich liefen durch den Sprühregen, den die donnernden Wassermassen erzeugten, und sahen zu, wie sich in der Morgensonne schimmernde Regenbögen bildeten.

Damit die wirtschaftliche Lage der Afrikaner sich verbessert, müssen die atemberaubende Schönheit und die natürlichen Ressourcen dieses Kontinents geschützt werden. Dass das keine einfache Aufgabe ist, erfuhr ich während meines Besuchs in Tansania. Dieses Land entstand im Jahr 1964 aus zwei ehemaligen Kolonien, deren Namen mich als Kind faszinierten: Tanganjika und Sansibar. In der damaligen Hauptstadt Daressalam traf ich Präsident Benjamin Mkapa, einen ehemaligen Journalisten, der hart dafür gearbeitet hatte, eine staatliche Wirtschaft aufzubauen, die von den natürlichen Ressourcen des Landes und der Lage am Indischen Ozean profitierte. Mit der lebhaften Zustimmung seiner Frau Anna und der bei unserem Treffen anwesenden Ministerinnen redete ich dem Präsidenten zu, die Gesetze abzuschaffen, die das Recht der Frauen auf Besitz einschränkten. Diese Bestimmungen waren nicht nur unfair, sondern hemmten auch das wirtschaftliche Potenzial der halben Bevölkerung. 1999 erließ Tansania Gesetze, die diese Benachteiligung von Frauen beendeten.

Tansania unterstützte maßgeblich die Bemühungen, Frieden und Stabilität in die von Kriegen zerrüttete Region zu bringen. In Arusha besuchte ich das Internationale Tribunal für Kriegsverbrechen in Ruanda, das den Völkermord untersuchte. Der Erfolg dieses Tribunals ist für alle Afrikaner von großer Bedeutung, vor allem aber für Frauen und Kinder, die am häufigsten Opfer von Verbrechen sind. In Ruanda kam es 1994 zu massenhaften Vergewaltigungen und sexuellen Übergriffen, die in dem fürchterlichen Genozid als taktische Waffe eingesetzt wurden. In Kampala (Uganda) traf ich später eine Delegation ruandischer Frauen, deren sanfte, melodische Stimmen darüber hinwegtäuschten, welche Gräuel sie überlebt hatten. Eine junge Frau erzählte, wie sie nach einem Machetenangriff versucht hatte, ihren teilweise abgetrennten Arm mit einer Schnur festzubinden. Als sich die Wunde entzündete, hackte sie sich den Arm selbst ab. Die Frauen übergaben mir ein Fotoalbum mit Bildern, die Knochen, Schädel, betäubte Überlebende und verwaiste Kinder zeigten. Ich konnte mich kaum überwinden, die Fotos anzusehen, und bedaure zutiefst, dass der Rest der Welt, einschließlich der Regierung meines Mannes, nicht mehr unternahm, um diesen Genozid zu beenden.

Uganda beeindruckte mich auch aus anderen Gründen. Angesichts der Aids-Epidemie in Afrika startete die Regierung eine Interventions- und Aufklärungskampagne, um die unkontrollierte Ausbreitung des HI-Virus zu verhindern. Die Auswirkungen der Aids-Pandemie waren und sind vor allem in Subsahara-Afrika noch immer dramatisch. Über siebzig Prozent aller Aidserkrankungen treten in dieser Region auf; die Folgen sind in allen Bereichen der Gesellschaft spürbar. Ende der neunziger Jahre stieg in Ländern wie Uganda die Kindersterblichkeitsrate sprunghaft an, die Lebenserwartung der Bevölkerung sank, die Wirtschaft litt unter dem massiven Ausfall von Arbeitskräften und den gestiegenen Kosten für das Gesundheitssystem. Die Clinton-Administration verstärkte das amerikanische Engagement zur Aidsprävention. In nur zwei Jahren wurde die finanzielle Unterstützung für internationale

Aidshilfeprogramme verdreifacht. Die Vereinigten Staaten förderten gemeinsam mit anderen Regierungen die Gründung einer Organisation unter dem Dach der Vereinten Nationen, die Strategien zur Bekämpfung der Pandemie ausarbeitet, sich für die Vergabe von Medikamenten und moderner Technologie an finanzschwache Entwicklungsländer einsetzt und Mitglieder des Friedenskorps zu Aidsexperten ausbildet.

Mit der Unterstützung von USAID wurde in Kampala das bahnbrechende Aids-Zentrum in Subsahara-Afrika eröffnet, das anonyme Tests und Beratung anbietet. Auf dem Weg vom Flughafen in Entebbe sah ich Plakate, die in Riesenlettern das ABC der Aids-Prävention verkündeten: Abstain (sei enthaltsam), Be faithful (bleib treu), Wear a Condom (verwende ein Kondom). Die Kampagne wurde von Ugandas charismatischem Präsidenten Yoweri Museveni und seiner Frau Janet geleitet. Bei der Einweihung des Aids-Informationszentrums erfuhr ich von einem amerikanischen Arzt, dass die Klinik die erste Institution war, die Testergebnisse noch am selben Tag bekannt gab und dass diese Praktik nun in den USA eingeführt wurde. Unsere Auslandshilfe unterstützte nicht nur die Suche nach einem Impfstoff und nach Behandlungsmöglichkeiten in Uganda, auch die USA profitierten davon.

Nichts ist in Afrika dringender, als die vielen Konflikte – ob Stammes-, Religions- oder Staatskriege – zu beenden, die an allen Ecken und Enden Leben zerstören und Fortschritt verhindern. Eritrea ist die jüngste Nation Afrikas, eine Demokratie, die aus einem dreißig Jahre dauernden Bürgerkrieg um die Unabhängigkeit von Äthiopien hervorgegangen war. Als ich in Asmara aus dem Flugzeug stieg, sah ich ein rot-weiß-blaues Transparent mit der Aufschrift »YES, IT TAKES A VILLAGE«. Ich wurde von Frauen in bunten Kleidern empfangen, die mich mit Popcorn bewarfen – eine Begrüßungszeremonie, die Besucher vor bösen Kräften schützen und ihnen Glück bringen soll. Bei der Abfahrt vom Flughafen sah ich ein weiteres Transparent, diesmal mit der Aufschrift »WELCOME, SISTER«.

Der Präsident von Eritrea, Isaias Afwerki, und seine Frau Saba Haile, eine ehemalige Freiheitskämpferin, lebten in einem kleinen Haus, empfingen mich aber im Präsidentenpalast.

Während einer Darbietung von Volkstänzen in einem Hof, den die Italiener während ihrer Kolonialherrschaft gebaut hatten, fragte ich Präsident Afwerki, der sein Studium aufgegeben hatte, um sich dem Widerstand anzuschließen, ob er während des langen Krieges je Zeit zum Tanzen gefunden habe. »Natürlich«, antwortete er. »Wir mussten tanzen, um uns an eine Welt ohne Krieg zu erinnern.«

Ende Mai 1998 brach wegen eines umstrittenen Grenzabschnitts erneut ein Krieg zwischen Äthiopien und Eritrea aus. Tausende wurden getötet, und die Aussicht auf anhaltenden Frieden für beide Länder rückte wieder in weite Ferne. Bill schickte Tony Lake, seinen ehemaligen nationalen Sicherheitsberater, und Susan Rice, die Afrikabeauftragte im Außenministerium, in die Region. Die US-amerikanische Regierung konnte schließlich zum Abschluss einer Friedensvereinbarung beitragen. Ich kann nur hoffen, dass beide Länder das Potenzial für eine bessere Zukunft, das ich gesehen habe, verwirklichen können.

Nach unserer Rückkehr unterhielten Chelsea und ich Bill mit Geschichten über unsere afrikanischen Abenteuer. Bills Gipfel bei Jelzin war zwar produktiv, aber längst nicht so faszinierend gewesen. Sein Bein verheilte, doch er humpelte immer noch auf Krücken durchs Weiße Haus. Die republikanische Opposition gewährte ihm wegen seiner Verletzung keine Auszeit. Einen Monat zuvor, im Februar 1997, hatte Kenneth Starrs Karriere als Sonderermittler eine bizarre Wende genommen, als er bekannt gab, dass er als Independent Counsel zurücktreten werde, um an der Pepperdine University eine Position als Dekan der juristischen Fakultät und als Leiter der neu gegründeten Fakultät für Staatspraxis anzunehmen. Doch Starrs Ausstiegsstrategie ging nach hinten los: Vertreter des rechten Flügels kritisierten ihn heftig, weil er sich aus den Ermittlungen zurückzog, bevor etwas gefunden war, das uns belastete. Gleichzeitig begannen einige Journalisten einer Spur nachzugehen, die den angeblich unabhängigen Ermittler direkt mit einem seiner Förderer verband. Es stellte sich heraus, dass Starrs Position als Dekan mit einem großzügigen Geschenk von Richard Mellon Scaife zu tun hatte, einem Mitglied des Verwaltungsrats der Pepperdine University. Nach wenigen Tagen beugte sich Starr dem Druck von rechts und gab entschuldigend bekannt, er werde Sonderermittler bleiben, bis seine Arbeit getan sei.

Ich weiß nicht, ob wir mit oder ohne Starr besser dran gewesen wären. Doch eine Folge von Starrs Verbleib im Amt waren noch verzweifeltere Bemühungen, irgendetwas zu finden, um die fortgesetzten Ermittlungen zu rechtfertigen. David Kendall, der die Medienberichte über Whitewater ständig überwachte, bemerkte, dass die Meldungen aus Starrs Büro zunahmen. Die Zeitungen berichteten, dass Ermittler des OIC »Quellen« in Arkansas, wie jene Sicherheitsbeamten, erneut aufsuchten, um das Privatleben des Präsidenten zu prüfen. Währenddessen gab Jim McDougal fleißig Interviews und versuchte erneut, Bill und mich in seine krummen Geschäfte hineinzuziehen. Seine Ex-Frau Susan saß bereits im Gefängnis, weil sie sich weigerte, vor der Whitewater Grand Jury auszusagen. Sie beharrte, das sei eine Falle, um sie wegen Meineids anzuklagen, wenn sie die Wahrheit sagte. Wer glaubt, dass Staatsanwälte das amerikanische Strafrechtssystem nicht missbrauchen können, sollte Susans Buch lesen, »The Woman Who Wouldn't Talk: Why I Refused to Testify Against the Clintons and What I Learned in Jail«. Es ist ein schockierender Bericht darüber, wie Starrs Mitarbeiter sie behandelten, und eine ernüchternde Erinnerung, dass für den Schutz unserer Freiheit die Rechtsstaatlichkeit für alle gewährleistet sein muss.

Mitglieder von Starrs Team und Starr selbst schienen geheime Aussagen vor der Grand Jury weiterzugeben, was gegen das Gesetz verstieß. In einem Artikel, der am 1. Juni 1997 im *New York Times Magazine* erschien, stellte Starr meine Ehrlichkeit in Frage und spielte auf eine mögliche Anklage wegen Verdunkelung an. Für David Kendall war das der Tropfen, der das Fass zum Überlaufen brachte. Er meinte, es sei Zeit für eine Gegenoffensive und schrieb einen von mir und Bill abgesegneten Brief, in dem er Starr beschuldigte, eine unseriöse Kampagne in den Medien zu führen. Drei ehemalige Sonderermittler, darunter auch ein konservativer Republikaner, stimmten Kendall öffentlich zu, dass das Verhalten der OIC unerhört sei. Aber der PR-Krieg ging weiter.

In der Zwischenzeit erhielt der Fall Paula Jones neuen Auftrieb. Im Januar hatte Bob Bennett, Bills mit diesem Fall betrauter Anwalt, vor dem Obersten Gerichtshof das Argument vorgebracht, dass ein Präsident während seiner Amtszeit nicht mit Zivilprozessen belastet werden sollte. Bennett wies darauf hin, dass andernfalls jeder Präsident in Prozesse verwickelt werden könnte, die von seinen politischen Feinden oder Leuten angestrengt wurden, die auf Publicity aus waren. Das würde jedoch die Fähigkeit des Staatsoberhaupts untergraben, seinen Pflichten nachzukommen. Doch am 27. Mai 1997 kamen alle neun Richter zu dem Schluss, dass sich das Privileg des Präsidenten nicht auf Zivilklagen erstreckte und der Prozess *Jones vs. Clinton* fortgesetzt werden könne. Ich hielt das für eine schreckliche Entscheidung und eine offene Einladung an politische Gegner, den Präsidenten zu verklagen.

Chelseas High-School-Abschluss und ihre Abreise ins 3000 Meilen entfernte Stanford rückten immer näher. Ich versuchte das Gefühl des Verlusts, das mir immer mehr zusetzte, vor Chelsea zu verbergen, um ihr diesen besonderen Moment in ihrem Leben nicht zu verderben. Ich tröstete mich, indem ich so viel Zeit wie möglich mit ihr verbrachte und mit den Müttern ihrer Klassenkameradinnen redete, die sich ebenfalls vor der bevorstehenden Trennung fürchteten. Zu den Gesprächen hatte ich häufig Gelegenheit, weil wir uns einen Monat lang intensiv auf eine geheiligte Tradition der Sidwell Friends vorbereiteten: die Mutter-Tochter-Show. Die Mütter von Sidwell-Schülerinnen stellen einen Abend mit Sketchen zusammen, in denen sie sich über ihre Töchter lustig machen. Ich studierte mit den Müttern von Chelseas Freundinnen eine Parodie ein, in der jede von uns ihre Tochter nachahmte. Zu meiner Rolle gehörte es, wie eine Ballerina jede Menge Pirouetten zu drehen und am Telefon endlos die Pläne für den Abend zu besprechen. In der ersten Szene hüllten wir uns in Laken, die wie Togen aussehen sollten, und sangen »I Believe I Can Fly«. Zu Chelseas Glück wurde ich bei dieser musikalischen Einlage von den anderen Müttern übertönt.

Die Abschlussfeier verlief in diesem Jahr nicht anders als

sonst, außer dass der Präsident der Vereinigten Staaten die Eröffnungsrede hielt. Er rührte mich zu Tränen, als er die Absolventinnen um Verständnis bat, wenn ihre Eltern »ein wenig traurig wirken oder sich seltsam benehmen. Ihr müsst wissen, dass wir uns heute an euren ersten Schultag erinnern und an all die schönen und schwierigen Momente, die zwischen damals und heute liegen. Obwohl wir euch für diesen Tag großgezogen haben und sehr stolz auf euch sind, sehnen wir uns danach, euch noch einmal an der Hand zu halten wie damals, als ihr kaum laufen konntet, oder euch eine der Gutenachtgeschichten vorzulesen, die ihr so geliebt habt.«

VITAL VOICES

Als der Sommer näher rückte, nahm die Regierung drei große Aufgaben in Angriff: die Verhandlungen über den Haushaltsausgleich mit dem Kongress, einen Wirtschaftsgipfel in Denver (Colorado) und ein Gipfeltreffen in Madrid, bei dem es um die umstrittene Ost-Erweiterung der NATO gehen würde.

Der G-7-Gipfel, ein jährliches Treffen der Führungsspitzen der wichtigsten Industrienationen – der Gruppe gehörten die Vereinigten Staaten, Großbritannien, Frankreich, Deutschland, Japan, Italien und Kanada an –, diente ursprünglich dem Meinungsaustausch über wirtschaftliche Fragen, verwandelte sich jedoch im Lauf der Zeit auch in ein politisches Forum. Russland hatte sich bislang nur als Gast zu den Treffen gesellt, aber als 1997 das Treffen in Denver vorbereitet wurde, drängte Boris Jelzin auf eine Vollmitgliedschaft seines Landes. Die Finanzminister mehrerer Mitgliedsstaaten widersetzten sich diesem Ansuchen mit dem Argument, Russland sei wirtschaftlich noch zu schwach, hänge von der Unterstützung durch die G-7 und die internationalen Finanzinstitute ab und widersetze sich immer wieder Reformen, die für einen dauerhaften Wohlstand unerlässlich seien. Doch Bill hielt es ebenso wie mehrere andere Regierungschefs für wichtig, Jelzin zu unterstützen, und hoffte, dem russischen Volk mit der Aufnahme des Landes zu zeigen, wie nützlich eine Zusammenarbeit mit den USA, Europa und Japan war. Also lud man Russland ein und benannte das für Juni geplante Treffen eilig in »Gipfel der Acht« um.

Bill war entschlossen, Jelzin in den inneren Zirkel der politischen Führer der Welt einzubeziehen und dessen Position in Russland zu festigen, da die Hoffnungen auf eine demokratische Entwicklung des Landes mit dem Namen Jelzin verknüpft waren. Darüber hinaus sollte es den Russen leichter gemacht werden, sich mit der Ost-Erweiterung der NATO abzufinden. Madeleine Albright und der stellvertretende Außenminister Strobe Talbott, ein Russlandexperte, waren in der amerikanischen Regierung die wichtigsten Befürworter dieser Strategie. Madeleine umwarb Moskau unermüdlich und übte gelegentlich sanften Druck aus, um Russland zu einer Annäherung an den Westen zu bewegen – damit, so sagte man mir, verdiente sie sich in Russland den Spitznamen »Madame Stahl«.

Zu Beginn von Bills Präsidentschaft hatte ich Zweifel am Wert von Staatsbesuchen, bei denen sich die Herren zu Sitzungen zurückzogen und die Damen zu genau geplanten kulturellen Rundfahrten verpflichtet waren. Doch mittlerweile hatte ich festgestellt, dass die Pflege guter Beziehungen zu den anderen First Ladies geeignet war, die informelle Kommunikation zwischen den Regierungschefs zu fördern. Zudem hatte ich entdeckt, dass viele dieser Frauen faszinierende Persönlichkeiten waren, und einige wurden sogar gute Freundinnen.

In Denver lud ich die First Ladies zu einer Zugfahrt in das Skigebiet Winter Park ein, wo wir beim Mittagessen auf dem Gipfel einen herrlichen Blick über die Colorado Rockies hatten. Cherie Blair, die Ehefrau des neu gewählten britischen Premierministers, kannte ich erst seit kurzem, die meisten anderen Frauen hatte ich bei früheren Gipfeltreffen kennen gelernt; und ich hatte fasziniert verfolgt, wie Naina Jelzin seit unserem ersten Treffen in Tokio 1993 in ihre Rolle an der Seite des Präsidenten hineingewachsen war. Sie hatte als Ingenieurin den Bau von Wassersystemen geleitet und fand sich dann im trüben Wasser der russischen Politik wieder.

Aline Chrétien, deren Ehemann Jean im Jahr 1993 zum Ministerpräsidenten Kanadas gewählt worden war, war eine intelligente, elegante Frau mit einer ausgezeichneten Beobachtungsgabe. Ihre Selbstdisziplin und ihre Bereitschaft, sich neuen Herausforderungen zu stellen, beeindruckte mich. Sie spielte wunderbar Klavier und war immer für einen Spaß zu haben. 1995 liefen wir gemeinsam Schlittschuh auf den gefrorenen Kanälen in der Umgebung von Ottawa. Kamiko Hashimoto aus Japan und Flavia Prodi aus Italien waren ebenfalls großartige Frauen. Flavia, eine ernste und nachdenkliche Professorin, versuchte mir die italienische Innenpolitik zu erklären, die von einem unablässigen Wandel und zahlreichen Regierungswechseln gekennzeichnet war, ohne dass sich die italienische Gesellschaft und Kultur davon besonders beeinflussen ließen.

Während unser Ausflugszug durch die spektakuläre Landschaft rollte, erschienen am Bahndamm einige Menschen, um uns zuzuwinken; einige hielten sogar Schilder empor, um die Besucherinnen willkommen zu heißen. Ich stand auf der Aussichtsplattform des letzten Waggons, als plötzlich wie aus dem Nichts zwei junge Männer auftauchten, die sich vornüberbeugten, die Hosen herunterließen und uns ihre Hinterteile entgegenstreckten. Im ersten Moment war ich geschockt, doch dann konnte ich nicht aufhören, über diesen respektlosen Beitrag zu unserem sorgfältig geplanten Ausflug zu lachen.

Obwohl die Sitzungen in Denver ernst und teilweise angespannt waren, versuchten wir, am Abend bei den gesellschaftlichen Ereignissen eine lockere Atmosphäre zu schaffen. Das Motto für das Abendessen war dem Ort entsprechend der Wilde Westen: Im Anschluss an ein Barbecue (mit Klapperschlange und Büffel) gab es ein kleines Rodeo, und für die Musikbegleitung sorgte eine Country-and-Western-Band. Bill schenkte seinen Gästen Cowboystiefel. Ryutaro Hashimoto und Jean Chrétien krempelten ihre Hosenbeine hoch und präsentierten stolz ihre neuen Stiefel.

Das gemeinsame Essen ist ein wichtiger und manchmal heikler Bestandteil der Diplomatie. Am Vorabend des Treffens in Denver hatte Madeleine Albright ihren russischen Amtskollegen Jewgenij Primakow in ein Restaurant eingeladen. Sie überredete den armen Mann dazu, eine örtliche Delikatesse mit Namen »Bergaustern« zu kosten – eine harmlose Bezeichnung für frittierte Stierhoden. Ich musste meinen Gästen versprechen, dass ich diese Spezialität nicht in meinen Menüplan aufnehmen würde.

Wann immer wir ins Ausland reisten, versorgte uns das Außenministerium mit Informationen über das Gastland und nützlichen Hinweisen zum Protokoll. Manchmal wurde ich vor ungewöhnlichen Speisen gewarnt und darüber aufgeklärt, wie ich sie meiden konnte, ohne die Gastgeber zu beleidigen. Einmal schlug mir ein erfahrener Mitarbeiter des Auswärtigen Amtes vor, ich solle solche Speisen »auf dem Teller herumschieben«, um den Verzehr zu simulieren, ein Trick, den jeder Fünfjährige kennt. Doch kein diplomatisches Handbuch hätte mich auf das vorbereiten können, was ich mit Boris Jelzin am Tisch erleben sollte.

Ich mochte und respektierte Jelzin, der in meinen Augen ein wirklicher Held war, da er der Demokratie in Russland zwei wichtige Dienste geleistet hatte: Er war im Jahr 1991 auf einen Panzer geklettert und hatte sich den putschenden Militärs entgegengestellt, und 1993, als Verschwörer aus der Armee das Weiße Haus in Moskau unter Beschuss nahmen, hatte er mit Unterstützung von Bill und anderen Regierungschefs unerschütterlich die Demokratie verteidigt. Auf seine Art ist er auch ein reizender Gesellschafter, gilt allerdings als unberechenbar; es war auch nicht zu übersehen, dass er gern ein oder zwei Gläschen trinkt.

Bei Staatsbanketten saß Jelzin üblicherweise zwischen Bill und mir, Naina nahm neben Bill Platz. Jelzin sprach kein Englisch, doch ein Simultandolmetscher übersetzte uns seine Worte mit derselben tiefen, kratzenden Stimme und gab sogar Jelzins Modulationen wieder. Boris rührte sein Essen kaum an. Ein Gang nach dem anderen wurde aufgetragen, aber er schob die Teller weg oder ignorierte sie, während er uns Geschichten erzählte. Manchmal wurde das Essen selbst zu einer Geschichte.

Als die Jelzins im September 1994 in der nagelneuen russischen Botschaft in Washington einen Empfang für uns gaben, saßen wir mit ihnen auf einer Estrade gegenüber einem Dutzend Tischen, um die sich prominente Mitglieder der Washingtoner Gesellschaft sowie russische und amerikanische Regierungsvertreter versammelt hatten. Plötzlich gab Jelzin Bill und mir mit Handzeichen zu verstehen, dass wir näher rücken sollten. »Hiel-lary«, sagte er. »Biel! Seht euch diese Leute an. Wisst ihr, was sie denken? Sie denken alle: ›Wie kommt es, dass nicht ich, sondern Boris und Bill dort oben sitzen?‹« Der Kommentar war aufschlussreich. Jelzin war klüger, als einige seiner Gegner glaubten, und er wusste um die Flüsterparolen, die dem Außenministerium aus dem Kreml übermittelt wurden: Er sei inakzeptabel und seinem Posten nicht gewachsen. Er wusste auch, dass einige dieser Leute Bills Überschwänglichkeit missbilligten und wegen seiner Herkunft aus Arkansas auf ihn herabblickten. Wir griffen lächelnd zu unseren Gabeln, doch Jelzin war noch nicht fertig. »Hahhh!«, rief er lachend aus und wandte sich zu Bill. »Ich habe einen Leckerbissen für Sie, Biel!«

Ein gefülltes Ferkel wurde vor uns auf den Tisch gelegt. Mit einem Schwung seines Messers trennte Jelzin ein Ohr ab und reichte es meinem Ehemann. Das andere Ohr schnitt er für sich ab und biss genussvoll hinein, wobei er Bill bedeutete, er solle es ihm gleichtun. »Auf uns!«, sagte er und hielt den Rest des Ohrs empor, als handelte es sich um ein Glas Champagner.

Es ist gut, dass Bill Clinton einen robusten Magen hat. Seine Fähigkeit, einfach alles zu essen, was ihm vorgesetzt wird, muss zu seinen vielen politischen Talenten gezählt werden. Ich habe diese Rossnatur leider nicht. Jelzin wusste das und liebte es, mich damit aufzuziehen. In diesem Moment war ich sehr glücklich darüber, dass eine Sau nur zwei Ohren hat.

Jahre später, als sich Jelzins und Bills Amtszeiten ihrem Ende näherten, saßen wir im Kreml ein letztes Mal gemeinsam beim Essen. Das Bankett fand im Katharinensaal statt, der mit seinem Gewölbe zu den schönsten Schmucksälen im alten Palast zählt. Etwa in der Mitte des Mahls beugte sich Jelzin zu mir herüber und sagte in einem verschwörerischen Ton: »Hiel-lary! Sie werden mir fehlen. Ich habe ein Bild von Ihnen in meinem Haus, und ich sehe es jeden Tag an.« Seine Augen glänzten schelmisch.

»Ich danke Ihnen, Boris«, sagte ich. »Ich hoffe, wir werden uns auch in Zukunft hin und wieder sehen.«

»Ja, Sie müssen mich besuchen kommen. Sie müssen versprechen, mich zu besuchen.«

»Ich hoffe, wir werden Gelegenheit dazu haben, Boris.«

»Gut!«, sagte er. »Übrigens, ich habe heute Abend eine besondere Köstlichkeit für Sie.«

»Was denn?«

»Das werde ich Ihnen nicht verraten! Sie müssen warten, bis es kommt!«

Ein Gang nach dem anderen wurde aufgetragen, ein Toast nach dem anderen wurde ausgebracht, bis uns schließlich, unmittelbar vor dem Dessert, ein Kellner Schüsseln mit heißer Suppe vorsetzte.

»Das ist sie, Hiel-lary, die besondere Köstlichkeit für Sie!«, rief Boris aus und sog grinsend den stechenden Geruch der Suppe ein. »Mmm! Köstlich!«

»Was ist das?«, fragte ich und griff nach meinem Löffel.

Boris ließ einen dramatischen Augenblick des Schweigens verstreichen und wartete, bis ich den Löffel im Mund hatte. Dann rief er aus: »Elchlippen!«

Tatsächlich glaubte ich in der trüben Brühe Elchlippen schwimmen zu sehen. Die gallertartigen Teilchen hatten Ähnlichkeit mit ausgeleierten Gummibändern, und ich schob sie so lange in der Schüssel umher, bis der Kellner sie wegtrug. Ich habe für mein Land schon so einiges gegessen, aber bei Elchlippen war wirklich Schluss.

Das Treffen in Denver verlief erfolgreich, doch unser Werben um die Russen war ein langfristiges Unterfangen, das bis zum NATO-Gipfel in Madrid im Juli fortgeführt werden musste. Bill und ich reisten einige Tage vor Konferenzbeginn nach Europa, wo wir beim spanischen König Juan Carlos I. und Königin Sofia in ihrer Sommerresidenz auf Mallorca zu Gast waren. Dort trafen wir auch Chelsea und Nickie Davison, seit der High School eine ihrer besten Freundinnen, die gemeinsam durch Europa tourten.

Ich freute mich stets auf die Begegnungen mit dem Königspaar. Sie waren wunderbare und faszinierende Gastgeber, die uns durch ihre menschliche Wärme, ihre Intelligenz und ihre Bodenständigkeit gefangen nahmen. Wir hatten sie und ihren Sohn Felipe im Jahr 1993 kennen gelernt; Felipe studierte an der Georgetown University in Washington. Ich bewunderte den König insbesondere für den Mut, mit dem er sich der Diktatur in seinem Land entgegengestellt hatte. Er hatte nach Francos Tod im Jahr 1975 im Alter von 37 Jahren den Thron bestiegen und unverzüglich seine Absicht bekannt gegeben, die Demokratie wiederherzustellen. 1981 verhinderte er einen Staatsstreich, indem er nach der Erstürmung des Parlaments durch die Putschisten in einer Fernsehansprache den Truppen befahl, in die Kasernen zurückzukehren.

Die charmante und gebildete Sofia, die dem griechischen Königshaus entstammt, ist eine ausgebildete Kinderkrankenschwester und eine große Philanthropin, die für Mikrokreditprogramme eintrat, lange bevor die meisten Leute wussten, worum es dabei überhaupt geht.

Nach unserem Zwischenstopp auf Mallorca flogen wir nach Madrid zum NATO-Gipfel. Auf Einladung des spanischen Ministerpräsidenten José María Aznar und seiner Frau Ana Botella nahmen wir im Garten des Moncloa-Palasts, des offiziellen Regierungssitzes, an einem privaten Abendessen für die Regierungschefs der NATO-Staaten und ihre Ehefrauen teil. Bills Einsatz für die Ost-Erweiterung der NATO war endlich auf fruchtbaren Boden gefallen: Polen, Ungarn und die Tschechische Republik standen vor der Aufnahme in das Bündnis. Am folgenden Abend gaben der König und die Königin ein großes Staatsbankett im neoklassizistischen Königspalast, um diese historische Erweiterung der NATO zu feiern. Wir hatten den Palast erstmals 1995 besucht. Das eigentliche Vergnügen hatte nach dem Abendessen begonnen, als der König uns im Palast herumführte. Er gestand uns, keine Ahnung zu haben, was sich in den meisten Räumen befand, weshalb er sich Geschichten einfallen ließ, während er die Türen öffnete. Bald dachten wir uns alle witzige Ereignisse aus, die sich dort hätten zutragen können. Sowohl der König als auch die Königin zeichnen sich durch großen Humor aus, und als Bill und Juan Carlos die längste Tafel bewunderten, die ich je gesehen habe, begannen sie ein Gespräch darüber, wie schön es sein müsste, den Tisch als Rutschbahn zu verwenden. Bevor die Dinge außer Kontrolle gerieten, schlug Königin Sofia vor, den Kaffee zu nehmen. An derselben Tafel fand zwei Jahre später ein Bankett für Staats- und Regierungschefs aus ganz Europa statt.

Nachdem wir unsere offiziellen Pflichten hinter uns gebracht hatten, luden Sofia und Juan Carlos uns zu einem Besuch der Alhambra in Granada ein. Als Bill und ich uns kennen gelernt hatten, hatte er mir erzählt, das in seinen Augen schönste Naturschauspiel sei der Sonnenuntergang über dem Grand Canyon, während das schönste von Menschenhand geschaffene Schauspiel die von der sinkenden Sonne angestrahlte Alhambra sei. Wir unternahmen einen Rundgang durch die alte maurische Festung und aßen am Abend in einem Restaurant, das sich in einem jahrhundertealten Gebäude gegenüber der Alhambra befand. Wir sahen zu, wie die Sonne unterging und die Mauern in ein rosafarbenes Licht tauchte. Als die Dunkelheit hereinbrach, genossen wir den gleichermaßen bezaubernden Anblick der nunmehr künstlich beleuchteten imposanten Palastanlage.

Nach diesem geruhsamen Abend flog ich entspannt zu meinem nächsten Reiseziel. In Wien war ich Hauptrednerin bei einem Forum mit dem Titel »Vital Voices: Women in Democracy«. Diese Veranstaltung, von unserer Botschafterin in Österreich, Swanee Hunt, konzipiert und mit Unterstützung von Melanne Verveer organisiert, war der offizielle Beginn für die Vital-Voices-Democracy-Initiative der US-Administration. Das Projekt, das mir sehr wichtig war, zeigte die Bemühungen unserer Regierung, Frauenthemen in die außenpolitische Arbeit einzubeziehen. Vital Voices, ein Ergebnis der Weltfrauenkonferenz in Peking, führte tausend prominente europäische Frauen zusammen – darunter Vertreterinnen von Regierungen, NGOs und aus der Wirtschaft –, die gemeinsam an Lösungen für eine Reihe politischer, wirtschaftlicher, sozialer und rechtlicher Probleme arbeiteten. Immer noch wurde Frauen in zu vielen Ländern der Zugang zur politischen Arena, das Recht auf ein eigenes Einkommen und Besitz und Schutz vor Gewalt und Missbrauch verwehrt. Mit Hilfe der Vereinten Nationen, der Inter-American-Bank und anderer Organisationen bot Vital Voices verschiedene Schulungen an und schuf ein Netzwerk, das Frauen die Unterstützung gab, die sie brauchten, um ihre gesellschaftliche, politische und wirtschaftliche Situation zu verbessern.

Ich war der Meinung, dass diese Themen selbst in unseren Diskussionen über Demokratie und freie Marktwirtschaft zu wenig beachtet wurden. Frauen und Kinder traf der schwierige Übergang vom Kommunismus zu freier Marktwirtschaft und Demokratie durch Einkommenseinbußen und den Zusammenbruch der staatlichen Bildungs- und Gesundheitssysteme besonders hart. Vital Voices ermutigte Frauen in aller Welt, von Südafrika bis zum Balkan, Unternehmen zu gründen, unterstützte das politische Engagement von Frauen in Kuwait und Nordirland und spornte die Frauen an, Prostitution und Menschenhandel entschlossen entgegenzutreten. Aus dem Forum »Vital Voices« entstand rasch eine internationale Bewegung, die sehr aktiv ist. Mittlerweile gibt es weltweit Niederlassungen des Vital Voices Global Network, unter anderem in Brasilien, der Tschechischen Republik, in Nordirland, Venezuela, Haiti und in Vietnam.

Im August war in unserem dicht gedrängten Terminkalender endlich ein wenig Platz für einen Kurzurlaub auf Martha's Vineyard. Auf der Insel fühlten wir uns wohl und konnten ausspannen. Einmal überredete mich Bill, dessen Bein so weit verheilt war, dass er seine liebste Freizeitbeschäftigung wieder aufnehmen konnte, mit ihm eine Runde Golf zu spielen. Offen gestanden habe ich überhaupt nichts für diesen Sport übrig und spiele auch furchtbar schlecht. Ich halte es mit Mark Twain: »Das Golfspiel dient dazu, einen schönen Spaziergang zu verderben.«

Meine Abneigung gegen diesen Sport geht auf ein Erlebnis im Sommer nach dem achten Schuljahr zurück. Damals gab es nur einen Weg, meine Mutter dazu zu bewegen, mich mit einem bestimmten Jungen aus der Schule ausgehen zu lassen: Ich durfte am Nachmittag mit ihm golfen. Ich war blind wie eine Fledermaus, denn natürlich war ich wieder zu eitel, um meine Brille aufzusetzen. Da ich den Golfball nicht sehen konnte, entschloss ich mich, auf alles einzudreschen, was weiß war. Also holte ich weit aus, zog durch und traf einen Ball, der sich in weißen Staub auflöste. Ich hatte einen großen weißen Pilz getroffen. Auch Kontaktlinsen und zwei Trainingseinheiten mit professionellen Lehrern verbesserten mein Spiel nicht. Ich zog es vor, zu lesen und zu schwimmen, während Bill in Gesellschaft von Vernon Jordan und anderen Golfkumpels sein Handicap verbesserte.

Am letzten Augustwochenende nahmen Bill und ich an einer abendlichen Strandparty teil, als einer seiner Mitarbeiter herbeieilte und ihm etwas ins Ohr flüsterte. Ich sah aus der Entfernung Bills schockierten Gesichtsausdruck: Die Prinzessin von Wales war bei einem schrecklichen Autounfall in Paris ums Leben gekommen.

Wir verließen die Party und riefen umgehend Felix Rohatyn an, der nach dem viel zu frühen Tod von Pamela Harriman unser neuer Botschafter in Paris war. Wir waren fassungslos und blieben fast die ganze Nacht auf, um abwechselnd mit London und Paris zu telefonieren. Es war unbegreiflich, dass eine so schöne und lebensfrohe junge Frau so plötzlich aus dem Leben gerissen worden war.

Ich hatte Prinzessin Diana zwei Monate vorher zum letzten Mal gesehen. Wir hatten uns im Weißen Haus getroffen. Sie hatte leidenschaftlich und kenntnisreich über ihre wichtigsten Anliegen gesprochen: das Verbot von Landminen und die Aidsaufklärung. Nach ihrer Trennung von Prinz Charles wirkte sie sehr viel selbstsicherer, und ich hatte das Gefühl, dass sie endlich ihren Weg gefunden hatte. Wir sprachen über ihre bevorstehende Reise nach Thailand, um über Aids aufzuklären, und nach Afrika, wo sie sich für das Verbot von Landminen einsetzen wollte. Sie gab ihrer Hoffnung Ausdruck, ihre Söhne würden eines Tages in Amerika studieren, und ich bot ihr meine Unterstützung an. Diana blickte mit großer Zuversicht in die Zukunft, was ihren Tod noch tragischer machte.

Früh am nächsten Morgen erhielt ich einen Anruf aus England. Ein Sprecher von Dianas Familie fragte mich, ob ich an der Beerdigung in London teilnehmen wolle. Ich empfand es als große Ehre. Während des Trauergottesdienstes in der Westminster Abbey, bei der ich mit den Blairs und Mitgliedern der königlichen Familie zusammensaß, galten meine Gedanken

Dianas Söhnen, die sie abgöttisch geliebt hatte. In der Kathedrale, in der Dianas Schwiegermutter vor 45 Jahren gekrönt worden war, drängten sich die geladenen Trauergäste. Eine Million Menschen hatte sich auf den Straßen versammelt, um die mit Lautsprechern übertragene Messe zu verfolgen, und hunderte Millionen sahen den Trauerzug und den Gottesdienst im Fernsehen. Dianas Bruder Charles konnte sich in seiner Traueransprache einiger Seitenhiebe gegen die königliche Familie nicht enthalten, die seine Schwester schlecht behandelt hatte. Ich konnte den Applaus der Menschen vor der Kathedrale hören. Die Trauergäste in meiner Umgebung schienen zu erstarren, als das Echo des Beifalls durch das Mittelschiff der Kathedrale hallte. Der bewegendste Moment für viele Tausende kam, als Elton John »A Candle in the Wind« sang.

Am Tag vor Dianas Begräbnis hatte die Welt eine weitere Symbolfigur verloren – Mutter Teresa von Kalkutta. Es gab offenkundige Unterschiede zwischen diesen beiden Frauen, doch beide hatten es verstanden, den Blick der Öffentlichkeit auf die verwundbarsten Menschen am Rand der Gesellschaft zu lenken. Und beide hatten ihre Berühmtheit gezielt genutzt, um anderen zu helfen. Die rührenden Fotos, auf denen Diana und Mutter Teresa zusammen zu sehen sind, zeigen deutlich ihre innige Beziehung. Beide hatten mir auch über ihre gegenseitige Zuneigung berichtet.

Nach Dianas Begräbnis kehrte ich für ein paar Tage nach Martha's Vineyard zurück, um von dort aus nach Kalkutta zu fliegen. Ich war stolz, im Namen meines Ehemanns und meines Landes einer Frau die letzte Ehre erweisen zu dürfen, die sich mit ihrem unerschütterlichen Glauben und ihrem Pragmatismus die Zuneigung der Welt erworben hatte. Das Weiße Haus entsandte eine Delegation von Menschen, die Mutter Teresa gekannt oder unterstützt hatten. Unter diesen Persönlichkeiten war Eunice Shriver, die sich gerade von einer Krankheit erholte und trotz der Einwände ihres Arztes die Reise antrat. Eunice verbrachte den ganzen Flug sitzend, was ihr angenehmer war als zu liegen. Sie betete den Rosenkranz und schloss sich den Missionarinnen der Nächstenliebe, die Mutter Teresas Orden in den Vereinigten Staaten vertraten, zum Gebet an.

Der offene Sarg wurde durch die bevölkerten Straßen Kalkuttas in eine völlig überfüllte Sporthalle getragen. Der Gottesdienst dauerte Stunden, da die Führer jeder nationalen und religiösen Abordnung einer nach dem anderen aufgerufen wurden, um einen weißen Blumenkranz bei der Totenbahre abzulegen. Ich hatte viel Zeit, um über meine kurze, jedoch sehr bereichernde Beziehung zu Mutter Teresa nachzudenken.

Wir waren uns erstmals im Februar 1994 beim National Prayer Breakfast in einem Washingtoner Hotel begegnet. Ich erinnere mich, dass ich von ihrer winzigen Gestalt und der Tatsache, dass sie an diesem bitterkalten Wintertag lediglich Socken und Sandalen trug, völlig verblüfft war. Sie hatte gerade eine Rede gegen die Abtreibung gehalten und wollte mit mir sprechen. Sie sagte mir geradeheraus, dass sie meinen Standpunkt in der Abtreibungsfrage ablehne. Im Lauf der Jahre schickte sie mir dutzende Notizen und Botschaften, die stets dasselbe liebenswürdige, jedoch dringende Ansuchen enthielten, meine Haltung zu überdenken. Ich hegte großen Respekt für Mutter Teresas Widerstand gegen die Abtreibung, doch ich hielt es für sehr gefährlich, dem Staat die Befugnis zu erteilen, Frauen und Ärzte wegen einer Abtreibung strafrechtlich zu verfolgen. Darin sah ich einen ersten Schritt zur staatlichen Kontrolle über die Fortpflanzung, und die Folgen einer solchen Politik hatte ich in China und dem kommunistischen Rumänien selbst gesehen. Zudem war ich nicht damit einverstanden, dass Mutter Teresa – und die katholische Kirche – die Geburtenkontrolle ablehnten. Selbstverständlich haben gläubige Menschen das Recht, gegen die Abtreibung zu protestieren, sofern sie dabei auf Zwang und auf die Kriminalisierung der Frauen, die eine Abtreibung vornehmen lassen, verzichten.

Während wir in der Frage der Abtreibung und der Geburtenkontrolle unterschiedliche Positionen einnahmen, fanden Mutter Teresa und ich in vielen anderen Bereichen eine gemeinsame Grundlage. So teilten wir die Überzeugung, dass die Freigabe zur Adoption der Abtreibung vorzuziehen ist. Bei unserer ersten Begegnung erzählte sie mir von ihren Waisenhäusern in Indien und gewann meine Unterstützung für den Aufbau einer Einrichtung in Washington, in der unerwünschte Babys bis zur Adoption versorgt werden konnten. Als ich mich bereit erklärt hatte, sie bei diesem Projekt zu unterstützen, erlebte ich, was für eine beharrliche Lobbyistin sie war. Gewann sie den Eindruck, dass das Projekt nicht schnell genug vorankam, so schrieb sie Briefe, in denen sie sich nach den Fortschritten erkundigte. Sie schickte Emissäre, um mich anzutreiben. Sie rief mich aus Vietnam an, sie rief mich aus Indien an, und ihre Frage war immer dieselbe: »Wann bekomme ich mein Zentrum für die Babys?«

Es war schwieriger als erwartet, die Hauptstadtbürokratie dazu zu bewegen, ein Heim für Kleinkinder einzurichten, die von ihren Müttern zur Adoption freigegeben worden waren. Auch dem Weißen Haus fiel es nicht leicht, die trägen bürokratischen Abläufe im Amt für Wohnungsbau und in den Sozialdiensten zu beschleunigen. Im Juni 1995 wurde endlich in einem sicheren, freundlichen Viertel das Mother Teresa Home for Infant Children eröffnet. Mutter Teresa kam aus Kalkutta, und wir trafen uns vor der Eröffnungsfeier. Wie ein glückliches Kind packte sie mich mit ihrer kräftigen kleinen Hand am Arm und zerrte mich die Treppe hinauf, um mir die frisch gestrichene Babystation zu zeigen, in der Reihen von Kinderbettchen auf die Neugeborenen warteten. Ihre Begeisterung war unwiderstehlich und ich verstand, warum es möglich war, dass sich die Nationen dem starken Willen dieser einfachen Frau beugten.

Wie groß ihr Einfluss war, wurde in der Sporthalle in Kalkutta deutlich, wo sich Präsidenten und Ministerpräsidenten versammelt hatten, um vor ihrem Sarg niederzuknien. Ich stellte mir vor, wie sie auf die Szene herabblickte und sich überlegte, wie sie all diese Politiker dazu bewegen konnte, den Armen dieser Welt zu helfen.

Mutter Teresa hinterließ ein bedeutendes Vermächtnis; in Schwester Nirmala, einer Nonne ihres Ordens, die seit Jahren mit ihr zusammengearbeitet hatte, fand sie eine würdige Nachfolgerin. Nach dem Trauergottesdienst lud mich Schwester Nirmala zu einem Besuch ihres Waisenhauses in Kalkutta ein und bat mich zu einem privaten Gespräch in das Mutterhaus des Ordens. Sie führte mich in einen einfachen Raum mit weißen Wänden, der nur von Gebetskerzen erleuchtet war. Als sich meine Augen an das schwache Licht gewöhnt hatten, sah ich, dass Mutter Teresas nunmehr geschlossener Sarg in ihr Heim zurückgebracht worden war, wo sie auch ihre letzte Ruhestätte finden würde. Die Nonnen versammelten sich zu einem stummen Gebet um den Sarg. Schwester Nirmala forderte mich auf, zu beten, was mich aus der Fassung brachte. Ich zögerte, denn ich fühlte mich fehl am Platz. Nach einer Weile verneigte ich mich vor dem Sarg und dankte Gott für die große Ehre, diese kleine, starke, gesegnete Frau gekannt zu haben.

Mitte September 1997 war der Augenblick gekommen, den ich seit Jahren gefürchtet hatte: Chelsea brach nach Kalifornien auf, um ihr Studium in Stanford zu beginnen. Um meine Gefühle unter Kontrolle zu bringen, verbrachte ich mehrere Wochen damit, all jene Dinge aufzulisten, die Chelsea mitnehmen musste. Wir gingen gemeinsam auf Einkaufstour, erstanden ein Bügeleisen, einen Schrubber, Auslegepapier für die Schubladen und eine Vielzahl anderer Dinge, die nur in den Augen einer Mutter notwendig waren, um das Leben in einem Studentenwohnheim zu bewältigen.

Wir hofften, Chelseas Eintritt in die Universität würde möglichst wenig Aufsehen erregen. Die Verwaltung von Stanford verstand unsere Sorge um die Privatsphäre unserer Tochter und traf gemeinsam mit dem Secret Service Sicherheitsvorkehrungen, die Chelsea ein weitgehend normales Studentenleben ermöglichen sollten. Zwar brauchte sie rund um die Uhr einen Leibwächter, doch der Schutz durfte sowohl in Chelseas Interesse als auch in dem der Universität den Lehrbetrieb nicht stören. Die jungen Agenten, die sie zu beschützen hatten, würden sich wie Studenten kleiden und in aller Stille einen Wohnraum in der Nähe von Chelseas Zimmer beziehen. Stanford war gern bereit, den Zugang der Medien zum Campus auf Journalisten zu beschränken, die über spezifische Veranstaltungen berichteten. Die Universität würde nicht zulassen, dass Reporter vor dem Wohnheim kampierten oder Chelsea von einer Vorlesung zur anderen folgten.

An einem wunderbaren Herbsttag trafen Chelsea, Bill und ich in Palo Alto ein. Auf Bitten der Universitätsleitung von Stanford hatten wir einem Fototermin zugestimmt, um die Bedürfnisse von fast 200 Journalisten aus aller Welt zu erfüllen, die Bilder und Kommentare zu Chelseas Studienbeginn brauchten. Abgesehen von diesem einmaligen Shooting wurde sie von den Medien nicht belästigt und konnte ihre Studienzeit wie die übrigen 1659 Erstsemestler beginnen, die in jenem Jahr nach Stanford gekommen waren.

Wir bahnten uns unseren Weg zu einem dreistöckigen Betongebäude, das von nun an Chelseas Heimat sein würde. Die Einkäufe und das Packen in letzter Minute hatten mich erschöpft, und wie viele Mütter verlor ich die Nerven, kaum dass wir das Wohnheim betreten hatten. Das Zimmer, das sich Chelsea mit einer anderen jungen Frau teilte, war gerade groß genug, dass ein Stockbett, zwei Tische und zwei Kleiderschränke darin Platz fanden. Ich war froh endlich eine Aufgabe gefunden zu haben: Ich hastete in dem vergeblichen Bemühen umher, Chelseas Sachen zu ordnen. Ich teilte den Schrankplatz auf, räumte Bettzeug und Handtücher ein und schnitt das Auslegepapier zurecht, während ich nervös auf meine Tochter einredete: »Wie wäre es, wenn du dein Putzzeug hier abstellst? Das hier ist ein guter Platz, um dein Waschzeug aufzubewahren. Ich glaube, du solltest den Tisch so drehen ...«

Bill verhielt sich wie die meisten anderen Väter, die in eine Art von Trance zu fallen schienen, sobald sie den Fuß auf das Universitätsgelände setzten. Er hatte darauf bestanden, Chelseas Gepäck zu tragen, und im Zimmer angekommen, machte er sich mit einem winzigen Schraubenschlüssel am Stockbett zu schaffen, das Chelsea und ihre Zimmergenossin auseinander nehmen wollten. Danach zog er sich wie ein angeschlagener Boxer ans Fenster zurück und starrte trübsinnig hinaus.

Meine hysterischen Übersprungshandlungen trieben Chelsea fast in den Wahnsinn; das Einzige, was mich etwas beruhigte, war, dass wir vermutlich nicht die Einzigen waren, denen die Trennung schwer fiel.

Bei einem Treffen von Studenten und Eltern, das kurz nach meinem Aufräumanfall stattfand, beschrieb der Studentensprecher Blake Harris, wie sich seine Mutter einige Jahre zuvor bei dieser Gelegenheit verhalten hatte: »Liebe Eltern, ihr habt euer Bestes getan. Ihr werdet euer Kind vermissen, wenn ihr heute Abend abreist. Und euer Kind wird euch im nächsten Monat auch für etwa 15 Minuten vermissen. Nehmen wir beispielsweise meine Eltern. Meine Mutter brach in Tränen aus, als ich begann, mir Universitäten anzusehen. Als wir ankamen … überschlug sich meine Mutter, um mir auch noch das letzte bisschen mütterlicher Fürsorge zuteil werden zu lassen. Sie war davon überzeugt, dass es absolut unerlässlich sei, die Schubladen meiner Kommode mit Papier auszulegen. Und ich ließ sie gewähren. Ich brachte es einfach nicht über mich, ihr zu sagen, dass meine Kleidung, sollte sie jemals sauber sein, kaum ihren Weg in eine Schublade finden würde.« Chelsea und ich sahen einander an und krümmten uns vor Lachen. Wenigstens war ich nicht die Einzige.

Am späten Nachmittag mussten wir Abschied nehmen, damit die Studenten ihre Habseligkeiten ohne elterliche Einmischung ordnen konnten. Die meisten Mütter packten diverse Sachen wie überflüssiges Auslegepapier wieder ein und machten sich auf den Weg zu den Ausgängen. Nachdem wir Mütter wochenlang geplant, eingekauft, gepackt, ausgepackt und organisiert hatten, waren wir bis zu einem gewissen Grad auf diesen Augenblick vorbereitet.

Die Väter hingegen schienen nun plötzlich aus ihrem kollektiven Dämmerzustand aufzuwachen. »Was soll das heißen?«, fragte Bill. »Wir müssen gehen? Müssen wir wirklich jetzt schon gehen?« Er wirkte völlig hilflos. »Können wir nicht nach dem Abendessen noch einmal wiederkommen?«

DER DRITTE WEG

Ende 1997 war ich beim britischen Premierminister und seiner Gattin auf ihrem offiziellen Landsitz Chequers zu Gast, wo eine kleine Versammlung von Politikexperten aus Amerika und Großbritannien stattfand. Die Gastgeber luden mich zu einem Rundgang durch das verwinkelte Gebäude aus dem 16. Jahrhundert mit seinen engen Korridoren, Wendeltreppen und Nischen ein. Ich sah den Ring von Queen Elizabeth I. und den Tisch, den Napoleon auf St. Helena benutzte. Ich sah Cromwells Geheimgang und den so genannten Gefangenenraum, in dem Lady Mary Grey Mitte des 16. Jahrhunderts zwei Jahre festgehalten worden war, weil sie ohne Genehmigung des Throns geheiratet hatte.

Es war sechs Monate her, dass Tony Blair, der die herkömmlichen sozial- und wirtschaftspolitischen Vorstellungen der Labour Party den Gegebenheiten der modernen Welt angepasst hatte, die Parlamentswahl gewonnen hatte. Nach seinem Sieg hatte er geäußert, er und seine Partei seien von Bill inspiriert worden, einen neuen Kurs einzuschlagen, um die Herausforderungen, mit denen das Vereinigte Königreich und Europa im Bemühen um wirtschaftliche und politische Stabilität in einer globalisierten Welt konfrontiert waren, bewältigen zu können.

Tony und Cherie Blair befassten sich mit einer Reihe von Themen, über die auch Bill und ich seit Jahren nachdachten. Mir fiel diese »politische Seelenverwandtschaft« erstmals auf, als Tony noch Oppositionsführer im britischen Parlament war. Ein gemeinsamer Freund, der amerikanische Journalist und Autor Sid Blumenthal, der sich seit vielen Jahren mit der amerikanischen und britischen Politik beschäftigte, drängte uns, Kontakt zueinander aufzunehmen. Sid war seit Jahren ein guter Freund von Bill und mir, und ich wusste seine scharfsinnigen politischen Analysen zu schätzen. Er arbeitete seit 1997 im Weißen Haus; seine Frau Jackie, eine erfahrene Organisatorin und politische Aktivistin, war 1996 in Bills Administration eingetreten.

Bei einem Essen zu Ehren von Tony Blair 1996 in Sids und Jackies Haus war ich ebenfalls eingeladen. Ich traf Blair am Tisch mit den Hors d'œuvres, wo wir eine halbe Stunde lang ein politisches Gespräch führten, in dessen Verlauf uns rasch klar wurde, dass wir dieselben Vorstellungen hatten. Blair versuchte wie wir, eine Alternative zu den herkömmlichen progressiven Schlagworten und Konzepten zu finden und suchte nach einem Weg, um das Wirtschaftswachstum im Informationszeitalter mit sozialer Gerechtigkeit zu verknüpfen.

Gleichgültig, ob man von New Democrats, New Labour, dem »Dritten Weg« oder dem »vitalen Zentrum« spricht: Tony Blair und Bill Clinton hatten zweifellos eine gemeinsame politische Vision. Doch beide standen vor der Frage, wie eine progressive Bewegung, die in den siebziger und achtziger Jahren durch den Reaganism und Thatcherism sehr viel an Dynamik verloren hatte, zu neuem Leben erweckt werden konnte.

Seit der spektakulären Niederlage von Senator Barry Goldwater gegen Lyndon B. Johnson in der Präsidentschaftswahl 1964 hatten es die Aktivisten der Republikanischen Partei verstanden, in den Vereinigten Staaten eine konservative politische Grundstimmung zu erzeugen. Geschockt von der Höhe der Wahlniederlage hatten mehrere republikanische Multimillionäre eine Strategie entworfen, um anhand gezielter Maßnahmen konservative und zum Teil rechtsextreme politische Vorstellungen zu propagieren. Sie gründeten Denkfabriken, finanzierten Lehrstühle und Seminare und entwickelten Medienkanäle zur Verbreitung ihrer Ideen und Standpunkte. Im Jahr 1980 begannen sie, über das National Conservative

Political Action Committee politische Werbekampagnen zu finanzieren. Das NCPAC war eine der ersten politischen Organisationen, die die Massenmedien als Vehikel für Negativwerbung nutzten. Mit Mailing-Kampagnen und Fernsehspots brach das NCPAC ein bis dahin bei nationalen und lokalen Wahlen geltendes Tabu und begann, die Leistungen und Standpunkte der Opposition frontal anzugreifen und unbarmherzige persönliche Attacken gegen demokratische Kandidaten zu führen. Dies war die dunkle Seite der republikanischen Rechten, die der Öffentlichkeit allerdings ein ganz anderes Gesicht zeigte: das des strahlenden und zuversichtlichen Ronald Reagan. Reagan gewann in den achtziger Jahren zwei Präsidentschaftswahlen, und die Republikaner machten im Kongress viel Boden gut.

Ich hatte anfangs an der Wirksamkeit von Negativwerbung gezweifelt, doch ich sollte mich täuschen. Alle Welt gibt vor, Negativwerbung zu verabscheuen, aber sie ist derart wirkungsvoll, dass sie mittlerweile von beiden Parteien verwendet wird, wobei die Republikaner und die mit ihnen verbundenen Interessengruppen sie besser einzusetzen verstehen. Die meisten Kandidaten haben notgedrungen gelernt, auf solche Kampagnen zu reagieren und umgehend zurückzuschlagen. Aber das von der Negativwerbung erzeugte verzerrte und oft falsche Bild zerstört nicht nur das Vertrauen der Wähler in die Kandidaten, sondern in das ganze politische System.

Bill verdankte seinen Erfolg seinen politischen Fähigkeiten, die Lähmung der Demokratischen Partei zu erkennen und zu überwinden. Unsere Partei hatte das Land durch die Depression, durch den Zweiten Weltkrieg, durch den Kalten Krieg und durch die Bürgerrechtsrevolution geführt. Nun musste die Parteiführung, ausgehend von unseren zentralen Werten, neue Antworten auf die Bedrohung der globalen Sicherheit zu Beginn des 21. Jahrhunderts und auf den Wandel der Arbeits- und Familienbeziehungen finden. Bill versuchte, die Demokraten dazu zu bewegen, die »hirntote Politik der Vergangenheit« – Rechts gegen Links, Liberale gegen Konservative, Arbeitgeber gegen Arbeitnehmer, Wachstum gegen Umweltschutz, staatliche Lenkung gegen Staatsfeindlichkeit – zu überwinden und eine »dyna-

mische Mitte« zu schaffen. In Zusammenarbeit mit dem Democratic Leadership Council, dessen Gründer Al From sowie anderen demokratischen Vordenkern entwickelte Bill in den achtziger Jahren als einer der ersten Demokraten eine neue
Philosophie zur Ausrichtung der Partei auf eine moderne Vision
von der Funktion des Staates. Diese demokratischen Politiker
sprachen sich für eine Partnerschaft mit dem Privatsektor und
den Bürgern aus, um den Menschen mehr wirtschaftliche Chancen zu eröffnen, ihre Eigenverantwortung zu fördern und den
Gemeinsinn zu festigen.

Auf der anderen Seite des Atlantiks sprach Tony Blair ähnliche Themen an, um die Labour Party zu reformieren. Ich erinnere mich noch an einen Labour-Parteitag, den ich Ende der
achtziger Jahre bei einem Besuch in London im Fernsehen verfolgte. Mit Verblüffung hörte ich, dass die meisten Redner ihre
Parteikollegen als »Genossen« ansprachen, was für mich einem
linguistischen Rückfall in eine diskreditierte Vergangenheit
gleichkam. Nachdem die Konservative Partei die britische Politik fast zwei Jahrzehnte lang beherrscht hatte, tauchte in den
neunziger Jahren Tony Blair auf, der zum dynamischen und
charismatischen neuen Gesicht der Labour Party wurde. Nach
seiner Wahl zum Premierminister im Mai 1997 lud Blair Bill
und mich zu einem Staatsbesuch nach London ein, wo ein
Gespräch begann, das nicht mehr abreißen sollte.

Tony und Cherie, beide Anwälte, hatten sich in einer der
Anwaltsinnungen kennen gelernt. Cherie brachte drei Kinder
zur Welt und arbeitete auch nach der Wahl ihres Ehemanns
zum Regierungschef weiter als Juristin; sie führte schwierige
Strafprozesse und vertrat Klienten vor dem Europäischen
Gerichtshof für Menschenrechte. Im Jahr 1995 wurde sie mit
dem ehrenvollen Posten einer Kronanwältin betraut. Ich
bewunderte sie dafür, wie sie ihre Karriere vorantrieb und
dabei sogar Fälle übernahm, in denen sie der Regierung gegenüberstand. 1998 etwa vertrat sie einen homosexuellen Angestellten der staatlichen Eisenbahn, der Gleichbehandlung mit
seinen heterosexuellen Kollegen einklagte. Ich konnte mir nicht
vorstellen, dass eine First Lady die Regierung der Vereinigten
Staaten verklagen würde.

Als Ehefrau des neuen Premierministers sah sich Cherie plötzlich mit einer Flut öffentlicher Verpflichtungen konfrontiert. Mit Ausnahme von zwei Halbtagskräften, die für ihre Zeitplanung und Korrespondenz zuständig waren, hatte sie keine Mitarbeiter. Die Ehefrau des britischen Premierministers hat – verglichen mit der amerikanischen First Lady – eine weniger symbolische Funktion, da die Mitglieder der königlichen Familie viele dieser Aufgaben erfüllen. Cherie und ich sprachen darüber, wie sie ihre Pflichten bewältigen, sich und ihre Familie schützen und aus den britischen Sensationsblättern heraushalten konnte. Ihre Feuerprobe hatte sie schon bestanden, als sie am Morgen nach der Wahl die Haustür geöffnet hatte, um einen Blumenstrauß aufzuheben – und im Nachthemd fotografiert worden war.

Bei einem gemeinsamen Abendessen im Restaurant Le Pont de la Tour unweit des London Tower tauschten wir unsere Gedanken über das Bildungswesen und das Sozialsystem aus und sprachen über den allgegenwärtigen Einfluss der Medien. Bei diesem Essen vereinbarten wir, die Diskussion auf unsere Beraterteams auszudehnen, um gemeinsam Ideen und Strategien zu entwickeln.

Aufgrund des Widerstands von Regierungsmitgliedern in beiden Ländern dauerte es mehrere Monate, bis das erste Treffen zustande kam. Sowohl der Nationale Sicherheitsrat als auch das britische Außenministerium befürchteten, mit diesen bilateralen Gesprächen andere befreundete Regierungen vor den Kopf zu stoßen. Ich konterte mit dem Argument, dass andere Länder längst akzeptierten, dass die USA und Großbritannien durch eine besondere Beziehung verbunden sind. Bill und ich wollten auch deshalb an dem Vorhaben festhalten, da wir wussten, das beide Länder voneinander lernen und mit diesen Gesprächen eine konstruktive politische Stimmung erzeugen konnten. Allerdings machten wir Zugeständnisse. Um die Aufmerksamkeit nicht zu groß werden zu lassen, nahm Bill am ersten Treffen auf Chequers nicht teil. Zudem entschlossen wir uns, den Schwerpunkt auf innenpolitische Fragen zu legen, um mögliche außenpolitische Auswirkungen eines bilateralen Treffens auszuschließen.

Auf der endgültigen Teilnehmerliste standen auf amerikanischer Seite Melanne; Al From; Sid Blumenthal, zu jenem Zeitpunkt Assistent des Präsidenten; Andrew Cuomo, der Minister für Wohnungsbau und Stadtentwicklung; Larry Summers, der stellvertretende Finanzminister; Frank Raines, der Leiter der Haushaltsbehörde; der Redenschreiber und Berater Don Baer und der Politikwissenschaftler Joseph Nye von der Harvard University. Blair lud den Soziologen, Wirtschaftswissenschaftler und Direktor der London School of Economics, Anthony Giddens, sowie mehrere Regierungsmitglieder ein, darunter Finanzminister Gordon Brown; Peter Mandelson, Minister ohne Geschäftsbereich; Baroness Margaret Jay, Stellvertretende Parteiführerin im House of Lords, und David Miliband, den Politikplaner in der Regierung Blair.

Ich verließ Washington am 30. Oktober und machte auf dem Weg nach London in Dublin und Belfast Halt. Der neue irische *Taoiseach* Bertie Ahern gab einen großen Empfang in der St. Patrick's Hall im Dublin Castle. Ahern, ein kluger und umgänglicher Politiker, war ein durchsetzungsfähiger Ministerpräsident und ein entschiedener Befürworter des Friedensprozesses. Er lebte seit einigen Jahren von seiner Frau getrennt und pflegte seit langem eine Beziehung zu einer reizenden und lebhaften Frau namens Celia Larkin. Ihre Verbindung war eines jener Geheimnisse, die jeder kannte, obwohl es niemand zugab. Bertie nahm meinen Besuch zum Anlass, um seine Beziehung endlich öffentlich bekannt zu geben. Als mich unsere Botschafterin Jean Kennedy Smith auf die Bühne geleitete, von der aus ich zu den Gästen sprechen sollte, kam Bertie mit Celia die Treppe herauf. Die irische Presse war vollkommen aus dem Häuschen. Kaum hatten Bertie und ich unsere kurzen Ansprachen beendet, stürmten die Journalisten hinaus, um die Meldung an ihre Redaktionen durchzugeben. Susan Garrity, die Washington-Korrespondentin der *Irish Times,* die mich nach Irland begleitet hatte, erzählte mir später, dass einer der Reporter ins Telefon schrie: »Ich sag's dir, er hat die Kleine neben der First Lady auf die Bühne gestellt! Ist das zu glauben? Neben der First Lady!« Diese weltbewegende Nachricht hatte keinerlei Einfluss auf Aherns politische Laufbahn – im Jahr 2002 wurde er wiedergewählt. Und selbstverständlich war diese Neuigkeit auch kein Thema bei dem privaten Abendessen, zu dem Bertie, Celia und ich uns später trafen und an dem auch die von mir verehrten Iren Seamus und Marie Heaney sowie Frank McCourt, der Autor von »Die Asche meiner Mutter«, teilnahmen.

Am folgenden Morgen flog ich nach Belfast weiter, um an der University of Ulster die erste Ansprache im Gedenken an Joyce McCartan zu halten. Ich sprach über ihren unbeugsamen Einsatz für den Frieden und darüber, dass Frauen wie sie ungeachtet der persönlichen Verluste, die sie hatten hinnehmen müssen, das Verständnis zwischen den Konfessionen während der Unruhen gefördert hatten und nun eine wichtige Rolle im Friedensprozess spielten. Meine besondere Bewunderung galt Monica McWilliams und Pearl Sager, die in den Friedensgesprächen, die der von Bill ernannte ehemalige Senator George Mitchell leitete, die Women's Coalition vertraten.

Im Verlauf meines Besuchs erlebte ich bei einem Roundtable-Gespräch zwischen jungen Katholiken und Protestanten, wie wichtig regelmäßige Kontakte zwischen den beiden Konfessionen waren. Das Treffen fand in der neuen Waterfront Hall statt, ein Bauwerk, das Belfasts Zuversicht in die Zukunft dokumentiert. Konferenzen wie diese förderten den Friedensprozess und führten junge Menschen zusammen, die sich sonst kaum begegneten. Ich werde nie vergessen, was mir ein junger Mann sagte, als ich ihn fragte, was seiner Meinung nach erforderlich sei, um einen dauerhaften Frieden zu erreichen: »Wir müssen wie ihr in Amerika gemeinsam zur Schule gehen.«

An der Konferenz in Belfast nahm auch Tony Blairs Nordirlandministerin Marjorie »Mo« Mowlam teil. Mo hatte sich zu jener Zeit gerade einer Behandlung wegen eines gutartigen Hirntumors unterzogen, die sie schwächte und dazu geführt hatte, dass ihr das Haar ausgefallen war. Sie trug eine Perücke, fragte mich aber nach einer Weile, ob es mich stören würde, wenn sie die Perücke abnehmen würde. Später erfuhr ich, dass sie auch bei offiziellen Veranstaltungen ihren weitgehend kahlen Schädel entblößte. Ich fragte mich, ob dies möglicherweise ein subtiler Hinweis darauf war, dass sie in ihren Friedensbemühungen nichts zu verbergen hatte – oder ob es sich um einen eher deutlichen Hinweis darauf handelte, dass ihr Inhalte wichtiger waren als die äußere Erscheinung. Mo wurde eine wunderbare Freundin.

In London angekommen, machte ich mich auf den vierzig Meilen langen Weg nach Buckinghamshire; dort lag inmitten einer typischen englischen Hügellandschaft Chequers mit seinen gepflasterten Wegen und liebevoll gepflegten Gärten. Das Gutshaus, ein roter Ziegelbau, dient den britischen Premierministern seit 1921 als Residenz. Tony, der Jeans trug, empfing mich mit seinem einnehmenden jungenhaften Grinsen am riesigen Eingangstor.

An jenem Abend saßen die Blairs, Melanne und ich nach einem gemeinsamen Essen bis spät nachts vor dem Kamin in der Great Hall. Wir sprachen unter anderem über Boris Jelzin und seinen inneren Zirkel, über die französische Politik gegenüber dem Iran und dem Irak, über das amerikanische Engagement in Bosnien und über die Verbindung zwischen unserem Glauben und der Politik.

Am folgenden Morgen trafen die übrigen Teilnehmer ein. Beim Kaffee im Great Parlor im zweiten Stock sprachen wir über die Unterstützung von Familien sowie über die Bildungs- und Beschäftigungspolitik. Im Anschluss an die Diskussion gingen wir bei strahlendem Sonnenschein im Garten spazieren und ließen den Blick über das satte Grün schweifen, das sich bis zum Horizont zu erstrecken schien. Als mein Blick über den Rasen und die Rosensträucher wanderte, bemerkte ich, dass auf Chequers nirgends ein Zaun oder irgendetwas anderes darauf hindeutete, dass dies ein gut gesicherter Regierungssitz war.

Beim Abendessen saß ich neben Anthony Giddens, einem brillanten Gelehrten, der zahlreiche Arbeiten über den »Dritten Weg« veröffentlicht hat. Giddens erklärte mir, die Fortschritte auf dem Weg zur Gleichberechtigung der Frau würden als ebenso tief greifender Wandel in die Geschichte des 20. Jahrhunderts eingehen wie der außergewöhnliche technologische Fortschritt und die erfolgreiche Verteidigung und Verbreitung der westlichen Demokratie.

Unmittelbar nach unserer Rückkehr empfahlen Sid und ich dem Präsidenten, die Gespräche über den Dritten Weg fortzusetzen und vielleicht sogar auszuweiten. Im Verlauf des Staatsbesuchs des britischen Premiers im Jahr 1998 fand ein Treffen im Blauen Zimmer des Weißen Hauses statt, und an einem Nachfolgetreffen im selben Jahr an der New York University nahmen gleich gesinnte Politiker wie der italienische Ministerpräsident Romano Prodi und sein schwedischer Amtskollege Goran Persson teil. Im November 1999 wurde eine Versammlung in Florenz abgehalten, bei der Bundeskanzler Gerhard Schröder, der italienische Ministerpräsident Massimo D'Alema und der brasilianische Präsident Fernando Henrique Cardoso zu den Gesprächsteilnehmern zählten. Diese Gesprächsrunden über den »Dritten Weg« boten der Regierung die Möglichkeit, das Gespräch mit Amerikas traditionellen Verbündeten fortzusetzen. Und die Vereinigten Staaten hatten keinen besseren Verbündeten als Italien. Im Jahr 1987 hatten Bill und ich mit einer Gruppe von Gouverneuren die Toskana und Venedig besucht, und ich ergriff jede Gelegenheit, nach Italien zurückzukehren. Im Jahr 1994 nahmen wir am von Ministerpräsident Silvio Berlusconi veranstalteten Gipfeltreffen der G-7 in Neapel teil, und ich erfüllte mir den seit langem gehegten Wunsch, mir die neapolitanischen Kunstschätze anzusehen und die Kultur Süditaliens kennen zu lernen. Ich besuchte Pompeji, Ravello und die Küste von Amalfi. Ich wünschte, ich hätte länger dort bleiben oder zumindest zurückkehren können. Auch beim Staatsbesuch in Rom genoss ich jeden Augenblick, und ich war entzückt, als Florenz zum Veranstaltungsort der gemeinsamen Konferenz über den Dritten Weg erkoren wurde, die unter der Leitung von John Sexton von der New York University stattfand (Sexton, der mittlerweile Präsident der Universität ist, war zu jener Zeit Dekan der rechtswissenschaftlichen Fakultät). Bei den Besuchen in Italien lernte ich eine Reihe von Ministerpräsidenten kennen – Berlusconi, Prodi, D'Alema und Carlo Ciampi – die alle ausgezeichnete Gastgeber und gute Verbündete waren, die uns im Kampf gegen die ethnischen Säuberungen in Bosnien und im Kosovo sowie in der Frage der NATO-Ost-Erweiterung unterstützten.

Die Regierungen Italiens kommen und gehen in rascher Abfolge, während die Kultur des Landes Bestand hat. Ein ausgezeichnetes Beispiel dafür sah ich in Palermo, wo ich an einem von Vital Voices organisierten Ausbildungsprogramm für weibliche Führungskräfte teilnahm und im restaurierten Opernhaus auf einer von Bürgermeister Leoluca Orlando veranstalteten Konferenz einen Vortrag hielt. Orlando war davon überzeugt, dass die Kultur das Leben der Menschen und die Gesellschaft verändern könne. Er hatte zahlreiche Basisbewegungen eingeleitet, um Palermo aus den Fängen der Mafia zu befreien. Im Rahmen einer seiner Initiativen »adoptierten« Schulkinder ein Denkmal und kümmerten sich darum, was ihnen bürgerliches Verantwortungsgefühl vermittelte. Der Bürgermeister versuchte Geistliche und Unternehmensführer dazu zu bewegen, die Herrschaft des Terrors zu beenden, den die Mafia in Sizilien ausübte. Nach einer Serie kaltblütiger Morde an öffentlichen Amtsträgern hatten die Frauen von Palermo genug: Sie hängten Leintücher aus den Fenstern, auf denen in großen Buchstaben »Basta« zu lesen stand. Diese kollektive Ablehnung der »Ehrenwerten Gesellschaft« und eine Reihe von Massendemonstrationen trugen entscheidend dazu bei, dass sich das Blatt im jahrzehntelangen Kampf Siziliens mit der Mafia wendete.

Orlandos kreative Regierungsmethoden zeigen, dass es einen Dritten Weg zur Problemlösung gibt. Im Fall Palermos wurden die Menschen nach vielen Jahren der Unterdrückung von Furcht und Gewalt befreit. Gute politische Führung zeichnet sich durch die Offenheit für neue Ideen aus. Manchmal brauchen die Politiker jedoch Ermutigung, insbesondere wenn es sich nicht um eine alte Demokratie wie Italien, sondern um ein Land handelt, das erstmals versucht, die Prinzipien der Gleichheit und der selbstbestimmten Regierung zu verwirklichen. Dies war einer der Gründe dafür, dass unsere Regierung glaubte, die informellen Gespräche auf höchster Ebene könnten wesentlich dazu beitragen, die diplomatischen Beziehungen mit den jungen Demokratien zu festigen.

So kam es, dass ich im November 1997 zu einer Reise aufbrach, die mich nach Kasachstan, Kirgistan, Usbekistan, in die

Ukraine und nach Russland führen würde – nach Sibirien, um genau zu sein. Allerdings mussten wir diese Orte, die zu den abgelegensten zählten, die ich je besuchte, erst einmal erreichen, was sich als einigermaßen nervenaufreibend erwies.

Begleitet wurde ich von Kelly und Melanne sowie Karen Finney, meiner stellvertretenden Pressesekretärin, einer groß gewachsenen jungen Frau mit einem verblüffenden Durchhaltevermögen und ebenso ausgeprägtem Humor. Wir starteten am 9. November in einer Boeing 707, die in der Vergangenheit als Air Force One gedient hatte. Als wir etwa zehn Minuten in der Luft waren und ich mich gerade an meine Briefing-Unterlagen über Kasachstan gesetzt hatte, teilte mir ein Mitglied der Crew in ruhigem Tonfall mit, dass wir wegen eines Problems mit einem der Motoren zum Luftwaffenstützpunkt Andrews zurückkehren müssten. Ich war nicht besonders beunruhigt, da ich wusste, dass ein Flugzeug dieser Größe problemlos mit drei seiner vier Motoren fliegen konnte. Außerdem hatte ich volles Vertrauen zu den Piloten der Air Force, weshalb ich mich wieder meinen Unterlagen zuwandte.

Wir landeten sanft in Andrews, wo das Flugzeug augenblicklich von Löschfahrzeugen eingekreist wurde. Während die Mechaniker die Turbine untersuchten, rief ich Bill an, um ihn über die Verspätung zu informieren. Einige Stunden später erfuhren wir, dass wir frühestens am Nachmittag des folgenden Tages starten konnten. Als ich um Mitternacht ins Weiße Haus zurückkam, telefonierte Bill gerade mit Chelsea, die im Studentenwohnheim bei CNN.com folgende »Breaking News« gelesen hatte: »Flugzeug der First Lady umgekehrt ... Treibstoff abgelassen ... alle Passagiere wohlauf.« Meine Mutter rief an, um meine Stimme zu hören, und am Morgen erhielten wir zahlreiche Anrufe von Freunden, die in der *Washington Post* folgende Schlagzeile gelesen hatten: MASCHINE DER FIRST LADY BRICHT FLUG AB, REISE NACH ZENTRALASIEN VERZÖGERT. Man hätte glauben können, ich hätte mich mit dem Schleudersitz aus der brennenden Maschine gerettet.

Nachdem die Reparaturen abgeschlossen waren, starteten wir mit eintägiger Verspätung erneut. Die Reise sollte nichts für zart besaitete Gemüter werden. Wir landeten auf vernachlässigten und unbeleuchteten Rollfeldern, sahen Männern dabei zu, wie sie versuchten, mit Schaufeln die Tragflächen der Maschine zu enteisen, und mussten bei jedem Zwischenstopp und zu jeder Tages- und Nachtzeit verschiedenste Wodkasorten probieren. Es war eine der exotischsten Reisen, die ich in den acht Jahren im Weißen Haus unternommen habe. Die gebirgigen, kargen und auf eine unheimliche Art schönen zentralasiatischen Länder lagen entlang der alten Seidenstraße, auf der Marco Polo einst gereist war. Viele Kasachen, Kirgisen und Usbeken waren Nachfahren der mongolischen Reiter Dschingis Khans. In der postsowjetischen Ära versuchten sie, ein modernes Gegenstück zur legendären Seidenstraße zu errichten, um ihren Volkswirtschaften den wirtschaftlichen Anschluss zu ermöglichen.

Kasachstan verfügt über große Erdöl- und Erdgasvorkommen, die den Lebensstandard seiner Bürger verbessern können, sofern die öffentliche und private Korruption nicht die gesamten Einnahmen verschlingt. Ich besuchte ein kleines Gesundheitszentrum, das mit amerikanischer Finanzhilfe eingerichtet worden war und das zeigte, wie wichtig es war, Familienplanung zu unterstützen. Da die Bevölkerung unter dem Kommunismus keinen Zugang zu empfängnisverhütenden Mitteln gehabt hatte, hatte sich die Abtreibung in eine weit verbreitete Methode der Familienplanung verwandelt. Das politische Ziel der Regierung Clinton bestand darin, die Abtreibung »legal, sicher und selten« zu machen, die Zahl der Abtreibungen zu reduzieren und die Verbreitung von Geschlechtskrankheiten zu verhindern, indem gezielt Organisationen zur Familienplanung unterstützt und die Gesundheitsfürsorge für Mütter verbessert wurden. Diese Politik beendete den globalen Maulkorberlass Präsident Reagans, den auch sein Nachfolger George H.W. Bush aufrechterhalten hatte und George W. Bush bedauerlicherweise wieder einführte. Die Wiederaufnahme der amerikanischen Hilfe begann Früchte zu tragen. Die Ärzte in der Klinik von Almaty berichteten mir, dass sowohl die Abtreibungsrate als auch die Müttersterblichkeit sanken, was ein weiterer Beweis dafür war, dass unsere praktischen Maßnahmen mehr zur Eindämmung der Abtreibung beitrugen als der republikanische Kampf gegen die Empfängnisverhütung.

Ich wusste, dass das im Südosten an Kasachstan angrenzende Bergland Kirgistan auf medizinisches Zubehör angewiesen war. Richard Morningstar, der Sonderberater des Präsidenten für die Nachfolgestaaten der ehemaligen Sowjetunion, half mir, mehrere Paletten mit Material im Wert von zwei Millionen Dollar mitzubringen.

Nach meiner Ankunft in Usbekistans Hauptstadt Taschkent fuhr ich direkt zu Präsident Islam Karimow, einem ehemaligen Kommunisten, dem ein Hang zu autoritären Führungsmethoden nachgesagt wurde. Wie sich herausstellte, war er von meinem Ehemann fasziniert. Er erkundigte sich, wie Bill den Kontakt zu den Menschen halten konnte, ohne dabei seine Autorität als Präsident zu verlieren. So wie seine Amtskollegen in den anderen seit kurzem unabhängigen Staaten hatte Karimow keine Erfahrung mit demokratischen Abläufen. Diese Politiker hatten keine Möglichkeit gehabt, sich die formalen und informellen Verhaltensweisen anzueignen, die der Theorie und Praxis der Demokratie zugrunde liegen.

Durch ganz Zentralasien zog sich der Kampf um die Gewinnung der Muslime. Im Westen wurde Karimov für sein scharfes Vorgehen gegen islamische Fundamentalisten kritisiert, die er für politische Agitatoren hielt. Er war jedoch durchaus tolerant gegenüber anderen Religionen, wie ich feststellen konnte, als ich in einer Seitenstraße in Buchara, einer alten Handelsstadt an der Seidenstraße, eine gerade wiedereröffnete Synagoge besuchte. Ich sprach mit dem Rabbi, der mir erklärte, dass die Nachkommen der einst blühenden jüdischen Gemeinde, die seit der Diaspora nach der Zerstörung des Tempels in Jerusalem im Jahr 70 n. Chr. hier ansässig war, sowohl die Mongolen als auch die Sowjets überdauert hatte. Er war froh, nun in einer toleranten Umgebung zu leben und den Schutz der Regierung Karimow zu genießen.

Auf dem Hauptplatz von Samarkand, dem Registan, erzählte mir Karimov stolz, dass die *madrasa* Shir Dor, eine historische Koranschule, wieder Schüler aufnahm. Die Jungen wurden in der traditionellen zentralasiatischen Auslegung des

Koran unterwiesen, die als Kontrapunkt zu der aus einigen arabischen Ländern importierten Interpretation diente, die Teile der usbekischen Bevölkerung radikalisiert und militarisiert hatte. Karimow schilderte mir die Kräfte, die das Land destabilisieren und einen islamischen Staat nach dem Modell der Taliban im benachbarten Afghanistan errichten wollten. Er begrüße zwar die religiöse Renaissance, werde jedoch keine ausländisch finanzierte politische Opposition dulden, die sich hinter religiösen Forderungen verstecke.

Der Besuch einer Koranschule weckte zwiespältige Gefühle in mir. Nach jahrzehntelanger Unterdrückung durch die Sowjets wurden die *madrasas* wieder eröffnet und erhielten Zulauf, doch ich war besorgt über die fehlenden Bildungsmöglichkeiten für Mädchen und die Tatsache, dass diese Schulen in anderen Ländern radikale Islamisten hervorbrachten. In den Tagen nach dem 11. September 2001 musste ich an Shir Dor und die anderen *madrasas* zurückdenken, die ich besucht hatte. Seit diesem Tag wird der Begriff *madrasa* in Amerika mit Gehirnwäsche und Ausbildungslagern für Extremisten und potenzielle Terroristen gleichgesetzt.

Die Koranschulen spielen eine wichtige Rolle in der islamischen Welt. In Ländern wie Pakistan, wo die öffentlichen Schulen für große Bevölkerungsgruppen unerschwinglich sind, sind die *madrasas* oft die einzige Chance, die sich den Söhnen armer Familien bietet – auch wenn die Ausbildung in diesen Schulen zum Teil darauf beschränkt ist, den Koran in arabischer Sprache auswendig zu lernen. Der neue Fundamentalismus in Asien kann auf die arabisch inspirierten Bewegungen und die Koranschulen zurückgeführt werden. Präsident Karimow, der diesen ausländischen Einfluss fürchtete, versuchte die religiöse Toleranz zu fördern, die in der Vergangenheit für Zentralasien kennzeichnend gewesen war. Wenn die westlichen Länder sich stärker für den Bau anderer Schulen einsetzen würden, könnte das helfen, zukünftige Konflikte und terroristische Auswüchse einzudämmen.

Die Nachricht von unserem Besuch hatte sich offenbar wie ein Lauffeuer in Samarkand verbreitet. Als Karimow und ich ein von USAID finanziertes Projekt zur Förderung der Ausfuhr

von lokalen Handwerkserzeugnissen verließen, hatte sich eine
große Menschenmenge versammelt, die von der allgegenwärtigen Polizei zurückgehalten wurde. Ich sagte zu Karimow:
»Wissen Sie, Herr Präsident, wenn mein Ehemann jetzt hier
wäre, würde er hinübergehen und diesen Leuten die Hände
schütteln.«

»Wirklich?«

»Ja! Und Bill würde nicht nur aus Freundlichkeit auf die
Leute zugehen, sondern auch, weil er ganz genau weiß, für wen
er arbeitet.«

»In Ordnung«, sagte Karimow. »Gehen wir.«

Zur Verblüffung seiner Mitarbeiter, der Polizisten und der
Zuschauer ging der Präsident auf die Menge zu und streckte
etwas schüchtern seine Hand aus, die sofort von begeisterten
Usbeken ergriffen wurde.

Ich kehrte gerade rechtzeitig nach Washington zurück, um den
Erfolg eines Gesetzesvorhabens zu feiern. Am 19. November
setzte Bill seine Unterschrift unter den Adoption and Safe Family Act, mit dem das Adoptionsrecht geändert wurde. Während
Bills erster Amtszeit hatte ich mit Dave Thomas, ein über-
zeugter Republikaner und Gründer der Fast-Food-Kette Wendy's, sowie Leitern anderer Unternehmen und Stiftungen
zusammengearbeitet, um die Adoptionsreform voranzutreiben.
Dave war selbst adoptiert worden und hatte beträchtliche
Energie und Mittel investiert, um die Situation von Pflegekindern zu verbessern. Damals gab es 500 000 Kinder, die keinen
festen Pflegeplatz hatten. Nach Hause zurückzukehren, war
für 100 000 Kinder keine Option, und pro Jahr wurden nur
20 000 auf Dauer von Familien aufgenommen. Ich hoffte, dass
wir durch ein neues Gesetz den Prozess beschleunigen und will-
kürliche Hindernisse beseitigen konnten, die viele Pflegefamilien an einer Adoption hinderten. Deanna Mopin, ein Teenager aus Kansas, die mit fünf Jahren zu einer Pflegefamilie
kam, weil sie zu Hause missbraucht worden war, war eine der
Rednerinnen bei einer Veranstaltung im Weißen Haus anlässlich des National Adoption Month 1995. Schüchtern und
gehemmt beschrieb sie, wie es war, mit neun anderen Pflege-

kindern unter einem Dach zu leben und ohne Erlaubnis von zwei Sozialarbeitern und ihren »Hauseltern« nicht ins Kino gehen oder Schulkleidung kaufen zu dürfen.

Mein innenpolitischer Stab hatte mit der Regierung und den Mitarbeiterstäben von Kongressabgeordneten unermüdlich an diesem Gesetz gearbeitet. Es beinhaltete finanzielle Anreize für die Staaten, Regelungen zum Schutz der Familien und eine Verkürzung der Fristen für die dauerhafte Unterbringung von Pflegekindern sowie für die Aberkennung der elterlichen Rechte im Fall von Misshandlung und Vernachlässigung.

Die umwälzenden Änderungen der Bundesgesetze zur Adoption beschleunigten die Unterbringung tausender Pflegekinder und verdoppelten die Zahl der Adoptionen innerhalb von fünf Jahren. In der *Washington Post* stand zu lesen: »Das Gesetz bedeutet einen grundlegenden Wandel in der Einschätzung des Wohlergehens von Kindern. Das vorrangige Anliegen, ein Kind seinen leiblichen Eltern zurückzugeben, wird durch die Prämisse ersetzt, der Gesundheit und Sicherheit des Kindes Vorrang einzuräumen.« Zu den überraschendsten und erfreulichsten Begleiterscheinungen dieses erfolgreichen Gesetzesvorhabens zählte, dass ich Gelegenheit hatte, mit Tom DeLay zusammenzuarbeiten, dem möglicherweise unbeugsamsten und wirkungsvollsten Führer der extremen Konservativen im Repräsentantenhaus. In dieser Frage erwies er sich als vehementer Verfechter unseres Anliegens. Er und seine Frau hatten selbst Pflegekinder betreut. Seit meiner Wahl in den Senat setzte ich meine Zusammenarbeit mit ihm fort.

Innerhalb von fünf Jahren nach Unterzeichnung des Adoption and Safe Family Act stieg die Zahl der adoptierten Kinder auf mehr als das Doppelte und übertraf damit weit unsere Erwartungen. Ich erfuhr jedoch, dass jedes Jahr etwa 20 000 junge Menschen an ihrem 18. Geburtstag aus dem Pflegesystem »herauswachsen«, ohne vorher einen Platz bei einer Familie gefunden zu haben. Gerade vor dem schwierigen Übergang in die Unabhängigkeit verlieren sie ihren Anspruch auf staatliche Hilfe; eine unverhältnismäßig große Zahl wird obdachlos und lebt ohne Krankenversicherung oder irgendeine andere Unterstützung. Bei einem Besuch in Berkeley traf ich eine

Gruppe bemerkenswerter junger Menschen aus der California Youth Connection, einer Hilfsorganisation für ältere Pflegekinder und solche, die zu alt für das System waren. Sie betonten, wie schwierig der Eintritt ins Erwachsenenleben sei, wenn die emotionale, soziale und finanzielle Unterstützung fehle, die Familien meist bieten. Joy Warren, eine bildhübsche Collegeabsolventin, verbrachte den Großteil ihrer Jugend bei verschiedenen Pflegefamilien, schaffte es aber dennoch, sich auf ihre Ausbildung zu konzentrieren und wurde zuerst an der U.C. Berkeley und dann in der Yale Law School aufgenommen. Da Joy zwei jüngere Schwestern hatte, wovon eine noch in Pflege war, war der Druck noch größer, früh ins Erwachsenenleben einzutreten und Verantwortung zu übernehmen. Sie wurde Praktikantin in meinem Büro im Weißen Haus und unterstützte meinen Stab bei der Entwicklung eines neuen Gesetzes, das jungen Menschen helfen sollte, die zu alt für das Pflegesystem geworden waren. In Zusammenarbeit mit dem republikanischen Senator John Chafee aus Rhode Island und dem demokratischen Senator Jay Rockefeller aus West Virginia wurde das Gesetz 1999 als Foster Care Independence Act erlassen; es sichert den jungen Menschen, die aus dem Pflegesystem herausgewachsen sind, Zugang zu medizinischer Versorgung, Bildungsmöglichkeiten, Schulungen, Wohnungen, Beratung und anderen Sozialleistungen.

Im Oktober wurde ich fünfzig Jahre alt, und obwohl es heißt, dies sei ein schwieriger Wendepunkt, empfand ich diesen Einschnitt als unbedeutend, verglichen mit dem Verlust von Chelseas Gesellschaft. Meine Tage und Nächte bis zu den Ferien waren mit Sitzungen und Veranstaltungen gefüllt, doch es überraschte mich immer wieder, wie leer das Weiße Haus ohne den Klang der Musik aus Chelseas Zimmer oder das Gekicher aus dem »Solarium« wirkte, wohin sie sich oft mit ihren Freundinnen zum Pizzaessen zurückgezogen hatte. Ich vermisste es, ihr dabei zuzusehen, wie sie Pirouetten drehend über die Haupttreppe hinabschwebte. Manchmal ertappte ich Bill dabei, wie er mit wehmütigem Gesichtsausdruck in Chelseas Zimmer saß. Ich muss gestehen, dass mein Ehemann und ich in einem Generationsklischee gefangen waren: Wir waren an einem Meilenstein angelangt, den nur die Angehörigen unserer selbstverliebten Altersgruppe zu einem Syndrom aufwerten konnten. Wir saßen in einem leeren Nest. Zwar hatten wir nun öfter Gelegenheit, abends auszugehen und uns mit Freunden zu treffen, aber es war beklemmend, in ein verwaistes Haus zurückzukehren. Unser Nest musste wieder gefüllt werden. Es war an der Zeit, uns einen Hund zuzulegen.

Wir hatten seit 1990, als unser Cockerspaniel Zeke starb, keinen vierbeinigen Gefährten mehr gehabt. Wir hatten das Tier geliebt und konnten uns kaum vorstellen, dass ein anderer Hund seinen Platz einnehmen könnte. Kurz nach Zekes Tod hatte Chelsea ein schwarzweißes Kätzchen namens Socks nach Hause gebracht, das mit uns ins Weiße Haus umgezogen war, wo sich rasch gezeigt hatte, dass Socks es vorzog, ein »Einzelkater« zu bleiben.

Doch nach Bills Wiederwahl hatten wir angesichts der Tatsache, dass Chelsea uns bald verlassen würde, begonnen, darüber nachzudenken, wieder einen Hund zu kaufen. Wir studierten ein Buch über Hunde, und die Familie verbrachte viel Zeit damit, all die Bilder anzusehen und über die verschiedenen Rassen zu diskutieren. Chelsea wollte einen winzigen Hund, den sie mit sich herumtragen konnte, während Bill für einen großen Hund plädierte, den er zum Laufen mitnehmen konnte. Schließlich einigten wir uns darauf, dass ein Labrador genau die richtige Größe und das ideale Temperament für unsere Familie und das Weiße Haus mitbrachte.

Der Hund sollte mein Weihnachtsgeschenk für Bill werden, also machte ich mich auf die Suche nach einem geeigneten Welpen. Anfang Dezember kam es schließlich zur ersten Begegnung zwischen dem Präsidenten und einem aufgeweckten drei Monate alten schokoladenbraunen Labrador, der Bill direkt in die Arme sprang. Es war Liebe auf den ersten Blick. Nun mussten wir nur noch einen Namen für das Tier finden. Wir grübelten und machten Listen. Wir erhielten aus dem ganzen Land Briefe mit Vorschlägen, und es wurden sogar Namenswettbewerbe veranstaltet. Zwei meiner liebsten Vorschläge waren Arkanpaws und Clin Tin Tin.

Als die Suche drohte, völlig außer Kontrolle zu geraten, zogen wir einen Schlussstrich unter die Debatte und gaben dem Tier rasch einen einfachen und in unseren Augen zugleich noblen Namen: Buddy.

Buddy war der Kosename von Bills Lieblingsonkel Oren Grisham gewesen, einem Hundenarr und -trainer, der im vorangegangenen Frühling gestorben war. Als Kind hatte Bill mit Onkel Buddys Jagdhunden gespielt. Gegen den Namen sprach lediglich, dass einer der Butler im Weißen Haus Buddy Carter hieß. Wir wollten ihn nicht kränken, und fragten ihn – er hatte nichts dagegen einzuwenden. Fortan hatten wir es also mit zwei Buddys zu tun: »Buddy ist wieder einmal in Schwierigkeiten«, scherzte Carter manchmal, wenn der Hund mal wieder die Zeitung zerfetzt hatte. »Nicht ich, der andere Buddy.« Und als unser Hund einige Monate später zur Kastration gebracht wurde, kam Buddy Carter kopfschüttelnd in unsere Privaträume und klagte: »Kein guter Tag für Buddy. Wahrlich kein guter Tag.«

Der kleine Labrador war bald nicht mehr aus dem Leben meines Ehemanns wegzudenken. Er schlief im Oval Office zu Bills Füßen und blieb mit ihm bis spätnachts auf. Sie waren ein ideales Paar, denn Buddy besaß – oder entwickelte – viele von Bills Wesenszügen. Er liebte Menschen, hatte ein heiteres, optimistisches Gemüt und war in der Lage, sich vollkommen auf eine Sache zu konzentrieren. Insbesondere von zwei Dingen war Buddy besessen: vom Futter und von Tennisbällen. Er geriet vollkommen außer sich, wenn er einem Ball hinterherjagen konnte. Wenn man ihn ließ, holte er den Ball so lange wieder, bis er erschöpft zu Boden sank. Hatte er sich erholt, erhob er sich, um nach dem Abendessen zu sehen.

Je mehr sich unser Familienleben um den Hund drehte, umso schwieriger wurde die Situation für Socks. Der Kater hatte jahrelang alle Aufmerksamkeit genossen. Auf einem meiner Lieblingsfotos ist Socks umringt von Fotografen vor der Gouverneursvilla in Arkansas zu sehen. Erschwerend kam hinzu, dass Socks eine Abneigung gegen Buddy hegte. Wir bemühten uns sehr, sie aneinander zu gewöhnen, doch wenn sie im selben Raum waren, fanden wir stets einen fauchenden Socks vor, der sich mit gekrümmtem Rücken Buddy entgegenstellte, der gerade versuchte, ihn den Vorhang hinaufzujagen. Wir hatten Socks die Krallen geschnitten, doch er ließ sich keine Gelegenheit entgehen, Buddy eins auszuwischen und traf den Welpen einmal genau auf die Nase.

Beide hatten ihre Anhänger und erhielten tausende Fanbriefe, die zumeist von Kindern stammten. Ich musste sogar ein eigenes Korrespondenzbüro im US Soldier's and Airmen's Home einrichten, um ihre Post zu beantworten. 1998 veröffentlichte ich eine Auswahl der Briefe in »Dear Socks, Dear Buddy«. Der Erlös aus dem Verkauf des Buches ging an die Nationalparkverwaltung.

Bevor wir uns versahen, war Weihnachten vorüber, und wir brachen zu unserem Ausflug nach Hilton Head in South Carolina auf, wo sich 1500 Freunde und Bekannte zum Renaissance Weekend versammelten. Ich freute mich darauf, unsere Freunde zu sehen, und ich liebte die langen, ernsten Gespräche beim Renaissance-Wochenende. Doch ich brauchte auch etwas Erholung und freute mich auf den viertägigen Urlaub auf St. Thomas, einer der Virgin Islands. Wir waren im Jahr zuvor erstmals auf dieser wunderschönen Karibikinsel gewesen, wo wir in einem Haus mit Blick auf die Magens Bay gewohnt hatten. In diesem Jahr würden wir nach Neujahr an denselben Ort zurückkehren.

Wir landeten in Begleitung von Buddy auf dem kleinen Flughafen der Hauptstadt Charlotte Amalie und fuhren auf einer von Kokospalmen und Mangobäumen gesäumten kurvigen Bergstraße zu unserem abgelegenen Feriendomizil an der Nordküste. Das idyllisch gelegene Haus stand auf einem Hügel, und ein gewundener, mit Steinen gepflasterter Weg führte zu einem winzigen Strand hinab. Der Secret Service war nebenan untergebracht, und die Küstenwache hatte die kleine Bucht für Boote gesperrt, um unsere Sicherheit und unsere Privatsphäre zu schützen.

Bill, Chelsea und ich taten das, womit wir in den Ferien immer unsere Zeit verbrachten: Wir spielten Karten und Gesellschaftsspiele und setzten ein tausendteiliges Puzzle zusammen. Wir hatten auch viele Bücher mitgebracht, über die wir beim Essen diskutierten. Wir gingen schwimmen, spazieren, laufen, wandern und Rad fahren.

Allerdings waren wir nie wirklich allein. Der Secret Service versah seinen Dienst, und die Marinestewards, die den Präsidenten auf seinen Reisen begleiten, standen jederzeit bereit, um etwas zu kochen oder zu putzen. Und selbstverständlich durfte das unverzichtbare Personal nicht fehlen: ein Arzt, eine Krankenschwester, ein Militärassistent und der Sicherheitsberater. Doch wir gewöhnten uns an den Tross, der unsere Privatsphäre respektierte. Die Paparazzi taten das nicht.

An einem Nachmittag machten Bill und ich uns in Badesachen auf den Weg zum Strand. Wir wussten nicht, dass sich ein Fotograf der Nachrichtenagentur Agence France Press auf der anderen Seite der Bucht bei einem öffentlichen Strand im Gebüsch versteckt hatte. Er muss ein sehr starkes Teleobjektiv gehabt haben, denn am nächsten Tag erschien in den Zeitungen rund um den Erdball ein Foto von uns, wie wir am Strand tanzten. Mike McCurry, der Pressesekretär des Weißen Hauses, war sehr verärgert, dass der Fotograf »in den Büschen herumkroch, um heimlich Fotos zu machen«. Denn der Vorfall ließ auch Zweifel an den Sicherheitsvorkehrungen aufkommen. Wenn jemand nahe genug an den Präsidenten herankommt, um ihn mit einem Teleobjektiv zu fotografieren, kann er auch auf ihn schießen. Doch Bill war nicht allzu beunruhigt – ihm gefiel das Foto.

In den Medien begann eine Debatte darüber, ob der Fotograf die journalistische Ethik und unsere Privatsphäre verletzt hatte, um sich zu bereichern. Einige Journalisten verstiegen sich sogar zu der Vermutung, wir hätten für das innige Foto »posiert«. Ist das zu glauben? Einige Wochen später sagte ich zu einer Radioreporterin: »Zeigen Sie mir eine fünfzigjährige Frau, die sich wissentlich im Badeanzug fotografieren lässt – und obendrein noch von hinten.« Es mag wohl Frauen meiner Altersklasse geben, die aus jedem Blickwinkel vorteilhaft aussehen – Cher, Jane Fonda oder Tina Turner vielleicht. Ich gehöre allerdings nicht zu diesen Frauen.

Standhaftigkeit

»Vielen Dank, Mrs. Clinton«, sagte einer von Kenneth Starrs Deputies. »Das ist für den Augenblick erst einmal alles, was wir brauchen.«

David Kendall saß während der Befragung am 14. Januar 1998 durch den Sonderermittler an meiner Seite im Treaty Room. Es ging um die Klärung einiger verbleibender Fragen in Zusammenhang mit den von unserem Sicherheitsbüro nicht ordnungsgemäß behandelten FBI-Akten. »Sie müssen diese Fragen stellen, damit sie hinterher sagen können, dass sie gefragt haben«, hatte mir David versichert. Und er hatte Recht: die Befragung war kurz und oberflächlich. Kenneth Starr ergriff im Verlauf des zehnminütigen Frage-und-Antwort-Spiels kein einziges Mal das Wort.

Später merkte David an, die Untersuchungsbeamten seien selbstgefälliger als sonst gewesen – »wie eine Katze, die einen Kanarienvogel gefressen hat«, um es mit den Worten eines anwesenden Anwalts zu sagen. Doch mir war an diesem Morgen nichts Ungewöhnliches aufgefallen. Ich war einfach nur dankbar, dass ein weiterer jener Nicht-Skandale, die das Büro des Sonderermittlers durchleuchtet hatte, zu den Akten gelegt werden konnte. Starrs Ermittlungen gingen nunmehr ins vierte Jahr. Wie jede andere Untersuchung, die er aus dem Hut gezaubert hatte, erwies sich auch »Filegate« als Rohrkrepierer. Im vorangegangenen Herbst hatte Starr auch endlich eingestanden, dass Vince Foster tatsächlich Selbstmord begangen hatte. (Robert Fiske war schon drei Jahre zuvor zu diesem Ergebnis gelangt, doch es waren vier weitere amtliche Untersuchungen einschließlich jener von Starr erforderlich, um diesen Schluss zu bestätigen.) Und bei seiner Untersuchung des Whitewater-Grundstückgeschäfts war Starr ebenfalls in eine Sackgasse geraten. Nichtsdestotrotz sollte die Flut an Untersuchungen auch noch anhalten, nachdem wir das Weiße Haus verlassen hatten. So sorgten falsche Angaben über Kirchenspenden für riesige Aufregung und monatelang für hunderte neuer Geschichten.

Der lebhafteste Rechtsstreit, den wir nun auszufechten hatten, war ein Zivilprozess, der in keinerlei Verbindung zur Untersuchung des Sonderermittlers stand. Paula Jones' Anwälte wurden vom Rutherford-Institut bezahlt und angewiesen, einer Rechtshilfeorganisation mit fundamentalistischen rechtsextremen Zielsetzungen. Bills Rechtsanwälte hatten erwartet, dass der Fall überhaupt nicht vor Gericht zugelassen würde. Doch der Oberste Gerichtshof hatte entschieden, dass die Klage fortgesetzt werden konnte. Die Anwälte von Jones erhielten dadurch die Chance, Zeugen vorzuladen, darunter auch den Präsidenten. Bill sollte am Samstag, dem 17. Januar 1998, unter Eid aussagen.

Obwohl es die Möglichkeit gegeben hätte, einen außergerichtlichen Vergleich mit Jones anzustreben, hatte ich mich dem grundsätzlich widersetzt. Ich war der Meinung, dass damit ein brisanter Präzedenzfall geschaffen würde: ein Präsident bezahlte dafür, sich einer lästigen Klage zu entledigen. Dies hätte eine Flut ähnlicher Klagen auslösen können. Rückblickend war es natürlich unser zweitgrößter taktischer Fehler, keinen früheren Vergleich mit Jones zu schließen. Unser erster Fehler war gewesen, überhaupt einen Sonderermittler anzurufen.

In der Nacht vor seiner Zeugenaussage blieb Bill lang auf, um sich vorzubereiten. Als er zum Gericht aufbrach, umarmte ich ihn und wünschte ihm viel Glück. Bei seiner Rückkehr wirkte er aufgewühlt und erschöpft. Auf meine Frage, wie es ihm ergangen sei, erklärte er mir, das Verfahren sei eine Farce und er bedaure es, sich darauf eingelassen zu haben.

Am Morgen des 21. Januar, es war ein Mittwoch, weckte mich Bill früh am Morgen. Er setzte sich auf die Bettkante und sagte: »Es steht etwas in den Zeitungen, das du wissen solltest.« Es war zu lesen, er habe eine Affäre mit einer früheren Praktikantin des Weißen Hauses gehabt und die junge Frau aufgefordert, sofern sie dazu befragt würde, zu lügen. Kenneth Starr hatte von Justizministerin Janet Reno die Erlaubnis erhalten, die Ermittlung auf diese Vorwürfe auszuweiten, um die Möglichkeit einer strafrechtlichen Verfolgung des Präsidenten zu prüfen.

Bill erklärte mir, er habe sich zwei Jahre zuvor mit einer Praktikantin namens Monica Lewinsky angefreundet, die während der Blockade der Regierung durch den Budgetstreit als Freiwillige im Westflügel gearbeitet hatte. Er hatte sich einige Male mit ihr unterhalten, und sie hatte ihn um Hilfe bei der Arbeitssuche gebeten. Das war etwas, was ich schon Dutzende Male erlebt hatte, denn dieses Verhalten entsprach voll und ganz Bills Wesen. Die Situation war mir derart vertraut, dass es mir nicht schwer fiel, die Anschuldigungen zu ignorieren. Auch ich musste seit nunmehr sechs Jahren unbegründete Vorwürfe über mich ergehen lassen, die von denselben Leuten und Gruppen geschürt wurden, die hinter dem Fall Jones und der Untersuchung von Kenneth Starr standen.

Ich fragte Bill wieder und wieder nach der Geschichte. Er stritt jegliches unangemessene Verhalten ab, gestand jedoch ein, dass die junge Frau seine Aufmerksamkeit möglicherweise falsch interpretiert haben könnte.

Ich werde nie wirklich begreifen, was an jenem Tag im Kopf meines Ehemanns vorging. Ich weiß nur, dass Bill seinen Mitarbeitern und unseren Freunden dieselbe Geschichte wie mir erzählte: Er habe sich Monica Lewinsky gegenüber nicht unschicklich verhalten. Warum er glaubte, mich und andere Menschen in seiner Umgebung täuschen zu müssen, kann nur er selbst erklären. In einer besseren Welt wäre diese schmerzhafte Episode allein Angelegenheit des Ehepaars gewesen. Obwohl ich lange Zeit alles getan hatte, um zu schützen, was von unserer Privatsphäre noch übrig geblieben war, konnte ich diesmal nichts tun.

Ich versuchte die Verwicklungen im Fall Lewinsky lediglich als einen weiteren fabrizierten Skandal zu sehen, den sich Bills Gegner aus den Fingern gesogen hatten. Schließlich wurde Bill mit derartigen Vorwürfen überhäuft, seit er sich zum ersten Mal um ein politisches Amt beworben hatte: Einmal hatte er angeblich mit Drogen gehandelt, ein anderes Mal mit einer Prostituierten aus Little Rock ein Kind gezeugt. Ich war davon überzeugt, dass die Geschichte der Praktikantin als Fußnote in der Geschichte der Boulevardpresse enden würde.

Auch wenn ich meinem Ehemann glaubte, war mir bewusst, dass wir gerade in dem Augenblick, da ich gehofft hatte, unsere rechtlichen Schwierigkeiten seien vorüber, mit einer weiteren schrecklichen und quälenden Untersuchung rechnen mussten. Zudem wusste ich, dass Bills politisches Amt in Gefahr war. Ein Zivilprozess, mit dem man den Präsidenten hatte unter Druck setzen wollen, war zu einer Strafverfolgung durch Kenneth Starr entartet, und Starr würde zweifellos auch diesen Fall so weit treiben wie irgend möglich. Aus dem Lager von Jones und aus dem Büro des unabhängigen Sonderermittlers sickerte durch, dass Bills eidliche Aussage möglicherweise der Beschreibung widersprach, die andere Zeugen von seiner Beziehung zu Lewinsky gaben. Anscheinend hatten die Fragen im Fall Jones ausschließlich dazu gedient, den Präsidenten zu einem Meineid zu bewegen, und dieses Vergehen konnte genutzt werden, um ihn zum Rücktritt zu zwingen oder ein Amtsenthebungsverfahren gegen ihn einzuleiten.

Die schlechten Nachrichten dieses Morgens waren schwer zu verdauen. Doch sowohl Bill als auch ich hatten unsere alltäglichen Verpflichtungen zu erfüllen. Die Mitarbeiter im Westflügel liefen benommen umher, murmelten in ihre Mobiltelefone oder flüsterten hinter verschlossenen Türen. Wir mussten unseren Leuten zeigen, dass wir diese Krise ebenso wie alle früheren bewältigen und dass wir zurückschlagen würden. Jede meiner Bewegungen wurde beobachtet, denn die Mitarbeiter suchten nach Hinweisen, wie ernst die Lage einzuschätzen war. Ich hielt es in meinem eigenen und im Interesse meiner Umgebung für das Beste, meine Arbeit unbeirrt fortzusetzen.

Ich hätte gerne mehr Zeit gehabt, um mich auf meinen ers-

en öffentlichen Auftritt nach dem Platzen der Bombe vorzubereiten, doch mir war keine Atempause vergönnt. Am Nachmittag sollte ich auf Einladung unseres alten Freundes Taylor
Branch vor einer Versammlung im Goucher College in Baltimore eine Rede über die Bürgerrechte halten. Taylor ist der
Autor des mit dem Pulitzerpreis ausgezeichneten Buchs »Par-
ting the Waters« über Martin Luther King. Da ich weder das
College noch Taylor, dessen Frau Christy Macy für mich arbeitete, im Stich lassen wollte, machte ich mich auf den Weg zur
Union Station und bestieg den Zug nach Baltimore.

Im Zug erhielt ich einen Anruf von David Kendall. Ich freute mich, seine Stimme zu hören. David war neben meinem Ehemann die einzige Person, mit der ich offen über unser neues
Problem sprechen konnte. Denn ein Jahr zuvor hatte Starr Notizen über Gespräche, die ich mit Anwälten des Weißen Hauses
über Whitewater geführt hatte, als Beweismaterial angefordert.
Ein Gericht hatte entschieden, dass das Anwaltsgeheimnis für
von der Regierung bezahlte Anwälte nicht gelte.

Während der Amtrak-Zug durch die Vorstädte in Maryland
zuckelte, erzählte mir David, dass das Büro des Sonderermittlers plante, sämtliche Mitarbeiter, Freunde und Familienangehörige vorzuladen, die möglicherweise etwas über den Fall
Lewinsky wussten. Seit dem Tag vor Bills Aussage im Jones-
Prozess sei David mehrfach mit bruchstückhaften Gerüchten
konfrontiert worden. Er war von Journalisten angerufen worden, die ihn nach der Verwicklung einer weiteren Frau in den
Fall gefragt hatten. Er hatte die Angelegenheit für lästig, jedoch
nicht für Besorgnis erregend gehalten. Nun bestätigte er, dass
Justizministerin Reno am 16. Januar in einem Brief an das
Drei-Richter-Gremium für die Sonderermittlungen empfohlen
hatte, Starr die Erlaubnis zu erteilen, die Untersuchung nicht
nur auf den Fall Lewinsky, sondern auch auf den möglichen
Tatbestand der Behinderung der Justiz auszuweiten. Später
erfuhren wir, dass Reno diese Empfehlung auf der Grundlage
von unvollständigen und falschen Informationen seitens des
Büros des Sonderermittlers abgegeben hatte. Die unfaire Vorgehensweise bestärkte mich in dem Entschluss, an der Seite
meines Mannes gegen die Vorwürfe zu kämpfen.

Ich würde mich stellen, auch wenn es nicht angenehm sein würde, sich anzuhören, was über Bill verbreitet wurde. Ich wusste, dass sich die Leute fragten: »Wie schafft sie es, am Morgen aufzustehen oder sogar vor die Öffentlichkeit zu treten? Selbst wenn sie die Vorwürfe für unwahr hält, muss es niederschmetternd sein, damit konfrontiert zu werden.« Das war es tatsächlich. Eleanor Roosevelts Feststellung, eine Frau in der Politik müsse sich »einen Panzer wie ein Nashorn zulegen«, war zu meinem Leitsatz geworden, denn ich hatte mich daran gewöhnen müssen, mich einer Krise nach der anderen zu stellen. Mein Panzer war im Lauf der Jahre zweifellos dicker geworden und ermöglichte mir, den Angriffen standzuhalten. Aber er machte sie nicht weniger schmerzhaft. Man schafft es einfach nicht, eines Morgens aufzuwachen und zu sagen: »Von nun an wird mich kein Angriff mehr aus der Fassung bringen, so bösartig er auch sein mag.«

Für mich begann nun eine Erfahrung, die mich in die Isolation und in die Einsamkeit treiben sollte. Ich befürchtete, der Schutzpanzer, den ich mir zugelegt hatte, könne mich dazu verleiten, mich meinen Gefühlen nicht zu stellen. Ich machte mir Sorgen, er könne mich in jene reizbare Karikatur eines Menschen verwandeln, die manche Kritiker in mir sehen wollten. Um entscheiden zu können, welchen Weg ich nun beschreiten sollte – gleichgültig, was andere Leute denken oder sagen mochten –, musste ich mich meinen Empfindungen stellen. Es ist schwer genug, unter den Augen der Öffentlichkeit bei sich zu bleiben; und unter solchen Umständen ist es doppelt schwer. Ich prüfte mich unentwegt, um sicherzugehen, dass ich nicht die Realität verleugnete oder emotional abstumpfte.

Als ich am Bahnhof von Baltimore eintraf, wartete dort bereits eine Horde von Reportern und Kamerateams auf mich. Ich war seit Jahren nicht so bedrängt worden. Die Journalisten brüllten wild durcheinander, doch einer übertönte alle anderen Stimmen mit der Frage »Glauben Sie, dass die Vorwürfe falsch sind?«. Ich blieb stehen und wandte mich den Mikrofonen zu. »Natürlich glaube ich, dass sie falsch sind – vollkommen falsch. Es ist schwierig und schmerzhaft, wenn jemand, der dir am Herzen liegt, den du liebst und den du bewunderst, unablässig attackiert wird und derart unbarmherzigen Vorwürfen ausgesetzt ist wie mein Ehemann.«

»Warum wird Bill Clinton angegriffen?«

»Es gibt eine koordinierte Bestrebung, seine Stellung als Präsident zu untergraben, vieles von dem, was er erreicht hat, wieder rückgängig zu machen, und ihn persönlich zu attackieren – weil er politisch nicht zu besiegen war.«

Es war weder das erste noch das letzte Mal, dass ich dies sagte. Mit ein wenig Glück würden die Leute irgendwann verstehen, was ich ihnen zu sagen versuchte. In meinen Augen untergruben die Anklagevertreter das Amt des Präsidenten, indem sie ihre Befugnis nutzten und missbrauchten, um die an den Urnen verlorene politische Macht zurückzuerobern. Und damit hatte ihr Vorgehen Folgen für das ganze Land. Bislang hatten sie nicht verhindern können, dass er seine politischen Standpunkte und Vorhaben durchsetzte, und seine Popularität konnten sie auch nicht untergraben. Also stempelten sie ihn – und nebenbei auch mich – als Kriminellen ab. Sie taten alles, was notwendig war, um ihn zu beseitigen.

So wie ich sagte auch Bill keinen seiner Termine ab. Er gab die für diesen Tag vereinbarten Interviews für das National Public Radio, Roll Call und den Fernsehsender PBS. Er sprach über die Außenpolitik und über die für Dienstag, den 27. Januar vorgesehene Rede zur Lage der Nation. Anschließend antwortete er geduldig auf alle Fragen nach seinem persönlichen Leben, wobei er gebetsmühlenartig wiederholte: Die Anschuldigungen entsprechen nicht der Wahrheit. Ich habe niemanden aufgefordert zu lügen. Ich werde mit den Untersuchungsbehörden kooperieren, aber noch ist es zu früh, um sich detailliert zu den Vorwürfen zu äußern.

Unser alter Freund Harry Thomason flog nach Washington, um uns seine Hilfe und moralische Unterstützung anzubieten. Als Fernsehproduzent war Harry der Ansicht, Bill wirke in seinen öffentlichen Erklärungen zu zurückhaltend und lege jedes Wort auf die Goldwaage. Er drängte Bill, seine Empörung über die Vorwürfe deutlich zu zeigen. Und genau das tat Bill schließlich. Bei einer Pressekonferenz am 26. Januar, bei der Bill, Al Gore, Bildungsminister Richard Riley und ich über die Finanzierung der Nachmittagsbetreuung von Schulkindern sprechen sollten, gab der Präsident eine deutliche Stellungnahme ab, in der er entschieden bestritt, jemals sexuelle Beziehungen zu Lewinsky unterhalten zu haben. Ich hielt seine heftige Reaktion unter den gegebenen Umständen für gerechtfertigt.

Washington war besessen von dem neuen Skandal, und in dieser Atmosphäre der völligen Hysterie tauchten täglich neue Fakten über den Ablauf einer verdeckten Operation auf, mit der der Präsident zur Strecke gebracht werden sollte. Sogar von illegal aufgezeichneten Tonbandaufnahmen war die Rede. Die Regierung versuchte tapfer, die Aufmerksamkeit der Öffentlichkeit auf die Initiativen in der bevorstehenden Rede zur Lage der Nation zu lenken, doch die Medien waren vollauf mit den Spekulationen über Bills politische Überlebenschancen beschäftigt.

Am Tag der Rede war ich am Morgen in der Fernsehsendung *Today* zu Gast. Ich hätte eine Wurzelbehandlung vorgezogen, doch eine Absage des seit langem festgesetzten Termins hätte eine Welle von Spekulationen ausgelöst. Also machte ich mich auf den Weg nach New York, in der festen Gewissheit, die Wahrheit zu kennen.

Matt Lauer moderierte die Sendung an jenem Morgen ohne Katie Couric, deren Ehemann Jay Monahan drei Tage vorher seinen Kampf gegen den Krebs verloren hatte. Im Fernsehstudio im Rockefeller Center herrschte eine gedrückte Stimmung. Ich nahm gegenüber von Matt Platz, und im Anschluss an die Sieben-Uhr-Nachrichten begann das Interview: »Mrs. Clinton, die Menschen in diesem Land stellen sich in diesen Tagen vor allem eine Frage: Welcher Art ist die Beziehung zwischen Ihrem Ehemann und Monica Lewinsky? Hat er Ihnen diese Beziehung eingehend beschrieben?«

»Nun, wir haben uns ausführlich darüber unterhalten. Ich denke, wenn der Fall aufgerollt wird, wird das ganze Land mehr Information darüber erhalten. Doch gegenwärtig scheint sich das ganze Land inmitten einer Phase der Hysterie zu befinden, und es kursieren alle möglichen Aussagen, Gerüchte und Unterstellungen. In den vielen Jahren, die ich mittlerweile in der Politik tätig bin, und insbesondere seit der ersten Kandidatur meines Ehemanns für das Präsidentenamt habe ich gelernt, dass man in solchen Situationen am besten die Ruhe bewahrt, tief durchatmet und darauf wartet, dass die Wahrheit ans Licht kommt.«

Lauer erwähnte, dass unser Freund James Carville von einem Krieg zwischen dem Präsidenten und Kenneth Starr gesprochen habe. »Wenn ich richtig informiert bin, haben Sie einigen engen Freunden gegenüber erklärt, dies sei die letzte große Schlacht, die mit dem Untergang einer der beiden Seiten enden werde.«

»Ich weiß nicht, ob ich es derart dramatisch ausgedrückt habe«, sagte ich. »Das klingt nach einem guten Satz aus einem Kinofilm. Doch ich glaube tatsächlich, dass dies eine Schlacht ist. Sehen Sie sich nur die Personen an, die daran beteiligt sind. Diese Leute sind schon unter anderen Umständen ins Rampenlicht gerückt. Wenn man bereit ist, sich damit auseinander zu setzen, dann ist das wirklich eine große Geschichte. Denn sie betrifft die umfassende Verschwörung der extremen Rechten, die seit dem Tag gegen meinen Ehemann kämpft, an dem er seine Kandidatur für das Amt des Präsidenten bekannt gegeben hat. Einige wenige Journalisten haben versucht, die Zusammenhänge zu erläutern. Doch die amerikanische Öffentlichkeit ist über das Ausmaß dieser Sache kaum aufgeklärt. Auf eine bizarre Art und Weise wird dieser Skandal den Menschen möglicherweise die Augen öffnen.«

Als mich David Kendall später anrief, um meinen Auftritt in der Sendung zu analysieren, erklärte ich ihm, ich habe an seine »weisen Worte« gedacht, als ich in das Interview hineingegangen war. »Und welche unglaublich weisen Worte waren das?«, fragte David.

»Mach sie fertig!«, rief ich triumphierend.

David lachte und sagte entschuldigend: »So habe ich das sicher nicht gesagt. Ich habe sicher eine antiquierte Quäker-Formulierung verwendet.«

»Ich verstehe. Und wie soll die gelautet haben? Etwa ›*Machet* sie fertig‹?«

Mein Hinweis auf die »umfassende Verschwörung« weckte Starrs Aufmerksamkeit. Er gab eine Stellungnahme heraus, was für ihn ungewöhnlich war, und beklagte sich darüber, dass ich versuche, seine Beweggründe in Misskredit zu bringen. Dass es eine Verschwörung gebe, bezeichnete er als »Unfug«. Der geschlagene Hund hatte aufgeheult, wie man in Arkansas sagen würde. Mein Kommentar schien einen Nerv getroffen zu haben.

Rückblickend muss ich gestehen, dass ich meinen Standpunkt besser hätte formulieren können. Doch ich stehe zu meiner Einschätzung von Starrs Untersuchung. Auch wenn ich damals die Wahrheit über die Vorwürfe gegen Bill noch nicht kannte, so wusste ich doch von Kenneth Starrs Verbindungen zu den politischen Gegnern meines Mannes. Ich bin fest davon überzeugt, dass es ein Netz von Gruppen und Personen gab (und weiterhin gibt), die vieles von dem, was wir erreicht haben – von den Bürgerrechten und der Gleichberechtigung der Frau bis zum Verbraucherschutz und den Umweltgesetzen –, rückgängig machen wollen und zu diesem Zweck alle ihnen zur Verfügung stehenden Mittel einsetzen: Geld, Macht, Einfluss, Medien und politische Machenschaften. In den letzten Jahren haben sie die Kunst der persönlichen Zerstörung perfektioniert. Sie genießen die Unterstützung von Extremisten, die seit Jahrzehnten fortschrittliche Politiker und Ideen bekämpfen, und werden von Unternehmen, Stiftungen und Personen wie Richard Mellon Scaife finanziert. Einem neugierigen Journalisten wäre es ein Leichtes gewesen, die Spuren dieser Personen zu verfolgen.

In den Medien hatten die Spekulationen über die für diesen Abend angekündigte Rede zur Lage der Nation begonnen. Würde der Präsident den Skandal erwähnen? (Er tat es nicht.) Würden Kongressmitglieder die Rede boykottieren? (Nur einige wenige taten es, wobei manche der anwesenden Republikaner den ganzen Abend auf ihren Händen saßen.) Würde die First Lady erscheinen, um ihren Ehemann zu unterstützen? Selbstverständlich tat sie es.

Wir machten uns alle Sorgen darüber, welchen Empfang der Kongress Bill bereiten würde; deshalb war es wichtig, dass ich

meinen Platz auf der Galerie einnahm. Ich wurde von freund-
lichem Beifall empfangen, und zahlreiche Frauen riefen mir
aufmunternde Worte zu. Bill wirkte entspannt und zuversichtlich, als er unter einem stetig anschwellenden Beifall den
Saal betrat. Die fesselnde Rede, die er hielt, zählt in meinen
Augen zu den besten seiner Laufbahn. Er fasste die Fortschritte
des Landes in den vergangenen sechs Jahren zusammen und
beschrieb die Schritte, die er unternehmen wollte, um die bisher in seiner Amtszeit erreichten Erfolge abzusichern. Zur
Überraschung einiger unserer Parteifreunde und zum Entsetzen der Opposition versprach er, drei Jahre früher als vorgesehen einen ausgeglichenen Staatshaushalt vorzulegen und die
Reserven der Sozialversicherung aufzufüllen, um die Pensio-
nen der Angehörigen der geburtenstarken Jahrgänge zu
sichern, deren Erwerbsleben sich dem Ende zuneigte. Die Wirtschaft boomte, und er versprach eine Anhebung des Mindestlohns. Zudem sprach er sich für beträchtliche Investitionen in
die Bildung, in das Gesundheitswesen und in die Kinderbetreuung aus. »Wir haben die fruchtlose Debatte zwischen
jenen, die den Staat als Feind betrachten, und jenen, die in
staatlichen Eingriffen die Antwort auf alle Probleme sehen,
überwunden«, sagte er. »Wir haben einen Dritten Weg gefunden. Wir haben den kleinsten Staatsapparat seit 35 Jahren, der
zugleich fortschrittlicher ist als jeder in der Vergangenheit. Wir
haben einen kleineren ›Staat‹, aber eine stärkere Nation.«

Einige Monate zuvor hatte ich eine Einladung zum Weltwirt-
schaftsforum in Davos angenommen. Jeden Februar versammelten sich rund 2000 Unternehmer, Politiker, Führer der Zivilgesellschaft und Intellektuelle aus aller Welt in dem
schweizerischen Skiort, um über die globalen Probleme zu sprechen, neue Allianzen zu schmieden und alte zu festigen. Ich
sollte zum ersten Mal an dem Forum teilnehmen und wollte
auf keinen Fall absagen. Ich war sehr erleichtert, in Davos
unter den Teilnehmern einige alte Freunde vorzufinden, darunter Vernon und den Chicagoer Bürgermeister Richard
Daley. Besonders Elie und Marion Wiesel taten alles, um mich
aufzumuntern. Elie begrüßte mich mit einer innigen Umar-

mung und fragte: »Was ist nur los mit Amerika? Warum tun sie das?«

»Ich weiß es nicht, Elie.«

»Ich möchte, dass du weißt, dass Marion und ich deine Freunde sind und dass wir dir helfen möchten.« Ihr Verständnis war das schönste Geschenk, das sie mir machen konnten.

Keiner der Bekannten, die ich in Davos traf, erwähnte den Aufruhr in Washington mit einem Wort, obwohl sie sich alle sehr bemühten, mir Unterstützung zu signalisieren. »Möchten Sie mit uns essen gehen«, boten sie an. Oder: »Setzen Sie sich zu mir. Wie geht es Ihnen?« Es ging mir gut.

Meine Rede war trotz des nicht gerade verführerischen Titels, den die Konferenzorganisatoren vorgeschlagen hatten, ein Erfolg. Ich sprach über »Individuelle und kollektive Prioritäten für das 21. Jahrhundert« und analysierte die drei unverzichtbaren Bestandteile jeder modernen Gesellschaft: ein effektiver Staat, eine freie Marktwirtschaft und eine aktive Zivilgesellschaft. Im zuletzt genannten Bereich finden wir alles, was das Leben lebenswert macht – die Familie, den Glauben, die freiwilligen Zusammenschlüsse, Kunst und Kultur. Ich sprach über die Erwartungen an die menschliche Erfahrung und über ihre Wirklichkeit. »Es gibt keine vollkommene menschliche Einrichtung«, sagte ich. »Außer in den abstrakten Theorien der Wirtschaftswissenschaftler gibt es auch keinen vollkommenen Markt. Eine vollkommene Regierung existiert nur in den Träumen der politischen Führer. Und es gibt keine vollkommene Gesellschaft. Wir müssen mit den menschlichen Wesen arbeiten, die wir vorfinden.« Diese Lektion lernte ich jeden Tag von neuem.

Die Zukunft gestalten

Politische Feinde tauchen manchmal an unvermuteten Orten auf. Als vorübergehende Hüter des Weißen Hauses öffneten Bill und ich seine Tore für besondere Feierlichkeiten – und schlossen dabei auch die Gegner unserer Politik nicht aus. Dies sorgte immer wieder für Überraschungen bei der Begrüßung der Gäste. So auch am 21. Januar 1998, als Bill und ich ein elegantes Abendessen gaben, um den Abschluss der enorm erfolgreichen Spendenaktion für den White House Endowment Fund zu feiern. Diese Stiftung, von Rosalynn Carter ins Leben gerufen und von Barbara Bush weitergeführt, sammelte private Spenden für die Restaurierung des Weißen Hauses und hatte sich ein Spendenziel von 25 Millionen Dollar gesetzt. Etwa die Hälfte dieses Betrags war zusammengekommen, als ich First Lady wurde. Nun war das ursprüngliche Ziel sogar überschritten worden – mein Liebesdienst für das Weiße Haus.

Bill und ich begrüßten unsere Gäste gerade im Blauen Zimmer, als uns ein Mann mit einem runden Gesicht die Hand reichte. Als er angekündigt wurde und ein Fotograf des Weißen Hauses sich bereit machte, uns gemeinsam abzulichten, ging ein Raunen durch die Menge. Vor uns stand Richard Mellon Scaife, der reaktionäre Milliardär, der eine Langzeitkampagne finanziert hatte, um Bills Präsidentschaft zu untergraben. Ich begrüßte ihn wie jeden anderen Gast, sodass kaum jemand Notiz davon nahm. Erst als die Gästeliste veröffentlicht wurde, fragten mich Reporter, warum wir ihn eingeladen hatten. Ich antwortete, es sei Scaifes gutes Recht, an dieser Veranstaltung teilzunehmen, weil er während der Regierungszeit von Präsident Bush einen großzügigen Beitrag zur Erhaltung des Weißen Hauses geleistet habe. Aber ich war tatsächlich überrascht, dass er sich auf Feindesland begeben hatte.

Unsere nächste Galaveranstaltung war ein Staatsbankett zu Ehren von Tony Blair am 5. Februar 1998. In Anbetracht unserer Freundschaft mit Tony und Cherie und den besonderen historischen Verbindungen zwischen unseren Ländern wollte ich für die Blairs alle Register der Gastfreundschaft ziehen. Und das taten wir auch, mit dem größten Abendessen, das wir je im Weißen Haus gaben. Wir mussten sogar in den East Room übersiedeln, weil der State Dining Room zu klein war. Für den Showteil nach dem Essen hatte ich Sir Elton John und Stevie Wonder gewinnen können – im wahrsten Sinn ein großartiger angloamerikanischer Auftritt.

Auch der Präsident des Repräsentantenhauses Newt Gingrich hatte unsere Einladung angenommen. Ich beschloss, ihn links neben mir zu platzieren, während Blair, dem Protokoll entsprechend, zu meiner Rechten sitzen würde. Gingrich bewunderte Blair als einen »Mann der Tat« – eine Rolle, in der er sich selbst gern sah. Ich war neugierig, worüber die beiden miteinander reden würden und hoffte, nebenbei Gingrichs Meinung über Starrs letzte Vorwürfe gegen Bill herauszufinden. Etliche Kommentatoren hatten das Schreckgespenst der Amtsenthebung ins Spiel gebracht, und obwohl es überhaupt keine berechtigte verfassungsgemäße Grundlage für einen solchen Schritt gab, musste das die Republikaner nicht davon abhalten, es wenigstens zu versuchen. Und Gingrich war der Schlüssel: Wenn er ein Amtsenthebungsverfahren befürwortete, stand dem Land eine Zerreißprobe bevor.

Nach einem langen Gespräch über die NATO-Erweiterung, über Bosnien und den Irak wandte sich Gingrich schließlich zu mir. »Diese Vorwürfe gegen Ihren Mann sind lächerlich und ich finde die Art, wie manche Leute versuchen, ihm daraus einen Strick zu drehen, äußerst unfair. Selbst wenn die Anschuldigungen stimmen würden, wäre es bedeutungslos. Das alles führt zu nichts.« Ich hatte genau diese Antwort hören wollen, war aber dennoch überrascht. Ich erzählte Bill und David Kendall nach dem Bankett, dass Gingrich offenbar der Meinung war, dass die Anschuldigungen gegen Bill nicht ernst zu nehmen waren. Gingrich machte eine radikale Kehrtwendung, als er später die Forderung der Republikaner nach einem Amtsenthebungsverfahren gegen Bill anführte. Vorerst aber sah ich in seinem Kommentar nur einen Beweis, dass Gingrich unberechenbarer war, als ich gedacht hatte. (Monate später, als seine eigenen außerehelichen Affären bekannt wurden, wusste ich, warum Gingrich versucht hatte, das Thema als unbedeutend abzutun.)

Im Februar beschloss Starr, Mitarbeiter des Secret Service vorzuladen, um sie zu einer Aussage vor der Grand Jury zu zwingen. Starr suchte Beweise, um Bill in der Sache Jones des Meineids zu überführen und wollte, dass die Agenten über Gespräche oder Handlungen berichteten, die sie vielleicht mitbekommen hatten, während sie für Bills Sicherheit sorgten. Es war das erste Mal, dass Mitarbeiter des Secret Service zu einer Aussage genötigt werden sollten; Starrs Vorladung brachte sie in eine unhaltbare Position. Die Agenten im Sicherheitsdienst arbeiten rund um die Uhr, oft unter sehr schwierigen Bedingungen und enormem Druck. Es ist unvermeidlich, dass sie dabei vertrauliche Informationen erhalten, die sie natürlich nicht preisgeben dürfen. Wenn der Präsident seinen Sicherheitsbeamten nicht vertrauen kann, wird er sie nicht so nahe an sich heranlassen, wie es für ihre Arbeit nötig ist.

Lew Marletti, ein Vietnamveteran, der das Sicherheitsteam des Präsidenten (Presidential Protective Division, PPD) geleitet hatte und später Direktor des Secret Service wurde, traf sich mit Starrs Mitarbeitern und warnte sie, dass es das nötige Vertrauensverhältnis zwischen den Sicherheitsbeamten und dem Präsidenten zerstören würde, wenn man die Agenten zu einer Aussage zwang. Die Sicherheit des Präsidenten wäre dadurch nachhaltig gefährdet.

Als Sicherheitschef der Präsidenten Reagan, Bush und Clinton beruhte Merlettis Einschätzung auf seiner langjährigen praktischen Erfahrung. Auch andere ehemalige Leiter des Secret Service stimmten ihm zu. Das Finanzministerium, dem der Secret Service untersteht, forderte das Gericht auf, Starrs Ansuchen abzulehnen. Und der ehemalige Präsident George H.W. Bush schrieb Briefe, in denen er sich gegen Starrs Versuch stellte, die Sicherheitsbeamten zu einer Aussage zu zwingen. Doch Starr beharrte auf seiner Position.

Im Juli nötigte er Larry Cockell, den leitenden Sicherheitsbeamten des PPD, zu einer Aussage und reichte weitere Anträge auf Vorladungen ein. Am Ende stellten sich die Gerichte auf Starrs Seite und führten als rechtliche Grundlage an, dass Sicherheitsbeamte und ihre Schützlinge, anders als Anwälte und Klienten oder Ärzte und Patienten, kein »Sonderrecht« geltend machen konnten. Noch bevor das Jahr zu Ende ging, sollte Starr mehr als zwei Dutzend Sicherheitsbeamte des Weißen Hauses zu einer Aussage zwingen.

Zu Beginn des Frühjahrs 1998 schien die Öffentlichkeit Starrs Untersuchung langsam satt zu haben. Viele Amerikaner lehnten die indiskreten, sensationslüsternen Enthüllungen seines Büros ab und kamen zu dem Schluss, dass die Fehler, die Bill in seinem Privatleben vielleicht gemacht hatte, sich nicht auf seine Fähigkeit auswirkten, seiner Verantwortung als Präsident gerecht zu werden. Und die Medien begannen langsam über die Möglichkeit nachzudenken, dass es tatsächlich eine organisierte Kampagne gegen uns geben könnte. Am 9. Februar hatte die Zeitschrift *Newsweek* bereits einen zweiseitigen Artikel mit dem Titel »Verschwörung oder Zufall?« veröffentlicht. Der Bericht zeigte die Verbindungen zwischen 23 konservativen Politikern, Geldgebern, führenden Medienmitarbeitern, Autoren, Rechtsanwälten, Organisationen und anderen auf, die die von Starr untersuchten Skandale förderten und finanzierten. Und in der Aprilausgabe der Zeitschrift *Esquire* war ein offener Brief von David Brock an den Präsidenten abgedruckt, in dem er sich für seinen Artikel über »Troopergate« entschuldigte. 1994 im *American Spectator* veröffentlicht, hatte dieser Beitrag Paula Jones zu ihrer Klage gegen Bill veranlasst.

Auch auf juristischer Seite gewannen wir an Boden. Gemäß einem Bundesgesetz war es dem Büro des Sonderermittlers untersagt, geheime Informationen, die von der Grand Jury stammten, weiterzugeben. Nichtsdestotrotz ließ Starrs Büro in schöner Regelmäßigkeit gezielt derartige Informationen durchsickern – meist an eine ausgewählte Gruppe von Journalisten, die positiv über den Sonderermittler berichteten. David Kendall reichte einen Antrag wegen Missachtung des Gerichts ein und hielt eine Pressekonferenz ab, in der er bekannt gab, dass er Norma Holloway Johnson, die Richterin, die die Whitewater Grand Jury beaufsichtigte, umgehend ersuchen werde, die Weitergabe solcher Informationen zu verbieten.

Am 1. April, Bill und ich waren gerade in Afrika, rief Bob Bennett mit einer wichtigen Nachricht für den Präsidenten an: Richterin Susan Webber Wright hatte beschlossen, die Klage von Paula Jones abzuweisen, da sowohl der sachliche als auch der rechtliche Gehalt unzureichend seien.

Im Frühjahr engagierte Kenneth Starr den PR-Guru Charles Bakaly, um sein Image zu verbessern. Vielleicht geschah es auf Anraten von Bakaly, dass Starr im Juni vor einer Anwaltsvereinigung in North Carolina eine Rede hielt, in der er sich mit Atticus Finch verglich, dem couragierten weißen Südstaatenanwalt aus dem Buch »Wer die Nachtigall stört« von Harper Lee. In diesem Roman übernimmt Finch den Fall eines Schwarzen, der beschuldigt wird, in seiner kleinen Heimatstadt in Alabama eine weiße Frau vergewaltigt zu haben. Finch beweist seine moralische Integrität und seinen Mut, als er sich der uneingeschränkten Macht eines Staatsanwalts entgegenstellt, der Beweise zu seinem eigenen Nutzen manipuliert. Für mich war Vince Foster ein Mann gewesen, dessen Integrität und Moral mich an Atticus Finch erinnerten. Dass nun ausgerechnet Kenneth Starr, dem einzig das Gefühl von moralischer Überlegenheit als Rechtfertigung dafür diente, Vorschriften, Verfahrensweisen und Schicklichkeit zu missachten, sich mit Finch verglich, war mehr, als David und ich ertragen konnten. David verfasste einen Kommentar, der am 3. Juni in der *New York Times* veröffentlicht wurde. »Wie Atticus«, schrieb er, »müssen Vertreter des Staates misstrauisch sein – in Hinblick auf ihre eigenen Motive, die Motive ihrer Gegner und sogar ihre Version der ›Wahrheit‹«.

Mitte Juni entschied Richterin Johnson, es bestehe der »hinreichende Verdacht«, dass das OIC widerrechtlich Informationen weitergebe. Sie fügte hinzu, dass Starr und seine Stellvertreter vorgeladen werden konnten, um die undichte Stelle zu finden. Die Vertraulichkeit der Verhandlung vor einer Anklagejury ist von größter Bedeutung, da eine Grand Jury des Bundes mit Recht umfassende Untersuchungsbefugnisse hat. Das Gesetz sieht vor, dass eine Verhandlung vor einer Anklagejury streng vertraulich behandelt wird, um jene Personen zu schützen, die untersucht, später jedoch nicht angeklagt werden. Richterin Johnson sah eine »schwerwiegende und wiederholte« Weitergabe von Untersuchungsergebnissen aus dem Büro des Sonderermittlers an die Medien und bezeichnete die Definition des Konzepts der »Vertraulichkeit« durch den Sonderermittler als zu eingeschränkt. Es war eine Ironie, dass die Entscheidung der Richterin, die zu unseren Gunsten ausfiel, jedoch vertraulich war, da sie sich eben auf ein Verfahren vor einer Grand Jury bezog, zu den wenigen Fakten in Zusammenhang mit Starrs Untersuchung zählte, die nicht an die Presse durchsickerten.

Vor dem Hintergrund dieser Ereignisse kämpfte Bill im ersten Halbjahr 1998 gegen den Widerstand der »Dreierbande« – Gingrich, DeLay und Dick Armey – weiter für seine Vorhaben. Die Republikaner forderten, das Budget für das National Endowment for the Humanities zu streichen und die staatliche Unterstützung für kulturelle Aktivitäten drastisch zu kürzen. Auch Bills neuer Kandidat für den Posten des amerikanischen UNO-Botschafters, Richard Holbrooke, wurde von den Republikanern im Senat nicht gutgeheißen. Holbrooke hatte das Friedensabkommen von Dayton ausgehandelt und war Botschafter in Deutschland und Leiter der Abteilung für europäische Angelegenheiten im Außenministerium gewesen. Er war ungemein intelligent, energisch, schonungslos direkt und hatte sich einige erbitterte Feinde gemacht – aus Gründen, die für ihn sprachen. Als Holbrooke im Juni 1998 als UNO-Botschafter vorgeschlagen wurde, versuchten Kritiker, seine Ernennung zu verhindern. Melanne und ich setzten uns massiv für ihn ein und drängten ihn, sich von dem mühsamen Ernennungsverfahren nicht entmutigen zu lassen; das Verfah-

en hielt immer häufiger fähige Leute davon ab, in den öffentlichen Dienst zu treten. Nach 14 Monaten setzte sich Holbrooke schließlich durch und trat im August 1999 seinen
Dienst als Botschafter an. Er leistete großartige Arbeit und setzte beim Kongress endlich die Bezahlung unserer längst fälligen
UNO-Beiträge durch und erreichte gemeinsam mit Generalsekretär Kofi Annan, dass die Auseinandersetzung mit der
HIV/Aids-Pandemie auf der Agenda der Vereinten Nationen
höchste Priorität erhielt.

Der Höhepunkt des Frühjahrs war Bills lange erwartete Reise
nach Afrika. Es war sein erster Besuch dieses Kontinents und
der erste längere Aufenthalt eines amtierenden Präsidenten in
Subsahara-Afrika. Seit unserer ersten Begegnung hatte Bill
mein Interesse für andere Länder gefördert. Nun war ich an
der Reihe, ihm zu zeigen, was ich entdeckt hatte.

Wir landeten am 23. März 1998 in Accra, der Hauptstadt
von Ghana, und wurden von der größten Menschenmenge
begrüßt, die ich je gesehen habe. Mehr als eine halbe Million
Menschen hatten sich bei glühender Hitze auf dem Platz der
Unabhängigkeit versammelt, um Bill sprechen zu hören. Während wir auf der Bühne standen und auf die gigantische Menschenmenge blickten, raunte er mir zu, ich solle mich umdrehen und mir die Stammesführer ansehen, die mit ihren
wallenden Gewändern und dem üppigen Goldschmuck einen
beeindruckenden Anblick boten. Er drückte meine Hand und
sagte: »Wir sind weit, weit weg von Arkansas, kleine Hillary.«

Das waren wir tatsächlich. Der Präsident von Ghana, Jerry
Rawlings, und seine Frau, Nana Konadu, luden uns zu einem
Mittagessen in Osu Castle ein, der offiziellen Residenz des Präsidenten. Im Verlies dieser alten Kolonialfestung waren früher
Sklaven und Sträflinge gefangen gehalten worden. Rawlings,
der 1979 durch einen Militärputsch an die Macht gekommen
war, widerlegte seine Kritiker, indem er seinem Land Stabilität
brachte. Nachdem er 1992 zum Präsidenten gewählt worden
war und 1996 auch die Wiederwahl gewonnen hatte, machte
er nach den freien Wahlen im Jahr 2000 friedlich seinem Nachfolger Platz. Nana Konadu, eine elegante Frau, die ihre auf-

fallende Kleidung aus Kente-Stoff selbst entwarf, hatte eine verblüffende Gemeinsamkeit mit mir: Hagar Sam, die Hebamme aus Ghana, die bei Chelseas Geburt in Little Rock geholfen hatte, hatte auch die vier Kinder der Rawlings entbunden. Hagar hatte ihre Ausbildung in Ghana begonnen und in den Vereinigten Staaten fortgesetzt; am baptistischen Krankenhaus in Little Rock absolvierte sie eine Schulung und arbeitete nebenher für meinen Gynäkologen.

Jeder Tag in Afrika war für Bill voller unvergesslicher Eindrücke. Von Ghana reisten wir nach Uganda weiter, wo wir mit Präsident Yoweri Museveni und dessen Frau ein Dorf besuchten, das in der Nähe der Quelle des Nils liegt. Wir gingen von Haus zu Haus und ließen uns die Erfolge der Mikrokreditprogramme zeigen: Einige Kreditnehmer hatten das Geld verwendet, um Hasenställe zu bauen. Andere hatten einen größeren Kochtopf erstanden und verkauften einen Teil des Essens weiter oder handelten damit auf dem Markt. Vor einem der Häuser begegnete mein Mann einem anderen Bill Clinton – einem zwei Tage alten Jungen, den seine Mutter nach dem amerikanischen Präsidenten benannt hatte.

In Ruanda wollte Bill mit Überlebenden des Genozids sprechen. Nach vorsichtigen Schätzungen waren in weniger als vier Monaten zwischen 500 000 und einer Million Menschen getötet worden. Der Secret Service bestand darauf, das Treffen aus Sicherheitsgründen auf dem Flughafen abzuhalten. Zwei Stunden saßen wir mit Überlebenden eines der schrecklichsten Völkermorde der Geschichte in der Flughafenlounge und hörten zu, wie die Opfer die Gräuel beschrieben, die sie erlebt hatten. Kein Land, keine internationale Organisation hatte eingegriffen, um dem Morden ein Ende zu bereiten; auch die USA nicht. Bill erklärte öffentlich, wie sehr er es bedaure, dass sein Land und die internationale Gemeinschaft nicht mehr getan hatten, um diesem Horror Einhalt zu gebieten.

In Kapstadt wurden wir von Präsident Mandela empfangen und zum Parlament begleitet, wo Bill vor den Abgeordneten eine Rede hielt. Anschließend aßen wir mit einer Gruppe von Parlamentariern zu Mittag, die sich während der Apartheid nie gemeinsam an einen Tisch gesetzt hätten. Am Nachmittag besuchte Bill Victoria Mxenge, um die über hundert neuen Häuser zu besichtigen, die seit meinem Besuch mit Chelsea im Vorjahr gebaut worden waren. Die Frauen hatten eine Straße nach mir benannt und schenkten mir zur Erinnerung ein Straßenschild mit meinem Namen.

Der Sommer in Südafrika neigte sich bereits dem Ende zu, als Bill und Nelson Mandela die Gefängniszellen auf Robben Island besuchten, hatte es merklich abgekühlt. Die schwarzen Gefangenen mussten bei der Arbeit im Steinbruch auch bei kaltem Wetter kurze Hosen tragen, Farbige und Mischlinge durften lange Hosen anziehen. Während der endlosen Stunden, die Mandela im Steinbruch arbeiten musste, zeichnete er Buchstaben in den Steinstaub, um seinen Mitgefangenen das Lesen beizubringen, wenn die Wachen nicht hinsahen. Der jahrelange Kontakt mit dem ätzenden Staub führte dazu, dass Mandelas Augen ständig tränten und juckten. Doch sie strahlten, wenn er mit seiner neuen Liebe, Graça Machel, zusammen war. Graça war die Witwe Samora Machels, des Präsidenten von Mozambique, der 1986 bei einem ungeklärten Flugzeugunglück ums Leben gekommen war. Sie war vielen Menschen in ihrem vom Krieg zerrissenen Land ein leuchtendes Vorbild und hatte sich für die Rechte von Frauen und Kindern in ganz Afrika engagiert. Mandelas Ehe mit Winnie hatte die Jahrzehnte der Trennung nicht überstanden. Auf Drängen seines alten Freundes Erzbischof Tutu heirateten Graça und Nelson im Juli 1998. Mandela bestand darauf, dass Bill und ich ihn mit seinem traditionellen Stammesnamen Madiba ansprachen, doch da wir große Hochachtung und Bewunderung für ihn empfanden, fühlten wir uns mit der Anrede »Herr Präsident« wesentlich wohler. Mandela betonte mehrmals, wie Leid es ihm tue, dass wir Chelsea nicht mitgebracht hatten. »Richten Sie ihr aus, dass ich sie unbedingt treffen möchte, wenn ich nach Amerika komme«, sagte er. »Egal, wo.«

Wir nahmen Abschied von Nelson Mandela und reisten weiter nach Botswana. Dieser unter extremer Trockenheit leidende Binnenstaat hat eines der höchsten Pro-Kopf-Einkommen in Subsahara-Afrika, leidet aber auch unter der höchsten Aids-Rate der Welt. Die Regierung bemühte sich, die Ausbreitung der Krankheit einzudämmen, doch ohne zusätzliche internationale Hilfe war dies kaum möglich. Unser Besuch in Botswana bestärkte Bill in seinem Vorhaben, die Finanzmittel für internationale Aids-Präventionsprogramme zu verdreifachen und die Bemühungen um einen Impfstoff zu verstärken.

So vielschichtig und abwechslungsreich unser Besuch bislang auch gewesen war, hatte Bill noch keine Gelegenheit gehabt, Afrika von seiner schönsten Seite kennen zu lernen. Bei einem kurzen Besuch im Chobe Nationalpark standen Bill und ich vor Morgengrauen auf, um an einer Tour teilzunehmen, bei der wir Elefanten, Nilpferde, Adler, Krokodile und eine Löwenmutter mit vier Jungen sahen. Den Nachmittag verbrachten wir mit einer Bootsfahrt auf dem Chobe. Wir trieben gemächlich auf dem Fluss entlang und sahen zu, wie die Sonne unterging und diesen unvergesslichen Tag beendete.

Im Senegal, unserer letzten Station, fuhr Bill auf die ehemalige Sklaveninsel Gorée. Wie ich stand er vor dem »Tor ohne Wiederkehr« und entschuldigte sich bewegt für Amerikas unrühmliche Rolle in der Sklaverei. Auch wenn seine Ansprache von einigen Amerikanern kritisiert wurde, hielt ich sie für angebracht. Die Worte eines Präsidenten der Vereinigten Staaten haben großes Gewicht. Bills Bedauern über das Verhalten der Welt während des Genozids von Ruanda und unsere Verantwortung für die Sklaverei drückten auch seine tiefe Sorge um den afrikanischen Kontinent aus, der große Herausforderungen zu bewältigen hatte: Armut, Krankheiten, Unterdrückung, Hungersnöte, Analphabetismus und Krieg. Aber Afrika braucht mehr als bewegende Worte, vor allem Investitionen in Hilfs- und Handelsprogramme. Daher ist der African Growth and Opportunity Act, den Bill durch den Kongress brachte und der amerikanischen Unternehmen Anreize bot, in Afrika zu investieren, so immens wichtig.

Weniger als einen Monat nach unserer Rückkehr aus Afrika flogen Bill und ich in Begleitung von Madeleine Albright nach China. Zu meiner großen Freude konnten wir Chelsea und meine Mutter mitnehmen. Außerdem würden wir diesmal länger bleiben, sodass ich mehr von diesem faszinierenden Land sehen konnte als bei meinem kurzen Besuch im Jahr 1995. China war dabei, sein Wirtschaftssystem zu modernisieren und sich langsam zu öffnen. Doch wie steinig dieser Weg war, hatte ich selbst erlebt. Bill stand vor einem schwierigen Balanceakt: Er wollte den riesigen Markt für amerikanische Unternehmen zugänglich machen und gleichzeitig Druck auf die chinesische Regierung ausüben – wegen fortgesetzter Menschenrechtsverletzungen und Provokationen gegenüber Taiwan.

Da wir einen Staatsbesuch absolvierten, bestand die chinesische Regierung auf einer formellen Empfangszeremonie in Peking. Wir wussten, dass die Zeremonie normalerweise auf dem Tiananmenplatz stattfindet und diskutierten darüber, ob wir an einem derartigen Empfang teilnehmen sollten. Auf dem Platz des Himmlischen Friedens hatte die chinesische Regierung im Juni 1989 die Demonstrationen für mehr Demokratie gewaltsam mit Panzern niedergeschlagen. Bill wollte nicht den Eindruck erwecken, er stimme den repressiven Methoden und Menschenrechtsverletzungen in China zu, wusste aber auch um die historische Bedeutung dieses Platzes und beugte sich schließlich dem Wunsch der Chinesen. Als wir auf dem Tiananmenplatz standen, musste ich ständig an die Bilder denken, die wir 1989 im Fernsehen gesehen hatten: Studenten, die bedroht von Soldaten eine »Göttin der Demokratie« errichteten, die unserer Freiheitsstatue ähnelte.

Ich hatte Staatspräsident Jiang Zemin im Oktober 1997 kennen gelernt, als er und seine Frau, Madame Wang Yeping, zu einem Staatsbesuch in den USA weilten. Viele meiner Freunde hatten mich damals aufgefordert, Zemin auf die Unterdrückung der Tibeter anzusprechen. Beim Abendessen im East Room bat ich den chinesischen Staatschef um eine Erklärung, warum China die Tibeter und ihre Religion unterdrückte. »Ich verstehe nicht ganz, was Sie meinen?«, sagte er. »Tibet ist historisch gesehen ein Teil von China und die Chinesen sind die Befreier des tibetischen Volkes. Ich habe die Geschichtsbücher aus unseren Bibliotheken gelesen und weiß, dass es den Tibetern nun besser geht als früher.«

»Aber was ist mit ihren Traditionen und dem Recht, ihre Religion auszuüben?«

Er reagierte heftig auf diese Frage und schlug sogar mit der Hand auf den Tisch. »Sie waren Opfer der Religion. Nun sind sie vom Feudalismus befreit.«

Trotz der Entwicklung einer globalen Kultur können dieselben Fakten aus diametral entgegengesetzten geschichtlichen und kulturellen Perspektiven gesehen werden – was oft genug vorkommt – und wird Freiheit je nach dem politischen Standpunkt des Betrachters definiert.

Bei unserem Besuch im Juni 1998 brachten Bill und ich unsere Besorgnis über Tibet und den Status der Menschenrechte erneut zum Ausdruck. Wie nicht anders zu erwarten, war die chinesische Führung unnachgiebig und abweisend. Ich werde oft gefragt, warum ein amerikanischer Präsident ein Land besucht, mit dem wir so gravierende Differenzen haben, und meine Antwort ist immer dieselbe: Amerika, die wohl heterogenste Nation in der Geschichte der Menschheit, ist heute die einzige Supermacht auf der Welt. Das birgt jedoch die Gefahr, dass wir den Zugang zu anderen Ländern und ihren Sichtweisen verlieren. Für unsere Regierung und die amerikanische Bevölkerung ist es daher unerlässlich, den Kontakt mit anderen Ländern zu suchen und diesen auch zu halten. Denn trotz vieler Gemeinsamkeiten führen Geschichte, Geographie und Kultur zu großen Unterschieden, die sich – wenn überhaupt – nur durch direkten Kontakt und gute Beziehungen überwinden lassen. Ein Besuch des Präsidenten und die Aufmerksamkeit, die er im Gastland und in Amerika hervorruft, sind immerhin ein Anfang.

Das Center for Women's Law Studies and Legal Services an der Universität von Peking war dem kleinen Rechtshilfebüro, das ich als junge Professorin an der University von Arkansas geleitet hatte, überraschend ähnlich. Das Zentrum schöpfte alle rechtlichen Möglichkeiten aus, um die Situation der Frauen zu verbessern – ein erster Schritt, dem 1992 erlassenen Gesetz zum Schutz der Frauenrechte Geltung zu verschaffen. Das Büro hatte Fabrikarbeiterinnen vor Gericht vertreten, die monatelang nicht bezahlt wurden, einen Arbeitgeber verklagt, der weibliche Ingenieure früher in den Ruhestand zwang als männliche, und es hatte bei der strafrechtlichen Verfolgung eines

Vergewaltigers geholfen. Wir unterhielten uns mit mehreren Klientinnen des Zentrums, darunter auch eine Frau, die entlassen worden war, weil sie ihr erstes Kind ohne Genehmigung der Familienplanungsstelle ihres Unternehmens auf die Welt gebracht hatte. Das 1995 aus Mitteln der Ford Foundation gegründete Zentrum hatte fast 4000 Menschen rechtlich beraten und in über hundert Fällen kostenlose Rechtshilfe geleistet. Dieses Engagement war ermutigend, ebenso wie erste demokratische Gehversuche in einigen Dörfern. Dass sich in China vieles verändert, steht außer Zweifel. Dass diese Veränderung mehr Freiheit bringt, ist allerdings nicht selbstverständlich. Und deshalb ist es so wichtig, dass die USA die Beziehungen zu diesem Land pflegt.

Die chinesische Regierung überraschte uns mit der Zusicherung, eine gemeinsame Pressekonferenz von Bill und Jiang, bei der sie auch lange über Menschenrechte und Tibet sprachen, unzensiert auszustrahlen. Auch Bills Rede vor Studenten an der Universität von Peking, in der er betonte, dass »wahre Freiheit mehr als nur wirtschaftliche Freiheit einschließt«, durfte vollständig gesendet werden.

Das prächtige Staatsbankett in der Großen Halle des Volkes schloss auch ein Konzert mit traditioneller chinesischer und westlicher Musik mit ein. Vor dem Ende der Darbietung dirigierten beide Präsidenten abwechselnd die Militärkapelle der Volksbefreiungsarmee. Am nächsten Abend lud Jiang uns gemeinsam mit Chelsea und meiner Mutter zu einem kleinen privaten Abendessen in die Siedlung ein, wo er und andere hochrangige Beamte mit ihren Familien lebten. Nach dem Essen in einem alten Teehaus genossen wir die laue Sommernacht auf einer Bank an einem kleinen See.

Wenn Peking das Washington Chinas ist, dann ist Schanghai sein New York. Bills Programm sah mehrere Treffen mit Geschäftsleuten und einen Besuch der Börse vor. Ich hielt in der modernen Bibliothek, die ein architektonisches Juwel ist, eine Rede über den Status der Frau, in der ich mich auf den alten chinesischen Aphorismus bezog, dass Frauen die Hälfte des Himmels tragen. Anschließend besichtigten Außenministerin Albright und ich die frisch renovierte Ohel-Rachel-Synagoge. Die Synagoge war von der großen jüdischen Gemeinde errichtet worden, die im 19. und 20. Jahrhundert eine Hochblüte erlebt hatte, als viele Juden aus Europa und Russland nach Schanghai flüchteten. Die meisten Juden verließen China, als die Kommunisten an die Macht kamen, weil die Regierung die jüdische Religion nicht offiziell anerkannte. Die Ohel-Rachel-Synagoge beispielsweise war jahrzehntelang als Lagerhaus verwendet worden. Rabbi Arthur Schneier von der Park-East-Synagoge in New York City übergab gemeinsam mit Kardinal Theodore McCarrick und Dr. Donald Argue eine neue Thora für den restaurierten Heiligen Schrein.

In Schanghai hatte ich auch ein weiteres Erlebnis, das zeigte, wie sehr die chinesische Regierung das, was wir während unseres Besuches sahen, kontrollierte. Wir hatten vor, unseren offiziellen Zeitplan für ein informelles Mittagessen in einem Restaurant zu unterbrechen. Bob Barnett, der das Lokal vorab besichtigt hatte, erzählte uns nach unserer Ankunft belustigt, dass die Polizei alle Gäste und Mitarbeiter der umliegenden Geschäfte zum Gehen aufgefordert habe, um diese durch attraktive junge Leute in westlichen Kleidern zu ersetzen.

Von Schanghai flogen wir nach Guilin. Diese Stadt am Fluss Li, der sich hier durch abenteuerlich geformte turmhohe Karstfelsen schlängelt, ist seit Jahrhunderten ein Anziehungspunkt für Künstler. Viele der beeindruckendsten chinesischen Landschaftsbilder zeigen diesen wunderschönen Ort.

Gleich nach unserer Rückkehr aus China konzentrierte ich mich auf unsere eigene kulturelle und künstlerische Geschichte und auf die Organisation einer Milleniumsfeier, über die ich schon seit Monaten nachdachte. Um unsere über 225 Jahre alte Demokratie auch weiterhin aufrechtzuerhalten, brauchen wir Kultur und ein geschärftes Bewusstsein für die reiche Vergangenheit unseres Landes. Der Beginn des neuen Jahrtausends bot eine gute Gelegenheit, die Geschichte, die Kultur und die Ideen zu präsentieren, die die Vereinigten Staaten zur langlebigsten Demokratie der Welt machten und die auch bei der Gestaltung der Zukunft eine wesentliche Rolle spielen werden. Ich beauftragte meine kreative Stabschefin, Ellen Lovell, mit der Leitung unserer Milleniumskampagne, die unter einem Motto stehen sollte, das meine Hoffnungen für unsere Bemühungen zusammenfasste: »Die Vergangenheit ehren, die Zukunft gestalten.«

Ich organisierte eine Reihe von Lesungen und Veranstaltungen im East Room, bei denen sich Gelehrte, Historiker, Wissenschaftler und Künstler mit Themen beschäftigten, die von den kulturellen Wurzeln des amerikanischen Jazz über Genetik bis zur Geschichte der Frauen reichten. Der brillante Wissenschafter Stephen Hawking sprach über die neuesten Entdeckungen in der Kosmologie. Dr. Vinton Cerf und Dr. Eric Lander berichteten vom Human Genome Project, das das Geheimnis unseres genetischen Codes entschlüsselt. Der große Trompetenspieler Wynton Marsalis verdeutlichte, warum Jazz die Musik der Demokratie ist, und einige herausragende Schriftsteller trugen gemeinsam mit Teenagern aus ihren Werken vor.

Im Rahmen unserer zweijährigen Gedenkfeierlichkeiten initiierten wir auch das Programm Save America's Treasures, um kulturelle und historische Wahrzeichen und Kunstwerke zu restaurieren und zu ehren. In jeder Gemeinde gibt es etwas – ein Denkmal, ein Gebäude, ein Kunstwerk –, das eine Geschichte darüber erzählt, wer wir Amerikaner sind. Doch leider vernachlässigen wir diese Geschichte zu oft, und lernen nicht aus ihr. Das Star Spangled Banner etwa, das wir in unserer Nationalhymne besingen, hing in Fetzen im National Museum of American History. Es war von unschätzbarem Wert für unser Land, und die Reparatur würde Millionen kosten.

Bei der Eröffnungsveranstaltung für Save America's Treasures gaben Bill und ich bekannt, dass Ralph Lauren und die Polo Company zehn Millionen Dollar für die Restaurierung der Fahne gespendet hatten, die in unserer Nationalhymne besungen wird. In den nächsten beiden Jahren fügte das Programm zu den sechzig Millionen Dollar der Bundesregierung weitere fünfzig Millionen Dollar an privaten Spenden hinzu. Das Geld wurde verwendet, um alte Filme zu restaurieren, indianische Dörfer wiederherzustellen, Theater zu renovieren und viele andere Elemente der amerikanischen Kultur zu retten.

Im Juli begab ich mich auf eine viertägige Busreise von Washington nach Seneca Falls im Bundesstaat New York; auf der Fahrt hielt ich an verschiedenen Orten, die für die amerikanische Geschichte bedeutsam sind – beim Fort McHenry in Baltimore, bei Thomas Edisons Fabrik in New Jersey, George Washingtons Militärhauptquartier in Newburgh (New York), in einem Park in Victor (New York), der der Kultur der Irokesen gewidmet ist, und bei Harriet Tubmans Haus in Auburn (New York).

Harriet Tubman ist für mich eine wahre Heldin. Sie war eine Sklavin, die mit Hilfe der Underground Railroad, einer Organisation, die Sklaven zur Freiheit verhalf, flüchten konnte und später immer wieder in den Süden zurückkehrte, um andere Sklaven zu befreien. Sie hatte keine Ausbildung, arbeitete während des Bürgerkriegs aber in der United States Army als Krankenschwester und Kundschafterin und sammelte nach dem Krieg Geld, um befreiten schwarzen Kindern eine Unterkunft und Kleidung zu verschaffen. Sie setzte sich unermüdlich für andere ein: »Wenn ihr müde seid, geht weiter«, sagte sie zu den Sklaven, die sie in die Freiheit führte. »Wenn ihr Angst habt, geht weiter. Wenn ihr Hunger habt, geht weiter. Wenn ihr frei sein wollt, geht weiter.«

Der emotionale Höhepunkt meiner Busreise war eine Veranstaltung im Women's Rights National Historical Park mit 16000 Menschen in Seneca Falls anlässlich des 150. Jahrestags der Kampagne für das Wahlrecht der Frauen, an deren Spitze Elizabeth Cady Stanton und Susan B. Anthony gestanden hatten.

Inspiriert von der Geschichte, die diese kleine Stadt für Frauen und für Amerika repräsentierte, erzählte ich zu Beginn meiner Rede von Charlotte Woodward, einer 19 Jahre alten Handschuhmacherin, die vor 150 Jahren in der Nähe von Waterloo lebte. Ich forderte das Publikum auf, sich das Leben dieser Frau vorzustellen – wie es ist, wenn man für einen Hungerlohn arbeitet, wenn man weiß, dass nach der Hochzeit das Geld, das man verdient, die Kinder und sogar die Kleider, die man am Leib trägt, dem Mann gehören. »Stellen Sie sich Charlottes Neugier und Aufregung vor, als sie am 19. Juli 1848 mit einer Pfer-

dekutsche nach Seneca Falls reiste, um an der ersten Frauen-
rechtsversammlung in Amerika teilzunehmen. Sie sah, wie die
Straßen sich mit Frauen füllten, die eine lange Prozession auf
dem Weg zur Gleichheit bildeten.«

Ich sprach von Frederick Douglass, dem schwarzen Verfechter der Sklavenbefreiung, der nach Seneca Falls kam, um
seinen lebenslangen Kampf für die Freiheit hier fortzusetzen.
»Ich frage mich, was die tapferen Männer und Frauen, die
damals diese Deklaration unterzeichnet haben, sagen würden,
wenn sie wüssten, wie viele Frauen heute nicht zur Wahl gehen?
Sie wären erstaunt und erschüttert. Vor 150 Jahren wurden
die Frauen in Seneca Falls von anderen zum Schweigen
gebracht. Heute bringen wir uns selbst zum Schweigen. Wir
haben die Wahl. Wir haben eine Stimme.«

Am Ende meiner Rede forderte ich die Frauen auf, sich von
den Visionen und der Weisheit jener Menschen, die sich vor
150 Jahren in Seneca Falls versammelten, leiten zu lassen: »Die
Zukunft, die Vergangenheit und die Gegenwart werden und
können nicht vollkommen sein. Unsere Töchter und Enkelin-
nen werden vor neuen Herausforderungen stehen, die wir uns
heute nicht einmal vorstellen können. Doch jede von uns kann
bei der Vorbereitung auf diese Zukunft helfen, indem wir für
Gerechtigkeit und Gleichheit, für die Rechte der Frauen und
die Menschenrechte eintreten, und indem wir alles tun, um auf
der richtigen Seite der Geschichte zu stehen – ungeachtet der
Risiken und Kosten.«

Es war passend, dass dieser Frühling und Sommer, der
geprägt war von Entdeckungen und Enthüllungen, an diesem
historischen Ort endete. Ich hatte andere Kulturen kennen
gelernt und gesehen, wie die zarte Pflanze der Demokratie in
China, Afrika, Osteuropa und Lateinamerika langsam Wurzeln schlug. Und an jenem Tag in Seneca Falls wurde mir
bewusst, dass Harriet Tubman und Nelson Mandela Symbole
für dieselbe Sache waren – nur an verschiedenen Etappen auf
dem Weg der Menschen in die Freiheit. Ich glaube, für ein
öffentliches Amt zu kandidieren, ist nicht zuletzt ein Tribut an
jene Menschen, die für unser Recht, zu wählen, große Opfer
gebracht haben.

Ich kehrte mit einem erneuerten Glauben in unser fehler-
haftes, aber wirksames Regierungssystem ins Weiße Haus
zurück, und mit neuen Ideen, wie alle Bürger davon profitie-
ren konnten. Und wenn ich an die Hindernisse dachte, die Bill
und ich in Washington immer noch zu überwinden hatten,
dachte ich an Harriet Tubman und schwor mir, einfach immer
weiterzugehen.

AUGUST 1998

Der August 1998 war ein blutiger Monat. Die Ereignisse schienen auf einen Wendepunkt am Ende eines hoffnungsvollen Jahrzehnts hinzudeuten. Mitte der neunziger Jahre war die Entwicklung in weiten Teilen der Welt von Aussöhnungsbemühungen und einer zunehmenden Stabilität geprägt. Das sowjetische Imperium hatte sich aufgelöst, ohne einen Weltkrieg auszulösen, und Russland arbeitete mit den Vereinigten Staaten und Europa zusammen, um die Grundlage für eine sicherere Zukunft zu schaffen. In Südafrika hatten freie Wahlen stattgefunden. In Lateinamerika waren alle Länder auf dem Weg zur Demokratie. Nach dem Ende der ethnischen Säuberungen in Bosnien hatte der Wiederaufbau des Landes begonnen. In Nordirland hatten Friedensgespräche zu einem Waffenstillstand geführt. Und trotz schwerer Rückschläge schienen sich auch die politischen Führer im Nahen Osten auf den Frieden zuzubewegen. Wie in allen Zeiten gab es überall auf der Welt weiterhin Leid und Konflikte, aber viele Feindseligkeiten waren überwunden.

Am 7. August kam diese Phase relativer Ruhe zu einem jähen Ende, als islamistische Terroristen gleichzeitig Bombenanschläge auf die amerikanischen Botschaften in Kenia und Tansania verübten, bei denen über 5000 Menschen verletzt wurden und 264 Todesopfer zu beklagen waren, darunter zwölf Amerikaner. Die meisten Opfer waren afrikanische Büroangestellte und Passanten. Diese verheerenden Angriffe auf amerikanische Einrichtungen im Ausland sollten ein Omen für das sein, was uns bevorstand. Bill verstärkte seine Bemühungen, den Ursachen für die Terroranschläge auf den Grund zu gehen und die Führer der Terroristen zu isolieren. Die Aufklärungsdienste fanden immer mehr Indizien dafür, dass ein im Exil lebender diabolischer Saudi namens Osama bin Laden hinter zahlreichen islamistischen Terroristen in aller Welt stand, deren Angriffe immer folgenschwerer wurden.

Der irakische Diktator Saddam Hussein hatte die UNO, die von ihm verlangte, den Waffeninspektoren uneingeschränkten und unangekündigten Zugang zu seinen Einrichtungen zu gewähren, erneut herausgefordert. Bill führte ausführliche Gespräche mit Vertretern der Vereinten Nationen und verbündeten Regierungen, um eine angemessene Antwort auf Husseins Verstöße gegen die UN-Sanktionen zu finden. Mit Ausnahme von Bills engsten Vertrauten war es für viele Beobachter verblüffend, dass er in der Lage war, die politischen Ablenkungen in Washington vollkommen zu ignorieren und sich auf die internationalen Krisen zu konzentrieren. Doch es fiel dem Präsidenten und seinen Sicherheitsberatern schwer, die Aufmerksamkeit des Kongresses auf die wachsende Bedrohung im In- und Ausland zu lenken und eine Bewilligung der zum Schutz des Landes erforderlichen Mittel durchzusetzen. Vielleicht weil die Medien, der Kongress und das FBI zu viel Energie auf die Untersuchung von Bills Privatleben verschwendeten.

Ende Juli hatte ich von David Kendall erfahren, dass Kenneth Starr mit Monica Lewinsky einen Handel geschlossen hatte, der ihr Strafverschonung garantierte. Am 6. August sagte sie vor der Whitewater-Anklagejury aus, die längst nichts mehr mit Whitewater zu tun hatte. Starr war entschlossen, den Präsidenten vorzuladen, und Bill musste entscheiden, ob er mit den Anklägern kooperieren würde. Bills Rechtsberater sprachen sich gegen eine Aussage aus. Wenn es zu einem Prozess kam, konnte alles, was Bill in der Anhörung vor der Grand Jury sagte, gegen ihn verwendet werden. Andrerseits stand Bill unter beträchtlichem politischen Druck, vor der Jury auszusagen. Es stand eine weitere Halbzeitwahl bevor, und Bill wollte verhindern, dass dieses Thema den Wahlkampf überschattete. Ich befürwortete eine Aussage, da ich keinen Grund zur Besorgnis sah. Es handelte sich lediglich um eine weitere Hürde, die genommen werden musste. David Kendall, der Bill und mich regelmäßig über den Fortgang der Untersuchung informierte, erzählte uns, dass der Sonderermittler eine Blutprobe des Präsidenten angefordert hatte, ohne das Ansuchen zu begründen. David hielt es für möglich, dass Starr bluffte und versuchte, Bill vor seiner Aussage einzuschüchtern.

Ich wusste aus eigener Erfahrung, dass ein Auftritt vor einer Anklagejury sehr nervenaufreibend war. Am Freitag, dem 14. August, traf ich mich abends mit Bob Barnett im Yellow Oval Room. Bob wollte wissen, wie es mir ging, und wir sprachen über ein paar Dinge, die nichts mit der Untersuchung zu tun hatten. Nach einer Weile fragte er mich, ob ich mir Sorgen mache. »Nein«, sagte ich, »es tut mir nur Leid, dass wir alle das durchmachen müssen.«

»Was ist, wenn an der Sache doch mehr dran ist, als Sie wissen?«, fragte Bob.

»Das glaube ich nicht. Ich habe Bill immer wieder gefragt.«

Bob ließ nicht locker: »Was ist, wenn Starr etwas Überraschendes gegen ihn in der Hand hat?«

»Ich habe die Erfahrung gemacht, dass man nichts glauben kann, was Starr sagt.«

»Aber«, insistierte Bob, »Sie müssen damit rechnen, dass ein Körnchen Wahrheit in alldem steckt.«

»Hören Sie, Bob«, sagte ich, »mein Mann mag seine Fehler haben, aber er hat mich noch nie angelogen.«

Am folgenden Morgen, es war Samstag, der 15. August, weckte mich Bill früh auf – genau wie schon vor einigen Monaten. Diesmal saß er nicht auf der Bettkante, sondern lief im Raum auf und ab, während er mir zum ersten Mal erklärte, dass die Lage sehr viel ernster sei, als er bisher zugegeben habe. Ihm sei klar geworden, dass er in seiner Aussage würde zugeben müssen, dass es zu einer unangemessenen Intimität gekommen war. Was zwischen ihm und Lewinsky war, sei kurz und flüchtig gewesen. Er sagte, er habe es mir vor sieben Monaten nicht sagen können, weil er sich zu sehr dafür geschämt habe. Und es täte ihm Leid, denn er wisse, wie sehr er mich verletze.

Ich bekam keine Luft. Ich rang um Atem, begann zu weinen und schrie ihn an: »Was soll das heißen?! Was redest du da? Warum hast du mich belogen?« Ich wurde jeden Augenblick zorniger. Bill stand einfach nur da und sagte wieder und wieder: »Es tut mir Leid. Es tut mir so Leid. Ich wollte dich und Chelsea schützen.« Ich konnte nicht glauben, was ich da hörte. Ich hatte es bislang lediglich für töricht gehalten, dass er der jungen Frau Aufmerksamkeit geschenkt hatte und war überzeugt gewesen, dass er das Opfer einer Verleumdungskampagne war. Ich hatte mir nicht vorstellen können, dass er unsere Ehe und unsere Familie aufs Spiel setzen würde. Nun war ich wie vom Donner gerührt. Ich war wütend und verzweifelt, weil ich ihm geglaubt hatte.

Als ich Bill nach einer Weile sagte, dass er mit Chelsea reden musste, füllten sich seine Augen mit Tränen. Er hatte mein Vertrauen missbraucht, und wir wussten beide, dass dieser Bruch vielleicht nicht mehr zu kitten war. Nun mussten wir Chelsea mitteilen, dass ihr Vater sie ebenfalls belogen hatte. Es waren schreckliche Momente, die wir alle durchmachten. Ich wusste nicht, ob unsere Ehe diesen Betrug überstehen konnte oder sollte. Es war die verheerendste, schockierendste und schmerzlichste Erfahrung in meinem Leben.

Zum Glück waren für dieses Wochenende keine öffentlichen Auftritte vorgesehen. Wir hätten eigentlich längst im Urlaub sein sollen, hatten aber unsere Abreise nach Martha's Vineyard verschoben, um Bills Aussage vor der Anklagejury abzuwarten. Nun musste Bill inmitten all der emotionalen Verwüstung seine Aussage und eine öffentliche Erklärung vorbereiten.

Während wir mit dieser persönlichen und öffentlichen Krise rangen, wurde Bills Regierung auch auf der weltpolitischen Bühne brutal in die Realität zurückgeholt: In Omagh in Nordirland zündeten abtrünnige IRA-Aktivisten auf einem bevölkerten Markt eine Autobombe, die 28 Menschen tötete und mehr als 200 Personen verletzte. Der Friedensprozess, für den sich Bill so lange eingesetzt hatte und von dem die irischen Fraktionen nur unter großer Mühe hatten überzeugt werden können, hatte einen schweren Rückschlag erlitten. Als am Samstagnachmittag die Zahl der Opfer veröffentlicht wurde, musste ich daran zurückdenken, wie ich mit irischen Frauen zusammengesessen hatte, um über ihre Bemühungen um eine friedliche Lösung des Konflikts zu sprechen. Nun würde ich angesichts meiner eigenen niederschmetternden Situation dasselbe versuchen müssen.

Bill machte seine Aussage am Montagnachmittag im Map Room – Starr hatte eingewilligt, die Vorladung zurückzuziehen. Die Befragung dauerte vier Stunden. Die freiwillige Aussage wurde auf Video aufgezeichnet und per Konferenzschaltung in den Gerichtssaal übertragen. Immerhin musste Bill damit nicht die entwürdigende Erfahrung machen, als erster amtierender Präsident vor Gericht erscheinen zu müssen. Allerdings war dies die einzige Demütigung, die ihm an diesem Tag erspart blieb. Als die Befragung um halb sieben Uhr abends beendet war, kam Bill gefasst, aber sichtlich wütend aus dem Zimmer. Ich hatte der Aussage nicht beigewohnt und war nicht bereit, mit ihm zu sprechen, doch man sah es ihm an, dass er eine schwere Prüfung hinter sich hatte.

David Kendall hatte den Fernsehsendern angekündigt, dass sich der Präsident um 22 Uhr östlicher Standardzeit kurz an die Nation wenden werde. Einige seiner engsten Berater und Vertrauten – Chuck Ruff, der Rechtsberater des Weißen Hauses, Paul Begala, Mickey Kantor, James Carville, Rahm Emanuel sowie Harry und Linda Thomason – versammelten sich im »Solarium«, um ihm bei der Formulierung seiner Erklärung zu helfen. David Kendall und Chelsea, die versuchte, die Geschehnisse zu begreifen, waren ebenfalls da. Ich hielt mich anfangs abseits, denn ich wollte Bill nicht dabei helfen, eine öffentliche Erklärung in einer Angelegenheit zu formulieren, die meinen Sinn für Anstand und meine Privatsphäre verletzte. Schließlich ging ich aus Gewohnheit, möglicherweise aus Neugierde und vielleicht aus Liebe doch hinauf. Als ich gegen zwanzig Uhr den Raum betrat, schaltete jemand hastig den Ton des Fernsehgeräts aus. Die Anwesenden wussten, dass es für mich unerträglich sein würde, zu hören, was im Fernsehen gesagt wurde. Auf meine Frage, wie sie mit der Erklärung vorankämen, erfuhr ich, dass Bill immer noch nicht entschieden hatte, was er sagen sollte.

Er wollte der Bevölkerung mitteilen, dass er es zutiefst bedauerte, seine Familie, seine Freunde und sein Land getäuscht zu haben. Aber er wollte auch sagen, dass er nicht glaubte, in seiner Aussage im Fall Jones gelogen zu haben, da die Fragen sehr unklar formuliert gewesen seien – das klang nach juristischer Haarspalterei. Er hatte einen schrecklichen Fehler begangen, den er anschließend zu vertuschen versuchte, und musste sich jetzt dafür entschuldigen. Gleichzeitig glaubte er, es sich nicht leisten zu können, vor seinen politischen Feinden und den Feinden der Nation einen Eindruck der Verwundbarkeit zu vermitteln. In den Tagen vor seinem Geständnis am Samstagmorgen hatten wir über die gefährliche Lage im Irak gesprochen, die Saddam Hussein am 5. August mit der Ankündigung verschärft hatte, auch weiterhin keine Waffeninspektionen mehr zuzulassen. Bill und ich wussten, dass die Vereinigten Staaten wenige Stunden nach seiner Erklärung zu seinem persönlichen Fehltritt als Vergeltungsmaßnahme für die Bombenanschläge in Kenia und Tansania einen Raketenangriff auf eines von Osama bin Ladens Ausbildungslager in Afghanistan starten würden. Die Aufklärung hatte angedeutet, bin Laden und seine Führungsspitze könnten sich in diesem Trainingscamp aufhalten. Die Augen der Welt waren auf uns gerichtet. In dieser Situation konnte es sich der Präsident der Vereinigten Staaten nicht leisten, im Fernsehen schwach zu wirken.

Der Zeitpunkt für seine Fernsehansprache rückte näher, und alle Anwesenden versuchten, ihren Standpunkt klar zu machen, was Bill offenkundig nicht half. Er wollte die Gelegenheit nutzen, um auf die Unfairness der Untersuchung und die Übergriffe Starrs hinzuweisen, doch unter den Beratern entbrannte eine heftige Diskussion darüber, ob er den Sonderermittler persönlich angreifen sollte. Ich war wütend auf Bill, sah aber mit Schrecken, wie verstört er war. Da ergriff ich das Wort: »Bill, es ist deine Rede. Du hast dich selbst in diese elende Lage gebracht, und nur du kannst entscheiden, was du dazu sagen willst.« Mit diesen Worten verließ ich in Chelseas Begleitung den Raum.

Schließlich blieb Bill allein zurück und schrieb seine Erklärung selbst. Unmittelbar nach seiner Ansprache wurde Bill dafür kritisiert, dass er sich nicht ausreichend entschuldigt habe (besser gesagt dafür, dass seine Entschuldigung nicht ganz aufrichtig geklungen habe, weil er gleichzeitig Starr kritisiert hatte). Ich war noch immer zu aufgewühlt, um die Situation beurteilen zu können. James Carville, möglicherweise der kampflustigste und unnachgiebigste unter unseren Freunden, meinte, es sei möglicherweise doch ein Fehler gewesen, Starr anzugreifen. Dies wäre der Augenblick gewesen, das Fehlverhalten einzugestehen, und es dabei bewenden zu lassen. Ich weiß immer noch nicht, wer damals Recht hatte.

Während die Presse Bills Erklärung verurteilte, ging aus den Reaktionen der meisten Amerikaner in den folgenden Tagen hervor, dass sie die Beziehungen zwischen zwei Erwachsenen für deren Privatangelegenheit hielten und nicht der Meinung waren, dass sich das Verhalten eines Menschen in seinen intimen Beziehungen auf seine Fähigkeit auswirkte, seine berufliche Pflicht zu erfüllen – sei es in einem Gerichtssaal, in einem Operationssaal, im Kongress oder im Oval Office. Bills Umfragewerte blieben ausgezeichnet, in meiner Gunst war er auf den Nullpunkt gesunken.

Das Letzte, wonach mir in dieser Situation der Sinn stand, war eine Urlaubsreise. Doch ich musste unbedingt aus Washington weg, und auch Chelsea wollte nach Martha's Vineyard fahren, wo gute Freunde auf sie warteten. Also brachen wir am folgenden Nachmittag in die Ferien auf. Buddy (der Hund) kam ebenfalls mit, um Bill Gesellschaft zu leisten. Er war das einzige Familienmitglied, das das wollte.

Kurz vor der Abreise gab meine unerschütterliche Pressesekretärin Marsha Berry in meinem Namen eine Erklärung ab, in der es hieß: »Dies ist offenkundig nicht der beste Tag in Mrs. Clintons Leben. Es ist eine schwere Zeit, in der sie in ihrem starken Glauben Halt findet.«

Als wir in unserem gemieteten Haus eintrafen, war der Adrenalinschub, den die Krise ausgelöst hatte, vorbei. Zurück blieben eine tiefe Traurigkeit, bittere Enttäuschung und das Gefühl unbewältigter Wut. Es fiel mir sehr schwer, mit Bill zu sprechen, und wenn ich es doch tat, wurde eine Tirade daraus. Ich las und ging am Strand spazieren. Er schlief unten im Wohnzimmer, ich oben im Schlafzimmer. Die Tage waren leichter als die Nächte. Ich fragte mich, an wen ich mich wenden sollte, jetzt, da mein bester Freund, der mir in schwierigen Zeiten immer zur Seite gestanden hatte, der Mensch war, der mir so viel Leid zugefügt hat. Ich fühlte mich vollkommen allein, und für Bill galt wohl dasselbe. Er versuchte immer wieder, mir die ganze Sache zu erklären, und beteuerte, wie Leid ihm alles täte. Doch ich war noch nicht einmal so weit, dass ich mich im selben Raum wie er aufhalten konnte, geschweige denn, dass ich ihm hätte verzeihen können. Ich würde tief in mich gehen müssen, um meine Beziehung zu Bill neu zu definieren und einen Weg zu finden, sein Verhalten zu verstehen. Ich wusste nicht, ob es mir gelingen würde.

Kurz nach unserer Ankunft kehrte Bill für einen Blitzbesuch nach Washington zurück, um den Raketenangriff auf Osama bin Ladens Ausbildungslager in Afghanistan zu leiten. Die Armee hatte mit dem Abschuss der Marschflugkörper gewartet, bis die Geheimdienste bestätigten, dass sich bin Laden und seine wichtigsten Mitarbeiter im Camp befanden. Doch die Raketen verfehlten ihn offenbar um wenige Stunden. Obwohl es deutliche Beweise dafür gab, dass bin Laden für die Bombenanschläge auf unsere Botschaften verantwortlich war, wurde Bill für den Angriffsbefehl kritisiert. Man warf ihm vor, mit dem Schlag gegen die Terroristen habe er nur die Aufmerksamkeit von seinen privaten Schwierigkeiten und von der lauter werdenden Forderung nach einem Amtsenthebungsverfahren ablenken wollen. Weder die Republikaner noch die Medien verstanden, welche Gefahr vom Terrorismus im Allgemeinen und von Osama bin Laden und Al Qaida im Besonderen ausging.

In unserem Haus auf Martha's Vineyard herrschte immer noch lähmende Stille. Chelsea verbrachte die meiste Zeit bei unseren Freunden Jill und Ken Isco und deren Sohn Zack. Mir stand der Sinn nicht nach Gesellschaft, doch es war rührend zu sehen, wie sich unsere Freunde um uns sammelten. Vernon und Ann Jordan waren sehr verständnisvoll. Katharine Graham, die selbst eine quälende Erfahrung mit ehelicher Untreue gemacht hatte, lud mich zum Essen ein. Und dann rief Walter Cronkite an, um uns zu einem Segelausflug zu überreden. Walter und seine Frau Betsy verabscheuten die Leute, die Bills Kopf forderten und mich dafür kritisierten, dass ich an seiner Seite blieb. »Das ist einfach unglaublich«, sagte Walter am Telefon. »Warum tun diese Leute nicht etwas Sinnvolles? Wisst ihr, ich bin alt genug, um zu wissen, dass gute Ehen schwierige Zeiten überstehen müssen. Niemand von uns ist vollkommen. Lasst uns segeln gehen!« Schließlich nahmen wir sein Angebot an. Obwohl ich zu betäubt war, um behaupten zu können, ich hätte mich entspannt, war es erfrischend, draußen auf dem Meer zu sein. Und die Fürsorge der Cronkites richtete mich auf.

Maurice Templesman, der jeden Sommer auf Martha's Vineyard war, erwies sich ebenfalls als große Stütze. Ich hatte ihn seit Jackies Tod noch besser kennen gelernt, und er besuchte uns oft im Weißen Haus. Ich traf ihn an einem Abend auf seiner Yacht und gemeinsam betrachteten wir gedankenverloren die Lichter der Boote, die in den Hafen von Menemsha einfuhren.

»Ich weiß, dass Ihr Mann Sie wirklich liebt«, sagte er unvermittelt. »Und ich hoffe, Sie können ihm eines Tages vergeben.«

Es war sehr erleichternd, in Gesellschaft eines guten Freundes dazusitzen und auf das Meer hinauszublicken. Ich sah zum Himmel hinauf, wie ich es als Kind in Park Ridge getan hatte, während ich mit meiner Mutter auf einer Decke im Garten gelegen hatte. Ich dachte daran, dass sich die Sterne nicht geändert haben, seit die ersten Seefahrer aufgebrochen waren, um die Welt zu erkunden, und sich dabei an ihnen orientiert hatten. Ich habe mein Leben lang einen Weg durch unerforschtes Gebiet gesucht. Ich habe auf mein Glück, meine Fähigkeiten und meinen festen Glauben vertraut, die mich stets auf Kurs gehalten haben. Und ich konnte auf die Unterstützung anderer zählen.

Ich bin dankbar für all die Hilfe und die Ratschläge, die ich in jener Zeit erhielt, insbesondere von Reverend Donald Jones, dem ehemaligen Leiter meiner Jugendgruppe, der ein Freund fürs Leben geworden war. Don rief mir eine klassische Predigt des Theologen Paul Tillich in Erinnerung, die er uns in Park Ridge vorgelesen hatte. Dabei ging es um das unablässige Wechselspiel von Sünde und Gnade. Das eine ist ohne das andere nicht denkbar.

AMTSENTHEBUNG

Ende August hatte sich die Lage zwischen Bill und mir etwas entspannt, wenn auch noch kein Frieden herrschte. Trotz meines Zorns und meiner Enttäuschung musste ich mir in den langen einsamen Stunden eingestehen, dass ich ihn liebte – wenngleich ich immer noch daran zweifelte, dass unsere Ehe diesen Vertrauensbruch überstehen würde. Doch auch wenn ich noch nicht wusste, ob ich um meinen Mann und meine Ehe kämpfen sollte – für meinen Präsidenten würde ich in jedem Fall kämpfen.

In dieser Situation gerieten meine persönlichen Empfindungen und meine politischen Überzeugungen in Widerspruch zueinander. Mehr als zwanzig Jahre lang war Bill mein Ehemann, mein bester Freund, mein Partner in allen Höhen und Tiefen des Lebens gewesen. Chelsea war er ein liebender Vater. Nun hatte er aus Gründen, die nur er erklären kann, mein Vertrauen missbraucht und mich zutiefst verletzt. Und nachdem ihn seine Feinde jahrelang mit falschen Vorwürfen, parteipolitisch motivierten Untersuchungen und Gerichtsverfahren verfolgt hatten, hatte er ihnen etwas Greifbares geliefert, das sie ausnutzen konnten. Als Ehefrau wollte ich Bill den Hals umdrehen. Doch er war nicht nur mein Ehemann, sondern auch mein Präsident, und er führte Amerika in einer Art, die ich nach wie vor befürwortete. Was auch immer er getan hatte: ich war der Meinung, dass kein Mensch eine derart grausame Behandlung verdient hatte, wie sie ihm zuteil wurde. Seine Privatsphäre, meine Privatsphäre, die Privatsphäre von Monica Lewinsky und die Privatsphäre unserer Familien war willkürlich und grausam verletzt worden. Ich bin davon überzeugt, dass das Verhalten meines Ehemanns moralisch falsch war und dass es ebenso falsch war, mich über sein Fehlverhalten zu belügen und das amerikanische Volk in die Irre zu führen. Aber er hatte sein Land nicht betrogen. Und wenn sich Leute wie Starr und seine Verbündeten über die Verfassung hinwegsetzten und ihre Macht aus ideologischen Gründen missbrauchen konnten, um einen Präsidenten zu stürzen, dann mussten wir um unser Land fürchten.

Während sich in Washington Bills politische Gegner zur nächsten Runde rüsteten, ging das Leben weiter – und ich hielt Schritt. Am 1. September begleitete ich Bill zu einem Staatsbesuch nach Moskau. Am folgenden Tag flogen wir nach Irland weiter, um gemeinsam mit Tony und Cherie Blair den Schauplatz des Bombenanschlags in Omagh aufzusuchen. Die Detonation von mehr als 200 Kilogramm Sprengstoff in einer belebten Einkaufsstraße hatte den Waffenstillstand nicht beendet, sondern die Menschen darin bestärkt, ihre Friedensbemühungen noch zu intensivieren. Auch die Hardliner beider Seiten waren geschockt und riefen zur Mäßigung auf.

Gerry Adams, der Führer von Sinn Féin, gab öffentlich bekannt, Gewalt gehöre in dem nunmehr 77 Jahre andauernden Kampf gegen die britische Herrschaft der Vergangenheit an. Im Anschluss an Adams' Aussage erklärte sich David Trimble, der Führer der protestantischen Unionisten, erstmals bereit, sich mit Sinn Féin zu Gesprächen zu treffen.

Alle Konfliktparteien waren sich darin einig, dass diese Fortschritte ohne das direkte diplomatische Engagement Bill Clintons und seines Gesandten George Mitchell, des ehemaligen Mehrheitsführers im amerikanischen Senat, nicht möglich gewesen wären.

Der riesige Pressetross, der den Präsidenten nach Russland und Irland begleitete, war nicht nur an einer Friedensgeschichte interessiert. Die Reporter verfolgten jede unserer Bewegungen, um Aufschluss über den Zustand unserer Ehe zu erhalten. Standen wir nah beieinander oder hielten wir Distanz? Blickte ich finster drein oder verbarg ich die Spuren durchweinter Nächte hinter meiner dunklen Sonnenbrille? Und was hatte es mit dem Strickpullover auf sich, den ich Bill in Dublin gekauft hatte und den er in Limerick bei seinem ersten Golfspiel seit mehr als einem Monat trug? Ich fragte mich, ob es uns wohl jemals gelingen würde, die Privatsphäre unserer Familie wieder herzustellen.

Während Bill im Ausland mit anderen Regierungschefs verhandelte, wurde er in Washington von Joe Lieberman, dem Senator für Connecticut, öffentlich zurechtgewiesen. Lieberman war mit uns befreundet, seit Bill Anfang der siebziger Jahre in seinem ersten Wahlkampf für einen Sitz im Parlament von Connecticut für ihn gearbeitet hatte. Nun verurteilte er im Senat das Verhalten des Präsidenten als unmoralisch und schädlich, da es den amerikanischen Bürgern ein falsches Signal für akzeptables Verhalten gegeben habe.

Als Bill in Irland von den Reportern um einen Kommentar zu Liebermans Aussage gebeten wurde, erklärte er: »Grundsätzlich gebe ich ihm Recht. Ich habe bereits erklärt, dass ich einen schlimmen und unentschuldbaren Fehler begangen habe, den ich sehr bedaure.« Dies war die erste von vielen vorbehaltlosen öffentlichen Entschuldigungen, die mein Ehemann vorbrachte. Dem harten Kern der Republikaner würden sie aber wohl nie genügen. Auch die Demokratische Partei stand vor einer Zerreißprobe, als führende Demokraten, darunter der Kongressabgeordnete Richard Gephardt aus Missouri sowie die Senatoren Daniel Patrick Moynihan aus New York und Bob Kerrey aus Nebraska, das persönliche Verhalten des Präsidenten verurteilten und verlangten, ihn auf irgendeine Art zur Rechenschaft zu ziehen. Doch keiner von ihnen befürwortete ein Amtsenthebungsverfahren.

Während ich – trotz unserer regelmäßigen Sitzungen bei einem Eheberater – keine Klarheit bezüglich meiner persönlichen Zukunft hatte, war ich vollkommen davon überzeugt, dass Bills privates Fehlverhalten und sein Versuch, seinen Irrtum zu vertuschen, weder eine rechtliche noch eine historische Grundlage für eine verfassungskonforme Amtsanklage darstellten. Ich war davon überzeugt, dass er für sein Verhalten

Rechenschaft ablegen musste, und zwar vor mir und seiner Tochter. Ihn durch ein Amtsenthebungsverfahren zur Rechenschaft zu ziehen, war ein Missbrauch der Verfassung und vollkommen unangebracht. Doch ich wusste auch, dass die Opposition die Medien benutzen konnte, um eine Atmosphäre zu erzeugen, in der ungeachtet der rechtlichen Lage der Ruf nach einem Rücktritt des Präsidenten lauter werden würde oder ein Amtsenthebungsverfahren nicht mehr zu umgehen war.

Anfang September fand David Kendall heraus, dass sich das Büro des Sonderermittlers anschickte, dem Rechtsausschuss des Repräsentantenhauses ein Amtsenthebungsverfahren zu empfehlen. Der Rechtsausschuss hatte darüber zu entscheiden, ob die Angelegenheit dem Repräsentantenhaus zur Abstimmung vorgelegt werden sollte. Die amerikanische Verfassung sieht vor, dass das Repräsentantenhaus die Anklagepunkte (ähnlich dem Verfahren gegen einen Bundesbeamten in einem Strafprozess) mit einfacher Mehrheit beschließen muss. Die Anklagepunkte werden anschließend an den Senat weitergeleitet, dessen Mitglieder im Prozess – das heißt im Amtsenthebungsverfahren – als Geschworene fungieren. Während eine Jury in einem Strafprozess den Angeklagten nur einstimmig für schuldig erklären kann, genügt im Senat eine Zweidrittelmehrheit für einen Schuldspruch und eine Amtsenthebung des Präsidenten. Den Vätern der amerikanischen Verfassung hatte allerdings ein langsamer, extrem sorgfältiger Prozess vorgeschwebt, um einen Präsidenten wegen »Hochverrat, Bestechung oder anderer schwerer Verbrechen und Vergehen« seines Amtes zu entheben.

Im Jahr 1868 hatte das Repräsentantenhaus Präsident Andrew Johnson angeklagt, weil er sich den vom Kongress verlangten harten Auflagen für die im Bürgerkrieg unterlegenen Südstaaten widersetzte. In meinen Augen war das Parlament damals im Unrecht gewesen, doch zumindest hatten die Abgeordneten Präsident Johnson aufgrund seiner Amtsführung angeklagt. Johnson wurde der Prozess gemacht, und am Ende fehlte im Senat nur eine Stimme für einen Schuldspruch. Richard Nixon war der zweite amerikanische Präsident, dem die Einleitung eines Amtsenthebungsverfahren bevorstand, und ich wusste aus erster Hand, wie sorgfältig damals mit den Beweisen aus dem Grand-Jury-Verfahren umgegangen wurde, um der Verfassung zu entsprechen. Die damalige Untersuchung zog sich unter strikten Sicherheitsvorkehrungen und absolut vertraulich über acht Monate hin, bevor dem Rechtsausschuss die Anklagepunkte vorgelegt wurden. Auch dieses Verfahren bezog sich auf Vergehen, die die Funktion des Präsidenten betrafen.

David Kendall verlangte vom Büro des Sonderermittlers, ihm im Voraus eine Kopie der Anklageempfehlung zukommen zu lassen, damit er eine Antwort vorbereiten konnte. Dieses Ansuchen beruhte nicht nur auf dem Gebot der Fairness, sondern hatte seine Präzedenz im Nixon-Impeachment. Starr lehnte ab. Am 9. September fuhren Mitarbeiter des Sonderermittlers mit zwei Vans vor dem Kapitol vor und übergaben dem Seargent-at-arms, dem Ordnungsbeamten des Kongresses, Kopien des mehr als 110 000 Worte umfassenden »Starr Report« samt 36 Kartons mit Begleitdokumenten. Starrs Effekthascherei war empörend, doch noch empörender war die Entscheidung des Verfahrensausschusses, den gesamten Bericht unverzüglich im Internet zugänglich zu machen.

Das amerikanische Bundesrecht schreibt vor, dass die von einer Grand Jury gesammelten Beweise vertraulich zu behandeln sind, um zu verhindern, dass Zeugenaussagen, die nicht im Kreuzverhör überprüft werden können, ein Verfahren beeinträchtigen oder einer unschuldigen Person schaden. Dies ist einer der Grundpfeiler unseres Rechtssystems. Der Starr-Bericht enthielt dagegen eine Anhäufung von Zeugenaussagen vor der Grand Jury, die niemals von einem Verteidiger überprüft worden waren. Nun wurden diese Aussagen ohne Rücksicht auf Fairness und Ausgewogenheit veröffentlicht.

Ich habe den Starr-Bericht nicht gelesen, doch ich habe mir sagen lassen, dass auf 445 Seiten 581 Mal das Wort »Sex« vorkommt. »Whitewater«, der vermeintliche Gegenstand der Untersuchung des Sonderermittlers, werde viermal erwähnt, um beispielsweise den Whitewater Independent Counsel zu benennen. Starr hielt seinen Bericht offensichtlich bewusst »anschaulich« und wertete dadurch die Präsidentschaft und die Verfassung herab – ein dunkler Augenblick in der amerikanischen Geschichte.

Starr empfahl dem Rechtsausschuss des Repräsentantenhauses elf mögliche Anklagepunkte. Ich war davon überzeugt, dass er damit seine rechtlichen Befugnisse überschritten hatte. Denn die Verfassung schreibt vor, dass die Legislative – nicht der Sonderermittler – nach Beweisen für Verstöße suchen soll, die eine Amtsenthebung rechtfertigen. Starrs eigentliche Aufgabe bestand also darin, dem Rechtsausschuss eine unvoreingenommene Zusammenfassung der bekannten Fakten vorzulegen, damit der Ausschuss seine eigenen Ermittler mit der Sammlung von Beweisen beauftragen konnte. Doch in dem Bestreben, Bill Clinton aus dem Amt zu treiben, ernannte sich Starr selbst zum Staatsanwalt, zum Richter und zur Jury. Und je sicherer ich mir war, dass Starr seine Macht missbrauchte, desto mehr Sympathie empfand ich für meinen Ehemann – zumindest politisch.

Die von Starr vorgelegten Anklagepunkte beinhalteten die Vorwürfe, der Präsident habe unter Eid über sein persönliches Verhalten gelogen, die Justiz behindert und sein Amt missbraucht. Tatsächlich hatte sich Bill nie der Behinderung der Justiz oder des Amtsmissbrauchs schuldig gemacht. Er beharrte auch darauf, nicht unter Eid gelogen zu haben. Unabhängig davon, ob er sich nun des Meineids schuldig gemacht hatte oder nicht, bestätigt die überwältigende Mehrheit der Verfassungsexperten und Historiker, dass eine Lüge unter Eid über eine Privatangelegenheit in einem Zivilprozess keinen Grund für eine Amtsenthebung darstellt.

Am Tag, nachdem Starr dem Kongress seinen Bericht vorgelegt hatte, nahmen Bill und ich an einem Empfang des Democratic Business Council teil, auf dem ich Bill mit den Worten »mein Ehemann und unser Präsident« ankündigte. Privat rang ich immer noch damit, ihm zu verzeihen, doch meine Wut über die Personen, die ihn gezielt sabotierten, erleichterte mir diesen Prozess. Mein Zeitplan war mit Veranstaltungen voll gestopft, und ich drückte mich nicht vor einer einzigen. An jenem Tag standen noch eine Arbeitssitzung mit meinen Redenschreibern, eine Veranstaltung zur Krebsvorsorge, ein Empfang des AmeriCorps und mehrere andere Auftritte auf dem Programm. Ich hoffte, es würde den Mitarbeitern des Weißen Hauses ein Ansporn sein, mich wie gewohnt meinen Aktivitäten nachgehen zu sehen. Wenn ich diese Tage durchstehen konnte, konnten sie es auch.

Bei einem Frühstücksgebet im Weißen Haus am 11. September beichtete Bill sichtlich bewegt seine Sünden und bat das amerikanische Volk um Vergebung. Gleichzeitig gab er bekannt, dass er sein Amt nicht niederlegen werde. »Ich werde meine Rechtsanwälte beauftragen, alle verfügbaren und angemessenen Argumente zu sammeln und mich entschlossen zu verteidigen. Doch die juristischen Aspekte sollen die Tatsache nicht verdecken, dass ich mich falsch verhalten habe.« Selbst in seinen dunkelsten Momenten war seine Unbeugsamkeit zu erkennen: »Wenn meine Reue echt und dauerhaft ist, so kann all dies am Ende etwas Gutes für unser Land sowie für mich und meine Familie bewirken. Unsere Kinder können daraus lernen, wie wichtig Integrität und wie schlecht Selbstsucht ist. Doch Gott kann uns ändern und uns aus der Dunkelheit führen.«

Die Reaktion der Öffentlichkeit auf Bills offene Entschuldigung ermutigte mich: Eine solide Mehrheit von rund sechzig Prozent der Amerikaner sprach sich gegen ein Amtsenthebungsverfahren oder einen Rücktritt Bills aus. Und die Mehrheit der Bevölkerung hielt die expliziten Einzelheiten in Starrs Bericht für »unangemessen«. Ich selbst fand in der Bevölkerung mehr Zustimmung als je zuvor, und erreichte schließlich bei Umfragen einen Höchstwert von etwa siebzig Prozent.

Trotz des Rückhalts in der Bevölkerung und trotz der Verfassungswidrigkeit eines Amtsenthebungsverfahrens gegen Bill hatten wir nur eine Chance, das Impeachment zu verhindern: Wir mussten bei den Wahlen im November ein sehr gutes Ergebnis erzielen, was nicht einfach werden würde. Die Partei im Weißen Haus verliert traditionell insbesondere in der zweiten Amtszeit des Präsidenten bei den Halbzeitwahlen Kongresssitze – wie schon im Jahr 1994. Nun befürchteten die demokratischen Abgeordneten, die Diskussion um eine Amtsanklage könne ihre Aussichten zusätzlich schmälern.

Am 15. September traf ich mich bei Kaffee und Gebäck im Yellow Oval Room mit einer Delegation von zwei Dutzend weiblichen demokratischen Kongressabgeordneten. Die Frauen wollten mich dazu bewegen, eine aktive öffentliche Rolle im Wahlkampf der Demokratischen Partei zu übernehmen, doch ich hatte den Eindruck, dass sie auch von mir persönlich hören wollten, wie ich die Situation bewältigte und was ich als Nächstes zu tun gedachte.

Wir sprachen darüber, wie wir die Aufmerksamkeit der Wähler wieder auf die Fragen lenken konnten, die wirklich bedeutsam für sie waren – auf die Bundeszuschüsse zur Aufstockung des Lehrpersonals und zum Bau neuer Schulen, auf die Reform der Sozial- und der Krankenversicherung, auf die Verbesserung der Adoptionsverfahren und auf den Umweltschutz.

»Ich werde Ihnen helfen, wo immer ich kann«, sagte ich. »Im Gegenzug brauche ich aber auch Ihre Hilfe, um die Partei zusammenzuhalten und dafür zu sorgen, dass die demokratischen Aktivisten weiterhin die Verfassung und den Präsidenten verteidigen.«

Im Anschluss an die Sitzung teilte die Abgeordnete Lynn Woolsey den Reportern mit: »Wir sind nicht gekommen, um über das Verhalten des Präsidenten zu sprechen. Wir sind gekommen, um über das zu sprechen, was für die Menschen in diesem Land wichtig ist.« Später erklärte sie der Presse: »Wir haben Mrs. Clinton mitgeteilt, dass wir als Frauen wissen, dass wir in einer Notsituation mehrere Dinge gleichzeitig tun können … Also haben wir sie aufgefordert, sich in ein Flugzeug zu setzen und dorthin zu fliegen, wo man ihre Unterstützung braucht.«

Und genau das tat ich. Ich stieg in den Wahlkampf Dutzender Kongressabgeordneter ein und war den ganzen Tag beschäftigt. Doch die Nächte waren schwierig, insbesondere seit Chelsea wieder in Stanford war. Ich mied Bill zwar nicht mehr, doch unsere Beziehung war immer noch gespannt. Mit vielen meiner engen Freunde konnte ich aufgrund der unbarmherzigen Untersuchungen kaum über meine Ängste und Probleme sprechen. Ich fühlte mich isoliert, verbrachte viel Zeit allein und vertiefte mich in Bücher und suchte Kraft im Gebet.

Am 17. September rief Stevie Wonder an, um mich zu fragen, ob er mich im Weißen Haus besuchen dürfe. Er hatte am Vorabend an einem Staatsbankett teilgenommen, das wir zu Ehren des tschechischen Präsidenten Václav Havel und dessen Frau Dagmar gegeben hatten. Er sagte, er wolle mir ein Lied vorspielen, das er für mich komponiert hatte.

Capricia begleitete Stevie, seine Sekretärin und einen seiner Söhne in den Korridor im zweiten Stock des Weißen Hauses, in dem unter einem großen Gemälde von Willem de Kooning ein Klavier stand. Diane Blair und Betsy Ebeling, die für ein paar Tage nach Washington gekommen waren, nahmen auf einer gepolsterten Bank Platz; ich setzte mich auf einen Stuhl neben dem Klavier. Als Stevie zu spielen anfing, stiegen mir die Tränen in die Augen. Das Lied hatte eine ergreifende Melodie und handelte von der Kraft der Vergebung. Der Refrain »You don't have to walk on water« gab mir das Gefühl, meine Bürde nicht allein tragen zu müssen. Betsy und Diane liefen Tränen über die Wangen. Stevie schenkte mir einen der schönsten Augenblicke in jener schwierigen Zeit.

Am 21. September, dem Tag, an dem Bill in New York bei der Eröffnungsversammlung vor den Vereinten Nationen sprach, begann in Washington eine absurde Farce. Da die Veröffentlichung des Starr-Berichts Bill nicht zum Rücktritt bewegt hatte, erhöhte die republikanische Führung den Einsatz und veröffentlichte die Videoaufzeichnung der Aussage des Präsidenten vor der Anklagejury. Als Bill unter dem tosenden Beifall der Delegierten den Versammlungssaal der Vereinten Nationen betrat, strahlten alle großen Fernsehsender die Aufzeichnung der Befragung des Präsidenten durch Starrs Vertreter im August aus. Während die amerikanischen Zuschauer stundenlang das quälende Verhör verfolgten, hielt Bill vor der UNO eine eindrucksvolle Rede über die wachsende Bedrohung durch den internationalen Terrorismus und über die Notwendigkeit einer gemeinsamen Antwort aller zivilisierten Völker auf diese Gefahr. Die Delegierten würdigten Bills Einsatz für die Weltgemeinschaft mit Standing Ovations.

Im Anschluss an die Rede traf sich Bill mit dem pakistani-

schen Ministerpräsidenten Nawaz Sharif, um über die Gefahr
der atomaren Rüstung auf dem Indischen Subkontinent zu
sprechen und über die Möglichkeiten zu diskutieren, Pakistans
Atomwaffenprogramm einer internationalen Kontrolle zu
unterstellen. Danach beriet er sich mit Generalsekretär Kofi
Annan über das weitere Vorgehen gegen den Irak, der nach
wie vor die UN-Resolutionen missachtete. Der Tag klang mit
einem Forum über globale Wirtschaft an der New York University aus, an dem auch der italienische Ministerpräsident
Romano Prodi, sein schwedischer Amtskollege Goran Persson,
der bulgarische Präsident Petar Stojanow, der britische Premierminister Tony Blair und ich teilnahmen.

Am folgenden Abend besuchte uns Nelson Mandela, der
wegen der Versammlung der Vereinten Nationen angereist war,
mit seiner Frau Graça Machel. Bei einem Empfang für afroamerikanische Religionsführer im East Room sprach Mandela über seine Zuneigung und seinen Respekt für Bill und dessen verstärktes Engagement auf dem afrikanischen Kontinent:
»Wir haben oft gesagt, dass unsere Moral uns verbietet, unsere Freunde im Stich zu lassen. Und wir müssen heute Abend
sagen, dass wir in dieser schwierigen und ungewissen Zeit in
Ihrem Leben an Sie denken.« Mit seiner doppeldeutigen
Bemerkung, dass sich niemand in die »häuslichen« Angelegenheiten der Vereinigten Staaten einmischen solle, erntete
Mandela Gelächter und Applaus. Mandela, dem es gelungen
war, seine Wut zu überwinden und seinen Kerkermeistern zu
verzeihen, schloss wie immer mit einer philosophischen Bemerkung: »Doch wenn unsere Gebete nicht erhört werden, wenn
unsere Erwartungen und Träume nicht wahr werden, sollten
wir alle daran denken, dass wahre Größe nicht darin besteht,
nie zu fallen, sondern darin, sich nach jedem Sturz wieder zu
erheben.«

Einige Wochen nach Nelson Mandelas Besuch kam der Dalai
Lama ins Weiße Haus. Bei unserem Treffen im Kartenzimmer
übergab er mir eine weiße Gebetsstola und sagte mir, dass er
oft an mich und meinen Kampf denke. Er ermutigte mich, stark
zu bleiben und angesichts von Leid und Ungerechtigkeit nicht
mit Verbitterung und Wut zu reagieren. Ähnliches hatten mir

auch die Frauen meiner Gebetsgruppe geraten. Aber ich erhielt auch »weltlichen« Zuspruch. So rief mich etwa ein demokratischer Kongressabgeordneter an und sagte: »Hillary, wenn Sie meine Schwester wären, würde ich Bill Clinton eins auf die Nase geben!«

Am 7. Oktober kam eine Gruppe von Abgeordneten ins Weiße Haus, die ihre erste Amtszeit im Repräsentantenhaus hinter sich hatten. Sie befürchteten, die Republikaner könnten noch vor der Halbzeitwahl eine Abstimmung über das Amtsenthebungsverfahren erzwingen. Ich versuchte, sie aufzumuntern: »Wir können nicht zulassen, dass sie den Präsidenten aus dem Amt jagen. Nicht auf diese Art. Sie sind Kongressmitglieder. Ihre Aufgabe ist es, die Verfassung zu verteidigen und das Richtige für das Land zu tun. Stehen wir die Sache gemeinsam durch.« Ich bezog mich auf meine Erfahrungen während des Nixon-Impeachments und erklärte ihnen, wie das Verfahren in der Verfassung geregelt war, wie die Befugnisse eigentlich genutzt werden sollten und wie die Bestimmungen in den vergangenen 200 Jahren ausgelegt worden waren. Abschließend versicherte ich ihnen, dass sowohl der Präsident als auch ich für den Fall, dass es zu einer Abstimmung kommen sollte, wünschten, dass sie ihrem Gewissen und dem Willen ihrer Wähler folgten. Wir würden Verständnis für ihre Entscheidung haben, ganz gleich, wie diese ausfiel.

Unter den Demokraten und den wenigen verbliebenen moderaten Republikanern im Kongress bestand Einigkeit darüber, dass eine Rüge die angemessene Antwort auf Bills Verhalten wäre. Doch diese Kompromisslösung stieß auf den erbitterten Widerstand einflussreicher Republikaner. Henry Hyde, der Vorsitzende des Rechtsausschusses des Repräsentantenhauses, bezeichnete den Vorschlag sarkastisch als »Impeachment lite«. Hyde war besonders unnachgiebig, da er den meisten politischen Vorhaben der Regierung Clinton ablehnend gegenüberstand. Und er machte das Weiße Haus für einen am 16. September in dem Internetmagazin *Salon* erschienenen Artikel verantwortlich, in dem behauptet wurde, er habe seine mittlerweile verstorbene Frau in den sechziger Jahren jahrelang betrogen. Hyde bezeichnete seine Affäre als »jugendlichen Leichtsinn« – er war damals bereits Mitte vierzig gewesen. Hyde war empört darüber, dass die Medien einen derart persönlichen Fehltritt in die Öffentlichkeit brachten, und forderte eine Untersuchung des Vorfalls. Trotz aller politischen und ideologischen Gegensätze konnte ich Hydes Reaktion verstehen – obwohl es mich verblüffte, dass er allen Ernstes verlangte, in seinem Fall einen anderen Maßstab anzulegen als in unserem.

Den Herbst verbrachte ich damit, kreuz und quer durch das Land zu reisen und die Bürger aufzurufen, zur Wahl zu gehen. Ich konzentrierte mich auf umstrittene Wahlbezirke, in denen ich populär war und setzte mich wie schon sechs Jahre zuvor sehr für Barbara Boxer ein, die ihren Senatssitz für Kalifornien gegen einen starken Herausforderer verteidigen musste. Ich warb für Patty Murray, die erfolgreiche Senatorin für Washington, die als »Mom in Tennisschuhen« bekannt war, und versuchte, der Senatorin Carol Mosley Braun aus Illinois bei der Verteidigung ihres Sitzes zu helfen. Ich machte in Ohio, Arkansas und Nevada Halt und verbreitete überall dieselbe Botschaft: »Wir müssen der republikanischen Führung im Kongress deutlich sagen, dass den Amerikanern die wirklichen Fragen am Herzen liegen – Bildung, Gesundheitsfürsorge und Sozialversicherung. Und die Menschen wünschen sich einen Kongress, der sich um die Dinge kümmert, die ihnen am Herzen liegen.«

Besonders leidenschaftlich kämpfte ich für den Abgeordneten Charles Schumer, der versuchte, Al D'Amato in New York den Senatssitz streitig zu machen. Schumer war ein progressiver Demokrat, der Bill standhaft die Treue hielt. Senator D'Amato hatte die Whitewater-Anhörungen im Senat geleitet und veranlasst, dass unbescholtene Sekretärinnen, Angestellte des Weißen Hauses und sogar ein Babysitter vor den Ausschuss gezerrt wurden. Die Befragungen hatten nichts ergeben, außer hohe Anwaltskosten für die Betroffenen.

Ich nahm in New York gerade an einer Fundraising-Veranstaltung für Schumer teil, als ich bemerkte, dass mein rechter Fuß so stark angeschwollen war, dass er kaum noch in den Schuh passte. Nach meiner Rückkehr ins Weiße Haus rief ich

Dr. Connie Mariano an, die mich nach einem kurzen Blick auf meinen Fuß sofort ins Marinekrankenhaus Bethesda schickte. Dort sollte festgestellt werden, ob sich durch meine zahlreichen Flugreisen ein Blutgerinnsel gebildet hatte. Hinter der rechten Kniescheibe wurden die Ärzte fündig. Dr. Mariano verschrieb mir blutverdünnende Mittel und eine Woche Bettruhe, die ich wegen meiner Wahlkampfauftritte nicht einhalten wollte. Also schlossen wir einen Kompromiss: Ich würde in Begleitung einer Krankenschwester reisen, die meinen Zustand überwachen und dafür sorgen sollte, dass ich die Medikamente einnahm.

Als der Wahltag näher rückte, startete die Grand Old Party eine massive Werbekampagne, die um die Amtsenthebung kreiste und sich im Nachhinein als Fehlschlag erwies. Den Wählern schien die Taktik der Republikaner mehr zu missfallen als das Verhalten des Präsidenten. Ich glaube, dass wir weitere Kongresssitze gewonnen hätten, wären mehr Demokraten bereit gewesen, die Gier der Republikaner auf ein Amtsenthebungsverfahren zum Wahlkampfthema zu machen. Doch den meisten Kandidaten schien das zu gewagt.

Am Wahltag saß Bill mit seinen Mitarbeitern in John Podestas Büro im Westflügel zusammen und wartete auf die ersten Hochrechnungen. John war ein kluger politischer Berater, der für die erste Clinton-Administration gearbeitet hatte und nach Erskine Bowles' Ausscheiden vor kurzem als Stabschef ins Weiße Haus zurückgekehrt war. Ich war wie immer zu nervös, um die Entwicklungen zu verfolgen und lud Maggie und Cheryl Mills, eine ausgezeichnete Anwältin aus unserer Rechtsabteilung, ins Kino ein, wo wir uns Oprah Winfreys Verfilmung des Romans »Menschenkind« von Toni Morrison ansahen. Als wir aus der Vorführung kamen, erfuhren wir von einem historischen Wahlergebnis: Die Demokraten hatten fünf Sitze im Repräsentantenhaus dazugewonnen, womit sich das Sitzverhältnis auf 223 zu 211 zugunsten der Republikaner verringerte. Im Senat saßen weiterhin 55 Republikaner und 45 Demokraten. Barbara Boxer hatte ihren Senatssitz verteidigt, und die schönste Nachricht war, dass Chuck Schumer in New York Al D'Amato geschlagen hatte. Die Republikaner und die Exper-

ten in den Medien waren davon ausgegangen, dass die Demokraten bis zu dreißig Sitze im Abgeordnetenhaus und vier bis
sechs Senatoren verlieren würden. Stattdessen hatte zum ersten Mal seit 1822 die Partei, die den Präsidenten stellte, in der
zweiten Amtszeit im Repräsentantenhaus ihr Ergebnis verbessert.

Eine weitere Überraschung sollte bald folgen. Drei Tage später, am Freitag, dem 6. November, gab Senator Moynihan in
einem Interview mit der New Yorker Fernsehlegende Gabe
Pressman bekannt, dass er nicht für eine fünfte Amtszeit kandidieren werde. Das Interview sollte erst am Sonntagmorgen
ausgestrahlt werden, doch die Nachricht sickerte rasch durch.

Spätabends stellte die Vermittlung des Weißen Hauses einen
Anruf des Abgeordneten Charlie Rangel zu mir durch. Charlie war ein altgedienter Kongressabgeordneter aus Harlem und
ein guter Freund. »Ich habe gerade erfahren, dass Senator
Moynihan seinen Rückzug aus dem Senat angekündigt hat. Ich
hoffe sehr, dass du über eine Kandidatur nachdenken wirst.
Ich glaube, du hast wirklich gute Chancen.«

»Es ist schön, dass du an mich gedacht hast, Charlie, aber
ich bin nicht interessiert«, sagte ich. »Abgesehen davon haben
wir im Augenblick ein paar andere Dinge zu regeln.«

»Ich weiß, ich weiß. Aber ich meine es ernst. Ich möchte,
dass du dir die Sache überlegst.«

WARTEN AUF GNADE

Die Zwischenwahl 1998 sorgte für eine weitere Überraschung: Newt Gingrich trat als Vorsitzender des Repräsentantenhauses zurück und kündigte auch seinen Rückzug aus dem Kongress an. Seine Nachfolge als Sprecher des Hauses sollte Bob Livingston aus Louisiana antreten. Es schien ein Sieg für unsere Seite zu sein und wahrscheinlich das Aus für ein Amtsenthebungsverfahren. Doch Tom DeLay, der Mehrheitsführer und die wahre Macht in der Republikanischen Fraktion, drängte die Republikaner, jeden vernünftigen Kompromiss, etwa ein Misstrauensvotum, abzulehnen. Als Erskine Bowles Gingrich fragte, warum die Republikaner einen Kurs verfolgten, der weder richtig noch verfassungskonform war, antwortete Gingrich: »Weil wir es können.«

Die Whitewater-Untersuchung und die Klage von Paula Jones, die diese verfassungsrechtliche Zerreißprobe ausgelöst hatten, fanden kaum noch Beachtung. Jones' Anwälte hatten gegen die Abweisung des Falls durch Richterin Wright Berufung eingelegt, und in den letzten Monaten Signale ausgesendet, dass Jones bereit sei, sich mit einer Million Dollar zufrieden zu geben. Das Gesetz sprach eindeutig für Bill, doch zwei der drei Richter des Gremiums im zuständigen Berufungsgericht waren jene konservativen Republikaner, die entschieden hatten, Richter Henry Woods auf der Grundlage von Zeitungsartikeln einen mit Whitewater zusammenhängenden Fall zu entziehen. In Anbetracht dieser Geschichte befürchtete Bill, dass das Recht ein weiteres Mal durch Parteipolitik gebeugt und der Fall vor Gericht zugelassen werden könnte. Am 13. November erfuhr Bill von seinem Anwalt Bob Bennett, dass Jones sich bereit erklärt habe, ihre Klage für 850 000 Dollar fallen zu lassen. Obwohl es ihm zutiefst widerstrebte, für einen Fall zu bezahlen, den er bereits gewonnen hatte, und dem Richterin Wright jede sachliche und rechtliche Grundlage abgesprochen hatte, kam er zu dem Schluss, dass es keine andere verlässliche Möglichkeit gab, diese Episode endgültig abzuschließen. Bill entschuldigte sich nicht und gestand auch kein Vergehen ein, er ließ seinen Anwalt lediglich mitteilen: »Der Präsident ist nicht bereit, eine weitere Stunde seiner Zeit in diese Angelegenheit zu investieren.« Und damit war es vorbei.

Seit Wochen wartete ich darauf, dass der Justizausschuss des Repräsentantenhauses wie damals während des Nixon-Impeachment-Verfahrens 1974 eine Flut von Vorladungen ausstellte. Der Ausschuss ist gehalten, selbst eine Untersuchung durchzuführen und sollte sich nicht darauf beschränken, die Behauptungen des unabhängigen Sonderermittlers zu übernehmen. Ich war empört, als Hyde bekannt gab, dass der Ausschuss Kenneth Starr als Hauptzeugen aufrufen werde. Starr sprach ohne Unterbrechung zwei Stunden und beantwortete danach für den Rest des Nachmittags die Fragen der Ausschussmitglieder. Gegen neun Uhr abends erhielt David Kendall endlich die Möglichkeit, Starr ins Kreuzverhör zu nehmen. Unter dem Druck einer lächerlichen und unrealistischen Zeitbeschränkung, die die republikanische Mehrheit des Ausschusses festgelegt hatte, begann David seine Ausführungen mit einer Zusammenfassung des Verfahrens: »Es ist meine Aufgabe, auf die zweistündige Aussage des Sonderermittlers zu antworten sowie auf seine vierjährige, 45 Millionen Dollar teure Untersuchung, an der mindestens 28 Anwälte, 78 FBI-Agenten und eine unbekannte Zahl von Privatermittlern beteiligt waren. Es ist eine Untersuchung, mit der sich laut Computerzählung 114 532 Zeitungsmeldungen und 2513 Minuten Fernsehnachrichten befassten, ganz zu schweigen von der Rundum-die-Uhr-Skandalberichterstattung im Kabelfernsehen; es gibt ein 445 Seiten langes Referral [Anm. d. Red.: Empfehlung oder Hinweis an die Ermittlungsbehörden, aber keine Anzeige]; 50 000 Seiten mit geheimen Aussagen vor der Grand Jury; vier Stunden Aussagen auf Video; 22 Stunden Aussagen auf Tonband, deren Aufnahme teilweise gegen das Gesetz verstößt; und Aussagen von unzähligen Zeugen, von denen kein einziger ins Kreuzverhör genommen wurde. Und dafür habe ich dreißig Minuten Zeit.«

Bei der Anhörung, die an einen sowjetischen Schauprozess erinnerte, musste Starr zugeben, dass er selbst keinen einzigen Zeugen vor der Grand Jury befragt hatte. Und er gab bekannt, dass das OIC nach der Untersuchung von »Travelgate« und »Filegate« zu dem Schluss gekommen sei, der Präsident habe in diesen Fällen kein Verbrechen begangen, das Grund zu einem Amtsenthebungsverfahren gebe.

Barney Frank, der scharfsinnige demokratische Kongressabgeordnete aus Massachusetts, fragte Starr, wann er zu dieser Erkenntnis gekommen sei.

»Vor einigen Monaten«, antwortete Starr.

»Warum haben Sie diese Information vor der Wahl zurückgehalten und stattdessen ein Referral mit vielen negativen Aussagen über den Präsidenten abgegeben?«

Darauf hatte der Sonderermittler keine Antwort.

Sam Dash, der Berater des OIC für ethische Fragen, der über frühere Fehler Starrs und seiner Mitarbeiter hinweggesehen hatte, trat am nächsten Tag aus Protest gegen Starrs Aussage zurück. Dash, 1973 und 1974 der Hauptberater des Watergate-Komitees des Senats, schrieb einen Brief, in dem er Starr beschuldigte, seine Position missbraucht zu haben, um sich auf »rechtswidrige« Weise in das Amtsenthebungsverfahren einzumischen. Sein Rücktritt hatte allerdings keine erkennbare Wirkung, ebenso wenig wie ein offener Brief von 400 Historikern (darunter Arthur M. Schlesinger junior von der City University of New York, Sean Wilentz von der Princeton University und C. Vann Woodward von der Yale University), in dem sie den Kongress aufforderten, das Amtsenthebungsverfahren zurückzuweisen, weil die verfassungsmäßigen Voraussetzungen dafür nicht gegeben seien. Ihre Ausführungen sollten in Staatsbürgerkunde zur Pflichtlektüre erklärt werden:

»Als Historiker und als Bürger bedauern wir die gegenwärtige Kampagne, die eine Amtsenthebung des Präsidenten zum Ziel hat. Wir glauben, dass diese Kampagne, sollte sie Erfolg haben, gravierende Auswirkungen auf unsere Verfassungsordnung haben wird.

Gemäß unserer Verfassung ist eine Amtsanklage gegen den Präsidenten ein schwerwiegender und bedeutsamer Schritt. Die Verfassungsväter beschränkten diese Maßnahme ausdrücklich auf schwere Verbrechen und Vergehen bei der Ausübung der Amtsgewalt. Eine Amtsanklage aus anderen Gründen würde laut James Madison den Präsidenten dazu verurteilen, sein Amt ›nach dem Ermessen des Senats‹ zu versehen und damit das System der gegenseitigen Kontrolle untergraben, das unser wichtigster Schutz gegen den Missbrauch staatlicher Macht ist.

Obwohl wir das private Verhalten von Präsident Clinton und seine anschließenden Täuschungsversuche nicht entschuldigen, liefern die derzeitigen Vorwürfe gegen ihn keine Grundlage für eine Amtsanklage, wie sie die Verfassungsväter im Sinn hatten. Die Entscheidung des Repräsentantenhauses für eine uneingeschränkte Untersuchung führt zu einem willkürlichen Fahnden nach irgendwelchen Vergehen, um den Präsidenten seines Amtes zu entheben.

Diese Auffassung der Amtsenthebung ist ohne Beispiel in unserer Geschichte und äußerst bedenklich für die Zukunft unserer politischen Institutionen. Wird das Verfahren so fortgesetzt, wird die Präsidentschaft beeinträchtigt und herabgesetzt werden, da sie wie nie zuvor den Launen des Kongresses ausgesetzt sein wird. Die Präsidentschaft, historisch das Zentrum der Führung während der großen Krisen unseres Landes, wird daran gehindert werden, die unausweichlichen Herausforderungen der Zukunft zu bewältigen.

Wir stehen vor der Entscheidung, unsere Verfassung zu erhalten oder zu untergraben. Wollen wir wirklich einen Präzedenzfall schaffen, der zukünftige Präsidenten und Regierungen durch langwierige Untersuchungen und endlose Anschuldigungen, unter denen das ganze Land zu leiden hat, in ihrer Arbeit behindern wird? Oder wollen wir die Verfassung schützen und die Regierung ihre Arbeit tun lassen?

Wir fordern Sie auf, egal ob Sie Republikaner, Demokrat oder unabhängig sind, sich gegen diese gefährliche neue Auslegung der Amtsanklage zu stellen, um so endlich für eine Rückkehr der Bundesregierung zum politischen Tagesgeschäft zu sorgen.«

Anfang Dezember starb der Vater des Vizepräsidenten, Albert Gore senior, im Alter von 91 Jahren in seinem Haus in Carthage (Tennessee). Am 8. Dezember flogen Bill und ich nach Nashville zu einem Gottesdienst im War Memorial Auditorium. Al Gore hielt eine wunderbare Rede auf seinen Vater, einen einflussreichen und couragierten Senator, der im Jahr 1970 seinen Sitz verloren hatte, weil er sich gegen den Vietnamkrieg ausgesprochen hatte. Die Abschiedsworte seines Sohnes kamen von Herzen – es war die beste Rede, die ich je von Al gehört habe.

Es ist viel darüber spekuliert worden, wie sich der Impeachment-Skandal auf unsere Beziehung zu den Gores auswirken würde. Al und Tipper waren ebenso geschockt und verletzt wie alle anderen, als Bill im August seinen Fehler eingestanden hatte, aber beide unterstützten uns in dieser zermürbenden Zeit sowohl persönlich als auch politisch. Sie waren für uns da, wann immer wir sie brauchten.

Bei einer Abstimmung, die am 11. Dezember begann und früh am Morgen des 12. endete, entschied der Justizausschuss, dem Repräsentantenhaus vier Anklagepunkte zur Abstimmung vorzulegen. Wir waren nicht wirklich überrascht, obwohl wir gehofft hatten, genug Unterstützung für eine Einigung auf einen Misstrauensantrag gewinnen zu können.

Während der Kongress das Amtsenthebungsverfahren weiterverfolgte, konzentrierte sich Bill auf seine offiziellen Aufgaben. Und auch ich war überzeugt, dass ich meinen Pflichten als First Lady weiterhin nachkommen musste, zu denen eine Reise mit Kongressmitgliedern nach Puerto Rico, in die Dominikanische Republik und nach Haiti zählte, um der dortigen Bevölkerung nach dem schweren Hurrikan George unsere Unterstützung zuzusichern. Oft war es mein Terminplan, der mich weitermachen ließ, denn ich wusste, dass ich mir nicht den Luxus erlauben konnte, mich im Bett zu verkriechen und die Decke über den Kopf zu ziehen. Vom 12. bis zum 15. Dezember besuchten Bill und ich den Mittleren Osten. Wir fuhren mit Premierminister Benjamin »Bibi« Netanyahu und seiner Frau Sara nach Masada, ein Symbol des jüdischen Widerstands und Martyriums. Wir hatten diesen Ort zum ersten Mal vor 17 Jahren besucht, als wir an einer Reise ins Heilige Land teilnahmen, die Bills baptistischer Reverend, Dr. W. O. Vaught, geführt hatte. Er war inzwischen gestorben, und ich wünschte mir gerade in dieser schweren Zeit, er wäre da gewesen, um Bill seelischen Beistand zu leisten.

Bei unserem damaligen Besuch waren wir auch in Bethlehem gewesen. Nun kehrten wir mit Yassir Arafat dorthin zurück, um die Geburtskirche zu besuchen, wo wir mit palästinensischen Christen Weihnachtslieder sangen. Damals setzten wir noch große Hoffnungen in den Friedensprozess. Bill sollte eine wegweisende Rede vor dem palästinensischen Nationalrat halten und Gespräche mit Palästinensern führen. Wir landeten auf dem neuen Gaza International Airport – ein bedeutsames Ereignis, weil die Eröffnung des Flughafens einer der Grundpfeiler des Wye-Abkommens war, das Bill mit Arafat und Netanyahu ausgehandelt hatte, um die wirtschaftlichen Möglichkeiten der Palästinenser zu fördern.

Obwohl der Mittlere Osten der Weltöffentlichkeit einen positiven Eindruck vermittelte, behielt Bill Sadam Hussein im Auge, der eine Wiederaufnahme der UN-Waffeninspektionen im Irak verweigerte. Aus politischer Sicht war dies der denkbar schlechteste Zeitpunkt für eine militärische Intervention. Angesichts der bevorstehenden Abstimmung über eine Amtsanklage könnte ein Eingreifen im Irak als Versuch des Präsidenten aufgefasst werden, den Kongress abzulenken oder seine Entscheidung hinauszuzögern. Wenn Bill jedoch einen Luftangriff auf den Irak ablehnte, könnte man ihn beschuldigen, die nationale Sicherheit zu opfern, um außenpolitischen Druck zu vermeiden. Da der Ramadan bald beginnen würde, musste schnell über einem Angriff entschieden werden. Am 16. Dezember teilten Bills Verteidigungs- und Geheimdienstberater ihm mit, dass der richtige Zeitpunkt gekommen sei. Bill ordnete Luftangriffe an, um bekannte und mutmaßliche Lager für Massenvernichtungswaffen und andere militärische Ziele im Irak zu zerstören.

Als die Bombenangriffe begannen, unterbrach die unverhohlen skeptische republikanische Führung kurz ihre Diskussion über das Impeachment. »Clintons Entscheidung, den Irak zu bombardieren, ist ein offenkundiger und schändlicher Einsatz militärischer Gewalt zu seinem persönlichen Vorteil«, erklärte der republikanische Kongressabgeordnete Joel Hefley. Trent Lott, der republikanische Mehrheitsführer im Senat kritisierte öffentlich die Entscheidung des Präsidenten: »Sowohl der Zeitpunkt als auch die Verfahrensweise sind in Frage zu stellen«, so Lott. Er machte allerdings einen Rückzieher, als seine Aussage als Hinweis dafür ausgelegt wurde, dass im Kongress Parteipolitik über die nationale Sicherheit gestellt werde.

Zwei Tage nach Beginn der Bombardements wurde am 18. Dezember die Impeachment-Debatte eröffnet. Offensichtlich war die Führung des Repräsentantenhauses entschlossen, über die Amtsanklage abzustimmen, bevor die Republikaner im Januar zwölf Sitze an die Demokraten abgeben müssten. Ich hatte seit Monaten kein einziges öffentliches Statement abgegeben, doch an diesem Morgen sprach ich mit einer Gruppe von Reportern vor dem Weißen Haus: »Ich glaube, die meisten Amerikaner teilen meine Zustimmung und meinen Stolz auf die Arbeit, die der Präsident für unser Land leistet. Und ich glaube, dass wir gerade in diesen Tagen, in denen wir Weihnachten, Chanukka und Ramadan feiern – eine Zeit der Besinnung und Versöhnung –, die Zwistigkeiten beenden sollten, weil wir gemeinsam so viel mehr erreichen können.«

Dick Gephardt bat mich, unmittelbar vor der Abstimmung über die Anklagepunkte vor der demokratischen Fraktion des Repräsentantenhauses am Capitol Hill zu sprechen. Als ich am nächsten Morgen vor den Demokraten stand, dankte ich allen dafür, dass sie der Verfassung, dem Präsidenten und ihrem Parteiführer die Treue gehalten haben: »Sie sind vielleicht wütend auf Bill Clinton«, sagte ich. »Auch ich bin nicht glücklich über das, was mein Mann getan hat. Doch ein Amtsenthebungsverfahren ist nicht die richtige Antwort. Es steht zu viel auf dem Spiel, um uns von dem ablenken zu lassen, was wirklich zählt.« Ich erinnerte sie, dass wir alle amerikanische Bürger waren, die in einem Rechtsstaat lebten und dass wir es unserem Regierungssystem schuldeten, die Verfassung zu respektieren. Der Ruf nach einer Amtsenthebung war Teil eines politischen Krieges, der von Menschen geführt wurde, die entschlossen waren, die Vorhaben des Präsidenten für Wirtschaft, Bildung, soziale Sicherheit, medizinische Versorgung, Umwelt und Frieden zu sabotieren – all das, wofür wir als Demokraten standen. Das durften wir nicht zulassen. Und ich versicherte ihnen, egal wie die Abstimmung an diesem Tag auch ausgehen mochte, Bill Clinton würde nicht zurücktreten.

Die schwerwiegende Abstimmung wurde von einem bizarren Drama im Repräsentantenhaus überschattet. Am Abend vor der entscheidenden Sitzung wurde Bob Livingston, der designierte Vorsitzende, als Ehebrecher entlarvt. Am Samstagmorgen, als Livingston im Kapitol vor seine Kollegen trat, wussten alle, dass er »vom rechten Weg abgekommen« war. Nur wenige Augenblicke nachdem er noch mit ärgerlichen Zwischenrufen und Kommentaren den Rücktritt des Präsidenten gefordert hatte, verblüffte er alle Anwesenden, indem er sein Amt als Vorsitzender des Repräsentantenhauses niederlegte. Damit war er, wie Gingrich, ein Opfer der Kampagne geworden, die seine eigene Partei führte, um den Präsidenten zu diskreditieren.

Der Kongress lehnte zwei Anklagepunkte ab, zwei wurden angenommen. Bill wurde wegen Meineids vor der Grand Jury und Behinderung der Justiz unter Amtsanklage gestellt. Nun würde im Senat ein Prozess gegen ihn stattfinden.

Nach der Impeachment-Abstimmung fuhr eine Delegation von Demokraten mit Bussen vom Kapitol zum Weißen Haus, um ihre Solidarität mit dem Präsidenten zu demonstrieren. Ich hakte mich bei Bill ein, als wir aus dem Oval Office zum Rosengarten gingen, um sie zu begrüßen. Al Gore hielt eine bewegende Rede und nannte das Ergebnis der Abstimmung einen »schlechten Dienst für einen Mann, der meiner Meinung nach als einer unserer größten Präsidenten in die Geschichtsbücher eingehen wird«.

Bill dankte allen, die zu ihm gestanden hatten und versprach, nicht aufzugeben. Er versicherte, er werde seinem Land dienen, »bis zur letzten Stunde des letzten Tages seiner Amtszeit«. In Anbetracht der unerfreulichen Umstände war es eine seltsam optimistische Versammlung, und ich war dankbar für den öffentlichen Schulterschluss mit Bill. Weniger erfreulich war, dass ich mich fast nicht mehr auf den Beinen halten konnte. Meine Rückenschmerzen setzten mir so zu, dass ich nach der Veranstaltung kaum noch zurück zum Haus gehen konnte.

Der Zeitpunkt für die Attacke hätte nicht ungünstiger sein können: Es war kurz vor Weihnachten, und die Amtsanklage änderte nichts daran, dass es in den nächsten Wochen im Weißen Haus Tag und Nacht Empfänge geben würde, bei denen ich stundenlang stehen musste. Die ersten Einladungen stand ich noch durch, doch nach einigen Tagen konnte ich nur noch flach auf dem Rücken liegen und mich nicht mehr bewegen. Meine Schmerzen waren nicht nur eine Folge der enormen Anspannung, unter der ich so lange gestanden hatte, sondern, wie sich herausstellte, auch meines Schuhwerks.

Einer der Ärzte im Weißen Haus zog einen Physiotherapeuten der Navy hinzu, der mich nach eingehender Untersuchung fragte: »Ma'am, haben Sie in letzter Zeit oft hohe Absätze getragen?«

»Ja.«

»Ma'am, Sie sollten keine hohen Absätze mehr tragen.«

»Nie wieder?«

»Ja, nie wieder.« Er sah mich neugierig an und fragte: »Bei allem gebührenden Respekt, Ma'am, warum sollten Sie Stöckelschuhe tragen wollen?«

Von meinen Rückenproblemen abgesehen, war es sowohl tröstlich als auch eigenartig, die Weihnachtsfeiertage genau so zu verbringen, wie wir es immer getan hatten, obwohl das Schreckgespenst von Bills Prozess vor dem Senat wie ein unerwünschter Gast im Raum stand. Ich erhielt hunderte Briefe von Menschen, die mir ihre Anteilnahme und Unterstützung kundtun wollten. Besonders freute ich mich über eine Nachricht von Lady Bird Johnson, die die Ereignisse von Texas aus verfolgt hatte:

Liebe Hillary,

Sie haben meinen Tag gerettet! Als ich Sie im Fernsehen an der Seite des Präsidenten sah (war das auf dem Südrasen?) und hörte, wie Sie uns an die Fortschritte des Landes in so vielen Bereichen wie Bildung und Gesundheit erinnerten, und daran, wie weit unser Weg noch ist, schickte ich Ihnen ein Gebet. Dann erfuhr ich, dass Sie im Kapitol zu den Demokraten sprachen, um ihre Unterstützung zu gewinnen. Ich finde Ihre Haltung beeindruckend, und ich glaube, viele Bürger unseres Landes empfinden ebenso.

> Mein Beifall und meine Bewunderung
> Lady Bird Johnson

Lady Birds Worte waren von unschätzbarem Wert für mich – es war beruhigend, dass jemand, der wusste, welcher Druck auf mir lastete, verstand, warum ich so entschlossen war, meinen Mann zu unterstützen.

Auch in diesem Jahr verbrachten wir den Silvesterabend beim Renaissance-Wochenende in Hilton Head in South Carolina. Unzählige Freunde und Kollegen sprachen uns Mut zu und dankten Bill für seine großartige Leistung als Präsident. Den bewegendsten Auftritt hatte der pensionierte Vietnamkriegsveteran Admiral Elmo Zumwalt junior, der eine kurze Rede mit dem Titel »Wenn dies meine letzten Worte wären« hielt. Zumwalt widmete diese Ansprache Chelsea, weil er wollte, dass sie nie die Leistungen ihres Vaters aus den Augen verliert, selbst wenn die Ereignisse im Kongress sie zu überschatten drohten. »Dein Vater, mein Oberbefehlshaber«, sagte er, »wird als der Präsident in Erinnerung bleiben, der den 15 Jahre währenden Rückgang unserer militärischen Stärke beendete und damit die weitere Lebensfähigkeit unserer Streitkräfte sicherte, ... der das Blutvergießen in Haiti, Bosnien, Irland und dem Kosovo beendete, ... der den Friedensprozess im Mittleren Osten vorantrieb, ... der eine Debatte und Maßnahmen initiierte, um unsere soziale Sicherheit, unser Bildungssystem und unsere medizinische Versorgung zu verbessern ...«

Admiral Zumwalt sagte Chelsea auch, dass ihre Mutter der

Öffentlichkeit in Erinnerung bleiben würde, weil sie »der Welt die Augen öffnete« für die Rechte der Frauen und Kinder und weil sie zu ihrer Familie stand. Seine Worte waren ein Geschenk für Chelsea – und für mich.

Der Prozess vor dem Senat begann am 7. Januar 1999, kurz nach der Angelobung des 106. Kongresses. Der Oberste Richter William Rehnquist trug zu diesem Anlass statt der üblichen schwarzen Robe ein Outfit, das er bis zu den militärischen Rangabzeichen aus Goldborte auf den Ärmeln selbst entworfen hatte. Auf die Fragen der Presse antwortete er, die Kostüme in einer Aufführung der komischen Oper »Iolanthe« von Gilbert und Sullivan hätten ihn dazu inspiriert. Wie passend, dass er ein Theaterkostüm trug, um bei einer politischen Farce den Vorsitz zu führen.

Ich vermied es tunlichst, den Prozess im Fernsehen zu verfolgen – einerseits, weil ich ihn als kolossalen Missbrauch der Verfassung betrachtete, und andererseits, weil ich nichts tun konnte, um das Ergebnis zu beeinflussen. Bill wurde von einem hervorragenden Team vertreten – die Anwälte des Weißen Hauses, darunter Chuck Ruff, Cheryl Mills, Lanny Breuer, Bruce Lindsey und Greg Craig, der von einem hochrangigen Posten im Außenministerium in den Stab des Weißen Hauses gewechselt war, und seine persönlichen Anwälte, David Kendall und dessen Partnerin Nicole Seligman.

Da die Entscheidung für eine Amtsanklage einer formellen Anklage gleichgesetzt war, wurden republikanische Mitglieder des Repräsentantenhauses sozusagen als »Manager und Vertreter der Anklage« in den Senat entsandt. Sie sollten »Beweise« für die Vergehen vorlegen, die eine Amtsenthebung erforderten, während Bills Anwälte ihn verteidigen würden. Zeugen wurden keine vernommen. Stattdessen stützten sich die »Manager« aus dem Kongress auf Grand-Jury- und eidliche Aussagen von Sid Blumenthal (der später mit seinem Buch »The Clinton Wars« einen faszinierenden Hintergrundbericht über seine Erfahrungen während des Amtsenthebungsverfahrens veröffentlichte), Vernon Jordan und Monica Lewinsky.

Gemäß der Verfassung müssen zwei Drittel der Senatoren

für eine Verurteilung des Präsidenten stimmen, damit er seines Amtes enthoben werden kann. Das war in der amerikanischen Geschichte noch nie geschehen, und keiner der Beteiligten dachte ernsthaft, dass 67 Senatoren für eine Verurteilung stimmen würden, sodass die »Vertreter der Anklage« aus dem Kongress vielleicht auch keinen Grund sahen, eine professionelle Anklage zu erheben. Es gab ohnehin nur wenige Bestimmungen für das Verfahren oder die »Beweise«, die von den »Managern« vorgelegt werden sollten. Deshalb hatte das Verfahren auch wenig Ähnlichkeit mit einem richtigen Prozess – es erinnerte eher an eine gemeinschaftliche Tirade zur Denunzierung meines Mannes.

In den fünf Wochen, die das Spektakel dauerte, präsentierten die Anwälte des Präsidenten die gesetzlichen Grundlagen und Fakten, die Historiker und Rechtsgelehrte meiner Meinung nach heranziehen werden, wenn sie versuchen, diesen bedauerlichen Moment in der amerikanischen Geschichte zu verstehen. In seiner brillanten Beweisführung wies Cheryl die Position der »Vertreter der Anklage« entschieden zurück, dass ein Freispruch des Präsidenten nicht nur die Rechtsstaatlichkeit, sondern auch die Bürgerrechtsgesetze untergraben würde. Mills, ein Afroamerikaner, erklärte: »Ich mache mir keine Sorgen wegen der Bürgerrechte, denn die Leistungen dieses Präsidenten für Bürgerrechte, Frauenrechte und das Recht im Allgemeinen sind über jede Anklage erhaben.«

Dale Bumpers, früher Senator von Arkansas, führte beeindruckende Argumente für Bill an und verband amerikanische Geschichte und Geschichten aus Arkansas zu einer überzeugenden Argumentation für einen Freispruch. Er erinnerte die Anwesenden eindringlich daran, dass hier der Verfassung der Prozess gemacht wurde und dass die Beziehung zwischen einem Mann, seiner Frau und seinem Kind auf dem Spiel stand: »Jede Familie in Amerika kennt aus eigener Erfahrung die Prüfungen und Leiden, die die Clintons erlebt haben – mehr oder weniger gut.« Und dann fragte Bumpers: »Wo blieben unsere christlichen Grundüberzeugungen? Haben wir verlernt zu verzeihen?«

»Stell dich dem Wettbewerb«

Die Entscheidungsschlacht um die Verfassung im Kapitol bot einen eigenartigen Hintergrund für die Spekulationen über meine mögliche Kandidatur für den Senat. Ich war immer noch nicht interessiert daran, mich um Senator Moynihans Sitz zu bewerben, doch die demokratische Führung und Aktivisten aus dem ganzen Land taten alles, um mich zu einem Sinneswandel zu bewegen. All diese Aufmerksamkeit war sehr schmeichelhaft, aber ich war der Meinung, dass andere erfahrene demokratische Politiker aus New York besser geeignet seien, in das Rennen einzusteigen. Ganz oben auf der Liste standen die Kongressabgeordnete Nita Lowey, der Finanzchef des Staates New York, Carl McCall, sowie Andrew Cuomo, Minister für Wohnungs- und Städtebau in der Regierung Clinton.

Der aussichtsreichste Anwärter der Republikaner, der New Yorker Bürgermeister Rudolph Giuliani, würde für jeden demokratischen Kandidaten ein ungemein harter Gegner sein. Unsere Parteiführung befürchtete, einen seit langem von den Demokraten gehaltenen Sitz im Kongress zu verlieren, und suchte daher nach einem ähnlich erfolgversprechenden Kandidaten, der auch die vielen Spendengelder auftreiben konnte, die für eine solche Kampagne benötigt wurden. In gewissem Sinn wurde mir die Kandidatur aus Verzweiflung angetragen: Ich war eine prominente Figur, die es mit Giulianis Bekanntheit aufnehmen und die Wahlkampfkassen der Demokraten füllen könnte.

Am Sonntag, dem 3. Januar, war Senator Robert Torricelli aus New Jersey zu Gast bei der NBC-Sendung »Meet the Press«. Torricelli war als Vorsitzender des Democratic Senatorial Campaign Committee für die Rekrutierung der Kandidaten und das Einsammeln von Wahlspenden zuständig. Der Moderator Tim Russert hatte Torricelli vor der Sendung zum parteiinternen Rennen um die Kandidatur befragt und erklärte anschließend vor laufenden Kameras, Torricelli sei davon überzeugt, dass ich antreten würde.

Als ich davon erfuhr, rief ich Torricelli umgehend an. »Bob, Sie sprechen in der Öffentlichkeit über mein Leben. Sie wissen doch, dass ich nicht kandidiere. Warum erzählen Sie den Leuten so etwas?« Torricelli wich meiner Frage aus, denn ihm war vollkommen bewusst, dass er mit seiner Äußerung sämtliche Schleusen geöffnet hatte. Andrew Cuomo und Carl McCall zogen sich zurück, um sich stattdessen auf die Gouverneurswahlen im Jahr 2002 zu konzentrieren. Nita Lowey erklärte, sie wisse noch nicht, ob sie unter diesen Umständen eine eigene Kampagne starten werde.

Während die Spekulationen in der Öffentlichkeit an Intensität gewannen, rieten mir die wenigen Freunde, mit denen ich ernsthaft darüber sprach, ebenso von einer Kandidatur ab wie meine engsten Mitarbeiterinnen im Weißen Haus. Meine Umgebung machte sich Sorgen über den Druck, dem ich als Kandidatin ausgesetzt sein würde, und warnte mich vor den hohen psychischen und physischen Belastungen eines langen Wahlkampfs.

Als König Hussein von Jordanien am 7. Februar 1999 nach einem tapferen Kampf gegen den Krebs starb, ließen Bill und ich alles andere für ein paar Tage ruhen und unternahmen eine weitere traurige Reise in den Nahen Osten. Die ehemaligen Präsidenten Ford, Carter und Bush begleiteten uns nach Amman. Die Aussichten auf einen Frieden im Nahen Osten waren mit dem Tod des Königs und großen Diplomaten weiter gesunken. Auf den Straßen von Amman kamen Trauernde aus aller Welt zusammen. Königin Noor, die ganz in Schwarz gekleidet war und ein weißes Tuch um den Kopf trug, begrüßte gefasst die Gäste, die gekommen waren, um von ihrem bemerkenswerten Ehemann Abschied zu nehmen. Kurz vor seinem Tod hatte der König seinen ältesten Sohn Abdullah zu seinem Nachfolger ernannt. König Abdullah und seine begabte Frau Rania haben in den vergangenen Jahren die in sie gesetzten Erwartungen mehr als erfüllt und bewältigen ihre schwierigen Aufgaben mit großer Energie und viel Geschick.

Nach unserer Rückkehr aus Amman hing das Amtsenthebungsverfahren wie eine dunkle Wolke über unserer Familie. Bill und ich bemühten uns, unsere Beziehung zu retten und Chelsea vor den Auswirkungen des Verfahrens im Kapitol zu schützen. Und ich stand zunehmend unter dem Druck der Öffentlichkeit, die meine Entscheidung über eine Senatskandidatur erwartete – eine Entscheidung, die sich nachhaltig auf mein Leben und das meiner Familie auswirken würde. In einem Gespräch mit Harold Ickes, einem Experten für die New Yorker Politik, wurde mir klar, dass ich mich dem wachsenden Druck stellen und ernsthaft mit der Frage einer Kandidatur auseinander setzen musste. Harold ist ein Freund, der sich durch eine manchmal an Grobheit grenzende Offenheit auszeichnet. Er ist reizend und liebenswert, aber mit seiner barschen Ausdrucksweise kann er einen ab und an ganz schön vor den Kopf stoßen. Jedes zweite Wort, das ihm über die Lippen kommt, ist ein Kraftausdruck, selbst wenn er Komplimente verteilt. Nun gab mir Harold – unverblümt wie immer – folgenden Rat.

»Wenn du dich entschlossen hast, nicht anzutreten, dann gib eine Drückeberger-Erklärung ab. Aber wenn du noch auf der Entscheidung herumkaust, halt den Mund. Wegen dieser Impeachment-Sache wird dich jetzt sowieso niemand drängen.«

Ich verabredete mich mit Harold für den 12. Februar, dem Tag, an dem der Senat über die Amtsenthebung abstimmen würde. Ich war zuversichtlich, dass sich der Senat mehrheitlich an die Verfassung halten und gegen eine Amtsenthebung stimmen würde. Während wir auf das Ergebnis warteten, hörte ich Harold, der die politische Landschaft New Yorks für mich analysierte und mir die Eigenheiten eines New Yorker Senatswahlkampfs erklärte, aufmerksam zu. Er breitete eine große Karte des Bundesstaates aus, über der wir stundenlang brüteten. Harold deutete auf einzelne Orte von Montauk über Plattsburgh bis zu den Niagarafällen und machte mir klar, dass ich einen Staat von 128 000 Quadratkilometern bereisen musste, um 19 Millionen Bürger zu erreichen. Zudem würde ich mich mit der verzwickten Lokalpolitik und mit den großen Unterschieden zwischen den kulturellen und wirtschaftlichen Bedingungen im Norden des Bundesstaates und jenen im Ballungsgebiet von New York City auseinander setzen müssen. Die Stadt war ein Universum für sich, ein Hexenkessel, in dem sich konkurrierende Politiker und Interessengruppen tummelten. Die fünf Stadtbezirke von New York waren eher kleinen Staaten vergleichbar, die ganz andere Interessen und Probleme hatten als die Counties und die Städte im Norden und auch andere Interessen verfolgten als die benachbarten Vororte Long Island und Westchester.

Während unseres mehrstündigen Treffens führte Harold auch all die Punkte an, die gegen eine Kandidatur sprachen. Ich war keine gebürtige New Yorkerin, ich hatte mich nie um ein öffentliches Amt beworben, und ich würde mich Giuliani stellen müssen, einem Furcht einflößenden Widersacher. Noch nie hatte eine Frau auf bundesstaatlicher Ebene in New York eine Wahl gewonnen. Die nationale Republikanische Partei würde alles in ihrer Macht Stehende tun, um mich und meine politischen Vorhaben zu verteufeln. Der Wahlkampf würde unsauber und emotional aufreibend werden. Und konnte ich überhaupt in New York Wahlkampf betreiben, während ich noch First Lady war? Die Liste wurde länger und länger. »Ich weiß noch nicht einmal, ob du eine gute Kandidatin wärst, Hillary«, sagte Harold. Ich wusste es auch nicht.

An diesem Nachmittag lehnte der Senat mit großer Mehrheit den Antrag auf Bills Amtsenthebung ab. Keiner der gegen ihn erhobenen Vorwürfe erreichte auch nur annähernd die für eine Verurteilung erforderliche Zweidrittelmehrheit. Das Ergebnis war alles andere als aufregend. Es weckte keine Begeisterung, sondern nur Erleichterung – die Verfassung und die Präsidentschaft waren unangetastet geblieben.

Ich hatte noch immer nicht über meine Kandidatur entschieden, doch dank Harold hatte ich nun eine realistischere Vorstellung von dem, was mir ein Wahlkampf abverlangen würde. Nun, da das Amtsenthebungsverfahren hinter uns lag, musste ich die Frage ernsthaft in Angriff nehmen. Am 16. Februar gab mein Büro eine Stellungnahme heraus, in der es hieß, ich würde sorgfältig über eine Kandidatur nachdenken und meinen Entschluss zu einem späteren Zeitpunkt mitteilen.

Harold gab mir eine Liste von hundert New Yorkern, mit denen ich von Ende Februar an Kontakt aufnahm. Den Anfang machte ein Gespräch mit Senator Moynihan und seiner Frau Liz, die die Wahlkämpfe ihres Mannes geleitet hatte und sehr gut mit der New Yorker Politik vertraut war. Der Senator bot mir großzügig öffentliche Unterstützung an und erklärte in einem Interview mit Tim Russert von NBC, dass mein »für Illinois und Arkansas charakteristischer wunderbarer, jugendlicher, intelligenter, fähiger und enthusiastischer politischer Stil« ausgezeichnet zu New York und den New Yorkern passen werde. »Man wird sie mit offenen Armen empfangen und sie wird siegen«, sagte er. Ich war sprachlos – insbesondere wegen des Adjektivs »jugendlich«.

Ich beriet mich auch mit den ehemaligen Bürgermeistern Ed Koch und David Dinkins, die mich unterstützten und ermutigten. Senator Schumer, der selbst gerade erst einen brutalen Wahlkampf hinter sich gebracht hatte, stand mir mit praktischen Ratschlägen zur Seite. Ich holte die Meinungen von Kongressmitgliedern, Bürgermeistern, Abgeordneten im Staatsparlament, Bezirksvorstehern, Gewerkschaftsführern und Aktivisten ein (darunter auch Robert F. Kennedy junior, dessen Vater den Senatssitz vor Daniel Moynihan innegehabt hatte und der mir anbot, mich in Umweltfragen zu unterstützen).

Doch während mich viele Leute ermutigten, taten zahlreiche andere alles, um mich von meinem Vorhaben abzuhalten. Insbesondere einige enge Freunde konnten nicht nachvollziehen, warum ich nach den emotional aufwühlenden Jahren, die hinter mir lagen, in Erwägung zog, mich auf eine zermürbende Senatskandidatur einzulassen. Meine Tage würden im Morgengrauen beginnen und bis tief in die Nacht dauern. Ich würde monatelang ein rastloses Leben führen, im Stehen essen und aus Koffern leben. Vor allem aber würde ich in unserem letzten Jahr im Weißen Haus kaum noch Zeit für meine Familie und noch weniger für meine Freunde haben.

Einige meiner Ratgeber hegten auch Zweifel, ob der Kongress der geeignete Ort für mich sei, um politischen Einfluss auszuüben. Sie waren der Meinung, ich könne auf dem internationalen Parkett eher Veränderungen herbeiführen als im Senat, wo ich einen von hundert Sitzen einnahm. Nachdem ich mich fast drei Jahrzehnte für sozialpolitische und humanitäre Belange eingesetzt hatte, davon acht Jahre als First Lady im Weißen Haus, besaß ich umfassende Erfahrung im Einsatz für Frauen, Kinder und Familien. Selbst wenn es mir gelang, den Senatssitz zu erringen, war es fraglich, ob es von Vorteil sein würde, mein Renommee in diesen Bereichen hinter die alltäglichen Verpflichtungen einer gewählten Volksvertreterin zurückzustellen. Abgesehen davon boten sich mir auch ganz andere Möglichkeiten: Man hatte mir den Vorsitz in Stiftungen, eine eigene Fernsehsendung, die Leitung eines College und die Führung eines großen Unternehmens angeboten – verlockende Aufgaben, die sehr viel angenehmer schienen als die Aussicht auf einen harten Wahlkampf.

Mandy Grunwald, eine ausgezeichnete Medienberaterin, die in New York aufgewachsen war und schon Wahlkampfarbeit für Senator Moynihan geleistet hatte, bestätigte Harolds Warnungen. Sie erklärte mir, in New York würde ich lernen müssen, mit einem aggressiven Pressekorps umzugehen (was nicht zu meinen Spezialitäten zählte), und sagte mir ganz unverblümt, dass ich keine Schonzeit erwarten dürfe, nur weil ich eine Anfängerin war: Die New Yorker Presse werde mir keinen einzigen Fehler nachsehen. Fehltritte der Politiker werden in der Boulevardpresse ausgeschlachtet, in den lokalen Nachrichtensendungen um sechs, sieben, zwölf, 16, 17, 18, 22 und 23 Uhr verbreitet und anschließend von den Zeitungskolumnisten seziert. Dann sind die Radiomoderatoren an der Reihe. Und das war noch nicht alles. Da es ein historisches Ereignis war, dass eine First Lady für einen Senatssitz kandidierte, musste ich damit rechnen, dass mein Wahlkampf nicht nur von der New Yorker Presse unter die Lupe genommen würde. Allein die Tatsache, dass ich über eine Kandidatur nachdachte, hatte bereits genügt, die nationalen und internationalen Medien aufzuscheuchen, die mein Pressebüro im Weißen Haus mit Interviewanfragen bombardierten.

Sorgen bereiteten mir auch die tückischen Gewässer der New Yorker Politik. Mir wurde offen gesagt, dass ich in der Stadt keine Chance hätte, da ich weder Irin, Italienerin, Katholikin noch Jüdin sei. Eine ethnische Identität sei in einem derart heterogenen Staat eigentlich unverzichtbar. Eine Gruppe, die mich darüber hinaus mit ungewohnten Problemen konfrontieren könnte, waren die demokratischen Wählerinnen, insbesondere die berufstätigen Frauen meines Alters. Normalerweise würden sie die Basis für einen erfolgreichen Wahlkampf bilden, könnten aber Zweifel an meinen Motiven hegen und vielleicht auch nicht nachvollziehen, warum ich mich nicht von Bill hatte scheiden lassen.

Meine Mitarbeiterinnen im Weißen Haus hatten andere Gründe, sich Sorgen zu machen. Sie wollten Gewissheit haben, dass ich meine innenpolitische Arbeit nicht vernachlässigen würde, wenn ich mich für eine Kandidatur entschied. Ich versicherte ihnen, dass ich weiter an unseren Initiativen arbeiten würde – vom Programm »Save America's Treasures« bis zur Nachmittagsbetreuung von Schulkindern. Die Aussicht auf eine Kandidatur warf auch die Frage auf, ob ich weiterhin amerikanische Interessen im Ausland vertreten konnte. Während Bills gesamter Amtszeit hatte ich die Welt bereist, um für Frauen- und Menschenrechte, religiöse Toleranz und Demokratie einzutreten. Doch globales Denken und Handeln war möglicherweise genau das Gegenteil dessen, was ich brauchte, wenn ich für New York in den Wahlkampf ging.

Im Lauf des Frühlings spielte ich mit meinen Beratern und Freunden alle erdenklichen Wahlkampfszenarien durch, wobei jedes Gespräch in eine erregte Debatte über meine Zukunft mündete. Wir sprachen dabei auch über ein Thema, das euphemistisch als »das Ehegattenproblem« bezeichnet wird – in meinem Fall eine starke Untertreibung. Es ist immer schwierig, eine geeignete Rolle für Ehegatten politischer Kandidaten zu definieren. Doch ich befand mich in einem einzigartigen Dilemma. Wir mussten uns mit der Frage auseinander setzen, ob Bills Popularität in New York und sein übermächtiger Status als Präsident mir die Entwicklung eines eigenen politischen Profils erschweren würde. Andere Berater glaubten wiederum, die Kontroverse rund um Bill werde verhindern, dass meine Botschaft überhaupt Gehör fand. Und wie sollten wir bei der Bekanntgabe meiner Kandidatur vorgehen? Sollte der Präsident der Vereinigten Staaten still hinter mir auf der Bühne sitzen, oder sollte er das Wort ergreifen? Sollte er für mich ebenso wie für die anderen demokratischen Kandidaten in den Wahlkampf einsteigen, oder würde ich damit zu seinem Surrogat werden? Wir würden uns auf einem schmalen Grat bewegen, wenn wir versuchten, mich als »unabhängige« Kandidatin zu präsentieren und gleichzeitig die Unterstützung des Präsidenten nutzen wollten.

Die Beschäftigung mit der Kandidatur gab Bill und mir die Möglichkeit, endlich wieder über andere Dinge als die Zukunft unserer Beziehung zu sprechen. Er wollte mir unbedingt helfen, und ich war dankbar für seinen sachkundigen Rat. Bill sprach geduldig mit mir über meine Sorgen und analysierte meine Aussichten sorgfältig. Wir hatten die Rollen getauscht, und nun übernahm er die Funktion, die ich in den vergangenen Jahren wahrgenommen hatte. In jedem unserer Gespräche wog ich das Für und Wider ab und konnte keine klare Position finden. In einem Augenblick schien die Kandidatur sehr verlockend, im nächsten Moment kam mir die Idee wieder völlig abwegig vor. Also diskutierten wir weiter und ich hoffte auf einen Anstoß.

Im März schließlich erhielt ich das Signal, auf das ich gewartet hatte – allerdings von unerwarteter Seite. Gemeinsam mit der Tennislegende Billie Jean King nahm ich in New York an einer Promotionveranstaltung für einen vom Fernsehsender HBO produzierten Film über Frauen im Sport teil. Wir trafen uns in Manhattan bei der Lab School mit dutzenden jungen Sportlerinnen, die sich auf einer Bühne unter einem riesigen Banner mit der Aufschrift »Stell dich dem Wettbewerb« versammelt hatten. Sofia Totti, die Mannschaftsführerin des Basketballteams, stellte mich offiziell vor. Als ich ihr die Hand schüttelte, beugte sie sich zu mir und sagte leise: »Stellen Sie sich dem Wettbewerb, Mrs. Clinton. Stellen Sie sich dem Wettbewerb.«

Ihre Bemerkung brachte mich aus der Fassung. Warum zögerte ich, mich an diesem Wettbewerb zu beteiligen? Warum dachte ich nicht ernsthafter darüber nach? Hatte ich möglicherweise Angst davor, etwas zu tun, was ich von zahllosen anderen Frauen gefordert hatte? Ich hatte überall in den Vereinigten Staaten und im Ausland darüber gesprochen, wie wichtig es war, dass sich Frauen politisch engagierten, dass sie Ämter anstrebten und ihren Einfluss nutzten, um zur Gestaltung der Gesellschaft und der Zukunft ihrer Länder beizutragen. Wie konnte ich mir also die Gelegenheit entgehen lassen, dasselbe zu tun? Aus Unsicherheit, der Herausforderung nicht gewachsen zu sein?

Meine Situation und Sofia Tottis Aufforderung erinnerte mich an eine Szene aus einem meiner Lieblingsfilme. In »Eine Klasse für sich« ist Geena Davis der Star der Damenbaseball-liga, die während des Zweiten Weltkriegs ins Leben gerufen wurde. Anfangs belächelt, überzeugen die Frauen durch Einsatz und Können und werden im ganzen Land von Fans bejubelt. Als ihr Mann aus dem Krieg zurückkehrt, will Dottie das Team verlassen, um ihr Leben als Ehefrau wieder aufzunehmen. Kritisiert von ihrem Trainer, Jimmy Dugan (gespielt von Tom Hanks), sagt sie: »Es wird einfach zu schwierig.« Jimmy erwidert: »Es soll schwierig sein. Wäre es nicht schwierig, würde es jeder tun. Erst die Schwierigkeit macht es zu etwas Besonderem.« Nach all den Jahren als Politikergattin hatte ich keine Ahnung, ob ich meinen Platz an der Seitenlinie verlassen und aufs Spielfeld laufen konnte. Aber vielleicht sollte ich die Herausforderung annehmen.

Maggie Williams sah das ganz anders. Nachdem sie sich während eines langen Spaziergangs angehört hatte, was ich über eine Kandidatur dachte, sagte sie: »Ich halte es für eine Dummheit. Und jeder, dem etwas an dir liegt, wird dir dasselbe sagen.« Maggies Reaktion überraschte mich nicht. Sie wollte mich, wie viele meiner Freunde und Berater, schützen. Doch indem sie versuchte, mir die Gefahren und negativen

Aspekte vor Augen zu führen, half sie mir indirekt dabei, noch intensiver nach Gründen für eine Kandidatur zu suchen.

Mir war gesagt worden, nach dem Aufenthalt im Weißen Haus würde ich eine Tätigkeit im Senat möglicherweise als »Degradierung« empfinden. Aber all die Dinge, die mir am Herzen lagen, wurden vom Senat der Vereinigten Staaten beeinflusst. Würde ich mich nicht um einen Senatssitz bewerben, würde ich gewiss versuchen, in einer anderen Funktion Einfluss auf die Personen zu nehmen, die im Senat saßen. Also warum nicht gleich direkt. Auch die Erfordernisse des Wahlkampfs verloren langsam, aber sicher ihren Schrecken. Ich hielt einen Wahlsieg für möglich, sofern es mir gelang, die für eine landesweite Kampagne erforderliche Summe von 25 Millionen Dollar aufzubringen. Terry McAuliffe, ein aus Syracuse im Norden des Staates stammender Freund und ausgezeichneter Fundraiser, erklärte mir, wenn ich bereit sei, härter als je zuvor in meinem Leben zu arbeiten, könne ich mich durchsetzen und auch in traditionelle republikanische Bastionen vorstoßen. Einige Landesteile im Norden des Staates erinnerten mich an das benachbarte Pennsylvania, wo mein Vater herstammte. Und viele Probleme des ländlichen New York ähnelten denen, die Arkansas geplagt hatten: Die Bauern kämpften ums Überleben, im produzierenden Gewerbe gingen Arbeitsplätze verloren und die jungen Leute wanderten ab, weil sie in ihrer Heimat keine Chancen hatten. Wenn ich den Wählern dieses Staates bewies, dass ich die Probleme ihrer Familien verstand und bereit war, mit all meiner Kraft für sie zu arbeiten, konnte ich es schaffen.

Im Frühsommer 1999 unterbrachen zwei Ereignisse meine Auseinandersetzung mit der Kandidatur. Am 12. April 1999 wurde Susan McDougal endlich vom Vorwurf der Behinderung der Justiz im Fall Whitewater freigesprochen, nachdem sie anderthalb Jahre im Gefängnis verbracht hatte, zum Teil in Einzelhaft. Starrs Vorgehen hatte mich immer wieder an einen Satz aus Jung Changs Roman »Wilde Schwäne« erinnert, der den Leidensweg von drei chinesischen Frauen von der Zeit vor der kommunistischen Machtergreifung bis zur Kulturrevolution beschreibt: »Wo der Wille zu verurteilen ist, da sind auch Beweise.« Susans Freispruch war ein weiterer Sieg über Starrs juristische Methoden, doch der Preis, den sie für ihre Standhaftigkeit in Sachen Whitewater hatte bezahlen müssen, war unglaublich hoch.

Meine Freude über diese Wendung fand ein jähes Ende. Am 20. April eröffneten zwei Schüler der Columbine High School in Colorado das Feuer auf ihre Klassenkameraden. Vier Stunden lang hielten sie Schüler und Lehrer mit einem ganzen Arsenal von Schrotflinten, Pistolen und anderen Waffen in ihrer Gewalt, bevor sie sich selbst richteten. Zwölf Schüler und ein Lehrer fielen dem Massaker zum Opfer. Die jungen Mörder hatten sich anscheinend in der Schule ausgegrenzt gefühlt und wollten mit einem sorgfältig geplanten Racheakt ihre Macht unter Beweis stellen.

Einen Monat nach dem Blutbad besuchten Bill und ich in Littleton die Familien von Opfern und Überlebenden. Es war entsetzlich, in die Gesichter von Eltern zu blicken, deren schlimmster Albtraum wahr geworden war. Ich fragte mich, ob es ihnen je möglich sein würde, den Verlust ihrer Kinder durch einen derart sinnlosen, unverständlichen Gewaltausbruch zu verkraften. Eltern und Schüler forderten Bill auf, alles in seiner Macht Stehende zu tun, damit diese schreckliche Tragödie sich nicht wiederholen würde. In seiner Rede in der Sporthalle einer benachbarten High School erinnerte Bill auch an die Verantwortung der Gesellschaft und jedes Einzelnen: »Wir können gemeinsam statt einer Kultur der Gewalt eine Kultur der Werte aufbauen.« An die Schüler und Lehrer gewandt, sagte er: »Ihr könnt uns helfen, dafür zu sorgen, dass keine Schusswaffen in die falschen Hände gelangen. Ihr könnt uns helfen, dafür zu sorgen, dass wir auf junge Menschen mit Problemen – und solche Menschen wird es immer geben – frühzeitig aufmerksam werden, damit ihnen geholfen werden kann.«

Die Tragödie an der Columbine High war weder der erste noch der letzte derartige Gewaltakt an einer amerikanischen Schule. Doch sie weckte den Ruf nach einem massiven Einschreiten der Bundesregierung, um gewaltbereite und verwirrte Jugendliche von Schusswaffen fern zu halten. Bill und ich luden vierzig Kongressmitglieder aus beiden Parteien zu einer Veranstaltung, bei der wir den Vorschlag des Weißen Hauses bekannt gaben, das Mindestalter für Waffenbesitz auf 21 Jahre heraufzusetzen und höchstens einen Waffenkauf pro Monat zuzulassen. Ich äußerte mich erneut zur allgegenwärtigen Gewalt im Fernsehen, im Kino und in Videospielen und forderte die Kongressmitglieder auf, zwei einfache Maßnahmen zu unterstützen: ein Verbot jeglichen Waffenerwerbs, solange die Überprüfung des Käufers noch nicht abgeschlossen war, und das Anbringen von Kindersicherungen an Schusswaffen. Unsere Anregungen stießen auf taube Ohren. Ich war entsetzt, dass der Kongress trotz des öffentlichen Drucks nicht bereit war, sich der allmächtigen Waffenlobby entgegenzustellen und vernünftige Maßnahmen zur Waffenkontrolle durchzusetzen. In einem Interview mit Dan Rather von der CBS erklärte ich, dass ich, sollte ich mich um einen Senatssitz bewerben, auch versuchen würde, das Waffengesetz auf den Prüfstand zu bringen. Ich würde nicht zuletzt aufgrund der Tragödie antreten, die ich an Orten wie Littleton gesehen hatte.

Der Wettlauf um den Senatssitz nahm langsam Gestalt an. Nita Lowey, die zu den einflussreichsten und populärsten Volksvertretern im Kongress zählte, gab bekannt, dass sie sich nicht um das Amt bewerben werde. Und Rudy Giuliani traf sich in Texas mit Gouverneur George W. Bush, der kurz zuvor die Bildung eines Sondierungskomitees für die Präsidentschaftswahlen angekündigt hatte. Der Bürgermeister bezeichnete mich als »Nordstaatenprofiteurin« [Anm. d. Red.: Der im Original verwendete Begriff ist *carpetbagger*, eine Bezeichnung für Kriegsgewinnler aus dem Norden, die nach dem Sezessionskrieg die Wirren in den Südstaaten ausnutzten, um Profit zu machen. Giuliani spielte damit auf die Tatsache an, dass Hillary Rodham Clinton keine New Yorkerin ist.] und erklärte, er werde im Gegenzug nach Arkansas reisen, um in Bills Heimat Spenden für seinen Wahlkampf zu sammeln. Ein geschickter Schachzug, der Giuliani Aufmerksamkeit brachte und mir einen kleinen Vorgeschmack auf die Auseinandersetzung gab, die mir bevorstand. Im Juni unternahm ich die ersten konkreten Schritte zur Vorbereitung einer Kandidatur. Ich engagierte die Medienberaterin Mandy Grunwald und den brillanten Meinungsforscher Mark Penn und führte erste Gespräche mit potenziellen Wahlkampfmitarbeitern. Und ich begann, mich erstmals in eigenem Namen um Wahlkampfspenden zu bemühen. Bei einer großen Spendenveranstaltung für die Demokratische Partei in Washington wurden Bill und ich auf der Bühne von der ehemaligen texanischen Gouverneurin Ann Richards begrüßt, deren spitze Zunge in der Hauptstadt legendär war: »Hillary Clinton, die kommende Juniorsenatorin aus New York, und nicht zu vergessen, ihr reizender Ehemann Bill«, sagte sie in ihrem texanischen Akzent. »Ich wette, er wird ordentlich Leben in den Club der Senatorengattinnen bringen.«

Bill nahm den Seitenhieb mit Humor und genoss die öffentliche Aufmerksamkeit, die mir zuteil wurde. Er wusste, welche Opfer ich in all den Jahren gebracht hatte, damit er sein Amt ausfüllen konnte. Nun, da ich die Chance hatte, mich von der Rolle als »Frau an seiner Seite« zu lösen und selbst als Politikerin flügge zu werden, unterstützte er mich bedingungslos und begeistert – als seine Frau und als Kandidatin.

Ende des Monats erhielt ich eine weitere ermutigende Aufforderung zu kandidieren. Pater George Tribou, ein Priester, der viele Jahre lang die katholische Jungenschule in Little Rock geleitet hatte, schrieb mir am 24. Juni 1999 einen Brief:

Liebe Hillary,
ich möchte Ihnen mitteilen, was ich fünfzig Jahre lang meinen Schülern gesagt habe: Gott wird uns am Tag des Jüngsten Gerichts nicht nach den Zehn Geboten fragen (obwohl er später sicher darauf zu sprechen kommt!), sondern er wird uns folgende Frage stellen: WAS HAST DU MIT DER ZEIT UND DEN TALENTEN GETAN, DIE ICH DIR SCHENKTE?

Diejenigen, die glauben, Sie seien nicht in der Lage, mit der New Yorker Presse und den Schmähungen Ihrer Widersacher fertig zu werden, haben nichts begriffen. Sie, Hillary, haben schon ganz andere Feuertaufen bestanden. Nun können Sie wirklich alles bewältigen! Voran, Hillary, voran! Meine Gebete werden mit Ihnen sein.

Rückblickend waren die schwierigsten Entscheidungen in meinem Leben jene, die Ehe mit Bill aufrechtzuerhalten, und für den Senat zu kandidieren. Im Lauf der letzten Monate war mir klar geworden, dass ich Bill liebte und dass mir die gemeinsam verbrachten Jahre sehr viel bedeuteten. Auch wenn ich nicht daran zweifelte, mir allein ein befriedigendes Leben aufbauen und meinen Lebensunterhalt verdienen zu können, hoffte ich doch, dass Bill und ich miteinander alt werden könnten. Wir waren beide entschlossen, unsere Ehe auf unserem Glauben, unserer Liebe und unserer gemeinsamen Vergangenheit wieder aufzubauen, und hatten uns entschieden, nach unserer Zeit im Weißen Haus gemeinsam auf einen Bauernhof in Chappaqua im Westchester County im Norden von New York City zu ziehen. Und da ich nun wusste, welchen Weg ich mit Bill einschlagen wollte, fühlte ich mich frei, die ersten Schritte im Rennen um den Senatssitz zu wagen.

Ich würde mich daran gewöhnen müssen, in der ersten Person zu sprechen, wenn ich mich an die Wähler wandte. Und unter Umständen würde ich mich gegen die Politik der Regierung Clinton stellen müssen, wenn sie den Interessen von New York widersprach. Doch zunächst musste ich mich auf die Aufgabe konzentrieren, meine potenziellen Wähler kennen zu lernen. Für die Monate Juli und August plante ich eine »Lauschtour« durch den Staat, um von den Bürgern und den Gemeindeführern zu hören, was ihnen Sorgen bereitete und was sie sich für ihre Zukunft wünschten. Die Rundreise begann an einem Ort, der wie kein anderer geeignet war, um mein Vorhaben, den von Daniel Patrick Moynihan aufgegebenen Senatssitz zu erobern, bekannt zu geben: auf Moynihans wunderschöner Farm in Pindars Corner. Als ich am 7. Juli dort eintraf, erwarteten mich der Senator, seine Frau Liz und mehr als 200 Reporter, darunter sogar einer aus Japan.

Der Senator stand an meiner Seite, als ich erklärte, dass ich mit der Bildung eines offiziellen Wahlkampfkomitees begonnen hatte: »Ich nehme an, Sie werden sich alle dieselben Fragen stellen: Warum der Senat? Warum New York? Und warum sie? Ich denke, diese Fragen, warum ich in einem Staat kandidiere, in dem ich nie gelebt habe, sind vollkommen berechtigt, und ich weiß, dass ich eine ganze Menge Arbeit vor mir habe, um herauszufinden, was die Menschen in New York denken. Aber ich möchte den Menschen auch zeigen, dass die Frage, wofür ich stehe, ebenso wichtig, wenn nicht sogar wichtiger ist als die Frage, woher ich komme.«

Ich war glücklich, dass ich die Herausforderung angenommen hatte. Wohin mein Weg führen würde, wusste ich nicht, aber ich war bereit, ihn zu gehen.

New York

Ich hatte damit gerechnet, bei meiner ersten Kandidatur auf Hindernisse zu stoßen (die mir auch nicht erspart blieben), doch ich hätte nie gedacht, dass ich den Wahlkampf so genießen würde. Von dem Augenblick an, da ich Senator Moynihans Farm verlassen hatte, um meine »Lauschtour« durch den Staat New York zu beginnen, geriet ich in den Bann der Orte, die ich besuchte, und der Menschen, denen ich begegnete. Ich lernte kleine Siedlungen in der Hügellandschaft des Upstate kennen und Städte wie Buffalo, Rochester, Syracuse, Binghamton und Albany, die einst im Mittelpunkt der amerikanischen industriellen Revolution gestanden hatten und sich nun für das Informationszeitalter rüsteten. Ich erkundete die Adirondacks und die Catskills und erholte mich an den Ufern des Skaneateles-Sees und des Lake Placid. Ich besuchte die großartigen öffentlichen und privaten Universitäten des Staates und traf mich mit Unternehmern und Landwirten in Long Island und an der kanadischen Grenze. Ich genoss die ungezügelte Energie von New York City, die vielen verschiedenen Stadtviertel und die einzigartige Stimmung in diesem ethnischen Schmelztiegel. Ich fand in jedem Winkel der Stadt neue Freunde, besuchte Gasthäuser, Gewerkschaftszentren, Schulen, Kirchen, Synagogen, Wohnheime und Penthäuser. New York City ist ein großartiges Symbol für den Traum von Amerika. Die Kunst, Literatur und Kultur der Moderne waren hier geprägt worden. Die Bewegungen zur Abschaffung der Sklaverei und

Initiativen für das Frauenwahlrecht, die Gewerkschafts- und die Bürgerrechtsbewegung, die progressive Politik und der Kampf für die Rechte der Homosexuellen hatten alle in New York ihren Ausgang genommen. Ich war fasziniert vom Lebensrhythmus dieser riesigen, blühenden Stadt. Dieses symbolische Gewicht New Yorks sollte der Menschheit am 11. September 2001 auf tragische Weise vor Augen geführt werden, als Manhattan von Terroristen angegriffen wurde, die die Freiheit, die Kultur, die Vielfalt und alles, wofür Amerika steht, hassten und fürchteten.

Mein Wahlkampf war auch eine Reise durch die Geschichte des Staates: Die amerikanischen Ureinwohner der Irokesen-Konföderation, deren Bekenntnis zu demokratischen Prinzipien die Väter unserer Verfassung inspiriert hatte, lebten einst verstreut im ganzen Gebiet des heutigen Staates New York. Am Lake Champlain und in den Tälern des Mohawk und des Hudson River war der Unabhängigkeitskrieg ausgefochten und gewonnen worden. Die riesigen Schleppkähne, die den Erie-Kanal befuhren, hatten das Wirtschaftswachstum in die ganze Region gebracht. Die Vielfalt dieses Bundesstaates war unglaublich. Ich tanzte auf der 5th Avenue bei der Parade am Puerto Rican Day Salsa, aß ein Wurstbrot bei der State Fair und versuchte es auf dem polnischen Festival in Cheektowaga mit einer Polka.

Der Wahlkampf verlief allerdings nicht immer so erfreulich. Insbesondere zu Beginn machte ich einige Fehler. Und in der New Yorker Politik gibt es keine Nachsicht gegenüber Fehlern, die nicht zuletzt passierten, weil meine Kandidatur mit meiner Rolle als First Lady kollidierte. Als die Yankees nach ihrem Triumph in der World Series im Jahr 1999 im Weißen Haus zu Gast waren, überreichte mir ihr Trainer Joe Torre eine Yankees-Kappe, die ich umgehend für einen wohltätigen Zweck spendete. Die New Yorker Presse stürzte sich auf diesen Fauxpas und meldete, meine Aussage, ich sei seit meiner Kindheit ein Fan der Yankees-Legende Mickey Mantle, diente lediglich dem Zweck, vorzutäuschen, dass ich eine »alte New Yorkerin« sei. In den folgenden Tagen sahen meine potenziellen Wähler in den Medien zahlreiche Fotos von mir mit der Yankees-

Kappe auf dem Kopf, wobei die Bildlegenden alles andere als schmeichelhaft waren.

Den schlimmsten Fehltritt erlaubte ich mir bei einem Staatsbesuch in Israel im Herbst 1999, als ich gemeinsam mit Suha Arafat, der Ehefrau des Palästinenserführers, an einer Veranstaltung teilnahm. Mrs. Arafat hielt unmittelbar vor mir eine Rede auf Arabisch. Weder ich noch irgendein anderes Mitglied unserer Delegation – darunter Mitarbeiter der amerikanischen Botschaft, Nahostexperten und angesehene Führer der jüdischen Gemeinschaft in den USA – hörte in der Simultanübersetzung Mrs. Arafats empörende Behauptung, Israel habe Giftgas gegen die Palästinenser eingesetzt. Als ich an das Rednerpult trat, umarmte mich Suha Arafat mit der traditionellen Begrüßungsgeste der Araber. Hätte ich ihre Worte verstanden, hätte ich in meiner Ansprache darauf reagiert. So aber erschienen in den New Yorker Boulevardblättern innige Fotos von mir und Suha Arafat. Die Kombination dieses Bildes mit den Berichten, die selbstverständlich auf ihre Äußerung Bezug nahmen, sorgte für Empörung. Vor allem jüdische Wähler reagierten erbost und enttäuscht darauf, dass ich die Gelegenheit nicht ergriffen hatte, Mrs. Arafats Bemerkung zu verurteilen. Meinem Wahlkampfstab gelang es nach einigen Mühen, die Wogen zu glätten. Wir hatten auf schmerzhafte Weise lernen müssen, wie gefährlich es war, die internationale Diplomatie und meine Rolle als First Lady mit der komplexen New Yorker Lokalpolitik zu vermengen.

Während des gesamten Wahlkampfs bestand eine seltsame Kluft zwischen der Einschätzung der Kampagne auf nationaler Ebene und der Berichterstattung in New York. Die nationalen Kolumnisten und Fernsehexperten verkündeten regelmäßig, die Tatsache, dass ich von außerhalb sei, verurteile mich von vornherein zum Scheitern. Zudem kritisierten sie mich immer wieder, weil ich mich weigerte, mit der nationalen Presse über meinen Wahlkampf zu sprechen. Mein Stab wies immer wieder amüsiert darauf hin, dass ich nicht für ein nationales Amt kandidierte und es daher wichtiger sei, den New Yorker Wahlkampfberichterstattern regelmäßig Interviews zu geben.

Meine Beziehung zur dortigen gefürchteten Presse verbesserte sich im Lauf der Zeit, was nicht zuletzt meinem Kommunikationschef Howard Wolfson zu verdanken war. Howard hatte für Nita Lowey und Chuck Schumer gearbeitet und verstand sich auf den Umgang mit den New Yorker Medien. Mit seiner Hilfe gelang es mir schließlich, meine traditionelle Verteidigungshaltung gegenüber der Presse aufzugeben und sogar Gefallen am täglichen Gespräch mit den Reportern zu finden, deren Berichterstattung ausschlaggebend für meinen Erfolg sein würde. Die Journalisten folgten mir kreuz und quer durch das Land, da ich trotz der Größe des Staates entschlossen war, eine »Graswurzelkampagne« zu führen, anstatt lediglich über die Medien mit meinen potenziellen Wählern zu kommunizieren. Die Wahlwerbung in Radio und Fernsehen ist unverzichtbar, doch nichts kann das persönliche Gespräch ersetzen, in dem der Kandidat oft mehr lernt als die Wähler. Rudy Giuliani konzentrierte sich in seinem Wahlkampf in erster Linie auf New York City. Er reiste kaum, und wenn er es doch tat, vermittelte er den Eindruck, er wäre lieber zu Hause geblieben. Ich hatte dagegen vor, alle 62 Counties zu besuchen und fuhr über ein Jahr lang mit meinen langjährigen Mitarbeiterinnen Kelly Craighead und Allison Stein in einem Ford-Kleinbus, den die Presse bald »HRC Speedwagon« taufte, durch den Staat. Ich hielt in Diners und Cafés entlang der Straße, und selbst wenn ich in diesen Lokalen nur eine Hand voll Personen antraf, trank ich mit ihnen eine Tasse Kaffee und unterhielt mich über die Dinge, die ihnen am Herzen lagen. Ich hoffte, ich würde mein Team nicht ähnlich an den Rand der Erschöpfung treiben, wie Bill die Gores und mich auf unserer Bustour für die Präsidentschaft.

Dieses anstrengende Leben »on the road« erschöpfte mich erstaunlicherweise nicht, sondern gab mir neue Kraft, denn ich lernte nicht nur, wo meine Fähigkeiten und Grenzen als Kandidatin für ein politisches Amt lagen, sondern ich spürte auch, wie sich die Stimmung unter den Wählern zu meinen Gunsten änderte. Als ich meinen Wahlkampf aufnahm, strömten zahlreiche Menschen zusammen, nur um mich zu sehen, was nicht unbedingt ein Zeichen für Zustimmung war. Die Leute betrachteten mich eher als eine Kuriosität – da war er wieder, der »sprechende Hund«. Nachdem ich bestimmte Orte und Städte zum zweiten oder dritten Mal besucht hatte, gewöhnten sich die Menschen an meine Gegenwart und begannen, offen über ihre Anliegen und Sorgen zu reden. Sie kümmerten sich weniger darum, dass ich eine Frau war und noch dazu nicht aus ihrem Staat kam, sondern interessierten sich für das, wofür ich stand. Meine Gesprächspartner im Upstate, darunter auch Republikaner, hörten sich meine Vorschläge zur Ankurbelung der Wirtschaft in der Region genau an, stellten mir detaillierte Fragen, lachten über einige meiner unpassenden Scherze und gaben hier und da einen freundlichen Kommentar zu meiner Frisur ab. Ich hatte mit der Zeit das Gefühl, willkommen zu sein.

Mein besonderes Augenmerk auf meiner Tour durch den Staat galt der weiblichen Bevölkerung, die teilweise enttäuscht und verärgert auf meine Entscheidung reagiert hatte, mit Bill zusammenzubleiben. Ich hoffte, dass sie Verständnis für meinen Entschluss zugunsten meines Mannes und meiner Tochter hatten. Da ich diese privaten Dinge nicht bei großen Veranstaltungen thematisieren wollte, nahm ich an dutzenden kleinen Versammlungen in Privathäusern von weiblichen Anhängerinnen im ganzen Staat teil. Die Gastgeberinnen luden jeweils etwa zwanzig Freundinnen und Nachbarinnen zu einem Gespräch mit mir ein. Ohne Blitzlichtgewitter und Reporter beantwortete ich bei einer Tasse Kaffee Fragen zu meiner Ehe, zu den Beweggründen für meinen Umzug nach New York, zum Gesundheitswesen und zu allen anderen Themen, über die meine Gesprächspartnerinnen reden wollten. Mit der Zeit zeigten immer mehr Frauen, die meine politischen Vorhaben grundsätzlich befürworteten, die Bereitschaft, meine Entscheidung für Bill zu akzeptieren.

Neben meiner »Speedwagon«-Kampagne erwies sich mein Auftritt in der David-Letterman-Show im Januar 2000 als sehr hilfreich. Ein Fernsehauftritt in einer Late Night Show verschafft einem Kandidaten mindestens ebenso viel Aufmerksamkeit wie die Wahlkampfreden mehrerer Tage. Letterman hatte Howard, meinen Kommunikationschef, immer wieder angerufen, um auf meine Teilnahme zu drängen. Die regelmäßige Ablehnung wurde nicht nur zu einem Running-Gag in seiner Show, sondern sogar in den Eröffnungsmonolog aufgenommen. Nachdem ich seiner Stichelei einen Monat standgehalten hatte, willigte ich schließlich ein, am 12. Januar in die Show zu kommen. Ich hoffte auf einen vergnüglichen Abend, wenngleich das Wissen, dass die Late-Night-Stars schon so manchen Gast aufgespießt hatten, mich doch ein wenig nervös machte.

Letterman, der unweit von Chappaqua lebt, fragte mich zu Beginn der Sendung nach unserem neuen Haus und warnte mich, dass »von nun an jeder Idiot aus der Gegend beim Vorbeifahren hupen wird«.

»Ach, Sie waren das!«, konterte ich. Letterman und das Publikum brachen in Gelächter aus, und ich entspannte mich. Das Interview machte mir viel Spaß und erntete wohlwollende Kommentare in der Presse. Einige Monate später wurde ich in einer anderen komödiantischen Sparte aktiv und trat beim jährlichen Pressedinner in Albany als »Nordstaatenprofiteurin« auf und folgte Jay Lenos Einladung in die »Tonight Show«.

Im Februar 2000 endete meine erste »Lauschtour« mit der offiziellen Bekanntgabe meiner Kandidatur unweit von Chappaqua an der State University of New York in Purchase. Bill, Chelsea, meine Mutter, jubelnde Anhänger und politische Führer aus dem ganzen Staat hatten sich versammelt, als Senator Moynihan mich vorstellte, von seinen Begegnungen mit Eleanor Roosevelt in ihrem Haus in Hyde Park erzählte und mir das größte aller Komplimente machte: »Hillary, Eleanor Roosevelt würde Sie lieben.«

Patti Solis Doyle, die 1992 meine erste Mitarbeiterin im Weißen Haus gewesen war, koordinierte anfangs meine Verpflichtungen als First Lady mit meinem Wahlkampf und ließ sich später vom Weißen Haus beurlauben, um sich vollkommen auf die Arbeit in New York konzentrieren zu können. Sie übernahm die logistische Leitung und beteiligte sich an der Umsetzung der Wahlkampfstrategie. Ich war sehr stolz auf Patti und ihre großartige Arbeit und musste oft an unseren ersten Tag im Weißen Haus zurückdenken, als ihre mexikanischen Eltern, die in die Vereinigten Staaten gekommen waren, um ihren sechs Kindern ein besseres Leben zu ermöglichen, bei der Amtseinführung und beim Anblick ihrer Tochter im Mitarbeiterstab der First Lady der Vereinigten Staaten vor Freude in Tränen ausbrachen.

Im Wahlkampf arbeitete Patti mit einer Gruppe erfahrener und begabter Experten zusammen. Geleitet wurde dieses Team von meinem Wahlkampfmanager Bill de Blasio, der sich als herausragender Stratege erwies und als Ansprechpartner der vielfältigen Gemeinschaften New Yorks mein volles Vertrauen genoss; von meinem Kommunikationschef Howard Wolfson, der für außerordentlich rasche Reaktionen auf alle öffentlichen Entwicklungen sorgte; vom politischen Leiter Ramon Martinez, der seinen ausgezeichneten politischen Instinkt in meinen Dienst stellte und mich ermutigte, neue Wählergruppen anzusprechen und ihnen »ein wenig Liebe zu zeigen«; von Gigi Georges, die für die Koordinierung meiner Kampagne mit den Wahlkämpfen anderer demokratischer Kandidaten in New York zuständig war und eine Basisbewegung mobilisierte; von der stellvertretenden politischen Wahlkampfmanagerin Neera Tanden, die mit jedem Detail der Probleme des Staates vertraut war; vom Forschungsleiter Glen Weiner, der wahrscheinlich mehr über meine Widersacher wusste als ihre eigenen Mitarbeiter, und von der Finanzchefin Gabrielle Fialkoff, die die undankbare, jedoch unverzichtbare Aufgabe, das nötige Geld für meinen Wahlkampf zu beschaffen, mit großer Eleganz bewältigte. Sie alle arbeiteten buchstäblich Tag und Nacht mit duzenden anderen Wahlkampfhelfern und tausenden Freiwilligen an einer der wirkungsvollsten Wahlkampagnen, die ich je gesehen habe.

Eine weitere gute Nachricht war, dass Chelsea in Stanford genug Extrakurse absolviert hatte, um sich im ersten Semester ihres Abschlussjahres befreien zu lassen, um ihrem Vater im Weißen Haus und mir in New York zu helfen. Sie stieß bei jeder Gelegenheit zu unserer »Speedwagon-Crew«, nahm an meinem Wahlkampf teil und baute mich auf. Ich war stolz auf diese talentierte junge Frau, in die sich meine Tochter verwandelt hatte, und ich war dankbar dafür, dass sie nach den acht harten Jahren im Weißen Haus so fürsorglich und liebenswert war und mit beiden Beinen auf der Erde stand.

In den ersten Monaten des Wahlkampfs hatte ich im Kreuzfeuer der Medienkritik gestanden – nun war der Bürgermeister an der Reihe. Den New Yorkern und der Presse fiel auf, dass sich Giuliani abgesehen vom Fundraising kaum darum bemühte, den Senatssitz zu erringen. Er machte keine Vorschläge zur Förderung der schwächelnden Wirtschaft im Upstate oder zur Beseitigung der ethnischen Spannungen, die in New York City unter der Oberfläche brodelten. Und er begann, Fehler zu machen. Die Todesschüsse eines New Yorker Polizisten auf einen Afroamerikaner namens Patrick Dorismond lenkten die Aufmerksamkeit der Öffentlichkeit im März auf die politischen Schwächen des Bürgermeisters. Die Art, wie Giuliani mit diesem tragischen Vorfall umging, ließ einen alten Konflikt zwischen ihm, dem Police Department und den Minderheiten in der Stadt wieder aufbrechen. In vielen Stadtteilen, insbesondere in den überwiegend von Minderheiten bewohnten Vierteln, hatte die Bevölkerung kein Vertrauen zu den Ordnungskräften. Ihre Skepsis wurde durch Aufsehen erregende Fälle wie jenen von Amadou Diallo genährt, der ein Jahr zuvor in der Bronx von Polizisten erschossen worden war. Die Polizeibeamten ihrerseits waren zu Recht frustriert, denn sie standen im Kampf zwischen verschiedenen Bevölkerungsgruppen gegen die Spitze der Stadtverwaltung auf verlorenem Posten und wurden von allen Parteien gleichermaßen kritisiert. Als Giuliani das vertraulich zu handhabende Jugendstrafregister Dorismonds veröffentlichen ließ und damit den Toten diskreditierte, verschärfte er den Konflikt und das gegenseitige Misstrauen zusätzlich.

Während Giuliani an seiner die Kluft vertiefenden Rhetorik festhielt, entschloss ich mich, einen anderen Weg einzuschlagen. In einer Rede in der Riverside Church in Manhattan stellte ich einen Plan zur Verbesserung der Beziehungen zwischen der Polizei und den Minderheiten vor, der unter anderem folgende Maßnahmen enthielt: andere Rekrutierungsverfahren, eine qualitativ höhere Ausbildung und eine bessere Bezahlung der New Yorker Polizisten. Anschließend fuhr ich nach Harlem, um in der Bethel A.M.E. Church zu sprechen: »New York hat ein wirkliches Problem, und wir alle wissen das«, sagte ich. »Der Einzige, der es nicht weiß, scheint der Bürgermeister zu sein.« Anstatt sich um eine Aussöhnung zu bemühen, hatte er Salz in die Wunde gestreut. Die zum Bersten gefüllte Kirche brach in einen Beifallssturm und Hallelujas aus.

Mein Auftritt in Harlem war ein Wendepunkt in meinem Wahlkampf. Nachdem ich Giuliani monatelang hinterhergehinkt war, hatte ich endlich den Anschluss gefunden, und machte sogar im Norden des Staates Fortschritte. Die Beschäftigung mit den Wählern und ihren lokalen Anliegen zahlte sich nun aus – meine Umfragewerte stiegen. Ich hatte das Gefühl, eine eigene politische Stimme zu entwickeln und die Wahlkampfpraxis langsam zu beherrschen.

Mitte Mai wurde ich auch vom Demokratischen Konvent in Albany offiziell als Kandidatin für den vakanten New Yorker Senatssitz nominiert. Mehr als 10000 Parteiaktivisten und Politiker aus dem städtischen und ländlichen Raum hatten sich zu einem Parteitag versammelt, bei dem die Begeisterung überschwappte. Unter den Anwesenden waren die Senatoren Moynihan und Schumer und viele andere Freunde, deren großzügige Unterstützung mir half, die Ziellinie zu erreichen. In letzter Minute erschien zur Freude der Delegierten und der zu nominierenden Kandidatin der Präsident der Vereinigten Staaten.

Kurz nach dem Demokratischen Konvent wurde die politische Landschaft New Yorks von einem Erdbeben erschüttert. Am 29. Mai gab Bürgermeister Rudolph Giuliani seinen Rückzug aus dem Rennen um den Senatssitz bekannt. Ärzte hatten Prostatakrebs bei ihm diagnostiziert, und in der Presse waren Meldungen über eine langjährige außereheliche Beziehung des Bürgermeisters aufgetaucht. Plötzlich war er derjenige, dessen Privatleben in der Öffentlichkeit breitgetreten wurde. Eine ironische Wendung des Schicksals, auf die ich trotz unserer politischen Meinungsverschiedenheiten gern verzichtet hätte, denn ich wusste nur zu genau, welches persönliche Leid alle Beteiligten – insbesondere Giulianis Kinder – zu ertragen hatten.

Am Ende seiner Amtszeit bewies Giuliani große Charakterstärke und Mitgefühl. Er war es, der die Nation nach dem Terrorangriff am 11. September 2001 tröstete und mit Zuversicht erfüllte. In unserer gemeinsamen Arbeit für die Stadt und die Terroropfer entwickelten wir eine produktive und freundschaftliche Beziehung, was für uns beide wohl eine Überraschung war.

Giulianis Rückzug aus dem Wahlkampf erwies sich nicht als die willkommene Erleichterung, die so mancher erwartet hatte. Ich hatte mich monatelang auf eine Auseinandersetzung mit ihm vorbereitet und meinen Wahlkampf auf die klaren Unterschiede zwischen ihm und mir abgestellt, und die Wähler hatten reagiert. Als er aus dem Rennen ausstieg, lag ich den Meinungsumfragen zufolge mit acht bis zehn Prozentpunkten vorn. Nun musste ich mich auf einen neuen Gegenkandidaten einstellen, den Kongressabgeordneten Rick Lazio.

Der Wahlkampf nahm fast meine ganze Zeit in Anspruch. Wenn ich für kurze Zeit ausstieg, so nur, um meinen Pflichten als First Lady nachzukommen oder an einer nicht enden wollenden Serie von Trauergottesdiensten für Freunde und Kollegen teilzunehmen. Unsere Freunde Derek Shearer und Ruth Goldway verloren ihren erst 21 Jahre alten Sohn Casey, der eine Woche vor seinem Abschluss an der Brown University beim Basketballspiel einen Herzstillstand erlitt. Im Juli starb König Hassan II. von Marokko, womit die Vereinigten Staaten einen wertvollen Freund und Verbündeten verloren. Sein Nachfolger, sein Sohn Mohammed VI., lud Bill, Chelsea und mich zur Beerdigung ein, bei der sich der Präsident tausenden männlichen Trauernden anschloss, die dem Sarg drei Meilen durch die von Millionen Menschen gesäumten Straßen von Rabat folgten.

Im Vorsommer waren John F. Kennedy junior, seine Frau Carolyn und deren Schwester Lauren bei einem Absturz ihres Privatflugzeugs vor der Küste von Martha's Vineyard ums Leben gekommen. Bill und ich hatten John, den wir im Haus seiner Mutter auf der Insel und bei öffentlichen Veranstaltungen gut kennen gelernt hatten, sehr gemocht. Wir hatten John, seiner Schwester Caroline und ihren Kindern angeboten, ins Weiße Haus zu kommen, wann immer sie wollten. Nach ihrer Heirat hatten John und seine Frau uns besucht; als John sah, dass Bill den Schreibtisch seines Vaters im Oval Office verwendete, erzählte er uns, wie er als Kind unter diesem Tisch gespielt hatte, während der Präsident Telefongespräche führte. Ich sehe John noch schweigend vor dem von Aaron Shikler gemalten Porträt seines Vaters stehen, das wir an einem gut sichtbaren Ehrenplatz im State Floor aufgehängt hatten.

Es war sehr tragisch, umgeben von den Mitgliedern einer Familie, die unserem Land so viel gegeben hatte, erneut am Begräbnis eines jungen und vielversprechenden Menschen teilnehmen zu müssen.

Dann kamen schreckliche Nachrichten von meiner Freundin Diane Blair. Anfang März 2000, wenige Wochen nach einem problemlos absolvierten Gesundheitscheck, bemerkte sie mehrere verdächtige Knoten an ihrem Bein. Innerhalb einer Woche wurde ein metastasierender Lungenkrebs diagnostiziert. Als sie mich anrief, um mir die schreckliche Nachricht mitzuteilen, war ich am Boden zerstört. Die Prognose war düster. Ich konnte mir einfach nicht vorstellen, im Auf und Ab der kommenden Jahre auf Dianes Freundschaft verzichten zu müssen. In den folgenden Monaten telefonierten wir beinahe täglich, und Bill und ich flogen mehrfach nach Fayetteville, um Diane und Jim, der sich aufopfernd um sie kümmerte, Gesellschaft zu leisten. Obwohl sie sich einer hochgiftigen Chemotherapie unterziehen musste, die sie schwächte und zu Haarausfall führte, kämpfte Diane tapfer und verlor nie ihr Lächeln und ihr liebevolles Wesen. Selbst in ihren letzten Monaten wettete sie wie gewohnt mit Bill, wer von beiden das Kreuzworträtsel in der Sonntagsausgabe der *New York Times* schneller lösen konnte.

Als Jim im Juni anrief, um mir mitzuteilen, dass Diane im Sterben lag, ließ ich den Wahlkampftross zurück und flog nach Arkansas, um meine Freundin ein letztes Mal zu sehen. Sie wurde rund um die Uhr von Hospizschwestern betreut, und verbrachte die meiste Zeit in einem Dämmerzustand. Ich stand an ihrem Bett, hielt ihre Hand und beugte mich zu ihr, wenn sie für ein paar Augenblicke wach wurde. Als es Zeit war aufzubrechen, drückte sie meine Hand und flüsterte: »Gib nie auf, woran du glaubst. Sorge für Bill und Chelsea. Sie brauchen dich. Und gewinn diese Wahl für mich. Ich wünschte, ich könnte bei deinem Sieg dabei sein. Ich liebe dich.« Bill und Chelsea traten zu mir an Dianes Sterbebett. Sie sah uns alle drei aufmerksam an. »Vergesst nicht«, sagte sie. »Was sollen wir nicht vergessen?«, fragte Bill. »Nur das: Vergesst nicht.« Sie starb fünf Tage später.

Der Gedenkgottesdienst in Fayetteville war – ganz wie sie es sich gewünscht hätte – heiter, lebensfroh und erfüllt von Musik und Geschichten über Dianes privaten und öffentlichen Kampf für eine bessere Welt. Als Vorsitzende bei der Feier erklärte ich, Diane habe mehr aus ihrem viel zu kurzen Leben gemacht als manch anderer in drei oder vier Jahrhunderten. Ich kenne niemanden, der sich in seinem Leben mehr bemüht oder mehr Erfolg gehabt hätte. Bill sagte in seinem bewegenden Nachruf auf Diane: »Sie war ein schöner und guter Mensch. Sie war ernst und vergnügt. Sie war von dem unstillbaren Ehrgeiz besessen, Gutes zu tun und gut zu sein, und dabei war sie vollkommen selbstlos.« Diane hatte mein Leben glücklicher gemacht. Ich hatte nie eine bessere Freundin und vermisse sie jeden Tag.

Am 11. Juli sollten in Camp David zweitägige Gespräche zwischen Bill, Ministerpräsident Ehud Barak und Yassir Arafat beginnen, bei denen die noch offenen Fragen in den laufenden Friedensverhandlungen zwischen Israel und den Palästinensern geklärt werden sollten. Der ehemalige General Barak, Israels höchstdekorierter Soldat, wollte unbedingt eine endgültige Vereinbarung schließen, um die Vision von Yitzhak Rabin zu verwirklichen, unter dem er früher gedient hatte. Barak und seine lebhafte Frau Nava wurden rasch unsere Freunde, deren Gesellschaft ich genoss und deren Engagement für den Frieden ich bewunderte. Tragischerweise erschien Arafat nicht persönlich in Camp David, sondern schickte nur seine Unterhändler. Obwohl er wiederholt erklärt hatte, der Frieden müsse während Bills Präsidentschaft erreicht werden, war er nicht bereit, die schwierigen Entscheidungen zu treffen, die einer Einigung mit Israel vorausgehen mussten.

Während des Wahlkampfs blieb ich ständig in Kontakt mit Bill, der mir von seiner wachsenden. Frustration berichtete. Eines Abends rief Barak sogar mich an und fragte, ob ich irgendeine Idee hätte, wie man Arafat doch noch dazu bewegen könnte, an den Verhandlungen teilzunehmen. Aber auch ich war mit meinem Latein am Ende. Am Mittag des 25. Juli gab Bill schließlich bekannt, dass das Gipfeltreffen in Camp David ohne Erfolg geendet habe. Er gestand ein, sehr enttäuscht zu sein und forderte beide Seiten auf, sich weiter für einen »sicheren, dauerhaften und umfassenden Frieden« zu engagieren. Die Friedensbemühungen wurden während Bills letzten sechs Monaten im Amt fortgesetzt und wären bei Gesprächen in Washington im Dezember 2000 und im Nahen Osten im Januar 2001 beinahe erfolgreich abgeschlossen worden. Bill hatte seinen letzten Vorschlag für eine Kompromisslösung vorgelegt, über den noch einmal zäh verhandelt wurde. Am Ende nahm Barak Bills Angebot an, während Arafat erneut ablehnte. Die tragischen Ereignisse in den folgenden Jahren sollten zeigen, was für einen schrecklichen Fehler der Palästinenserführer begangen hatte.

Im August 2000 stand der Demokratische Konvent in Los Angeles auf dem Terminplan. Bill und ich sollten am ersten Abend des Parteitags, am 14. August, zu den Delegierten sprechen und anschließend die Bühne für Vizepräsident Gore und Senator Joe Lieberman, Gores Kandidaten für den Vizepräsidentenposten, räumen, damit die potenziellen Nachfolger Bills im Weißen Haus in den Mittelpunkt des Interesses rücken konnten.

Auf der Bühne wurde ich von den demokratischen Senatorinnen Barbara Mikulski, Dianne Feinstein, Barbara Boxer, Patty Murray, Blanche Lincoln und Mary Landrieu begrüßt. Obwohl alle Augen auf meine nächsten Schritte in meinem Wahlkampf gerichtet waren, wollte ich dem amerikanischen Volk in meiner Rede für das große Privileg danken, dass ich dem Land acht Jahre lang als First Lady dienen durfte: »Bill und ich schließen ein Kapitel unseres Lebens ab, und bald werden wir die nächste Seite aufschlagen. ... Ich danke Ihnen dafür, dass ich Gelegenheit hatte, in unserem Land und rund um den Erdball für die Anliegen der Kinder, Frauen und Familien einzutreten ... [und ich danke Ihnen] für Ihre Unterstützung und Ihr Vertrauen in den guten wie in den schlechten Zeiten. Ich danke Ihnen ... dafür, dass mir diese Ehre und dieses Glück zuteil geworden sind.« Bills Ansprache löste eine Welle nostalgischen Jubels im Staples Center aus. Das Publikum skandierte »Vier Jahre mehr« und bedachte ihn mit einem tosenden Applaus. Er schilderte die Errungenschaften seiner Präsidentschaft und hielt ein begeisterndes Plädoyer für Al Gore. Damit war unsere Aufgabe bei dem Parteitag erfüllt, und wir zogen uns zurück.

In den folgenden Tagen bereitete ich mich auf die drei bevorstehenden Debatten mit Rick Lazio vor. Lazio war ein junger, telegener Republikaner aus Long Island, der beträchtliche Unterstützung in den Vorstädten genoss, außerhalb seines Wahlbezirks aber kaum bekannt war. Mit Unterstützung der Republikanischen Partei führte er über weite Strecken des Sommers eine Negativkampagne gegen mich, die sich jedoch nicht als sehr wirkungsvoll erwies. In dieser Situation kam mir seltsamerweise zugute, dass alle Welt glaubte, jedes Detail über mich bereits zu wissen, und zwar im Guten wie im Schlechten. Lazios Angriffe, die sich nicht gegen meine politische Arbeit richteten, wirkten wie ein alter Hut. Ich ignorierte seine persönlichen Attacken und konzentrierte mich stattdessen auf sein Abstimmungsverhalten und seine Tätigkeit im Kongress, wo er zu Gingrichs Adjutanten zählte.

Unsere erste Debatte fand am 13. September in Buffalo statt und wurde von Tim Russert geleitet, dem Moderator der NBC-Sendung »Meet the Press«. Nach einer Reihe von Fragen zum Gesundheitswesen, zur Wirtschaft im Upstate und zur Bildung zeigte Russert einen Ausschnitt aus meinem Auftritt in der Sendung »Today«, wo ich kurz nach Veröffentlichung der Lewinsky-Geschichte in einer sehr misslichen Lage versucht hatte, den Präsidenten zu verteidigen. Russert fragte mich, ob ich bedaure, »das amerikanische Volk in die Irre geführt« zu haben und ob ich mich dafür entschuldigen wolle, bestimmte Personen bezichtigt zu haben, »Teil einer Verschwörung der Rechten« zu sein. Die Frage traf mich völlig unvorbereitet: »Wissen Sie, Tim, jene Zeit war sehr schmerzhaft für mich, meine Familie und unser Land. Ich bedaure zutiefst, dass es möglich ist, dass Menschen Derartiges durchmachen müssen. Ich wünschte, wir alle könnten diese Vorgänge mit gebührender Distanz betrachten, doch das ist offensichtlich noch nicht möglich. Wir werden wohl warten müssen, bis die Geschichtsbücher sich mit diesem Thema befassen. ... Ich habe damals versucht, so offen wie möglich zu sein. Es liegt auf der Hand, dass ich niemanden in die Irre geführt habe. Ich kannte schlichtweg nicht die ganze Wahrheit. ... Und das war für mich mit großem Leid verbunden. Wie Sie wissen, hat mein Ehemann ... eingestanden, sein Land und vor allem seine Familie getäuscht zu haben.«

Ich weiß nicht, ob ich Russerts Frage damit erschöpfend beantwortet habe, aber wir wandten uns immerhin wieder der Politik zu. Während der folgenden Diskussion über Bildungsgutscheine, Umweltschutz und andere lokale Themen beging Lazio einen entscheidenden Fehler: Er erklärte, die Wirtschaft in der nördlichen Industrieregion habe »die Wende geschafft«. Jeder, der im Upstate lebte oder Zeit dort verbracht hatte, musste zu dem Schluss gelangen, dass Lazio keine Ahnung von der wirklichen Situation hatte. Ich hatte die Region mehrfach besucht und mich von den Bewohnern über die schlechte Lage auf dem Arbeitsmarkt und die Abwanderung der jungen Leute informieren lassen. Und ich hatte einen Wirtschaftsplan für die Region entwickelt, den die Wähler ernst nahmen.

Anschließend sprach Russert die Werbespots und die Verwendung der als »Soft Money« bezeichneten nicht regulierten Spenden an. Derartige Spenden konnten von politischen Parteien oder außenstehenden Gruppen in unbegrenztem Umfang gesammelt werden, entweder um einen Kandidaten zu unterstützen oder seinen Widersacher anzugreifen. Russert zeigte Ausschnitte aus einem Werbespot von Lazio, in dem der Kongressabgeordnete in einer Fotomontage an der Seite von Senator Moynihan zu sehen war, eine Situation, die es tatsächlich nie gegeben hatte. Der Werbespot verzerrte die Wahrheit und missbrauchte die Popularität eines angesehenen öffentlichen

Amtsträgers. Die Werbung war mit Soft Money bezahlt worden. Im Frühjahr hatte ich ein Verbot derartiger Spenden verlangt, doch ich war nicht bereit zu einem einseitigen Verzicht auf solche Gelder. Die Republikaner hatten sich bislang geweigert, von der Verwendung nicht regulierter Spenden Abstand zu nehmen – einige außenstehende Gruppen hatten bereits in aller Eile 32 Millionen Dollar gesammelt, um Lazios Kandidatur zu unterstützen.

Als sich die Debatte ihrem Ende näherte, ging Lazio in der Frage der nicht regulierten Spenden plötzlich in die Offensive. Er forderte mich auf, in meinem Wahlkampf auf die hohen Spendenbeiträge aus der Demokratischen Partei zu verzichten. Er ließ kaum ein Wort der Erwiderung zu, kam zu meinem Rednerpult herüber und hielt ein Papier in die Kamera, bei dem es sich um einen »New Yorker Pakt für den Verzicht auf Soft Money« handelte. Er verlangte meine augenblickliche Unterschrift unter dieses Papier, trat auf mich zu und schrie: »Genau hier, unterzeichnen Sie gleich hier!« Ich lehnte ab, doch er hörte nicht auf, mich zu bedrängen. Ich konnte nur eine kurze Antwort vorbringen, bevor Russert die Debatte beendete. Ich weiß nicht, ob Lazio und seine Berater glaubten, sie könnten mich einschüchtern oder eine wütende Reaktion provozieren. Aber ich war entschlossen, mich weiterhin auf die Sachthemen zu konzentrieren und mich nicht mit Lazios Attacken zu beschäftigen. Ich sagte immer wieder mein Mantra auf: »Die Sachthemen, die Sachthemen.« Dies war nicht nur von größerem Nutzen für die Wähler, sondern schien mir auch eine zivilisiertere Art, einen Wahlkampf zu führen.

Die Debatte war ein weiterer Wendepunkt im Wettlauf um das Amt. Sie bewegte einige Wähler zum Wechsel in mein Lager, was mir allerdings nicht sofort bewusst war. Als ich die Bühne verließ, hatte ich keine Ahnung, wie ich mich geschlagen hatte, und wusste nicht, wie Lazios Konfrontationsstrategie von den Wählern aufgenommen würde. Sein Wahlkampfstab verkündete unverzüglich den Sieg in der Debatte, und die Presse nahm es ihnen ab. Lazios Effekthascherei stand im Mittelpunkt der ersten Medienberichte – er wurde beinahe schon zum Wahlsieger ausgerufen.

In meinem Wahlkampfteam herrschte dennoch eine ausgezeichnete Stimmung. Ann Lewis und Mandy Grunwald hatten das Gefühl, dass Lazio, der sich stets als netter Kerl zu präsentieren versuchte, eher brutal gewirkt hatte. In den Meinungsumfragen und Fokusgruppen stellte sich bald heraus, dass viele Wähler, insbesondere Frauen, von Lazios Vorgehen abgestoßen waren. Gail Collins schrieb in der *New York Times*, Lazio sei mir zu nahe getreten. Und vielen Wählern gefiel das nicht.

Die Reaktion der Öffentlichkeit hielt Lazio nicht davon ab, seine Strategie fortzusetzen. In einem Brief, in dem er um Spendengelder warb, erklärte er, seine Botschaft könne mit sechs Wörtern zusammengefasst werden: »Ich kämpfe gegen Hillary Rodham Clinton.« In seiner Kampagne ging es nicht um die Menschen von New York, sondern um mich. Also begann ich, meinen Zuhörern überall im Staat zu sagen: »Die New Yorker verdienen mehr als das. Wie wäre es mit sieben Wörtern: Arbeitsplätze, Bildung, Gesundheit, soziale Sicherheit, Umweltschutz, Abtreibungsrecht?«

Am 12. Oktober, der Wahlkampf neigte sich bereits seinem Ende zu, wurde der Zerstörer *USS Cole* im Hafen von Aden (Jemen) von Terroristen attackiert. Eine gewaltige Explosion tötete 17 amerikanische Seeleute und riss ein Loch in die Außenwand des Schiffs. Später stellte sich heraus, dass dieser Angriff ebenso wie die Bombenanschläge auf die amerikanischen Botschaften in Kenia und Tansania auf das Konto des von Osama bin Laden geführten islamistischen Terrornetzes Al Qaida ging, das den »Ungläubigen und Kreuzfahrern« den Krieg erklärt hatte. Diesen Kategorien gehörten alle amerikanischen Bürger und viele andere Völker an, darunter auch jene Muslime, die Gewalt und Extremismus ablehnten. Ich sagte meine Wahlkampftermine ab und reiste mit Bill und Chelsea zum Marinestützpunkt Norfolk in Virginia, wo der Gedenkgottesdienst stattfand. Im August 1998 hatte ich mich mit den Angehörigen amerikanischer Opfer der Bombenanschläge auf die Botschaften getroffen. Nun sprach ich den Familien der ermordeten Seeleute mein Beileid aus. Diese jungen Männer und Frauen hatte ihrem Land gedient und in einer wichtigen Weltregion für die Sicherheit gesorgt.

Ich verabscheue den terroristischen Nihilismus, und ich konnte es nicht fassen, als die Republikanische Partei von New York und der Wahlkampfstab von Lazio andeuteten, ich hätte etwas mit den Terroristen zu tun, die die *Cole* angegriffen hatten. Sie erhoben diesen niederträchtigen Vorwurf in einem Werbespot sowie in einer automatischen Telefonbotschaft, die zwölf Tage vor der Wahl an hunderttausende New Yorker Wähler geschickt wurde. Sie hatten sich folgende Geschichte ausgedacht: Ich hätte eine Spende von jemandem erhalten, der einer Gruppe angehörte, die Terroristen unterstützte – »Terroristen von derselben Art wie jene, die unsere Seeleute auf der *USS Cole* getötet haben«. In der Telefonbotschaft wurden die Bürger aufgefordert, mich anzurufen und mir zu sagen, ich solle »aufhören, Terroristen zu unterstützen«. Es war widerwärtig. Dank einer entschlossenen Reaktion meiner Wahlkampfleitung und mit Hilfe des früheren New Yorker Bürgermeisters Ed Koch verfehlte auch dieser letzte republikanische Verzweiflungsangriff sein Ziel. Ed Koch schaltete einen Fernsehspot, in dem er Lazio zurechtwies: »Rick, hör endlich auf mit deiner Schmutzkampagne.«

In den letzten Wochen vor dem großen Tag war meine Zuversicht stetig gewachsen. Doch wenige Tage vor der Wahl erlebten wir einen Schreck, als Lazio plötzlich in den Umfragen aufholte. In einem Werbespot für Lazio waren zwei Schauspielerinnen zu sehen, die Frauen aus einem Vorort spielten. Diese Frauen fragten sich, wie ich es wagen könne, in New York aufzutauchen und mir einzubilden, ich hätte ein Recht, die Stadt im Senat zu vertreten. Wir wussten nicht, ob die Wähler auf den Werbespot reagierten, ob sie von der Telefonkampagne beeinflusst wurden oder ob es sich lediglich um ein vorübergehendes Umfragetief handelte.

Ich diskutierte das Problem bis zwei Uhr nachts mit Mark und Mandy und entschloss mich, einen letzten Versuch zu unternehmen, um jene Frauen zu erreichen, die meiner Kandidatur mit Skepsis gegenüberstanden. Das Thema, mit dem ich in die Offensive gehen wollte, war die Brustkrebsforschung, mit der ich mich seit acht Jahren beschäftigte. Meiner Ansicht nach war Lazio insbesondere in dieser Frage verwundbar. Nach seinem Einstieg in das Rennen um den Senatssitz hatte die republikanische Führung im Repräsentantenhaus Lazio erlaubt, ein wichtiges Gesetz über die Finanzierung der Brustkrebsforschung für sich in Anspruch zu nehmen, das in Wirklichkeit auf eine Initiative der kalifornischen Abgeordneten Anna Eshoo zurückging und in beiden Parteien breite Unterstützung fand. Die Führer im Repräsentantenhaus nannten Lazio als einzigen Urheber des Gesetzes, damit er im Wahlkampf damit werben konnte, sich für die Anliegen von Frauen einzusetzen. Das war schlimm genug. Noch schlimmer war jedoch, dass Lazio, als das Gesetz schließlich beschlossen wurde, für eine Kürzung der Mittel für das Forschungsprogramm stimmte.

Zu meinen engagiertesten freiwilligen Helfern zählte Marie Kaplan, eine Brustkrebsüberlebende und Aktivistin, die übrigens aus Lazios Wahlbezirk in Long Island stammte. »Warum bitten wir nicht Marie, einen Werbespot zu drehen?«, schlug ich vor. Und genau das taten wir. Es wurde in vielerlei Hinsicht der beste Werbespot dieses Wahlkampfs. Marie erklärte, was Lazio dem Gesetz über die Finanzierung der Brustkrebsforschung angetan hatte, und sagte abschließend: »Ich habe Freundinnen, die an Hillary zweifeln. Ich sage ihnen: ›Vergiss es. Ich kenne sie.‹ Wenn es um Brustkrebs oder Gesundheitsfürsorge oder Bildung oder das Recht einer Frau auf Abtreibung geht, würde sich Hillary nie drücken. Sie wird für uns da sein.« Genau über diese Dinge sollten die Leute nachdenken, wenn sie ihre Stimme abgaben.

Ich kämpfte bis zur letzten Minute und trat am Morgen des Wahltags, es war der 7. November, noch mit der Abgeordneten Nita Lowey im Westchester County bei einer Wahlveranstaltung auf. Bill und Chelsea gingen gemeinsam mit mir in unserem Wahllokal in der Douglas-Grafflin-Grundschule in Chappaqua wählen. Nachdem ich jahrelang Bills Namen auf den Wahlzetteln gesehen hatte, empfand ich es als große Ehre, meinen eigenen Namen auf dem Papier zu sehen. Ich sah mir den Wahlzettel ein zweites Mal an, bevor ich ihn in den Umschlag steckte.

Als am Abend die Ergebnisse hereinkamen, zeigte sich rasch, dass ich mit sehr viel größerem Abstand als erwartet siegen würde. Ich zog mich gerade in meinem Hotelzimmer um, als Chelsea mit der Neuigkeit hereinplatzte: Die letzte Hochrechnung hatte ein Ergebnis von 55 zu 43 Prozent ergeben. Unsere harte Arbeit hatte sich bezahlt gemacht, und ich war dankbar dafür, New York vertreten und in einer neuen Rolle zur Entwicklung unserer Nation beitragen zu dürfen.

Die Präsidentenwahl entwickelte sich hingegen zu einer Achterbahnfahrt. Noch ahnte niemand, dass es 36 Tage dauern sollte, bis das Land erfahren würde, wer der nächste Präsident war. Und niemand ahnte, dass es aufgrund des umstrittenen Ergebnisses in Florida zu Demonstrationen, Prozessen, Berufungsverfahren und Anfechtungen kommen würde oder dass unser politisches Wörterbuch um Begriffe wie *butterfly ballot* [Anm. d. Red.: Die in Florida für die Stimmabgabe verwendeten Lochkarten, die für derart große Verwirrung und einen unklaren Wahlausgang sorgten, wurden als »Butterfly Ballots« bekannt, weil diese Wahlzettel aufgrund ihrer vielen Löcher an Schmetterlinge erinnerten.] und *dimpled chads* [Anm. d. Red.: Die *chads* sind jene kleinen Papierplättchen, die – im Normalfall – aus der Lochkarte herausfallen, wenn ein Loch gestanzt wird. Da einige Wähler diese Plättchen jedoch nicht nachdrücklich genug durchdrückten, fielen die Plättchen nicht heraus, womit die Löcher (für Al Gore) nicht richtig markiert wurden.] bereichert werden musste.

Die Ungewissheit über den Ausgang der Präsidentenwahl trübte meine Hochstimmung ein wenig, aber sie konnte die fröhliche Siegesfeier nicht verhindern, die im Grand Hyatt Hotel nahe dem Grand-Central-Bahnhof in New York stattfand. Der Ballsaal hatte sich mit Wahlkampfhelfern, Freunden, Anhängern und Mitarbeitern aus dem Hillaryland gefüllt, die sich für die letzte Woche des Wahlkampfs vom Weißen Haus hatten befreien lassen, um bei den letzten »GOTV«-Aktivitäten (Get Out The Vote) zu helfen. Ich war überwältigt von der Großzügigkeit und Offenheit der New Yorker. Sie hatten sich angehört, was ich zu sagen hatte, hatten mich kennen gelernt und sich entschieden, es mit mir zu probieren. Ich war entschlossen, sie nicht zu enttäuschen.

In Begleitung von Bill, Chelsea, meiner Mutter und ungezählten Anhängern ließ ich mich mit Ballons und Konfetti überschütten. Dutzende Umarmungen und Handschläge später stand ich auf dem Podium, um meinen Anhängern zu danken: »62 Counties, 16 Monate, drei Debatten, zwei Widersacher und sechs schwarze Hosenanzüge später haben wir es dank euch geschafft!« Nach acht Jahren mit einem Titel, jedoch ohne Portefeuille war ich nun eine »designierte Senatorin«.

Zwei Tage nach dem Urnengang, das Ergebnis der Wahl zwischen Al Gore und George W. Bush war immer noch umstritten, kehrte ich nach Washington zurück, um bei einer Feier anlässlich des 200. Jubiläums des Weißen Hauses als Gastgeberin zu fungieren. In Anbetracht der gespannten politischen Lage hätte es ein unangenehmer Abend werden können. Es hatten sich sämtliche lebenden Expräsidenten mit ihren Gattinnen (lediglich die Reagans waren aufgrund seiner Alzheimer-Krankheit in Kalifornien geblieben) sowie die Nachkömmlinge und Verwandten anderer Präsidenten eingestellt. Die von der White House Historical Association organisierte Gala verwandelte sich in eine Feier der amerikanischen Demokratie. Alle ehemaligen Präsidenten sprachen beredt über die Standhaftigkeit unserer Nation angesichts von Konflikten und Umwälzungen. Präsident Gerald Ford erklärte: »Wieder einmal hat die älteste Republik der Welt die jugendliche Vitalität ihrer Einrichtungen unter Beweis gestellt und gezeigt, dass sie … nach einem harten Wahlkampf … zur Verständigung in der Lage ist. Genau so soll es sein: Auf den Zusammenstoß der politischen Vorstellungen der Parteien muss rasch eine friedliche Machtübergabe folgen.« Die versammelten ehemaligen Amtsinhaber waren der Beweis dafür, dass das Fundament der amerikanischen Demokratie stärker ist als die individuellen Bestrebungen und die politischen Gegensätze.

Am Ende erhielt Al Gore in der Abstimmung des Volkes über eine halbe Million Stimmen mehr als sein Widersacher, verlor die Präsidentschaft jedoch im Wahlmännerkollegium. Der

Oberste Gerichtshof entschied am 12. Dezember mit fünf gegen vier Stimmen, die Neuauszählung der Stimmen in Florida zu beenden, womit er Bushs Sieg besiegelte. Vielleicht nie zuvor in der Geschichte unseres Landes wurde das Recht des Volkes auf die Wahl seiner Vertreter durch einen derart offenkundigen Missbrauch der richterlichen Gewalt durchkreuzt.

Noch bevor die Berufung begründet werden konnte, bestätigte Richter Antonin Scalia den Widersinn der parteipolitisch motivierten Entscheidung, indem er am 9. Dezember 2000 die abrupte Unterbrechung der Neuauszählung in Florida verfügte. Scalia erklärte, eine Fortsetzung der Neuauszählung könne Gouverneur Bush »irreparablen Schaden« zufügen. Scalia schrieb, die Auszählung der Stimmzettel könne »Zweifel an dem [von Bush] für sich in Anspruch genommenen legitimen Wahlsieg« nähren. Sein Gedankengang schien folgender zu sein: Die Neuauszählung der Stimmen muss gestoppt werden, da sie ergeben könnte, dass Bush nicht gewonnen hat. Die Entscheidung im Fall »Bush gegen Gore« bewegte das normalerweise konservative Höchstgericht zu einem revolutionären Schritt. Anstatt sich in einer Frage, die ausschließlich das Gesetz des Staates Florida betraf, der Entscheidung des Obersten Gerichtshofs dieses Staates zu fügen, machte sich das Bundesgericht auf die Suche nach für den Bund relevanten Punkten, um diese Entscheidung aufheben zu können. Und anstatt an ihrer eingeschränkten Sicht der Gleichheit von dem Gesetz festzuhalten, tat die Mehrheit der Höchstrichter alles, um eine Verletzung der Gleichheit vor dem Gesetz zu finden.

Die Mehrheitsentscheidung der Richter besagte, dass Floridas Regeln für die Neuauszählung, die vorschrieben, dass jeder Wahlzettel, auf dem die Absicht des Wählers klar zu erkennen war, gezählt werden musste, nicht spezifisch genug seien, da sie von verschiedenen auszählenden Personen unterschiedlich ausgelegt werden könnten. Die Lösung des Höchstgerichts bestand darin, all jenen Wählern, deren Stimmen neu ausgezählt werden mussten, das Wahlrecht vorzuenthalten, ganz gleich wie eindeutig ihre Wahlzettel markiert waren. Verblüffenderweise warnte der Oberste Gerichtshof vorausschauend, seine Entscheidung sei »auf die gegenwärtigen Umstände beschränkt, da das Problem der Gleichheit vor dem Gesetz in Wahlvorgängen im Allgemeinen sehr komplex ist«. Die Richter wussten, dass ihre Entscheidung nicht zu rechtfertigen war und hatten keinerlei Absicht, sie zu einem Präzedenzfall für spätere Entscheidungen zu machen. Sie hatten lediglich das im Augenblick beste Argument gefunden, um das von ihnen angestrebte Ergebnis zu erzwingen. Ich habe keinen Zweifel daran, dass die fünf konservativen Richter für eine Neuauszählung gestimmt hätten, wäre statt Gore ihr Kandidat Bush in der unvollständigen Auszählung im Rückstand gewesen.

Die Amerikaner haben diese umstrittene Wahl mittlerweile hinter sich gelassen und sich mit der richterlichen Entscheidung abgefunden, doch mit Blick auf die kommenden Wahlen müssen wir dafür sorgen, dass jeder Bürger die Möglichkeit erhält, seine Stimme ohne Furcht, Zwang oder Verwirrung in modern ausgestatteten Wahllokalen und mit der Unterstützung geschulter Wahlhelfer abzugeben. Wir können nur hoffen, dass der Oberste Gerichtshof größere Zurückhaltung und Objektivität walten lässt, sollte er jemals wieder über eine umstrittene Präsidentenwahl entscheiden.

Endlich kam der große Tag. Da nur Mitglieder des Kongresses und ihre Mitarbeiter Zugang zum Sitzungssaal des Senats haben – für Präsidenten werden keine Ausnahmen gemacht –, musste Bill meine Vereidigung gemeinsam mit Chelsea und meiner Mutter von der Besuchergalerie aus verfolgen. In den vergangenen acht Jahren hatte ich Bill von der Galerie aus zugesehen, während er seine Vorstellungen für die Zukunft unseres Landes erläutert hatte. Am 3. Januar 2001 trat ich im Senat vor, um zu schwören, »die Verfassung der Vereinigten Staaten zu unterstützen und gegen alle äußeren und inneren Feinde zu verteidigen … und die mit diesem Amt verbundenen Pflichten gewissenhaft zu erfüllen«. Als ich mich umdrehte und zur Galerie hinaufsah, erblickte ich meine Mutter, meine Tochter und meinen Ehemann, die der neuen Senatorin des Bundesstaates New York zulächelten.

Drei Tage später fand an einem regnerischen Samstagnachmittag in einem großen Zelt auf dem Südrasen ein großes

Abschiedsfest für all jene statt, die in den vergangenen acht Jahren im Weißen Haus gearbeitet hatten. Es waren Menschen aus dem ganzen Land gekommen, um alte Freunde zu treffen und sich an die gemeinsame Arbeit in der Administration Clinton zu erinnern. Es war eine heitere Versammlung, bei der Bill und ich Gelegenheit hatten, uns bei hunderten Männern und Frauen von der 23-jährigen Sekretärin bis zum sechzigjährigen Minister zu bedanken, die hart gearbeitet und große persönliche Opfer gebracht hatten, um für Bills Regierung tätig zu werden und unserem Land zu dienen. Dies waren die Männer und Frauen, die geholfen hatten, Bills Vision von einem besseren Land zu verwirklichen.

Die Party dauerte bereits mehrere Stunden, als sich Al und Tipper Gore zu uns gesellten. »Begrüßen wir den Kandidaten, der bei der Präsidentenwahl die meisten Stimmen errungen hat«, rief ich unter dem aufmunternden Beifall der Festgemeinschaft. Kurz darauf hob sich der Vorhang vor der Bühne und die Rockband Fleetwood Mac spielte »Don't stop thinking about tomorrow«, die Hymne von Bills Wahlkampf im Jahr 1992. Die Menge stimmte dröhnend und fröhlich in den Refrain ein. Ich hatte mir den Text des Liedes zu Herzen genommen, vor allem die Zeile »It's always about the future«. Was mussten wir tun, um die Vereinigten Staaten reicher, sicherer, klüger, stärker und besser zu machen? Und wie konnten die Amerikaner darauf vorbereitet werden, in einer globalen Gemeinschaft mit den Völkern der Welt zu konkurrieren und zu kooperieren? Nun blickte ich erfüllt von freudiger Erwartung meiner eigenen Zukunft im Senat entgegen, während mich gleichzeitig nostalgische Gedanken an all die Menschen überkamen, die uns bei unserer Reise begleitet hatten, wobei ich insbesondere an jene denken musste, die nicht mehr unter uns waren.

In den folgenden zwei Wochen wanderte ich im Weißen Haus von Raum zu Raum, um mir die liebsten Orte und Gegenstände einzuprägen. Ich bewunderte architektonische Details, betrachtete die Gemälde an den Wänden und versuchte, mir den Zauber in Erinnerung zu rufen, den ich empfunden hatte, als ich dieses Haus zum ersten Mal betreten hatte. Ich warf einen Blick in Chelseas Zimmer und hörte das Gelächter ihrer Freundinnen und den Klang ihrer Lieblingsmusik. Sie war in diesem Haus vom Kind zur jungen Frau herangewachsen und ich war sicher, dass sie viele glückliche Erinnerungen an ihre Kindheit im Weißen Haus hatte.

Jeden Morgen und jeden Abend ließ ich mich in der West Sitting Hall in meinen Lieblingssessel fallen, wo ich Chelsea acht Jahre lang begrüßt hatte, wenn sie aus der Schule heimgekehrt war. Dort hatte ich mich mit Mitarbeiterinnen getroffen, mit Freundinnen geplaudert, Bücher gelesen und nachgedacht. Nun betrachtete ich, wie das Sonnenlicht durch das große fächerförmige Fenster fiel, und dachte an die außergewöhnliche Zeit zurück, die ich an diesem außergewöhnlichen Ort verbracht hatte.

Schließlich kam der Zeitpunkt, das Weiße Haus zu verlassen. Chelsea und ich unternahmen einen letzten Spaziergang zum Children's Garden hinter dem Tennisplatz, wo die Enkel mehrerer Präsidenten ihre Handabdrücke im Zement hinterlassen hatten. Ich ging mit Bill auf den Südrasen hinaus, von wo aus wir wie ungezählte Male in den letzten Jahren zum Washington Monument hinübersahen. Buddy jagte dem Tennisball hinterher, den Bill für ihn warf, während Socks eisern Distanz wahrte.

In der Zwischenzeit bereitete das Personal des Weißen Hauses die Ankunft der neuen First Family vor, die am 20. Januar zu Kaffee und Kuchen geladen war, bevor wir gemeinsam zur Vereidigung des neuen Präsidenten fahren würden. Zum 43. Mal in der Geschichte unseres Landes wechselte das Weiße Haus seine Bewohner. Als wir das Foyer zum letzten Mal als Bewohner des Hauses betraten, hatten sich die ständigen Mitarbeiter zur Verabschiedung versammelt. Ich dankte der Floristin für den kunstvollen Blumenschmuck im ganzen Haus, dem Küchenpersonal für die besonderen Mahlzeiten, den Hausmeistern für die prompte Behebung auch der kleinsten Mängel, den Gärtnern für die liebevolle Pflege des Parks und all den anderen für ihren aufopferungsvollen Einsatz. Ich umarmte zum Abschied den altgedienten Butler Buddy Carter, der einen Tanz daraus machte und mit mir über den Marmorfußboden wirbelte. Mein Ehemann klatschte ihn ab, und wir tanzten unter dem Gelächter und dem Beifall des Personals einen Walzer durch die Eingangshalle.

Dann sagte ich Lebewohl zu dem Haus, in dem ich acht Jahre lang Geschichte gelebt hatte.

DANKSAGUNG

Bevor ich den Personen danke, die an diesem Buch mitgewirkt haben, möchte ich an einen großen Amerikaner erinnern, den wir verloren haben. Am 26. März 2003, als ich gerade die letzten Arbeiten an diesem Buch abschloss, starb Senator Daniel Patrick Moynihan aus New York. Nach 24 Jahren im Amt übernahm ich 2002 seinen Senatssitz und sein früheres Büro. Im Herbst des vergangenen Jahres kam er mich dort besuchen. Wir sprachen über die neuen Sicherheitsprobleme, mit denen unser Land konfrontiert ist, und ich freute mich auf eine Fortsetzung des Gesprächs. Unsere Unterhaltungen waren stets angeregt, und Senator Moynihan zeichnete sich durch eine Liebenswürdigkeit aus, die er auch nicht verlor, wenn wir unterschiedlicher Meinung waren. Als er erfuhr, dass ich meine Abschlussarbeit am Wellesley College über Saul Alinsky geschrieben hatte, bat er mich, sie lesen zu dürfen. Ich schickte ihm meine Abhandlung mit einigem Bangen. Ganz der Lehrer, korrigierte er die Arbeit und sandte sie samt Kommentaren und der Bewertung »Sehr gut« an mich zurück. Obwohl ich die Diplomarbeit vor 25 Jahren eingereicht hatte, war ich sehr erleichtert! Mit dem Tod von Daniel Patrick Moynihan verlor das öffentliche und intellektuelle Leben Amerikas einen seiner herausragenden Vertreter. Seine Klugheit und Brillanz werden uns fehlen.

Um dieses Buch zu schreiben, wurde vielleicht kein Dorf gebraucht. Doch ich brauchte dafür ein ausgezeichnetes Team, und ich bin allen dankbar, die mir geholfen haben. Meine klügste Entscheidung war, Lissa Muscatine, Maryanne Vollers und Ruby Shamir zu bitten, zwei Jahre ihres Lebens für die Zusammenarbeit mit mir zu opfern. Es gelang ihnen, die Berge von Informationen über mein Leben zu ordnen und meine Versuche, meine Eindrücke aus meiner Zeit im Weißen Haus in die richtige Richtung zu lenken. Ich stütze mich seit nunmehr zehn Jahren auf Lissas Stärke, Intelligenz und Integrität. Sie ist für viele der Worte verantwortlich, die ich in meinen Reden als First Lady verwandte und die nun in diesem Buch zu finden sind. Lissa ließ ihre Kenntnis der politischen Vorgänge in Washington in diese Arbeit einfließen, die ich ohne sie nicht hätte bewältigen können. Maryanne half mir bei der Konzeption und begleitete das Buch – und mich – durch das unvermeidliche Auf und Ab. Es war ein Vergnügen, mit ihr zu arbeiten, denn sie besitzt die seltene Fähigkeit, das zutage zu fördern, was ein anderer Mensch denkt. Was auch immer ich über Ruby und ihre Rolle sagte, es würde ihr nicht gerecht werden. Sie hielt das Buchprojekt vom ersten bis zum letzten Augenblick zusammen, wobei sie all das, was über mich geschrieben worden war, anhäufte und filterte und sämtliche Fakten hinter jeder meiner Aussagen prüfte. Kein Detail entging ihrer Aufmerksamkeit, wobei sie diese Scharfsinnigkeit mit einem sanften Wesen verband – eine seltene Kombination. Liz Bowyer griff mehr als einmal geschickt und kenntnisreich ein, um mir bei der Fertigstellung des Manuskripts zu helfen – und mich vor dem Wahnsinn zu retten. Am Ende all der nervenaufreibenden Arbeit standen mir Courtney Weiner, Huma Abedin und Carolyn Huber mit unschätzbarer Hilfe zur Seite, um den nahenden Abgabetermin einzuhalten.

Mein Dank gilt auch den Verlagen Simon & Schuster und Scribner, insbesondere Carolyn Reidy, der Verlegerin von Simon & Schuster, sowie Nan Graham, Vice President und Cheflektorin bei Scribner. Dies ist das vierte Buch, das ich unter Carolyns Aufsicht veröffentliche, und es war wie immer ein Vergnügen, mit ihr zusammenzuarbeiten. Nan ist ein fürsorglicher und kluger Profi, und sie versteht es, den Rotstift mit Präzision einzusetzen und stets die richtigen Fragen zu stellen.

Obendrein besitzt sie einen großen Sinn für Humor. Ich bedanke mich auch bei David Rosenthal, Jackie Seow, Gypsy da Silva, Victoria Meyer, Aileen Boyle, Alexis Gargagliano und Irene Kheradi, die das Unmögliche möglich machten. Vincent Virgas Blick für das ungewöhnliche und typische Foto war unverzichtbar. Meine Anwälte Bob Barnett und David Kendall von Williams and Connolly waren wie gewohnt mit intelligenten und praktischen Ratschlägen zur Stelle, wann immer ich sie brauchte. David Alsobrook, Emily Robison, Deborah Bush und John Keller vom Clinton Presidential Materials Project gebührt mein Respekt, denn sie haben viele der Dokumente und Fotos aufgespürt, die für dieses Buch verwendet wurden.

Eine Vielzahl von Freunden und Kollegen stellte ihre kostbare Zeit zur Verfügung, um sich befragen zu lassen, Fakten zu überprüfen, Entwürfe durchzusehen und ihre Erinnerungen mit meinem Team zu teilen. Ich bin jeder dieser Personen zu großem Dank verpflichtet: Madeleine Albright, Beryl Anthony, Loretta Avent, Bill Barrett, W. W. »Bill« Bassett, Sandy Berger, Jim Blair, Tony Blinken, Linda Bloodworth-Thomason, Sid Blumenthal, Susie Buell, Katy Button, Lisa Caputo, Patty Criner, Patti Solis Doyle, Winslow Drummond, Karen Dunn, Betsy Ebeling, Sara Ehrman, Rahm Emanuel, Tom Freedman, Mandy Grunwald, Ann Henry, Kaki Hockersmith, Eric Hothem, Harold Ickes, Chris Jennings, Reverend Don Jones, Andrea Kane, Jim Kennedy, Jennifer Klein, Ann Lewis, Bruce Lindsey, Joe Lockhart, Tamera Luzzatto, Ira Magaziner, Capricia Penavic Marshall, Garry Mauro, Mack McLarty, Ellen McCulloch-Lovell, Cheryl Mills, Kelly Craighead Mullen, Kevin O'Keefe, Ann O'Leary, Mark Penn, Jan Piercy, John Podesta, Nicole Rabner, Carol Rasco, Bruce Reed, Cynthia Rice, Ernest »Ricky« Ricketts, Steve Ricchetti, Robert Rubin, Evan Ryan, Shirley Sagawa, Donna Shalala, June Shih, Craig Smith, Doug Sosnik, Roy Spence, Gene Sperling, Ann Stock, Susan Thomases, Harry Thomason, Melanne Verveer, Bill Wilson und Maggie Williams.

Die große »Hillaryland«-Familie half mir, die Arbeit zu leisten, die ich in diesem Buch beschreibe, und ermöglichte es mir,

alle Herausforderungen zu bestehen. Danken möchte ich dafür: Milli Alston, Ralph Alswang, Wendy Arends, Jennifer Ballen, Anne Bartley, Katie Barry, Erika Batcheller, Melinda Bates, Carol Beach, Marsha Berry, Joyce Bonnett, Ron Books, Debby Both, Sarah Brau, Joan Brierton, Stacey Roth Brumbaugh, Molly Buford, Kelly Carnes, Kathy Casey, Ginger Cearley, Sara Grote Cerrell, Pam Cicetti, Steve «Scoop« Cohen, Sabrina Corlette, Brenda Costello, Michelle Crisci, Caroline Croft, Gayleen Dalsimer, Sherri Daniels, Tracy LaBrecque Davis, Leela DeSouza, Diane Dewhirst, Helen Dickey, Robyn Dickey, Anne Donovan, Tom Driggers, Karen Fahle, Tutty Fairbanks, Sharon Farmer, Sarah Farnsworth, Emily Feingold, Karen Finney, Bronson Frick, John Funderburk, Key German, Isabelle Goetz, Toby Graff, Bradley Graham, Bobbie Greene, Jessica Greene, Melodie Greene, Carrie Greenstein, Sanjay Gupta, Ken Haskins, Jennifer Heater, Kim Henry, Amy Hickox, Julie Hopper, Michelle Houston, Heather Howard, Sarah Howes, Julie Huffman, Tom Hufford, Jody Kaplan, Sharon Kennedy, Missy Kincaid, Barbara Kinney, Ben Kirby, Neel Lattimore, Jack Lew, Peggy Lewis, Evelyn Lieberman, Diane Limo, Hillary Lucas, Bari Lurie, Christy Macy, Stephanie Madden, Mickie Mailey, Dr. Connie Mariano, Julie Mason, Eric Massey, Lisa McCann, Ann McCoy, Debby McGinn, Mary Ellen McGuire, Bob McNeely, Noa Meyer, Dino Milanese, Beth Mohsinger, Eric Morse, Daniela Nanau, Matthew Nelson, Holly Nichols, Michael O'Mary, Janna Paschal, Ron Petersen, Glenn Powell, Jaycee Pribulsky, Alice Pushkar, Jeannine Ragland, Malcolm Richardson, Becky Saletan, Laura Schiller, Jamie Schwartz, Laura Schwartz, David Scull, Mary Schuneman, Nicole Sheig, Janet Shimberg, David Shipley, Jake Simmons, Jennifer Smith, Shereen Soghier, Aprill Springfield, Jane Swensen, Neera Tanden, Isabelle Tapia, Marge Tarmey, Theresa Thibadeau, Sandra Tijerina, Kim Tilley, Wendy Towber, Dr. Richard Tubb, Tibbie Turner, William Vasta, Jamie Vavonese, Josephine Velasco, Lisa Villareal, Joseph Voeller, Sue Vogelsinger, Esther Watkins, Margaret Whillock, Kim Widdess, Pam Williams, Whitney Williams, Laura Wills, Eric Woodard, Cindy Wright.
Für die logistische Abwicklung der Reisen, die ich in den

Wahlkämpfen der Jahre 1992, 1996 und 2000 und als First Lady unternahm, war ein Vorausteam verantwortlich, das stets gut für mich sorgte und mich (zumeist) aus Schwierigkeiten heraushielt: Ian Alberg, Brian Alcorn, Jeannie Arens, Ben Austin, Stephanie Baker, Douglas Band, David Beaubaire, Ashley Bell, Anthony Bernal, Bonnie Berry, Terry Bish, Katie Broeren, Regan Burke, Karen Burchard, Cathy Calhoun, Joe Carey, Jay Carson, George Caudill, Joe Cerrell, Nancy Chestnut, Jim Clancy, Resi Cooper, Connie Coopersmith, Catherine Cornelius, Jim Cullinan, Donna Daniels, Heather Davis, Amanda Deaver, Alexandra Dell, Kristina Dell, Tyler Denton, Michael Duga, Pat Edington, Jeff Eller, Ed Emerson, Mort Engelberg, Steve Feder, David Fried, Andrew Friendly, Nicola Frost, Grace Gracia, Todd Glass, Steve Graham, Barb Grochala, Catherine Grunden, Shanan Guinn, Greg Hale, Pat Halley (der mit »On the Road with Hillary« einen humorvollen Bericht über das Leben eines »Vorausmanns« veröffentlicht hat), Natalie Hartman, Alan Hoffman, Kim Hopper, Melissa Howard, Rob Houseman, Stefanie Hurst, Rick Jasculca, Lynn Johnson, Kathy Jurado, Mike King, Michele Kreiss, Ron Keohane, Carolyn Kramer, Justin Kronholm, Stephen Lamb, Reta Lewis, Jamie Lindsay, Bill Livermore, Jim Loftus, Mike Lufrano, Marisa Luzzatto, Tamar Magarik, Bridger McGaw, Kara McGuire Minar, Rebecca McKenzie, Brian McPartlin, Sue Merrell, Craig Minassian, Megan Moloney, David Morehouse, Patrick Morris, Lisa Mortman, Jack Murray, Sam Myers Jr., Sam Myers Sr., Lucie Naphin, Kathy Nealy, David Neslen, Jack O'Donnell, Ray Ocasio, Nancy Ozeas, Lisa Panasiti, Kevin Parker, Roshann Parris, Lawry Payne, Denver Peacock, Mike Perrin, Ed Prewitt, Kim Putens, Mary Raguso, Paige Reefe, Julie Renehan, Matt Ruesch, Paul Rivera, Erica Rose, Rob Rosen, Aviva Rosenthal, Dan Rosenthal, John Schnur, Pete Selfridge, Geri Shapiro, Kim Simon, Basil Smikle, Douglas Smith, Tom Smith, Max Stiles, Cheri Stockham, Mary Streett, Michael Sussman, Paula Thomason, Dan Toolan, Dave Van Note, Setti Warren, Chris Wayne, Todd Weiler, Brady Williamson.

In diesen Erinnerungen an meine Zeit im Weißen Haus kann

ich meinem Wahlkampf für den Senatssitz im Jahr 2000 und tausenden gewählten Amtsträgern, demokratischen Aktivisten, Gewerkschaftsmitgliedern, Steuerzahlern und engagierten Bürgern, die mich unterstützten, nicht gerecht werden. Mein Erfolg wäre unmöglich gewesen ohne den engagierten Einsatz einer Gruppe talentierter professioneller und freiwilliger Führungspersönlichkeiten, die sich aufopfernd für mich einsetzten und bisher noch nicht gewürdigt worden sind: Karen Adler, Carl Andrews, Josh Albert, Katie Allison, Jessica Ashenberg, David Axelrod, Nina Blackwell, Bill de Blasio, Amy Block, Dan Burstein, Raysa Castillo, Tony Chang, Ellen Chesler, Elizabeth Condon, Bill Cunningham, Ed Draves, Senta Driver, Janice Enright, Christine Falvo, Gabrielle Fialkoff, Kevin Finnegan, Chris Fickes, Deirdre Frawley, Scott Freda, Geoff Garin, Gigi Georges, Toya Gordan, Richard Graham, Katrina Hagagos, Beth Harkavy, Matthew Hiltzik, Ben Holzer, Kara Hughes, Gene Ingoglia, Tiffany JeanBaptiste, Russ Joseph, Wendy Katz, Peter Kauffmann, Heather King, Sarah Kovner, Victor Kovner, Justin Krebs, Jennifer Kritz, Jim Lamb, Mark Lapidus, Marsha Laufer, Cathie Levine, Jano Lieber, Bill Lynch, Chris Monte, Ramon Martinez, Christopher McGinness, Sally Minard, Luis Miranda, Libby Moroff, Shelly Moskwa, Frank Nemeth, Nick Noe, Ademola Oyefaso, Tom Perron, Jonathan Prince, Jeff Ratner, Samara Rifkin, Liz Robbins, Melissa Rochester, Charles Roos, David Rosen, Barry Sample, Vivian Santora, Eric Schultz, Chung Seto, Bridget Siegel, Emily Slater, Socrates Solano, Allison Stein, Susie Stern, Sean Sweeney, Jane Thompson, Megan Thompson, Melissa Thornton, Lynn Utrecht, Susana Valdez, Kevin Wardally, Glen Weiner, Amy Wills, Howard Wolfson. Mein Dank gilt auch John Catsimatidis, Margo Catsimatidis, Alan Cohn, Betsy Cohn, Jill Iscol, Ken Iscol, Alan Patricof, Susan Patricof und all meinen begabten Mitarbeitern des Finanzkomitees und freiwilligen Helfern.

Memoiren geben stets Aufschluss über die familiären und persönlichen Beziehungen, die das Leben des Autors geprägt haben. Ich hätte dieses Leben nicht führen können ohne die Liebe und Unterstützung meiner Mutter Dorothy Rodham, meines verstorbenen Vaters Hugh E. Rodham, meiner Brüder

Hugh E. Rodham Jr. und Tony Rodham und all jener Verwandten und Freunde, die mir angesichts aller großen und kleinen, öffentlichen und privaten Herausforderungen Halt und Zuversicht gaben. Meine liebe Freundin Diane Blair half mir, dieses Buch zu konzipieren, lange bevor ich zu schreiben anfing. Ihr Geist beeinflusste die Botschaft dieses Buches.

Eine liebe Freundin, Dr. Estelle Ramey, fasste ihr bemerkenswertes Leben als Ärztin und Forscherin einmal folgendermaßen zusammen: »Ich habe geliebt und wurde geliebt, und alles Übrige ist Hintergrundmusik.« Bill und Chelsea, deren Liebe mir Mut und Halt gegeben hat und die mich zwangen, die sicheren Gefilde hinter mir zu lassen, waren meine größten Kritiker und Anhänger in diesem ersten Versuch, unsere gemeinsame Zeit im Weißen Haus zu erklären. Ich bin sehr dankbar dafür, dass sie diese Geschichte gemeinsam mit mir erlebten.

Nun bleibt mir nur noch zu sagen, dass ich die Verantwortung für die in diesem Buch wiedergegebenen Meinungen und Interpretationen trage. Ich bin sicher, dass es viele andere – und teilweise anders lautende – Einschätzungen der von mir beschriebenen Ereignisse und Personen gibt. Doch diese Geschichten müssen andere erzählen.

Nachwort zur Taschenbuchausgabe

Ein Buch zu schreiben ist ein Sprung ins Ungewisse – kein Autor weiß vorher, ob er auf festem Boden landen wird. Nachdem ich monatelang meine Erinnerungen durchforstet, meine Vergangenheit neu durchlebt, Tausende von Anekdoten und Ideen gesammelt und Hunderte von Seiten geschrieben, lektoriert und wieder umgeschrieben hatte, kam der Tag, an dem ich dieses Buch abschließen musste, ohne genau zu wissen, wer es lesen und was die Leute davon halten würden.

Als *Gelebte Geschichte* im Juni 2003 in die Buchläden kam, reagierten die Leute nicht nur schnell, sondern auch ungemein positiv. Nach der Veröffentlichung des Buches reiste ich quer durch Amerika und in vier weitere Länder, hielt Dutzende von Signierstunden ab und gab Hunderte von Interviews. Ab und zu war meine rechte Hand vom vielen Signieren geschwollen und ich lernte, die wohltuende Wirkung von Eispackungen und Bandagen zu schätzen. Dennoch glich meine Unterschrift am Ende dieser Buchtour den Spuren eines aufgescheuchten Huhns.

Ich signierte meine Memoiren in kleinen Läden und riesigen Buchketten, an Straßenecken, in Zügen und Flugzeugen, in Zelten und ein paar Mal sogar in Waschräumen. Zuweilen waren diese Signierstunden wie Festivals, bei denen die Leute Lieder sangen, Gedichte aufsagten oder Sprechchöre anstimmten. Einmal spielte ein junges Mädchen, das in der Schlange wartete, auf ihrer Geige, bis sie an der Reihe war.

An einem Abend im Sommer stürmten Hunderte von Kindern aufgeregt in den Buchladen, in dem ich gerade eine Signierstunde abhielt – allerdings nicht meinetwegen, sondern weil sie eines der ersten Exemplare des neuen »Harry Potter«

ergattern wollten, die ab Mitternacht verkauft wurden. Zwei Männer mit dichtem, langem Haar und Vollbart, die aussahen wie zwei Figuren aus »Der Herr der Ringe«, forderten mich ein andermal auf, ihre quasi-religiöse Kampagne zu unterstützen, die das Ziel verfolgte, »Männer so aussehen zu lassen, wie Gott es beabsichtigt hat«. Ein Mann mittleren Alters wiederum steckte mir seine Visitenkarte zu, auf deren Rückseite er handschriftlich vermerkt hatte: »Wenn Sie jemals Single sein sollten, rufen Sie mich an.« Und eine ältere Dame gestand mir, dass »Gelebte Geschichte« das erste Buch sei, das sie je gekauft hätte. Zahllose Leser zitierten mein Buch und beschworen mich »wie ein Soldat weiterzukämpfen« und mich »dem Wettbewerb zu stellen«. Als ich bei einer meiner Signierstunden kurz aufsah, um das nächste Buch entgegenzunehmen, stand meine Tochter Chelsea vor mir und grinste mich an.

Ich werde oft gefragt, warum dieses Buch ein derart großes Interesse hervorruft, und ich muss ehrlich zugeben, dass es mich selbst ein wenig überrascht. Mir war klar, dass einige Leute nur wissen wollten, was ich über die privaten Probleme schreiben würde, mit denen ich konfrontiert gewesen war. Manche holten sich bloß deshalb ein signiertes Exemplar, um es dann über eBay zu versteigern. Andere wollten mich einmal in natura sehen, um selbst beurteilen zu können, ob ich ein normales menschliches Wesen bin.

Zuerst war ich einfach nur glücklich, dass so viele Menschen mich sehen und mein Buch kaufen wollten. Später freute ich mich, dass sie es auch tatsächlich lasen. Und mittlerweile macht es mich glücklich, wenn Leser mir erzählen, wie meine Geschichte mit ihren persönlichen Erfahrungen zusammenhängt. Tausende Mütter, Väter, Großeltern, Studenten, Arbeiter und Spitzenmanager – Amerikaner aller Altersgruppen, Rassen und sozialen Schichten –, die über ihre privaten Träume und ihre Besorgnis über unser Land sprechen wollten, kamen mit Fragen, ganzen Ansprachen und manchmal auch mit der Bitte um Hilfe zu mir. Anscheinend spiegelte mein Leben, obwohl ein großer Teil davon im Scheinwerferlicht stattgefunden hat und von großen Chancen geprägt ist, die Erfahrungen von Millionen anderer Amerikaner wider. Doch selbst im Ausland stieß die Geschichte einer amerikanischen Frau, die in der zweiten Hälfte des 20. Jahrhunderts aufwächst, auf erstaunlich viel Resonanz.

Einige Leser erzählten mir, dass die Beschreibung meines Vaters sie sehr an ihren eigenen Vater erinnert habe. Andere sagten, dass ihnen klar geworden sei, warum ich mich für Kinder einsetze, als sie über die schwierige Kindheit meiner Mutter gelesen hätten. Eine Mutter aus Südkalifornien stellte mir ihre beiden Pflegekinder vor und erzählte ihnen, dass ich mich im Weißen Haus für eine Reform des Systems für Pflege- und Adoptivkinder engagiert hätte. Leser aus aller Welt dankten mir, dass ich über meine Reisen nach Übersee und über die Bedingungen in ihren Heimatländern berichtet hatte. Bei vielen Veranstaltungen sprachen Leser, die im Rollstuhl saßen oder von einem Blindenhund geführt wurden, über die Bedeutung von Gesetzen zum Schutz der Rechte von Behinderten. Anfang Herbst präsentierte mir eine blinde Studentin voller Stolz ein Exemplar des Buches, das sie geschrieben hatte.

Viele Leute erzählten mir von ihrer eigenen Kindheit im Amerika der fünfziger Jahre oder wie sehr die sechziger Jahre – die Bürgerrechtsbewegung, der Kampf um die Rechte der Frauen und die hitzigen Auseinandersetzungen über den Vietnamkrieg – ihre politischen Überzeugungen geprägt hatten. Ich lernte sogar ein paar Leser meines Buches kennen, die zur Demokratischen Partei gewechselt waren und mir erklärten, sie hätten vorher keine Ahnung gehabt, dass ich einmal ein Goldwater-Girl und Präsidentin des republikanischen Clubs an meinem College gewesen sei. Ärzte und Krankenschwestern versorgten mich mit ihren ganz persönlichen Rezepten für eine hochwertige, aber dennoch machbare medizinische Versorgung aller Amerikaner. Und Frauen jeden Alters hatten Ideen und Fragen zu den Herausforderungen, mit denen wir jeden Tag zu kämpfen haben, wenn wir versuchen, Beruf und Familie unter einen Hut zu bringen.

Die Begegnung mit Zehntausenden positiv denkenden

Menschen gab mir neuen Mut und stärkte mein Vertrauen in die Zukunft. Diesen Leuten lagen ihre Familie, ihr Glaube und ihre Freundschaften am Herzen, ebenso wie ihre Gesundheit und Sicherheit, die Qualität ihrer Schulen, Arbeitsplätze und Gemeinden, die Ausrichtung und Führung ihres Landes und die Welt, die ihre Kinder erwartet.

Während ich diese Gedanken bei mir zu Hause in Chappaqua in New York zu Beginn eines neuen Jahres – 2004 – niederschreibe, blicke ich optimistisch in die Zukunft. Doch meine Zuversicht ist nicht ganz ungetrübt. Ich bin dankbar für die vielen schönen Dinge, die mir persönlich widerfahren sind, aber besorgt um mein Land. Ich glaube an die Verheißungen Amerikas, weil ich ein Produkt des stetigen Fortschritts dieses Landes bei der Verwirklichung seiner Ideale bin: Gleichheit, Gerechtigkeit, Freiheit, unbegrenzte Möglichkeiten. Ich wurde zu einer Zeit in der Geschichte dieses Landes geboren, als die Träume der Eltern für ihre Söhne und Töchter erreichbar waren. Ich habe eine ausgezeichnete Ausbildung an öffentlichen Schulen genossen und konnte andere öffentliche Einrichtungen wie Büchereien und Parks nutzen. Die meisten Mitglieder meiner Generation hatten Eltern wie meine, die hart arbeiteten und Opfer brachten, um ihren Kindern und Enkelkindern ein besseres Leben zu ermöglichen. Doch dieser Vertrag zwischen den Generationen, der mehr als 200 Jahre funktioniert hat, ist nun in Gefahr.

Als ich in den Senat gewählt wurde, musste ich feststellen, dass die Regierung Bush und ihre Verbündeten im Kongress alle Hebel in Bewegung setzen, um die wirtschaftlichen, sozialen und globalen Fortschritte rückgängig zu machen, die während der Präsidentschaft meines Mannes erreicht worden waren. Ich gebe zu, dass ich anfänglich vor allem deshalb verärgert war, weil ich finde, dass mein Mann ein sehr guter Präsident, und unser Land am Ende seiner Amtszeit gut auf die Zukunft vorbereitet war. Doch schon bald wurde mir klar, dass es diesen Leuten nicht darum ging, Bills Arbeit zu untergraben. Ihr Ziel bestand vielmehr darin, politische und soziale Errungenschaften, die das Ergebnis jahrzehntelanger Arbeit waren, zunichte zu machen. Doch genau diese Errungenschaften hatten den Aufbau sowohl der amerikanischen Mittelschicht als auch dauerhafter internationaler Allianzen ermöglicht.

Als Senatorin habe ich versucht, die Kluft zwischen den beiden Parteien zu überbrücken und ein gemeinsames Vorgehen der Republikaner und Demokraten zu erwirken, sei es nun in Fragen der nationalen Sicherheit, Verteidigung oder Bildung. Ich habe politischen Gegnern die Hand gereicht, darunter auch einigen, die bei den Bemühungen, meinen Mann seines Amtes zu entheben, federführend waren. Doch allzu oft diktieren nicht Fakten und Werte, sondern Ideologie und Parteizugehörigkeit politische Entscheidungen, sodass für eine Zusammenarbeit der Parteien wenig Spielraum bleibt. Die Agenda der jetzigen US-Regierung erweist sich größtenteils als weder sozial noch konservativ. Ich weiß, was meine sozial eingestellte Mutter über ein Budget denkt, das für ihre Tochter und ihren Schwiegersohn niedrigere Steuern vorsieht, während gleichzeitig die Nachmittagsbetreuung für 300 000 arme Kinder gestrichen wird. Ich weiß, was mein konservativer Vater von dem gewaltigen Defizit und dem Schuldenberg halten würde, die sich in den letzten drei Jahren angesammelt haben. Als echter Konservativer, der wusste, wie wichtig es ist, heute Rücklagen zu bilden, um für eine ungewisse Zukunft gerüstet zu sein, wäre er entsetzt über die unverantwortliche Finanzpolitik seiner Regierung, die anscheinend nur für den Moment kalkuliert und nicht darüber nachdenkt, was als Nächstes kommt. Angesichts des Defizits, das Bill zu Beginn seiner Präsidentschaft 1993 von seinen Vorgängern erbte, sagte mein Vater, dies entspreche nicht der richtigen Art und Weise, ein solch großartiges Land zu führen. Sicher würde er heute dasselbe sagen.

Ich habe das Glück, an diesem außergewöhnlichen menschlichen Experiment namens Amerika teilzuhaben. Wie ich auch in meinem Buch erzähle, habe ich auf meine eigene Art versucht, meiner Verantwortung als Bürgerin nachzukommen, indem ich mich darum bemüht habe, die einzigartigen Möglichkeiten und Freiheiten, die jedem Amerikaner offen stehen sollten, möglichst vielen Menschen zugänglich zu machen.

Das sollten die Werte sein, für die unser Land auf der ganzen Welt bekannt ist.

Ich repräsentiere mit New York den vielfältigsten, aufregendsten, dynamischsten Bundesstaat in der vielfältigsten, aufregendsten, dynamischsten Nation der Welt. Und jedes Mal, wenn ich in den Senat gehe, bin ich zutiefst bewegt von dem Privileg und der Verantwortung, die ich von den Menschen in New York erhalten habe. Ich möchte, dass unsere Regierung und unsere politischen Führer die Hoffnungen und Möglichkeiten, die ein Leben wie meines möglich gemacht haben, erweitern und nicht untergraben. Und als Senatorin werde ich tun, was in meiner Macht steht, um allen Kindern Amerikas heute und in der Zukunft die gleichen Chancen und Träume zu ermöglichen.

Ich bin den Lesern von *Gelebte Geschichte* zutiefst dankbar für ihre überwältigend positiven Reaktionen. Einer der faszinierendsten Aspekte von Büchern ist ihre Dauerhaftigkeit, und ich hoffe, dass dieses Buch den Lesern auch weiterhin als Quelle der Information und Inspiration dienen wird.

Chappaqua, New York, im Januar 2004

ANHANG

Bildnachweis

vierte Reihe, stehend: Karen Finney, Pam Cicetti, Patti Solis Doyle, Capricia Penavic Marshall, Neel Lattimore, Sharon Kennedy, Eric Hothem.

Soweit nicht anders ausgewiesen, liegen die Rechte aller verwendeten Bilder bei Hillary Rodham Clinton, dem Weißen Haus und dem Clinton Presidential Material Project.

Bildteil 1: 12,13,14 Wellesley; 21 David P. Garland; 26 Donald R. Broyles/Office of Governor Clinton; 38 Steven D. Desmond/Desmond's Prime Focus; 47 Lissa Muscatine; 49 Eugenie Bisulo.

Bildteil 2: 37 India's Park Service; 60 Diana Walker; 66 AP/Wide World Photos 2002; 73 Alfred Eisenstaedt/Time Life Pictures/Getty Images.

GLOSSAR

Adoption and Safe Family Act: Ein Gesetz aus dem Jahr 1997, mit dem die Bundesstaaten erstmals einen finanziellen Anreiz erhielten, Pflegekinder zur Adoption freizugeben.

Aid to Families with Dependent Children (AFDC): Programm zur Unterstützung bedürftiger Familien mit unterhaltsberechtigten Kindern.

American Association of Retired Persons (AARP): Größter Seniorenverband der USA.

AmeriCorps: Freiwilligenkorps für Zivildienste, das zwischen 1994 und 2000 mehr als 200 000 jungen Menschen Gelegenheit gab, im Dienst der Gemeinschaft aktiv zu werden und Universitätsstipendien zu erwerben.

Arkansas Advocates for Children and Families: Organisation, die sich für Reformen im Fürsorgesystem und die Rechte von Familien einsetzt.

Arkansas Education Standards Committee: 15-köpfiges Komitee, das Empfehlungen für eine umfassende Bildungsreform in Arkansas abgeben sollte.

Arkansas Securities Department: Kommission zur Überwachung von Kreditinstituten und Wertpapierhandel.

Barrister's Union: Eine Anwaltsvereinigung.

Brady Bill: Am 30. November 1993 unterzeichnetes Waffengesetz, das dem Käufer von Schusswaffen eine fünftägige Wartezeit auferlegt, damit seine Eignung für den Waffenbesitz überprüft werden kann.

Children's Defense Fund (CDF): Kinderhilfswerk der Vereinigten Staaten.

Children's Health Insurance Program (CHIP): Krankenversicherungs-Programm für Kinder berufstätiger Eltern, die zu gut verdienen, um Zugang zu Medicaid zu haben, sich jedoch keine Privatversicherung leisten können.

Citizens for a Sound Economy (CSE): Interessengruppe »Bürger für eine gesunde Wirtschaft«, vor allem gestützt von konservativen Politikern und Privatleuten.

Common Cause: 1970 gegründete Bürgerbewegung, die sich als Lobby für die Demokratie versteht.

Community Development Financial Institutions Fund (CDFI Fund): Fonds zur finanziellen Unterstützung von Mikrokreditprojekten in den USA und weltweit.

Democratic Business Council: Unternehmerverband der Demokratischen Partei.

Democratic Chair of the Committee: Vorsitzender eines Ausschusses.

Democratic Leadership Council (DLC): 1985 entstandene Reformbewegung, die den Kern der New Democrats bildet. Das DLC wirbt für ein politisches Konzept, das »progressive Ideale, Mainstream-Werte sowie innovative, unbürokratische, marktbezogene Lösungen« beinhaltet.

Democratic National Committee: Der für die Koordinierung der politischen Aktivitäten auf einzelstaatlicher und Bundesebene zuständige ständige Ausschuss der Demokraten.

Democratic National Congress: Demokratischer Nationalkongress.

Department of Revenue: Steuerbehörde.

Equal Rights Amendment: Verfassungszusatz zur Gleichstellung der Frau.

Fair Deal: Gesetzgebungsprogramm der Regierung Truman, das Bürgerrechtsgesetze, Gesetze zur staatlichen Ausbildungsförderung und ein nationales Krankenversicherungssystem vorsah.

Family and Medical Leave Act: Bundesgesetz, das Arbeitgebern mit mehr als fünfzig Angestellten vorschreibt, jedem Mitarbeiter zwölf Wochen unbezahlten Urlaub pro Jahr zu gewähren (wegen Krankheit, Familienangelegenheiten oder einer Geburt).

Federal Emergency Management Agency (FEMA): Bundesnotstandsbehörde der Vereinigten Staaten.

Federal Employees Health Benefit Plan: Staatliches Versicherungskonzept für Bundesangestellte.

Federal Housing Adminstration (FHA): Bundesstelle für Wohnungsbau.

Foundation for International Community Assistance (FINCA): Mikrokreditprogramm.

GOP/Grand Old Party: Republikanische Partei.

Health Insurance Association of America: Interessenverband amerikanischer Krankenversicherungen.

Health Security Act: Reform des Gesundheitssystems.

House Judiciary Committee: Rechtsausschuss des Repräsentantenhauses.

Impeachment: Anklage gegen einen höheren Beamten bzw. den Präsidenten zum Zweck der Amtsenthebung.

Independent Counsel Act: 1978 erlassenes Gesetz zur Berufung eines unabhängigen Sonderermittlers und einer Festschreibung von dessen Befugnissen.

Individuals with Disabilities Education Act: 1997 verabschiedetes Gesetz zur Gleichstellung Behinderter in Schulen und Ausbildungsstätten.

Legal Aid: Rechtsbeistand und Rechtskostenhilfe.

Legal Services Corporation: Bundeseinrichtung ohne Gewinnzweck, um die Rechtshilfe für mittellose Personen zu finanzieren.

Medicaid und Medicare: 1965 auf Initiative von Präsident Lyndon B. Johnson eingeführte, staatlich finanzierte Krankenversicherung für mittellose und alte Menschen.

NAFTA: Nordamerikanische Freihandelszone.

National Association for the Advancement of Colored People (NAACP): Nationale Vereinigung für die Förderung der farbigen Bevölkerung.

National Association of Manufacturers: Nationaler Fabrikantenverband.

National Conservative Political Action Committee (NCPAC): Sonderkomitee der Republikanischen Partei zur Organisation von Wahlkämpfen.

National Endowment for the Humanities: Staatliche Stiftung zur Förderung der Geisteswissenschaften.

National Farm Workers Association: Gewerkschaft der Landarbeiter.

National Rifle Association: Mächtige Vereinigung der Waffenlobby.

New Deal: Von Präsident Franklin D. Roosevelt eingeführtes Maßnahmenprogramm zur wirtschaftlichen und sozialen Situation in den Vereinigten Staaten, darunter ein nationales Krankenversicherungssystem als Ergänzung zur Sozialversicherung. Truman übernahm Zuschüsse für Landwirte, staatlichen Wohnungsbau, soziale Sicherheit und Mindestlöhne.

Office of Independent Counsel (OIC): Büro des Sonderermittlers.

Office of Management and Budget (OMB): Einrichtung des Weißen Hauses, die für das Budget des Präsidenten zuständig ist.

Project for the Republican Future: Zukunftsforum der Republikanischen Partei.

Reserve Officers Training Corps (ROTC): Trainingseinheit für Reserveoffiziere.

Resolution Trust Corporation (RTC): In den achtziger Jahren eingerichtete Bundesbehörde zur Rettung der krisengeschüttelten Kreditinstitute.

Save America's Treasures: Programm zur Erhaltung des amerikanischen Kulturerbes, an dem Geldgeber aus dem öffentlichen und Privatsektor beteiligt sind.

SEWA: Programm zur Förderung von Solarenergieeinrichtungen in Westafrika.

Small Business Administration (SBA): Eine in Washington ansässige Finanzierungseinrichtung des Bundes für die mittelständische Wirtschaft.

Solicitor General: Oberster Prozessvertreter vor dem Supreme Court.

South Texas Rural Legal Aid Association: Rechtshilfeorganisation für mittellose Personen in den ländlichen Gebieten von Texas.

Supreme Court: Oberstes Bundesgericht der Vereinigten Staaten mit Sitz in Washington.

Tonkin Gulf Resolution: Gemeinsame Entschließung beider Häuser des Kongresses zur Erhaltung des internationalen Friedens und der Sicherheit in Südostasien aus dem Jahr 1964.

United Food and Commercial Workers Union: Gewerkschaft für Arbeiter in der Nahrungsmittelindustrie und in Handelsbetrieben.

U.S. Agency for International Development (USAID): Amt für Internationale Entwicklung der Vereinigten Staaten.

Volunteers in Service to America (VISTA): Freiwilligenorganisation, die Bedürftigen im eigenen Land hilft.

Washington County Bar Association: Anwaltsvereinigung des Staates Washington.

Welfare to Work Partnership: 1997 von Bill Clinton initiiertes Programm, das von rund 20 000 Unternehmen unterstützt wird, um Sozialhilfeempfängern den Wiedereinstieg ins Arbeitsleben zu ermöglichen.

White House Records Preservation Act: Im Zusammenhang mit Watergate 1974 erlassenes Gesetz, das vorschreibt, dass alle Materialien, die Machtmissbrauch im Amt belegen, der Öffentlichkeit zugänglich gemacht werden müssen.

PERSONENVERZEICHNIS

Bassett, Bill 106
Bateson, Mary Catherine 330, 331
Baumgardner, Randy 172
Begala, Paul 148 f., 154, 356, 565
Bell, Terrel 139
Bell, Tom 101
Bennett, Bob 492, 547, 585
Bennett, Tony 95
Bennett, William 291
Bentsen, Lloyd 167, 239
Ben-Veniste, Richard 401, 402
Berger, Sandy 482, 483
Berlusconi, Silvio 518
Berry, Marsha 567
Bhatt, Ela 347, 348
Bhumibol Adulyadej, König von Thailand 470
Bhutto, Benazir 338, 339, 340, 343
Bhutto, Zulfikar Ali 338, 340
bin Laden, Osama 341, 562, 566, 568, 627
Birendra Bir Bikram Shah Dev, König von Nepal 349, 350
Blair, Cherie 495, 510, 513 f., 517, 544, 571
Blair, Diane 108, 127, 149, 193, 217, 326, 332, 458, 578, 621 f.
Blair, Jim 127, 129, 136, 179, 283, 621 f.
Blair, Tony 510, 511, 513, 515 ff., 544, 571, 579
Bloodworth-Thomason, Linda 160, 173, 174, 565
Blumenthal, Sid 511, 515, 594

Blythe, William Jefferson (B. Clintons Vater) 96, 231, 304
Bone, Robert »Red« 128
Bono 397
Botella, Ana 500
Bowles, Erskine 473, 582, 584
Boxer, Barbara 581, 582, 623
Brady, Jim 262
Brady, Sarah 262
Branch, Taylor 90, 173, 535
Branson, Johanna 51, 112
Branstool, Gene 163
Braun, Carol Mosley 581
Braver, Rita 253
Brazelton, T. Berry 245
Breuer, Lanny 594
Brewster, Kingman 73, 74
Breyer, Stephen 480
Brock, David 266 ff., 429, 546
Brokaw, Tom 226
Bronfman, Sheila 149
Brooke, Edward 67
Brown, Alma 173, 430
Brown, Gordon 515
Brown, Jerry 156, 157
Brown, Michael 430
Brown, Ron 173, 430
Brown, Tracey 430
Brundtland, Gro 279
Bruno, Hal 146
Buchanan, Pat 80
Buckley, James 60
Buell, Susie 410
Bumpers, Dale 595
Burnstein, Mal 85, 86
Burros, Marion 190 ff.
Burton, Dan 472, 473
Bush, Barbara 169, 173 ff., 189,